至正条格笺注

Notes for Laws of the Zhizheng Period

王阳　笺注

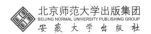

图书在版编目(CIP)数据

至正条格笺注/王阳笺注.—合肥:安徽大学出版社,2023.10
ISBN 978-7-5664-2669-7

Ⅰ.①至… Ⅱ.①王… Ⅲ.①法典－研究－中国－元代 Ⅳ.①D929.47

中国国家版本馆CIP数据核字(2023)第144242号

至正条格笺注
Zhizheng Tiaoge Jianzhu

王 阳 笺注

出版发行:	北京师范大学出版集团 安 徽 大 学 出 版 社 (安徽省合肥市肥西路3号 邮编230039) www.bnupg.com www.ahupress.com.cn
印　　刷:	合肥远东印务有限责任公司
经　　销:	全国新华书店
开　　本:	710 mm×1010 mm　1/16
印　　张:	40.75
字　　数:	564千字
版　　次:	2023年10月第1版
印　　次:	2023年10月第1次印刷
定　　价:	90.00元

ISBN 978-7-5664-2669-7

策划编辑:李加凯　　　　　　装帧设计:李　军
责任编辑:李加凯　　　　　　美术编辑:李　军
责任校对:龚婧瑶　　　　　　责任印制:陈　如　孟献辉

版权所有　侵权必究

反盗版、侵权举报电话:0551－65106311
外埠邮购电话:0551－65107716
本书如有印装质量问题,请与印制管理部联系调换。
印制管理部电话:0551－65106311

国家社科基金后期资助项目
出版说明

后期资助项目是国家社科基金设立的一类重要项目,旨在鼓励广大社科研究者潜心治学,支持基础研究多出优秀成果。它是经过严格评审,从接近完成的科研成果中遴选立项的。为扩大后期资助项目的影响,更好地推动学术发展,促进成果转化,全国哲学社会科学工作办公室按照"统一设计、统一标识、统一版式、形成系列"的总体要求,组织出版国家社科基金后期资助项目成果。

全国哲学社会科学工作办公室

凡　例

一、关于录文。原文误字者,用"（　）"校出;原文倒字者,用"（　）"校出;原文阙字而可据文意及他本补充者,先用"□"标出,后用"（　）"补出。若知阙几个字者,则用几个"□"标出;若不知阙几个字者,则用"……"标出。原文残缺而可据异文或上下文补充者,用"〔　〕"补出;原文衍字者,用"〈　〉"标出;原文脱字者,所脱之字可据上下文意或他本补出,补字用"〔　〕"标出。《至正条格》条文删节较多,以致脱文多见。若确实影响文意者,则据异文补出;若不影响文意者,则为存其真,仅作注释,而不予补出。原文用小字注释者,用"｛　｝"标出,并将注释文字改用小一号字标示。原文空字者,用"◇"标出;若空字可据补者,先用"◇"标出,后用"（　）"补出。原文使用重文符号者,径改原字录入,不出注。

二、关于标点。《至正条格》的内容多有公文经过多个机构层层转引之例,本书酌加引号,以清眉目。对于这种多层转引之公文,所用引号由外向内先后使用双、单两种引号。若单引号之内仍有引文,则除标示冒号外,不再使用其他符号标示。

三、关于注释。除注明必要的元代典章制度、行政区划、官署官职、人物履历等外,同时注明文字、语音、词汇、语法等。着重对书中的疑难字词和特殊语法现象进行注释,并酌加例证,以便读者阅读。所举例证,以元代文献为主。所释词语,多为字典辞书失收。在注释时,只对每一字词在书中的初见例进行注释。若后文重复出现,则除非意义不同,或必须强调说明,否则只注释初见例,不重复出注。需注释处,以[1][2][3]为序号标于所注释字词的右上角,并在每一条文后依序注释。注释时参考了前辈学者的有关论著,除非必要者,不再一一注出,在此一并表示感谢。

四、关于用字。现存《至正条格》是据元刻本影印,用字很不规范,其中异体字、俗字(包括很多简体字)、讹字、通用字众多。书中汉字的使用很随意,时而使用正字,时而使用俗字,时而使用异体字。为求规范,本书统一使用规范简体字录入。对于其中的异体字,统一改为规范简体字录入。对于其中存疑或容易误识的俗字,除改为规范简体字外,还在注释中予以考辨。对于其中形体相近的讹字,径改为正确字体录入,并在注释中予以说明。对于其中语音相同相近的音借字或通假字,依照原字录入,在注释中说明本字。同一字多次出现,仅首次出现做说明。对于其中的通用字,一般依据元刻本径直录入,以存其真。

五、关于脚注。脚注的内容包括四点:1.说明关联资料。本书在《至正条格》每一条文下列出与《至正条格》条文内容相同或相关的同源资料,如《元典章》《通制条格》《宪台通纪》《刑统赋疏》《南台备要》《救荒活民类要》《元史》《新元史》等;2.指出异文。《至正条格》与关联资料往往构成异文,本书将其中由于异文构成的用语差异现象进行逐一说明;3.校勘元刻本《至正条格》及《至正条格(校注本)》。本书通过复核影印本、比较关联资料,全面校勘了元刻本《至正条格》及《至正条格(校注本)》的失误之处;4.校勘关联资料及相关整理本。本书在说明《至正条格》与关联资料用语差异的同时,将《至正条格》与关联资料相互比勘,在校勘《至正条格》的基础上,又对关联资料及相关整理本进行了校勘。需要注意的是,在指出异文时,若有的同源资料并无与《至正条格》对应的文字,则不予列出。

六、关于目录。元刻本《至正条格》包括《条格》和《断例》两个部分。其中,《条格》缺失目录,残存12卷内容,包括第二十三卷至第三十四卷,共计条文374条[①]。今据《条格》残存12卷条文的标题及《断例》目录的体例补《条格》12卷目录。《断例》存有全部

[①] 《至正条格(校注本)》认为《条格》部分有条文373条,实有374条。

目录(共 30 卷),但仅残存 13 卷条文内容,从第一卷的《阑入宫殿》至第十三卷的《私役军人不准首》,共计条文 429 条。本次整理将两部分的目录合并,作为全书目录,并将《断例》中缺条文内容的目录抽出,作为本书附录二。

七、关于条文。元刻本《至正条格》于每一条文前用"○"标示,若条文中列出各项具体内容者,则于每一项具体内容前用"㊀"标示。为符合现代汉语的阅读习惯,兹将条文前之"○"删除,改用阿拉伯数字进行编号,并将具体内容前之"㊀"删除,改用汉字数字" ."进行标示。

八、关于附录。附列:《文书补遗》《〈断例〉中缺条文内容的目录》。

至正条格序①

元 欧阳玄

至元四年戊寅三月二十六日，中书省臣言："《大元通制》为书，缵集于延祐之乙卯，颁行于至治之癸未（亥）②，距今二十余年。朝廷续降诏条，法司续议格例，岁月既久，简牍滋繁，因革靡常，前后衡决，有司无所质正，往复稽留，奸吏舞文，台臣屡以为言。请择老成耆旧、文学法理之臣重新删定为宜。"上乃敕中书专官典治其事，遴选枢府、宪台、大宗正、翰林、集贤等官明章程、习典故者，遍阅故府所藏新旧条格，杂议而圜听之，参酌比校，增损去存，务当其可。书成，为制诏百有五十、条格千有七百、断例千五十有九。至正五年冬十一月十有四日，右丞相阿鲁图、左丞相别里怯不花③、平章政事铁穆尔达识④、巩卜班、纳麟、伯颜、右丞相搠思监、参知政事朵儿职班等入奏，请赐其名曰《至正条格》。上曰："可。"既而群臣复议曰："制诏，国之典常，尊而阁之，礼也。昔者，《周官》'正月之吉，始和'，太宰而下，各以政教治刑之法悬之象魏，挟日而敛之，示不敢亵也。条格、断例，有司奉行之事也。《甫刑》云'明启刑书胥占'，其所从来远矣。我元以忠质治天下，宽厚得民心，简易定国政，临事制宜，晋叔向所谓古人'议事以制'之

---

① 至正条格序：元欧阳玄撰。此篇序文出自元欧阳玄《圭斋文集》卷七，元刻本《至正条格》无，今附序文于此。序文整理，依据《四部丛刊》影印明成化七年（1471）刻本初印本。

② 癸未（亥）：《四部丛刊》本作"癸未"，误。《大元通制》刊行于元至治三年（1323），此属癸亥年，今据校。

③ 别里怯不花：《元史》无载，却载有"别儿怯不花"传。

④ 铁穆尔达识：《元史》无载，却载有"铁木儿塔识"传。

意,斯谓得之。请以制诏三本:一置宣文阁,以备圣览;一留中书;〔一〕①藏国史院。条格、断例,申命锓梓,示万方。"上是其议,于是属玄叙其首篇。玄乃拜手稽首,扬言曰:"人君制法,奉天而行。臣知事君,即知事天。敬君敬天,敢不敬法?《书》曰:'天命有德,五服五章哉!天讨有罪,五刑五用哉!'《易》曰:'雷电,噬嗑。先王以明罚敕法。'又曰:'雷电皆至,丰。君子以折狱致刑。'二卦之象,为电为雷,所以明天威也。继自今,司平之官、执法之士当官莅政,有征是书,毋渎国宪,毋干天常,刑期无刑,实自此始,亦曰懋敬之哉!"

---

① 〔一〕:分析文意,《四部丛刊》本当脱"一"字,今据补。

目 录

条　格

第二十三卷　仓库 …… 1

倒换昏钞 四条 …… 1
关拨钞本就除工墨 …… 4
添拨钞本 …… 5
关防行用库 …… 6
倒钞作弊 …… 9
押运昏钞 …… 10
烧毁昏钞 三条 …… 10
库官相妨不须等候 …… 16
烧钞官不许差除 二条 …… 16
库官库子托病在逃 …… 18
添设六行用库官司库 …… 18
□□□□□ …… 20
行用库被火 …… 20
行用库子遗火 …… 21
起运官物 三条 …… 22
侵使脚价遇革 …… 24
取要起发钱遇革 …… 24

起运短少遇革 ………………………………… 24
太府监计置 二条 ……………………………… 24
支请怯薛袄子 ………………………………… 26
冒支怯薛袄子 ………………………………… 27
冒关衣装赏钱遇革 …………………………… 28
住罢眼饱钱 …………………………………… 28
衣装则例 ……………………………………… 29
投下岁赐 ……………………………………… 30
退下打角物件 ………………………………… 31
大都路支持钱 ………………………………… 32

第二十四卷 厩牧 …………………………… 33

大印子马匹 …………………………………… 33
印烙军人马匹 ………………………………… 34
喂养马驼 ……………………………………… 35
马驼草料 二条 ………………………………… 36
宿卫马匹草料 七条 …………………………… 39
冒支马匹草料 ………………………………… 43
监临乞索冒支遇革 …………………………… 43
抽分羊马 八条 ………………………………… 44
阑　遗 七条① ………………………………… 49
隐藏阑遗官物遇革 …………………………… 54

第二十五卷 田令 …………………………… 55

理　民 ………………………………………… 55

---

① 七条：《至正条格（校注本）》录作"六条"，误。《至正条格》实有"阑遗"七条，今据校。

立　社 四条 …………………………………………… 58

农桑事宜 二条 ………………………………………… 61

□□□□□ 三条 ……………………………………… 76

劝农勤惰 二条 ………………………………………… 78

种区田法 ……………………………………………… 81

秋耕田 ………………………………………………… 86

第二十六卷　田令 …………………………………… 88

禁扰农民 十条 ………………………………………… 88

禁索官田 ……………………………………………… 95

佃种官田 二条 ………………………………………… 97

占种官田遇革 ………………………………………… 98

拨赐田土 五条 ………………………………………… 99

河南自实田粮 二条 …………………………………… 104

新附军地土 …………………………………………… 106

探马赤地土 …………………………………………… 107

异代地土 ……………………………………………… 108

江南私租 ……………………………………………… 109

逃军户绝地租 ………………………………………… 110

豪夺官民田土 ………………………………………… 111

打量军民田土 ………………………………………… 112

影占民田 ……………………………………………… 113

妄献地土 四条 ………………………………………… 113

妄献田土遇革 ………………………………………… 114

争讼田宅革限 二条 …………………………………… 115

告争草地 ……………………………………………… 115

典卖田产 二条 ………………………………………… 116

典质合同文契 …… 118
僧道不为邻 …… 119
公廨不为邻 …… 119
贸易田产 …… 120
典卖随地推税 二条 …… 120
典质限满不放赎 …… 121
禁卖坟茔树株 …… 121
典卖系官田产 …… 121
召赁官房 …… 122
逃移财产 二条 …… 123
准折事产 …… 124

第二十七卷　赋役 …… 125

科拨差税 …… 125
科差均平 …… 127
科差文簿 …… 128
冒科差发遇革 …… 130
种地纳税 二条 …… 131
学田免税 …… 132
投下税粮 …… 133
弓手税粮 …… 135
祗候差税 …… 136
回回纳税 …… 138
税粮折收麻布 …… 139
灾伤申告限期 二条 …… 139
灾伤随时检覆 二条 …… 141
风宪体覆灾伤 …… 142

冒除灾伤差税遇革 …… 143

学田灾伤 …… 143

屯田灾伤 …… 144

孤老残疾开除差额 二条 …… 144

禁投下擅科扰民 …… 145

禁投下横科 四条 …… 146

云南差发 …… 147

均当杂泛差役 九条 …… 148

均当主首里正 …… 156

滥设乡司里正 …… 157

差役轮流 …… 158

差役不许妨农 二条 …… 158

海运船户当差 …… 159

江南雇役 …… 160

停罢不急之役 …… 160

孝子节妇免役 三条 …… 160

禁押运擅差人夫 …… 163

第二十八卷　关市 …… 165

关渡盘诘 …… 165

滥给文引 三条 …… 165

雇船文约 …… 167

违禁下番 四条 …… 168

番船抽税 …… 170

私发番船遇革 三条 …… 171

漏舶船只遇革 …… 171

舶商回帆物货遇革 …… 172

番船私相博易遇革 …………………………… 172
拗番博易遇革 ………………………………… 172
脱放漏舶物货遇革 …………………………… 172
冲礁阁浅抢物遇革 …………………………… 173
舶商身故事产 ………………………………… 173
舶商杂犯遇革 ………………………………… 173
抽分市舶 ……………………………………… 174
云南私蚆 ……………………………………… 175
禁中宝货 三条 ………………………………… 176
和雇和买 八条 ………………………………… 178
豪夺民利① …………………………………… 182
禁减价买物 …………………………………… 182
减价买物遇革 ………………………………… 183
派卖物货遇革 ………………………………… 183
和买多破遇革 ………………………………… 183
买卖金银 ……………………………………… 184
牙行欺弊 四条 ………………………………… 184
船户脚钱遇革 ………………………………… 186

第二十九卷　捕亡 ……………………………… 188

防　盗 二条 …………………………………… 188
申报盗贼 三条 ………………………………… 192
捕盗责限 二条 ………………………………… 193
杀人同强盗捕限 ……………………………… 194
军民官捕盗 三条 ……………………………… 195

---

① 利:《至正条格（校注本）》录作"财"，误。《至正条格》作"利"，今据校。

巡尉专捕 …………………………………… 196
录事司捕盗 ………………………………… 197
军官捕贼 …………………………………… 198
捕盗功过 三条 ……………………………… 198
仓库被盗 二条 ……………………………… 201
捕草贼不差民官 …………………………… 202
弓兵不许差占 ……………………………… 204
捕盗未获遇革 ……………………………… 204

第三十卷 赏令 …………………………… 205

优礼致仕 …………………………………… 205
泛滥赏赐 五条 ……………………………… 206
平反冤狱 二条 ……………………………… 208
告获谋反 五条 ……………………………… 209
招蛮有功 二条 ……………………………… 212
军　功 四条 ………………………………… 213
捕贼被害 二条 ……………………………… 216
获　贼 七条 ………………………………… 218
获伪钞贼 五条 ……………………………… 221
告获私盐 二条 ……………………………… 224
告冒受官职 ………………………………… 224
告获私酒 …………………………………… 225
告捕私历 …………………………………… 225
获逃驱 ……………………………………… 226
捕　虎 ……………………………………… 227
会赦给赏 …………………………………… 227
不应给赏遇革 ……………………………… 227

阑遗头匹 …………………………………………… 228

第三十一卷　医药 …………………………………… 230

医　学 …………………………………………… 230
科　目 …………………………………………… 231
试验太医 三条 …………………………………… 234
惠民局 …………………………………………… 236
官员药饵 ………………………………………… 237
假　医 二条 ……………………………………… 237

第三十二卷　假宁 …………………………………… 240

给　假 二条 ……………………………………… 240
仓库不作假 ……………………………………… 242
奔丧迁葬假限 四条 ……………………………… 242
丧葬赴任程限 …………………………………… 244
曹　状 二条 ……………………………………… 245

第三十三卷　狱官 …………………………………… 247

重刑覆奏 ………………………………………… 247
恤　刑 …………………………………………… 247
重囚结案 二条 …………………………………… 258
斗殴杀人结案详断 ……………………………… 259
刑名备细开申 二条 ……………………………… 260
处决重刑 ………………………………………… 261
决不待时 ………………………………………… 262
囚案明白听决 …………………………………… 262
刑名作疑咨禀 …………………………………… 265

断决推理 二条 ································· 265

犯罪有孕 ································· 270

二罪俱发 ································· 270

二罪俱发遇革 ································· 271

老幼笃废残疾 二条 ································· 272

废疾赎罚遇革 ································· 272

第三十四卷 狱官 ································· 274

审理罪囚 二条 ································· 274

禁审囚科扰 ································· 275

台宪审囚 四条 ································· 276

推官审囚 ································· 279

推官理狱 二条 ································· 279

权摄推官 ································· 282

越分审囚 ································· 282

禁私和贼徒 ································· 283

禁专委公吏鞫狱 ································· 285

非理鞫囚 三条 ································· 285

非法用刑 二条 ································· 288

禁鞭背 ································· 290

红泥粉壁申禀 ································· 291

狱　具 二条 ································· 291

囚　历 ································· 294

男女罪囚异处 二条 ································· 294

提调刑狱 三条 ································· 296

司狱掌禁 ································· 297

狱囚博戏饮酒 ································· 297

罪囚衣粮等 八条 ………………………………………… 298
囚病医药 三条 …………………………………………… 300
试验狱医 ………………………………………………… 301
病囚分数 ………………………………………………… 302
囚病亲人入侍 …………………………………………… 305

断 例

第一卷　卫禁

阑入宫殿 ………………………………………………… 307
肃严宫禁 三条 …………………………………………… 308
分拣怯薛歹 ……………………………………………… 311
侵耕纳钵草地 …………………………………………… 312
巡绰食践田禾 …………………………………………… 314
门尉不严 ………………………………………………… 314
津渡留难致命 二条 ……………………………………… 315

第二卷　职制

擅自离职 二条 …………………………………………… 317
托故不赴任 二条 ………………………………………… 317
应直不直 二条 …………………………………………… 318
沮坏风宪 ………………………………………………… 319
遗失印信 ………………………………………………… 319
拘占印信 ………………………………………………… 320
典质牌面 ………………………………………………… 320
隐藏玄象图谶 二条 ……………………………………… 320
各位下阴阳人 …………………………………………… 323

漏泄官事 二条	323
稽缓开读	324
官文书有误 二条	324
漏报卷宗	326
照刷文卷	326
迷失卷宗	327
妄申水渰文卷	328
漏附行止	329
昨前日私顿放公文①	330
误毁官文书	330
弃毁官文书 二条	331
要了□□□文字② 二条	332
关防公文沉匿	333
季报官员迟慢	334
□□□□(投下达鲁)③花赤重冒	335
远年冒荫	335
废疾不许从仕	336
□□□□(拆扣解由)④	336
匿过求仕	337
迁调司吏	337

---

① 昨前日私顿放公文：卷二条文题名作"私家顿放公文"。
② 要了□□□文字：卷二条文题名作"发视机密文字"。
③ □□□□(投下达鲁)：《至正条格》此四字残缺，卷二条文题名作"投下达鲁"，今据补。
④ □□□□(拆扣解由)：《至正条格》此四字残缺，卷二条文题名作"拆扣解由"，今据补。《至正条格(校注本)》校补作"□□□(扣解由)"，脱"拆"字。

□□□□(发补不赴)①役 ………………………………… 337

关防吏弊 三条 ………………………………………… 338

第三卷　职制 …………………………………………… 341

失误祀事 ………………………………………………… 341

差摄斋郎 ………………………………………………… 342

□□□(不具公)②服 ……………………………… 343

失　仪 二条 …………………………………………… 343

失误迎接 ………………………………………………… 343

□□(失误)③拜贺 ………………………………… 344

僭用朝服 ………………………………………………… 344

回纳公服稽缓 …………………………………………… 345

□(服)④色等第 …………………………………… 345

私用贡物 ………………………………………………… 346

失误赐帛 ………………………………………………… 346

赈济迟慢 ………………………………………………… 347

修堤失时 ………………………………………………… 347

造　作 …………………………………………………… 347

造作违慢 ………………………………………………… 353

造作违期 ………………………………………………… 354

织造⑤不如法 三条 …………………………………… 355

---

① □□□□(发补不赴):《至正条格》此四字残缺，卷二条文题名作"发补不赴"，今据补。

② □□□(不具公):《至正条格》此三字残缺，卷三条文题名作"不具公"，今据补。

③ □□(失误):《至正条格》此二字残缺，卷三条文题名作"失误"，今据补。

④ □(服):《至正条格》此字残损，卷三条文题名作"服"，今据补。

⑤ 造:《至正条格(校注本)》录作"作"，误。《至正条格》作"造"，今据校。

监收段匹不如法 …… 356

监临中物 …… 357

中卖站马 …… 358

中卖站船 …… 358

带造段匹 …… 359

带绣段匹 …… 359

违法买引 …… 359

赊买盐引 …… 360

诡名买引 …… 361

聘卖末茶 …… 361

减价买物 …… 362

减价买马 …… 362

借民钱债 二条 …… 363

违例取息 二条 …… 364

勒要借钱文契 …… 365

虚契典买民田 …… 366

侵使赡学钱粮 …… 366

和雇和买违法 …… 367

巡盐官军违期不换 …… 368

纵军抢取民财 …… 368

军官军人劫夺遇革 …… 369

致死军人 …… 369

第四卷　职制 …… 370

被盗勒民陪偿 …… 370

虚称被劫封装 …… 370

亲故营进 …… 371

与民交往 …… 372
交通罢闲官吏 …… 372
私役部民 …… 373
挟势乞索 …… 374
纵吏扰民 …… 374
罚俸令人代纳 …… 375
草贼生发罪及所司 …… 375
丧所丁忧 …… 379
冒哀从仕 …… 380
不丁父母忧 …… 380
闻丧不奔讣 …… 380
诈称亲丧 二条 …… 381
妄冒奔丧 …… 382
军官奔丧 …… 382
虚称迁葬 …… 382
推称迁葬遇单 …… 383

第五卷　职制 …… 384

泛滥给驿 三条 …… 384
增乘驿马 三条 …… 386
强质驿马 …… 388
枉道驰驿 二条 …… 389
冒名乘驿 …… 392
擅起铺马 …… 392
借骑铺马 …… 392
走死铺马 …… 393
枉道不诘 …… 394

私用站车	394
多支分例	395
增起站车分例	396
取要长行马草料	397
使臣回还日程	397
稽留铺马札子	398
规划祗应夹带己钱	398
私用计置羊口	399
被差令人代替	399
军官承差不赴	399
军官被差违限	399
独员不差	400
差委有俸人员	400
公差不许截替	401
整点急递铺 二条	401
设立邮长	404
禁扰铺兵	406
体覆站户消乏	406

第六卷　职制 … 408

取受十二章	408
枉法赃满追夺	409
取受虽死征赃	410
取受身死贫乏遇革	410
赃罪再犯 二条	411
前任取受改除事发	412
未任取受 二条	412

已任未受[①]犯赃	413
去官取受	414
风宪犯赃 四条	414
军官取受值丧	416
运司取受茶商分例	416
远方迁调官取受	417
土官受赃	418
出使人员取受	419
湖务站官犯赃	419
奴贱为官犯赃	419
捕盗官匿赃	420
弓手犯赃	420
盗用侵使封装 二条	421
侵使军人寄收钱粮	421
冒易封装军数	422
受要拜见钱	423
受要离役钱	423
强取民财 二条	423
军官挟势乞索	424
乞索粮筹	425
齐敛财物 三条	425
勒要贴户钱物	427
揩除俸给	427
请求受赃	428
子受赃不坐父罪	428

[①] 受：卷六条文题名作"授"。

家人乞受	429
知人欲告回主	429
悔过还主	429
出首不尽	430
回付不尽	430
非真犯不追封赠	430
说事过钱 三条	431
讨钱克落	433
违例接受①钱状	434

第七卷　户婚 ………… 435

逃户差税	435
置局科差	435
赋役不均	435
私取差发	436
隐蔽包银	436
影避差徭	437
科敛扰民 二条	437
虚供户绝	438
投下占户	438
妄献户计	439
诬侄为义子	439
压良为驱	440
非法虐驱 二条	440
擅披剃僧	441

---

① 受：卷六条文题名作"首"。《至正条格（校注本）》录作"首"，误，今据校。

背夫为尼 …… 442

屯田赏罚 二条 …… 442

失误屯种 …… 445

私种官田 …… 445

不修圩田 …… 445

冒献地土 …… 446

虚申义粮 …… 446

虚报农桑 …… 447

侵耕煎盐草地 …… 447

多收公田 …… 448

虚包公田 …… 448

阙官公田 …… 448

典卖田宅 二条 …… 449

僧道不许置买民田 …… 452

检踏灾伤 …… 453

〔检踏官吏〕① …… 453

灾伤不即检覆 …… 454

饥荒不申 …… 454

虫蝻失捕 …… 455

水灾不申 …… 456

地震不申 …… 456

第八卷 户婚 …… 457

命妇不许再醮 …… 457

禁收庶母并嫂 …… 457

---

① 〔检踏官吏〕：卷七条文题名作"检踏官吏"，目录脱，今据补。

有妻娶妻	458
许婚而悔	458
同姓为婚	459
西夏私婚	459
禁叔伯成婚	460
兄妻配弟	460
弟妇配兄	461
娶男妇妹为妾	461
居丧嫁娶 二条	461
娶有夫妇人	462
娶定婚妇 二条	463
吓①娶女使 二条	464
夫亡召婿	465
入广官员妻妾	466
妄嫁妻妾 二条	466
转嫁男妇	467
逐婿嫁女	467
典雇妻妾	468
休妻再合	469
擅嫁匠妻	469
男妇配驱	469
勒娶民女驱使	469
侄女嫁驱	470
娶逃驱妇为妾	470
冒娶良人配驱 二条	471

---

① 吓：卷八条文题名作"赫"。

娶囚妇为妾 ……………………………………… 471
定婚闻奸强娶 …………………………………… 472
定婚夫为盗断离 ………………………………… 472
僧道娶妻 三条 …………………………………… 473
禁娶乐人 二条 …………………………………… 474
职官娶倡 二条 …………………………………… 475

第九卷　厩库 ………………………………………… 476

私宰马牛 三条 …………………………………… 476
私宰病马牛 二条 ………………………………… 477
受雇干犯宰牛 …………………………………… 478
宰牛再首不准 …………………………………… 478
药针刺牛 ………………………………………… 479
怀恨割牛舌 ……………………………………… 479
私宰驴骡 ………………………………………… 479
抽分羊马 ………………………………………… 480
阑遗头匹 ………………………………………… 480
阑遗不行起解 …………………………………… 481
私卖阑遗头匹 …………………………………… 482
拘收筋角 ………………………………………… 482
喂养驼马程限 …………………………………… 483
倒换昏钞 ………………………………………… 483
监临倒钞 ………………………………………… 484
昏钞不使退印 …………………………………… 484
检闸昏钞 ………………………………………… 485
闸钞官有失关防 ………………………………… 487
提调官不封钞库 ………………………………… 487

昏钞违期 ················· 488

结揽小倒 二条 ················· 488

盗官本知情寄放 ················· 490

搔扰烧钞库 ················· 490

带钞入库 ················· 491

擅开生料库 ················· 491

纳钵物色 ················· 492

主守分要轻赍 ················· 493

监临抵换官物 ················· 493

监临私借官钱 二条 ················· 494

抵换官钱 ················· 494

关防漕运 ················· 495

漕运罪赏 ················· 498

第十卷　厩库 ················· 505

海运带装私麦 ················· 505

插和盗卖海运粮 ················· 505

纲翼运粮短少 ················· 506

纲船扰民 ················· 507

仓官少粮 ················· 508

监临官买军粮 ················· 510

盗卖官粮 二条 ················· 510

虚交粮筹 ················· 511

不由运司支粮 ················· 511

接买支粮荒帖 ················· 512

用斛支粮 ················· 512

火者口粮 ················· 512

放支工粮 ·················· 513
赈粜红帖罪赏 ·················· 513
敖板损坏追陪 ·················· 514
税粮限次 ·················· 514
计点不实 二条 ·················· 515
虚出通关 ·················· 516
诡名籴粮 ·················· 517
监临揽税 二条 ·················· 517
取受附余粮 ·················· 518
仓官盗粜分例粮 ·················· 519
侵使粮价 ·················· 520
中粮插和私米 ·················· 520
仓官带收席价 ·················· 521
仓库军人交换 ·················· 522
仓库被盗 ·················· 522
拗支草料 ·················· 525
克落草料 ·················· 525
收草官折受轻赍 ·················· 526
冒料工物 ·················· 526
克落金箔 ·················· 527
克落皮货 ·················· 527
解典造甲铁 ·················· 527
漏报匹帛 ·················· 528
起运上都段匹 ·················· 528
押运官物短少 ·················· 528
押运官物损坏 ·················· 529
官物有失关防 ·················· 529

段匹有违元料 ………………………………… 530
照算钱帛 …………………………………… 530

第十一卷　厩库 ………………………… 533

盐　课 ……………………………………… 533
追问私盐欺隐断没钱物 …………………… 535
私盐罪赏 二条 …………………………… 536
增亏盐课升降 ……………………………… 544
妇人犯私盐 ………………………………… 545
巡盐诬赖平人 ……………………………… 546
私盐转指平民 ……………………………… 546
犯界盐货 …………………………………… 547
无榷货不坐 ………………………………… 548
军民官纵放私盐 …………………………… 549
纵放私盐遇革 ……………………………… 549
官军乞取官盐 ……………………………… 549
受寄私盐 …………………………………… 550
私盐遇革 二条 …………………………… 550
船户盗卖客盐 ……………………………… 551
船户偷跑客盐 ……………………………… 551
食用无主盐 ………………………………… 551
克除工本遇革 ……………………………… 552
粮船回载盐泥 ……………………………… 552
扫刮碱土 …………………………………… 553
官盐插土 …………………………………… 553
卤水合酱 …………………………………… 553
买食卤水碱土 ……………………………… 554

腌浥鱼虾 …………………………………………… 554

腌造盐梅 …………………………………………… 555

腌鱼不禁转贩 …………………………………… 556

卤水腌鱼 …………………………………………… 556

捉获腌鱼给赏 …………………………………… 556

第十二卷　厩库 …………………………… 558

铁　课 二条 …………………………………… 558

茶　课 ……………………………………………… 564

私茶生发 …………………………………………… 566

妄献课程 …………………………………………… 566

纳课程限 …………………………………………… 567

绰敛圈税 …………………………………………… 568

匿　税 ……………………………………………… 568

诬人匿税 …………………………………………… 569

无契本同匿税 …………………………………… 569

职官不纳契税 …………………………………… 570

贸易收税 …………………………………………… 570

欺隐增余课程 …………………………………… 570

亏折契本 …………………………………………… 571

务官抑取钱物遇革 …………………………… 571

市　舶 ……………………………………………… 571

第十三卷　擅兴 …………………………… 585

临阵先退 …………………………………………… 585

擅自领军回还 …………………………………… 585

军官遇贼不捕 …………………………………… 586

军民官失捕耗贼 二条 ·············· 586
诈避征役 ····························· 587
交通贼人 二条 ······················ 588
激变猺人 ····························· 588
分镇违期 ····························· 589
交换不即还营 ······················ 589
逃军赏罚 ····························· 589
代军罪名 ····························· 590
私役军人 二条 ······················ 591
私役弓手 ····························· 592
私代军夫 ····························· 592
代替军役钱粮遇革 ················ 593
私役军人不准首 ···················· 594

附录一 文书补遗 ························ 595

附录二 《断例》中缺条文内容的目录 ·········· 603

主要参考文献 ···························· 613

后　记 ································· 619

至正条格卷第二十三　条格　仓库

倒换昏钞

1① 至元十五年六月，中书省②会验[1]③："先为街市诸行买卖人等，将元宝交钞[2]，贯伯[3]分明，微有破损，不肯接使④，已经出榜晓谕。今后行使宝钞[4]，虽边襕⑤破碎，贯伯分明，即便接受，务要通行，毋⑥致涩滞钞法。若有似前将贯伯分明、微有破软钞数⑦不肯接受行使，告捉到官，严行治罪。及将堪中行用宝钞赴库倒换[5]⑧，库官人等亦不得回倒。如违，定将官典断罪。"

[1] 会验：公文术语。查考，检查。多用作所征引公文的起始语，表示查考过往的各类公文内容，是施行的依据。元徐元瑞《吏学指南·发端》："会验：谓事应证案而行者。"

[2] 元宝交钞："中统元宝交钞"之简称，又称"中统交钞""中统宝钞"

---

① 《通制条格·仓库·倒换昏钞》载有同一条文。《元典章·户部》卷六《贯伯分明即便接受》载有相关条文。
② 中书省：《至正条格》《通制条格》皆作"中书省"，《元典章》作"行中书省"，衍"行"字，当据删。
③ 会验：《至正条格》《通制条格》皆作"会验"，《元典章》作"体知得"。
④ 将元宝交钞，贯伯分明，微有破损，不肯接使：《至正条格》《通制条格》皆作"将元宝交钞，贯伯分明，微有破损，不肯接使"，语法不通，疑误倒。《元典章》作"将贯伯分明、微有破损宝钞依前不行接转"，且后文作"若有似前将贯伯分明、微有破软钞数不肯接受行使"，据此疑《至正条格》《通制条格》误倒，当作"将贯伯分明、微有破损元宝交钞不肯接使"。
⑤ 襕：《元典章》作"栏"。《通制条格》作"拦"，误。"拦"系"栏"之误，当据校。
⑥ 毋：《至正条格》《通制条格》皆作"毋"，《元典章》作"不"。
⑦ 钞数：《至正条格》《通制条格》皆作"钞数"，《元典章》作"钞"。
⑧ 《元典章》在"倒换"后衍"仰"字，《至正条格》《通制条格》皆无，当据删。

"中统钞"。为元世祖忽必烈于中统元年(1260)下诏印造的一种纸币。中统元宝交钞以银作为本位,以贯、文作为单位,面额有九等:一十文、二十文、三十文、五十文、一百文、二百文、五百文、一贯文、二贯文。

[3]贯伯:又作"贯百"。指纸钞上标明的票面数额。《至正条格》中"百""佰"一般写作"伯"。

[4]宝钞:元、明、清三代发行的一种纸币。元世祖中统元年(1260)十月始行"中统宝钞",面值自十文至二贯文,共九等。至元二十四年(1287)发行"至元通行宝钞",自五文至二贯文,共十一等。

[5]倒换:兑换。

2① 至元二十年正月②,中书省体知:"行用库[1]官典人等,库门开③闭无定,将倒钞客旅屯积壅滞④,妄生刁蹬[2],添答工墨,转行倒换,有坏钞法。今后每日卯时开库,申时后收计。库官人等须管常川[3]收倒⑤,不许停闲⑥,刁蹬倒钞人等。若遇阙少料钞[4]⑦,预期关拨。御史台差官常切体察。"

[1]行用库:官署名,又称"行用钞库""钞库""倒钞库""行用交钞库""交钞库"等。元代置于诸路府州,为兑换昏钞的机构。下设提领、大使、副使诸官职。

[2]刁蹬:故意为难,捉弄。

[3]常川:长久,长期。《元典章·户部》卷六《常川开平准库》:"体知得随路平准行用库官典往往苟延月日,闭库不行倒换。拟令户部行下各路,须要常川开库,倒换金银昏钞。"

[4]料钞:指元初发行的纸币。因是以丝料作为合价标准,故称。这

---

① 《通制条格·仓库·关拨钞本》载有同一条文。《元典章·户部》卷六《体察钞库停闲》载有相关条文。
② 至元二十年正月:《至正条格》《通制条格》皆作"至元二十年正月",《元典章》作"至元十九年五月"。
③ 开:《元典章》作"关",误。《至正条格》《通制条格》皆作"开",当据校。
④ 屯积壅滞:《至正条格》《通制条格》皆作"屯积壅滞",《元典章》作"停滞"。
⑤ 倒:《至正条格》《通制条格》皆作"倒",《元典章》作"换"。
⑥ 闲:《元典章》作"滞",误。《至正条格》《通制条格》皆作"闲",当据校。
⑦ 钞:《元典章》作"物",误。《至正条格》《通制条格》皆作"钞",当据校。

种纸币多指已经印好而尚待发行的新钞,或纸张完好贯伯分明的好钞,与"昏钞""烂钞"相对。《元典章·户部》卷六《至元新格》:"诸行用库,凡遇人以昏钞易换料钞,皆须库官监视。"

3① 大德二年三月,户部定到二十五样昏钞[1]倒换体例:

一样,"贰贯文省[2]"并贯伯俱全,损去钞张下截。

前件义(议)②得:"钞张□(止)③凭上截贯伯行使,若四字并贯伯既全,虽[无下截,堪中倒换]④。"

(此处三页空白,无文字)⑤

烧痕迹,可以倒换。

一样,油污钞。

前件议得:"若果是真昏[3],有可辨认,虽有油污,即合倒换。"

一样,鼠咬钞。

前件议得:"虽经鼠咬,若字贯可以辨认,亦宜倒换。"

一样,雨水渰漏损烂。

前件议得:"虽是雨水渰漏损烂,若辨认得委⑥是真钞,贯伯字画⑦有可辨认,合许倒换。若不可辨认,即是不堪。"

一样,损去"贰""文"二字并已上钞纸。

前件议得:"钞损去'贰''文'二字,即系剜钞,不可倒换。"

一样,料钞火烧损边或下截。

前件议得:"若不干碍字贯及无行用库退印[4],虽烧损边角,

---

① 《通制条格·仓库·倒换昏钞》和《元典章·户部》卷六《倒换昏钞体例》载有同一条文。《新元史·食货志七》载有相关条文。
② 义(议):《至正条格》作"义",误。《通制条格》《元典章》皆作"议",今据校。
③ □(止):《至正条格》此字残损,《通制条格》《元典章》皆作"止",今据补。
④ [无下截,堪中倒换]:《至正条格》于"虽"后残缺,《通制条格》《元典章》皆作"无下截,堪中倒换",今据补。
⑤ 元刻本《至正条格》此三页空白,今据《通制条格》补。详见附录一:文书补遗。
⑥ 委:《至正条格》《元典章》皆作"委",《通制条格》作"实"。
⑦ 画:《至正条格(校注本)》录作"畫",误。《至正条格》《通制条格》《元典章》皆作"画",今据校。

尚可倒换。若烧去二字,即系不堪。"

[1]昏钞:破旧的纸钞。与"好钞"相对。因用久钞面字迹模糊,故称。

[2]贰贯文省:元代中统元宝交钞之金额,是中统元宝交钞中金额最大的,其值与白银一两同。

[3]真昏:"真昏钞"之简称,又称"真昏钞定"。指不是伪造的破旧纸币。《通制条格·昏钞·倒换昏钞》:"字贯虽昏烂,若不是接补,终是全张,更有边栏花样可以辩认,号为真昏,合许倒换。"

[4]退印:元代官印之一种,即退毁昏钞印。元代钞法规定,对倒换到官的昏钞,行用库必须随即加盖使讫退印以示注销,后由提调正官将昏钞封记,每季解纳赴省部烧毁。

4 至顺元年十月,户部议得:"今后市井买卖交关所用钞两,若是贯伯分明,微有破软,辨验果系真钞者,合令所属有司严加禁治,丁宁省谕,依例行使。若有刁蹬细民,不行接受,痛加惩诫,庶几钞法流行。"都省准拟[1]。

[1]准拟:公文术语。批准所拟。指上级批准下级所拟定的事项。

关拨钞本就除工墨

5 泰定三年十月,户部议得:"今后诸处关拨钞本[1],即将合该工墨令宝钞总库[2]依例扣算,□□□□(除)①□项作收。"都省准呈[3]。

[1]钞本:含义有二,一指宋、金、元时发行交钞的准备金。《金史·食货志三》:"陕西交钞不行,以见钱十万贯为钞本。"吴晗《朱元璋传》第六章第二部分:"原来元朝初年行钞,第一有金银和丝为钞本(准备金),各路无钞本的不发新钞。"二指宝钞总库和各地钞库用来买卖金银、兑换昏钞等所储存的新钞。《至正条格》中的"钞本"通常使用第二义。

---

① □(除):《至正条格》此字残损,分析文意及残存笔画,当作"除",今据补。

[2]宝钞总库：官署名，简称"总库"，元置，隶属户部，掌收储和发放纸钞。始称元宝库。至元二十五年（1288），因发行至元通行宝钞而改称宝钞总库。秩正六品。至元二十六年（1289），升从五品。下设达鲁花赤、大使、副使、司吏、译史、司库诸官职。

[3]准呈：公文术语。批准所呈。通常位于官府呈交的公文之后，表示上级官府批准下级官府的呈文意见。

□（添）①拨钞本

6 元统元年三月，户部议得："行省、□（腹）②里累年所关□（本）③少，不及元额。盖因提调官不为亲临关防，去除弊源，唯恐累己，不行依例倒换，以致短少。若不定立规程，通行流转，诚恐因循既久，涩滞未便。拟合将各处行省、腹里[1]路分[2]照依至顺元年元关钞□（本）④数目，十分为率，添答三分，令亲临提调正官、首领官[3]等除小倒[4]等一切弊源，设法关防，从公倒换，比及周岁，须要尽绝。如果不敷，预为申关。如是不依程限关拨，及不照依定例关防倒换，提调正官、首领官吏依例取招议罪，库官、库子[5]验数多寡断罪黜降。倒讫钞数，每季不过仲月十五日已里，行省开咨[6]都省，腹里路分开申[7]省部。在京六库，不分季分[8]，逐旋关拨，令提调正官、首领⑤官督勒库官人等常川关倒[9]。元关钞本，预为申拨。每月不过次月十五日已里，将已倒钞数申部，以凭稽考。中间比附[10]，但有多寡争悬，不为尽实倒换，提调官、库官人等依上科断。庶几钞法流行，官民便益。"都省准拟。

---

① □（添）：《至正条格》此字残损，分析文意及残存笔画，当作"添"，今据补。
② □（腹）：《至正条格》此字残损，分析文意及残存笔画，当作"腹"，今据补。
③ □（本）：《至正条格》此字残损，分析文意及残存笔画，当作"本"，今据补。《至正条格（校注本）》校作"□（支）"，当误。
④ □（本）：《至正条格》此字残损，分析文意及残存笔画，当作"本"，今据补。《至正条格（校注本）》校作"□（定）"，当误。
⑤ 领：《至正条格（校注本）》录作"令"，误。《至正条格》作"领"，今据校。

[1]腹里：犹"内地"。元代对中书省直辖地区的通称。《元史·地理志一》："中书省。统山东、西、河北之地，谓之腹里。为路二十九，州八，属府三，属州九十一，属县三百四十六。"

[2]路分：犹"路"。元代路制的区域范围。

[3]首领官：指元代各级官府中吏属之统称。吏属有经历、都事、主事、典簿、照磨、管勾、提控案牍、都目、吏目、典史等。职责是管辖吏员、处理案牍、协助长官处理政务。

[4]小倒：元代奸商猾吏在以新钞倒换旧钞的过程中的舞弊行为。元刘时中《端正好·上高监司》套曲："这一个图小倒，那一个苟俸禄，把官钱视同己物，更哏如盗跖之徒。"

[5]库子：吏名。元代中央及地方所设官库里的办事吏员，负责保管库物及看守、出纳等事。

[6]开咨：公文术语。具文咨报。

[7]开申：公文术语。具文申报。

[8]季分：犹"季"。指季节。

[9]关倒："关拨倒换"之简称。指发放兑换。

[10]比附：比照，参照。《元典章·刑部》卷五《杀人偿命仍征烧埋银》："若蒙上司比附旧例，定立合追烧埋钞数，实为长便。"

关防行用库

7① 至顺元年正月，户部与刑部议得："朝廷行用钞法，本以资国便民。近年以来，所在库子人等作弊太甚，未免立法关防。其各处提调、配料官员往往惧罪，不行开库，合干贴库[1]恃无定到罪责，奸滥日滋，罔知所畏，是②致钞法涩滞，百姓困弊。若不更张，愈见不便。定拟到下项事理。"都省准拟。

一、内外行用库比来多推事故，不行开库。虽开，不行从实倒换。今后违者，库官、库子、贴库，从亲临提调官就便究治。若提

---

① 《至正条格·厩库·检闸昏钞》载有同一条文。
② 是：《至正条格·厩库·检闸昏钞》作"以"。

调官不为用心催督开库倒换,故纵停滞者,从监察御史、肃政廉访司[2]体察究治。仍每季具开库倒换配料各各月日钞数,登答[3]申覆[4]行省,腹里开申省部,以凭稽考。

一、在京行用六库[5]见倒昏钞,每十日一次配料,可妨二日。至月终,若宝钞总库司库[6]总闸[7],妨占三日。如怠慢,不行依期配闸[8]完备,合干上司随即究治。外路库分[9],从提调官一体施行。

一、在京行用库关拨钞本,每次不下至元一万余定,皆须库官、司库人等亲赴宝钞总库,依例眼同[10]一一子细检数,妨占一日。若次日有本,不行开库,严行治罪。外路库分,难拘此例,合从提调官设法关防。每日量拨钞本,照依旧例,从实倒换。违者,依上究治。

一、凡遇烧毁昏钞之日,库官、司库、贴库、攒典[11]人等必须通行照管,每火可妨一日。除拜贺□(圣)①节、正旦,迎接诏书,其余一切迎接、聚会,并依奏准事理,不须前去。

一、下八例小钞[12]。各处关拨钞本,例应四六配答[13]□□,□便小民。其差来〔库〕②官、库子计会宝钞总库,〔库〕官、库子人等不依元料,多关上料[14]大钞,少关下料零钞[15],以图便于交检。又厌[16]沿路防送,以致民间阙用零钞,不得通行。及有小本细民将赍下料昏钞倒换,内外行用库官、库子、贴库人等苟避繁冗,亦不收倒,民甚苦之。今后关支[17]钞本,须要依例答配零钞。库子人等故行刁蹬,不即倒换者,许赴提调官告覆[18],严行治罪。若提调官禁治不严,从监察御史、肃政廉访司纠察究治。

[1]贴库:吏名,元置,掌管钱库。元刘时中《端正好·上高监司》套曲:"库藏中钞本多,贴库每弊怎除?"

[2]肃政廉访司:官署名,元置,隶御史台,掌地方监察兼劝农事。元

---

① □(圣):《至正条格》此字残缺,分析文意,当作"圣",今据补。

② 〔库〕:分析文意,《至正条格》当脱"库"字,今据补。下同。

初,立提刑按察司。至元二十八年(1291),改按察司为肃政廉访司。至元三十年(1293),定为二十二道,计内道八,隶御史台:山东东西道、河东山西道、燕南河北道、江北河南道、山南江北道、淮西江北道、江北淮东道、山北辽东道;江南十道,隶江南行台:江东建康道、江西湖东道、江南浙西道、浙东海右道、江南湖北道、岭北湖南道、岭南广西道、海北广东道、海北海南道、福建闽海道;陕西四道,隶陕西行台:陕西汉中道、河西陇北道、西蜀四川道、云南诸路道。每道置廉访使、副使、佥事、经历、知事、照磨兼管勾、书吏、译史、通事、奏差、典吏等官职。

[3]登答:同"登搭",指登记。《元典章·新集至治条例·户部·官员职田依乡原例分收》:"至元三十一年,蒙上司将职田照依官租项下登答作数,每亩二斗,外加耗米,出给田帖付各户,赴官仓送纳。"

[4]申覆:公文术语。申奏,申报。

[5]行用六库:官署名,又称"六行用库",元置,隶属户部。中统元年(1260),初立中都行用库,秩从七品,掌收换昏烂之钞。下设提领、大使、副使三官职。至元二十四年(1287),京师改置为光熙、文明、顺承三库。至元二十六年(1289),又增置健德、和义、崇仁三库,均以大都城门命名。

[6]司库:吏名。元代于户部、工部、大都留守司等官署机构中皆有设置,人数不等。掌各官府库藏。

[7]总闸:犹"总查"。总理核查。

[8]配闸:"配料总闸"之简称。谓配料并核查。

[9]库分:犹"库"。指用来储藏纸钞、倒换昏钞等的官库。

[10]眼同:会同,一同,一起。《通制条格·仓库·烧毁昏钞》:"自侍郎以下部官前去烧钞库,与断事官、监察御史眼同监视,仔细检数,别无假伪、接补、挑剜,随即烧毁。"

[11]攒典:吏名。元代称仓库、务、场等官署机构中的吏役为"攒典"。

[12]小钞:指面额较小的纸币。与"大钞"对言。大钞为面额较大的纸币。大钞以"贯"为单位,小钞以"文"为单位。"小钞""大钞"之制始于金代,《金史·食货志三》:"一百、二百、三百、五百、七百五等谓之小钞。"元代仍之,但面额有变。元中统元年(1260)发行中统元宝交钞,小钞面额包括一十文、二十文、三十文、五十文、一百文、二百文、五百文七类,大

钞面额包括一贯文、二贯文(简称"一贯""二贯")两类。

[13]配答：同"配搭"。搭配。

[14]上料：好的料钞。与"下料"对言。下料指次等料钞。

[15]零钞：犹小钞。元程巨夫《雪楼集》卷十《江南买卖微细宜许用铜钱或多置零钞》："如不复用铜钱，更宜增造小钞。比来物贵，正缘小钞稀少。"

[16]厌：音 yā。犹"压"。阻碍，抑制。

[17]关支：领取。《元典章·新集至治条例·兵部·军中不便事件》："今后凡遇关支军官俸钱，必须委官监临。"

[18]告覆：公文术语。禀告。

倒钞作弊

8 至顺元年六月，刑部议拟到倒换昏钞各项事理。都省准拟。

一、今后开张油磨、槽房[1]、行铺之家并商旅，将昏钞自赍赴库倒换，例所不禁。中间若有诡名结揽[2]倒钞之人，许诸人首捉到官，依例断罪。元倒钞定，一半没官，一半付首捉人充赏。库官、司库私下通同[3]，多取工墨，事发到官，依条断罪。

一、省、院、台、部诸衙门公吏、祗候[4]、军官、军人、忽剌①罕赤[5]人等，结揽他人昏钞，多取工墨，赴库小倒。许诸人首捉到官，依例断罪黜罢。元倒钞定，一半没官，一半付告人充赏。

一、上下衙门公吏人等，守把库门军官、军人，并不畏公法无赖之徒，结成群党，专于六库欺遏库官、司库，骇执②倒钞之人，以为小倒，揹要[6]酒食钱物。许诸人告发，痛行断罪。仍于犯人名下追中统钞五定，付告人充赏。

[1]槽房：又作"槽坊""槽枋"。指酿酒的手工业作坊。

[2]结揽：又作"结缆"。包揽，收揽。《元史·食货志一》："权势之

---

① 剌：《至正条格(校注本)》录作"刺"，误。《至正条格》作"剌"，今据校。
② 骇执：《至正条格(校注本)》阙录作"□□"，误。《至正条格》作"骇执"，今据补。

徒,结揽税石者罪之,仍令倍输其数。"

［3］通同:串通,勾结。《元史·食货志五》:"又有狡猾之徒,不行纳官,通同盐徒,执以为凭,兴贩私盐。"

［4］祗候:吏名。元代于各省、路、州、县分设祗候若干名,为供奔走驱使的衙役。

［5］忽剌罕赤:蒙古语音译。官职名,指官府衙役,为元代怯薛执事之一种,其职责主要是负责捕盗。《新元史·兵志一》:"其怯薛执事之名……捕盗者,曰忽剌罕赤。"

［6］揝要:索要。

押运昏钞

9① 至元二十五年十一月,户部呈:"各路每季合赴省部烧毁昏钞,今后须差州县正官[1]押运。"都省准呈。

［1］正官:犹"长官"。相对副贰之官而言。元徐元瑞《吏学指南·官称》:"正官:谓诸司为头之官也。"

烧毁昏钞

10② 至元二十八年五月十七日,中书省奏:"外头行省所辖的路分里倒换的③昏钞,在先行省官人每覷着烧有来[1]。去年行省里各路里监烧的人每,那烧的钱④里头偷盗了的上头[2],桑哥[3]等奏了:'将昏钞都教⑤将的这里来烧有来。'俺商量得:'若将这里来呵[4],费了头口气力、脚钱有。今后那里的行⑥省官每、行台官每

---

① 《通制条格·仓库·押运》载有同一条文。
② 《元典章·户部》卷六《行省烧昏钞例》载有同一条文。
③ 的:《至正条格》作"的",《元典章》脱,当据补。
④ 钱:《元典章》作"钞"。
⑤ 教:《元典章》作"交"。
⑥ 行:《元典章》作"这",误。《至正条格》作"行",当据校。

一处[5],若无行台的地面里,与肃政廉访司①官一同相关防着烧呵,怎生?"奏呵,奉圣旨:"那般者[6]。"

[1]有来:见于元代直译体文献。用于句末,表示过去时。《元朝秘史》卷一:"孛端察儿在时,将他做儿,祭祀时同祭祀有来。"

[2]上头:见于元代直译体文献。表示某种缘故。犹"因……之故""为……之故"。《元代白话碑·一三一八年荥阳洞林大觉禅寺圣旨》:"为做好事勾当的上头,来的时分、去的时分,不拣是谁,休得遮当者。"

[3]桑哥:《元史》有传。元代畏吾儿人,国师胆巴弟子,通诸族语,曾任译使。至元中擢为总制院使,主管佛教和吐蕃之事。至元二十四年(1287),为平章政事,旋升右丞相,改变钞法,清查江淮等六省钱谷,增加江南赋税和盐茶酒醋税。至元二十八年(1291)七月,坐专权黩货而伏诛。

[4]呵:语助词。表示假设语气。《元代白话碑·一二六八年蓥屋重阳万寿宫圣旨碑》:"更俗人每有争告的言语呵,倚付了的先生每的头儿与管民官一同理问归断者。"

[5]一处:一同,一起。

[6]那般者:公文术语。"那般"犹言"那样"。"那般"后加语气词"者"表示祈使语气,组成固定短语"那般者",意为就那样吧,就那样办吧,表示皇帝已经了解并同意官府的意见。

11② 至元二十九年五月,中书省议得:"烧毁昏钞,情弊多端。今拟除监察御史依旧外,改委断事官[1]、各部官轮番一同监视,日逐烧毁,一月交换。自侍郎以下部官前去烧钞库[2],与断事官、监察御史眼同监视,子③细检数,别无假伪、接补、挑剜,随即烧毁。但有诈伪、短少,即便监督追征,取招究治。相近满日,预为行移[3]下次部分,依旧轮番监视,交代官[4]到库,先监官还部。若下

---

① 肃政廉访司:《元典章》作"廉访司"。
② 《通制条格·仓库·烧毁昏钞》载有同一条文。
③ 子:《通制条格》作"仔"。

次合监烧□(部)①官违期不到,即便赴省覆说究问。如不则(测)②,差官点问(闸)③得中间如④有短少、□(诈)⑤伪,定将监烧官取问。"

[1]断事官:指裁决庶务、处决狱讼之事的官员。蒙古语音译作"札鲁忽赤"。元置,各官署机构中多有设置。《元史·百官志三》:"大宗正府,秩从一品。国初未有官制,首置断事官,曰札鲁忽赤,会决庶务。"

[2]烧钞库:官署名,掌烧毁昏钞。至元元年(1264),始置昏钞库,用正九品印,设监烧昏钞官。至元二十四年(1287),于大都分立烧钞东、西二库,隶户部,下设达鲁花赤、大使、副使各一员。至元二十八年(1291),罢大都烧钞库,仍旧制,各路昏钞令行省官监烧。每季大都倒换昏钞,令纳课正官解赴大都烧钞库烧毁;诸路倒换昏钞,则解赴诸省烧钞库烧毁。大都烧钞库与诸省烧钞库合称"内外烧钞库"。

[3]行移:公文术语。指官府间的公文往来。

[4]交代官:指接任的官员。《元史·食货志四》:"凡交代官芒种已前去任者,其租后官收之。已后去任者,前官分收。"

12 泰定四年三月二十六日,中书省奏:"宝钞提举司管着烧钞,大都、腹里路分倒下的昏钞,每季差库官、库子并州县官长押赴都来的上头,铺马[1]生受,费了脚力[2]。差来库官人等经年不得还役,耽误涩滞,钞法不便有。合将随路库分昏钞,这里差人去,与各处正官一同监烧。如有短少、不堪钞数,着落[3]库官、库子人等追陪[4]断罪,提调官责罚。除永平[5]、兴和[6]、河西务[7]、宣德[8]这几处并大都库分昏钞,依旧教这里烧毁。其余各路,自泰定四年夏季为始,山东、河东两道[9]于廉访司置司去处,教廉访司

---

① □(部):《至正条格》此字残损,《通制条格》作"部",今据补。
② 则(测):《至正条格》作"则",误。《通制条格》作"测",今据校。
③ 问(闸):《至正条格》作"问",误。《通制条格》作"闸",今据校。
④ 如:《通制条格》作"却"。
⑤ □(诈):《至正条格》此字残缺,《通制条格》作"诈",今据补。《至正条格(校注本)》校补作"□(假)",当误。

官与本道宣慰司官,济南、冀宁路[10]〔官〕①一同烧毁。燕南一道[11]于六部官轮流差官一员,与廉访司、真定路[12]官一同检闸[13]烧毁。若有不堪、短少,着落库官、库子人等追陪断罪,提调官责罚。各处宣慰司[14]与省委官将烧讫钞数关部呈省。又怀庆、彰德、卫辉三路[15]昏钞,教河南省[16]依例烧毁。江浙省[17]烧毁的昏钞,依其余行省例,委本道廉访司官与行省官一同关防烧毁呵,怎生?"奏呵,"那般者"。"除圣节、正旦、迎接诏书外,其余一切迎接、聚会,不教去。立着公座,每日将烧毁钞数呈报,明白开写[18]不聚缘故,须要依着到库资次监烧。见在库积下未烧昏钞,先教烧毁。又其余整治钞法的几件勾当[19],俺从宜教行呵,怎生?"奏呵,奉圣旨:"那般者。"

[1]铺马:犹"驿马"。元代驿站传递文书、迎送公差的坐骑。

[2]脚力:指付给搬运工、跑腿者等人的费用。

[3]着落:责成,命令。

[4]追陪:同"追赔"。追还赔偿。

[5]永平:即"永平路",隶属中书省,治所在今河北卢龙县。《元史·地理志一》:"永平路。下。唐平州。辽为卢龙军。金为兴平军。元太祖十年,改兴平府。中统元年,升平滦路,置总管府,设录事司。大德四年,以水患改永平路。领司一、县四、州一。州领二县。"

[6]兴和:即"兴和路",隶属中书省,治所在今河北张北县。《元史·地理志一》:"兴和路。上。唐属新州。金置柔远镇,后升为县,又升抚州,属西京。元中统三年,以郡为内辅,升隆兴路总管府,建行宫。领县四、州一。"②

[7]河西务:元代漕运要地。在今天津武清区西北。至元年间,曾为漷州之治所。至元二十四年(1287),立都漕运使司之总司于河西务,掌御河上下至直沽、河西务、李二寺、通州等处漕运。据《元史·百官志一》记载,河西务有属仓十四:永备南仓、永备北仓、广盈南仓、广盈北仓、充

---

① 〔官〕:分析文意,《至正条格》脱"官"字,今据补。

② 《元史》对"兴和路"之记载略简,可详参《新元史·地理志一》"兴和路"条。

溢仓、崇墉仓、大盈仓、大京仓、大稔仓、足用仓、丰储仓、丰积仓、恒足仓、既备仓。

[8]宣德：即"宣德府"，后改称"顺宁府"。隶属上都路。《元史·地理志一》："顺宁府。唐为武州。辽为德州。金为宣德州。元初为宣宁府。太宗七年，改山〔西〕东路总管府。中统四年，改宣德府，隶上都路。仍至元三年，以地震，改顺宁府。领三县、二州。"①

[9]山东、河东两道：指"山东东西道"与"河东山西道"两道肃政廉访司，皆隶属御史台。其中，"山东东西道肃政廉访司"简称"山东东西道廉访司""山东道廉访司""山东廉访司"，为内八道肃政廉访司之一，置司于济南路；"河东山西道肃政廉访司"简称"河东山西道廉访司""河东道廉访司""河东廉访司"，为内八道肃政廉访司之一，置司于冀宁路。

[10]济南、冀宁路：指"济南路"与"冀宁路"。"济南路"，隶属山东东西道宣慰司。治所在今山东济南市。《元史·地理志一》："济南路。上。唐济（齐）州，又改临淄郡，又改济南郡，又为青（齐）州。宋为济南府。金因之。元初，改济南路总管府，旧领淄、陵二州。至元二年，淄州割入淄莱路，陵州割入河间路，又割临邑县隶河间路，长清县入泰安州，禹城县隶曹州，齐河县入德州，割淄州之邹平县来属，置总管府。领司一、县四、州二。州领七县。""冀宁路"，原称"太原路"。隶属河东山西道宣慰使司。治所在今山西太原市。《元史·地理志一》："冀宁路。上。唐并州，又为太原府。宋、金因之。元太祖十一（三）年，立太原路总管府。大德九年，以地震，改冀宁路。领司一、县十、州十四。州领九县。"

[11]燕南一道：指燕南河北道肃政廉访司，隶属御史台，为内八道肃政廉访司之一，置司于真定路。

[12]真定路：隶属中书省，治所在今河北正定县。《元史·地理志一》："真定路。唐恒山郡，又改镇州。宋为真定府。元初置总管府，领中山府，赵、邢、洺、磁、滑、相、浚、卫、祁、威、完十一州。后割磁、威隶广平，浚、滑隶大名，祁、完隶保定。又以邢入顺德，洺入广平，相入彰德，卫入

---

① 《元史》作"辽为德州"，疑误。《金史·地理志五》："宣德州，下，刺史。辽改晋武州为归化州雄武军，大定七年更为宣化州，八年复更为宣德。"据此知"德州"当为"归化州"之误。

卫辉。又以冀、深、晋、蠡四州来属。领司一、县九、府一、州五。府领三县,州领十八县。"

[13]检阐:犹"检查"。

[14]宣慰司:官署名,又称"宣慰使司",是元代分道设置的官署机构,负责掌管军民事务。"宣慰司"于内地、边地各道多有设置,如湖南道、淮西道、浙东道、浙西道等,同时在少数民族地区亦有设置,如吐蕃、八蕃罗甸等。一般而言,在元代宣慰司与行省的级别相当,常并列出现,各道宣慰司有时可改称为各行省。下设宣慰使、同知、副使、经历、都事、照磨兼架阁管勾、令史、译史、奏差诸官职。

[15]怀庆、彰德、卫辉三路:指"怀庆路""彰德路""卫辉路"。"怀庆路",隶属中书省,治所在今河南沁阳市。《元史·地理志一》:"怀庆路。下。唐怀州,复改河内郡,又仍为怀州。宋升为防御。金改南怀州,又改沁南军。元初,复为怀州。太宗四年,行怀、孟州事。宪宗六年,世祖在潜邸,以怀、孟二州为汤沐邑。七年,改怀孟路总管府。至元元年,以怀孟路隶彰德路。二年,复以怀孟自为一路。延祐六年,以仁宗潜邸,改怀庆路。领司一、县三、州一。州领三县。""彰德路",隶属中书省,治所在今河南安阳市。《元史·地理志一》:"彰德路。下。唐相州,又改邺郡。石晋升彰德军。金升彰德府。元太宗四年,立彰德总帅府,领卫、辉二州。宪宗二年,割出卫、辉,以彰德为散府,属真定路。至元二年,复立彰德总管府,领怀、孟、卫、辉四州及本府安阳、临漳、汤阴、辅岩、林虑五县。四年,又割出怀、孟、卫、辉,仍立总管,以林虑升为林州,复立辅岩县隶之。六年,并辅岩入安阳。领司一、县三、州一。""卫辉路",隶属中书省,治所在今河南卫辉市。《元史·地理志一》:"卫辉路。下。唐义州,又为卫州,又为汲郡。金改河平军。元中统元年,升卫辉路总管府,设录事司。领司一、县四、州二。"

[16]河南省:"河南江北等处行中书省"之简称,又称"河南等处行中书省""河南行中书省""河南行省"。《元史·百官志七》:"河南江北等处行中书省。至元五年,罢随路奥鲁官,诏参政阿里金行省事,于河南等路立省。二十八年,以河南、江北系要冲之地,又新入版图,宜于汴梁立省以控治之,遂署其地。统有河南十二路、七府。"

[17]江浙省:"江浙等处行中书省"之简称,又称"江浙行中书省""江

浙行省"。《元史·地理志五》:"江浙等处行中书省。为路三十、府一、州二,属州二十六,属县一百四十三。本省陆站一百八十处,水站八十二处。"

[18]开写:开列写出,逐项写出。

[19]勾当:事情。

库官相妨不须等候

13 至元三年五月,中书省议得:"今后在京行用库各季烧毁昏钞官员,本季果有事故相妨,不须等候,挨次[1]即令下季先行烧毁。毋致妨误库官,停闲炉座[2],积滞昏钞。"

[1]挨次:顺着次序。

[2]炉座:犹"炉"。指炉子。此处具体指烧毁昏钞用的炉子。"停闲炉座",犹言"停止用炉子",指将烧毁昏钞用的炉子关闭。

烧钞官不许差除

14① 皇庆元年十一月②,户部呈:"各衙门差委监烧昏钞官员,多有事故不至,即便罢散。略举春季昏钞,依例合烧三十四日,其监烧官员因循[1]迁调首尾两个月余,以致随路差来库官不能还职,因而耽误倒换,涩滞钞法。〔本部参详〕③:'今后烧钞官员须要每日绝早到库,书押公座文簿,监临[2]行人[3],照依日烧料例,检闸烧毁,不许别行差占。果有事故,明白赴省覆说。其余官员,依例监烧。'"都省准呈。

[1]因循:拖延。

[2]监临:监督。

[3]行人:小吏差役。《元史·刑法志三》:"诸烧钞库合干检钞行人,

---

① 《通制条格·仓库·烧毁昏钞》载有同一条文。

② 皇庆元年十一月:《通制条格》作"皇庆元年十二月"。

③ 〔本部参详〕:《通制条格》作"本部参详",《至正条格》脱,今据补。

辄盗昏钞出库分使者,刺断。"

15① 至正元年二月二十四日,中书省。御史台奏:"〔在先〕②在京烧毁昏钞,省台委官监烧,其问(间)③因着别差使并其余处聚会,误了烧钞的上头,至顺二年、至元三年二次奏奉圣旨:'省台已委烧钞官,除圣节、贺正、迎接诏书外,其余圣旨、御香并各寺院里聚会,□(都)④不教去。推事故不聚会□□□(烧钞的)⑤,教要罪过[1]来。'如今自泰定三年到今,追补下的昏钞至元折中统一十九万九千余定⑥,前后十有余年,累次委官监烧,或推托事故,〔或〕⑦营求差除,或虚使司属人等,相约聚会日期,迁延畏避,俱不烧毁,因而耽误。至元五年、六年七季昏钞一百一十八万余定,亦未烧毁⑧。以致钞法涩滞,奸弊滋生。似这般怠慢不整治呵,如何中有?俺〔和台官每〕⑨一处商量来:'今后省台委官烧毁各季并积年昏钞,除圣节、贺正、迎接⑩诏书妨务一日,其余圣旨、御香并各寺院里聚会等事,俱不许妨务。及不得托推⑪疾病⑫、事故不聚,经营[2]差除。须要每日赴库,检闸烧毁。烧⑬过钞数,五日一次,登答开呈[3],直候烧毁了毕,方许还职本界[4]⑭。烧毁⑮未毕,诸衙

---

① 元唐惟明《宪台通纪续集·监烧昏钞官不许差除》载有同一条文。
② 〔在先〕:《宪台通纪续集》作"在先",《至正条格》脱,今据补。
③ 问(间):《至正条格》作"问",误。《宪台通纪续集》作"间",今据校。
④ □(都):《至正条格》此字残缺,《宪台通纪续集》作"都",今据补。
⑤ □□□(烧钞的):《至正条格》此三字残损,《宪台通纪续集》作"烧钞的",今据补。
⑥ 定:《宪台通纪续集》作"锭"。
⑦ 〔或〕:《宪台通纪续集》作"或",《至正条格》脱,今据补。
⑧ 至元五年、六年七季昏钞一百一十八万余定,亦未烧毁:《宪台通纪续集》无,疑脱。
⑨ 〔和台官每〕:《宪台通纪续集》作"和台官每",《至正条格》脱,今据补。
⑩ 迎接:《至正条格》作"迎接",《宪台通纪续集》脱,当据补。
⑪ 托推:《宪台通纪续集》作"推托"。
⑫ 疾病:《至正条格》作"疾病",《宪台通纪续集》脱,当据补。
⑬ 烧:《至正条格》作"烧",《宪台通纪续集》脱,当据补。
⑭ 界:《至正条格》作"界",《宪台通纪续集》脱,当据补。
⑮ 毁:《宪台通纪续集》作"钞"。

门不得差除。虽经别除,不得之任。虽有差遣,亦不得承受。似这般不行遵守,违犯的,要罪过,黜罢。其余行省、宣慰司、廉访司烧钞去处,都这般教行呵,怎生?"奏呵,奉圣旨:"那般者。"

[1]要罪过:犹言"断罪过""断罪"。治罪,定罪。
[2]经营:谋求。"经营差除",犹"营求差除",谓谋求官职任命。
[3]开呈:公文术语。具文呈报。
[4]本界:犹"本任"。指原任官职。

库官库子托病在逃

16 至元二年八月,户部呈:"监察御史言:'在京烧毁昏钞,每库官三员、司库五名。虽有逃避,合令见在人员即将元倒昏钞持赴省台委官处,开封验料,眼同监视,总库司库当官从实复闸[1]烧毁。若有短少、不堪,事既明白,其避罪在逃者,即同狱成[2],及托病者,并合着落各人家属同见在人员均征补烧。若委无可折挫[3],并于有者名下追陪。仍责提举司官严加提调。烧钞库寄放昏钞,用心关防,一同封锁。勿得因而纵令见在之人擅自入库,私将钞料[4]移易、侵欺,互相昏赖。'议得:'各处库官、库子倒下昏钞,避罪在逃及托病者,拟合令委官比依前例一体检烧。'"都省准拟。

[1]复闸:犹"复查"。再次检查。
[2]狱成:指案件已断决。《魏书·刑罚志七》:"检除名之例,依律文,狱成谓处罪案成者。"
[3]折挫:折价抵偿。《元典章·新集至治条例·户部·蒙山银场多科工本》:"如有亏兑,愿将家产折挫还官。"
[4]钞料:犹"料钞"。《新元史·食货志七》:"钞料火酒损边,或下截并烧去二字者。"

添设六行用库官司库

17 至正二年四月初九日,中书省奏:"御史台官文书里呈:'在京等库,至元五年夏季昏钞至元六万六千二百余定,除例堪烧毁外,闸出[1]不堪、短少至元一万六千七百八十余定。若不设法更张,深为未便。'教户部定拟呵,'设立行用库,本以流通钞法。近年以来,弊蠹滋深,当速救正'的说有。俺商量来:'在京六行用库,每库添设库副[2]一员、司库八名,依例□□①外,□□□(不出下)②季。每季库官一员、司库四名,分轮[3]倒换,不出下□(季)③。□□□点闸[4]□(得)④短少、假伪、不堪之数,着落该管季分库官、司库依例□□。仍令诸路宝钞提举司[5]都提举[6]已下依旧例提调,验短□(少)、□(不)□(堪)⑤,多寡黜降。务要钞法流通,□□涩滞呵,怎生?'"奏呵,奉□□(圣旨)⑥:"那般者。"

[1]闸出:犹"查出"。

[2]库副:官职名,"库副使"之简称,元代于行用库、行用钞库、交钞库等"库"类官署机构中皆有设置。

[3]分轮:犹"分番"。轮流。

[4]点闸:犹"点查""查点"。检查清点。明顾起元《客座赘语·辨讹》:"凡以事查点人曰'点闸'。"

[5]诸路宝钞提举司:官署名,又称"诸路宝钞都提举司""宝钞都提举司""宝钞提举司"。元置,隶属户部,秩正五品。国初,户部兼领交钞公事。世祖至元年间,始设交钞提举司,秩正五品。至元二十四年(1287),改诸路宝钞都提举司,升正四品。下设达鲁花赤、都提举、副达鲁花赤、提举、同提举、副提举、知事、照磨诸官职。

[6]都提举:官职名,元代于掌管钱钞、物货、课税等事务的官署机构

---

① □□:《至正条格(校注本)》阙录作"□",误。《至正条格》此处实际残缺二字,当阙录二字,今据补。

② □□□(不出下):《至正条格》此三字残缺,分析文意,当作"不出下",今据补。《至正条格(校注本)》录作"□(一)□□",误,当据校。

③ □(季):《至正条格》此字残损,分析文意,当作"季",今据补。

④ □(得):《至正条格》此字残损,分析文意,当作"得",今据补。

⑤ □(少)□(不)□(堪):《至正条格》此三字残损,分析文意,当作"少不堪",今据补。

⑥ □□(圣旨):《至正条格》此二字残损,分析文意,当作"圣旨",今据补。

中多有设置,为这些官署机构中品级最高或次一级的官职,秩正四品或从四品。

□□□□□

18 □(至)□□年八月,刑□(部)□(议)□(得):"□□□(平)准行用库倒下□□□内,□□□□(裨辏)①、假伪、以小抵大、短□(少)、□(不)□(堪)之数,革前虽无取□□(到招)伏,显迹[1]明白,拟合着落库官、库子人等追征还官,职役依例革拨[2]。"都省□(准)拟。

[1]显迹:确凿的证据。《元典章·户部》卷七《格后追征钱粮票例》:"失陷短少,虽经体覆,若无明白显迹,合无依例追征?"

[2]革拨:罢免,废除。"职役依例革拨",犹言"依例革拨职役",指依例罢免职务。

行用库被火

19 泰定四年六月,刑部议得:"□宁路行用□□□(库邻人)②陆三一娘遗火,延及本库,烧讫倒下昏钞并钞□(本)③、工墨至元□□(折中)④统钞一千六百五十余定。本省委官体问[1]是实,若□□□(合着落)⑤提调官吏、库官、库子人等均陪[2],终因邻人遗胤[3],难议征偿。"都省准拟。

[1]体问:查问。
[2]均陪:同"均赔"。均等赔偿。

---

① □□(裨辏):《至正条格》此二字残损,分析文意及残存笔画,当作"裨辏",今据补。《至正条格(校注本)》校补作"□[虽]",当误。
② □□□(库邻人):《至正条格》此三字残缺,分析文意,当作"库邻人",今据补。
③ □(本):《至正条格》此字残损,分析文意及残存笔画,当作"本",今据补。
④ □□(折中):《至正条格》此二字残缺,分析文意,当作"折中",今据补。
⑤ □□□(合着落):《至正条格》此三字残损,分析文意及残存笔画,当作"合着落",今据补。《至正条格(校注本)》校作"□□(着)□落",当误。

[3]遗胤：即"遗火延及"。指因本处失火而延及他处。

行用库子遗火

20 至元六年十二月，刑部议得："'武昌路[1]行用库贴库谢可宗，于泰定二年闰正月初六日在库熨补昏钞，不防遗火，烧讫官本[2]。前后到今一十余年，累将库官、库子人等征偿。家贫委无折挫，行移元籍并不干碍官司，体勘[3]得实，如蒙比例免征，未敢专擅。'参详[4]：'各处库藏，例不入火。今贴库谢可宗将火入库，遗胤烧讫官本、昏钞、工墨一万二千余定，中间情弊显然，罪遇原免。即系官库钞本，难同失陷、短少之数，拟合着落谢可宗等通行追征还官。'"都省准拟。

[1]武昌路：隶属湖广等处行中书省，治所在今湖北武汉市武昌区。《元史·地理志六》："武昌路。上。唐初为鄂州，又改江夏郡，又升武昌军。宋为荆湖北路。元宪宗末年，世祖南伐，自黄州阳罗洑，横桥梁，贯铁锁，至鄂州之白鹿矶，大兵毕渡，进薄城下，围之数月。既而解去，归即大位。至元十一年，丞相伯颜从阳罗洑南渡，权州事张晏然以城降，自是湖北州郡悉下。是年，立荆湖等路行中书省，并本道安抚司。十三年，设录事司。十四年，立湖北宣慰司，改安抚司为鄂州路总管府，并鄂州行省入潭州行省。十八年，迁潭州行省于鄂州，移宣慰司于潭州。十九年，随省处例罢宣慰司，本路隶行省。大德五年，以鄂州首来归附，又世祖亲征之地，改武昌路。领司一、县七。"

[2]官本："官库钞本"之简称。

[3]体勘：探察。

[4]参详：公文术语。参酌审查。谓官府结合相关部门所呈报的公文内容进行参酌详审，并给出批复意见。元徐元瑞《吏学指南·发端》："参详：谓子细寻究也。"

起运官物

21① 至元二十九年正月,户部呈:"各省随路凡有起纳系官钱物、匹帛、烧毁昏钞,预期勾唤差定押运正官,与本处正官一员,亲临监视差来库官、库子人等,令不干碍库子、行人。若是丝绵等物,两平经②盘[1]。如是宝钞,子③细检数。或是匹帛,托量[2]长阔两头。俱用条印关防讫,别元(无)④短少、不堪之数。复闸相同,眼同随印打角[3]完备,封记装发了毕,责付库官、库子明白收管,令长押官管押,趁限赴都交纳。仍于文解内开写所纳名项、备细数目、监视起发[4]正官职名、起程日期,具解二本,内一本分付差来官,一本入递咨申[5]省部。如到来交点得,于内但有水湿、浥变、损坏、短少数目,着落库官人等追倍[6]⑤。仍将长押官并监视起运官断罪。庶望肯为用心关防,不致侵盗、损坏官物。"都省准呈。

[1]经盘:犹"称盘"。称量盘点。明孙旬《皇明疏钞》卷四十载王国光《查理仓漕夙弊以裕国计疏》:"又大同、宣府、辽东、甘肃等处官攒俱以九年为期,或八年前后,遇例差官经盘,数目不少,准令起送。"

[2]托量:测量。

[3]打角:捆扎包装。《元典章·户部》卷七《考计收支钱物》:"今后应起运钱粮诸物,合用打角木柜、绳索,须要牢壮,一就开申,另项收贮就用,无致重冒支破。"

[4]起发:犹"起运"。发送,运送。

[5]咨申:公文术语。犹"咨呈"。具文申报。

---

① 《通制条格·仓库·关防》载有同一条文。
② 经:《通制条格》作"秤"。
③ 子:《通制条格》作"仔"。
④ 元(无):《至正条格》作"元",误。《通制条格》作"无",今据校。《至正条格(校注本)》录作"无",误,当据校。
⑤ 倍:《通制条格》作"陪"。"倍"同"陪",皆同"赔"。《至正条格(校注本)》校作"倍(陪)",当误。

[6]追倍:同"追赔"。追还赔偿。

22 泰定三年正月,都省议得:"今后凡起解[1]诸物,当该提调、监视正官须要亲临,押运纳物人员眼同交检,别无短少、不堪。打角完备,趁限起运[2]。若有短少、损坏、水湿、浥变、不堪数目,定勒纳物人等就都追陪断罪,及将长官、提调官、监视正官究治。收受人员如遇所纳之物短少、不堪,不即申禀[3],擅给朱抄[4]者,亦仰照数着落追断。"

[1]起解:犹"起运"。
[2]起运:解送,运送。
[3]申禀:公文术语。禀告,向上级官府报告。
[4]朱抄:又作"朱钞"。凡缴纳税粮或钱物,官府收受后在单据上加盖朱印,以示注销。这种已经注销的单据即称作"朱抄"。民户为官府雇佣,运钱物到指定地点,亦要用朱抄返回注销。

23 天历元年十月,中书省议得:"各处起运诸物,所在提调正官、首领官,须要照依元定程期已里,差委干济人员,押运赴都。如是违限,定将差来押运官、库官、库子人等断罪,及取当该首领官吏招伏[1]究治。拘该站赤[2]运物至彼,划时[3]给船。若有迁延、怠慢、刁蹬、停留者,亦行断罪。"

[1]招伏:犹"招供"。供词。《元典章·刑部》卷十九《典雇有夫妇人赃钞》:"大德六年三月初三日已前,诸人违例将妻典雇,事发到官,取讫招伏,罪经释免,其妻断与完聚。"
[2]站赤:蒙古语音译。官职名,指管理驿站的官员。《通制条格·杂令·扰民》:"今后打捕的昔宝赤、八儿赤、贵赤、哈剌赤、拔都每、阿鲁浑、阿速每、放官头匹的、蒙古人匠、探马赤、站赤、憨哈纳思、诸王的伴当每,往来行的各枝儿里。"
[3]划时:犹"画时"。即时,立时。

侵使脚价遇革

24 泰定四年四月,刑部□(议)①得:"起运米曲,官支脚价。合给百姓钞数,官吏人等侵使入己。革前已招明白,罪虽□(遇)②免,拟□(合)③追征给主。"都省准拟。

取要起发钱遇革

25 至顺三年八月,刑部议得:"诸官吏革前因差管押官物,取要纳物人等起发等钱。已招明白,未纳之数,拟合追征。所据职役,情犯[1]不一,验事轻重,依例发落[2]。其犯在革前,招在革后,钦依革拨。"都省准拟。

[1]情犯:犯罪情节。"情犯不一",指犯罪情节不一样。
[2]发落:处置。元徐元瑞《吏学指南·体量》:"发落:谓明白散付也。"

起运短少遇革

26 至顺三年八月,刑部议得:"押运人等革前起运官钱诸物,交割之际,内有短少、已招未纳及未招承之数,文案明白,拟合追理[1]。其遭值风水、损坏、失陷,保勘体覆[2]明白,钦依革拨。"都省准拟。

[1]追理:追查处理。
[2]体覆:复核,核查。

太府监计置

27 至元二年十一月,户部备司计官言:"今后本府监计置每岁

---

① □(议):《至正条格》此字残损,分析文意及残存笔画,当作"议",今据补。
② □(遇):《至正条格》此字残损,分析文意及残存笔画,当作"遇",今据补。《至正条格(校注本)》校作"□(经)",当误。
③ □(合):《至正条格》此字残缺,分析文意,当作"合",今据补。

支持[1]段匹、绢帛等物,起运时分,宜从本监差委监官一员,指定姓名,移关[2]中书户部,符下绮源库[3],同省委监收司计官[4]并库官人等眼同照依坐去物色选拣,依数交付。元委监官收受入载,数足,随于帖上依例批支,划时般运,监库收贮。不许往复回换,免致沿路作弊。仍拟随即出给印押收附[5],毋得推故、刁蹬、人难[6]。违者,申部呈省。所据运载车辆,合从兵部应付,实为允当。"本部议得:"合准所言。"都省准拟。

[1]支持:供应,支给。

[2]移关:公文术语。谓不相统属的官署之间行移公文。

[3]绮源库:官署名,"都提举万亿绮源库"之简称,又称"万亿绮源库"。隶属户部,秩正四品,掌诸种缎匹、绢帛等出纳和收藏事务。下设都提举、提举、同提举、副提举、知事、提控案牍、司吏、译史、司库诸官职。

[4]司计官:官职名,元置,指掌管稽核内外赋敛经费出纳逋欠之事的官员,隶属户部。《元史·百官志一》:"户部……典吏二十二人,司计官四员。"

[5]收附:收取登记。《通制条格·学令·科举》:"举人试卷,各人自备,叁场文卷并草卷各人壹拾贰幅,于卷首书叁代、籍贯、年甲,前期半月,于印卷所投纳,置簿收附,用印钤缝讫,各还举人。"

[6]人难:犹"难人"。与人为难,使人感到困难。

28 至正四年二月二十二日,中书省奏准节该[1]:"大(太)①府监[2]年例计置金银、钞定、匹帛等物,所索文字行下万亿绮源等库,拟合委户部官一员,太府监官一员,将引所属库官、库子人等,亲诣万亿等库,即将应合起拨[3]金银、钞定、匹帛等物,从实一一交收完备,随即出给朱抄。合用脚力,官为应付。其怯薛歹[4]袄子等年例,就库给散。若有销用[5]不尽匹帛等物,亦仰本监官并监收支司计官一同知数[6],监看起运。内府若有违慢,妄行刁蹬,从省委监临官就便取问究治。为例遵守行呵,怎生?"奏呵,奉圣

① 大(太):《至正条格》作"大",误。分析文意,当作"太",今据校。

旨:"那般者。"

[1]节该:节略记载。一般位于公文的开头处,指对奏文、圣旨、诏书等内容的节略书写,后承接具体的公文内容。

[2]太府监:官署名,简称"太府""府监""监",秩正三品,掌库藏财物及会计之事。元中统四年(1263),沿袭前代而置。至元四年(1267),改为宣徽太府监,领内府诸藏库。大德九年(1305),改为太府院。至大四年(1311),又改为太府监。下设太卿、太监、少监、丞、经历、知事、照磨、令史、译史、通事、知印、奏差诸官职。下领内藏库、右藏、左藏诸官署机构。

[3]起拨:调拨。

[4]怯薛歹:蒙古语音译。指怯薛成员,即守卫宫廷的禁卫军,护卫宫廷的卫士。《元史·舆服志三》:"凡宿卫之人及诸门者、户者,皆属焉。(原注:如怯薛歹、八剌哈赤、玉典赤之类是也。)"

[5]销用:开支,使用。

[6]知数:犹"检数"。检查清点。

支请怯薛袄子

29 元统二年二月初七日,中书省奏:"户部官俺根底与文书:'比年以来,各衙门俸官、闲良官员畸零[1]索要怯薛[2]袄子的多有。车驾行幸上都[3],直至临期,才动事头[4],虚实难以稽考,一概支请[5]段匹有。今后委系见行应当[6]怯薛人员,须要各爱马[7]怯薛官总押事头,年终到监,比及三月终,给散了毕。若有过期拟不支付,将字可孙[8]依例治罪。'的说有。依他每[9]定拟来的,各处遍行文书呵,怎生?"奏呵,奉圣旨:"那般者。"

[1]畸零:零星,零杂,零散。

[2]怯薛:蒙古语音译。指守卫宫廷的禁卫军,即护卫宫廷的卫士。清袁枚《随园随笔》卷七《领侍卫内大臣》:"至《元史》所称怯薛,则今之侍卫矣。"

[3]上都:元初于滦河北岸建开平府,世祖中统五年(1264)加号上

都,岁常巡幸,终元一代与大都并称"两都"。故址在今内蒙古多伦西北上都河北岸。

[4]事头:事情,事体。"动事头",指做事。

[5]支请:领取。《通制条格·禄令·工粮》:"当间为是支请口粮的上头,侥幸的人每教不应的军、站、民、匠人的奴婢诡名入来的,多支粮的缘故,是这般有。"

[6]应当:担当,担任。

[7]爱马:蒙古语音译。意译作"投下",指部、部落。元杨瑀《山居新话》:"伯颜不从,上亟命分其酒于各爱马(自注:即各投下),及点其人数,死者给钞一定,存者半定。""各爱马",犹言"各部"。

[8]字可孙:蒙古语音译,又译作"字可温"。官职名,掌关支粮草,即支给衣粮和马驼草料。《元史·成宗本纪四》:"八月乙亥朔,省字可孙冗员。字可孙专治刍粟,初惟数人,后以各位增入,遂至繁冗。"

[9]他每:第三人称代词复数。同"他们"。

冒支怯薛袄子

30① 至大四年五月初七日,中书省奏:"'支散聚□(会)袄子的上头,重冒休索者。'么道[1],各爱马里省会[2]□(了)来。□□(支散)的□□(官人)每,几枝儿[3]重冒要的拿住有。帖木迭儿[4]丞相等俺商□□(量来):'□□(既奉)皇帝圣旨省会了,做无体例[5]的,将他每的分拣[6]的字可孙②□□□□□(每要了罪过)。重冒支了袄子的人每,只于万亿库[7]前面教号□(令)了,将他□□□(要了的)袄子纳了,要了罪过[8],怯薛里教出去呵,怎生?'"么道,奏呵,奉圣旨:"那般者。"

[1]么道:蒙古语引语动词"kʻe.e"的音译兼意译词。汉语使用"么道"一词音译蒙古语"kʻe.e",表示"说着,这样说着"之义,一般位于直接

---

① 《通制条格·杂令·冒支官物》载有同一条文。文中残缺之处,皆据《通制条格》补,不一一出注。

② 字可孙:《通制条格》作"字可温"。

[2]省会：晓谕，吩咐。

[3]几枝儿：蒙古语"爱马"（ayimaq）的复数"各爱马"（ayimaqud）的意译。又作"各枝儿"，即"各爱马"，指各部落，具体指蒙古黄金家族的各分支。

[4]帖木迭儿：又译作"铁木迭儿""铁木迭而""怗木迭儿"。《元史》有传。蒙古人，木儿火赤之子。历任同知宣徽院事、宣徽使、江西行省平章政事、云南行省左丞相、中书右丞相诸官职。因其恃权宠，乘间肆毒，睚眦之私无有不报，故英宗对其渐见疏外，以疾死于家。

[5]无体例：无法规，即违法，违反法律。《元典章·刑部》卷六《知府殴打军官》："怙来知府并首领官、令史等，与了招伏文字来。为他无体例的上头，诫谕的。"

[6]分拣：拣选，挑拣，挑选。

[7]万亿库：官署名，隶属上都留守司兼本都总管府，秩正五品，掌出纳和收藏钱物等事。至元二十三年（1286）置，下设达鲁花赤、提举、同提举、副提举、提控案牍、司吏、译史诸官职。

[8]要了罪过：犹言"定了罪"。

冒关衣装赏钱遇革

31 至顺三年八月，刑部议得："冒名代替怯薛歹等关请[1]衣装、赏钱，革前已招明白，罪经释免，未纳钱物，拟合追征还官。有职役者，依例黜降。其犯在革前，发在革后，及革前未承伏[2]者，罪经释免，如果冒名，显迹明白，一体追征还官。无显迹者，钦依革拨。"都省准拟。

[1]关请：从官府领取。

[2]承伏：认罪。

住罢眼饱钱

32 至元元年十二月初八日，中书省奏："太府、利用[1]、章佩[2]、中尚[3]等监里行的官吏人等,三年一遍,要眼饱钱有。俺商量来:'他每既是掌管钱帛人员,似这般推称缘故取要呵,体例不厮似[4]有。今后递相奏着取要的,教住罢[5]呵,怎生?'"奏呵,奉圣旨:"那般者。"

　　[1]利用:官署名,即"利用监",掌出纳皮货衣物之事,秩正三品。至元十年(1273)置,至元二十年(1283)罢,至元二十六年(1289)复置。大德十一年(1307),改为院。至大四年(1311),复为监。下设监卿、太监、少监、监丞、经历、知事、照磨、管勾、令史、译史、通事、知印、奏差、典吏诸官职。下领资用库、怯怜口皮局人匠提举司、杂造双线局、熟皮局、软皮局、斜皮局、貂鼠局提举司、貂鼠局、染局、熟皮局诸官署机构。

　　[2]章佩:官署名,即"章佩监",掌宦者速古儿赤所收御服宝带,秩正三品。至元二十二年(1285)置。至大元年(1308),升为院。至大四年(1311),复为监。下设监卿、太监、少监、监丞、经历、知事、照磨、令史、译史、通事、奏差诸官职。下领御带库、异珍库二官署机构。

　　[3]中尚:官署名,即"中尚监",掌大斡耳朵位下怯怜口诸务,及领资成库毡作,供内府陈设帐房、帘幕、车舆、雨衣之用,秩正三品。至元十五年(1278),置尚用监。至元二十年(1283),罢。至元二十四年(1287),改置中尚监。至元三十年(1293),分置两都滦河三库怯怜口杂造等九司局而总领之。至大元年(1308),升为院。至大四年(1311),复为监。下设监卿、太监、少监、监丞、经历、知事、照磨、令史、译史、通事、知印、奏差诸官职。下领资成库。

　　[4]厮似:相似,相同。

　　[5]住罢:停止。

衣装则例

　　33① 至元三十年六月②,帖哥平章[1]钦奉圣旨:"应支请衣装

---

　　① 《通制条格·禄令·衣装则例》和《元典章·兵部》卷一《军人衣装体例》载有同一条文。

　　② 至元三十年六月:《至正条格》《通制条格》皆作"至元三十年六月",《元典章》作"至元三十年八月"。

人数:皮衣,隔二年支一遍者;请匹帛的,隔一年支〔一〕①遍者;支布,每年支者。"

[1]帖哥平章:"帖哥",人名,又译作"帖可""铁哥"。《元史》有传。姓伽乃氏,迦叶弥儿人。历任同知宣徽院事、司农寺达鲁花赤、中书平章政事等官职。至元二十九年(1292),进荣禄大夫、中书平章政事。大德七年(1303),复拜中书平章政事。仁宗皇庆二年(1313),薨。"平章",官职名,"平章政事"之简称。元代在中书省设平章政事,掌佐丞相主持军国大事,元代亦在行中书省设平章政事,为地方高级长官。在元代文献中,"帖哥平章"又称作"铁哥平章""平章政事帖哥""平章政事铁哥""平章政事帖可"等。

投下[1]岁赐

34② 皇庆元年十二月二十六日,中书省奏准减繁[2]事内一件节该:"各处行省[3]应付各位下[4]③岁赐段匹、军器、物料等,每岁咨禀[5]都省,送部照拟[6]回咨[7]。今后似此④各位下就于行省取索,本□(省)⑤照⑥年额相同,别无增减,就便依例应付,年终通行照算[8]。"

[1]投下:蒙古语"爱马"的汉语意译。共有三义:一指"部""部落",此义与"爱马"同;二指"部""部落"的领主,即诸王、公主、驸马、后妃、功臣等;三指诸王、驸马、勋臣等所属的人户。此处"投下"与"位下"同义,指"部""部落"的领主,即诸王、公主、驸马、后妃、功臣等。

[2]减繁:减削繁冗(文字)。指下级官府向上级官府呈文时,往往事

---

① 〔一〕:《通制条格》《元典章》皆作"一",《至正条格》脱,今据补。
② 《元典章·朝纲》卷一《省部减繁格例》载有同一条文。
③ 位下:《元典章》作"投下"。
④ 此:《元典章》作"比",误。《至正条格》作"此",当据校。陈校本《元典章》录作"此",误,当据校。
⑤ □(省):《至正条格》此字残损,《元典章》作"省",今据补。《至正条格(校注本)》阙录作"□",失校。
⑥ 照:《元典章》作"照勘"。

无巨细向上呈交,导致上级官府积压的呈文繁冗,因此上级官府制定了相关减削繁冗文字的规则或条例,就便施行,庶免往复文繁。《元典章·朝纲》卷一《省部减繁格例》:"近年以来,行省、六部诸衙门,应处决而不处决,往往作疑咨呈都省,以致文繁事弊,前省也屡尝减削繁冗文字。"

[3]行省:元代除京师附近地区直隶于中央最高行政机关中书省外,又于河南、江浙、湖广、陕西、辽阳、甘肃、岭北、云南等处创设十一处行中书省,作为普遍分设全国各地区的中央政务机构,简称十一行省,置丞相、平章等官以总揽该地区的政务。行省遂成为元代地方最高行政区划的名称。

[4]位下:犹"投下"。《元史·百官志一》:"断事官,秩〔正〕三品。掌刑政之属。国初,尝以相臣任之。其名甚重,其员数增损不常,其人则皆御位下及中宫、东宫、诸王各投下怯薛丹等人为之……后定置,自御位下及诸王位下共置四十一员。"

[5]咨禀:公文术语。禀告。

[6]照拟:公文术语。依照拟定。指上级官府(一般指"六部")依照下级官府(一般指各行省)的呈文给予拟定意见,供下级官府参照施行。

[7]回咨:公文术语。回复咨文。指下级官府向上级官府呈文禀告,上级官府据此给出回复。其前一般承接向上禀告类的词语,如"咨禀""移咨""咨请""咨"等,进而用"回咨"予以回复。

[8]照算:结算,核算。

退下打角物件

35 天历元年三月,中书省所委通交官呈:"今后但凡腹里、行省解纳[1]诸物,退下打角等物,合令司计官监临,各该库官、司库人等眼同从实分拣[2]。不堪者责付八作司[3]作数,堪者存留。合干库分就给朱抄,户部知数。如遇起运钱帛等物,就行用度。"都省准拟。

[1]解纳:解送缴纳。

[2]分拣:区分,区别,甄别。

[3]八作司:官署名,隶属上都留守司,秩正六品,掌上都城内外缮修

事务。元至元十七年(1280)置，下设达鲁花赤、提领、大使、副使诸官职。

大都路支持钱

36 泰定二年七月，户部议得："凡遇大都路[1]申索支持钞定数目，呈省勘合，本部放支，札付[2]御史台体察。仍令本路具元降已支钞数各各名项申覆御史台，不致隐匿漏报。其各衙门径行放支钞定，须要着紧催督申除，元经手提调官就便查勘[3]。中间如有冒滥，随即改正。"都省准拟。

[1]大都路：隶属中书省，治所在今北京市。《元史·地理志一》："大都路。唐幽州范阳郡。辽改燕京。金迁都，为大兴府。元太祖十年，克燕，初为燕京路，总管大兴府。太宗七年，置版籍。世祖至元元年，中书省臣言：'开平府阙庭所在，加号上都，燕京分立省部，亦乞正名。'遂改中都，其大兴府仍旧。四年，始于中都之东北置今城而迁都焉。九年，改大都。十九年，置留守司。二十一年，置大都路总管府。领院二、县六、州十。州领十六县。"

[2]札付：公文术语。谓上级官府交付给下级官府公文，以谕示或命令下级官府做某事。

[3]查勘：核查。

至正条格卷第二□（十）□（三）

至正条格卷第二十四　条格　厩牧

大印子马匹

37① 延祐元年五月,刑部准②尚乘寺[1]关:"延祐元年四月二十五日,本寺官奏:'大印字(子)③阿塔思马[2],每年这里住夏[3]的各衙门官人每,多做不阑奚[4]马骑着有。'今后〔上位可怜见呵〕④,再有大印马匹[5]呵,教尚乘寺里拘收了,将得上都来呵,怎生?"奏呵,奉圣旨:"那般者。"

[1]尚乘寺:官署名,元置,秩正三品,掌上御鞍辔舆辇,阿塔思群牧骟马、驴、骡,及领随路局院鞍辔等造作,收支行省岁造鞍辔,理四怯薛阿塔赤词讼,起取南北远方马匹等事。至元二十四年(1287),罢卫尉院,始设尚乘寺。大德十一年(1307),升为院。至大四年(1311),复为寺。下设卿、少卿、丞、经历、知事、照磨、管勾、令史、译史、知印、通事、奏差、典吏诸官职。下领资乘库。

[2]阿塔思马:"阿塔思",蒙古语(aqtas)的音译。其中,"aqta"义指骟的,骟了的,语尾加"s"表示复数。"阿塔思马",犹汉语词"骟马",指阉割过的马。"阿塔思马"由元代的官署机构"太仆寺""尚牧监""尚乘寺"专管。

[3]住夏:犹"过夏",即避暑。指元代王公贵族或诸衙门官员在夏季天气炎热时到凉爽的地方去住。《元朝秘史》卷十四:"成吉思在雪山住夏,调军去将阿沙敢不同上山的百姓尽绝虏了,赏孛斡儿出、木合黎财

---

① 《通制条格·厩牧·大印子马匹》载有同一条文。
② 准:《至正条格》作"准",《通制条格》脱,当据补。
③ 字(子):《至正条格》作"字",误。《通制条格》作"子",今据校。
④ 〔上位可怜见呵〕:《通制条格》作"上位可怜见呵",《至正条格》脱,今据补。

物,听其尽力所取。"

[4]不阑奚:蒙古语音译,又译作"不兰奚""孛阑奚""孛兰奚""卜兰奚"。犹汉语词"阑遗"。指遗失。《元史·百官志三》:"阑遗监,秩正四品。掌不阑奚人口、头匹诸物。"

[5]大印马匹:又称作"大印子马匹""大印子马"。指在左股上烙官印的马。《元史·兵志三》:"马之群,或千百,或三五十,左股烙以官印,号大印子马。其印,有兵古、贬古、阔卜川、月思古、斡栾等名。"

印烙军人马匹

38 至顺二年八月十八日,宗正府[1]奏节该:"'馒头山[2]住夏[3]的探马赤[4]军人每来,将系官头匹[5]并百姓每的头匹偷盗,前去益都府[6]消用了。'说有。今后探马赤军人收买马匹呵,须要写立税印[7]红契[8],教他本管万户府打造印记,尽数印烙。其各卫汉军马匹,也依着这体例印烙。行与拘该把隘口的并大都以南霸州[9]把桥道的人每,将过往军人每的马匹文契并印烙了的印记辨验,将无文契的、无印记的马匹拘收勘会[10]。若本管万户、千户违别□(圣)①旨,不为用心钤束军人,纵令作贼呵,将他每治罪。"奏呵,奉圣旨:"恁[11]商量的是有。那般者。"

[1]宗正府:官署名,"大宗正府"之简称,秩从一品。元初,大宗正府的职掌范围较广,掌诸王、驸马及其管下蒙古、色目人等所犯的一切公事,及汉人奸盗诈伪、蛊毒厌魅等刑事,以及边远出征官吏每年从驾分司在上都存留过冬诸事,后于至元九年(1272)改为只理蒙古公事,汉人刑名归刑部掌管。下设札鲁忽赤、郎中、员外郎、都事、承发架阁库管勾、掾史、蒙古必阇赤、通事、知印、宣使、蒙古书写、典吏、库子、医人、司狱诸官职。

[2]馒头山:山名,又称"天历山",在今内蒙古正蓝旗东北门德庙西北。

---

① □(圣):《至正条格》此字残缺,分析文意,当作"圣",今据补。

[3]住夏:指军队夏季驻扎于某地。《元史·兵志二》:"大德六年二月,调蒙古侍卫等军一万人,往官山住夏。"

[4]探马赤:蒙古语音译。探马赤是从诸部族中抽选军士所组成的部队,战时负责战斗,平时分驻各地,屯聚牧养,是元代极具特色的一种军队。《元史·兵志一》:"若夫军士,则初有蒙古军、探马赤军。蒙古军皆国人,探马赤军则诸部族也。"

[5]头匹:泛指牛、马、驴、骡等牲畜。

[6]益都府:即"益都路",又称"益都府路",隶属山东东西道宣慰司,治所在今山东青州市。《元史·地理志一》:"益都路。唐青州,又升卢龙军。宋改镇海军。金为益都路总管府。领司一、县六、州八。州领十五县。"

[7]税印:指验税的印章。《元典章·户部》卷八《办课合行事理》:"即应税之物,不经依例抽分,使讫税印者,亦如之。"

[8]红契:指买卖田地、房产、牲畜等经过纳税而由官府盖印的文契。明陶宗仪《南村辍耕录》卷十七:"又有曰红契买到者,则其元主转卖于人,立券投税者是也。"

[9]霸州:隶属大都路。《元史·地理志一》:"霸州。下。唐隶幽州。周始置霸州。宋升永清郡。金置信安军。元仍为霸州。领四县:益津,下,倚郭;文安,下;大城,下;保定,下。"

[10]勘会:核查。元徐元瑞《吏学指南·发端》:"勘会:谓事应检察而行者。"

[11]恁:人称代词。犹"你""您"。

喂养马驼

39 至元六年十一月,中书省奏:"户部官□(备)①着度支监[1]文书里呈:'本监专一发遣喂养马驼等,并各枝儿、大小怯薛丹马匹年例合用草料,约该价钞[2]七十万定有余。近年以来,怯薛丹并各枝儿合发外处马匹有,字可孙人等将本监发马文字领受,不

---

① □(备):《至正条格》此字残损,分析文意及残存笔画,当作"备",今据补。

即遣赶所发地面喂养,故意迁延,直至冬深,告说:马匹瘦弱,天气寒冷,地里①弯远[3],不能前去。或别称缘故,愿要草料、价钱。今后一应怯薛丹、各枝儿到槽之日,有司依前点视飞申。如全不到槽,钦依已奉圣旨事意[4]施行。敢有似前请给价钱者,将当该孛可孙人等取问治罪。'本部议得:'依准[5]度支监定拟禁止。'的说有。俺商量来:'今后不行前去喂养,在内支给价钞呵,将当该衙问(门)②首领官吏并孛可孙人等要罪过呵,怎生?'奏呵,奉圣旨:"那般者。"

[1]度支监:官署名,元置,掌支给马驼刍粟,秩正三品。国初,置孛可孙。至元八年(1271),以重臣领之。至元十三年(1276),省孛可孙,以宣徽兼其任。至大二年(1309),改立度支院。至大四年(1311),改为度支监。下设卿、太监、少监、监丞、经历、知事、提控案牍、照磨兼管勾、令史、译史、通事、知印、奏差、典吏诸官职。

[2]价钞:价款,钱款。

[3]弯远:遥远。"地里弯远",指路程遥远。

[4]事意:用意,意图。"圣旨事意",犹言"旨意"。

[5]依准:遵照,依据,依照。元徐元瑞《吏学指南·状词》:"依准:谓从其所欲也。"

马驼草料

40③ 延祐元年八月,中书省奏准事理:

一件。"去年,'昔宝赤[1]每,教十月里入大都来者。'么道,圣旨有呵。预先将鹰入来,教外头拴的。又将入来了的,也多有来。今年,'教十月初一日入来者。'么道,圣旨有来。如今昔宝赤每根底,差人去大都的入来的,十月初一日合里头拴的鹰,教将入来

---

① 里:《至正条格(校注本)》录作"理",误。《至正条格》作"里",今据校。
② 问(门):《至正条格》作"问",误。分析文意,当作"门",今据校。
③ 《通制条格·厩牧·擅支马驼草料》载有同一条文。

者;外头拴的鹰,教外头拴者。那里[2]拴呵?教昔宝赤官人每、度支监官每根底说将来[3],凭度支监文字,教各州城准备草料呵,怎生?"奏呵,奉圣旨:"那般者。"

一件。"分拨城子来①的老奴婢每根脚[4],他每的马匹,依着怯薛歹的例与了草料。和他每一处怯薛里行的伴当[5],也依例支与有。'倚着他每根脚分拨到底城子。'么道。他每余剩梯己[6]马匹并他每哥哥、弟兄[7]每的马匹,教喂养去呵,百姓每生受有。路官人每根底与将[8]文书去,那般的每根底,无度支监并部家[9]文字②的,不教与草料呵,怎生?"奏呵,奉圣旨:"那般者。"

[1]昔宝赤:蒙古语音译,又译作"昔保赤""昔博赤""时波赤""石保赤""锡保齐""实保齐"等。指鹰房里负责管理鹰隼、饲养鹰隼的人。明陶宗仪《南村辍耕录》卷一:"昔宝赤,鹰房之执役者。"

[2]那里:疑问代词。犹"哪里",什么地方。

[3]将来:见于元代直译体文献。用于动词后,表示动作的完成或过去。其中,"将"作助词,用于动词之后,表示动作的完成或过去,相当于"了";"来"作助词,用于对译蒙古语动词语句过去时附加成分。"将来"连用,系蒙古语、汉语两种句法的杂糅,犹"了"。《元代白话碑·一二四三年鄠县草堂寺令旨碑》:"据'草堂禅寺,多岁故旧,有损坏去处,欲行修完,僧众数少,独立不前',金长老说将来也。""说将来",犹言"说了"。

[4]根脚:蒙古语的意译词。指出身、身份、门第。《元典章·台纲》卷一《台察咨禀等事》:"又据台掾、按察司书史、书吏、奏差人等,选择这晓法理、有行止、不作过犯人勾补,毋得捏合根脚。"

[5]伴当:蒙古语(nökör)的意译词。其音译形式是"那可儿"或"那阔儿"。因为蒙古语词"nökör"含义丰富,有同伴、朋友、同志、伴侣、同僚、随从等义,所以其意译词"伴当"在元代文献中的含义也比较丰富,须结合具体语境加以分析。例中"伴当",指同伴、亲属。

---

① 来:《通制条格》作"里"。
② 文字:《通制条格》作"文书"。

[6]梯己:个人、自己、私人、私下。《元典章·户部》卷十三《斡脱钱为民者倚阁》:"如有为民借了,虽写作梯己文契,仰照勘端的,为差发支使有备细文凭,亦在倚阁之数。"

[7]弟兄:弟弟。《元典章·吏部》卷三《改正投下达鲁花赤》:"各投下达鲁花赤,太祖皇帝初起北方时节,哥哥、弟兄每商量定,取天下了呵,各分土地,共享富贵。"

[8]与将:犹"与"。"将"是动态助词,不表义。《元典章·户部》卷八《监办课程》:"如今这里的俺差人监办,各处行省里并各路府州县里与将文书去,交提调官差委好人监办呵,怎生?"

[9]家:表称谓的名词后缀。一般置于官署名后,指称某一官署机构。"部家",指吏、户、礼、兵、刑、工六部。

41 至元四年四月,户部议得:"度支监关:'柳林[1]飞放[2]马驼,除御位下并各位下官头口[3]、术剌阿塔思[4]飞放合用马匹外,其余大象、打驼[5]、驮骡[6]、空闲马匹,拟合发回大都,存留草料内喂养,听候回还,趁赶至彼,以备用度。不致重支草料,亦免科敛百姓之扰。'合准所拟,为例遵守。"都省准拟。

[1]柳林:地名,在今北京通州区南。元至元十八年(1281)后,该地成了元帝春季畋猎的地方,建有行宫。《元史·英宗本纪一》:"丁巳,畋于柳林,敕更造行宫。"

[2]飞放:驱放鹰隼到野外捕猎。《元史·兵志四》:"冬春之交,天子或亲幸近郊,纵鹰隼搏击,以为游豫之度,谓之飞放。"

[3]头口:犹"头匹",泛指牛、马、驴、骡等牲畜。"官头口",指官府供给或饲养的牲畜。

[4]术剌阿塔思:"术剌"为蒙古语的音译,又译作"住剌",指窜行。"阿塔思",指骟马。"术剌阿塔思",指窜行骟马,即善于长途奔跑的骟马。"术剌阿塔思",犹汉语词"撺(蹿、窜)行马"。

[5]打驼:犹言"骆驼"。

[6]驮骡:指专门用来驮东西的骡子。明宋应昌《经略复国要编》卷二《移本部咨》:"应用骑马二百匹,驮骡一百头。"

宿卫马匹草①料

42② 大德十一年十一月，中书省奏："昨日特奉圣旨：'〔为阙少草料的上头〕③，世祖皇帝[1]时分，入怯薛来的人每根底[2]，与草料者。完泽笃皇帝[3]时分，入怯薛来的汉儿[4]、蛮子[5]军、站、民、匠[6]等怯薛里不合入去的人每根底，休与草料者。'圣旨有来。这般额定呵，哏[7]明白有。俺寻思不到的上头，前者奏时分，不曾奏来。如今依着皇帝额定[8]来的行文书呵，怎生？"奏呵，奉圣旨："那般者。"

[1]世祖皇帝：指元朝的开国皇帝忽必烈。"世祖"，忽必烈的庙号。

[2]根底：用于指人的名词、代词或动词短语之后，对译蒙古语名词、代词等的宾格、领格、与一位格、离格等附加成分，表示动作行为涉及的直接或间接对象。此处对译指人的蒙古语名词、代词等的与一位格附加成分，表示动作行为的间接对象。具体表现为：谓语是给予义的动词，"根底"标记间接宾语，表示动作行为的接受者。"入怯薛来的人每根底，与草料者"，谓与入怯薛来的人每草料。

[3]完泽笃皇帝：指元成宗铁穆耳。"完泽笃"，又译作"完者笃"，元成宗铁穆耳的蒙古语尊号。

[4]汉儿：古代少数民族对汉人的称呼。清翟灏《通俗编》卷十一"好汉"条："《询刍录》：汉武征匈奴二十余年，马畜孕重堕殒罢极，闻汉兵莫不畏者，称为汉儿，又曰好汉。"

[5]蛮子：泛称某些少数民族或南方人，带有轻视的意思。

[6]军、站、民、匠："军户、站户、民户、匠户"之简称，属于元代诸色户计之四种。

[7]哏：副词。犹"很"，表示程度深。"哏明白"，犹言"很明白"，指很

---

① 草：《通制条格》作"事"，误。《至正条格》作"草"，当据校。
② 《通制条格·禄令·马匹事（草）料》载有同一条文。
③ 〔为阙少草料的上头〕：《通制条格》作"为阙少草料的上头"，《至正条格》脱，今据补。

清楚。

[8]额定:规定的员额或数目。

43① 至大四年九月,中书省奏:"官人每一处行的,支请马匹草料的多有。怯薛里真实宿卫②的,本枝儿[1]相合着要也者。官人每一处行的人每根底,不与呵,怎生?"奏呵,奉圣旨:"休与者。"

[1]本枝儿:犹言"本部"。

44③ 延祐二年十月初六日,中书省奏:"每年各衙门里勾当里行[1]的请俸钱[2]的每根底,与马匹草料来④。今年,俺商量来:'怯薛里宿卫⑤请俸钱的每根底,依年例与草料也者。各衙门里行的人每请着俸钱,月日满了呵,与勾当有,说称应当怯薛,〔怯薛里〕⑥却不宿卫⑦,支请草料有。那般人每根底,不教与呵,怎生?"奏呵,奉圣旨:"那般者。"

[1]勾当里行:犹言"做事"。
[2]请俸钱:犹"请俸",谓领取薪俸。

45 延祐五年十月二十一日,中书省奏节该:"'吃俸钱[1]的人每的马匹草料,依先例与那[2]。'么道,奏呵,奉圣旨:'有怯薛的正身人每根底,各怯薛、各枝儿官人每与文书呵,□□(与者)⑧。又衙门⑨行的宣使、怯里马赤[3]、译史[4],无数目[5]的、无怯薛的那般

---

① 《通制条格·禄令·马匹草料》载有同一条文。
② 卫:《通制条格》作"睡",误。《至正条格》作"卫",当据校。
③ 《通制条格·禄令·马匹草料》载有同一条文。
④ 来:《至正条格》作"来",《通制条格》脱,当据补。
⑤ 卫:《通制条格》作"的",误。《至正条格》作"卫",当据校。
⑥ 〔怯薛里〕:《通制条格》作"怯薛里",《至正条格》脱,今据补。
⑦ 卫:《至正条格》作"卫",《通制条格》脱,当据补。
⑧ □□(与者):《至正条格》此二字残损,分析文意及残存笔画,当作"与者",今据补。
⑨ 分析文意,疑"衙门"后脱"里"字。

人□(每)①根底,休与者。'"

[1]吃俸钱:领取俸钱。

[2]那:语气助词。近代汉语常见,用在句尾表示疑问、肯定、感叹、祈使、反诘等多种语气。此处表示祈使语气。

[3]怯里马赤:蒙古语音译。指口译人员或官吏。犹汉语词"通事"。清韩泰华《无事为福斋随笔》卷下:"元怯里马赤,汉言通事也。"

[4]译史:吏名。元代置于各级官署机构中,系从事书面文字翻译的吏员。

[5]无数目:"数目"有"事实"义,元关汉卿《包待制三勘蝴蝶梦》第二折:"休说麻槌脑箍,六问三推,不住勘问,有甚数目,打的浑身血污。""无数目",指不是事实,虚假。

46 天历元年九月二十一日,中书省特奉圣旨:"在先指着曾当怯薛的人每照[1]草料,其间度支监官吏每一个名儿里重冒着,回与部家文书,这般旧弊到今不曾除得有。今后但凡照草料的人每,若有重冒呵,教度支监官吏与当罪罢职役的保结[2]文书者。"

[1]照:核查。《元典章·兵部》卷四《整点急近(递)铺舍〔又〕》:"如提点官违期不行刷勘,或照出稽迟事件不行举问,照依下项事理施行,仍于解由内开写。"

[2]保结:缔结文书担保。《元典章·台纲》卷二《照刷抹子》:"应系远近年分和籴、和买、造作诸物未足价钱,保结开申。"

47 天历二年正月,吏部议得:"度支监关:'今后各衙门除授怯薛人员,随令供报[1]端的是何人氏,自几年月日,于是何怯薛、某爱马内千户、百户、牌子[2]某人下应当何等名役[3],每年某官署押事头,与若干人一同支请衣粮、马匹草料,至今已是几年,备细供报明白。拘该委用衙门,先行勘会是实,方许除授。'吏部凭准,行移宣徽院。太府监照勘[4]衣粮,户部照勘年例钞定,度支监照勘马匹草料。如是检照[5]得名字稍有差讹,或音同字异,许令供报。

---

① □(每):《至正条格》此字残损,分析文意及残存笔画,当作"每",今据补。

其所指怯薛、爱马争差不同,不许再行补答[6]。又初任已经照勘草料,次任除授不须再照。"都省议得:"上项事理,度支监委令文资正官[7]、首领官专一提调,置簿销附[8],设法关防。余准所拟。"

[1]供报:公文术语。呈报,禀告。

[2]牌子:犹"牌头""牌子头"。元代军队基层编制单位"牌"里的头领。其级别低于"千户""百户"。《元典章·兵部》卷一《探马赤军驱当役》:"别枝儿里不交入去,只教根脚里百户、牌子头里行呵,做军的气力也者……别枝儿里不曾去了的,似这般人每,使长根底出去了呵,根脚里百户、牌子里做数目,当身役者。"

[3]名役:职役,职务。"应当何等名役",指担任什么样的职务。

[4]照勘:核查。

[5]检照:犹"照勘"。核查,核对。

[6]补答:犹"补搭"。增补搭配,以使数量相当。

[7]文资正官:文职长官。《通制条格·学令·科举》:"弥封官一员、誊录官一员,选廉干文资正官充。"

[8]销附:指在文簿上注销并登记。《元典章·吏部》卷七《置立朱销文簿(又)》:"今后须要置立文簿,将应行公事排日,随事销附,每月一次首领官检校。"

48 元统二年六月初五日,中书省奏节该:"在前将怯薛人员勾当里委付呵,度支监照勘支请草料,名字刑部照过来,度支监、宣徽院[1]、户部都教照勘支请衣粮、马匹草料,四五处行移文书照勘呵,好生[2]迟误了蒙古、色目[3]怯薛人员勾当,又与旧例不厮似有。今后怯薛人员勾当里委付呵,依先例只教度支监照草料,名字刑部照过呵,怎生?"奏呵,奉圣旨:"那般者。"

[1]宣徽院:官署名,秩正三品,掌供玉食。凡稻粱、牲牢、酒醴、蔬果庶品之物,燕享宗戚、宾客之事,及诸王宿卫、怯怜口粮食,蒙古万户、千户合纳差发,系官抽分,牧养孳畜,岁支刍草、粟菽,羊马价直,收受阑遗等事。下设院使、同知、同佥、主事、照磨、经历、典簿、院判、都事、副使、承发架阁库、掾史、蒙古必阇赤、回回掾史、怯里马赤、知印、典吏、蒙古书

写诸官职。下领光禄寺，大都、上都尚饮局，大都、上都尚酝局，大都、上都醴源仓，以及尚珍署、安丰怀远等处稻田提领所、尚舍寺、诸物库、阑遗监、尚食局等官署机构。

［2］好生：副词。用在形容词或某些动词前面，表示程度高。甚，很，非常。元无名氏《金水桥陈琳抱妆盒》第三折："昨日楚王引着小厮来朝见，我一见了他这声音举止，与李美人好生厮似。"

［3］色目：元代称钦察、回族、唐兀、斡罗思等外族诸姓为色目，地位次于蒙古，优于汉人。《元史·选举志一》："蒙古、色目人作一榜，汉人、南人作一榜。"

冒支马匹草料

49[①] 至大四年七月，刑部议得："今后凡发各处合喂马匹，宜令度支监子[②]细用心分拣，行移合属须要文字，马匹到槽[③]，至日验数放支。中间但有冒滥不应之数，着落喂马人员追陪断罪。当该官吏有失照略[1]，量事轻重决罚。"都省准拟。

［1］照略：检查。《通制条格·关市·和雇和买》："如运至上都交收，办（辨）得封记、打角俱无损坏，布袋、箱包亦不松慢，秤盘斤重又与元揽相同，中间却有短少、不堪，盖为押运人员装发之际，失于照略，着落追陪相应。"

监临乞索冒支遇革

50 泰定四年四月，刑部议得："官吏于本管仓官处索要人户合纳瘦马草粟，及冒名关讫昔宝赤马匹草料，扣要轻赍钞定。革前取讫招伏，罪遇原免，职役依例黜降殿叙[1]。已追草粟、钞定，应还官者还官，合给主者给主。未追之数，依例征纳[2]。"都省准拟。

---

① 《通制条格·厩牧·冒支官钱粮》载有同一条文。
② 子：《通制条格》作"仔"。
③ 槽：《至正条格（校注本）》校作"褿（槽）"，误。《至正条格》《通制条格》皆作"槽"，今据校。

[1]殿叙：犹"停叙"。指对犯过官员停止叙用。《元典章·新集至治条例·吏部·教授直学侵使学粮》："依不枉法例，二十贯以上至五十贯，五十七下，殿三年，注边远一任。罪经释免，拟合依上殿叙。"

[2]征纳：征收。《元史·顺帝本纪八》："察罕帖木儿驻清湫，李思齐驻斜坡，张良弼驻秦州，郭择善驻崇信，拜帖木儿等驻通渭，定住驻临洮，各自除路府州县官，征纳军需。"

抽分羊马

51① 大德七年十月，户部呈："宣徽院照得：'各处隘口抽分[1]羊马人员，年例七八月间，钦赍②元受圣旨，各该铺马驰驿前去拘该地面抽分，限十月已里赴都③送纳。各人饮食已有定例，外据常川[2]取要饮食分例[3]④、长行马匹草料，州县搭盖棚圈，别无许准文凭。'本部参详：'抽分羊马人员，每岁扰动⑤州县，苦虐人民。今后拟合令宣徽院定立法度，严切拘钤[4]。至抽分时月，各给印押差札[5]，明白开写所委官吏姓名，并不得多余将引带行人员、长行头⑥匹，定立回还[6]限次，钦赍⑦元领圣旨，经由通政院[7]倒给[8]铺马分例前去。〔各该路府州县〕⑧须要同本处管民正官眼同依例抽分羊马牛只[9]，随即用印烙记，趁好水草牧放。如抽分了毕，各取管民官司印署保结公文，明白开写抽分到数目、村庄、物主花名[11]、毛皮、齿岁，申覆本院。仍令有司量差人夫，牵赶至前路官

---

① 《通制条格·厩牧·抽分羊马》《大元马政记·抽分羊马》载有同一条文。《新元史·兵志三》载有相关条文。
② 赍：《大元马政记》录作"赉"，误。《至正条格》《通制条格》皆作"赍"，当据校。
③ 都：《大元马政记》作"部"，误。《至正条格》《通制条格》皆作"都"，当据校。
④ 例：《通制条格》作"倒"，误。《至正条格》《大元马政记》皆作"例"，当据校。
⑤ 劫：《至正条格》《大元马政记》《通制条格》皆作"动"，《新元史》作"累"。
⑥ 头：《至正条格》《大元马政记》《新元史》皆作"头"，《通制条格》作"马"。
⑦ 赍：《大元马政记》录作"赉"，误。《至正条格》《通制条格》皆作"赍"，当据校。
⑧ 〔各该路府州县〕：《大元马政记》《新元史》皆作"各该路府州县"，《至正条格》《通制条格》皆脱，今据补。

司,相沿交换,已委官押领,依限赴都交纳。沿路傥有倒死,亦取所在官司明白公文,将皮货等起解赴院。中间若有违法不公、欺隐作弊,宜从本道廉访司严加体察。其余一切搭盖棚圈并常川马匹草料、饮食等物,不须应付,庶革扰民欺诳之弊。"都省准呈。

[1]抽分:又称"抽解",犹言"征税"。指宋元以来朝廷征收的一种实物税,包括商税和舶税。

[2]常川:通常,惯常。元无名氏《十探子大闹延安府》第一折:"我是权豪势要之家,累代簪缨之子,我打死人不偿命,常川则是坐牢。"

[3]分例:蒙古语的意译,音译作"首思"。指驿站接待过往使臣、乘驿人员所供应的物品(如酒肉、米面、钱钞、草料等)。

[4]拘钤:拘束,管束。"严切拘钤",指严格管束。

[5]差札:官府差遣所发的札子。《通制条格·关市·滥给文引》:"蒙古军人,凡关碍军马调度,勾捕逃亡军人,一切大小军中勾当,合从蒙古奥鲁官司出给差札。"

[6]回还:返回。

[7]通政院:官署名,秩从二品,元置,掌驿传等事。国初,始置驿以给使传,设脱脱禾孙以辨奸伪。至元七年(1270),初立诸站都统领使司。至元十三年(1276),改通政院。至元十四年(1277),分置大都、上都两院。至元二十九年(1292),又置江南分院。大德七年(1303),罢。至大元年(1308),升正二品。至大四年(1311),罢,以院事归兵部,大都、上都两院仍置,只管达达站赤。延祐七年(1320),仍兼领汉人站赤。大都设院使、同知、副使、佥院、同佥、院判、经历、都事、照磨兼管勾承发架阁、令史、通事、知印、宣使诸官职,上都设院使、同知、副使、佥院、判官、经历、都事、令史、译史、通事、知印、宣使诸官职。下领廪给司。

[8]倒给:发给。

[9]牛只:犹单音词"牛"。因牛以只计,故称。

[10]花名:指在户口册上登记的户口姓名。花,言其参杂不一。

52① 大德八年三月十六日,圣旨节该:"在先,'路分里一百口

---

① 《元典章·刑部》卷十九《抽分羊马牛例》载有相关条文。

羊,抽分一口者。不到①一百口,见群[1]抽分一口者。探马赤的羊马牛只,不到一百个,休抽分者。'圣旨有呵,各处行了文书来。如今众②官人每并抚安百姓去的奉使、行省〔官〕③、兵部(部官)④等,俺根底与了文书:'见群抽分一口者⑤,亏着百姓每。'今后依在先已了[2]的圣旨体例,一百口内抽分一口,见群三十口抽分一口,不到三十口呵,休抽分者。"

[1]见群:犹"现群"。现有的一群牲畜。此处特指现有的一群羊。

[2]已了:已经颁布,已经拟定。"已了的圣旨体例",指已经颁布的圣旨条例。

53 延祐元年六月十六日,中书省奏:"北口[1]等处抽分羊马头匹,去年宣徽院官人每委人抽分来。只教一个衙门里差人呵,不肯从实供报数目,作弊的一般[2]有。省里、宣徽院里差人去,关防着抽分了,教宣徽院里纳呵,怎生?"奏呵,奉圣旨:"那般者。"

[1]北口:关隘名,在今北京延庆西南西拨子东南北口。《元史·世祖本纪六》:"戊戌,申禁羊马群之在北者,八月内毋纵出北口诸隘,践食京畿之禾,犯者没其畜。"

[2]一般:见于元代直译体文献。位于句尾,表示谨慎的断定,与"似乎""可能"略同。《通制条格·仪制·公服私贺》:"穿公服与人厮跪呵,无体例一般。"

54 延祐六年六月十九日,中书省奏节该:"为抽分群羊并一百个里抽分的上头,'达达[1]百姓并千户里,依旧教宣徽院委官抽分有。各城池地面不教差人,教本处官司提调着抽分者。附近去处教纳羊,远处回易作钞将来者'。么道,奏过,行了来。那羊口[2]

---

① 到:《元典章》作"勾"。
② 众:《元典章》作"台"。
③ 〔官〕:《元典章》作"官",《至正条格》脱,今据补。
④ 兵部(部官):《至正条格》作"兵部",误。《元典章》作"部官",今据校。
⑤ 者:《元典章》作"呵"。

内,大的教小的、肥的教瘦的抵换了,好生减的价钱少了,不从实纳有。若不定额呵,不中也者。甘肃、陕西、辽阳等处,每口羊价做中统钞四十两,腹里去处合做一定,要了与将来者。用着羊呵,教那钞俺这里和买[3]也者。"奏呵,奉圣旨:"那般者。"钦此。送兵部议得:"兴和路抽分马牛,如遇水冻草枯,责令本路提调正官、拘该有司官照依彼中时估[4]回易作钞起解。"都省准拟。

[1]达达:即"鞑靼",又作"塔塔儿",皆为音译名。"鞑靼"也可译作"达靼""达旦""达怛"等,本靺鞨别部。唐末始见记载。为突厥统治下的一个部落,突厥衰亡后,鞑靼逐渐成为强大部落。两宋、辽、金时代,又把漠北的蒙古部称为"黑鞑靼",漠南的汪古部称为"白鞑靼"。蒙古兴起,鞑靼为蒙古所灭,但仍泛称蒙古为"鞑靼"。元亡,其宗族走漠北,明时又把东部蒙古成吉思汗后裔各部称为"鞑靼"。广义上,"鞑靼"为中国北方诸少数民族的总称。

[2]羊口:犹单音词"羊"。因羊以口计,故称。

[3]和买:官府按价在民间市场购买物品。

[4]时估:犹"时价"。当时的价格。"彼中时估",指那里当时的价格。

55 至顺三年四月,兵部议得:"抽分羊马,本以供给内府支持[1],不为不重。每岁差官各处抽分,不行从实交纳,以小抵大,作弊多端,拟合设法关防。今后都省、宣徽院选差廉能见任有职役人员,给驿[2]前去各处依例抽分。本部置立号簿[3],填写勘合[4],印押完备,责付委官收管。每勘合一纸,止填羊一口,或马一匹、牛一只,开写臕分[5]、斤重,给付客旅收执,不许多添数目。随于号簿内依上附写[6]明白,年终以凭查勘。"都省准拟。

[1]支持:开支。《元典章·圣政》卷二《大德十二年二月圣旨》:"国家应办支持浩大,所用之物,必须百姓每根底和雇和买应办有。""供给内府支持",指供给王室开支。

[2]驿:犹"驿马""铺马"。指驿站供应的马,供传递公文者及来往官员使用。《元典章·兵部》卷三《不许滥差铺马》:"今后非军情、钱粮紧急

之务,必合乘驿者,毋得滥差。"

[3]号簿:犹"登记簿"。指按人头或事项编号登记的簿册。《元典章·户部》卷八《恢办课程条画》:"今后诸盐场遇有买纳及支客盐,无致留难。不受不给,或勘合号簿、批凿引钞违限者,并徒二年。"

[4]勘合:又称"勘合文字""勘合文簿"。指用以防止作弊和辨别真假的凭证。元徐元瑞《吏学指南·榜据》:"勘合:即古之符契也。"

[5]膘分:指牲畜生长的肥壮程度。

[6]附写:登记。《元典章·兵部》卷三《起马置历挨次》:"仍每匹出给勘合印贴一张,并置勘合簿一扇,于贴簿上该写某人马匹起送是何使臣,分付管马牌头,令各牌依上置历附写过,责付养马人夫收管递送。"

56 元统二年十月二十九日,诏书内一款:"怯薛歹并各爱马羊马,并免抽分。其兴贩之数,不拘此例。"

57 元统三年六月,兵部议得:"抽分马牛,委官乘骑驿马,终岁坐支分例,较其所费,已是不赀,官民无益。每年辽阳省[1]将抽分羊每口回易中统钞四十两起解。拟合令本省就选廉干官员依例抽分,每马一匹作中统钞四定,牛一只二定,回易作钞,差人起解,发下宝源库[2]作收,年终通行开呈。果有倒死,须于拘该官司相视明白,依例发卖。如违,着落元差管领、收养、押解人员追陪。"都省准拟。

[1]辽阳省:"辽阳等处行中书省"之简称。《元史·地理志二》:"辽阳等处行中书省。为路七、府一、属州十二、属县十。徒存其名而无城邑者,不在此数。本省计站一百二十处。"

[2]宝源库:官署名,"都提举万亿宝源库"之简称,又称"万亿宝源库",隶属户部,秩正四品,掌宝钞、玉器。至元二十五年(1288)始置。下设都提举、提举、同提举、副提举、知事、提控案牍、司吏、译史、司库诸官职。

58 至元六年十一月,兵部议得:"今后但系抽分羊马,省院差官,不许委用杂职[1]官员、白身[2]之人,合于类选或见任流官[3]内选委廉干人员,照依年例,从实抽分,务要尽实到官,逐旋解纳,年终通行呈报。较勘[4]所解钞数，不及支过分例者，将差去人员量事轻重究治。其三河、芦沟桥、六家店三处近都地面，不须差人。令拘该有司摘委[5]正官赴省部，依期关领[5]榜文、勘合火印，依例抽分。折收价钞，用印□①记，逐旋差人解纳。如有隐漏作弊，依例断罪，标附[7]。"都省准拟。

[1]杂职：未入流之官职。《元史·选举志二》："元系流官，任回，止于流官内任用。杂职者，杂职内迁叙。""杂职官员"，指不入流、无品级之官员。

[2]白身：无功名、无官职或已仕而未通朝籍。清平步青《霞外捃屑·释谚·白身》："越俗以布衣无仕籍者为白身人。"

[3]流官：有品级的官员。

[4]较勘：比较核对。

[5]摘委：选取委派。

[6]关领：领取。

[7]标附：指在文簿上标注登记。

阑 遗

59② 至元十八年二月初五日，中书省奏："俺先前收拾[1]下的不阑奚人每，配成户的，今后若主人识认③着呵，官司斟酌与价钱呵，怎生？"奏呵，奉圣旨："那般者。"

[1]收拾：犹"拘收"。没收，扣留。《元典章·刑部》卷十八《拘收孛兰奚人口》："诸处应有不兰奚人口、头匹等，从各路府司收拾。"

60④ 大德四年四月，宣徽院备阑遗监[1]呈："今后各处拘收不

――――――

① □：《至正条格》此字残损，无法辨识，分析文意及残存笔画，疑作"封"。
② 《通制条格·杂令·阑遗》载有同一条文。
③ 识认：《通制条格》作"认"。
④ 《通制条格·杂令·阑遗》载有同一条文。《至正条格（校注本）》将此一条文与前一条文合并为一条，欠妥。依据《至正条格》的条目划分体例及《通制条格》，《至正条格》于此条抬头脱标圆圈符号，实则《至正条格》此条与前一条不是同一条。

阑奚头匹,选拣①堪中支持[2],开写齿岁、毛色、膘分,趁水草畅茂时月,差有职役食俸人员送纳。如委瘦弱不堪支持,月申[3]内明白称说,责令牧养。"刑部议得:"各路府州司县拘收到不阑奚头匹,依准宣徽院所拟,差人牧养,管要肥壮。如委瘦弱不堪支持,月申内明白称说。先将堪中数目依期具解,开写毛齿[4]、膘分,差有职役不作过犯[5]之人,趁时②管押,赴都交纳。如点视得但有瘦弱,即将差来人员究治。"都省准拟。

[1]阑遗监:官署名,简称"监",元置,属宣徽院,秩正四品,掌不阑奚人口、头匹诸物。至元二十年(1283),初立阑遗所。至元二十五年(1288),改为监。下设太监、少监、监丞、知事、提控案牍、令史、译史、知印兼通事、奏差诸官职。

[2]堪中支持:可以供应。

[3]月申:公文术语。下级官府向上级官府每月申报一次的行文称作"月申"。

[4]毛齿:"毛色齿岁"之简称。指牲畜的皮毛颜色和年龄。

[5]不作过犯:犹言"不犯过"。指没有犯错。

61③ 至大四年十月,四川行省[1]咨:"成都路[2]所收不阑奚马匹、驴畜,年深无主识认,合行回易作钞起解。"都省准拟。

[1]四川行省:"四川等处行中书省"之简称,又称"四川省"。《元史·地理志三》:"四川等处行中书省。为路九,府三,属府二,属州三十六,军一,属县八十一。蛮夷种落,不在其数。"

[2]成都路:隶属四川等处行中书省,治所在今四川成都市。《元史·地理志三》:"成都路。上。唐改蜀郡为益州,又改成都府。宋为益州路,又为成都府路。元初抚定,立总管府,设录事司。至元十三年,领成都、嘉定、崇庆三府,眉、邛、隆、黎、雅、威、茂、简、汉、彭、绵十一州,后嘉定自为一路,以眉、雅、黎、邛隶之。二十年,又割黎、雅属吐蕃招讨司,

---

① 选拣:《通制条格》作"选择"。
② 趁时:《通制条格》作"称时"。
③ 《通制条格·杂令·阑遗》载有同一条文。

降崇庆为州,隆州并入仁寿县,隶本府。领司一、县九、州七。州领十一县。"

62① 皇庆元年五月,宣徽院备阑遗监呈:"本监专管不阑奚人口、头匹,循行[1]事务,多失其宜。"具到各项事理,刑部议拟,都省准呈于后:

一、②路府州县达鲁花赤[2],提调不阑奚人口、头匹,骑坐飞放,移易隐占,廉访司严加体察禁约。到官之数,合令宣徽院设法关防,毋致隐匿、瘦弱、死损。

一、不阑奚人口如未到监,各处有主识认者,随令有司发落。如已到监,即便取问各人来历根因[3]、住贯去处,行移召主识认。如无主识认③者,分拨匹配成户,发付有司,收系[4]当差。

一、本监置造火印三等,一作"官"字,一作"主"字,一作"支"字。凡有纳到头匹,本监官亲临监视医兽[5]验觑[6]齿岁、膘分,明立文案,随时用"官"字印烙。若有本主认见,合给付者,即用"主"字印烙。如蒙上司支拨,用"支"字印烙。庶革更换之弊。

一、本监每岁十月于庞村聚集。凡有收到不阑奚头匹,官给草料者,本主识认是实,照依喂养过月日草料时估,回纳[7]价钞还官。其牧放者,不拘此例。

一、在前支拨不阑奚头匹,多有口传圣旨,径直赴监支取,本监不即申院,画便[8]分付,似涉专越[9]。今后凡支头匹,须奉宣徽院文字,然后许支。

[1]循行:遵行,照办。
[2]达鲁花赤:蒙古语音译,又译作"达噜噶齐""答鲁合臣""答鲁和臣""答剌花赤""答剌火赤"等。官职名,指监临官,总辖官。"达鲁花赤"

———

① 《通制条格·杂令·阑遗》载有同一条文。
② 《至正条格》此条简省颇多,可详参《通制条格》。
③ 识认:方龄贵《通制条格校注》录作"认识",误倒。《通制条格》《至正条格》皆作"识认",当据校。

这一官职名称在元代设置最为普遍,其始设于成吉思汗时期。元政府在各部及各路、府、州、县均设有达鲁花赤一职,掌监治地方行政和军事,为地方各级的最高长官。"达鲁花赤"须由蒙古人充任,汉人不能担任。"达鲁花赤"这一官职可以世袭,但须降格承袭。

[3]根因:根源,缘故。

[4]收系:拘禁。

[5]医兽:犹"兽医"。明张衮《题为酌处时宜以期修马政疏》:"三曰久群医、群长之设,为其提调群户也;医兽之设,为其工治医药也,皆以为马也。"

[6]验觑:犹"验看"。检验察看。

[7]回纳:归还。元徐元瑞《吏学指南·诸纳》:"回纳:谓支用官物,销用不尽回纳者。"

[8]画便:立刻就,立即就。

[9]专越:擅自行事,超越本分行事。

63① 延祐元年五月十七日,中书省奏:"为拘收不阑奚人口、头匹等物,宣徽院官人每为委付来的人每扰民的上头[1],元贞元年奏了:'各路里达鲁花赤、总管,州里达鲁花赤、知州,县里达鲁花赤、县尹,科[2]一员提调拘收者。'么道,行了文书②来。皇庆元年,宣徽院官却奏了:'今后各处合委付将去的不阑奚赤[3]每,教阑□(遗)③监官人〔每〕④定拟与俺文书呵,依着俺准了的文书,教⑤阑遗监官出札付[4]委付将去者⑥。'〔么道〕⑦,奏了的上头,阑遗监官委付人来。'济宁路[5]去的拘收不阑奚人每,搔扰百姓

---

① 《通制条格·杂令·阑遗》载有同一条文。
② 文书:《通制条格》作"文字"。
③ □(遗):《至正条格》此字残损,《通制条格》作"遗",今据补。
④ 〔每〕:《通制条格》作"每",《至正条格》脱,据补。
⑤ 教:《通制条格》作"交"。
⑥ 者:《至正条格》作"者",《通制条格》脱,当据补。
⑦ 〔么道〕:《通制条格》作"么道",《至正条格》脱,今据补。

有。'么道,刑部官〔人每备着路家文书〕①,俺根底与文书有。依旧上(止)②教路府州县管民官[6]内提调收拾呵,便当的一般。"奏呵,奉圣旨:"依旧例教管民官内提调拘收者。"

[1]为……的上头:见于元代直译体文献。表示某种缘故。又作"为……上头"。犹"因……之故"。《元典章·户部》卷八《新降盐法事理》:"两淮盐法为不定体的上头,合整治的法度,张参政题说来。"

[2]科:选,选取。

[3]不阑奚赤:蒙古语音译。犹"不阑奚头目"。指拘收、管理不阑奚人口、头匹等的官吏。

[4]札付:公文术语。谓上级官府发给下级官府的公文。

[5]济宁路:隶属中书省,治所长期在巨野县(今山东巨野县)。至正八年(1348),移治任城县(今山东济宁市)。《元史·地理志一》:"济宁路。下。唐麟州。周于此置济州。元太宗七年,割属东平府。至元六年,以济州还治巨野,仍析郓城之四乡来属。八年,升济宁府,治任城,寻还治巨野。十二年,复立济州,治任城,属济宁府。十五年,迁府于济州,却以巨野行济州事。其年,又以府治归巨野,而济州仍治任城,但为散州。十六年,济宁升为路,置总管府。领司一、县七、州三。州领九县。"

[6]管民官:元代对地方官吏的统称。因地方官吏掌管民政,故称。与"管军官"对称。《元史·世祖本纪四》:"管民官迁转,以三十月为一考,数于变易,人心苟且,自今请以六十月迁转。"

64 天历元年六月,刑部议得:"今后各处遇有收到不阑奚头匹,无主识认者,黄河迤北[1]并腹里路分、达达地面,差人起解;黄河迤南[2]并行省去处,照依彼中时直[3],回易作钞起解。仍令监察御史、廉访司体察。"都省准拟。

[1]迤北:犹"以北"。

[2]迤南:犹"以南"。

---

① 〔人每备着路家文书〕:《通制条格》作"人每备着路家文书",《至正条格》脱,今据补。

② 上(止):《至正条格》作"上",误。《通制条格》作"止",今据校。

[3]时直：同"时值"。指当时的价格。

65 至元元年十二月，刑部议得："监察御史纠言[1]：'阑遗监滥委提领人等。'本监既已拘收，元给文凭，别无定夺。今后腹里路分，拟合钦依延祐元年奏奉圣旨事意，令路府州县管民正官提调拘收，依例起解。所据迤北达达地面，合令各爱马头目结罪[2]选保[3]廉慎好人，经由阑遗监拟呈[4]，宣徽院准设，出给札付，仍从本监设法关防。每爱马止设一人，于各该地面依例拘收，从实解纳。若有冒滥，罪及当该首领官吏。"都省准拟。

[1]纠言：举发弹劾。
[2]结罪：缔结罪状。指本人就其所做之事，缔结甘愿承担罪责的文状，以为凭据。
[3]选保：选取担保。指选取某人担任某一职位，需要选取人向上级担保所选之人可以堪用。
[4]拟呈：公文术语。拟文呈报。谓下级向上级就某事项拟文并呈送报告。

隐藏阑遗官物遇革

66① 至顺三年八月，刑部议得："诸人隐藏系官人口、头匹，收匿阑遗等物，争讼到官。其被使到转卖之物，革前招证[1]明白，罪经释免，依例追理。未承伏者，本物见在，拘收还官。"都省准拟。

[1]招证：招供对证。

至正条格二十四卷终

---

① 《元典章·新集至治条例·刑部·延祐七年革后禀到隐藏人口例（又）》载有相关条文。

至正条格卷第二十五　条格　田令

理　民

67① 至元二十八年六月，中书省奏准：

诸理民之务，禁其扰民者，此最为先。凡里正、公使[1]人等{贴书[2]亦同}，从各路总管府拟定合设人数，其令司县选留廉干②无过之人，多者罢去。仍须每事设法关防，毋致似前侵害百姓。③

诸村主首[3]，使佐里正催督差税，禁止违法。其坊村人户、邻居之家，照依旧列（例）④，以相检察，勿造非违[4]。⑤

诸社长本为劝农而设，近年以来，多以差科干扰，大失元立社长之意。今后凡催差办⑥集[5]，自有里正、主首。其社长使专劝课，凡农事未喻者教之，人力不勤者督之。必使农尽其功，地尽其利。官司有不⑦遵守，妨废[6]劝农者，从廉访司⑧究治。⑨

诸州县官劝农日，社内有游荡好闲、不务生理[7]⑩、累劝不改者，社长须得对众举明，量示⑪惩诫。其社长若年小德薄，不为众

---

① 《通制条格·田令·理民》载有同一条文。
② 干：《至正条格》《通制条格》皆作"干"，《元典章》作"能"。
③ 《元典章·工部》卷三《至元新格》载有同一条文。
④ 列（例）：《至正条格》作"列"，误。《通制条格》《元典章》皆作"例"，今据校。
⑤ 《元典章·工部》卷三《至元新格》载有同一条文。
⑥ 办：《通制条格》"辨"，误。《至正条格》《元典章》皆作"办"，当据校。
⑦ 《元典章》于"不"后衍"复"字，《至正条格》《通制条格》皆无，当据删。
⑧ 廉访司：《通制条格》《元典章》皆作"肃政廉访司"。
⑨ 《元典章·户部》卷九《至元新格》载有同一条文。
⑩ 理：《至正条格》《通制条格》皆作"理"，《元典章》作"业"。
⑪ 示：《至正条格》《通制条格》皆作"示"，《元典章》作"行"。

人信服，即听询举深知农事、年高①纯谨之人易换。②

诸假托灵异③，妄造妖言，佯修善事，夜聚明散，并凡官④司已行禁治事理，社长每季须一诚喻⑤，使民知恐⑥，毋陷刑宪。⑦

诸遇灾伤阙⑧食，或能不吝己物，劝率富有之家，叶⑨同[8]周济困穷，不致失所◇（者）⑩，从本处官司保申上司，申部呈省。⑪

诸义仓[9]，本使百姓丰年贮⑫蓄，歉年⑬食用，此已验良法。其社长照◇（依）⑭元行，常⑮复修举。官司敢有拘检烦扰者，从肃政廉访司纠弹。⑯

诸富户，依托见任官员，影避[10]差役者，所在廉访司⑰官常须用心禁察，毋使循习旧弊，靠损[11]贫民。违者，其官与民并行治罪。

诸论诉婚姻、家财、田宅、债负[12]，若不系违法重事，并听社长

---

① 年高：《至正条格》《通制条格》皆作"年高"，《元典章》作"高年"。
② 《元典章·户部》卷九《至元新格》载有同一条文。
③ 灵异：《至正条格》《通制条格》皆作"灵异"，《元典章》作"神灵"。
④ 官：《至正条格》《通制条格》皆作"官"，《元典章》作"有"。
⑤ 喻：《通制条格》《元典章》皆作"谕"。
⑥ 恐：《至正条格》《通制条格》皆作"恐"，《元典章》作"畏"。
⑦ 《元典章·户部》卷九《社长不管余事》载有相关条文。
⑧ 阙：《至正条格》《通制条格》皆作"阙"，《元典章》作"缺"。
⑨ 叶：《至正条格》《通制条格》皆作"叶"，《元典章》作"协"。
⑩ ◇（者）：《至正条格》空格，《通制条格》《元典章》皆作"者"，今据补。
⑪ 《元典章·圣政》卷二《至元新格（又一款）》载有同一条文。
⑫ 贮：《至正条格》《通制条格》《元典章》皆作"贮"，《历代名臣奏议》作"储"。
⑬ 歉年：《至正条格》《通制条格》皆作"歉年"，《元典章》作"歉岁"，《历代名臣奏议》作"俭年"。
⑭ ◇（依）：《至正条格》空格，《通制条格》《元典章》《历代名臣奏议》皆作"依"，今据补。
⑮ 常：《通制条格》《历代名臣奏议》皆作"当"，误。《至正条格》《元典章》皆作"常"，当据校。
⑯ 《元典章·圣政》卷二《至元新格（内一款）》载有同一条文，《历代名臣奏议》卷六七载有部分条文。
⑰ 廉访司：《通制条格》作"肃政廉访司"。

以理谕解,免使妨废农务,烦扰①官司。②

[1]公使:吏名,"公使人"之简称。为衙门里承办各种杂事的吏员,级别较低。金、元二代的相关衙门里多有设置。《金史·百官志三》:"诸防刺州司候司。司候一员,正九品。司判一员,从九品。司吏、公使七人。"《新元史·丑闾附冯三传》:"有冯三者,湖广省公使也。"

[2]贴书:吏名,始置于宋代,为宋代宗正寺、大理寺等官署机构中的属吏,其职掌是办理文书之类的事务。沿至元代,其所指发生了改变,指不领取俸禄的见习吏员,其职能相当于"书吏""典吏""令史"等官的助手。明初偶有沿用,后废除。元徐元瑞《吏学指南·吏员》:"人吏,谓无俸贴书之类。"《元史·选举志三》:"省掾每名,设贴书二名,就用已籍记者……御史台令史一名,选贴书二名,依次选试相应充架阁库子,转补典吏……据六部系名贴书合与都省写发人相参转补各部典吏,补不尽者,发各库攒典。都省写发人有阙,于六部系名贴书内参选。"

[3]主首:元代乡村中一般分置乡、都两级,乡设里正,都设主首。掌催办差税徭役和地方治安。有的地方主首专管杂事。主首在应当差役的诸色人户中轮流差充。《元典章·新集至治条例·刑部·坊里正主首羁养罪人不便》:"诸司所设坊里正、主首之役,本以催督租课。"

[4]非违:违法之事。"勿造非违",谓不要做出违法之事。

[5]办集:谓征发赋税、徭役。

[6]妨废:妨碍。《元典章·礼部》卷一《使臣就路开读不许辄往属郡》:"河南行省又复差人来,遍历州郡,不惟致使各衙门官吏迎接,妨废公务,虚负铺马、首思。"

[7]生理:指维持生活的生产或经营。"不务生理",谓不从事生产或经营。

[8]叶同:犹"协同"。协助。

[9]义仓:储存粮食以备荒年的公有仓库。《元史·食货志四》载"常平义仓"条:"常平起于汉之耿寿昌,义仓起于唐之戴胄,皆救荒之良法

---

① 扰:《至正条格》《通制条格》《新元史》皆作"扰",《元典章》作"紊"。
② 《元典章·刑部》卷十五《至元新格(又)》和《新元史·刑法志上》载有同一条文。

也。元立义仓于乡社,又置常平于路府,使饥不损民,丰不伤农,粟直不低昂,而民无菜色,可谓善法汉、唐者矣。……义仓亦至元六年始立。其法:社置一仓,以社长主之,丰年每亲丁纳粟五斗,驱丁二斗,无粟听纳杂色,歉年就给社民。于是二十一年新城县水,二十九年东平等处饥,皆发义仓赈之。皇庆二年,复申其令。然行之既久,名存而实废,岂非有司之过与?"

[10]影避:躲避,逃避。《元典章·圣政》卷一《大德十一年五月诏》:"诸色人等户,各务本业,毋得别投户名,影避差徭。"

[11]靠损:连累损害。

[12]债负:所欠的债,所欠的钱财。《通制条格·杂令·卑幼私债》:"本路官员、百姓富家子弟,不问尊长,暗与财主作弊,取借债负及冒卖田宅,虚钱实契,一同非理使用,意望尊长亡殁归还,以致临时破坏家业,乞行禁约事。""取借债负",犹言"借债"。

立 社

68① 至元七年闰十一月,尚书省②。司农司[1]呈:"大名[2]、彰德等路在城居民,俱系经纪买卖[3]之家并各局分[4]人匠,恐有不务本业、游手好闲、凶恶之人,合依真定等路选立社、巷长[5]教训。"于十一月十八日奏奉圣旨:"既是随路有已立了社呵,便教一体立去者。"又奏:"中都[6]、上都立社呵,切恐诸投下[7]有不爱的去也。"奉圣旨:"立社是好公事也,立去者。"钦此。〔除已〕③行下各路,及令所属州县,在城关厢[8]见住诸色户计[9],钦依圣旨〔事理〕④,并行入社。

[1]司农司:官署名,"大司农司"之简称,秩从一品。至元七年

---

① 《通制条格·田令·立社巷长》载有同一条文。
② 《至正条格(校注本)》于"尚书省"后衍补一"备"字,《至正条格》《通制条格》皆无,当据删。
③ 〔除已〕:《通制条格》作"除已",《至正条格》脱,今据补。
④ 〔事理〕:《通制条格》作"事理",《至正条格》脱,今据补。

(1270),始立大司农司。至元十四年(1277),罢,以按察司兼领劝农事。至元十八年(1281),改立为农政院。至元二十年(1283),又改立为务农司。是年,又改为司农寺。至元二十三年(1286),复改为大司农司。掌农桑、水利、学校、饥荒等事。下设大司农、大司农卿、少卿、大司农丞、经历、都事、架阁库管勾、照磨、掾史、蒙古必阇赤、回回掾史、知印、通事、宣使、典吏诸官职,下领籍田署、供膳司、永平屯田总管府诸官署机构。

[2]大名:即"大名路",隶属中书省,治所在今河北大名县东。《元史·地理志一》:"大名路。中(上)。唐魏州。五代南汉改大名府。金改安武军。元因旧名,为大名府路总管府。领司一、县五、州三。州领六县。"

[3]经纪买卖:犹言"做买卖"。

[4]局分:犹"局"。指官署机构。元代分置各局院,将负责造作的工匠分门别类,隶属其中。元苏天爵《元文类》卷四二《诸匠》:"国家初定中夏,制作有程,乃鸠天下之工,聚之京师,分类置局,以考其程度,而给之食,复其户,使得以专于其艺。"

[5]社、巷长:社长与巷长。"社长",指一社之长。元代农村以村为基础,以社为基层地方组织。每村五十户立为一社。如一村有五十户以上,只为一社。选立社长一员。如一村增至百家者,另设社长一员。如一村不及五十家者,与附近村相并为一社。社长主要负责劝农事务。"巷长",指街巷之长。元代在城中各街巷设置的负责各街巷安全、嫁娶等事务的人员。《元史·道童传》:"城中置各厢官及各巷长,昼夕坚守,众心翕然。"

[6]中都:即元大都。大都,旧名"燕京",在金朝为中都和大兴府,蒙古国时为燕京行断事官治所。在元初为燕京行省治所,至元元年(1264),名曰"中都"。至元九年(1272),改名"大都"。

[7]诸投下:犹言"诸部"。

[8]关厢:城门内外的大街和附近的地区。

[9]诸色户计:元代将人户按种族、宗教、职业等的区别,分为民户、站户、军户、匠户、冶金户、打捕户、姜户、维吾尔户、也里可温户等,称为"诸色户计",省称"诸色户""户计"。

69① 至元二十九年三月二十日,枢密院奏:"脱完②不花奏将来有:'廉□(访)③司官人每,俺恨(根)④底与文字[1];省官每奏准,蒙古探马赤◇(每)⑤根底,与汉儿民户一处作社者。么道,与文字来。俺怎生理会[2]?'〔么道〕⑥,说将来有。俺商量来:'军每的数目,教⑦他每⑧知道的体例无有。'"〔么道〕⑨,奏呵,奉〔圣旨〕⑩:"休与汉儿民户一处相合者,依着万户的体例里另行者。"

[1]与文字:谓向上级呈交公文。《通制条格·仪制·公服私贺》:"俺省家与文字,教立个体例呵,怎生?"

[2]理会:处理,治理,料理。"俺怎生理会",我怎么处理呢?

70⑪ 大德七年十月,御史台呈:"山东道廉访司申:'随处游手好闲、弃本逐末之徒,乘此饥年,纠合为盗。'若令所在官司每社长立保甲[1],此等之人出入动作,常切递相觉察。"刑部议得:"随处已有设置社长,若〔另〕⑫编排保甲,诚恐动摇。拟合钦依圣旨事意,令社长不管余事,专一劝课农桑,照管社内之人,务勤本业。若有游荡之徒,常切觉察,毋⑬令别作非违。如是有失觉察,致⑭

---

① 《通制条格·田令·立社巷长》和《元典章·户部》卷九《蒙古军人立社》载有同一条文。
② 完:《元典章》作"儿",误。《至正条格》《通制条格》皆作"完",当据校。
③ □(访):《至正条格》此字残损,《通制条格》《元典章》皆作"访",今据补。
④ 恨(根):《至正条格》作"恨",误。《通制条格》《元典章》皆作"根",今据校。
⑤ ◇(每):《至正条格》空格,《通制条格》《元典章》皆作"每",今据补。
⑥ 〔么道〕:《通制条格》《元典章》皆作"么道",《至正条格》脱,今据补。
⑦ 教:《至正条格》《通制条格》皆作"教",《元典章》作"交"。
⑧ 每:《至正条格》《通制条格》皆作"每",《元典章》脱,当据补。
⑨ 〔么道〕:《通制条格》《元典章》皆作"么道",《至正条格》脱,今据补。
⑩ 〔圣旨〕:分析文意,《至正条格》当脱"圣旨"二字,今据补。
⑪ 《通制条格·田令·立社巷长》和《元典章·刑部》卷十三《社长觉察非违》载有同一条文。
⑫ 〔另〕:《元典章》作"另",《至正条格》《通制条格》皆脱,今据补。
⑬ 毋:《至正条格》《通制条格》皆作"毋",《元典章》作"恐"。
⑭ 致:《至正条格》《通制条格》皆作"致",《元典章》作"敢"。陈校本《元典章》校作"敢(致)",实则不必校,文意亦通。

有人户违犯者,验轻重将社长责罚。"都省准呈。

[1]保甲:宋代王安石变法时推行保甲法,其法:十家为保,有保长。五十家为大保,有大保长。十大保为都保,有都保正、副。家有两丁以上者,选一人做保丁,组成保甲,授之弓弩,教之战阵。每一大保,夜轮五人警盗。同保内有犯法者,知而不告,依律伍保法科罪。

71① 至大元年七月,刑部呈:"议得:'为盗之人,须有居处。若在编立社内,社长力能觉察。或不务本业,或出入无②时,或服用非常[1],或饮食过分,或费用无节,或元贫暴富,或安下生人[2],或交结游惰,此皆生盗之由。合令亲民官司照依累降圣旨条画[3],宣明教导,选举社长,常令训导各安本业,觉察凶恶游惰。廉访司常加纠治,庶几盗息民安。'"都省准呈。

[1]服用非常:指衣着器用不合惯例。

[2]生人:陌生人。元岳伯川《吕洞宾度铁拐李岳》第三折:"我自家取去,您是生人,惊散了我的魂灵,我又是死的了。""安下生人",指收留陌生人住下。

[3]条画:又作"条划"。条规,法令。《元史·郭宝玉传》:"又言:'建国之初,宜颁新令。'帝从之。于是颁条画五章,如出军不得妄杀;刑狱惟重罪处死,其余杂犯量情笞决……"

农桑事宜

72③ 至元二十三④年六月十二日,中书省奏:"立大司[农司的

---

① 《通制条格·田令·立社巷长》载有同一条文。
② 无:《通制条格》作"不"。
③ 《通制条格·田令·农桑》和《元典章·户部》卷九《劝农立社事理》载有同一条文。《救荒活民类要·条格》《新元史·食货志二》载有相关条文。
④ 三:《救荒活民类要》作"一",误。《至正条格》《通制条格》《元典章》《新元史》皆作"三",当据校。

圣旨,奏呵,'与者'。么道]①,□□□(圣旨有)②来。□(又)③仲谦[1]那的每[2]行来的条画,在先他(也)④省官人每的印信文字行来。如今条画根底,省家[3]文字里交行呵,怎生?"奏呵,奉圣旨:"那般者。"钦此。今将定到条画开立[4]于后:

　　一、⑤诸县所属村疃,凡五十家立为一社,不以是何诸色人等,并行入⑥社。令社众推举年高⑦、通晓农事、有兼丁者,立为社长。如一村五十家以上,只为一社。增至百家者,另⑧设社长一员。如不及五十家者,与附近村分[5]相并为一社。若地⑨远人稀,不能相并⑩者,斟酌各处地面,各村自为一社者,听。或三五村⑪并为一社,仍于酌中⑫村内选立社长。官司并不得将社长差占,别管余

---

① ［农司的圣旨,奏呵,'与者'。么道］:《至正条格》此行文字残缺,今据《通制条格》《元典章》补。
② □□□(圣旨有):《至正条格》此三字残损,《通制条格》《元典章》皆作"圣旨有",今据补。
③ □(又):《至正条格》此字残损,《通制条格》《元典章》皆作"又",今据补。
④ 他(也):《至正条格》《元典章》皆作"他",误。《通制条格》作"也",今据校。
⑤ 《救荒活民类要·条格》载有同一条文。《元典章·户部》卷九《社长不管余事》、《元史·食货志一》、《新元史·食货志二》载有相关条文。
⑥ 入:《元典章·劝农立社事理》作"立",误。《至正条格》《通制条格》《救荒活民类要》皆作"入",当据校。
⑦ 年高:《至正条格》《通制条格》《元典章·劝农立社事理》《元典章·社长不管余事》《救荒活民类要》皆作"年高",《元史》《新元史》作"高年"。
⑧ 另:《至正条格》《通制条格》《元典章·劝农立社事理》《救荒活民类要》皆作"另",《元史》《新元史》皆作"别"。
⑨ 地:《新元史》作"社",误。《至正条格》《通制条格》《元典章·劝农立社事理》《救荒活民类要》《元史》作"地",当据校。
⑩ 并:《至正条格》《通制条格》《元典章·劝农立社事理》《救荒活民类要》皆作"并",《元史》《新元史》皆作"合"。
⑪ 或三五村:《通制条格》作"或叁村,或伍村",《元典章·劝农立社事理》《救荒活民类要》皆作"或三村、五村"。
⑫ 酌中:《救荒活民类要》作"斟酌",误。《至正条格》《通制条格》《元典章·劝农立社事理》皆作"酌中",当据校。

事,专一①照管②教劝本社之人务农勤业(务勤农业)③,不致惰④废。如有不肯听从劝教⑤之人,籍记[6]姓名,候提点官到彼,对社众责罚。所立社长,与免[7]本身杂役。年终考较,有成者优赏,怠废者责罚。仍省会社长,却不得因而搔扰,亦不得率领社众非理动作[8]聚集,以妨农时。外据其余聚众作社者,并行禁断。若有违犯,从本处官司就便究治。

一、⑥农民每岁种田,有勤谨趁⑦时而作者,懒惰过时而废者,若不明谕,民多苟且。今后仰社长教谕,各随风土所宜,须管⑧趁时农作。若宜先种者,尽力先行布种植田,以次各各随宜布种,□(必)⑨不得已,然后补种晚田[9]瓜菜。仍于地头道边各立牌

---

① 一:《新元史》作"以",误。《至正条格》《通制条格》《元典章·劝农立社事理》《元典章·社长不管余事》《救荒活民类要》皆作"一",当据校。

② 照管:《至正条格》《通制条格》《元典章·社长不管余事》《救荒活民类要》皆作"照管",《元典章·劝农立社事理》脱,当据补。

③ 务农勤业(务勤农业):《至正条格》作"务农勤业",误。《通制条格》《元典章·劝农立社事理》《元典章·社长不管余事》《救荒活民类要》皆作"务勤农业",今据校。

④ 惰:《通制条格》作"隋",误。《至正条格》《元典章·劝农立社事理》《救荒活民类要》皆作"惰",当据校。《元典章·社长不管余事》作"堕"。

⑤ 劝教:《至正条格》《元典章·劝农立社事理》《救荒活民类要》皆作"劝教",《通制条格》作"教劝"。

⑥ 《救荒活民类要·条格》载有"农民"至"教谕"部分内容。《救荒活民类要·清江县社仓规约》载有"各随风土所宜"至"失误生计"部分内容。《元史·食货志一》《新元史·食货志二》载有相关条文。

⑦ 趁:《救荒活民类要》作"趂",误。《至正条格》《通制条格》《元典章》皆作"趁",当据校。

⑧ 管:《至正条格》《通制条格》《元典章》皆作"管",《救荒活民类要》作"要"。

⑨ □(必):《至正条格》此字残损,《通制条格》《元典章》《救荒活民类要》皆作"必",今据补。

橛[10]①,书写②某社◇③某人地段。仰社长时时④往来点觑[11]⑤,奖劝⑥诫谕⑦,不致荒芜。仍仰堤备[12]天旱,有地主户量种区田,有水则近水种之,无水则凿井。{如井深不能种区⑧田者,听◇(从)⑨民便。}若有水田之⑩家,不必区种,据区田法度,另行发去。仰本路镂⑪板[13],多广印散。诸民若农作动时,不得无故饮会⑫,失误[14]生计[15]。

一、⑬每丁周岁须要创栽桑、◇(枣)⑭二十株,或附宅栽种地桑[16]二十株,早供蚁蚕[17]食用。其地不宜栽桑、〔枣〕⑮,各随地土

---

① 牌橛:《救荒活民类要》作"撅牌",误。《至正条格》《通制条格》《元典章》《元史》皆作"牌橛",当据校。《新元史》作"牌栈",疑"栈"为"橛"之误。

② 书写:《至正条格》《通制条格》《元典章》《救荒活民类要》皆作"书写",《元史》《新元史》皆作"书"。

③ ◇:《至正条格》空格,《元典章》《救荒活民类要》皆作"长",《通制条格》《元史》《新元史》皆无"长"字。

④ 时时:《至正条格》《通制条格》《元典章》《救荒活民类要》皆作"时时",《元史》《新元史》皆作"以时"。

⑤ 点觑:《至正条格》《通制条格》《元典章》《救荒活民类要》皆作"点觑",《元史》《新元史》皆作"点视"。

⑥ 劝:《至正条格》《通制条格》《救荒活民类要》皆作"劝",《元典章》作"谨"。

⑦ 谕:《至正条格》《通制条格》《救荒活民类要》皆作"谕",《元典章》作"惰"。

⑧ 区:《至正条格》《通制条格》《元典章》皆作"区",《救荒活民类要》脱,当据补。

⑨ ◇(从):《至正条格》空格,《通制条格》《元典章》《救荒活民类要》皆作"从",今据补。

⑩ 之:《至正条格》《通制条格》《救荒活民类要》皆作"之",《元典章》作"人"。

⑪ 镂:《至正条格》《通制条格》《救荒活民类要》皆作"镂",《元典章》作"刊"。

⑫ 会:《元典章》作"食",误。《至正条格》《通制条格》《救荒活民类要》皆作"会",当据校。

⑬ 《救荒活民类要·清江县社仓规约》载有同一条文。《元史·食货志一》《新元史·食货志二》载有相关条文。

⑭ ◇(枣):《至正条格》空格,《救荒活民类要》作"果",《通制条格》《元典章》《元史》皆作"枣",今据《通制条格》《元典章》《元史》补。

⑮ 〔枣〕:《通制条格》《元典章》《救荒活民类要》《新元史》皆作"枣",《至正条格》脱,今据补。

所宜，栽种榆、柳等树，亦及二十株。若欲栽种杂果者，每丁衮[①]种一十株。皆以生成为定数。自[②]愿多栽者，听。{若本主地内栽种已满，别无余地可栽者，或有病丧丁数，不在此限。}若有上年已栽桑、果数目，另行具报，却不得朦昧[18][③]报充次年数目。或有死损，从实申说[19]本处官司。申报不实者，并行责罚。仍仰随社布种苜[④]蓿，初年不须割刈，次年收到种子，转转[20]俵[⑤]散[21]，务要广众(种)[⑥]，非止喂养头匹，亦可接济饥年。

一、[⑦]随路皆有[⑧]水利，有渠已开而水利未尽其地者，有全未曾开种并创可挑撅[22]者。委本处正官一员，选[⑨]知水利人员一同相视，中间别无违碍[23]，许民量力开引。如民力不能者，申覆上司，差提举河渠官相□□(验过)[⑩]，官司添力[24]开挑[25]。外据安置水碾磨去处，如遇浇田时月，□(停)[⑪]住碾磨，浇溉田禾。若是

---

① 衮：《至正条格》《通制条格》《救荒活民类要》皆作"衮"，《元典章》《新元史》皆作"限"。

② 自：《通制条格》《救荒活民类要》皆作"目"，误。《至正条格》《元典章》皆作"自"，当据校。

③ 朦昧：《至正条格》《通制条格》《元典章》皆作"朦昧"，《救荒活民类要》作"朦胧"。

④ 苜：《通制条格》作"首"，误。《至正条格》《元典章》《救荒活民类要》《元史》皆作"苜"，当据校。

⑤ 俵：《至正条格》《通制条格》《救荒活民类要》皆作"俵"，《元典章》作"分"。

⑥ 众(种)：《至正条格》作"众"，误。《通制条格》《元典章》《救荒活民类要》皆作"种"，今据校。

⑦ 《救荒活民类要·清江县社仓规约》载有"随路"至"其地者"部分内容。《救荒活民类要·条格》载有"有全"至"相妨"部分内容。《新元史·食货志二》载有相关条文。

⑧ 有：《元典章》作"以"，误。《至正条格》《通制条格》《救荒活民类要》皆作"有"，当据校。

⑨ 选：《至正条格》《通制条格》《元典章》《救荒活民类要》皆作"选"，《新元史》作"偕"。

⑩ □□(验过)：《至正条格》此二字残损，《通制条格》《元典章》《救荒活民类要》皆作"验过"，今据补。

⑪ □(停)：《至正条格》此字残损，《通制条格》《元典章》《救荒活民类要》皆作"停"，今据补。

水田①浇毕,方许碾磨,依旧引水用度,务要各得其用。虽有河渠泉脉,如是地形高阜,不能开引者,仰成造[26]水车,官为应副[27]②人匠,验地里远近、人户多寡③,分置使用。富家能自置材木者,令自置。如贫无材木,官为买给,已后收成之日,验使水之家,均补还官。若有不知造水车去处,仰申覆上司,关④样成造。所据运盐、运粮河道,仰各路从长讲究可否,申覆合干部分定夺,利国便民,两不相妨。

一、⑤近水之家,许凿池养鱼并鹅、鸭之数(类)⑥,及栽种⑦莲藕、鸡头[28]、菱角⑧、蒲苇等,以助衣食。如本主无力栽种,召人依例种佃[29],无致闲歇无用。据所出物色,如遇货卖,有⑨合税者,依例赴务投⑩税[30],难同自来办⑪课[31]河泊创立⑫课程,以致人民不敢增修。

---

① 水田:《救荒活民类要》作"田水",误倒。《至正条格》《通制条格》《元典章》皆作"水田",当据校。

② 应副:《至正条格》《通制条格》《元典章》皆作"应副",《救荒活民类要》作"应付"。

③ 寡:《至正条格》《通制条格》《救荒活民类要》皆作"寡",《元典章》作"少"。

④ 关:《元典章》作"开",误。《至正条格》《通制条格》《救荒活民类要》皆作"关",当据校。

⑤ 《元典章·户部》卷八《池鱼难同河泊办课》和《救荒活民类要·条格》载有同一条文。《元史·食货志一》《新元史·食货志二》载有相关条文。

⑥ 数(类):《至正条格》《元史》《新元史》皆作"数",误。《通制条格》《元典章·劝农立社事理》《元典章·池鱼难同河泊办课》《救荒活民类要》皆作"类",今据校。

⑦ 栽种:《至正条格》《通制条格》《元典章·劝农立社事理》《元典章·池鱼难同河泊办课》《救荒活民类要》皆作"栽种",《元史》《新元史》皆作"种莳"。

⑧ 鸡头菱角:《至正条格》《通制条格》《元典章·劝农立社事理》《元典章·池鱼难同河泊办课》《救荒活民类要》《元史》皆作"鸡头菱角",《新元史》作"芡菱"。

⑨ 有:《至正条格》《通制条格》《元典章·劝农立社事理》《救荒活民类要》皆作"有",《元典章·池鱼难同河泊办课》脱,当据补。

⑩ 投:《救荒活民类要》作"报",误。《至正条格》《通制条格》《元典章·劝农立社事理》《元典章·池鱼难同河泊办课》皆作"投",当据校。

⑪ 办:《通制条格》作"辨",误。《至正条格》《元典章·劝农立社事理》《元典章·池鱼难同河泊办课》《救荒活民类要》皆作"办",当据校。

⑫ 创立:《至正条格》《通制条格》《元典章·劝农立社事理》《救荒活民类要》皆作"创立",《元典章·池鱼难同河泊办课》脱,当据补。

一、①本社内遇有病患[32]②凶丧之家,不能种莳③者,仰令社众各备粮饭、器具,并力耕种,锄治收刈,俱要依时办④集,无致荒废。其养蚕者亦如之。一社之中灾病多者,两社并助⑤。外据社众使用牛只,若有倒伤,亦仰照依乡原[33]体例,均助补买。比及补买以来,并牛⑥助工⑦。如有余剩牛只之家,令社众两和租赁。

一、⑧应有荒地⑨,除军马营盘[34]⑩草地已经上司拨定边界者并⑪公田外,其余投下、探马赤、官豪势要之家自行冒占⑫年深荒闲地土,从本处官司勘当[35]得实,打量[36]见数,给付附近无地之家□(耕)⑬种为主。先给贫民,次及余户。如有争差[37],申覆上司定夺。外□(据)⑭祖业,或立契买到地土,近年销⑮乏[38],时暂荒闲者,督勒本主立限开耕租佃,须要不致荒芜。若系自来地薄、

---

① 《救荒活民类要·条格》载有同一条文。《元史·食货志一》《新元史·食货志二》载有相关条文。

② 病患:《至正条格》《通制条格》《元典章》皆作"病患",《救荒活民类要》脱,当据补。《元史》《新元史》皆作"疾病"。

③ 种莳:《至正条格》《通制条格》《元典章》《救荒活民类要》皆作"种莳",《元史》《新元史》皆作"耕种"。

④ 办:《通制条格》作"辨",误。《至正条格》《元典章》《救荒活民类要》皆作"办",当据校。

⑤ 助:《元典章》作"锄",误。《至正条格》《通制条格》《救荒活民类要》皆作"助",当据校。

⑥ 牛:《元典章》作"力",误。《至正条格》《通制条格》《救荒活民类要》皆作"牛",当据校。

⑦ 工:《救荒活民类要》作"空",误。《至正条格》《通制条格》《元典章》皆作"工",当据校。

⑧ 《新元史·食货志二》载有相关条文。

⑨ 荒地:《至正条格》《通制条格》《元典章》皆作"荒地",《新元史》作"荒田"。

⑩ 军马营盘:《至正条格》《通制条格》《元典章》皆作"军马营盘",《新元史》作"军营"。

⑪ 并:《至正条格》《通制条格》《元典章》皆作"并",《新元史》作"及"。

⑫ 冒占:《元典章》《新元史》皆作"占冒",误倒。《至正条格》《通制条格》作"冒占",当据校。

⑬ □(耕):《至正条格》此字残损,《通制条格》《元典章》皆作"耕",今据补。

⑭ □(据):《至正条格》此字残损,《通制条格》《元典章》皆作"据",今据补。

⑮ 销:《至正条格》《通制条格》皆作"销",《元典章》作"消"。

轮番歇种[39]去处，即仰依例存留歇种地段，亦不得多余冐（冒）①占。若有熟地[40]夹间②本主未耕荒地，不及一顷者，不在此限，仍③督责早为开耕。

一、④每社立义仓，社长主之。如遇丰年收成去处[41]，各家验口数，每口留粟一斗。若无粟，抵斗存留杂色物斛[42]⑤，以备俭岁⑥就给各人自行食用。官司并不得⑦拘捡（检）⑧、借贷、动支[43]⑨，经过军马亦不得强行取要。社长明置文历，如欲聚集收顿，或各家顿放，听从民便。社长与社户从长商议，如法收贮，须要不致损坏⑩。如遇天灾凶岁不收去处，或本社内有不收之家，不在存留之限。

一、⑪本社内若有勤务农桑、增置家产、孝友之人，从社长保

---

① 冐（冒）：《至正条格》作"冐"，误。《通制条格》《元典章》皆作"冒"，今据校。《至正条格（校注本）》录作"冐"，误，当据校。

② 夹间：《元典章》作"失开"，误。《至正条格》《通制条格》皆作"夹间"，当据校。

③ 仍：《元典章》作"及"，误。《至正条格》《通制条格》皆作"仍"，当据校。

④ 《元典章·圣政》卷二《至元二十八年尚书省奏奉圣旨》、《元典章·户部》卷七《义仓验口数留粟》、《救荒活民类要·立义仓》和《荒政丛书》卷九载有同一条文。《新元史·食货志二》载有相关条文。

⑤ 斛：《至正条格》《救荒活民类要》皆作"斛"，《通制条格》《元典章》三处条文、《新元史》《荒政丛书》皆作"料"。

⑥ 俭岁：《至正条格》《元典章·义仓验口数留粟》皆作"俭岁"，《通制条格》《元典章·至元二十八年尚书省奏奉圣旨》《元典章·劝农立社事理》《救荒活民类要》《荒政丛书》皆作"歉岁"，《新元史》作"凶荒"。

⑦ 得：《至正条格》《通制条格》《元典章》三处条文皆作"得"，《救荒活民类要》《荒政丛书》皆脱，当据补。

⑧ 捡（检）：《至正条格》作"捡"，误。《通制条格》《元典章》三处条文、《救荒活民类要》《荒政丛书》皆作"检"，今据校。《至正条格（校注本）》录作"检"，误，当据校。

⑨ 动支：《荒政丛书》作"支动"，误倒。《至正条格》《通制条格》《元典章》三处条文、《救荒活民类要》皆作"动支"，当据校。

⑩ 坏：《元典章·劝农立社事理》作"害"，误。《至正条格》《通制条格》《元典章·至元二十八年尚书省奏奉圣旨》《元典章·义仓验口数留粟》《救荒活民类要》《荒政丛书》皆作"坏"，当据校。

⑪ 《救荒活民类要·条格》载有同一条文。《新元史·食货志二》载有相关条文。

举①，官司体究得到（实）②，申覆上司，量加优恤。若社长与本处官司体究所保不实，亦行责罚。本处官司并不得将勤谨增置到物业添加差役。

一、③若有不务本业、游手好闲、不遵父母兄长教令、凶徒恶党之人，先从社长叮咛④教训。如是不改，籍记姓名，候⑤提点官到日，对社众审问是⑥实，于门首大字粉壁书写[44]"不务本业""游惰凶恶"等名称。如本人知耻改过，从社众（长）⑦保明申官，毁去粉壁。如终是不改，但遇本社合着夫役，替民应当。候悔过⑧自新，方许除籍。

一、⑨今后每社设立学校一所，择通晓经书者为学师，于农隙时月⑩，各令子弟入学。先读《孝经》《小学》，次及《大学》《论》《孟》、经、史，务要各知孝悌⑪忠信，敦本抑末。依乡原例，出办[45]束脩。如自愿立常⑫学[46]者，听。若积久学问有成者，申覆上司⑬照验[47]。

---

① 举：《至正条格》《通制条格》《救荒活民类要》皆作"举"，《元典章》作"申"。

② 到（实）：《至正条格》作"到"，误。《通制条格》《元典章》《救荒活民类要》皆作"实"，今据校。

③ 《救荒活民类要·条格》载有同一条文。《新元史·食货志二》载有相关条文。

④ 叮咛：《至正条格》《通制条格》皆作"叮咛"，《元典章》《救荒活民类要》皆作"丁宁"。

⑤ 候：《至正条格》《通制条格》《元典章》《救荒活民类要》皆作"候"，《新元史》作"俟"。

⑥ 是：《新元史》作"情"，误。《至正条格》《通制条格》《元典章》《救荒活民类要》皆作"是"，当据校。

⑦ 众（长）：《至正条格》作"众"，误。《通制条格》《元典章》《救荒活民类要》皆作"长"，今据校。

⑧ 悔过：《至正条格》《通制条格》《救荒活民类要》皆作"悔过"，《元典章》作"能"。

⑨ 《庙学典礼·成宗设立小学书塾》载有同一条文。《新元史·食货志二》载有相关条文。

⑩ 时月：《至正条格》《通制条格》《庙学典礼》皆作"时月"，《元典章》作"时分"。

⑪ 悌：《至正条格》《通制条格》《元典章》皆作"悌"，《庙学典礼》作"弟"。

⑫ 常：《通制条格》《元典章》《庙学典礼》皆作"长"。

⑬ 上司：《至正条格》《通制条格》《元典章》《庙学典礼》皆作"上司"，《新元史》作"官司"。

一、①若有虫蝗②遗子[48]去处③,委各州县正官一员,于十月内专一巡视本管地面。若在熟地,并力翻④耕。如在荒陂大野⑤,先行耕围[49],籍记地段⑥,禁约诸人不得烧燃荒草,以备⑦来春虫蝻[50]⑧生发时分⑨,不分明夜,本处正官监视,就⑩草烧除。若是荒地⑪窄狭、无草可烧去处,亦仰从长规画⑫,春首捕除。仍仰更为多方用心,务要尽⑬绝。若在煎盐草地内虫蝻⑭遗子者,申部定夺。

---

① 《元典章·户部》卷九《捕除虫蝗遗子》载有同一条文。《元史·食货志一》《新元史·食货志二》载有相关条文。

② 虫蝗:《至正条格》《通制条格》《元典章·劝农立社事理》《元典章·捕除虫蝗遗子》皆作"虫蝗",《新元史》作"蝗虫"。

③ 去处:《至正条格》《通制条格》《元典章·劝农立社事理》《元典章·捕除虫蝗遗子》皆作"去处",《元史》作"之地",《新元史》作"之处"。

④ 翻:《至正条格》《通制条格》皆作"翻",《元典章·劝农立社事理》《元典章·捕除虫蝗遗子》皆作"番"。

⑤ 荒陂大野:《至正条格》《通制条格》皆作"荒陂大野",《元典章·劝农立社事理》皆作"荒野",《元典章·捕除虫蝗遗子》作"荒坡大野"。

⑥ 段:《至正条格》《通制条格》《元典章·劝农立社事理》皆作"段",《元典章·捕除虫蝗遗子》作"面"。

⑦ 备:《元典章·劝农立社事理》作"免",误。《至正条格》《通制条格》《元典章·捕除虫蝗遗子》皆作"备",当据校。

⑧ 蝻:《至正条格》《通制条格》《元典章·劝农立社事理》皆作"蝻",《元典章·捕除虫蝗遗子》作"蝗"。

⑨ 时分:《至正条格》《通制条格》《元典章·劝农立社事理》皆作"时分",《元典章·捕除虫蝗遗子》作"之时"。

⑩ 就:《元典章·捕除虫蝗遗子》作"藏",误。《至正条格》《通制条格》《元典章·劝农立社事理》皆作"就",当据校。

⑪ 荒地:《至正条格》《通制条格》《元典章·劝农立社事理》皆作"荒地",《元典章·捕除虫蝗遗子》作"荒闲地面"。

⑫ 画:《至正条格》《元典章·劝农立社事理》《新元史》皆作"画",《通制条格》《元典章·捕除虫蝗遗子》皆作"划"。

⑬ 要:《至正条格》《通制条格》《元典章·劝农立社事理》《元典章·捕除虫蝗遗子》皆作"要",《新元史》作"期"。

⑭ 蝻:《至正条格》《通制条格》《元典章·劝农立社事理》皆作"蝻",《元典章·捕除虫蝗遗子》作"蝗"。

一、若有该载[51]不尽农桑、水利,于民有益,或可预防蝗旱灾沴者,各随方土所宜,量力施行。仍申覆上司照验。

一、①前项农桑、水利等事,◇(专)②委府州司县长官,不妨本职,提点勾当。若有事故差出③,以次官提点。如但[52]④有违慢沮坏之人,取问是实,约量[53]断罪。若⑤有恃势不伏或事重者,申覆上司究治。其提点官不得勾集百姓,仍依时月下村提点,止许将引当该司吏一名、祗候人一二名,毋得因而多将人力,搔扰取受⑥。据每县年终比附到各社长农事成否等第,开⑦申本管上司,通行考较[54]。其本管上司却行开坐[55]⑧所属州县提点官勾当成否,编类[56]等第,申覆司农司⑨及〔申〕⑩户部照验。才候任满,于解由[57]内分明⑪开写排年考较到提点农事功勤惰废⑫事迹,赴部照勘呈省,钦依见降圣旨,比附以为殿最。提刑按察司[58]更⑬为体察。

[1]仲谦:元人张文谦之字。《元史》有传。邢州沙河人。世祖居潜邸,命掌王府书记,日见信任。中统元年(1260),世祖即位,立中书省,命

---

① 《救荒活民类要·条格》载有同一条文。
② ◇(专):《至正条格》空格,《通制条格》《元典章》《救荒活民类要》皆作"专",今据补。
③ 出:《至正条格》《通制条格》《救荒活民类要》皆作"出",《元典章》作"去"。
④ 但:《至正条格》《通制条格》皆作"但",《元典章》作"或",《救荒活民类要》既无"但",也无"或"。
⑤ 若:《至正条格》《通制条格》皆作"若",《元典章》《救荒活民类要》皆作"如"。
⑥ 受:《至正条格》《通制条格》《元典章》皆作"受",《救荒活民类要》作"索"。
⑦ 开:《至正条格》《通制条格》《元典章》皆作"开",《救荒活民类要》空格,当据补。
⑧ 坐:《至正条格》《通制条格》《元典章》皆作"坐",《救荒活民类要》空格,当据补。
⑨ 司:《救荒活民类要》作"大",误。《至正条格》《通制条格》《元典章》皆作"司",当据校。
⑩ 〔申〕:《元典章》《通制条格》《救荒活民类要》皆作"申",《至正条格》脱,今据补。
⑪ 明:《至正条格》《元典章》《救荒活民类要》皆作"明",《通制条格》作"朗"。方龄贵《通制条格校注》校作"朗(明)",当误。
⑫ 惰废:《至正条格》《元典章》皆作"惰废",《通制条格》《救荒活民类要》皆作"废惰"。
⑬ 更:《至正条格》《通制条格》《元典章》皆作"更",《救荒活民类要》空格,当据补。

文谦为左丞。至元元年(1264),诏文谦以中书左丞行省西夏中兴等路。至元七年(1270),拜大司农卿,奏立诸道劝农司,巡行劝课。至元十三年(1276),迁御史中丞。至元十九年(1282),拜枢密副使。岁余,以疾薨于位,年六十八。追封魏国公,谥忠宣。

[2]那的每:又作"那底每"。犹言"那些人""他们"。《元代白话碑·一二三八年凤翔长春观公据碑》:"和尚根底寺、也立乔大师根底胡木刺、先生根底观院、达失蛮根底蜜昔吉,那的每引头儿拜天底人,不得俗人搔扰,不拣甚么差发,休交出者。"

[3]省家:中书省。"家"为表称谓的名词后缀。《元代白话碑·一三〇八年曲阜加封孔子圣旨致祭碑》:"奉圣旨:'教省家与者。'"

[4]开立:犹"开坐""开列"。逐项列出来,逐个写出来。

[5]村分:犹"村"。指农村基层组织。

[6]籍记:谓登记姓名、地段、物品等于簿册之上。

[7]与免:免除。"与免本身杂役",指免除自身的杂泛差役。

[8]非理动作:非法活动。

[9]晚田:晚季。一般指秋季。《居家必用事类全集·辛集·为政九要》:"夏麦薄收,火速劝谕多种荞麦、黍、谷、豆、晚田蔬菜、果木、苜蓿、野菜、劳豆、蓬子、稊稗,可备春首饥荒。"

[10]牌橛:木桩牌。指用来书写证明该耕地属于某人的木桩牌。《元史·食货志一》:"凡种田者,立牌橛于田侧,书某社某人于其上,社长以时点视劝诫。"

[11]点觑:犹"点看""点视"。查看。

[12]堤备:防备。

[13]镂板:又作"镂版"。雕版印刷。

[14]失误:耽误。

[15]生计:指从事生产或经营。"失误生计",指耽误生产或经营。

[16]地桑:又称"鲁桑"。指那种从地下冒出,贴近地面,枝、干、条、叶虽皆丰腴,但形体较小的桑树。元代大司农司编《农桑辑要》引《务本新书》:"夫地桑,本出鲁桑。"《农桑辑要》引《士农必用》:"桑种甚多,不可遍举。世所名者,荆与鲁也。荆桑多椹,鲁桑少椹。叶薄而尖,其边有瓣者,荆桑也。凡枝、干、条、叶坚劲者,皆荆之类也。叶圆厚而多津者,鲁

桑也。凡枝、干、条、叶丰腴者,皆鲁之类也。荆之类,根固而心实,能久远,宜为树。鲁之类,根不固而心不实,不能久远,宜为地桑。然荆桑之条、叶,不如鲁桑之盛茂,当以鲁条接之,则能久远而又盛茂也。鲁为地桑,而有压条、换根之法,传转无穷,是亦可以长久也。……无树桑之家,纯用地桑。"

[17]蚁蚕:又名"蚕蚁"。指刚孵化的蚕。色黑褐,乍看似蚂蚁,故名。清董元亮《柞蚕汇志·饲叶》:"蚁蚕先食嫩叶,嫩叶渐尽,蚕亦渐大。必须于蚕幼时,按树之大小、叶之多寡,匀置其间。"

[18]朦昧:谓隐瞒真情以图蒙混欺骗。元彭致中《鸣鹤余音》卷九《识心识意赋》:"心本无心,意本无意,为从来熟境难忘,心浮意动,却把真心朦昧,不能显现。"

[19]申说:公文术语。申报。

[20]转转:辗转,递相。谓经过许多人的手或经过许多地方。

[21]俵散:犹"分散"。分发,散发。

[22]挑撅:犹"挑掘""挑挖"。挖掘。

[23]无违碍:没有差错。《元代白话碑·一三一四年曲阜文庙户部关文》:"即与都堂钧旨连送户部,更为照勘地亩税石数目,如无违碍,依上施行。"

[24]添力:加力,助力。犹言"相助"。《元典章·兵部》卷一《拯治军官军人条画》:"本使识认明白,驱丁拒抗不伏,仰所在官司添力捉拿转送。"

[25]开挑:挖掘。

[26]成造:制造。

[27]应副:供应。

[28]鸡头:即"鸡头肉"。芡实之别名。北魏贾思勰《齐民要术·养鱼第六十一》:"种芡法,一名鸡头,一名雁喙,即今芡子是也。由子形上花似鸡冠,故名曰鸡头。"

[29]种佃:租种他人土地。

[30]投税:犹"纳税"。交纳赋税。《元典章·户部》卷五《典卖田宅告官推收》:"今后典卖田宅,先行经官给据,然后立契,依例投税,随时推收,免致人难……不即过割,止令卖主纳税。"

[31]办课:征收赋税。《元史·世祖本纪七》:"杭、苏、嘉兴三路办课官吏,额外多取分例,今后月给食钱,或数外多取者,罪之。"

[32]病患:疾病。

[33]乡原:原先,从前。

[34]营盘:军营,营寨。

[35]勘当:核查。

[36]打量:丈量。

[37]争差:争执,纠纷。

[38]销乏:又作"消乏"。贫乏。指财力、物力消耗窘乏。

[39]歇种:间歇耕种。指对于不肥沃的土地,需要轮流闲置与耕种,以保证土地肥沃。

[40]熟地:指经过多年耕种的土地。

[41]去处:时候。《元典章·台纲》卷二《禁治察司等例》:"巡按去处,并不得求娶妻妾。"

[42]物斛:借指粮食。斛,古代量器。"杂色物斛",犹言"杂粮"。指米麦以外的粮食。元王结《文忠集》卷六《善俗要义》:"今岁稍有收成,随社人户合照依条画,各验口数,每口存留义粮一斗,或谷,或杂色物斛,社众商议于本社有抵业信实之家,如法收贮,勿致损坏。"

[43]动支:犹"动用"。使用、挪用(款项)。《元典章·户部》卷八《江南诸色课程》:"各处应据办到诸色课程,仰各道宣慰司并各路总管府,非奉省府明文,不得动支。"

[44]粉壁书写:"粉壁",指宋元时代张贴法令、书写告示的墙壁。"粉壁书写",指在住户门首的粉壁上书写某人的犯罪缘由,或于村坊设置粉壁,在上书写告示。

[45]出办:交纳。《元典章·户部》卷八《寺院酒店课程》:"属寺家的酒店、做买卖的店里出办的课程,更阿你哥的酒店里出办的钱,尽数都交收拾者。""出办束脩",指交纳入学敬师的礼物。

[46]常学:同"长学"。相对"冬学"而言,即长期的学校,指终年长期举办的学校。《通制条格·学令·传习差误》:"各路府州司县,在城关厢已设长学。外据村庄各社请教冬学,多系粗识文字之人,往往读《随身宝》《衣服杂字》之类,枉误后人,皆宜禁约。"

[47]照验:查验,勘对。元徐元瑞《吏学指南·结句》:"照验:谓证明其事也。"

[48]遗子:产卵。明谢肇淛《五杂俎·物部一》:"相传蝗为鱼子所化,故当大水之岁,鱼遗子于陆地,翌岁不得水,则变而为蝗矣。"

[49]耕围:犹"围耕"。围地耕作。谓将荒地加以圈围并耕种。

[50]虫蛹:犹"虫蝗"。指以蝗为主的危害庄稼的虫类。

[51]该载:记载。

[52]如但:表假设。如果。

[53]约量:估量,斟酌。

[54]考较:犹"考课"。考核比较(优劣)。谓按一定标准考核官吏优劣,分别等差,决定升降赏罚。

[55]开坐:开列。

[56]编类:犹"类编"。指依类编排。

[57]解由:宋元时期官吏任满迁转时官府对其供职表现所给出的证明文书。

[58]提刑按察司:官署名,简称"按察司""察司",隶御史台,掌地方监察兼劝农事。元初设置,后于至元二十八年(1291),改称肃政廉访司。《元史·百官志二》:"肃政廉访司。国初,立提刑按察司四道:曰山东东西道,曰河东陕西道,曰山北东西道,曰河北河南道。至元六年,以提刑按察司兼劝农事……二十八年,改按察司曰肃政廉访司。"

73① 至元二十九年八月,大司农司呈:"学校、树株[1]、义粮等数与帐册[2]争差,亲民州县并提调官验争差数目,斟酌到罚俸月日。"刑部议得:"若依大司农司所拟相应。"都省准拟。

一、亲民州县官并得替官:
一十日
诸树一千株以下,义粮一百石②以下,学校一十所以下。
半个月

---

① 《通制条格·田令·司农事例》载有同一条文。
② 石:《通制条格》作"硕"。下同。

诸树一万株以下,义粮一千石以下,学校一百所以下。
一个月
诸树一万株之上,义粮一千石之上,学校一百所之上。
一、总提调官、路府州官并首领官,比依给由并得替官所罚俸钞,三分中量罚一分。
一、其余该载不尽农事,若有争差,比依上例,斟酌责罚。

［1］树株:树木。
［2］帐册:同"账册"。指账簿。

①

74②［至元二十八年十二月十五日,中书省奏:"'江南劝课农桑,那里的路官每亲身巡行呵,搔扰百姓有。不教③行呵,怎生?'］④么道,奏呵,'与理会的南人[1]每一处商量了说者'。〔么道〕⑤,圣旨有来。俺众人与南人每一处商量来,那的每也则这般说有:'江南劝课农桑的,不教⑥官人〔每〕⑦提调着呵,百姓每也不怠慢,向前有。不教官人每巡行,依时节行文书呵,中也者。'〔么道〕,说有。俺也那般商量来。"〔么道〕,奏呵,奉圣旨:"那般者。"

［1］南人:元代称南宋统治区内的汉族人为"南人",又称作"新附人"。南人的政治待遇最低,位于蒙古、色目、汉人之下。《元史·百官志一》:"官有常职,位有常员,其长则蒙古人为之,而汉人、南人贰焉。"

---

① □□□□□:《至正条格》此处题名残损,分析残存笔画及每行相应字数之体例,今用阙字符号补。
② 《通制条格·田令·农桑》和《元典章·户部》卷九《革罢下乡劝农》载有同一条文。
③ 教:《通制条格》作"教",《元典章》作"交"。
④ ［至元二十八年十二月十五日,中书省奏:"'江南劝课农桑,那里的路官每亲身巡行呵,骚扰百姓有。不教行呵,怎生?'］:《至正条格》此处残缺,今据《通制条格》校补。
⑤ 〔么道〕:《通制条格》《元典章》皆作"么道",《至正条格》脱,今据补。下同。
⑥ 教:《至正条格》《通制条格》皆作"教",《元典章》作"交"。下同。
⑦ 〔每〕:《元典章》作"每",《至正条格》《通制条格》皆脱,今据补。

75① 大德二年九月，御史台呈："〔江南行台咨〕②：'各道报到农桑文册，俱系司县排户取勘[1]栽种数目，自下而上申报文字，所费人力、纸扎[2]③，无非扰民。'江南地窄人稠，与中原不同，农民世务本业④。拟合钦依圣旨，依时节行文书劝课，免致取勘动摇。"兵部议得："既是江南农事，行御史台[3]亲行提调，〔明咨：'地窄人稠，多为山水所占，大与中原不同〕⑤，土著⑥农民世务本业，不须加劝而自能勤力，以尽地利。'合准御史台所拟，依时行文字劝课◇◇（相应）⑦。"都省准呈。

[1]取勘：核查，核实，核对。"排户取勘栽种数目"，谓挨家挨户核查栽种农桑的数目。

[2]纸扎：同"纸札"。指纸张。元王士点《秘书监志》卷四："据书写人员纸扎、笔墨等物，依已行例，官为应付。"

[3]行御史台：官署名，简称"行台"，元代御史台的分设机构，掌监察弹劾行省以下官署中官员的得失，检校行省诸司文卷。若官员有罪，则五品以上咨御史台奏闻，六品以下听行御史台处置。至元十四年（1277），置江南行御史台（后更名江南诸道行御史台）于扬州，后徙杭州、江州（今九江）、建康（今南京）；至元二十七年（1290），置云南诸道行御史台于中庆（今昆明），后徙京兆（今西安），改为陕西诸道行御史台。

---

① 《通制条格·田令·农桑》载有同一条文。
② 〔江南行台咨〕：《通制条格》作"江南行台咨"，《至正条格》脱，今据补。
③ 扎：《通制条格》作"札"。《至正条格（校注本）》校作"扎（札）"，当误。"扎"同"札"，不必校。
④ 与中原不同，农民世务本业：《至正条格（校注本）》脚注23云："《通制条格》里'农民世务本业，与中原不同。'"核对《通制条格》，《通制条格》与《至正条格》内容一致，皆作"与中原不同，农民世务本业"，故《至正条格（校注本）》误注，当据校。
⑤ 〔明咨：地窄人稠，多为山水所占，大与中原不同〕：《通制条格》作"明咨：地窄人稠，多为山水所占，大与中原不同"，《至正条格》脱，今据补。
⑥ 著：《通制条格》作"着"，误。《至正条格》作"著"，当据校。方龄贵《通制条格校注》直录作"着"，失校。
⑦ ◇◇（相应）：《至正条格》空两格，《通制条格》作"相应"，今据补。

76① 大德三年二月初七日②,中书省◇③奏:"'教百姓每谨慎种养栽接的,路府州县官提调着,依时亲身点觑者,廉访司官也提调点觑者。'么道,司农司圣旨条画里这般该[1]着有。'这般挨次重并[2]点觑呵,百姓每生受。亲临百姓州县官点觑,除那的[3]外,路府州官等则依体例提调呵,中也者。'说有。似这般④言语,在先一个人题说,与文书呵,'他说的是有,教那般行者'。么道,行文书来。'系圣旨条画里该载的言语。'么道,御史台、司农司官人每俺根底回将[4]文□(书)⑤来。他的言语是有,这般行呵,怎生?商量来。"奏呵,奉圣旨:"那般者⑥。"

[1]该:记载,书写。

[2]重并:重复。"这般挨次重并点觑呵",谓如果这样依次重复查看。

[3]那的:指示代词。可指代人、事、方位、处所、数量、程度等,犹言"那""那个"。《元典章·户部》卷二《铺马分例》:"除那的外,他每的投下催趁斡脱钱、地土、造作、勾当等与管民官无相关的勾当呵,依在前已了的圣旨交与呵,怎生?"

[4]回将:犹"回"。回复,答复。

劝农勤惰

77⑦ 至元二十九年闰六月,圣旨:"宣谕诸路府州司县达鲁花

---

① 《通制条格·田令·农桑》和《元典章·户部》卷九《提调点觑农桑》载有同一条文。

② 大德三年二月初七日:《至正条格》《通制条格》皆作"大德三年二月初七日",《元典章》作"大德三年五月"。

③ ◇:《至正条格》空一格,《通制条格》无空格。

④ 般:《至正条格》《通制条格》皆作"般",《元典章》脱,当据补。

⑤ □(书):《至正条格》此字残损,《通制条格》《元典章》皆作"书",今据补。

⑥ 那般者:《通制条格》《元典章》皆作"那般行者"。

⑦ 《通制条格·田令·农桑》和《元典章·户部》卷九《提点农桑水利》载有同一条文。

赤、管民官、提点农桑水利官员①人等，据中书省奏：'在前为劝农的上头，各处立着劝农司[1]衙门来，后头[2]罢了，并入按察司时节，按察司名儿里与了圣旨来。如今按察司改做肃政廉访司，也依那体例〔里〕②倒换[3]与他每圣旨宣谕，似望各各尽心，早得成就。'准奏[4]。仰各道肃政廉访司官照依累③降圣旨，巡行劝农④，举察勤惰。随路若有勤谨官员，仰各路具实迹牒报[5]，巡行劝农官体覆得实，申大司农司呈省闻奏，于铨选时定夺。如文字迟慢，仰廉访司⑤官即将当该司吏对提点官⑥就便取招⑦，申大司农司责罚。其各路并府州提点官违慢者，大司农司取招，呈省定夺。外据社长委有公谨⑧实效之人，行移巡行劝农官体察⑨得实，申覆大司农司定夺。如有违慢者，仰就便依理[6]责罚黜罢。这般省谕了呵，劝农⑩官吏人等却不得因而取受，看循面情[7]，非理[8]行事。本处官司及不以是何人等，亦不得使气力[9]搔扰社长，妨夺劝农事务。如违，治罪。仍仰肃政廉访司照依已降圣旨，更为体□□□（察施行）⑪。"

[1]劝农司：官署名，掌劝农事。元中统二年（1261）立，以陈邃、崔斌、成仲宽、粘合从中为滨棣、平阳、济南、河间劝农使，李士勉、陈天锡、

---

① 官员：《至正条格》《通制条格》皆作"官员"，《元典章》作"官吏"。
② 〔里〕：《通制条格》《元典章》皆作"里"，《至正条格》脱，今据补。
③ 累：《通制条格》《元典章》皆作"已"。
④ 劝农：《通制条格》《元典章》皆作"劝课"。
⑤ 廉访司：《至正条格》《通制条格》作"廉访司"，《元典章》作"肃政廉访司"。
⑥ 《元典章》于"提点官"后作"责罚。如更迟误，将经历、知事、按（案）牍官及劝农迟慢司县提点官"，《至正条格》《通制条格》皆无，疑脱。
⑦ 招：《元典章》作"诏"，误。《至正条格》《通制条格》皆作"招"，当据校。
⑧ 谨：《至正条格》《通制条格》皆作"谨"，《元典章》作"勤"。
⑨ 体察：《至正条格》《通制条格》皆作"体察"，《元典章》作"体覆"。依据前文"巡行劝农官体覆得实"，疑"体察"为"体覆"之误。
⑩ 《元典章》于"劝农"后作"司官吏并本处"，《至正条格》《通制条格》皆无，疑脱。
⑪ □□□（察施行）：《至正条格》此三字残损，《通制条格》《元典章》皆作"察施行"，今据补。

陈膺武、忙古带为邢洺、河南、东平、涿州劝农使。至元二十三年(1286)，诸路分置六道劝农司。至元二十九年(1292)，并入各道肃政廉访司。

[2]后头：表示时间。以后，后来。

[3]倒换：调换，交换。

[4]准奏：公文术语。批准所奏。表示君主对臣属的奏章予以批准，其前一般有公文词语"奏"与其相对。

[5]牒报：公文术语。行文呈报。

[6]依理：依法。《元史·刑法志二》："诸有司因公依理决罚，邂逅身死者，不坐。"

[7]看循面情：犹"看面情"。看面子，照顾情面，徇私。谓看在某人的面子上徇私做某事。

[8]非理：犹"非法"。违反法律。"非理行事"，指非法做事。

[9]使气力：犹"倚气力"。仗势，用权势，凭借势力。《元代白话碑·一二六一年林县宝严寺圣旨碑》："但是属寺家底田地、水土、竹园、水磨、有底园林、解典库、浴堂、店、出赁房子根底，醋、醛曲根底，拣那甚么人，休强使气力里夺要者。"

78 至元三年十月二十日，中书省奏："江浙省官人每与将文书来：'大司农司奏：提点农事官员任满给由[1]，开写功勤惰废事迹，从廉访司考校[2]成否，将的本[3]牒文缴连[4]申部者。么道，行了圣旨来。农事官员似这般从廉访司给由呵，勾当里窒碍[5]有。莫若农事官任满，给由[6]内明白开写，以达省部，令各道廉访司考其功勤惰废，依例体察。'的说将来有。又台官每奏了，亦与将文书来：'农事官任满，给由到部，行移大司农司，于各道廉访司元报农桑册内照勘功勤惰废。'的与文书上头，教兵部定拟呵，它与吏部、刑部、大司农司一同议得：'若农事官员任满，给由到部，一概行移大司农司，于各道廉访司元报册内照勘呵，虑恐文繁(繁)①。又兼各处风土不同，除无廉访司报到文册去处不须照勘，今后廉访司官

---

① 繁(繁)：《至正条格》作"繁"，"繁"为"繁"之讹字，今据校。《至正条格(校注本)》校作"系(繁)"，当误。

巡历到处,须要躬诣乡村,从实一一点视田畴、水利、学校、农桑等事,将功勤惰废实迹回牒[7],总司攒报[8]文册,申达[9]大司农司,农事官员任满,给由到部,移文照勘。廉访司失于整治,从监察御史纠察。'的说有。依它每[10]定拟来的行呵,怎生?"奏呵,奉圣旨:"那般者。"

[1]给由:发给解由。指官吏任满迁转时,由相关官府机构对该官员进行考核并发给证明文书。《元典章·新集至治条例·刑部·宣使奏差犯赃例前殿叙》:"罪经释免,须殿三年。殿期已满,于延祐二年二月初六日给由。"

[2]考校:犹"考较""考课"。考核比较(优劣)。谓按一定标准考核官吏优劣,分别等差,决定升降赏罚。

[3]的本:不是转录或翻刻的真本。

[4]缴连:谓将(公文)一并缴送。元王士点《秘书监志》卷五:"今将给赐各官并交割与秘书监书籍各各数目,就取到秘书库收管,缴连开呈。"

[5]勾当里窒碍:犹言"窒碍勾当"。阻碍事情。《元典章·吏部》卷六《保举官员书吏》:"蛮子田地里富户每多,书吏每蛮子人内委用有,资那富户每来往,勾当里窒碍有。"

[6]给由:名词。指发给的解由。即官吏调任时所发给的证明文书。《金史·食货志三》:"上遣近侍谕旨尚书省:'今既以按察司钞法通快为称职,否则为不称职,仍于州府司县官给由内,明书所犯之数,但犯钞法者,虽监察御史举其能干,亦不准用。'"

[7]回牒:公文术语。回复牒文。指对呈报的牒文予以回复。

[8]攒报:归总上报。

[9]申达:公文术语。申报送达。

[10]它每:人称代词。同"它们",犹"他们"。

种区田法

79 泰定二年十月,江浙省咨:"左丞赵资政[1]言区田事理。"兵部议得:"宜准所言。"都省准拟。

〔一〕①、今照到古人区种法度[2],布粒功勤,浇锄一亩之功,可敌□□(百亩)②之收。每地十亩,南北长六十步,东西阔四十步,围圆[3]可□(打)③墙一遭[4]④,约人平。园内种植之物,头畜[5]不能伤残。又于地中心置井一眼,用法汲水溉田,并不忧旱涝之灾。

一、⑤栽桑于墙围,四面合栽桑一百科[6]⑥。中心栽桑二行,留人行道子[7]一步,南北长六十步,每二步栽桑一科,每一行该⑦栽桑三十科,二行计六十科。东西栽桑二行,留人行道子⑧,东西阔四十步,每二步栽桑一科,每一行该栽桑二十科,二行计四十科。十亩地内栽桑二百余⑨科。第一年打墙[8]栽桑,止种区田,便得济。第二年每桑一科可得桑叶三五斤,老蚕三五箔[9]。第三年每一科桑得叶一秤[10]可(可得叶一秤)⑩,老蚕十箔之上。三年之外⑪地熟,桑大可赡十口之上。十亩地内,除栽桑、人行道子占地二亩外,八亩分作八段,每亩阔⑫一十五步,长一十六步,积算[11]

---

① 〔一〕:依据《至正条格》行文体例,《至正条格》脱条文标注符号,今据补。又《至正条格(校注本)》于"今"前衍录阙字符号"□",《至正条格》无,今据删。《救荒活民类要·区田之法》载有相关条文。

② □□(百亩):《至正条格》此二字残损,分析文意及残存笔画,当作"百亩",今据补。《救荒活民类要》作"数十亩"。

③ □(打):《至正条格》此字残损,《救荒活民类要》作"打",今据补。

④ 遭:《救荒活民类要》作"堵"。

⑤ 《救荒活民类要·区田之法》载有相关条文

⑥ 科:《救荒活民类要》皆作"株"。下同。

⑦ 该:《救荒活民类要》皆作"合"。下同。

⑧ 人行道子:《救荒活民类要》作"人行道"。

⑨ 余:《救荒活民类要》作"八十"。

⑩ 得叶一秤可(可得叶一秤):《至正条格》作"得叶一秤可",误倒。依据前文"第二年每桑一科可得桑叶三五斤",知"可"当置于"得"之前,今据校。

⑪ 之外:《救荒活民类要》作"内",误。《至正条格》作"之外",当据校。

⑫ 阔:《救荒活民类要》作"横"。

二百四十步。每一尺二①寸作一区,该二千六百五十区。除空行隔区外,实合种六百六十二区。古之知法者,每区可收子粒一斗,每亩可收六十石。若止种地八亩,收种谷五百余石。今人学种一区,亦收三五升,八亩地内可收二百余石。若别种芋,栽葱、瓜、麦、麻、豆,便有数倍之利。

一、②至如止有一亩地③,长一十六步,每步五尺,计八十尺,每行一尺五寸,该④五十三行。阔一十五步,计七十五尺,每行一尺五寸,该五十〈三〉⑤行。长阔相折,通二⑥千六百五十区。空一行种一行,隔⑦一区种一区,除隔空⑧外,实⑨种六百六十二区。每区深一尺,用熟粪一升,与区土相和,下水三四升,布谷十余粒,匀覆土,以手按实⑩,令土种相着。苗出,看稀稠存留。锄不厌频,旱则浇之⑪。结子时,锄土深壅其根,以防大风摇摆。古人依此布种,每亩亦收二十石,数口之家便得一年食用。大概以⑫种瓜样法度,闲时旋旋掘下,种时止是下水。下种⑬功⑭夫:正月种春大麦,二月、三月种山药、芋子[12],三月、四月、五月种谷、大小江豆、绿

---

① 二:《救荒活民类要》作"五"。
② 《救荒活民类要·区田之法》、元王祯《王祯农书》卷七《区田》载有相关条文。
③ 一亩地:《救荒活民类要》《王祯农书》皆作"地一亩"。
④ 《救荒活民类要》《王祯农书》皆在"该"后作"分",《至正条格》无。下同。
⑤ 〈三〉:《至正条格》衍一"三"字,《救荒活民类要》《王祯农书》皆无,今据删。
⑥ 二:《救荒活民类要》作"一",误。《至正条格》《王祯农书》皆作"二",当据校。
⑦ 《王祯农书》在"隔"前作"于所种行内",《至正条格》无。《救荒活民类要》作"的行内",脱"于所种"三字,当据补。
⑧ 空:《至正条格》《王祯农书》皆作"空",《救荒活民类要》作"间"。
⑨ 实:《王祯农书》《救荒活民类要》皆作"可"。
⑩ 手按实:《救荒活民类要》作"一",误。《至正条格》《王祯农书》皆作"手按实",当据校。
⑪ 浇之:《至正条格》作"浇之",《王祯农书》作"浇灌",《救荒活民类要》脱,当据《至正条格》或《王祯农书》补。
⑫ 以:《救荒活民类要》作"似今时"。
⑬ 《救荒活民类要》于"下种"后衍一"水"字,《至正条格》无,当据删。
⑭ 功:《救荒活民类要》作"工"。

豆①,八月种二②麦、豌③豆。节次为之,不可贪多。

一、④种麦,区长丈余,深阔六七寸。麦宜密种,覆土宜厚,以足践之。麦宜下(高)⑤地,旱则浇之。秋暮[13]时,施柴棘以律土[14],以覆麦根。冬则⑥壅雪区内,三月后锄之。大麦可与豌豆一处种,豆苗依麦秸⑦延引生⑧发,两不相妨,省功⑨齐熟。

一、⑩种山药,宜⑪沙白地。区长丈余,阔深〔各〕⑫二尺。少加烂牛粪,与区土相和⑬。拣好肥⑭山药,上有芒刺者,每定[15]⑮折长三四寸,邻⑯次[16]相挨,卧于⑰[17]区内,以土匀覆。旱则浇之,不可大(太)⑱湿,颇忌大粪。苗长,高架之,有出。外将芦头[17]另窖[18]

---

① 三月、四月、五月种谷、大小江豆、绿豆:《王祯农书》作"三、四月种粟及大小豆",《救荒活民类要》作"三月、四月、五月种谷、红、绿豆"。
② 二:《救荒活民类要》作"一",误。《至正条格》《王祯农书》皆作"二",当据校。
③ 豌:《至正条格》《王祯农书》皆作"豌",《救荒活民类要》作"菀"。
④ 《救荒活民类要·区田之法》载有相关条文。
⑤ 下(高):《至正条格》作"下",误。《救荒活民类要》作"高",今据校。《授时通考》卷五一《湖上田家》:"麦宜高地,稻宜低。"
⑥ 则:《救荒活民类要》作"宜"。
⑦ 秸:《救荒活民类要》作"楷",误。《至正条格》作"秸",当据校。
⑧ 生:《救荒活民类要》作"至",误。《至正条格》作"生",当据校。
⑨ 功:《救荒活民类要》作"工"。
⑩ 《救荒活民类要·区田之法》、《农桑辑要》卷六《薯蓣》和《农政全书》卷二七皆载有相关条文。
⑪ 《农桑辑要》《农政全书》皆在"宜"后作"寒食前后",《至正条格》《救荒活民类要》皆无。
⑫ 〔各〕:《救荒活民类要》《农桑辑要》《农政全书》皆作"各",《至正条格》脱,今据补。
⑬ 《农桑辑要》《农政全书》皆在"和"后作"平匀厚一尺",《至正条格》无。《救荒活民类要》作"平匀",脱"厚一尺",当据补。
⑭ 好肥:《救荒活民类要》《农桑辑要》《农政全书》皆作"肥长"。
⑮ 定:《至正条格》《救荒活民类要》《农桑辑要》皆作"定",《农政全书》作"段"。
⑯ 邻:《救荒活民类要》《农桑辑要》《农政全书》皆作"鳞"。
⑰ 于:《至正条格》《农桑辑要》《农政全书》作"于",《救荒活民类要》作"在"。
⑱ 大(太):《至正条格》作"大",误。《救荒活民类要》《农桑辑要》《农政全书》皆作"太",今据校。《至正条格(校注本)》录作"大",失校。

之①,来春种之。

一、②种③芋,区长丈余,深阔一尺,相间一步,宽则透风④滋胤[19]⑤。芋□□(性易)⑥湿,区种宜浇⑦。

一、⑧种诸豆,区长一尺⑨,阔一尺,深五六寸,相去二尺。用熟粪一升,与区土相和。布豆四五粒,苗生⑩,看稀稠存留,覆⑪土宜薄。豆生五六叶,锄之。随其性,可浇则浇。

一、⑫桑间种蜀黍[20],周遭⑬二百步折一千尺,东西南北长阔相折一千八百尺。每一尺五寸,种蜀黍一根,计约种二(一)⑭千九百根。每根可收一升,亦收三十余石。

[1]赵资政:即"赵简"。元人,历任江浙行省左丞、江浙行省右丞,后召为集贤大学士,以领经筵事。《元史》《新元史》皆无传。

[2]法度:方法,办法。《通制条格·田令·农桑》:"若有水田之家,不必区种,据区田法度另行发去。"

[3]围圆:圆形或类圆形物体的周长。

---

① 另窖之:《救荒活民类要》作"另寄之",《农桑辑要》《农政全书》皆作"另窖"。
② 《救荒活民类要·区田之法》载有同一条文。《农桑辑要》卷五"芋"、《农政全书》卷二七和明黄省曾《种芋法》皆载有相关条文。
③ 种:《至正条格》《救荒活民类要》皆作"种",《农桑辑要》《农政全书》《种芋法》皆作"区"。
④ 风:《至正条格》《农桑辑要》《农政全书》《种芋法》皆作"风",《救荒活民类要》脱,当据补。
⑤ 滋胤:《至正条格》《救荒活民类要》《农政全书》《种芋法》皆作"滋胤",《农桑辑要》作"滋息"。
⑥ □□(性易):《至正条格》此二字残损,《救荒活民类要》作"性易",今据补。
⑦ 区种宜浇:《救荒活民类要》作"区疏则宜浇"。
⑧ 《救荒活民类要·区田之法》载有同一条文。
⑨ 长一尺:《救荒活民类要》作"方丈余"。
⑩ 生:《救荒活民类要》作"出"。
⑪ 覆:《救荒活民类要》作"掺"。
⑫ 《救荒活民类要·区田之法》载有相关条文。
⑬ 周遭:《救荒活民类要》作"周围"。
⑭ 二(一):《至正条格》作"二",误。据计算,《救荒活民类要》作"一",可从,今据校。《至正条格(校注本)》录作"二",失校。

[4]一遭:犹"一堵"。一排。"遭"作量词,犹"排"。

[5]头畜:犹"头匹""头口"。泛指牛、马、驴、骡等牲畜。

[6]科:同"棵"。量词,用于植物。

[7]人行道子:即"人行道"。指供人行走的路。

[8]打墙:筑墙。

[9]箔:本指蚕帘,一种用竹篾等编成的养蚕器具。此处作量词,用于蚕。《元史·五行志一》:"清、莫、沧、献四州霜杀桑一百四十一万七十余本,坏蚕一万二千七百余箔。"

[10]秤:量词。十五斤为一秤。《小尔雅·广衡》:"斤十谓之衡,衡有半谓之秤,秤二谓之钧。"清宋翔凤《小尔雅训纂》:"旧注:'秤,十五斤;钧,三十斤。'"

[11]积算:数学术语。数学中称若干个数相乘,计算得出结果。

[12]芋子:芋母上长出的子芋。

[13]秋暮:深秋。

[14]律土:农业术语。爬梳土壤。指用柴棘爬梳田地里的土壤,以使麦根覆盖。北魏贾思勰《齐民要术·大小麦第十》:"麦生根成,锄区间秋草,缘以棘柴律土壅麦根。"

[15]定:量词。犹"段"。指称条形植物的一截。

[16]邻次:犹"鳞次"。指像鱼鳞那样依次排列。

[17]芦头:植物的根茎。明陶宗仪《南村辍耕录》卷十六:"芦头豹子,柴胡。"

[18]窖:窖藏。

[19]滋胤:犹"滋生""滋息"。生长。

[20]蜀黍:又称"蜀黍""蜀秫"。指高粱。《农桑辑要》卷二《蜀黍》:"蜀黍,宜下地。春月早种,省工,收多,耐用。人食之余,擢碎,多拌麸糠,以饲五牸。外秸秆织箔、夹篱寨、作烧柴,城郭货卖亦可变物。"

秋耕田

80① 皇庆二年七月二十一日,大司农司奏:"奉圣旨节该:'大

---

① 《通制条格·田令·农桑》载有同一条文。《元史·食货志一》载有相关条文。

都路为头五路里,种田的地一半秋耕,其余路分,听民尽力秋耕。'依着这般行呵,也宜趁天气未寒时月,将阳气掩在地中,蝗蝻[1]遗下种子[2]也曝晒死,次年种来的苗稼,荣旺耐旱。依着这般行呵,秋成丰稔,农事有成效的一般。"奏呵,奉圣旨:"那般者。依着薛禅皇帝[3]行来的行者。您与省家文书,教遍行者。"

[1]蝗蝻:犹"虫蝻""虫蝗",又称"蚂蚱"。指蝗虫。

[2]种子:指虫类所产的卵。《大明英宗睿皇帝实录》卷八八:"朕念南北直隶府州县去岁蝗虫遗下种子,今春恐复为患,特简命尔等分巡其处,遇有种子,提督军卫有司及早掘取,毋令生发。"

[3]薛禅皇帝:指元世祖忽必烈。"薛禅",元代开国皇帝忽必烈的蒙古语尊号,意为"贤明""圣德"。

至正条格卷第二十五

至正条格卷第二十六　条格　田令

禁扰农民

81① 中统四年正月,圣旨:"道与阿术②都元帅[1]等,在先为军马于百姓处取要诸物,或纵放头匹踏践麦苗、田种及齦③咬[2]桑、果等树,这般搔扰上,已曾禁约去来。今又体知得,随处多有屯驻蒙古等军马,往往将请到粮料私下粜卖[3],却于百姓处强行取要粮料、人夫、一切物件。及有探马赤人每,将自己养种[4]收到物斛爱惜,却行营于百姓处取要搔扰。如圣旨到日,仰省会万户、千户、百户每体究问④者。若端的有这般搔扰百姓的人每,管军官与宣慰司一同问了,是实呵,依着扎撒[5]陪偿[6]断遣者。若去宣慰司处远呵,止与本处达鲁花赤、管民官一处断者。如千户、百户每不行用心禁约,及齦面皮[7]不肯断遣呵,他每不怕那甚么[8]?"

[1]阿术都元帅:"阿术",《元史》有传。兀良合氏,速不台之孙,都帅兀良合台之子。世祖即位,留其典宿卫。中统三年(1262)九月,自宿卫将军拜征南都元帅,治兵于汴。从攻宋,累有战功。至元九年(1272)九月,加同平章事。至元十一年(1274)三月,进平章政事。至元十二年(1275)十月,诏拜中书左丞相。至元二十四年(1287),以疾卒。

[2]齦咬:"齦"有"啮、咬、啃"之义,《集韵·混韵》:"齦,啮也。""咬",

---

① 《通制条格·田令·军马扰民》载有同一条文。
② 术:《通制条格》作"木",误。《至正条格》作"术",当据校。
③ 齦:《通制条格》作"咽",方龄贵《通制条格校注》直录作"咽",皆误。《至正条格》另一处相关条文作"啁",《通制条格》另一处相关条文亦作"啁"。"咽"当是"啁"之形讹字,当据校。
④ 问:《通制条格》作"问当"。下同。

影印本作"鲛","鲛"同"咬"。《集韵·巧韵》:"鲛,《说文》:'啮骨也。'或从尧,亦作啮、咬。""齟咬"同义连言,犹"咽咬""啃咬"。

[3]粜卖:售卖,卖出。

[4]养种:种植。

[5]扎撒:蒙古语音译。又译作"札撒""札撒黑"等。原作动词,指管理。后转作名词,指法令、条法、法典,犹汉语词"条画"。宋郑思肖《心史·大义略叙》:"彼曰'札撒',此曰'条法';彼曰'大札撒'者,大条法也。"《元史·太宗本纪》:"始立朝仪,皇族尊属皆拜。颁大札撒。(原注:华言大法令也。)"《续增华夷译语·通用门》:"法度,札撒黑。"

[6]陪偿:同"赔偿"。偿还。

[7]觑面皮:看面子,照顾情面,徇私。谓看在某人的面子上徇私做某事。

[8]不……那甚么:元代直译体文献的一种反问句式。"甚么"同"什么",用在元代直译体文献的句尾,构成反问句。"那"为近代汉语常用的语气助词,可以表示疑问、反问、感叹等多种语气。"那甚么",犹言"什么那",什么吗。"不……那甚么",即"不……什么吗"。上举例中"他每不怕那甚么",即他们不怕什么吗?《元代白话碑·一二六一年林县宝严寺圣旨碑》:"行呵,他每不怕那甚么?"

82① 中统五年八月,圣旨条画内一款:"诸军马营寨及达鲁花赤、管民官、权豪势要人等,不得恣纵头匹损坏桑枣、踏践田禾、搔扰百姓。如有违犯之人,除军马营寨约会[1]所管头目断遣,余者即仰本处官司就便治罪施行,并勒验所损田禾、桑、果分数陪偿,及军马不得于村坊安下,取要饮食。"

[1]约会:相约会同,约定会同。

83② 至元九年二月,圣旨节该:"据大司农司奏:'自大都随路

---

① 《通制条格·田令·司农事例》载有同一条文。
② 《通制条格·田令·农桑》和《元典章·户部》卷九《道路栽植榆柳槐树》载有同一条文。《元典章·工部》卷二《道傍等处栽树》两处载有相关条文。

州县城郭①周围并河渠②两岸③,急递铺[1]、道店侧畔,各随地宜,官民栽植榆、柳、槐树,令本处正官提点④本地分人[2],护长⑤成树。系官栽到者,营修堤岸、桥道等用度。百姓自力栽到者⑥,各家使用,似为官民两益。'准奏。仰随路⑦委自州县正官提点,春首栽植,务要生成。仍禁约蒙古、汉军、探马赤、权势⑧诸色人等,不得恣纵头匹啃⑨咬[3],亦不得非理斫伐。违者,并仰⑩各路达鲁花赤、管民官依条⑪治罪,本处官司却不得因而搔扰。"

[1]急递铺:简称"递铺"。金、元、明时期设置的负责快速驿递的驿站,一般用来传送紧急文书。元代在转送朝廷及郡邑文书往来的路上,

---

① 郭:《至正条格》《通制条格》《元典章·道路栽植榆柳槐树》皆作"郭",《元典章·道傍等处栽树》两处皆作"廓"。

② 河渠:《至正条格》《通制条格》《元典章·道路栽植榆柳槐树》《元典章·道傍等处栽树》第一处皆作"河渠",《元典章·道傍等处栽树》第二处作"河泊"。

③ 岸:《元典章·道傍等处栽树》第一处作"渠",误。《至正条格》《通制条格》《元典章·道路栽植榆柳槐树》《元典章·道傍等处栽树》第二处皆作"岸",当据校。

④ 提点:《至正条格》《通制条格》《元典章·道路栽植榆柳槐树》皆作"提点",《元典章·道傍等处栽树》作"提调点",衍"调"字,当据删。

⑤ 长:《至正条格》《通制条格》《元典章·道路栽植榆柳槐树》《元典章·道傍等处栽树》第二处皆作"长",《元典章·道傍等处栽树》第一处脱,当据补。

⑥ 营修堤岸、桥道等用度。百姓自力栽到者:《至正条格》《通制条格》《元典章·道傍等处栽树》皆作"营修堤岸、桥道等用度。百姓自力栽到者",《元典章·道路栽植榆柳槐树》脱,当据补。

⑦ 仰随路:《至正条格》《通制条格》皆作"仰随路",《元典章·道路栽植榆柳槐树》作"随路",脱"仰"字,当据补;《元典章·道傍等处栽树》脱"仰随路"三字,亦当据补。

⑧ 权势:《至正条格》《通制条格》《元典章·道路栽植榆柳槐树》皆作"权势",《元典章·道傍等处栽树》作"权豪"。

⑨ 啃:《至正条格》《通制条格》皆作"啃",《元典章·道路栽植榆柳槐树》作"啃"。《元典章·道傍等处栽树》作"啃","啃""啃"皆当是"啃"之误,当据校。方龄贵《通制条格校注》录作"啃",误录。陈校本《元典章》校云"啃咬,当系'啃咬'之误",当误。"啃咬"当系"啃咬"之误。

⑩ 并仰:《至正条格》《通制条格》皆作"并仰",《元典章·道路栽植榆柳槐树》作"仰",脱"并"字,当据补;《元典章·道傍等处栽树》脱"并仰"二字,亦当据补。

⑪ 条:《至正条格》《通制条格》《元典章·道傍等处栽树》皆作"条",《元典章·道路栽植榆柳槐树》作"例"。

每十里、十五里或二十五里设一急递铺。每十个急递铺设一邮长。元苏天爵《元文类》卷四一《急递铺》:"转送朝廷及方面及郡邑文书往来,十里或十五里、二十五里设一急递铺,十铺设一邮长。"

[2]本地分人:犹言"本地人"。

[3]咽咬:犹"啃咬"。"咽"有"啃、咬"义,《篇海类编·身体类·口部》:"咽,口咬也。"

84[①] 至元二十九年七月初五日,圣旨节该:"太祖成吉思皇帝圣旨里:'教头口吃了田禾的每,教踏践了田禾的每,专一禁治断罪过有来。不拜户[1]的田禾根底,教吃了的、踏践了的,犹自断罪过有来。在前圣旨莫不怠慢了也。'么〔道〕[②]。御史台官人每奏:'八忽歹管着的探马赤每,不好生[2]的整治,交[3]头口吃了、踏践了田禾、损坏树木有。'么道,奏来。'从今已后,依在先圣旨体例里,不拣[4]是谁,休教吃了田禾,休教踏践了田禾,休教损坏了树木。他每刈下的田禾,休教夺要者,休教搔扰百姓者。'道了也[5]。这般宣谕了呵,却有别了圣旨[6],教吃了田禾的每,教踏践了田禾的每,教陪偿了田禾呵。如有俺每认得的人每呵,咱每[7]根底奏将来者。不认得的人每有呵,那里有的廉访司官人每、监察每、城子里达鲁花赤官人每、各投下[8]的头目每,一处打断[9]者。"

[1]拜户:"投拜人户""投拜户"之简称。"拜户"是元代特有的名称,即投拜的人户,指当初投降元王朝的人户。"不拜户"与"拜户"相反,即不投拜的人户,指当初对抗元王朝而拒不投降的人户。《元典章·户部》卷十三《为追斡脱钱事》:"做头口与来的斡脱每,真个被不拜户要了呵,委实穷暴无气力呵,休陪者。"

[2]好生:副词。好好儿地,用心地。

[3]交:通"教"。使,让。

[4]不拣:不管,不论。

---

① 《通制条格·田令·司农事例》载有同一条文。
② 〔道〕:《通制条格》作"道",《至正条格》脱,今据补。

[5]了也：语气助词。犹"了"。一般置于动词或形容词后，表示动作、行为、状态的完成或实现。《元代白话碑·一三一四年盩厔重阳万寿宫圣旨碑》："特授神仙演道大宗师玄门掌教真人、管领诸路道教所、知集贤院道教事、辅道体仁文粹开玄真人孙德或根底，丘神仙的道子里委付了也。"

[6]别：违反，违抗。元无名氏《包龙图智赚合同文字》第一折："你若得长大成人呵，你是必休别了父母遗言。""别了圣旨"，指违抗圣旨。《通制条格·选举·迁转避籍》："桑哥等要肚皮的上头，别了圣旨，根脚地面里做官来的有。"

[7]咱每：人称代词。同"咱们"。我们。

[8]投下：蒙古语"爱马"的汉语意译形式，指"部""部落"。《元典章·吏部》卷二《禁治骤升品级》："这般行了后头，各投下有缺用人呵，只教他自爱马里选着委付，大数目里人每不教冒着入去。""各投下"，犹"各爱马"，犹言"各部"。

[9]打断：犹"断"。断决，判决。

85① 大德二年三月，圣旨节该："大司农司官人每奏：'过往的军马、富豪、做买卖人等，头目（口）②不拦当[1]，田禾吃了、踏践了有，桑树、果木树[2]咽（咽）③咬折拆[3]了有，城子里达鲁花赤官人每那般不在意禁约有。'么道，奏来。从今已后，田禾里，但是头口入去吃了，桑树、果木树④斫伐了呵，折拆⑤了呵，城子里达鲁花赤每、总管每就便提调者，依着在先圣旨体例里教⑥陪偿⑦了，要罪

---

① 《通制条格·田令·司农事例》载有同一条文。《元典章·户部》卷九《禁斫伐桑果树》载有相关条文。
② 目（口）：《至正条格》作"目"，误。《通制条格》作"口"，今据校。
③ 咽（咽）：《至正条格》《通制条格》皆作"咽"，《至正条格》（校注本）、方龄贵《通制条格校注》皆直录作"咽"，均误。"咽"当是"咽"之形近讹字，今据校。
④ 桑树、果木树：《至正条格》《通制条格》皆作"桑树、果木树"，《元典章》作"桑、果树木"。
⑤ 拆：《至正条格》《通制条格》皆作"拆"，《元典章》作"折"。
⑥ 教：《至正条格》《通制条格》皆作"教"，《元典章》作"交"。下同。
⑦ 陪偿：《至正条格》《通制条格》皆作"陪偿"，《元典章》作"陪"。下同。

过者。这圣旨这般宣谕了呵,城子里达鲁花赤每、总管每〔不〕①好生用心禁约〔呵〕②,觑面皮不教陪偿呵,咱每根底奏者。虽这般道了呵,推着田禾无体例勾当[4]休做者,休教人每生受者。"

[1]拦当:拦阻,阻拦。"头目(口)不拦当",指不阻拦牲畜。
[2]果木树:犹"果树"。
[3]折拆:犹"折折"。折断。
[4]无体例勾当:犹言"违法的事情"。

86③ 大德九年二月,诏书内一款:"仲春已后,此农民尽力耕桑之时,其敕有司,非急速之务,慎毋生事烦扰。或有小罪,即与疏决[1],勿禁系[2]妨其时。"

[1]疏决:清理判决。
[2]禁系:监禁。

87④ 大德十一年五月二十二日⑤,诏书内一款:"民者,国之根本,军国用度⑥,一切财赋,皆所自出,理宜常加存抚。其经过军马、牧养⑦马驼人等,毋得取要饮食钱物,非理搔扰,纵放头⑧匹踏践田禾,啯(啕)⑨咬桑枣。所在官司,严加禁约。违者,断罪陪

---

① 〔不〕:《元典章》作"不",《至正条格》《通制条格》皆脱,今据补。
② 〔呵〕:《元典章》《通制条格》皆作"呵",《至正条格》脱,今据补。
③ 《通制条格·田令·农桑》《救荒活民类要·农桑》载有同一条文。
④ 《通制条格·田令·司农事例》、《元典章·圣政》卷一《大德十一年五月诏》和《救荒活民类要·农桑》载有同一条文。
⑤ 五月二十二日:《至正条格》《通制条格》皆作"五月二十二日",《元典章》作"五月二十一日",《救荒活民类要》作"六月"。
⑥ 度:《救荒活民类要》作"广",误。《至正条格》《通制条格》《元典章》皆作"度",当据校。
⑦ 养:《至正条格》《通制条格》《元典章》皆作"养",《救荒活民类要》作"放"。
⑧ 头:《至正条格》《通制条格》《救荒活民类要》皆作"头",《元典章》作"马"。
⑨ 啯(啕):《至正条格》《通制条格》皆作"啯",《至正条格(校注本)》、方龄贵《通制条格校注》皆直录作"啯",均误。"啯"当是"啕"之形近讹字,《元典章》《救荒活民类要》皆作"啕",今据校。另,陈校本《元典章》录作"啃",误,亦当据校。

偿。本管头目有失铃(钤)①束,亦仰究治。重者,申闻[1]。"

[1]申闻:公文术语。谓以文状呈达上级。宋赵彦卫《云麓漫钞》卷四:"官府多用申解二字,申之训曰重。凡以状达上官,必曰申闻。"

88② 至大四年三月③,诏书内一款节该:"农桑,衣食之本。仰提调官司申明累降条画,谆切劝课,务要田畴开辟,桑、果增盛,乃为实效。诸官豪势要、经过军马及昔宝赤、探马赤、喂养马驼人等,索取饮食、草料,纵放头匹食践田禾、桑、果者,所在官司断罪陪偿。仍仰监察御史、肃政廉访司常切纠察,考其殿最,以凭黜陟④。"

89⑤ 至大四年闰七月初五日,中书省李平章[1]奏:"'昔宝赤、帖灭赤[2]每并怯薛人等,教先去呵,搔扰百姓每,踏践田禾有。百姓没田禾呵,怎生过?咱每无百姓呵,怎生行?飞放的每,咱每根底得甚济有?李道复[3],你提调着,休教先去搔扰百姓,踏践田禾者。我的言语,么道。皇帝根底明白奏者。'么道,唐兀台对郑尚书、阿礼海牙参议[4]、我根底[5]传懿旨来,教奏有。"奏呵,奉圣旨:"那般者。"

[1]李平章:即李孟。因李孟于武宗至大三年(1310)三月授中书平章政事,故称李平章。《元史》有传。李孟,字道复,潞州上党人。历任中书平章政事、集贤大学士、同知徽政院事、翰林学士承旨、知制诰兼修国史等官职。至治元年(1321)卒,谥文忠。

[2]帖灭赤:蒙古语音译,又译作"帖麦赤"。指掌管牧养骆驼的人。

---

① 铃(钤):《至正条格》作"铃",误。《通制条格》《元典章》《救荒活民类要》皆作"钤",今据校。

② 《通制条格·田令·司农事例》和《元典章·圣政》卷一《至大四年三月诏》载有同一条文。

③ 至大四年三月:《至正条格》《通制条格》皆作"至大四年三月",《元典章》作"至大四年三月十八日"。

④ 陟:《元典章》作"降",误。《至正条格》《通制条格》皆作"陟",当据校。

⑤ 《通制条格·田令·司农事例》载有同一条文。

犹汉语词"驼人"。《元史·兵志二》:"牧骆驼者,曰帖麦赤。"

[3]李道复:即李孟。因李孟字道复,故称。

[4]阿礼海牙参议:"阿礼海牙",又称"阿卜海牙"。因阿礼海牙曾任参议中书省事,故称"阿礼海牙参议"。《元史》有传。阿礼海牙,畏吾氏,集贤大学士脱列之子。历任参议中书省事、参知政事、左丞、右丞、平章政事、陕西行台御史大夫等官职。

[5]对……根底:此系蒙汉两种句法的杂糅。"对"为汉语介词,"对……"为介词引进对象的汉语句式;"根底"为硬译蒙古语时位格,"……根底"为蒙古语句式。

90① 皇庆二年七月二十一日,大司农司奏:"世祖皇帝时分,每年农民种田、剥桑时月,若有工役,合倩[1]人夫、车牛,本管官司非奉省部明文,等候秋成农隙,方许均科,不妨误[2]了农种的一般。"奏呵,奉圣旨:"那般者。您②与省家文书,教遍行者。"

[1]倩:音 qìng。差使,差遣。《元史·河渠志二》:"如候秋凉水退,倩夫修理,庶苏民力。"

[2]妨误:耽误。

禁索官田

91③ 大德七年十二月十八日,中书省奏:"'江南、浙西等处系官田土内出的子粒,每年海运将来有。余剩的,本处省官做军粮等名项支持有。近年以来,那田土各寺里并官员人等根底多与了有,不合与。'么道,行省官每、台官每并抚安百姓去来[1]的奉使每题说,与将文书来有。商议省事[2]、三个学士[3]也题说有。俺商

---

① 《通制条格·田令·农桑》载有同一条文。
② 您:《至正条格(校注本)》录作"恁",误。《至正条格》《通制条格》皆作"您",今据校。
③ 《通制条格·田令·官田》载有同一条文。

量来:'每年这里怯薛歹每、各枝儿里多人每根底,并工役、军匠闻(阙)①食的人每根底,多于江南运来的米粮内支与有。他每题说的是,不合与有。这田地②出产,多是国家必用之物,难比其余钱物。如今,几个人根底,教与田地者。么道,奉圣旨,俺根底与〔将〕③文书来,这的每[4]根底不与。今后有人奏过与俺文书□(呵)④,俺回奏呵,怎生?'"奏呵,奉圣旨:"那般者。"

[1]去来:犹"了"。"去""来"皆为语气助词,表示动作或状态的完成、实现。《元代白话碑·一二四五年鄠县草堂寺令旨碑》:"草堂禅寺已降令旨文字修整去来。"

[2]商议省事:官职名,负责商量讨论军国之重事。元置,为非常设官职,是中书省平章政事五员之一。《元史·百官志一》:"平章政事四员,从一品。掌机务,贰丞相,凡军国重事,无不由之。世祖中统元年,置平章二员……二十九年,罢尚书省,增中书平章为五员,而一员为商议省事。三十年,又增平章为六员。成宗元贞元年,改商议省事为平章军国重事。""商议省事"又是"右丞"二员之一,职能与前相似,辅助宰相裁决各种政务。《元史·百官志一》:"右丞一员,正二品。左丞一员,正二品。副宰相裁成庶务,号左右辖。世祖中统二年,置左、右丞各一员……三十年,设右丞二员,而一员为商议省事。成宗元贞元年,右丞商议省事者,又以昭文大学士与中书省事。"

[3]学士:官职名,元代设置于"翰林兼国史院""集贤院""蒙古翰林院"等文职官署机构中,专司文学撰述之职。因属皇帝近臣,故可参与机要。

[4]这的每:人称代词,又作"这底每",即他,他们。此处指他们。《元代白话碑·一二七六年龙门禹王庙令旨碑》:"这的每宫观房舍里,使臣每休安下者。""这的每根底不与",犹言"不与他们"。

---

① 闻(阙):《至正条格》作"闻",误。《通制条格》作"阙",今据校。《至正条格(校注本)》录作"阙",误,当据校。
② 田地:《通制条格》作"田土"。
③ 〔将〕:《通制条格》作"将",《至正条格》脱,今据补。
④ □(呵):《至正条格》此字残缺,《通制条格》作"呵",今据补。

佃种官田

92① 大德五年七月，中书省②议得："江南各处见任官吏，于任所佃种[1]官田，不纳官租，及夺占百姓已佃田土，许诸人赴本管上司陈告是实，验地多寡，追断黜降，其田付告人或元主③种佃。外据佃种官田人户，欲转行兑佃[2]与人，须④要具⑤兑佃情由，赴本处官司陈告，勘当别无违碍，开写是何名色[3]官田、顷亩[4]、合纳官租，明白附簿[5]，许立私约兑佃，随即过割[6]，承佃人依数纳租。违者，断罪。"

[1]佃种：犹"种佃"。指租种他人土地。

[2]兑佃：兑换租种。指原佃人户自己不耕种官地，却私下受钱，签立私约，将官地转租与承佃人户耕种。

[3]名色：种类，类别。

[4]顷亩：顷和亩。泛指土地面积。

[5]附簿：谓将相关事项登记于文簿之上，以供核查。

[6]过割：田宅买卖、典当或赠与所办的过户或转移产权手续。《元史·刑法志二》："诸典卖田宅，从有司给据立契，买主卖主随时赴有司推收税粮。若买主权豪，官吏阿徇，不即过割，止令卖主纳税，或为分派别户包纳，或为立诡名，但受分文之赃，笞五十七，仍于买主名下，验元价追征，以半没官，半付告者。"

93 至元六年七月初七日，诏书内一款节该："浙西沙涂[1]、草地，自来俱系细民与灶户[2]撒佃[3]、纳租、办课[4]。迩者，添答租赁钱钞，拨付阿加失里[5]鲁王、朵儿只班[6]公主等，扰害灶民。诏书

---

① 《通制条格·田令·佃种官田》和《元典章·户部》卷五《转佃官田》载有同一条文。

② 中书省：《至正条格》《通制条格》皆作"中书省"，《元典章》作"都省"。

③ 或元主：《至正条格》《通制条格》皆作"或元主"，《元典章》作"并佃人"。

④ 须：陈校本《元典章》录作"需"，误。《至正条格》《通制条格》《元典章》皆作"须"，当据校。

⑤ 具：《元典章》作"其"，误。《至正条格》《通制条格》皆作"具"，当据校。

到日,有司即便拘收。已降圣旨,依旧令民管佃纳课[7]。敢有似前占据者,以违制论。"

[1]沙涂:指沙泥沉积而成的浅滩。

[2]灶户:元代诸色户计之一,又称"盐户",指各处盐场以煮盐为业的人户。归盐运司管领。灶户世代相承,固定于指定的盐场,不得随便迁移。每户须向官府交纳数额不等的盐课。

[3]撒佃:租赁土地耕种。元俞希鲁《(至顺)镇江志》卷六"咸淳志"条:"申奉省札,委官挨问,撒佃计一万五千余户,皆系农田。"

[4]办课:犹"纳税""投税"。交纳赋税。《元典章·新集至治条例·刑部·财赋佃户词讼》:"承佃佃户皆系有司内差拨,与攒拦人等办课一体。"

[5]阿加失里:疑为"阿里加失立"之错译。《元史·诸王表第三》:"鲁王:阿里加失立,至大四年袭封。"可见,"阿里加失立"于至大四年(1311)袭封为鲁王。"阿里加失立"在文献中有不同的翻译形式,据《廿二史考异·元史》卷六《公主表》考证:"阿里嘉实利,即阿礼嘉世礼(仁宗纪),亦作阿里嘉室利(特薛禅传),又作阿剌哥识里(文宗纪),又作阿里加失立(诸王表),又作阿礼嘉世立(程巨夫碑)。"

[6]朵儿只班:元代公主。其曾祖父为元世祖,祖父为真金太子,父亲为答剌麻八剌,丈夫为阿里嘉实利(即文中阿加失里)。至顺年间,加封号肃雍贤宁公主。《元史·特薛禅传》:"阿里嘉室利,琱阿不剌嫡子也。至大三年,甫八岁,袭万户。四年七月,袭封鲁王,尚朵儿只班公主。元统元年,阿里嘉失利薨。至顺间,封朵儿只班号肃雍贤宁公主。"

[7]纳课:"纳课"本有"纳税"义,文中"纳课"当是"纳租、办课"之简称,指交纳租金和赋税。

占种官田遇革

94① 至顺三年八月,刑部议得:"江浙省咨:'管军官私役军

---

① 《元典章·新集至治条例·兵部·延祐七年革后禀到军官私役军人等例》《元史·刑法志二》皆载有相关条文。

人,就用官牛,于系官地内带种,并管民官占种官地。'所收子粒,招证明白,追征没官。若未承伏,并犯在革前,招在革后,拟合革拨。"都省准拟。

拨赐田土

95① 皇庆二年四月二十六日,中书省奏:"台官人每与俺文书:'江南平江[1]等处有的系官地内,拨赐与了诸王、驸马并寺观、诸官员每的地土,他每自委付着管庄的人每,比官司恣意多取要粮斛[2]分例搔扰,教百姓每生受有。合追□(复)[3]②还官,供给国家。'么道,说有。杭州行省[4]也这般与文书来。俺与御史台、集贤、翰林院[5]老的每一同商量来:'除与了诸王、公主、驸马、寺观的田地,依已了的圣旨,与他每。佃户合纳的租粮,官仓里收了,各枝儿却于仓里验着纳来的数目关支。这般呵[6],百姓每不被扰。其余官员人每③根底与来的田地,都教还官呵,怎生?'"奏呵,奉圣旨:"那般者。"

[1]平江:指"平江路",隶属江浙等处行中书省。治所在今江苏苏州市。《元史·地理志五》:"平江路。上。唐初为苏州,又改吴郡,又仍为苏州。宋为平江府。元至元十三年,升平江路。领司一、县二、州四。"

[2]粮斛:粮食。因以斛计量,故称。

[3]追复:追回。

[4]杭州行省:即"江浙行省"。因杭州为江浙行省治所,故以省治代称。

[5]集贤、翰林院:"集贤院"与"翰林院"二官署机构名称的合称简省形式。初时,"集贤院"与"翰林院"并为一个官署机构,即"翰林国史集贤院",后于至元二十二年(1285)将"集贤院"分立出来,掌提调学校、征求隐逸、召集贤良等事。《元史·百官志三》:"二十年,省并集贤院为翰林

---

① 《通制条格·田令·拨赐田土》载有同一条文。
② □(复):《至正条格》此字残损,《通制条格》作"复",今据补。
③ 人每:《通制条格》作"诸人每"。

国史集贤院。二十一年,增学士二员。二十二年,复分立集贤院……集贤院,秩从二品。掌提调学校、征求隐逸、召集贤良,凡国子监、玄门道教、阴阳祭祀、占卜祭遁之事,悉隶焉。国初,集贤与翰林国史院同一官署。"

[6]这般呵:假设句。如果这样。

96① 皇庆二年六月初六日,中书省奏:"至元十三年收附江南时分,一个姓毛的、一个姓柴的人不伏归附,谋叛逃窜了的上头,将他每的家私、物业断没入官来。曲律皇帝[1]时分,将那断没了的地土、山场都与了刘司徒的爷来。去年,又'那地土内教与刘参政地土,山场教与不鲁罕丁[2]者'。么道,圣旨有呵,行将文书去,依着圣旨体例与了来。前者,俺与台官并翰林、集贤院官一同商量定:'诸王、公主、驸马并各寺里与来的田土,依旧交属[3]他每。官仓里收了子粒,似阿哈探马儿[4]一般与他每。官员人等根底与来的,都教还官者。'么道,奏了也。'依着圣旨已了的,都教还官呵,怎生?'么道,奏将来有。那地土、山场内每年多□□(出产)②钱物有。这几年他每要了的勾[5]也者,其余都教还了官。他每根底与来的,不教还官呵,偏负[6]有。教还官呵,怎生?"奏呵,奉圣旨:"那般者。"

[1]曲律皇帝:"曲律",元代第七任皇帝元武宗的蒙古语称谓。元武宗,《元史》有纪,《元史·武宗本纪一》:"武宗仁惠宣孝皇帝,讳海山,顺宗答剌麻八剌之长子也。母曰兴圣皇太后,弘吉剌氏。至元十八年七月十九日生。"又《武宗本纪二》:"(至大)四年春正月癸酉朔,帝不豫,免朝贺,大赦天下。庚辰,帝崩于玉德殿,在位五年,寿三十一……夏五月乙未,文武百官也先铁木儿等上尊谥曰仁惠宣孝皇帝,庙号武宗,国语曰曲律皇帝。"

---

① 《通制条格·田令·拨赐田土还官》载有同一条文。《至正条格(校注本)》注云"《通制条格》卷16《田令·拨赐田土》(方校本)同一条文",误。实则出自《通制条格》卷十六《田令·拨赐田土还官》。

② □□(出产):《至正条格》此二字残损,《通制条格》作"出产",今据补。

[2]不鲁罕丁：蒙古语音译，人名，又译作"不儿罕丁"。《元史·仁宗本纪三》载有其事，云："(延祐七年春正月)壬午，御史台臣言：'比赐不儿罕丁山场、完者不花海舶税，会计其钞，皆数十万锭，诸王军民贫乏者，所赐未尝若是，苟不撙节，渐致帑藏虚竭，民益困矣。'"

[3]交属：交付，交给，交与。

[4]阿哈探马儿：蒙古语音译，又译作"阿合探马儿""阿合塔木儿"。义为"五户丝"。"丝料"是元代的一种赋税制度，于太宗丙申年开始施行，规定每二户出丝一斤输于官，每五户出丝一斤输于本投下。元世祖忽必烈继位后，将该制度改为每二户出丝一斤输于官，每五户出丝二斤输于本投下。因为交与各投下的是每五户出丝一斤，所以称作"五户丝"，又称"五户丝料""投下五户丝料"。元王恽《秋涧集》卷八十《中堂事记上》："诸投下五户丝料（原注：译语曰阿合塔木儿），自来就征于州郡。"

[5]勾：同"够"。"勾也"，犹言"够了"。

[6]偏负：犹"偏重"。不公正，不公平。《元史·百官志八》："省、院、台不用南人，似有偏负。"

97① 皇庆二年十月二十三日，中书省奏："'江南地面里平江等处有的系官地内，诸王、公主、驸马根底、各寺观里并官人每根底与来的，他每委着人，比官司纳来的之上多取粮的上头，百姓每生受。'么道，台官每言着呵。今春众人商量了：'诸王、驸马根底并各寺观里与来的，将合纳的租子②，官仓里纳了，似阿合探马儿一般，各投下于官仓里拨与。'奏了，各处行了文书来。前者，崇祥院[1]官人每：'将普庆寺[2]里江南拨与来的田地内出产的子粒，不教其余的指例[3]，崇祥院管辖的提举司[4]收着。'么道，奏了，与俺文书来。俺商量来：'将那粮他每收呵，止是那里粜卖。依已了的圣旨，官仓里收了，取勘了数目，验本处开仓时估③，拨与价钱呵，

---

① 《通制条格·田令·拨赐田土》载有同一条文。
② 租子：《通制条格》作"租米"。
③ 估：《通制条格》作"古"，误。《至正条格》作"估"，当据校。

怎生？'"奏呵,奉圣旨:"那般者。"

[1]崇祥院:官署名,元至大四年(1311)置,属太禧宗禋院。凡大承华普庆寺之钱粮出纳、营缮造作,悉统之。至大元年(1308),初立大承华普庆寺都总管府。至大二年(1309),改为延禧监,寻改为崇祥监。至大四年(1311),升为崇祥院,秩正二品。泰定四年(1327),复改为大承华普庆寺总管府。天历元年(1328),改为崇祥总管府。下设达鲁花赤、总管、副达鲁花赤、同知、治中、府判、经历、知事、提控案牍兼照磨、令史、译史、知印、怯里马赤、奏差诸官职。下领永福营缮司、昭孝营缮司、普庆营缮司、崇祥财用所、永福财用所、镇江稻田提举司、汴梁稻田提举司、平江等处田赋提举司、冀宁提领所诸官署机构。

[2]普庆寺:"大承华普庆寺"之简称。元姚燧《牧庵集》卷十一载有《普庆寺碑》,云:"大承华普庆寺者,皇帝为皇祖妣徽仁裕圣太后报德作也。"

[3]指例:援引成例,引用先例。谓援引先例作为自己做事的依据。《元典章·刑部》卷十三《获贼赏钱不赏官》:"弓手张平,节次捉获强切盗贼五十四起,前尚书省拟充巡检。在后获贼之人往往指例言告,实碍通例。"

[4]提举司:官署名,当为崇祥院下领的"平江等处田赋提举司"之简称。掌大承华普庆寺之资产。下设达鲁花赤、提举、同提举、副提举诸官职。

98 元统二年四月二十八日,中书省奏:"户部官俺根底与文书:'至元三十年以后,今岁续拨与了诸王、公主、驸马、百官、寺观等田数,其间寺观自有常住[1],百官已有俸禄,诸王、公主各有分拨城池、岁赐钱帛。又复拨赐田粮,合拘收还官。'说有。俺于文卷内照得:'今岁拨赐地土数多,如今除世祖皇帝时分并有影堂[2]的寺院里拨赐外,寿宁公主、南加八剌公主、扎牙八剌公主、班丹公主、速哥八剌公主、奴伦妃子、班的答八哈失、庆寿长生观、明慧报恩寺、搠思丹姑姑寺、承天永福寺、崇恩寺,将这的每根底元拨赐与来的地土,验数还官。将拨赐与住奴皇后的一百项田内,将五十顷还官。塔失帖木儿驸马母亲道道的一百顷田内,五十顷还官。普纳公主的四百九十九顷九十二亩〔田〕①内,一百九十九顷九十二亩还官。答里海牙公主的五百顷田内,二百顷还官。大长公主的五百顷田内,二百顷还官。赵王的五百顷田内,二百顷还官。孛罗大王的一百四十九顷六十九亩田内,九十九顷六十九亩还官。拜住[3]丞相的一百顷田内,五十顷还官。普安大万圣祐国寺的五百顷田内,二百顷还官。福藏司徒昭福寺的三十顷〔田内〕②,二十顷还官。原教寺的一百顷田内,五十顷还官。畏兀儿哈蓝寺的三百一十三顷五十九亩田内,一百一十三顷五十九亩还官。永福寺的五十顷五亩田内,三十顷五亩还官。圣安寺的九十一顷二十一亩田内,三十一顷二十一亩还官。天庆寺的五十顷田内,三十顷还官。难的沙律爱护持的五十顷田内,三十顷还官。延洪寺的一百五十顷田内,七十五顷还官。妙净寺的四十顷田内,二十顷还官。阿怜帖木儿八哈赤寺的五十顷田内,二十五顷还官。失剌千姑姑至大寺的一百四十八顷五十一亩田内,七十四顷二十五亩半还官。崇真万寿宫的一百顷田内,五十顷还官。永安寺的五十顷田内,三十顷还官呵,怎生?"奏呵,奉圣旨:"那般者。"

　　[1]常住:"常住物"之简称。僧、道称寺舍、田地、什物等为"常住"。

　　[2]影堂:指寺庙、道观、太庙等供奉佛祖、尊师、祖宗的真影之所。文中指寺庙供奉佛祖真影之所。

　　[3]拜住:《元史》有传。安童孙也,历任宿卫长、资善大夫、太常礼仪院使、中书平章政事、中书左丞相、右丞相、监修国史等职,后被铁失与赤斤铁木儿等夜以所领阿速卫兵为外应所杀。

　　99 至正元年正月初一日,诏书内一款:"江南拨赐田土,每年

---

① 〔田〕:分析文意,《至正条格》脱"田"字,今据补。
② 〔田内〕:分析文意,《至正条格》脱"田内"二字,今据补。《至正条格(校注本)》仅补作"内",漏补"田"字。

令有司催办[1]租粮,遇有水旱灾伤,逼令里正、主首陪纳[2],痛害百姓,十九消乏。今后各位下并诸王、驸马、近侍官员及系官寺观一应拨赐田土,既已各有所属,除官收海运外,其余不许着落有司、里正、主首催办。"

[1]催办:催促征收。
[2]陪纳:同"赔纳"。赔偿缴纳。

河南自实田粮

100① 天历元年九月,诏书内一款:"河南地土合纳税粮,悉依旧额。其经理虚桩[1]之数,并行革拨。"

[1]虚桩:虚增,虚加。宋周应合《(景定)建康志》卷四一《大乡李大东蠲和买榜》:"每遇官司推排,却有一项虚桩营运钱……却又白敷坊郭市户八十六匹有奇,谓之虚增营运钱。"

101 至顺元年十一月,中书省奏:"延祐元年,为河南两淮[1]地面里田土多人种佃隐漏的上头,差官取勘到,自实供首[2]未纳粮田四十三万五千八百一十五顷有余。田地每亩纳粮三升,该征粮一百三十万七千四百四十余石。延祐五年奏准:'每亩依乡原例,减□(半)②教纳。'八九年有来,于内纳本色粮[3]的也有,折纳[4]轻赍钞[5]的也有,每年通该粮六十五万五千余石。又堪开耕官民田土一十五万一千六百九十余顷,若是开耕,依例纳粮。天历元年九月十三日,钦奉诏书:'河南省地土合纳税粮,悉依旧额,其经理虚桩之数,并行革拨。'么道,行了文书来。河南省文书里说将来:'这河南的田土虚桩之数,合钦依革拨,所据自实的田土合无[6]科征?'这般禀将来。又户部也与俺文书来。如今,俺商量来:'种田纳地税,做买卖纳商税,这的[7]是累朝皇帝遵守的定制。中间果

---

① 元苏天爵《滋溪文稿》卷二六《灾异告白十事》载有相关条文。
② □(半):《至正条格》此字残损,分析文意,当作"半",今据补。

有虚桩之数,自合依着诏书革拨,自实的地土合纳粮有。天历二年合纳粮来,为那里灾伤的上头,如今教除免了。今年合征的粮,若依着元定来的,每亩全科[8]三升呵,百姓每生受也者,权且教减半科纳[9]。不通水路去处,除际留[10]三年支持粮[11]外,折纳轻赍呵,怎生?'"奏呵,奉圣旨:"那般者。"

[1]河南两淮:"河南"当指河南江北等处行中书省,"两淮"当指河南江北等处行中书省所属淮西和淮东两道宣慰使司。

[2]供首:招供。

[3]本色:自唐末至明清原定征收的实物田赋,与改征他物或钱钞的"折色"相对。《明史·食货志五》:"所收税课,有本色,有折色。""本色粮",又称"本色粮斛""本色粮料",指征收的粮食赋税。《大明神宗显皇帝实录》卷一〇五:"辽镇军饷折色价轻,本色粮少,请以万历九年应发年例如发。"

[4]折纳:谓因阙少粟、帛、粮等本色而改用他物或钱钞折价交纳者为"折纳"。元徐元瑞《吏学指南·诸纳》:"折纳:谓阙本色而以别物折纳者。"

[5]轻赍钞:谓因阙少粟、帛、粮、茶等本色而折价交纳便于携带的钱钞。这种折纳的钱钞称作"轻赍钞"。《元典章·户部》卷十《官租秋粮折收轻赍》:"江浙、湖广、江西三省所辖的百姓每合纳的粮,验着军人每的合请的口粮,更别项支持的,斟酌交纳。除外,交百姓纳轻赍钞者。"又称"轻赍钞定",《元典章·新集至治条例·吏部·官吏侵用官钱不丁忧》:"所据刘奏差扣要细甲轻赍钞定,合依已拟相应。"简称"轻赍",元徐元瑞《吏学指南·钱粮造作》:"轻赍:谓本纳粮斛,而令纳钞者。"明代,改称"轻赍银",《明史·食货志三》:"轻赍银者,宪宗以诸仓改兑,给路费,始各有耗米;兑运米,俱一平一锐,故有锐米;自随船给运四斗外,余折银,谓之轻赍。"

[6]合无:提出建议、请求裁定时说的话。相当于"何不""可否"。

[7]这的:指示代词。这,这个。《通制条格·僧道·词讼》:"除这的之外,和尚每自其间不拣甚么相告的勾当有呵,各寺院里住持的和尚头目结绝了者。"

[8]全科：指纳全税。元代赋税征收标准不一，根据民户多寡、土产难易等情况分为各类户，有丝银全科户、减半科户、止纳丝户、止纳钞户等。《元史·食货志一》："中统元年，立十路宣抚司，定户籍科差条例。然其户大抵不一，有元管户、交参户、漏籍户、协济户。于诸户之中，又有丝银全科户、减半科户、止纳丝户、止纳钞户；外又有摊丝户、储也速觯儿所管纳丝户、复业户，并渐成丁户。户既不等，数亦不同。"

[9]科纳：犹"科输"。交纳赋税。

[10]际留：犹"积留"。累积滞留。

[11]支持粮：又称"支持粮斛"。指供日常开支所使用的粮。《元典章·户部》卷七《余粮许粜接济》："见在粮斛除支持外，余上粮数，即目正是青黄不接之际，各处物斛涌贵，百姓艰粜，合无斟酌出粜？接济贫民，不致失所……除支持粮斛外，余有粮数，照依各处目今实直市□挨陈出粜，接济贫民。"

新附军地土

102 至顺元年十月，户部议得："御史台呈：'河东廉访司言：黄花岭[1]忠翊侍卫[2]新附军人六百二十七名，家属一千五百九十七名，每年冬夏衣装，拟支中统钞八百余定。军人每名元拨屯田一顷，纳官子粒一千余石。所费甚大，所得至微。若于附近革罢大同屯储府山阴等屯[3]荒闲地内，每军一名量拟添拨地一顷，计地六百二十七顷。令各军自耕自食，却将冬夏衣装住支，先拨地土依旧辨（办）①纳[4]子粒，诚为便益。'参详：'合准所言，宜令枢密院差官，与拘该有司官一同照依四至地亩，从实标拨[5]各军屯种，住支衣装。外据余剩地土，依上召人种佃纳租。'"都省准拟。

[1]黄花岭：一名"黄华岭""黄花堆""黄瓜堆"。在今山西山阴。《永定河志》卷三引《大同府志》："古名黄瓜堆，亦作黄瓜阜，后讹瓜为花，又

---

① 辨（办）：《至正条格》作"辨"，误。分析文意，"辨"当为"办"之形讹字，今据校。《至正条格（校注本）》录作"辨"，失校。

称'黄花冈''黄花岭',今在应州北四十里。"《元史·兵志三》:"武宗至大四年,以黄华领(岭)新附屯田军一千人,并归本卫,别立屯署。是年,改大同侍卫为中都威卫,属之徽政院,分屯军二千置弩军翼,止以二千人分置左右手屯田千户所,黄华领(岭)新附军屯如故。"

[2]忠翊侍卫:元代于燕只哥赤斤地面及红城周围设置的屯田卫所,为枢密院所辖。详参《元史·兵志三》所载"忠翊侍卫屯田"条。

[3]山阴等屯:当指山阴、雁门、马邑、鄢阳、洪济、金城、宁武七屯。《元史·地理志一》:"大同路。……大德四年,于西京黄华岭立屯田。六年,立万户府,所属山阴、雁门、马邑、鄢阳、洪济、金城、宁武凡七屯。"

[4]办纳:交纳。"小纳子粒",指交纳粮食。

[5]标拨:分拨,分派,分配。

探马赤地土

103① 延祐七年七月十五日,中书省奏:"御史台②备着监察每文书说将来:'军人每年差调置③军需什物的上头,将根元[1]分拨与来的草地典与了〔人〕④的,不教⑤回付[2]元价,将地分拨与军人每者。'么道,在前塔失帖木儿[3]等枢密院官人每⑥一面上位根底奏了来。若教这般行呵,动摇有。探马赤军人典质与了人的地土,验元价[4]收赎,将地归还元主[5]外,货卖地土,依至元二十五年、至大四年行来的圣旨体例革拨,令买地人为主。"这般与将文书来。俺商量来:'根元百姓典买[6]⑦地时分,明白立着文契,买了

---

① 《元典章·新集至治条例·户部·探马赤军典卖草地》载有同一条文。《至正条格(校注本)》注云"《元典章·新集至治条例·户部·探马赤军典卖初地》参照"。核对元刊《元典章》影印本,其中的"初"当是"草"之误。

② 御史台:《元典章》作"大都省官人每"。

③ 置:《元典章》作"置备"。

④ 〔人〕:《元典章》作"人",《至正条格》脱,今据补。

⑤ 教:《元典章》作"交"。下同。

⑥ 塔失帖木儿等枢密院官人每:《元典章》作"枢密院",疑脱。

⑦ 买:《元典章》作"卖",误。《至正条格》作"买",当据校。

起盖房舍,栽植种养,当①各处差发。又兼在先地价贱来,如今贵了也。若不教回付元价、追夺地土呵,百姓偏负〔有〕②。依着他每定拟来的,除立文契买的外,典来的③、质当[7]来的,钱业各归本主呵,怎生?'"奏呵,奉圣旨:"那得这般体例来? 依着恁商量来的,钱业各归本主者。"

[1]根元:犹"根原"。表示时间。起先,初始。

[2]回付:归还。"回付元价",指归还原来的价格。

[3]塔失帖木儿:人名。又译作"塔失铁木儿""答失帖木儿"。《元史》无传。脱欢之子,元代驸马,历任知枢密院事、中书右丞相、中书平章政事等官职。《元史·仁宗本纪一》:"(至大四年春正月)辛丑,以塔失铁木儿知枢密院事。"可见,塔失铁木儿担任知枢密院事一职的时间始于至大四年(1311)春正月辛丑。《元史·泰定帝本纪二》:"(泰定二年)十二月戊寅,以塔失帖木儿为中书右丞相。癸未,加塔失帖木儿开府仪同三司、上柱国、录军国重事、监修国史,封蓟国公。"

[4]元价:犹"原价"。原来的价格。

[5]元主:犹"原主""本主"。原本的所有者,旧主。

[6]典买:抵押购买。谓买主以物抵押于卖主,购买时与卖主约定期限,到期可备价赎回。

[7]质当:典当,质押,抵押。

异代地土

104④ 大德六年正月,陕西行省[1]咨:"安西路[2]僧人惠从告:'李玉将本寺正隆二年[3]建立石碑内常住地土占⑤种。'照得:'见

---

① 当:《元典章》作"应当"。
② 〔有〕:《元典章》作"有",《至正条格》脱,今据补。
③ 典来的:《至正条格》作"典来的",《元典章》脱,当据补。
④ 《通制条格·田令·异代地土》载有同一条文。
⑤ 占:方龄贵《通制条格校注》校作"古(占)",误。《通制条格》《至正条格》皆作"占",今据校。

争地土即系异代碑文志记亩数，似难凭准。若蒙照依定例革拨，将地凭契断付李玉为主。'"礼部照得："李玉凭牙于贾玉处用价立契，收买上项地土，经今二十余年，又经异代，合准陕西行省所拟。"都省准呈。

[1]陕西行省："陕西等处行中书省"之简称，又称"陕西省"。《元史·地理志三》："陕西等处行中书省。为路四、府五、州二十七，属州十二、属县八十八。"

[2]安西路：即"奉元路"。隶属陕西等处行中书省，治所在今陕西西安市。《元史·地理志三》："奉元路。上。唐初为雍州，后改关内道，又改京兆府，又以京城为西京，又曰中京，又改上都。宋分陕西〔永兴〕、秦凤、熙河、泾原、环庆、鄜延为六路。金并陕西为四路。元中统三年，立陕西四川行省，治京兆。至元初，并云阳县入泾阳，栎阳县入临潼，终南县入盩厔。十六年，改京兆为安西路总管府。二十三年，四川置行省，改此省为陕西等处行中书省。大德元年，移云南行台于此，为陕西行台。皇庆元年，改安西为奉元路。领司一、县十一、州五。州领十五县。"

[3]正隆二年："正隆"，金海陵王完颜亮的第三个年号。"正隆二年"，南宋高宗绍兴二十七年，即公元1157年。

江南私租

105① 大德八年正②月，诏书内一款："江南佃户承种诸人田土，私租[1]太③重，以致小民穷困。自大德八年，以十分为率，普减

---

① 《通制条格·田令·江南私租》、《元典章·圣政》卷二《大德八年正月诏》和《救荒活民类要·水旱虫蝗灾伤》载有同一条文。《元典章·户部》卷五《佃户不给田主借贷》载有部分条文。《元史·成宗本纪四》载有相关条文。

② 正：《至正条格》《通制条格》《救荒活民类要》《元史》皆作"正"，《元典章·大德八年正月诏》脱，当据补。

③ 太：《救荒活民类要》《元典章·大德八年正月诏》《元史》皆作"大"，误。《至正条格》《通制条格》皆作"太"，当据校。

二分,永为定例。比及收成,佃户不给,各主接济,无①致失所。借过贷粮,丰年逐旋归还,田主毋②以巧计多取租数。违者,治罪。"

[1]私租:相对"官租"而言。指出租者征收承租者的租税。因出租者在民间私自出租土地,对于官府而言,被称"私租"。元冯福京《(大德)昌国州图志》卷六"名宦":"官租未了,私租逼。"

逃军户绝地租

106 至元三年正月十四日,枢密院奏:"至治元年开读诏书内一款节该:'军人在逃,固非得已。复业者,与免本罪,元抛事产[1]等物,全数给付。'近年以来,有司〔官〕③、奥鲁官[2]将在逃军人元抛房舍间座[3]、地土顷亩[4]、所收租赁子粒[5]、钞定虽曾复业,有司官奉行不至,因而埋没,亦无各项明白数目,切恐中间侵使,深为未便,与哀悯军人诏书不同。俺众人商量来:'各行省、腹里路分行与文书,这里差好人前去,与有司官、奥鲁官一同提调着,将在逃并户绝军人抛下地土、租价房钱[6]、钞定等物尽数拘收,令有司官并奥鲁官相沿交割,明白□(取)④勘见数。每岁上下半年登答,差有职役人员起解赴院。候复业,令有司官并奥鲁官申解[7]印信文书来呵,依数给付。有司官并奥鲁官任满时,将拘收来的在逃军人子粒等钱数目于解由内明白开写,将来呵,怎生?'"奏呵,奉圣旨:"那般者。"

[1]事产:家产,产业。
[2]奥鲁官:又称"奥鲁赤",指管领奥鲁军户的官员。蒙古军占领中原后,置奥鲁官管领军户,不受地方官府管辖。至元元年(1264)以后,逐

---

① 无:《至正条格》《通制条格》皆作"无",《元典章·大德八年正月诏》《救荒活民类要》皆作"毋"。
② 毋:《至正条格》《通制条格》《元典章·佃户不给田主借贷》皆作"毋",《元典章·大德八年正月诏》《救荒活民类要》皆作"无"。
③ 〔官〕:分析文意,《至正条格》脱"官"字,今据补。
④ □(取):《至正条格》此字残损,分析文意及残损笔画,当作"取",今据补。

渐取消奥鲁官,改由地方长官兼领诸军奥鲁管领军户,但部分蒙古军、色目军仍保留奥鲁官。"奥鲁",蒙古语音译,又译作"阿兀鲁黑",复数为"阿兀鲁兀惕",译作"家小""老营"或"老小营"。指蒙古军队出征时,留在后方的军人家属。元苏天爵《元文类》卷四一《军制》:"军出征戍,家在乡里曰奥鲁。"《元典章·兵部》卷一《晓谕军人条画》:"奥鲁官任内如能抚治军户得安,招收逃户复业者,任满,解由开写,验招到户计定夺升用。"

[3]间座:用作房屋的计量单位。《元典章·户部》卷七《赃罚开写名件》:"屋宇、田地、山林、池塘:须要见间座、条段、顷亩。""房舍间座",指房屋数量。

[4]地土顷亩:指土地面积。

[5]租赁子粒:犹言"租粮"。

[6]租价房钱:犹言"房租"。

[7]申解:递送,解送。

豪夺官民田土

107 至元六年七月初七日,诏书内一款节该:"官民田土,俱有定籍,科差赋税,生民衣食,皆由此出。比者,伯颜[1]、党乞失、者延不花[2]等恃势夺占大都、河南、江淮、腹里诸处及保定、雄、霸等州官民田土、房产,指称屯卫牧马草地,割为己业。发掘丘垄,拆①毁宅舍。稍有违忤,痛遭杖责,民不聊生。诏书到日,所在有司即与照勘。委系军民事产,回付各主。系官田土,依旧还官。有司迟延其事,因而受财者,从监察御史、廉访司体察究治。"

[1]伯颜:《元史》有传。蒙古八邻部人。曾祖为述律哥图,祖父为阿刺,父亲为晓古台,妻子为中书右丞相安童的妹妹。历任中书左丞、中书右丞、同知枢密院事等官职。薨于至元三十一年(1294)十二月庚子,年五十九。追封淮王,谥忠武。

---

① 拆:《至正条格(校注本)》录作"折",误。《至正条格》作"拆",今据校。

[2]者延不花：《元史》无传。曾任知枢密院事。《新元史·夏侯尚元传》："至元四年，彻彻秃入朝，丞相伯颜为子请婚，彻彻秃不从。伯颜怒，与知枢密院事者延不花谋构祸于彻彻秃。"

打量军民田土

108① 大德四年十二月初二日，枢密院奏："归德府[1]赵知府文字里题②说将来：'睢（睢）③阳县[2]官吏每信着歹人每言语，打量军户地土行呵，踏践了田禾，军户每根底使气力哏搔扰有。'么道，说将来有。上位有圣旨：'军的、民的田地，通行取数目时分打量呵，是也。'民户④的地土不⑤打量，军⑥户的⑦地土打量有。"奏呵，奉圣旨："是有。不得咱每的圣旨，军户每的地土休打量者。"

[1]归德府：隶属河南江北等处行中书省。治所在今河南商丘市南。《元史·地理志二》："归德府。唐宋州。又为睢阳郡。后唐为归德军。宋升南京。金为归德府。金亡，宋复取之。旧领宋城、宁陵、下邑、虞城、谷熟、砀山六县。元初与亳之鄚县同时归附，置京东行省，未几罢。岁壬子，又立司、府、州、县官以绥定新居之民。中统二年，审民户多寡，定官吏员数。至元二年，以虞城、砀山二县在枯黄河北，割属济宁府，又并谷熟入睢阳，鄚县入永州，降永州为永城县，与宁陵、下邑隶本府。八年，以宿、亳、徐、邳并隶焉。壤地平坦，数有河患。府为散郡，设知府、治中、府判各一员，直隶行省。领县四、州四。州领八县。"

[2]睢阳县：隶属归德府。下县，倚郭。唐曰宋城，亦曰睢阳。金曰

---

① 《通制条格·田令·打量田土》和《元典章·户部》卷十《不得打量汉军地土》载有同一条文。《至正条格（校注本）》注云"《通制条格·田令·打量田上》同一条文"，其中"上"为"土"之误，当据校。

② 题：《至正条格》《通制条格》皆作"题"，《元典章》作"提"。

③ 睢（睢）：《至正条格》作"雎"，《至正条格（校注本）》直录作"雎"，皆误。《元典章》作"睢"，今据校。《通制条格》作"推"，误，亦当据校。

④ 户：《至正条格》《通制条格》皆作"户"，《元典章》脱，当据补。

⑤ 不：《至正条格》《通制条格》皆作"不"，《元典章》脱，当据补。

⑥ 军：《元典章》作"富"，误。《至正条格》《通制条格》皆作"军"，当据校。

⑦ 的：《至正条格》《元典章》皆作"的"，《通制条格》作"底"。

睢阳。宋曰宋城。元仍曰睢阳。

影占民田

109① 至元十五年七月二十五日,御史台奏②:"官民房舍、田土,诸官豪势要之家毋得擅立宅司庄官,冒立文契,私已影占[1],取要房钱、租③米。违者,并行纠察。"奏呵,奉圣旨:"那般者。是有。"

[1]影占:冒认占有。

妄献地土

110④ 至元七年正月,圣旨内一款:"和尚每根底,歹人每将无主荒闲田地,不由⑤官司,一面[1]献与和尚每做主有。高上和尚、下次和尚每并怯里马赤⑥每那般做也者,那的每根的[2]当[3]呵,怎生?"奉圣旨:"那般者。拿者。"

[1]一面:擅自,私自。《元典章·户部》卷四《出征军妻不得改嫁》:"出征军人未知存亡,抛下妻小,其父母不合一面改嫁。"

[2]根的:犹"根底"。用于指人的名词、代词或动词短语之后,对译蒙古语名词、代词等的宾格、领格、与一位格、离格等附加成分,表示动作行为涉及的直接或间接对象。《元典章·户部》卷八《镇守军人兼巡私盐》:"又军官每根的省会了,出私盐的道径去处,交军官每好生的用心捉拿者。""又军官每根的省会了",犹言"又省会了军官每"。

[3]当:阻拦。"那的每根的当呵",犹言"如果阻拦他们"。

---

① 《通制条格·田令·影占民田》载有同一条文。
② 奏:《通制条格》作"呈"。
③ 租:《通制条格》作"粗",误。《至正条格》作"租",当据校。
④ 《通制条格·田令·妄献田土》载有同一条文。
⑤ 由:《通制条格》作"经由"。
⑥ 怯里马赤:《通制条格》作"怯里赤",疑脱"马"字。

111① 大德八年正②月,诏书内一款:"国家财赋③,自有常制。比者,诸人妄献田土、户计、山场、窑冶,增添课程[1],无非徼④名贪利,生事害民。令(今)⑤后悉皆⑥禁绝⑦。违者,治罪。"

[1]课程:指赋税。"增添课程",指增加交纳的赋税。

112⑧ 至治三年十二月初四日,诏书内一款:"山泽之利,本以养民。其山场、窑冶、河泊、田土,各有所属。前者,刘亦马罕妄献河南地土,长流海南。今后诸人无得陈献。其余献户等项,亦仰禁止,各衙门不许受词。违者,定罪。"

113 元统元年六月初八日,诏书内一款:"官民户产,各有定籍。比者,侥幸之徒妄献田土、户计、山场、窑冶,生事扰民,悉皆禁止。犯者,以违制论。"

妄献田土遇革

114 泰定二年二月,户部议得:"诸人妄将官田冒作己产投献[1],关给[2]回奉[3]钞定。已追未纳之数,即与减驳[4]、侵使、拖欠

---

① 《通制条格·田令·妄献田土》和《元典章·圣政》卷一《大德八年诏》载有同一条文。《蒙兀儿史记·铁穆耳可汗本纪第七》、《新元史·成宗本纪第十四》、《元史类编》卷四《天王二》、《元史新编·成宗本纪五》载有相关条文。

② 正:《至正条格》《通制条格》《蒙兀儿史记》《新元史》《元史类编》《元史新编》皆作"正",《元典章》脱,当据补。

③ 赋:《元典章》《蒙兀儿史记》《元史类编》《元史新编》皆作"物",误。《至正条格》《通制条格》皆作"赋",当据校。

④ 徼:《元典章》作"激",误。《至正条格》《通制条格》《新元史》《元史类编》《元史新编》皆作"徼",当据校。《蒙兀儿史记》作"邀"。

⑤ 令(今):《至正条格》作"令",误。《通制条格》《元典章》皆作"今",今据校。《蒙兀儿史记》《元史类编》《元史新编》皆作"嗣"。

⑥ 悉皆:《至正条格》《通制条格》《元典章》《元史类编》《元史新编》皆作"悉皆",《蒙兀儿史记》作"悉加",《新元史》作"悉"。

⑦ 禁绝:《至正条格》《通制条格》皆作"禁绝",《元典章》《蒙兀儿史记》《元史类编》《元史新编》皆作"禁治",《新元史》作"禁之"。

⑧ 《至正条格·户婚·冒献地土》、元苏天爵《滋溪文稿》卷二六《灾异告白十事》载有相关条文。

事例不同,拟合依例征理[5]。"都省准拟。

[1]投献:谓将田产投托在缙绅名下以求减轻赋役。元姚燧《平章政事蒙古公神道碑》:"或以其地投献诸侯王,求为佃民自蔽。"

[2]关给:领取。《元史·食货志五》:"客商买引,关给勘合。"

[3]回奉:回赠,回给。

[4]减驳:减少,降低。

[5]征理:征收。《元史·吴鼎传》:"官唯验券征理,民不能堪。"

争讼田宅革限

115① 至大四年四月二十六日②,诏书内一款:"近年田宅增价,争讼日繁。除已到官见有文案并典质、借赁③私约分明,依例归结[1],其余在至大元年正月以④前者,并仰革拨。"

[1]归结:了结。

116 至顺元年五月,诏书内一款:"比年田宅增价,民讼滋繁。除已到官见有文案并典质、借赁私约分明,依例归结,其余在至顺元年五月以前者,并仰革拨。"

告争草地

117 泰定元年,兵部议得:"诸人告争草地,多因当该官府与所委官不依先呈通例,徇情怀私,理断[1]不当,致引百姓称词[2]不

---

① 《通制条格·田令·田讼革限》、《元典章·圣政》卷二《至大四年四月诏》和《元典章·户部》卷六《住罢银钞铜钱使中统钱》载有同一条文。

② 至大四年四月二十六日:《至正条格》《通制条格》皆作"至大四年四月二十六日",《元典章·至大四年四月诏》《元典章·住罢银钞铜钱使中统钱》皆作"至大四年四月"。

③ 赁:《通制条格》《元典章·至大四年四月诏》《元典章·住罢银钞铜钱使中统钱》皆作"贷"。

④ 以:《至正条格》《元典章·至大四年四月诏》皆作"以",《通制条格》《元典章·住罢银钞铜钱使中统钱》皆作"已"。

绝。其或处断公平，好讼之徒不舍前劳，巧捏饰词，再行反告。傥不受理，营求各衙门近侍官员，隔越闻奏兴词[3]。今后若有似前争讼者，拘该官司须要照勘始初元断文案，中间如何偏徇[4]、拟断[5]不平，逐节指定明白。果有合行事理，方许呈省，以凭取问。各衙门近侍官员闻奏兴词者，亦合禁止。仍取诳告[6]招伏，依条断罪。"都省准拟。

[1]理断：审理判决。
[2]称词：称说讼词，有"发起诉讼、打官司"义。
[3]兴词：挑起诉讼，打官司。
[4]偏徇：偏私曲从。
[5]拟断：量刑判罪。
[6]诳告：诬告。

典卖田产

118① 至元二十八年十二月，枢密院呈："保定路[1]正军[2]崔忠告：'贴户[3]孙元不曾告给公凭[4]，将地土②一顷典与张泽等种养，全家老小在逃。'"户部议得："正军、贴户既同户[5]当军，破卖[6]③地土④，合⑤相由问[7]。据张泽等典讫孙元地土，别无告到官司公凭，亦不曾由问正军。既崔忠替当孙元军役⑥，其元抛下事产，拟令正军崔忠种养[8]为主，收到子粒等物，津贴[9]军钱。合该典价，候孙元还家，依理归结。"都省准拟。

---

① 《通制条格·田令·妄献田土》载有同一条文。《事林广记·别集》卷三《刑法类》载有相关条文。
② 地土：《通制条格》作"田土"。
③ 卖：《通制条格》作"买"，误。《至正条格》《通制条格》皆作"卖"，当据校。
④ 地土：《至正条格》《通制条格》皆作"地土"，《事林广记》作"田土"。
⑤ 合：《至正条格》《通制条格》皆作"合"，《事林广记》作"许"。
⑥ 《至正条格（校注本）》注云"'既孙元替当崔忠军役'符合文意"，不确。《至正条格》《通制条格》皆作"既崔忠替当孙元军役"，文意顺畅。

[1]保定路:隶属中书省,治所在今河北保定市。《元史·地理志一》:"保定路。上。本清苑县,唐隶鄚州。宋升保州。金改顺天军。元太宗十一(三)年,升顺天路,置总管府。至元十二年,改保定路,设录事司。领司一、县八、州七。州领十一县。"

[2]正军:元代兵制。蒙古灭金后,规定北方贫家合二、三户出壮丁一名服军役,出壮丁户称为"正军户",简称"正军"。《元史·兵志一》:"既平中原,发民为卒,是为汉军。或以贫富为甲乙,户出一人,曰独户军;合二三而出一人,则为正军户,余为贴军户。"《元史·兵志一》:"旧例,丁力强者充军,弱者出钱,故有正军、贴户之籍。"

[3]贴户:元代兵制。元初,发民为兵,令贫富相兼应役,有正军户和贴军户,正军户合二、三户而出一人,贴军户贴出钱以津贴正军户。"贴军户"简称"贴户"。《至正条格·职制·勒要贴户钱物》:"左都威卫百户刘钦,于同户房兄刘仲威下津贴军钱人郑诚处,指以应当马札也为由,吃用酒食,勒要讫中统折至元钞伍拾贯。"题文中的"贴户"即指文中的"下津贴军钱人郑诚"。

[4]公凭:官府发给的凭证。元徐元瑞《吏学指南·榜据》:"公凭:谓官给凭验也。"

[5]同户:指同一户籍的军户。《元史·兵志一》:"其同户异居者,私立年期,以相更代,故有老稚不免从军,而强壮家居者,至是革焉。"

[6]破卖:变卖。"破卖地土",指变卖土地。

[7]由问:协商,洽商。"相由问",犹言"相商"。

[8]种养:种植。

[9]津贴:补贴,补助。

119① 至大元年十月,枢密院呈:"冠州[1]贴军户张著告:'正军周元,于大德八年欺昧本家,将泺下桑枣地五十三亩暗地卖与伊另籍军户房亲周二等为主。'礼部议得:'即系违例成交,拟合改正,令张著依价收赎。'今后诸军户典卖田宅,先须于官给据,明立问帐[2],具写用钱缘故,先尽[3]同户有服房亲并正军、贴户。如不

---

① 《通制条格·田令·典卖田产事例》载有同一条文。

愿者,依限批退[4]。然后方问邻人、典主成交,似不靠损军力。"都省准呈。

[1]冠州:隶属中书省。治所在今山东冠县。《元史·地理志一》:"冠州。本冠氏县。唐因隋旧,置毛州。后州废,县属魏州。宋、金并属大名府。元初,属东平路。至元六年,升冠州,直隶省。"

[2]问帐:又作"问账"。犹言"账簿"。元代交易双方签订典卖文契,需要有公据、问账、正契,且需向官府纳税并由官府在契本契尾印押之后,方为完备。元胡祗遹《紫山大全集》卷二一《又小民词讼奸吏因以作弊》:"诸交关典卖文契自有公据、问账、正契,然后赴务投税,契本契尾印押,方为完备,中间犹有欺诈奸伪。近见司县断案,凭文契定屈直,所立文契无公据,无问账,纵有正契,无房亲、邻佑,田亩则无条段、尺寸、四至,经税则无契本,契末印押多使木印,篆文难辨,明见诈伪,司县官吏便为凭据,实为欺枉。"

[3]先尽:犹"尽先"。指放在优先地位,犹言"首先"。

[4]批退:指撤销所立据、账等。《元典章·户部》卷五《典卖批问程限》:"莫若今后诸典卖田宅,但凡亲邻、典主不愿者,三日内不行批退,加以罪责。"

典质合同文契

120① 大德十年五月,礼部议得:"典质地产,即系活业[1]。若一面收执文约,或年深迷失,改作卖契,或昏昧条段[2]、间座,多致争讼。〔以此参详〕②:'今后质典[3]交易,除依例给据外,须要写立合同、文契二纸,各各画字,赴务[4]投税。典主收执正契,业主收执合同。虽年深,凭契收赎[5],庶革侥幸争讼之弊。'"都省准呈。

[1]活业:指已典给别人的产业。《元典章·户部》卷五《革拨亡宋已前典卖田土》:"既有明立典契,即系活业。"

---

① 《通制条格·田令·典卖田产事例》载有同一条文。
② 〔以此参详〕:《通制条格》作"以此参详",《至正条格》脱,今据补。

［2］条段：地段。《元典章·户部》卷五《舍施寺观田土有司给据》："或有自愿出舍之家，须赴有司具四至条段陈告，以凭村保、邻舍、亲戚人等保勘，别无违碍，出给公据，明白推收税石，方许舍施。"

［3］质典：犹"典质"。谓以物为抵押换钱，可在限期内赎回。《元典章·户部》卷六《行用至元钞法》："应质典田宅并以宝钞为则，无得该写斛粟丝绵等物，低昂钞法。"

［4］务：元代管理税务、制造、贸易等的官署机构。

［5］收赎：犹"取赎"。指用钱款将抵押品赎回。

僧道不为邻

121① 元贞元年十一月，陕西行省咨："安西路普净寺僧人伉吉祥告：'西邻王文用将门面并后院地基偷卖与宫伯威②为□（主）③。'不见各处军民典卖田宅，若与僧道寺观相邻，合无由问？"礼部议得④："僧道寺观田地，既僧俗不相干，百姓虽与寺观相邻住坐，凡遇典卖，难议为邻。〔参详〕⑤：'合准王文用已卖西邻宫伯威为主。'"都省准呈。

公廨不为邻

122 泰定二年六月，礼部议得："上都亦思马因用价买到牙纳失里房院一所，大司农司指以公廨相邻，不曾画字。奏奉圣旨：'照依元卖价直争要。'参详：'僧寺、道院尚不为邻，合令亦思马因依旧为主。'"都省准呈。

---

① 《通制条格·田令·典卖田产事例》载有同一条文。
② 威：方龄贵《通制条格校注》录作"成"，误。《至正条格》《通制条格》皆作"威"，当据校。
③ □（主）：《至正条格》此字残损，《通制条格》作"主"，今据补。
④ 议得：《通制条格》作"照拟得"。
⑤ 〔参详〕：《通制条格》作"参详"，《至正条格》脱，今据补。

贸易田产

123① 大德七年五月②,户部议得③:"诸私相贸易田宅,即与货卖无异,拟合给据,令房亲、邻④人画字估价,立契成交。"都省准呈⑤。

典卖随地推税

124 泰定三年十二月,户部议得:"监察御史言:'江南人户典卖田土,过割税粮。令路府州县置立勘合文簿,正官、首领官轮流提调封收。凡有诸人典卖地土并交佃[1]官田,明白标附。遇有科征,止着得业之人。年终,于计拨税粮推收[2]项下开写过割、买卖田主姓名,攒造[3]册解。令廉访司常加体察,庶革奸弊。'参详:'典卖田土,过割税粮,已有定例。腹里、江南即系一体,合准所言。令路府州县置簿,明白标附,正官、提调官提调封收,依例推收,年终造册解部。'"都省准拟。

[1]交佃:租种。

[2]推收:民间田宅典当买卖时,报请官府办理产权和赋税的过户手续。"税粮推收",又作"推收税粮",犹"过割税粮",省称"推税"。

[3]攒造:汇总编制。"攒造册解",谓汇总编制文册解送。

125 元统二年十月二十九日,诏书内一款:"民间出卖田产,推收税粮,已有定例。仰所司奉行勿替,毋使产去税存,重为民困。"

---

① 《通制条格·田令·典卖田产事例》和《元典章·户部》卷五《贸易田宅》载有同一条文。

② 大德七年五月:《至正条格》《通制条格》皆作"大德七年五月",《元典章》作"大德七年五月二十六日"。

③ 议得:《通制条格》《元典章》皆作"呈"。

④ 邻:《至正条格》《通制条格》皆作"邻",《元典章》脱,当据补。

⑤ 准呈:《至正条格》《通制条格》皆作"准呈",《元典章》作"准拟"。

典质限满不放赎

126 至元二年五月,刑部议得:"今后凡有典质田宅、碓硙、邸店、园林、山泽之类,年限已满,业主依期备价收赎。若典主恃强刁蹬,不即放赎[1],量事轻重坐罪,钱业各归元主。仍扣算物业年限外,岁得租课,征付业主。如业主无力,虽过限期,不拘此例。年数虽远,钱到放赎。"都省准拟。

[1]放赎:听凭赎回,不加阻拦。

禁卖坟茔树株

127① 皇庆二年三月十八日,圣旨:"百姓每的子孙每,将祖上的坟茔并树木卖与人的也有,更掘了骨殖,将坟茔卖与人的也有。今后卖的、买的并牙人每根底要罪过,行文书禁断者。"

典卖系官田产

128② 大德七年四月,江浙省③咨:"各路府州司县所管官房地基,多系官豪势要人等租赁住坐,故将元旧屋宇改拆间架[1],欲为己业,计构[2]上下路府州④县官吏、主首、坊里正人等,通同捏合[3],推称'年深倒塌,不堪修理',低估价钱[4]变卖。或称事故,以租就买,朦胧除豁[5]官租,私相典兑[6],并不申明官司。今后系官房舍基地,毋得似前变卖、典兑及以租就买。"户部议得⑤:"合准本省所拟,遍行禁治。"都省准呈。

[1]间架:房屋的结构形式。

---

① 《通制条格·田令·坟茔树株》载有同一条文。
② 《通制条格·田令·拨赐田土还官》载有同一条文。
③ 江浙省:《通制条格》作"江浙行省"。
④ 州:《通制条格》作"司"。
⑤ 议得:《通制条格》作"照拟得"。

［2］计构：谋划勾结。

［3］捏合：伪造，虚构。元徐元瑞《吏学指南·诈妄》："捏合：谓撰造异端，颇同真似者。"

［4］价钱：物品价格。"低估价钱变卖"，犹言"低价售卖"。

［5］除豁：除免，免除。

［6］典兑：犹"典当"。指以物抵押换钱。

召赁官房

129① 至元二十一年六月，御史台呈："江南行台[1]咨：'江淮等处系官房舍，于内先尽迁转官员住坐，分明标附，任满，相沿交割。其余用不尽房舍②，依上出赁[2]，似为允当。'"都省议得："不系旧来出赁囗（门）③面房舍，委是系官公廨，先尽迁转官员，依上相沿交割住坐。"

［1］江南行台：官署名，"江南诸道行御史台"之简称，又称"南台"。《元史·百官志二》："江南诸道行御史台，设官品秩同内台。至元十四年，始置江南行御史台于扬州，寻徙杭州，又徙江州。二十三年，迁于建康，以监临东南诸省，统制各道宪司，而总诸内台。初置大夫、中丞、侍御史、治书侍御史各一员，统淮东、淮西、湖北、浙东、浙西、江东、江西、湖南八道提刑按察司。十五年，增江南湖北、岭南广西、福建广东三道。二十三年，以淮东、淮西、山南三道，拨隶内台。三十年，增海北海南一道。大德元年，定为江南诸道行御史台，设官九员，以监江浙、江西、湖广三省，统江东、江西、浙东、浙西、湖南、湖北、广东、广西、福建、海南十道。大夫一员，中丞二员，侍御史二员，治书侍御史二员，经历一员，都事二员，照磨一员，架阁库管勾一员，承发管勾兼狱丞一员，令史一十六人，译史四人，回回掾史、通事、知印各二人，宣使十人，典吏、库子、台医各有差。"

---

① 《通制条格·田令·召赁官房》和《元典章·工部》卷二《召赁系官房舍》载有同一条文。

② 《元典章》于"房舍"后衍"地产"二字，《至正条格》《通制条格》皆无，当据删。

③ 囗（门）：《至正条格》此字残损，《通制条格》《元典章》皆作"门"，今据补。

[2]出赁:出租。

逃移财产

130① 至元十年七月②,户部议得③:"在逃人户④抛下地土事产,拟合召诸色户计种佃⑤,依乡原例,出纳[1]租课,毋⑥令亲民官吏、权豪⑦之家射佃[2]。"都省准呈。

[1]出纳:交纳。"出纳租课",指交纳赋税。

[2]射佃:又作"请佃"。租种土地的一种方式,即射取种佃,谓对于官府所属的荒地、无主的荒地或逃亡户抛下的土地等由人请求取得租种该土地的权利,犹言"承佃"也。《元典章·户部》卷三《逃户抛下地土不得射佃》:"且如在逃军民抛下田桑园圃水陆事产,省部符文,令诸色户计依乡原例出纳租课射佃。此等事产,各处亲民官吏、乡司、里正、主首并在官一切人等不无射佃……将逃户事产止令无力贫民射佃,似为防奸革弊。"

131⑧ 大德十一年五月二十二日⑨,诏书内一款:"各处逃移户计复业者,元抛事产随即给付,免差税[1]三年。未复业者,有司具实申报,开除[2]合该差税,毋令见户包纳[3]。"

[1]差税:赋税。"免差税",犹言"免税"。

---

① 《通制条格·田令·逃移财产》和《元典章·户部》卷三《逃户抛下地土不得射佃》载有同一条文。

② 至元十年七月:《至正条格》《通制条格》皆作"至元十年七月",《元典章》作"至元十年闰六月"。

③ 议得:《通制条格》作"呈议得",《元典章》作"公议得"。

④ 人户:《至正条格》《通制条格》皆作"人户",《元典章》作"军民户"。

⑤ 佃:《元典章》作"田",误。《至正条格》《通制条格》皆作"佃",当据校。

⑥ 毋:《至正条格》《通制条格》皆作"毋",《元典章》作"无"。

⑦ 权豪:《至正条格》《通制条格》皆作"权豪",《元典章》作"豪势"。

⑧ 《通制条格·田令·逃移财产》和《元典章·圣政》卷二《大德十一年五月诏》载有同一条文。

⑨ 大德十一年五月二十二日:《至正条格》《通制条格》皆作"大德十一年五月二十二日",《元典章》作"大德十一年五月"。

[2]开除:免除。

[3]包纳:谓代为交纳。

准折事产

132① 至元二十年十一月,户部呈:"平滦路[1]〔申〕②:'韩孝叔失陷仓粮,官司准折[2]讫祖业房院,伊侄韩麟告要取赎[3]。'参详:'若令韩麟出备元价收赎〔相应〕③。'"都省准呈。

[1]平滦路:即"永平路"。隶属中书省,治所在今河北卢龙县。《元史·地理志一》:"永平路。下。唐平州。辽为卢龙军。金为兴平军。元太祖十年,改兴平府。中统元年,升平滦路,置总管府,设录事司。大德四年,以水患改永平路。领司一、县四、州一。州领二县。"

[2]准折:抵偿,抵补。

[3]取赎:赎回。

至正条格卷第二十六

---

① 《通制条格·田令·准折事产》载有同一条文。
② 〔申〕:《通制条格》作"申",《至正条格》脱,今据补。
③ 〔相应〕:《通制条格》作"相应",《至正条格》脱,今据补。

至正条格卷第二十七　条格　赋役

科拨差税

133① 至元二十八年六月，中书省奏准：

诸科差税，皆司县正官监视人吏置局科摊[1]②，务要均平，不致偏重。据科定数目，依例出给花名印押由帖[2]，仍于村坊各置粉壁，使民通知。其比上年元科分数有增损不同者，须据缘由③，明立案验[3]，以④备照勘。⑤

诸差科[4]夫⑥役，先富强，后贫弱，贫富等者，先多丁，后少丁，开具花户[5]姓名，自上而下，置簿挨次。遇有差役，皆须正官当面点定该当人数，出给印押文引，验数勾差，无致公吏、里正人等放富差贫[6]，那移[7]作弊。其差科簿，仍须长官封收，长官差故[9]，次官封收。⑦

诸税石[8]，严禁官吏、势要人等，不得结缆⑧。若近下户计去仓地远，愿出脚钱就令近民⑨带纳[9]者，听。其总部税官斟酌各处

---

① 《通制条格·赋役·科差》载有同一条文。
② 科摊：《至正条格》《通制条格》《元典章》皆作"科摊"，《元史》作"均科"。
③ 须据缘由：《至正条格》《通制条格》皆作"须据缘由"，《元典章》作"须称元因"。
④ 以：《元典章》作"准"，误。《至正条格》《通制条格》皆作"以"，当据校。
⑤ 《元典章·圣政》卷二《至元二十八年六月中书省奏准至元新格》载有同一条文。《元史·食货志一》载有部分条文。
⑥ 夫：《至正条格》《通制条格》《元史》皆作"夫"，《元典章》作"户"。
⑦ 《元典章·圣政》卷二《至元二十八年六月中书省奏准至元新格（又一款）》载有同一条文。《元史·食货志一》载有部分条文。
⑧ 缆：《至正条格（校注本）》录作"揽"，误。《至正条格》《通制条格》《元典章》皆作"缆"，今据校。
⑨ 近民：《至正条格》《通制条格》《元典章》皆作"近民"，《新元史》作"附近民户"。

地里,定立先后运①次,约以点集处所,觑得别无轻赍揽纳[10]之数,令分部官管押入仓,依数交纳,得讫朱钞,即日发还。惟总部官,直须州县纳尽,方许还职。②

诸水旱灾伤,皆随时检覆[11]得实,作急申部。十③分损八以上,其税全免;损七以下,止免所损分数;收及六分者,税既全征,不须申检。虽及合免分数,而时可改种者,但存堪信显迹,随④宜改种,毋失其时。⑤

诸差科⑥,皆用印押公文,其口传言语科敛者,不得应付⑦。违者,所取虽公,并须治罪。⑧

诸和雇脚力,皆尽[12]行车之家,少则听于其余近上有车户内和雇。仍须置簿,轮转有⑨法,无致司吏、里正、公使人等那攒[13]作弊。⑩

[1]科摊:谓官府向百姓征收赋税、摊派徭役。

[2]由帖:官府在征收赋税时发给纳税人户的通知单,上面写有纳税名目及数额。

[3]案验:供查询验证的文簿。

[4]差科:犹"科差"。官府向民户征收赋税或摊派劳役。"差科夫

---

① 运:《元典章》作"还",误。《至正条格》《通制条格》皆作"运",当据校。

② 《元典章·户部》卷十《下户带纳者听》载有同一条文。《新元史·食货志一》载有部分条文。

③ 十:《元典章》作"体",误。《至正条格》《救荒活民类要》皆作"十",《通制条格》作"拾",当据《至正条格》《救荒活民类要》校。

④ 随:《救荒活民类要》此字残损,《至正条格》《通制条格》《元典章》皆作"随",当据补。

⑤ 《元典章·户部》卷九《水旱灾伤随时检覆》和《救荒活民类要·检旱》载有同一条文。

⑥ 差科:《至正条格》《元典章》《吏学指南》皆作"差科",《通制条格》作"科差"。

⑦ 应付:《至正条格》《通制条格》皆作"应付",《元典章》《吏学指南》皆作"应副"。

⑧ 《元典章·圣政》卷二《至元二十八年六月中书省奏准至元新格(又一款)》和《吏学指南·字类》载有同一条文。

⑨ 有:《元典章》作"立",误。《至正条格》《通制条格》皆作"有",当据校。

⑩ 《元典章·户部》卷十二《至元新格》载有同一条文。

役",犹言"差役",指官府向民户摊派劳役。

[5]花户:指在户口名簿册上登录的户口。"花户姓名",犹言"花名"。

[6]放富差贫:谓官府在科差时,只科差贫穷人户,而不科差富有人户。

[7]那移:同"挪移"。挪用,转移。元徐元瑞《吏学指南·诸纳》:"兑纳:谓本非元物而以别物那移入官者。"

[8]税石:元代地税名。因是征收米、麦等实物赋税,而米、麦等实物多是以石计算容量的,故称"税石"。

[9]带纳:读作"代纳"。代为交纳。

[10]揽纳:包揽他人赋税代为交纳,以从中取利。

[11]检覆:核查。

[12]尽:尽先。谓让某些人或事物占先。

[13]那攒:犹言"挪移"。宋朱熹《与江东尤提举札子》:"若得五万余石,即所欠尚有月余,多方那攒,或可接得大麦。"

科差均平

134① 庚申年四月②,诏书内一款:"爰自包银[1]之法行,积弊至③今,民力愈困。朝廷立制,本欲利民,而反④害民,非法之弊,乃人之弊⑤也。加之⑥滥官污吏夤⑦缘[2]侵渔,科敛则务求羡余[3],输纳[4]则暗加折耗,以致淫⑧刑虐政,暴敛急征,使农夫不得

---

① 《通制条格·赋役·科差》、《元典章·圣政》卷二《庚申年四月诏》和《元史类编》卷二《天王一》载有同一条文。

② 庚申年四月:《元史类编》作"庚申年五月",误。《至正条格》《通制条格》皆作"庚申年四月",《元典章》作"庚申年四月初六日",当据校。

③ 至:《至正条格》《通制条格》皆作"至",《元典章》《元史类编》皆作"到"。

④ 反:《至正条格》《通制条格》《元典章》皆作"反",《元史类编》作"反以"。

⑤ 之弊:《元典章》《元史类编》皆作"弊之",误倒。《至正条格》《通制条格》皆作"之弊",当据校。

⑥ 加之:《至正条格》《通制条格》《元典章》皆作"加之",《元史类编》作"盖由"。

⑦ 夤:《至正条格》《通制条格》皆作"夤",《元典章》《元史类编》皆作"夤"。

⑧ 淫:《至正条格》《通制条格》《元典章》皆作"淫",《元史类编》作"滥"。

安于田里者,其害非一①,吾民安得不重困邪②?旧弊若③不悉除,新政安④能有立?今后应科⑤差发[5],斟酌民力,务要⑥均平,期于安静,与⑦吾民共享有生之乐而已。"

[1]包银:元代对汉民户所征收的赋税项目之一。太宗八年(1236)定税制,以地、户、丁为征税物件。后因军饷需要,又将一年经费向真定路汉民户派征,名"包银"。宪宗五年(1255)后各路陆续推行。初按户征收六两,后改四两。《元史·食货志一》:"科差之名有二:曰丝料,曰包银……包银之法,宪宗乙卯年始定之。初汉民科纳包银六两,至是止征四两,二两输银,二两折收丝绢、颜色等物。"

[2]夤缘:又作"夤缘"。指拉拢关系,阿上钻营。

[3]羡余:盈余。《元史·世祖本纪十二》:"尚书省臣请令集贤院诸司,分道钩考江南郡学田,所入羡余,贮之集贤院,以给多才艺者。"

[4]输纳:交纳。元徐元瑞《吏学指南·诸纳》:"输纳:谓令人户供输纳入官者。"

[5]差发:赋税。宋彭大雅《黑鞑事略》:"其赋敛谓之差发。""科差发",犹"科差""科税",谓官府向民户征收赋税。

科差文簿

135⑧ 中统五年八月,圣旨内一款:"诸应当[1]差发,多系贫

---

① 使农夫不得安于田里者,其害非一:《至正条格》《通制条格》皆作"使农夫不得安于田里者,其害非一",《元典章》作"使农夫不得安于田里者,为害非一",《元史类编》无,疑脱。
② 邪:《至正条格》《通制条格》皆作"邪",《元典章》《元史类编》皆作"耶"。
③ 若:《通制条格》《元典章》《元史类编》皆作"苟"。
④ 安:《至正条格》《通制条格》《元典章》皆作"安",《元史类编》作"何"。
⑤ 科:《至正条格》《通制条格》《元史类编》皆作"科",《元典章》作"科敛"。
⑥ 要:《至正条格》《通制条格》《元典章》皆作"要",《元史类编》作"各"。
⑦ 与:《至正条格》《通制条格》《元典章》皆作"与",《元史类编》作"俾"。
⑧ 《通制条格·赋役·科差》载有同一条文。《元典章·户部》卷十一《验贫富科赴库送纳》和《新元史·食货志一》载有相关条文。

民,其官豪富强往往侥幸苟避。以前①合②罕[2]皇帝圣旨:'诸差发,验民户贫富科取。'今仰中书省将人户验③事产④多寡,以三等九甲为差⑤,品答[3]⑥高下,类攒[4]⑦鼠尾文簿[5]。除军户、人匠各另攒造,其余站户[6]、医卜、打捕[7]、鹰房[8]、种田、金银[9]、铁冶[10]、乐人等一切诸色户计,与民户一体推定鼠尾[11],类攒将来,科征差发。据站户马钱、祗应[12],打捕、鹰房合纳皮货、鹰集(隼)⑧、金银、铁冶合办[13]本色,及诸色户所纳物货,并验定到鼠尾合该钞数,折算送纳。"

[1]应当:承当,承担。"应当差发",指承当差役。

[2]合罕:蒙古语音译,又译作"哈罕"。这是元代对蒙古大汗的称号,窝阔台继位后始用此称号。"合罕(哈罕)皇帝",专称元太宗窝阔台。

[3]品答:同"品搭"。谓按品类等级搭配。"品答高下",谓按事产高低等级搭配。

[4]类攒:按类攒造。"类攒鼠尾文簿",指按类攒造文册簿籍。

[5]鼠尾文簿:又称"鼠尾籍册"。指按一定顺序排列的文册簿籍。"鼠尾",本指鼠尾由粗到细,此处喻指按顺序排列或记载。《新元史·食货志一》:"十八年,以应当差发者,多系贫民,其豪强往往侥幸苟避,饬依验人户事业多寡,品第高下,攒造鼠尾文簿科敛。"

[6]站户:指元代服役于站赤的民户。"站户"隶属通政院与中书省兵部,其由驿令、提领等官管辖,不与民户相混。如有缺,则由民户签补。每一提领所领站户,多则二三千,少则五百至七百。《元史·郭宝玉传》:

---

① 以前:《通制条格》《元典章》皆作"已前"。

② 合:《至正条格》《元典章》皆作"合",《通制条格》作"哈"。《至正条格(校注本)》录作"哈",误,今据校。

③ 今仰中书省将人户验:《至正条格》《通制条格》皆作"今仰中书省将人户验",《元典章》作"今依验人户",《新元史》作"饬依验人户"。

④ 产:《至正条格》《通制条格》皆作"产",《元典章》《新元史》皆作"业"。

⑤ 以三等九甲为差:《通制条格》作"以叁等玖甲为差",《元典章》无,疑脱。

⑥ 答:《至正条格》《通制条格》皆作"答",《元典章》作"搭",《新元史》作"第"。

⑦ 类攒:《至正条格》《通制条格》《元典章》皆作"类攒",《新元史》作"攒造"。

⑧ 集(隼):《至正条格》作"集",误。《通制条格》作"隼",今据校。

"年十五以上成丁,六十破老,站户与军户同。"

[7]打捕:"打捕户"之简称。"打捕户",指负责捕猎的人户,向官府交纳捕猎所得的皮货之物,以替代需要交纳的丝料和包银。元代诸色户计之一。元冯福京等撰《(大德)昌国州图志》卷三"户口"条:"军户一百七十一,打捕户六。"《元典章·圣政》卷二《大德十二年二月诏》:"除边远田地里出征军人外,诸王、公主、驸马不以是何投下军、站、民、匠、打捕、鹰房、怯怜口、厨子、控鹤人等诸色人户,与大数目当差的军、站、民户一体均当者。"

[8]鹰房:"鹰房户"之简称,又称"鹰坊户"。蒙古语音译作"昔宝赤"。"鹰房户",指专门为皇室养鹰的人户。供皇帝及诸王畋猎之时用。元代诸色户计之一。《元典章·户部》卷三《户口条画》:"打捕、鹰房不问是何投下民户有呵,依着您每定下底差发抄上,过本城子里官人每根底纳者。"

[9]金银:"金银户"之简称。指负责采炼金银的人户。元代诸色户计之一。

[10]铁冶:"铁冶户"之简称,又称"铁户""冶户"。指负责冶金炼铁的人户。元代诸色户计之一。

[11]鼠尾:"鼠尾文簿"之简称。指按一定顺序排列的文册簿籍。《元典章·新集至治条例·户部·差役验鼠尾粮数依次点差》:"往往信凭罢闲公吏、久占贴书、安停茶食之人,结构豪霸,把持官府,通同作弊,不将税粮、户籍、丁产验数多寡编排鼠尾,从上至下照依资次从公定差。"

[12]祗应:驿站接待过往使臣及其他乘驿人员时所供应的酒食等物。

[13]办:交纳。"金银、铁冶合办本色",指金银户和铁冶户应当交纳的实物赋税。

冒科差发遇革

136 天历元年四月,刑部议得:"民间差发户额,未经体察,钦遇释免。其当该官吏,指以推排[1]为由,中间若有循私受贿,冒科开倚[2],放富装贫[3],照勘明白,依例改正。官吏职役,革前既无明白招伏，难议解除标附。"都省准拟。

[1]推排：宋、金、元时三年一度核实厘正赋役的法制。《宋史·食货志上六》："至于推排，则因其赀产之进退为之升降，三岁而一行之。然当时之弊，或以小民粗有米粟，仅存室庐，凡耕耨刀斧之器，鸡豚犬彘之畜，纤微细琐皆得而籍之。吏视赂之多寡，为物力之低昂。"

[2]冒科开倚：犹言"开倚冒科"。谓仗恃冒名征收赋税。

[3]放富装贫：犹言"放富差贫"。谓官府科差时，只科差贫穷人户，而不科差富有人户。

种地纳税

137① 至元十一年五月，枢密院呈："军户已供到官四顷之上地土，合无纳税？"户部议得："军户限地四顷之上，若有置到熟地，合行收税。"都省准呈。

138② 至元二十年十一月十二日，中书省奏："去年大都路，不拣谁的田地，都抄写了来。今年依那田地数目里科税来。如今那着的人每道：'俺是怯薛丹[1]③有，更勾当里差出去了也。'么道，推事故说的多有。若依他每的事故里不教纳呵，别个的[2]攀例[3]去也。"奏呵，奉圣旨："不是咱的言语，是□(哈)④罕皇帝见有的圣旨有。不是咱定夺下的勾当。但阿谁[4]种田呵，纳税者。"

[1]怯薛丹：蒙古语音译。是"怯薛歹"的复数形式。指怯薛成员，即守卫宫廷的禁卫军，护卫宫廷的卫士。

[2]别个的：别人，其他人。《通制条格·医药·试验太医》："除我认得的，别个的都是官人每保来的，年纪小的，医人的勾当省不得。"

[3]攀例：援引为例。

[4]但阿谁：只要是谁。与"不拣谁"表意相同。

---

① 《通制条格·赋役·地税》载有同一条文。
② 《通制条格·赋役·地税》载有同一条文。
③ 怯薛丹：《通制条格》作"怯薛歹"。
④ □(哈)：《至正条格》此字残损，《通制条格》作"哈"，今据补。

学田免税

139① 至元二十五年八月②,江西省[1]③咨:"江州路[2]府学、景星[3]、濂溪[4]三学岁收子粒,除纳税粮外,所存不足养士,惟恐荒业。照得,近钦奉圣旨节该:'江南立④学校⑤呵,怎生〔先〕⑥属学校的⑦田地属官也?如今师傅⑧每根底、学文书的孩儿每根底种养者(着)⑨吃的田地,与他每呵,怎生?'圣旨:'那般者。'钦此⑩。拟合钦依蠲免。"都省准拟。

[1]江西省:"江西等处行中书省"之简称,又称"江西行省"。《元史·地理志五》:"江西等处行中书省。为路一十八、州九,属州十三,属县七十八。"

[2]江州路:隶属江西等处行中书省。治所在今江西九江市。《元史·地理志五》:"江州路。下。唐初为江州,又改寻(浔)阳郡,又仍为江州。宋为定海(江)军。元至元十二年,置江东西宣抚司。十三年,改为江西大都督府,隶扬州行省。十四年,罢都督府,升江州路,隶龙兴行都元帅府。后置行中书省,江州直隶焉。十六年,隶黄蕲等路宣慰司。二十二年,复隶行省。领司一、县五。"

[3]景星:书院名。在今江西九江。《明一统志》卷五二《九江府·书

---

① 《通制条格·赋役·学田地税》载有同一条文。《元典章·礼部》卷四《种养学校田地》和《庙学典礼》卷二《江南学田与种养》载有部分条文。
② 至元二十五年八月:《通制条格》作"至元二十五年八月初九日"。
③ 江西省:《通制条格》作"江西行省"。
④ 立:《至正条格》《通制条格》《庙学典礼》皆作"立",《元典章》脱,当据补。
⑤ 学校:《至正条格》《通制条格》《元典章》皆作"学校",《庙学典礼》作"学"。
⑥ 〔先〕:《元典章》《庙学典礼》作"先",《至正条格》《通制条格》皆脱,今据补。
⑦ 的:《至正条格》《通制条格》《庙学典礼》皆作"的",《元典章》做"底"。
⑧ 每:《至正条格》《通制条格》皆作"每",《元典章》《庙学典礼》皆脱,当据补。
⑨ 者(着):《至正条格》《通制条格》皆作"者",误。《元典章》《庙学典礼》作"着",今据校。
⑩ 圣旨:'那般者。'钦此:《通制条格》《元典章》《庙学典礼》皆作"么道有。奏呵,'那般者'。么道,圣旨了也。钦此"。依据《至正条格》体例,疑"圣旨:'那般者。'钦此"脱字,其中,"圣旨"前脱"奏呵,奉"。

院》:"景星书院:在府城东。唐李渤刺江州,元和初以右拾遗召,不拜。韩愈以书勉之,有'景星凤凰''先睹为快'之语,后人因建景星书院。"

[4]濂溪:书院名。在今江西九江。《明一统志》卷五二《九江府·书院》:"濂溪书院:在庐山麓。宋周敦颐建,后守潘慈明增筑,朱熹为记。"

投下税粮

140 至元六年十二月,御史台呈:"赵王位下至元四年军需家口钱粮,本位下王傅[1]恃赖投下,不遵省部、台宪[2]定拟明文,蹈习旧弊,每石折扣中统钞六十两,每岁差官催取。缘纳粮之人俱在奉元、巩昌[3]等处散漫[4]住坐,度其里路[5],各处至晋宁[6]不下三五千里。若令送纳额认[7]米数,其脚价盘缠,比之米钱,增加数倍。如于奉元路置司,本投下总管府[8]年例,照依本路十月分[9]白米时估科征,合该价钱,差有职役人员依期赴本位下交纳齐足,官民两便。恐其余位下扰民横科[10],与此无异。"户部议得:"上项科拨[11]粮斛,合准监察御史所言。今后各投下年例科拨税石,照依鸾居人户例,验各处开仓时估,依例折收钞两,不得横科,非理扰民。"都省准拟。

[1]王傅:官职名,元代于诸王位下多有设置,置员多寡不一。掌总领诸王部下军需、封地内诉讼及本位下诸事。《元史·世祖本纪十一》:"甲子,皇子北安王置王傅,凡军需及本位诸事并以王傅领之。"

[2]台宪:指御史台、行御史台及其下属的肃政廉访等监察机构。元苏天爵《滋溪文稿》卷十二《元故陕西诸道行御史台治书侍御史赠集贤直学士韩公神道碑铭并序》:"世祖皇帝建立台宪,以肃纪纲,以正风化,其为国家治安之计盖深远也。"

[3]巩昌:即"巩昌府"。隶属巩昌等处总帅府,治所在今甘肃陇西县。《元史·地理志三》:"巩昌府,唐初置渭州,后曰陇西郡,寻陷入吐蕃。宋复得其地,置巩州。金为巩昌府。元初,改巩昌路便宜都总帅府,统巩昌、平凉、临洮、庆阳、隆庆五府及秦、陇、会、环、金、德顺、徽、金洋、安西、河、洮、岷、利、巴、沔、龙、大安、褒、泾、邠、宁、定西、镇原、阶、成、西

和、兰二十七州,又于成州行金洋州事。至元五年,割安西州属脱思麻路总管府。六年,以河州属吐蕃宣慰司都元帅府。七年,并洮州入安西州。八年,割岷州属脱思麻路。十三年,立巩昌路总管府。十四年,复行便宜都总帅府事。其年,割隆庆府,利、巴、大安、褒、沔、龙等州隶广元路。二十一年,又以泾、邠二州隶陕西汉中道宣慰司,而帅府所统者巩昌、平凉、临洮、庆阳,府凡四,秦、陇、宁、定西、镇原、阶、成、西和、兰、会、环、金、德顺、徽、金洋,州凡十有五。领司一、县五。"

[4]散漫:分散,散布。"散漫住坐",指分散居住。

[5]里路:路程。《元典章·兵部》卷四《入递文字》:"急递铺昼夜里路,已有定例。"

[6]晋宁:即"晋宁路"。隶属河东山西道宣慰使司,治所在今山西临汾市。《元史·地理志一》:"晋宁路。上。唐晋州。金为平阳府。元初为平阳路。大德九年,以地震,改晋宁路。领司一、县六、府一、州九。府领六县,州领四十县。"

[7]送纳额认:犹言"额认送纳"。谓依额应承交纳(税款)。

[8]总管府:元代地方行政区划。《元史·百官志七》:"诸路总管府,至元初置,二十年,定十万户之上者为上路,十万户之下者为下路,当冲要者,虽不及十万户亦为上路。上路秩正三品。达鲁花赤一员,总管一员,并正三品,兼管劝农事,江北则兼诸军奥鲁,同知、治中、判官各一员。下路秩从三品。不置治中员,而同知如治中之秩,余悉同上。至元二十三年,置推官二员,专治刑狱,下路一员。经历一员,知事一员或二员,照磨兼承发架阁一员,司吏无定制,随事繁简以为多寡之额,译史、通事各一人。"

[9]十月分:同"十月份"。指十月。

[10]横科:滥征赋税。《通制条格·户令·非法赋敛》:"拟合遍行照会,今后一切横科钱物,并行禁止,勿令桩配。"

[11]科拨:科派,科征。征收赋税。

弓手税粮

141① 大德七年八月②，御史台呈："弓手[1]税粮，例应人户包纳。为缘文案不明，各路止是一概带征，人户不知实免粮数，司县主首人等高下其手，民甚苦之。合令各路通照〔出〕③本路额设弓手几名，每户应免粮若干，一路通免粮若干，本路所管各县户计合征粮若干，总包若干，卷内开出花户姓名、粮数多少，通行均包。每正粮[2]若干，合包若干，验实均包，某④户合包若干，明立案验。当该首领官吏子细照勘，均平无差，行下各县，出给催粮由帖，付纳粮人户，依数供输。每年明榜市曹，咸使通知。廉访司照刷[3]文卷时分，点一二户将由帖比对，但有争差，将各⑤路首领官吏严行⑥治罪，庶革多征之弊。"都省准呈。

[1]弓手：宋代吏役名目之一。又称"弓箭手"。宋初多差富户充当，为县尉所属武装，负责巡逻、缉捕之事。神宗时由差役改为雇役，实际已成募兵。元、明因之。《元史·兵志四》："元制，郡邑设弓手，以防盗也。"

[2]正粮：正额征收的粮食赋税。与"加耗""子税""鼠耗"等附加税相对。《通制条格·仓库·粮耗》："江南民田税石，拟合依例每石带收鼠耗、分例七升，内除养赡仓官、斗脚一升外，六升与正粮一体收贮……每石止收三升五合，却缘前项所破正粮，拟合每石带收鼠耗、分例五升。"

[3]照刷：核查，清查。

---

① 《通制条格·赋役·弓手税粮》载有同一条文。《元典章·户部》卷十《弓手户免差税（又）》载有相关条文。《至正条格（校注本）》注："《通制条格》卷17《赋役·弓手税粮》（方校本390）；《元典章》卷24《户部10·租税〈军兵税·弓手户第差税〉》同一条文。"今核对《元典章》，其中"弓手户第差税"之"第"当为"免"之误字，今据校。

② 大德七年八月：《至正条格》《通制条格》皆作"大德七年八月"，《元典章》作"大德七年八月二十五日"。

③ 〔出〕：《通制条格》《元典章》皆作"出"，《至正条格》脱，今据补。

④ 某：《元典章》作"其"，误。《至正条格》《通制条格》皆作"某"，当据校。

⑤ 各：《元典章》作"合"，误。《至正条格》《通制条格》皆作"各"，当据校。

⑥ 行：《元典章》作"与"，误。《至正条格》《通制条格》皆作"行"，当据校。

祗候差税

142① 元贞二年八月,江西行省咨:"所辖路分,合设祗候、曳刺[1]、牢子[2]等,未有定例。"兵部照拟:"比附迤北、腹里额数体例,俱于四两包银户[3]内选差,开坐各该人数,从长定夺。为是江南别无送纳包银,拟于税粮三石之下户内差充。"都省准拟。

路[4]

上路	祗候三十五名	禁子十五名	曳刺十名
下路	祗候二十五名	禁子十名	曳刺六名

府

直隶省部②	祗候二十五名	禁子十名	曳刺六名
本路所辖③	祗候二十名	禁子五名	曳刺五名

州[5]

上州

直隶省部	祗候二十三名	禁子八名	曳刺五名
本路所辖	祗候二十名	禁子五名	曳刺五名

中州

直隶省部	祗候十八名	禁子五④名	曳刺五名
本路所辖	祗候十六名	禁子五名	曳刺四名

下州

直隶省部	祗候十四名	禁子五名	曳刺四名
本路所辖	祗候十二名	禁子四名	曳刺四名

县[6]

---

① 《通制条格·赋役·差拨祗候》载有同一条文。《元典章·工部》卷三《额设祗候人数》载有相关条文。
② 直隶省部:《通制条格》《元典章》皆作"散府直隶省部"。
③ 本路所辖:《通制条格》《元典章》皆作"散府本路所辖"。
④ 五:《通制条格》作"伍",《元典章》作"七"。疑当作"七"。

上县　　祗候十一①名　　禁子五名
中县　　祗候十名　　　禁子四名
下县　　祗候八名　　　禁子三名

录事司[7]
上路　　祗候一十名　　禁子三名
下路　　祗候八名　　　禁子三名

[1]曳剌:衙役。

[2]牢子:犹"禁子"。狱卒。

[3]包银户:指交纳包银赋税的人户。每户交纳四两。

[4]上路、下路:元代"路"一级的行政区划,是按照辖区户数划分的。元代定十万户以上的行政区域为上路,十万户以下的行政区域为下路。如果是在重要的地区,虽然户数不及十万户,亦定为上路。上路秩正三品,下设达鲁花赤、总管、同知、治中、判官诸官职;下路秩从三品,不设治中之职,余悉同上路。

[5]上州、中州、下州:元代"州"一级的行政区划,是按照辖区户数划分的,分为北方和江南地区。其中,北方地区,定立一万五千户以上的行政区域为上州,一万五千户以下至六千户的行政区域为中州,六千户以下的行政区域为下州;江南地区平定之后,定其五万户以上的行政区域为上州,五万户以下至三万户的行政区域为中州,三万户以下的行政区域为下州。上州下设达鲁花赤、州尹、同知、知事、提控案牍诸官职;中州下设达鲁花赤、知州、同知、判官、吏目、提控案牍诸官职;下州下设达鲁花赤、知州、同知、判官、吏目诸官职。

[6]上县、中县、下县:元代"县"一级的行政区划,是按照辖区户数划分的,分为江北和江淮以南地区。其中,江北地区,六千户以上的行政区域为上县,六千户以下至二千户的行政区域为中县,二千户以下的行政区域为下县;江淮以南地区,三万户以上的行政区域为上县,三万户以下至一万户的行政区域为中县,一万户以下的行政区域为下县。上县,秩从六品,下设达鲁花赤、尹、丞、簿、尉、典史诸官职;中县,秩正七品,不设

---

① 十一:《通制条格》作"壹拾贰",《元典章》作"十二"。疑当作"十二"。

丞,余悉如上县;下县,秩从七品,置官如中县,民少事简之地,则以簿兼尉,后又别置尉。

[7]录事司:官署名,元置,秩正八品。凡路府所治,置一司。掌城中户民之事。中统二年(1261),诏验民户,定为员数。二千户以上,设录事、司候、判官各一员;二千户以下,省判官不置。至元二十年(1283),置达鲁花赤一员,省司候,以判官兼捕盗之事,典史一员。若城市民少,则不置司,归之倚郭县。在两京,则为警巡院。独杭州置四司,后省为左、右两司。

回回纳税

143① 延祐七年四月二十一日,中书省奏:"诸色户计都有当的差发有,回回人每并他放良[1]通事人等不当军站差役,依体例合教②当差发的,多人言说,台官每也几遍动文书[2]。'教商量者。'么道,有圣旨来。如今俺商量来:'回回、也里可温[3]、竹匆(忽)[4]③、答失蛮[5],除看守着寺院住坐念经祝寿的,依着在前圣旨体例休当者,其余的每并放良通事等户,在那州县里住呵,本处官司抄数[6]了,立定文册。有田的,教纳地税。做买卖,纳商税。更每户额定包银二两,折至元钞[7]一十贯,验着各家物力高下,品答均科呵,怎生?"奏呵,奉圣旨:"依着恁众人商量来的行者。"

[1]放良:谓遣散奴婢,使之脱离奴籍,成为平民。明陶宗仪《南村辍耕录》卷十七:"亦有自愿纳财以求脱免奴籍,则主署执凭付之,名曰放良。""放良通事",指原为参与南宋抵抗蒙古人的诸色驱口,后来元代采取招降政策,下令赦免他们,放良为民,称其中的放良翻译人员为"放良通事"。

[2]动文书:犹言"行文书""发文书""行文字"。"几遍动文书",指发了几遍公文。

---

① 《元典章·新集至治条例·户部·回回当差纳包银》载有同一条文。
② 教:《元典章》作"交"。下同。
③ 匆(忽):《至正条格》作"匆",误。《元典章》作"忽",今据校。

〔3〕也里可温：蒙古语音译。元代称呼基督教徒为"也里可温"。

〔4〕竹匆（忽）：又称"术忽""珠赫""主吾""主鹘""朱乎得""术忽特""诸乎得"等。指犹太人。

〔5〕答失蛮：来自波斯语，是波斯语的音译形式，原释作学者、大学问家、科学家、聪明人、有知识的人，指伊斯兰教教士。又译作"达失蛮""大石马"等。"答失蛮"与"回回"有别，"回回"指信仰伊斯兰教的人，"答失蛮"则指伊斯兰教教士，具有一定的地位，与现代清真寺的掌教类似。

〔6〕抄数：犹"查点"。检查清点。

〔7〕至元钞：又称"至元宝钞"，全称"至元通行宝钞"。元代纸币名。是继"中统钞"之后，元代颁发的第二种纸币。至元二十四年（1287）发行，面额自伍文至贰贯文，凡十一等，分别是贰贯、壹贯、伍佰文、三佰文、贰佰文、壹佰文、伍拾文、叁拾文、贰拾文、壹拾文、伍文。《元史·世祖本纪十一》："（至元二十四年）三月甲午，更造至元宝钞，颁行天下，中统钞通行如故。"

税粮折收麻布

144 天历二年十二月，户部议得："河南省折收麻布则例，合令行省于出产去处[1]，依彼中粮布时直，比依腹里路分差发折收土布例，每匹长六拓[2]，幅阔一尺一寸官尺，从便折纳。堪中支持布匹两头行使条印，如法关防，打角完备，差官起解。仍于实征税粮册内开写权收，年终通行照算。"都省准拟。

〔1〕出产去处：犹言"产地"。

〔2〕拓：量词，读作"托"。指以成人两臂平伸作为物体深度或长度的单位，约五尺。

灾伤申告限期

145① 至元四年六月，左三部[1]呈："今后田禾如被旱涝灾伤，

---

① 《通制条格·赋役·田禾灾伤》《救荒活民类要·检旱》载有同一条文。

河南[2]至洺、卫[3]等路,夏田四月,秋田八月,其余路分,夏田五月,秋田、水田并以八月为限,人户经本处陈诉。若次月遇闰者,展限半月。非时灾伤,自被灾日为始,限一月陈诉。限①外告首(者)②,皆不为理。"都省准呈。

[1]左三部:官署名,元置。世祖中统元年(1260),初定官制,以吏、户、礼为左三部,设尚书、侍郎、郎中、员外郎诸官职。至元元年(1264),改为两部,以吏、礼合为一部,称"吏礼部",户部则单独设立。至元三年(1266),复为左三部。至元五年(1268),又合为吏礼部。

[2]河南:"河南府路"之简称。隶属河南江北等处行中书省。治所在今河南洛阳市。《元史·地理志二》:"河南府路。唐初为洛州,后改河南府,又改东京。宋为西京。金为中京金昌府。元初为河南府,府治即周之王城。旧领洛阳、宜阳、永宁、登封、巩、偃师、孟津、新安、渑池九县,后割渑池隶陕州。领司一、县八、州一。州领四县。"

[3]洺、卫:"洺"为"洺磁路"之简称,"卫"为"卫辉路"之简称。"洺磁路"即"广平路",隶属中书省,治所在今河北永年县东南。《元史·地理志一》:"广平路。下。唐洺州,又为广平郡。元太宗八年,置邢洺路总管府,以邢、磁、威隶之。宪宗二年,为洺磁路,止领磁、威二州。至元十五年,升广平路总管府。""卫辉路",隶属中书省,治所在今河南卫辉市。

146③ 大德元年五月,④江浙◇(行)⑤省咨:"江南天气、风土与腹里俱各不同,稻田三月布种,四、五月间插秧,九月、十月才方收成。若依腹里期限,九月□(内)⑥人户被灾,不准申告,百姓无

---

① 限:《至正条格》《通制条格》皆作"限",《救荒活民类要》脱,当据补。
② 首(者):《至正条格》《救荒活民类要》皆作"首",误。《通制条格》作"者",今据校。
③ 《通制条格·赋役·田禾灾伤》、《元典章·户部》卷九《江南申灾限次》和《救荒活民类要·检旱》载有同一条文。
④ 《通制条格》《救荒活民类要》皆于"江浙"前作"中书省",《至正条格》《元典章》皆无。陈校本《元典章》据《通制条格》校补作"中书省",实则不必校补。
⑤ ◇(行):《至正条格》空格,《通制条格》《元典章》《救荒活民类要》皆作"行",今据补。
⑥ □(内):《至正条格》此字残缺,《通制条格》《元典章》《救荒活民类要》皆作"内",今据补。

所从①出,致使逼迫流移。合无量展限期?秋田不过九月。非时灾伤,依旧一月为限。限外申告,并不准理,〔庶望〕②官民两便。"都省准拟③。

灾伤随时检覆

147④ 至元十七年九月,左司[1]呈:"民间水旱、虫蝻灾伤,虑恐本处官司看徇不实,札付御史台,行下体覆。其按察司官不行随时亲诣,止差书吏[2]、奏差[3]人等,切恐未便。"都省议得:"各道按察司,今后遇有灾伤,即摘正官亲诣体覆。"

[1]左司:官署名,元置,隶中书省。中统元年(1260),置左右司。至元十五年(1278),分置两司。左司,掌吏礼房之科有南吏、北吏、贴黄、保举、礼、时政记、封赠、牌印、好事九科,知除房之科有资品、常选、台院选、见阙选、别里哥选五科,户杂房之科有定俸、衣装、羊马、置计、田土、太府监、会总七科,科粮房之科有海运、攒运、边远、账济、事故、军匠六科,银钞房之科有钞法、课程二科,应办房之科有饮膳、草料二科。设郎中、员外郎、都事、令史、蒙古书写、回回书写、汉人书写、典吏诸官职。

[2]书吏:吏名。指在官署中承办文书的吏员。《元史·选举志一》:"矧夫儒有岁贡之名,吏有补用之法。曰掾史、令史,曰书写、铨写,曰书吏、典吏,所设之名,未易枚举。"

[3]奏差:吏名。元置,指在官署中供差遣的吏员。明、清沿置。

148⑤ 至元二十年正月二十一日,中书省奏:"迤南二十余处,'经值旱灾',道有。已前成吉思皇帝圣旨、合⑥罕皇帝圣旨:'八月

---

① 所从:《元典章》作"从所",误倒。《至正条格》《通制条格》《救荒活民类要》皆作"所从",当据校。

② 〔庶望〕:《通制条格》《元典章》《救荒活民类要》皆作"庶望",《至正条格》脱,今据补。

③ 准拟:《至正条格》《通制条格》《救荒活民类要》皆作"准拟",《元典章》作"准呈"。

④ 《通制条格·赋役·田禾灾伤》载有同一条文。

⑤ 《通制条格·赋役·田禾灾伤》载有同一条文。

⑥ 合:《通制条格》作"哈"。

已后,不收田禾。道呵,不合准。'么道。如今该值[1]灾伤去处,冬月至今年正月,才行申到。御史台官也奏来:'如今交①省里差人,与按察司官踏觑[2]去。'么道,奏来。俺商量得:'如今正是农作动时分,不是催粮检灾时月。除已纳到官及征在主典[3]手者,别无定夺。其余百姓身上未纳粮数,权且听候今年秋田收成时定夺。据管民官每,田禾灾伤过时不申,及不曾被灾,妄申免税,并按察司依时不检踏[4],这般的,省家、台家差人取招,要罪过呵,怎生?'"奏呵,奉圣旨:"那般者。"

  [1]该值:犹"经值"。遭遇,遇到。
  [2]踏觑:犹"踏看"。实地查看。
  [3]主典:主管之人。
  [4]检踏:犹"踏检"。实地检查。

风宪体覆灾伤

  149② 皇庆二年九月二十一日,中书省奏:"自立按察司已来,田禾不收,水旱灾伤,一切交③监察御史、按察司官体覆了,合纳的交纳,合除免的交除免来。在后大德六年,完泽笃皇帝时分,台官人每说:'俺体覆的勾当多有,其余的勾当体察,田禾水旱灾伤呵,依先例交体覆的,与省官人每一同商量着。'奏过,定例行了来[1]。今春台官人每奏过:'却交体察者。'么道,俺根底与文书呵,'这勾当行了多年也④,若不交体覆呵,多有窒碍'。么道,前者夏闻(间)⑤皇帝根底奏过:'依先例⑥交体覆。'各处行文书来。在后台官人每:'却交体察者。'么道,又奏了来。俺众人商量来:'田禾水

---

  ① 交:《通制条格》作"教"。
  ② 《通制条格·赋役·田禾灾伤》载有同一条文。
  ③ 交:《通制条格》作"教"。下同。
  ④ 也:《通制条格》作"有"。
  ⑤ 闻(间):《至正条格》作"闻",误。《通制条格》作"间",今据校。
  ⑥ 例:《通制条格》作"体例"。

旱等灾伤,若不交监察御史①、廉访司体覆呵,管民官通同捏合,除免税粮,于勾当多有窒碍。这勾当自世祖皇帝立按察司、廉访司到今,行了四十余年也,不是创行[2]的勾当。'〔么道〕②,台官每③根底也说将去来。如今正是收刈田禾时分,依先例只教他每体覆呵,怎生?"奏呵,〔奉〕④圣旨:"是行了多年的勾当也,依先例交体覆者。"

[1]定例行了来:犹言"行了定例"。谓制定条例。
[2]创行:犹"创"。首创。

冒除灾伤差税遇革

150⑤ 至顺三年八月,刑部议得:"官吏革前冒除灾伤差税,主典催取,侵欺入己,罪经原免,指证[1]明白,已未承伏者,拟⑥合追理。额外多科,即同取受。已招承者,追给[2]。未承伏者,并冒除灾伤人户未纳差税,及犯在革前,招在革后,俱合钦依革拨。"都省准拟。

[1]指证:证据。"指证明白",谓证据清楚。
[2]追给:追回原物,交与其主。

学田灾伤

151 延祐四年十月,户部议得:"各处赡学地士(土)⑦经值水

---

① 监察御史:《通制条格》作"监察",脱"御史",当据补。
② 〔么道〕:《通制条格》作"么道",《至正条格》脱,今据补。
③ 每:《通制条格》作"人"。依据前文,疑《通制条格》于"人"后脱"每"字。
④ 〔奉〕:依照《至正条格》体例,"圣旨"前当脱"奉"字,今据补。
⑤ 《元典章·新集至治条例·户部·延祐七年革后禀到冒除灾伤等例》载有同一条文。
⑥ 拟:《元典章》作"俱"。
⑦ 士(土):《至正条格》作"士",误。分析文意,当作"土",今据校。

旱灾伤,合与官民田士(土)①一体检覆。"都省准拟。

屯田灾伤

152 至治元年正月,兵部议得:"各卫屯田,官拨田牛、种子,军人专一屯种。每遇水旱灾伤,止令本管千户、百户检踏,切恐虚冒。今后关牒[1]邻近州县,摘委正官与千户、百户、署官一同踏验[2]实损分数顷亩,备细连衔[3]申覆。卫官复检相同,随即牒报,廉访司依例体覆准除。枢密院等衙门所辖各处屯田诸色田禾旱涝等灾伤,节次奏准,即与民间百姓田禾灾伤一体除免差税[4],有司摘委正官踏验,庶革冒滥之弊。"都省准拟。

[1]关牒:公文术语。行文通知。

[2]踏验:实地勘察。

[3]连衔:谓二人以上联署官衔。《元史·刑法志一》:"诸有司公事,各官连衔申禀其上司者,并自书其名。"

[4]除免差税:犹言"免税"。

孤老残疾开除差额

153② 至元七年五月,户部呈:"大名路录事司张禄,年老孤寒,难以当差。勘当得元籍人口节次死亡外,即目止有妻阿王,年七十一岁,别无营运[1]。察司体覆相同。〔本部参详〕③:'拟合于当差额内除作不任当差老户。'"都省准呈。

[1]营运:营生,生计。"别无营运",指没有其他的营生。

---

① 士(土):《至正条格》作"士",误。分析文意,当作"土",今据校。《至正条格(校注本)》录作"土",误,当校。

② 《通制条格·赋役·孤老残疾》载有同一条文。

③ 〔本部参详〕:《通制条格》作"本部参详",《至正条格》脱,今据补。

154① 至元二十二年八月②,户部呈:"平滦路③残疾户齐显明,不任当差。察司体覆相同。拟合于当差额内开除。"都省准呈。

禁投下擅科扰民

155④ 延祐元年五月十七日,中书省奏⑤:"'〔为〕⑥翁吉剌歹[1]、朵列揑[2]等大王每的根脚也里不花、失列吉、玉鲁等,无省部许准文字,收拾[3]差发、军需气力,经行汴梁等处,于百姓处取受⑦饮〔食〕⑧、马匹草料,扰民有。'〔么道〕⑨,河南省官人每俺根底与将文书来有。⑩无上司明降[4],又无省部文字,似这般收拾本投下差发等,搔扰百姓的无体例有。各处行将文书去,似这般行的每,教⑪禁约,不教行呵,怎生?"奏呵,奉圣旨:"各处行将文书去,教禁约者。"

[1]翁吉剌歹:又作"翁吉剌台"。别里古台大王之三子为口温不花,口温不花大王之二子为翁吉剌台。

[2]朵列揑:太祖弟哈赤温大王之子为济南王按只吉歹,按只吉歹之子为吴王(原封为济王)朵列揑。

[3]收拾:征收,收取。元徐元瑞《吏学指南·征敛差发》:"赋敛:征

---

① 《通制条格·赋役·孤老残疾》载有同一条文。
② 至元二十二年八月:《通制条格》作"至元十二年八月"。
③ 平滦路:《通制条格》作"平阳路"。
④ 《通制条格·杂令·扰民》载有同一条文。
⑤ 中书省奏:《通制条格》作"奏过事内一件"。疑《通制条格》于"奏"前脱"中书省"三字。
⑥ 〔为〕:《通制条格》作"为",《至正条格》脱,今据补。
⑦ 取受:《通制条格》作"取要"。
⑧ 〔食〕:《通制条格》作"食",《至正条格》脱,今据补。
⑨ 〔么道〕:《通制条格》作"么道",《至正条格》脱,今据补。
⑩ 《至正条格(校注本)》于"无"前校作"囗(因)",衍字。《至正条格》《通制条格》皆无,当据删。
⑪ 教:《通制条格》作"交"。下同。

税曰赋,收拾曰敛,即科率也。"

[4]明降:指明确的裁决、决定、指示、意旨。

禁投下横科

156 泰定二年闰正月,诏书内一款:"各投下人户皆吾赤子,本管官司不加存恤,科差繁重。今后除正纳[1]差发外,毋致横科重并[2]。违者,从监察御史、肃政廉访司体究。"

[1]正纳:谓按正额交纳(赋税)。
[2]横科重并:谓重复滥加征收赋税。

157 泰定四年闰九月,刑部议得:"四川廉访司[1]申:'荆王位下王傅,指以整治军人气力[2]为名,故违累朝条制,别不经由省部,擅将本投下人户,比之元额,多科差发中统钞一千五百定。当该违错官吏,本道另行取问。'参详:'各投下总管府等衙门,今后科差,务要钦遵世祖皇帝以来累降条昼(画)①施行。敢有违犯,以违制论。主司失于约束,罪并及之。'"都省准拟。

[1]四川廉访司:官署名,"西蜀四川道肃政廉访司"之简称,陕西行台所属四道肃政廉访司之一。
[2]军人气力:犹言"军力"。

158 至顺三年十二月,刑部议得:"吴王位下差来月鲁哈刺海等悬带海青牌面[1],于本投下济南路各州县达鲁花赤处科要[2]中统钞五百九十定,俱系横科于民,已将元钞给主。今后各投下一切横科钱物,并行禁止,勿令桩配[3]。如违,□(从)②监察御史、廉访司追问[4]。其有必然合用物色,经由中书省定夺。"都省准拟。

[1]海青牌面:"海青",即海东青,一种凶猛而珍贵的鸟。属雕类,产于黑龙江下游及附近海岛。海东青性鸷悍而飞行迅速,最受蒙古人喜

---

① 昼(画):《至正条格》作"昼",误。分析文意,当作"画",今据校。
② □(从):《至正条格》此字残损,分析文意及残存笔画,当作"从",今据补。

爱。蒙古人因以之刻在牌面之上,用作官吏、使节的一种身份凭证,称之为"海青牌面",简称"海青牌"。其状扁薄如牌。一般用于通报紧急军情,交乘驿者佩戴。《元典章·礼部》卷二《改换海青牌面》:"海青牌底,罢了那海青者。海青牌替头里,蒙古字写了呵,教行者……仍下其余去处,并移咨各处行省,通行照会各各元发海青牌面备细数目咨来,却行关发蒙古字牌面,倒换施行。"

[2]科要:犹"科征"。征收。

[3]桩配:额外征收,附加征收。元徐元瑞《吏学指南·征敛差发》:"桩配:谓重叠科差也。"

[4]追问:追究查问。元徐元瑞《吏学指南·推鞫》:"追问:谓事应追究而问者。"

159 至元五年二月,刑部议得:"监察御史言:'各投下官吏不体恤民之意,除正额[1]外,又复巧立名色[2],差人额外厚敛重差,被害之民无由伸诉。'今后各投下官吏头目似此科扰[3]者,许令有司受理,申覆合于(干)①上司,依例追断[4]。监察御史、廉访司体察,仍遍行禁治。"都省准拟。

[1]正额:犹"正课"。指定额赋税。《元史·武宗本纪二》:"乙未,定税课法,诸色课程并系大德十一年考较,定旧额、元增,总为正额,折至元钞作数。"

[2]名色:名目,名称。

[3]科扰:谓以捐税差役骚扰百姓。

[4]追断:追赔断罪。

云南差发

160 延祐四年正月三十日,中书省奏:"御史台官与将文书来:'云南廉访司[1]官说将来:云南省[2]所辖的百姓每合纳的差发,在

---

① 于(干):《至正条格》作"于",误。分析文意,当作"干",今据校。《至正条格(校注本)》录作"干",误,当据校。

先不曾动军催取呵,依着元额纳了来。近年以来,动军催取去呵,差发也不尽实到官,损折军马,百姓也被扰有。颁降圣旨责办,本处官司趁无烟瘴时分,差委本土火头[3]人等,依期赴本管官司解纳。沿路不拣那里,倘有疏失呵[4],着落当境土官[5]陪偿。顽慢不纳的,至日动军催取去呵,差发也尽数到官,百姓也不被扰的一般有。么道,说将来。'俺商量来:'不须颁降圣旨,依着他每说来的,与将文书去教行呵,怎生?'"奏呵,奉圣旨:"那般者。"

[1]云南廉访司:官署名,"云南诸路道肃政廉访司"之简称。陕西行台所属四道肃政廉访司之一。

[2]云南省:"云南诸路行中书省"之简称,又称"云南行省""云南"。《元史·地理志四》:"云南诸路行中书省。为路三十七、府二,属府三、属州五十四、属县四十七。其余甸寨军民等府,不在此数。"

[3]火头:边疆少数民族地区的小头领。明徐弘祖《徐霞客游记·滇游日记十一》:"北渡之半里有聚落倚坡东向罗列,是为蛮边。觅火头不见。"原注:"火头者,一喧之主也,即中土保长、里长之类。"

[4]倘……呵:表示假设。指"假如……"。"倘有疏失呵",指假如有疏忽失误。

[5]土官:又称"土司"。元、明、清时期于西北、西南地区设置的由少数民族首领充任并世袭的官职。按等级分为宣慰使、宣抚使、安抚使等武职和土知府、土知州、土知县等文职。《元史·仁宗纪三》:"云南土官病故,子侄、兄弟袭之,无则妻承夫职。"

均当杂泛差役

161① 至元二十八年五月初八日,中书省奏:"桑哥大都的富户每根底,自己隐藏着,和买检钞时分,不拣甚么差发不教着[1],却教穷百姓每生受来。别个的[2]官人每,隐藏着来的也多有。上

---

① 《通制条格·户令·均当差役》载有同一条文。

位道是:'①教省官②为头,里外大小,不拣谁,开库的、铺席做买卖的人每,不拣谁的,都厮轮当编排着应当[3]。'这般道了,不当差发的,隐藏着别人的,重要罪过[4]。"么道,奏呵,奉圣旨:"那般者。"

[1]着:犹"当"。承当,承担。

[2]别个的:又作"别个"。别的,其他的。

[3]都厮轮当编排着应当:指都轮流按户依次排列着承当差发。

[4]重要罪过:从重治罪。《通制条格·僧道·俗人做道场》:"已后若不改的人每根底,重要罪过。"

162③ 至大四年三月④,诏书内一款:"民间和雇和买、一切杂泛差役[1],除边远军人并大都至上都自备首思[2]站户外,其余各验丁产,先尽富实,次及下户。诸投下,不以⑤是何[3]户计,与民一体均当。应有执把除差[4]圣旨、懿旨、令旨,所在官司就便拘收。"

[1]杂泛差役:又作"杂泛差发"。指各种不定的零碎的徭役、差使,如斫柴、修仓、运料、修路、筑城、造船、接递等。

[2]首思:蒙古语音译。指驿站接待过往使臣、乘驿人员所供应的物品(如酒肉、米面、草料等)。

[3]不以是何:犹言"不拣甚么"。指不管是什么。

[4]除差:免除差役。

163⑥ 皇庆元年二月初十日,中书省奏:"'大乐[1]忽儿赤[2]

---

① 《通制条格》在"教"前作"可怜见",《至正条格》无,疑脱。

② 《通制条格》在"官"后作"人每",《至正条格》无,疑脱。

③ 《通制条格·赋役·杂泛差役》、《元典章·圣政》卷二《至大四年三月诏》和《元典章·礼部》卷四《儒人差役事》载有同一条文。《新元史·仁宗本纪上》载有部分条文。

④ 至大四年三月:《至正条格》《通制条格》皆作"至大四年三月",《元典章·至大四年三月诏》《元典章·儒人差役事》皆作"至大四年三月十八日"。

⑤ 不以:《至正条格》《通制条格》《元典章·至大四年三月诏》《元典章·儒人差役事》皆作"不以",《新元史》作"不论"。

⑥ 《通制条格·赋役·杂泛差役》和《元典章·礼部》卷四《儒人差役事》载有同一条文。

等,教①除和雇和买、杂泛差役者。'么道,站班②等奏了来。俺商量来:'除边远出征军人③、奥鲁[3]、上都、大都其间自备首思站赤[4]外,不拣谁,与民一体均当差役者。'〔么道〕④,诏书里行了来⑤。依先圣旨,教与民一体均当差役呵,怎生?"奏呵,奉圣旨:"那般者。"

　　[1]大乐:指典雅庄重的音乐。用于帝王祭祀、朝贺、燕享等典礼。《元史·世祖本纪一》:"命太常少卿王镛教习大乐。"

　　[2]忽儿赤:蒙古语音译,又译作"虎儿赤""虎而赤""虎林赤""火里赤""浩尔齐"等。元代怯薛执事之一。指专门为元宫廷奏乐的人员。"忽儿赤"由蒙古人组成,隶属于皇宫宿卫军(即"怯薛"),专门从事本民族音乐的表演,不需要承担徭役。《元史·兵志二》:"其怯薛执事之名……奏乐者,曰虎儿赤。"

　　[3]奥鲁:蒙古语音译。指蒙古军队出征时,留在后方的军人家属。

　　[4]站赤:犹"站户"。

　　164⑥皇庆元年四月初二日,中书省奏:"'芦(庐)⑦州[1]有的做阿速[2]每赎命与来的二千余户百姓每,休当和雇和买、杂泛差发者。'么道,完者笃皇帝时分,与了执把圣旨来。如今,'不拣是谁,休指例者'。〔么道〕⑧,倒换与□(圣)⑨旨的□(答)⑩失蛮等阿

---

　　①　教:《至正条格》《通制条格》皆作"教",《元典章》作"交"。下同。
　　②　站班:《至正条格》《通制条格》皆作"站班",《元典章》作"帖班"。
　　③　出征军人:《元典章》作"军人出征",误倒。《至正条格》《通制条格》皆作"出征军人",当据校。
　　④　〔么道〕:《通制条格》《元典章》皆作"么道",《至正条格》脱,今据补。
　　⑤　了来:《元典章》作"来了",误倒。《至正条格》《通制条格》皆作"了来",当据校。
　　⑥　《通制条格·赋役·杂泛差役》载有同一条文。
　　⑦　芦(庐):《至正条格》《通制条格》皆作"芦",误。元代设有庐州路,当作"庐",今据校。
　　⑧　〔么道〕:《通制条格》作"么道",《至正条格》脱,今据补。
　　⑨　□(圣):《至正条格》此字残损,《通制条格》作"圣",今据补。
　　⑩　□(答):《至正条格》此字残损,《通制条格》作"答",今据补。

速官人每奏了,俺根底与文书来。世祖皇帝与他每那户计时分,不曾教除杂泛差役来。'除大都、上都其间自备首思站赤并边远出征军人外,不以是何人等,与民一体均当者。'开读了诏书来。不均的一般,依先例,教与民一体均当呵,怎生?"奏呵,奉圣旨:"那般者。"

[1]芦(庐)州:即"庐州路"。隶属河南江北等处行中书省,治所在今安徽合肥市。《元史·地理志二》:"庐州路。上。唐改庐江郡,又仍为庐州。宋为淮〔南〕西路。元至元十三年,设淮西总管府。明年,于本路立总管府,隶淮西道。二十八年,以六安军为县来属。后升六安县为州。领司一、县三、州三。州领八县。"

[2]阿速:蒙古语音译,部族名,又译作"阿兰""阿思""阿宿""阿速惕"等。指称位于西域的一个民族,为突厥人种,元代三十一种色目人之一。阿速部所在城池名为蔑怯思城(又名"蔑乞思都城""蔑怯斯城""怯思城")。由阿速组成的军队名为阿速军,分为左、右阿速卫。管理阿速的官署机构为亲军都指挥使司。《新元史·地理志六》:"阿兰、阿思。部族名。亦名阿速。太祖十六年,速不台取其地。"

165 皇庆元年十月二十四日,中书省奏:"上都、兴和两路管的州县里,属大数目[1]的百姓少有。春秋车驾经行时分,各投下户计倚着有圣旨、懿旨,么道,不当杂泛差役、和雇和买的上头,'各投下军、站、民、匠、打捕、鹰房等户,不以是谁,与民一体均当杂泛差役者'。在前开读了圣旨来。去年皇帝登宝位诏书内:'除上都、大都其间自备首思站赤并边远出征军人外,不以是谁,与民一体均当杂泛差役者。'行了诏书来。如今奉圣州[2]囊加歹、怀来[3]、缙山[4]、永兴[5]等县官俺根底告有:'属俺管的百姓少有,多系打捕、控鹤[6]、花园并各投下等户,倚着有执把圣旨、懿旨,不当和雇和买、杂泛差役的上头,靠损穷暴[7]百姓,勾当也办不得[8]。'么道,说有。俺商量来:'若不教一体均当呵,发将去喂养的马匹草料也不敷有。'"奏呵,奉圣旨:"依着先已了的圣旨,除上都、大都其间自备首思站赤并边远出征军人外,不以是谁,与民一体均当者。"

[1]大数目:大量。

[2]奉圣州:即"保安州"。隶属上都路顺宁府。《元史·地理志一》:"保安州。下。唐新州。辽改奉圣州。金为兴德(德兴)府。元初因之。旧领永兴、缙山、怀来、矾山四县。至元二年,省矾山入永兴。三年,省缙山入怀来,仍改为奉圣州,隶宣德府。五年,复置缙山。延祐三年,以缙山、怀来仍隶大都。至元三年,以地震,改保安州。领一县:永兴,下,倚郭。"

[3]怀来:即"怀来县"。隶属大都路龙庆州。下县。

[4]缙山:即"缙山县"。延祐三年(1316),升为龙庆州。隶属大都路。《元史·地理志一》:"龙庆州。唐为妫川县。金为缙山县。元至元三年,省入怀来县,五年复置。本属上都路宣德府奉圣州。二十二年,仁宗生于此。延祐三年,割缙山、怀来来隶大都,升缙山为龙庆州。领一县:怀来,下。"

[5]永兴:即"永兴县"。隶属保安州。下县,倚郭。

[6]控鹤:元代的一种仪卫户计。《元史·祭礼志四》:"太常礼仪院官一员奉御香,一员奉酒,二员奉马湩,自内出;监祭、监礼、奉礼郎、太祝,分两班前导;控鹤五人,一人执伞,从者四人,执仪仗在前行。"《元史·百官志一》:"拱卫直都指挥使司,秩从四品。掌控鹤六百余户,及仪卫之事。"

[7]穷暴:又作"穷薄"。穷困,困乏。"靠损穷暴百姓",指连累损害穷困的百姓。

[8]勾当也办不得:犹言"办不得勾当"。指做不了事。

166① 延祐元年三月十七日②,中书省奏:"'但凡一切和雇和买、杂泛差役,除边远出征军人并上都、大都其间自备首思站赤

---

① 《通制条格·赋役·杂泛差役》载有同一条文。《元典章·圣政》卷二《延祐三年十月中书省奏奉圣旨》载有相关条文。

② 延祐元年三月十七日:《至正条格》《通制条格》皆作"延祐元年三月十七日",《元典章》作"延祐三年十月十九日"。

外,其余各投下,不以是何人等,与民一体均当者。'〔么道〕①,皇帝登宝位诏书里行了来,在前也这般行来。近间,枢密院、徽政院[1]、中政院[2]、会福院[3]、宣徽院②等各衙门官人每,将他每所管户计,'不教③当和雇和买、杂泛差役'的奏了,俺根底④与文书来⑤。俺商量来:'似这般不教均当,只科与见有百姓呵,穷暴百姓应当不得,逃窜去也,勾当也不能成就[4]。是在前定体[5]了的勾当,依在先体例,教一体均当呵,怎生?'奏呵,奉圣旨:"那般者。"

[1]徽政院:官署名,元置,掌皇太后钱粮、侍奉等事。"徽政院"为非常设官署机构。始设于元成宗时期,元成宗为皇太后改原"詹事院"为"徽政院",并于泰定元年(1324)罢除。之后,元武宗、元仁宗为他们的母亲答已,元顺帝为元文宗的妻子卜答失里皆设置了徽政院,秩正定为二品。徽政院设有院使、副使、佥院等官职,下辖掌谒司、甄用监、延福司、章庆使司、奉徽库、寿和署、掌医监等官署机构。

[2]中政院:官署名,元置,掌皇后中宫财赋、营造、供给及宿卫士、分地人户等事。中政院的前身是中御府。中御府始置于元贞二年(1296)。大德四年(1300),中御府升为中政院,秩正为二品。至大四年(1311),中政院省并入典内院。皇庆二年(1313),复为中政院。下设院使、同知、佥院、同佥、院判、司议、长史、照磨诸官职。下领中瑞司、内正司、尚工署、翊正司、典饮局及管领各处怯怜口民匠都提举司、管领各处诸色人匠提举司等官署机构。

[3]会福院:官署名,元置,掌大护国仁王寺及昭应宫的财产。会福院是会福总管府的前身。会福总管府历经名称的改换,于至元十一年(1274)始置财用规运所,又于至元十六年(1279)改财用规运所为总管府,于至大元年(1308)改总管府为都总管府,寻又升为会福院。会福院

---

① 〔么道〕:《通制条格》《元典章》皆作"么道",《至正条格》脱,今据补。
② 枢密院、徽政院、中政院、会福院、宣徽院:《至正条格》《通制条格》皆作"枢密院、徽政院、中政院、会福院、宣徽院",《元典章》作"中政院、殊祥院、拱卫司"。
③ 不教:《至正条格》《通制条格》皆作"不教",《元典章》作"休交"。
④ 根底:《通制条格》《至正条格》皆作"根底",《元典章》作"根里"。
⑤ 与文书来:《至正条格》《通制条格》皆作"与文书来",《元典章》作"与了文书有"。

于天历元年(1328)始改称为会福总管府。下设达鲁花赤、总管、同知、治中、府判、经历、知事、提控案牍、令史、译史、通事、知印、奏差诸官职。下领仁王营缮司、襄阳营田提举司、江淮等处营田提举司、大都等路民佃提领所、会福财用所等官署机构。

[4]勾当也不能成就:犹言"也不能成就勾当"。指也不能完成事情。

[5]定体:立定体例,制定条规。

167 延祐元年十二月二十日,中书省奏:"留守司[1]所管的匠人每,世祖皇帝时分,'除修造内府生活外,其余横造[2]差役,休着者'。圣旨有来。如今教应当横造差役并和雇和买有。依着在先□(圣)①旨□□(体例)②,不教当一切横造差役、和雇和买,写与他每圣旨的。留守司官人每奏过,与了俺文书有。'除边远出征军人、大都、上都其间自备首思站赤外,不以是谁,与民一体均当差役者。'诏书行了来,在后几遍有圣旨来。如今众人协济干办的其间,不教他每当呵,偏负的一般有。依着先圣旨体例,教与民一体均当差役呵,怎生?"奏呵,奉圣旨:"恁说的是有[3],教与民一体均当者。"

[1]留守司:官署名,分为大都留守司和上都留守司。大都留守司,秩正二品。至元十九年(1282)置,掌守卫宫阙、都城,调度本路供亿诸务,兼理营缮内府诸邸、都宫原庙、尚方车服、殿庑供帐、内苑花木,及行幸汤沐宴游之所,门禁关钥启闭之事。下设留守、同知、副留守、判官、经历、都事、管勾承发架阁库、照磨兼覆料官、部役官兼壕寨、令史、宣使、典吏、知印、蒙古必阇赤、回回令史、通事诸官职。下辖修内司、大木局、小木局、泥厦局、车局诸官署机构。上都留守司,至元十九年置,品秩职掌如大都留守司,而兼治民事,车驾还大都,则领上都诸仓库之事。设留守、同知、副留守、判官、经历、都事、照磨兼管勾、令史、译史、回回令史、通事、知印、宣使诸官职。下辖祗应司、器物局、仪鸾局、警巡院诸官署

---

① □(圣):《至正条格》此字残损,分析文意及残存笔画,当作"圣",今据补。

② □□(体例):《至正条格》此二字残损,分析文意及残存笔画,当作"体例",今据补。

机构。

[2]横造:元代称常课之外,不时之需的造作为"横造"。元苏天爵《元文类》卷四二《丝枲之工》:"常课之外,不时之需,谓之横造。"

[3]恁说的是有:犹言"您说的对"。

168① 延祐七年十二②月,诏书内一款:"均平赋役,乃民政之要。今后但凡科着和雇和买、里正主首一切杂泛差役,除边远出征军人、口北[1]③自备首思站赤外,不以是何户计,与民一体均当。诸位下、诸衙门、各枝儿头目及权豪势要人等④,敢有似前影蔽[2]占吝[3]者,以违制论⑤。州县正官用心综理,验其物力,从公推排,明置文簿,务使高下得宜,民无偏负。廉访分司[4]所至之处,严行照刷。违者,究问。在前⑥若有免役圣旨、懿旨,并行革拨。"

[1]口北:指长城以北地区,主要包括张家口以北的河北省北部和内蒙古中部。因长城关隘多称口,如古北口、张家口,故称为"口北",亦称为"口外"。《元史·顺帝本纪五》:"乙酉,命留守帖木哥与诸王朵儿只守口北龙庆州。"龙庆州即今北京延庆区,元仁宗置。

[2]影蔽:隐匿。

[3]占吝:占据。多指非分据有。

[4]廉访分司:官署名,"肃政廉访分司"之简称,又称"分司"。元代于各路设置的各道肃政廉访司的分属机构。

169 泰定元年二月,工部议得:"黄河两岸地面,蒙古、色目、汉

---

① 《元典章·圣政》卷二《延祐七年十一月诏》和《元典章·新集至治条例·国典·至治改元诏》载有同一条文。

② 二:《元典章·延祐七年十一月诏》《元典章·至治改元诏》皆作"一",误。《至正条格》作"二",再结合《元史·英宗本纪一》所载之史实,当作"二",当据校。

③ 口北:《元典章·延祐七年十一月诏》《元典章·至治改元诏》皆作"及"。

④ 人等:《至正条格》《元典章·至治改元诏》皆作"人等",《元典章·延祐七年十一月诏》作"人家"。

⑤ 论:《元典章·延祐七年十一月诏》《元典章·至治改元诏》皆作"论罪"。

⑥ 在前:《至正条格》《元典章·至治改元诏》皆作"在前",《元典章·延祐七年十一月诏》作"在先"。

人相间置庄居处,凡遇水发,均被其害。修堵之际,差倩[1]人夫,其本管官司妄分彼我,占吝人户,不令当役,止令汉人军民、站赤出备工物修理,不惟赋役不均,实恐一时人力不及,水害非轻。拟于附近河岸去处,不以是何户内,与民一体均科修筑,庶无偏负。拘该有司毋得因而动扰[2]违错。"都省准拟。

[1]差倩:犹"差使"。差遣。
[2]动扰:搅扰,打扰。

均当主首里正

170① 大德五年八月,圣旨节该:"据中书省奏:'江浙省言:先为有力富强之家,诸色名项等户计影占[1],不当杂泛差役,止令贫难下户承充里正、主首,钱粮不办,偏负②生受。已尝颁降圣旨,一例轮当。今有各管官司,往往别称事故,闻奏圣旨,执把除免,乞奏定例事。'准奏。仰不以是何投下及运粮水手、香莎糯米[2]、财赋[3]、医、儒③、僧、道、也里可温、答失蛮、火佃[4]、舶商[5]等诸色④影蔽有田纳税富豪户计,即与其余富户一例轮当里正、主首,催办钱粮,应当杂泛差役,永为定例。其各管官司,今后再不得似前推称事故,别行闻奏,并依已降圣旨,一例均当。"

[1]影占:虚占人户或田产,使逃避赋役、税收。
[2]香莎糯米:指一种用来造酒所用的良米。"香莎糯米"产自江南地区,与产自河南辉县的"苏门糯米"并称,均是酿酒用的好米。《元史·百官志三》:"大都醴源仓,秩从六品。掌受香莎、苏门等酒材糯米,乡贡曲药,以供上酝及岁赐诸王百官者。"此处"香莎糯米"当指香莎糯米户,

---

① 《通制条格·赋役·主首里正》载有同一条文。《庙学典礼》卷四《儒户不同诸色户计当役》和《元典章·户部》卷十一《投下影占户计当差》载有相关条文。
② 偏负:《至正条格》《通制条格》《元典章》皆作"偏负",《庙学典礼》作"偏重"。
③ 儒:《至正条格》《通制条格》皆作"儒",《庙学典礼》《元典章》作"人"。
④ 诸色:《至正条格》《通制条格》《庙学典礼》皆作"诸色",《元典章》作"诸名色"。

为元代诸色户计之一。

[3]财赋:"财赋佃户"之简称。元代诸色户计之一。元代于江淮等处财赋都总管府、江浙等处财赋都总管府等立财赋佃户,财赋佃户承佃财赋都总管府田土,交纳赋税。《元典章·新集至治条例·刑部·财赋佃户词讼》:"财赋承佃佃户,除辨(办)纳租课,但有拖欠,本管衙门就便追理。"

[4]火佃:即"伙佃"。指搭伙耕种的佃户,是由地主提供田地以及生产资料,由农民出力伙种的一种租佃方式。

[5]舶商:从事海上贸易的人。

滥设乡司里正

171① 至元七年四月,御史台呈:"诸处州县各管村分,以远就近,并为一乡,或为一保,设立乡头[1]、里正、保头[2]、节级[3],以下更有所设乡司[4]人等②,催趁[5]差发,投下本县文字一切勾当。据各户合着差发,计构本县官吏减免分数,或虽立户名,科着丝料、包银、税粮,却令所管村分人户代纳[6],每年秋、夏两次于人户处取敛年常物斛,或别作名称,托散[7]聚敛。如此侵扰,以其久在县衙,与官吏上下惯通[8],易为作弊。"都省议得:"仰遍行各路,严切禁治司县乡司、里正人等,须管不致似前冒滥多设,作弊扰民违错。"

[1]乡头:犹"乡长"。指一乡之头领。为农村基层行政人员。乡有里正,乡头当指里正之类的乡官。

[2]保头:指一保之头领。当指保甲制度中保长、保正之类的主事人。

[3]节级:原指唐宋时低级武职官员,又指宋代仪卫职名,又指宋元地方狱吏,此处指乡里的基层行政人员,与乡头、里正、保头之类相当。

---

① 《通制条格·赋役·滥设头目》载有同一条文。
② 人等:《通制条格》作"人员"。

[4]乡司:一乡中管理杂事之人,与乡头、社长、里正之类相当。

[5]催趁:犹"催取"。催征。"催趁差发",指催征赋税。

[6]代纳:代为交纳。元徐元瑞《吏学指南·诸纳》:"代纳:谓甲有〔所〕欠而事故,却令乙与代纳者。"

[7]托散:假托分摊。谓假托某种名目向人户摊派。

[8]惯通:串通,勾结。

差役轮流

172① 至元二十五年三月,御史台讲究得[1]:"各道随路州县,凡有差役,大役必合遍科,小役〔合〕②一道办集者,止责一道,合一路、一县、一乡科办[2]者,止责一路、一县、一乡办集。再有差役,却于来(未)③办处轮流科办。"

[1]讲究得:公文术语。指官府对某件事进行研究并得出结论。

[2]科办:征发赋税、徭役。

差役不许妨农

173④ 至大三年十月⑤,诏书内一款:"民间杂役[1],先尽游食之人⑥,次及⑦工贾末技,其力田之家,勿夺农时。"

[1]杂役:又称"杂泛差役"。指正役之外的繁多徭役。

174 至治二年十一月,诏书内一款:"衣食之源,皆本于农。管

---

① 《通制条格·赋役·杂泛差役》载有同一条文。

② 〔合〕:《通制条格》作"合",《至正条格》脱,今据补。

③ 来(未):《至正条格》作"来",误。《通制条格》作"未",今据校。

④ 《通制条格·赋役·杂泛差役》和《元典章·圣政》卷二《至大三年十月诏》载有同一条文。

⑤ 至大三年十月:《至正条格》《通制条格》皆作"至大三年十月",《元典章》作"至大三年十月十八日"。

⑥ 人:《至正条格》《通制条格》皆作"人",《元典章》作"民"。

⑦ 及:《至正条格》《通制条格》皆作"及",《元典章》作"从"。

民官宜体裕民之意,常加优恤。今后一切差役造作等事,先尽商贾末技、富实有力之家。果有不敷,验推排文簿[1],印署由帖,轮流科差,毋夺农时。"

[1]推排文簿:指用来核实厘正赋役制度的文簿。

海运船户当差

175 至元元年十月初九日,中书省奏:"'昨前,海道都漕运万户府[1]所管船户,体(休)①教当里正、主首、杂泛差役者。么道,开了圣旨来。这船户、有田土富户,若不教当里正、主首呵,无此等富户补替当役。除口北自备首思站户、边远军人外,其余诸色,不以是何户计,一切差役,与民一体均当有。粮储是重事有,这般(船)②户每运粮时分,官与脚价,实比军站不同,教当差役。'的说将来有。南台[2]监察每也言将来的上头,教户部定拟呵,'合准行省、行台[3]说将来的,教船户当差役'的说有。依部家定拟来的行呵,怎生?"奏呵,奉圣旨:"那般者。"

[1]海道都漕运万户府:官署名,简称"海道府"。秩正三品。至元二十年(1283),始置于平江府。至元二十八年(1291),改为海道运粮万户府。大德七年(1303),并海道运粮万户府为海道都漕运万户府。掌每岁海道运粮供给大都。下设达鲁花赤、万户、副万户、经历、知事、照磨、镇抚诸官职,下领温台、庆元绍兴、杭州嘉兴、昆山崇明、常熟江阴等五处海运千户所及平江海运香莎糯米千户所。

[2]南台:官署名,本指御史台,因其在宫阙西南,故称。沿至元代,"南台"为"江南诸道行御史台"之简称。

[3]行台:官署名,"行御史台"之简称。

---

① 体(休):《至正条格》作"体",误。分析文意,"体"当是"休"之形讹字,今据校。
② 般(船):《至正条格》作"般",误。分析文意,"般"当是"船"之形讹字,今据校。

江南雇役

176① 至正元年正月,诏书内一款:"江南雇役,于民为便。官吏作弊,为害多端。今后雇役,听从民便②。"

停罢不急之役

177③ 至元二十八年三月,诏书内一款:"国家用度,生民衣食,皆出于农。自三月初至九月终,凡劳民不急之役,一切停罢。"

孝子节妇免役

178④ 至元十年二月,御史台呈:"钦奉圣旨内一款:'孤老幼疾⑤贫穷不能自存者,仰本路官司验实,官为养济。应收养而不收养,或不如法者⑥,委监察纠察。'钦此。体察得:'大都路左警巡院[1]咸宁坊魏阿张,年一十六岁,适魏明子蔓。其夫荒纵,不事家业,因欠债银[2],逃窜不知所往。阿张父代还所欠。本妇与姑同居,佣计[3]孝养,甘旨不阙。十余年后,其夫还家,因病身故,并无产业。有子幼弱,其姑九十五岁,眼昏且病,不能行止,依旧孝

---

① 元吴师道《礼部集》卷十九《国学策问四十道(又)》载有相关条文。
② 听从民便:《礼部集》作"许民从便"。
③ 《元典章·圣政》卷二《至元二十八年三月诏》和《救荒活民类要·农桑》载有同一条文。
④ 《通制条格·赋役·孝子义夫节妇》、《元典章·礼部》卷六《魏阿张养姑免役》和《元典章·台纲》卷一《设立台宪格例》载有相关条文。
⑤ 《元典章·设立台宪格例》于"幼疾"后作"人",疑衍。《至正条格》《通制条格》《元典章·魏阿张养姑免役》皆无。
⑥ 应收养而不收养,或不如法者:《元典章·设立台宪格例》作"应养济而不收养,或不如法者"。《通制条格》《元典章·魏阿张养姑免役》皆作"而不收养或不如法者",疑脱"应收养"或"应养济"。

养①。遇有事出，置姑肩户②，将③子寄于邻居学舍。'参详：'魏阿张孝奉④老姑，守节⑤不嫁，钦依圣旨事意，官为养济。仍令除免差役⑥，更加旌表，以砺（励）⑦风俗。'"都省准拟。

[1]左警巡院：官署名，简称"左巡院"，本作警巡院。辽代始置于京师，金、元沿置。元初置三个警巡院，后于至元四年（1267），省去其一，止设左警巡院和右警巡院，掌坊市民事。下设达鲁花赤、警巡使、副使、判官、司吏诸官职。

[2]债银：犹"债款"。指所欠的钱财。元宋子贞《中书令耶律公神道碑》："及所在官吏取借回鹘债银，其年则倍之，次年则并息又倍之，谓之羊羔利。"

[3]佣计：指受雇为人劳动并用结算所得的酬金、工钱来抵偿所欠之债。

179⑧ 至元十一年正月，吏部呈⑨："平阳路[1]李伯祥与妻马氏，养母阿张，能备孝道，体覆是实。〔本部议得〕⑩：'拟合与免李伯祥户下杂役。'"都省准拟。

---

① 《元典章·魏阿张养姑免役》将"依旧孝养"置于"九十五岁"后，《至正条格》《通制条格》皆置于"行止"后。
② 肩户：《元典章·魏阿张养姑免役》作"并与"，误。《至正条格》《通制条格》皆作"肩户"，当据校。
③ 将：《元典章·魏阿张养姑免役》作"其"，误。《至正条格》《通制条格》皆作"将"，当据校。
④ 孝奉：《至正条格》《通制条格》皆作"孝奉"，《元典章·魏阿张养姑免役》作"孝道侍奉"。
⑤ 守节：《元典章·魏阿张养姑免役》作"节守"，误倒。《至正条格》《通制条格》皆作"守节"，当据校。
⑥ 仍令除免差役：《至正条格》《通制条格》皆作"仍令除免差役"，《元典章·魏阿张养姑免役》作"仍令所在官司免差役"。
⑦ 砺（励）：《至正条格》《元典章·魏阿张养姑免役》皆作"砺"，误。《通制条格》作"励"，今据校。
⑧ 《通制条格·赋役·孝子义夫节妇》载有同一条文。
⑨ 至元十一年正月，吏部呈：《通制条格》作"至元十一年正月十四日中书省。吏、礼部呈"。
⑩ 〔本部议得〕：《通制条格》作"本部议得"，《至正条格》脱，今据补。

[1] 平阳路:后因地震改称"晋宁路"。隶属河东山西道宣慰使司,治所在今山西临汾市。《元史·地理志一》:"晋宁路。上。唐晋州。金为平阳府。元初为平阳路。大德九年,以地震,改晋宁路。领司一、县六、府一、州九。府领六县,州领四十县。"

180① 大德八年八月,礼部议得:"义夫、节妇,旌表门闾,本为激励薄俗,以敦风化。今各处所举②,往往指称夫亡守志,不见卓然异行,多系富强之家规避门役[1],廉访司亦不从公核实,以致泛滥。今后举孝行者,若奉(负)③母挽车,养竭其力,号父攀柏,表④尽其诚,董生之甘旨供厨,蔡邕之泣血庐墓。举义夫者,若共⑤被泣荆,谊感宗族,散财焚券,惠济乡闾,汉薛包之昆弟让财,魏杨⑥播之缌⑦服同爨。举节妇者,若夫亡在三十之前,柏舟自誓,守志至五十以后,行露不侵,执节不回,如文宁女,临难不避,如义宗妻。似此之类,听⑧各处保明。"都省议得:"义夫、节妇、孝子、顺孙,旌表门闾,本欲敦民俗而厚风化,必得行实卓越、节操超绝者,方可垂劝将来。迩者,各处官司不详此意,往往不核名实,泛常[2]保举,以致谬滥,〔甚非所宜〕⑨。今后举节妇者,若三十已⑩前夫亡守志,〔至〕⑪五十以后晚⑫节不易,贞正著明者,听各处邻佑、社

---

① 《通制条格·赋役·孝子义夫节妇》和《元典章·礼部》卷六《旌表孝义等事》载有同一条文。
② 举:《至正条格》《通制条格》皆作"举",《元典章》作"见"。
③ 奉(负):《至正条格》作"奉",《通制条格》作"父",《元典章》作"负"。"奉"当是"负"之形讹字,"父"当是"负"之音讹字,今据校。《至正条格(校注本)》录作"奉",失校。
④ 表:《元典章》作"丧",误。《至正条格》《通制条格》皆作"表",当据校。
⑤ 共:《通制条格》作"其",误。《至正条格》《元典章》皆作"共",当据校。
⑥ 杨:《元典章》作"扬",误。《至正条格》《通制条格》皆作"杨",当据校。
⑦ 缌:《元典章》作"总",误。《至正条格》《通制条格》皆作"缌",当据校。
⑧ 听:《至正条格》《通制条格》皆作"听",《元典章》作"听从"。
⑨ 〔甚非所宜〕:《元典章》《通制条格》皆作"甚非所宜",《至正条格》脱,今据补。
⑩ 已:《至正条格》《通制条格》皆作"已",《元典章》作"以"。
⑪ 〔至〕:《通制条格》《元典章》皆作"至",《至正条格》脱,今据补。
⑫ 晚:《至正条格》《元典章》皆作"晚",《通制条格》作"执"。

长明具实迹,重甘保结[3],申覆本县,牒委文资正官,体覆得实,移文附近不干碍官司再行体覆,结罪回报[4],凭准体覆牒文,重甘保结,申覆本管上司,更为核实保结,申呈[5]省部,以凭旌表。仍从监察御史、廉访司体察。如是富强之家,别无实迹,慕向①虚名,营②求保举,规避门役,及所保谬滥不实,即将邻佑、社长并元保体覆官吏取招治罪。义夫、孝子、顺孙,若果孝义③行实有可嘉尚,必合表异,为宗族、乡党称道〔者,方许各处邻佑、社长条具实迹,申闻本县,并依上例体覆,申呈省部,依例旌表。若有滥失谬妄,亦依上例治罪。"〕④

[1]门役:差役。"规避门役",指设法躲避差役。
[2]泛常:犹"泛泛"。随意,随随便便。"泛常保举",谓随意担保举荐。
[3]重甘保结:缔结文书,担保甘愿承担重罪。
[4]回报:公文术语。报告,禀报。
[5]申呈:公文术语。谓向上呈报。

禁押运擅差人夫

181⑤ 至元二十四年闰二月,兵部呈:"各省解纳、进呈一切段匹诸物,和雇船只长运,直至东河⑥交卸。依漕运司粮斛例,船主

---

① 慕向:《至正条格》《通制条格》皆作"慕向",《元典章》作"慕尚"。
② 营:《元典章》作"荣",误。《至正条格》《通制条格》皆作"营",当据校。
③ 孝义:《至正条格》《通制条格》皆作"孝义",《元典章》作"节义"。
④ 《通制条格》于"道"后作"者,方许各处邻佑、社长条具实迹,申闻本县,并依上例体覆,申呈省部,依例旌表。若有滥失谬妄,亦依上例治罪"。《元典章》于"道"后作"者,方许各处邻佑、社长条具实迹,申闻本县,并依上例体覆,申呈省部,依例旌表。若有滥失谬妄,亦依上例一体治罪。除外,咨请依上施行"。《至正条格》脱,今据《通制条格》补。
⑤ 《通制条格·赋役·押运使臣》载有同一条文。《元典章·户部》卷十二《押运官员不得起夫》载有相关条文。
⑥ 东河:《通制条格》作"河东",疑误倒。《至正条格》《元典章》皆作"东河"。

既支脚钱,自行雇夫。其站船[1]递运,验船只①大小料例②,俱有已设站夫[2],毋得更差牵船人夫。仍禁治押运官员、使臣,今后毋得擅便督勒沿江河③路府州县,行移前路文书④,准备差拨人夫。路府州县亦不得⑤听从押物人员,辄便行移差拨。"都省准呈。

[1]站船:指在航程中有驿站递次接待的官船。明王圻《三才图会·器用》卷四"站船":"此官府所坐之船,谓之站者,就驿中之程言耳。"

[2]站夫:指驿站里的役夫。清顾炎武《天下郡国利病书·浙江下》:"自汉以来,驿传之马,皆官置之。站夫之名,始见于元,盖自此遂为民役矣。"

至正条格卷第二十七

---

① 船只:《至正条格》《通制条格》皆作"船只",《元典章》作"船"。
② 料例:《至正条格》《通制条格》皆作"料例",《元典章》脱,当据补。
③ 河:《至正条格》《通制条格》皆作"河",《元典章》作"淮河"。
④ 文书:《通制条格》《元典章》皆作"文字"。
⑤ 不得:《至正条格》《通制条格》皆作"不得",《元典章》作"毋得"。

至正条格卷第二十八　条格　关市

关度(渡)①盘诘

182② 至元二十六年八月,枢密院议拟到〔禁约诸军例内一款〕③:"关津、渡口把隘去处,当该官员、军兵人等常切用心巡绰,盘捉[1]一等[2]作过歹人,务要严谨,毋致私受④财货放⑤行。如违,体察得实,痛行断罪。"

[1]盘捉:盘问捉拿。《元典章·兵部》卷一《处断逃军等例(又)》:"各处镇守军官申到在逃军人,盘捉到官,将首从人依例断罪,发下合属应役。"

[2]一等:一类,一种。《元典章·兵部》卷三《站户簪戴避役》:"如今有一等狡猾躲奸歹人,怕当差发,躲了,剃了头发,与媳妇、孩儿一处住有。"

滥给文引

183⑥ 至元二十三年十二月,枢密院呈:"腹里州城诸投下官

---

① 度(渡):《至正条格》作"度",误。《通制条格》作"渡",今据校。
② 《通制条格·关市·关渡盘诘》和《枕碧楼丛书·刑统赋疏》载有同一条文。
③ 〔禁约诸军例内一款〕:《通制条格》作"禁约诸军例内一款",《至正条格》脱,今据补。《刑统赋疏》作"禁约诸军例内大款","大"为"一"之误,当据校。
④ 私受:《刑统赋疏》作"受私",误倒。《至正条格》《通制条格》皆作"私受",当据校。
⑤ 放:《刑统赋疏》作"故",误。《至正条格》《通制条格》皆作"放",当据校。
⑥ 《通制条格·关市·滥给文引》、《元典章·吏部》卷三《有司衙门给引》和《元典章·工部》卷二《海船阻碍官船》载有同一条文。

司,信①从人户,以②江南等处作买卖③为由,滥放文引[1],因而般④取[2]军人在逃,使管军官不能拘系,拟合遍行禁约⑤。"都省议得:"今后诸人若因事或为商贾前去它⑥所⑦勾当[3],经由有司衙门陈告,取问邻佑是实,令人保管,别无违碍,方许出给文引⑧,明置文簿⑨销照[4]。外据其余衙门并各投下官司,虽有印信,无得擅行出给文引。"

[1]文引:指准予通行的文书。"滥放文引",指擅自发放准予通行的文书。

[2]般取:同"搬取"。纵使,策动。

[3]勾当:办事,干事。

[4]销照:注销证件、牌照。

184⑩ 至元二十四年七月,枢密院呈:"议得:'蒙古军人,凡干

---

① 信:《元典章·海船阻碍官船》作"仰",误。《至正条格》《通制条格》《元典章·有司衙门给引》皆作"信",当据校。

② 以:《至正条格》《通制条格》《元典章·有司衙门给引》皆作"以",《元典章·海船阻碍官船》脱,当据补。

③ 《元典章·有司衙门给引》于"买卖"后作"者",衍字。《至正条格》《通制条格》《元典章·海船阻碍官船》皆无,当据删。

④ 般:《至正条格》《通制条格》《元典章·有司衙门给引》皆作"般",《元典章·海船阻碍官船》作"纵"。

⑤ 禁约:《至正条格》《通制条格》《元典章·有司衙门给引》皆作"禁约",《元典章·海船阻碍官船》作"禁治"。

⑥ 它:《至正条格》《元典章·海船阻碍官船》皆作"它",《通制条格》《元典章·有司衙门给引》皆作"他"。

⑦ 所:《至正条格》《通制条格》《元典章·有司衙门给引》皆作"所",《元典章·海船阻碍官船》作"处所"。

⑧ 文引:《至正条格》《元典章·海船阻碍官船》皆作"文引",《通制条格》《元典章·有司衙门给引》皆作"差引"。

⑨ 文簿:《元典章·海船阻碍官船》作"文引文簿",衍"文引"二字。《至正条格》《通制条格》《元典章·有司衙门给引》皆作"文簿",当据删。

⑩ 《通制条格·关市·滥给文引》载有同一条文。

碍①军马调度、勾捕②逃亡军人一切大小军中勾当，合从蒙古奥鲁官司[1]出给差札。各军若为私己[2]勾当、诸处买卖等事，于本管奥鲁官司具状陈告，行移所管有司，依例出给文引。两相关防，似为便当。'"都省准呈。

[1]奥鲁官司：元政府于各路设立的管理奥鲁军户的官府机构。

[2]私己：自己，自己的。"私己勾当"，犹言"私事"。

185③ 至元二十六年八月，枢密院议得："管军大小衙门翼所[1]，自来不系有司，毋得擅给民匠、诸色客旅人等文引，及不得将官司应拘禁之物隐藏夹带，不令纳官。违者，究治。"

[1]翼所："翼""所"各指元代的军事编制。"翼所"合称，泛指元代的军事编制单位。

雇船文约

186④ 至元三十一年二⑤月，中书省议得："今后凡江河往来雇船之人，须要经由管船饭头[1]人等三面说合，明白写立文约。船户端的籍贯、姓名，不得书写'无籍贯'并'长河船户[2]'等不明文字⑥。及保结⑦揽载[3]已后，倘有疏失，元保饭头人等亦行⑧断罪。及⑨将保载讫船户并客旅姓名，前往何处勾当，置立文簿，明白开写。上下半月，于所属官司呈押[4]，以凭稽考。"

---

① 干碍：《通制条格》作"关碍"。

② 捕：《通制条格》作"补"，误。《至正条格》作"捕"，当据校。

③ 《通制条格·关市·滥给文引》载有同一条文。

④ 《通制条格·关市·雇船文约》和《元典章·工部》卷二《船户揽载立约》载有同一条文。

⑤ 二：《元典章》空格，《至正条格》《通制条格》皆作"二"，当据补。

⑥ 文字：《至正条格》《通制条格》皆作"文字"，《元典章》作"字样"。

⑦ 《元典章》于"揽载"前衍"如"字，《至正条格》《通制条格》皆无，当据删。

⑧ 亦行：《至正条格》《通制条格》皆作"亦行"，《元典章》作"与贼人一体"。

⑨ 及：《至正条格》《通制条格》皆作"及"，《元典章》作"仍"。

[1]饭头:泛指管伙食的人。
[2]长河船户:指长居河上以河为家而居无定所的船户。
[3]揽载:承揽装载运送。"保结揽载",简称"保载",指缔结文书,担保承揽装载运送。
[4]呈押:公文术语。呈交画押。谓向上呈交公文,并经由上级官府在公文上签字画押。

违禁下番

187① 至元二十五年八月,御史台呈:"广州[1]官民于乡村籴米百石②、千石③至万石④者,往往般运前去海外占城诸番出粜[2],营求厚利,拟合禁治。"都省准呈。

[1]广州:即"广州路"。隶属广东道宣慰使司都元帅府。治所在今广东广州市。《元史·地理志五》:"广州路。上。唐以广州为岭南五府节度五管经略使治所,又改南海郡,又仍为广州。宋升为帅府。元至元十三年内附,后又叛。十五年克之。立广东道宣慰司,立总管府并录事司。元领八县,而怀集一县割属贺州。领司一、县七。"
[2]出粜:出卖,卖出粮食。

188 延祐六年七月二十六日,中书省奏:"'下番[1]船只,拘该行省、宣慰司、市舶司[2]官每,不得稍带[3]钱物下番买卖。如违,断罪不叙,钱物没官,内一半付告人充赏者。在先有圣旨来,如今泉州路[4]有的军民官司,合关防舶商,不得夹带违禁等物,他每却稍带铁物下番做买卖有。似这般行呵[5],怎生禁约得别的?依体例合禁革。'么道,江浙省官并本道廉访司官与将文书来有。依它⑤每说将来的,本处见任军民官员不教下番做买卖,行的,依例

---

① 《通制条格·关市·下番》载有同一条文。
② 百石:《通制条格》作"伯硕"。
③ 千石:《通制条格》作"阡硕"。
④ 石:《通制条格》作"硕"。
⑤ 它:《至正条格(校注本)》录作"他",误。《至正条格》作"它",今据校。

教禁革呵,怎生?"奏呵,奉圣旨:"那般者。"

[1]下番:谓下海前往他国做买卖、出使等。

[2]市舶司:官署名,"市舶提举司"之简称,又称"市舶"。为元政府管理海外贸易的官署机构。秩从五品。至元十四年(1277),始置于泉州、庆元、上海、澉浦四处港口。后陆续添设广东、温州、杭州三处。后屡经禁弛,留有泉州、庆元、广东三处。掌发放舶商出海的公验、公凭,检查出入海港的外国船舶,征收关税,管理外国商船和外商等事。下设提举、同提举、副提举、知事诸官职。

[3]稍带:携带。

[4]泉州路:隶属福建道宣慰使司都元帅府。治所在今福建泉州市。《元史·地理志五》:"泉州路。上。唐置武荣州,又改泉州。宋为平海军。元至元十四年,立行宣慰司,兼行征南元帅府事。十五年,改宣慰司为行中书省,升泉州路总管府。十八年,迁行省于福州路。十九年,复还泉州。二十年,仍迁福州路。领司一、县七。"

[5]似这般行呵:如果像这样做了。

189 至顺元年五月,圣(诏)①书内一款:"金银铜铁、良家子女,比闻嗜利之徒、出使人员、海商市舶,下番转卖远方,并行禁止。拘该官司,关津隘口,严加盘诘。若有违犯,依条处断。监察御史、廉访司用心体察。"

190 至元元年七月,户部与刑部议得:"怯里密丁自徐州[1]等处买到北丝[2]、铁条、人口,般赴[3]广州市舶亭[4]下杨舍宅内收顿,准备下番。事发到官,廉访司已将本人断罪,其元买人口给亲完聚[5]。外据丝货、铁条,合行给主。"都省准拟。

[1]徐州:隶属河南江北等处行中书省归德府。《元史·地理志二》:"徐州。下。唐初为徐州,又改彭城郡,又升武宁军。宋因之。金属山东西路。金亡,宋复之。元初归附后,凡州县视民多少,设官吏。至元二年,例降为下州。旧领彭城、萧、永固三县及录事司。至是,永固并入萧

---

① 圣(诏):《至正条格》作"圣",误。分析文意,当作"诏",今据校。

县,彭城并录事司并入州。领一县:萧县,下。"

[2]北丝:相对"南丝"而言。丝绸分为"北丝"和"南丝"两种,南丝即桑蚕丝,因是桑蚕所出之丝,故称。桑蚕为家养,其所吐之丝质地细腻柔美。北丝即为"柞蚕丝",因是柞蚕所出之丝,故称。柞蚕因是野外放养,故其丝质地粗犷华丽。

[3]般赴:同"搬赴"。搬往。

[4]广州市舶亭:指在广州路朝宗门外兴建的一处供海商停留食宿的处所。元陈大震《(大德)南海志》卷十《局务仓库》:"市舶亭,在朝宗门外,至元十九年创建。"

[5]完聚:团聚,团圆。

番船抽税

191 泰定四年闰九月,刑部议得:"舶商发船,请领凭验[1],前往番邦[2]、海南经纪[3]。因为本船掌管数目杂事人[4]病故,将逐日博到物货,另置水帐[5]文簿,权令本船谙会书计人抄附[6],元给凭验不曾依例填写。船只回帆进港,已将未填凭验情由于海门[7]镇遏官处首告。本司取到船众各各明白招词,既船货拘管在官,拟合依例抽税。"都省准拟。

[1]凭验:犹"凭证"。"请领凭验",指领取凭证。

[2]番邦:外国。

[3]经纪:做买卖。

[4]杂事人:指船上掌管账目之人。简称"杂事"。《通制条格·关市·市舶》:"海商每船募纲首、直库、杂事、部领、梢工、碇手,各从便具名呈市舶司申给文凭。"

[5]水帐:即流水账。因是每天如流水一般的在账簿上记每一笔的金钱或货物,故名。"水帐文簿"又称"流水账簿"。

[6]抄附:抄写登记。

[7]海门:即"海门县",隶属扬州路通州。宋为望县。元为中县。

私发番船遇革

192 泰定四年闰九月,刑部议得:"诸人私发番船[1],革前已招明白,应合没官赃物、载货船只并自首未纳之数,及点□□应支给物货,拟合追理。其犯在革前,招在革后,钦依革拨。"都省□(准)①拟。

[1]番船:犹"舶船"。海船。

193 泰定四年闰九月,刑部议得:"诸人私发番船,事发到官,归问[1]明白,犯人名下已招物货,行移各处官司,追纳到官,转差官吏人等,押解赴司。秤盘[2]物货短少,着落追陪。未到,革前如无取到招伏,既遇释免,难议追理。"都省准拟。

[1]归问:审讯,审问,审理。
[2]秤盘:又作"称盘"。称量计算。"秤盘物货短少",指称量计算货物缺少。

194 至顺三年八月,刑部议得:"江浙省咨:'革前私发番船,回帆藏匿舶货,不曾事发,钦遇原免,拟合革拨。革后不曾首告,私相发卖,事发到官,情犯不一,拟合临事定拟。'"都省准拟。

漏舶船只遇革

195 至顺三年八月,刑部议得:"般载[1]漏舶[2]船只,犯人虽招明白,行移拘管。未曾到官,既遇原免,拟合革拨。已到官者,没官。"都省准拟。

[1]般载:同"搬载",犹"搬运"。
[2]漏舶:指在海外贸易的过程中,舶商、船员等所从事的夹带私货、转换改变和侵蚀财货、藏匿货物、私自贩卖所舶货物、隐瞒抽分等非法行为。

---

① □(准):《至正条格》此字残损,分析文意,当作"准",今据补。

舶商回帆物货遇革

196 至顺三年八月,刑部议得:"舶船告给凭验,发船前往所指番邦经纪,附载使臣回番,到于别国,顺便博易回帆。上项物货,已于籍上明白附写,船回到舶,未曾归问,钦遇革拨。既船货拘管在官,拟合依例抽税。"都省准拟。

番船私相博易遇革

197 至顺三年八月,刑部议得:"诸商人等私发番船,或回帆渗泄[1],私相博易,革前已招,自首未纳钱物,拟合追征。其未招承,及犯在革前,招在革后,未纳钱物,钦依革拨。"都省准拟。

[1]渗泄:侵蚀财货。

拗番博易遇革

198 至顺三年八月,刑部议得:"舶商下于元籍番邦经纪,违例越投它处拗番[1]博易,及不将所博物货于验籍[2]内附写,或抄填不尽,及回帆渗泄,革前犯人已招明白,追会[3]之际,罪遇释免,未纳物货,拟合追征。其犯在革前,招在革后,钦依革拨。"都省准拟。

[1]拗番:转往别国。"拗番博易",谓舶商不在原籍本国交易,而违法转往别国交易。
[2]验籍:犹"凭验"。凭证。
[3]追会:追查。

脱放漏舶物货遇革

199 至顺三年八月,刑部议得:"各处镇遏巡捕军民官司捉获私发番船漏舶物货,官吏人等受财脱放,事发到官,革前已有明白招伏,罪经释免,未纳之赃,拟合追没,职役照例议拟。未曾招承,并犯在革前，招在革后，合行革拨。"都省准拟。

冲礁阁浅抢物遇革

200 至顺三年八月，刑部议得："舶商发船下番，博易回帆，冲礁阁浅，其物货被同船人乘时抢去，陈告到官。革前犯人已招明白，罪遇原免，拟合追理。其未承伏，并犯在革前，招在革后，钦依革拨。若有见在正赃[1]，给主。"都省准拟。

[1]正赃：犹"真赃"。指盗窃的原物。

舶商身故事产

201 至顺三年八月，刑部议得："诸人陈告舶商私发番船，回帆渗泄，支讫赏钱，物货已行破用[1]。革前取讫招伏，着落追征，将事产并诸人借欠[2]钱债[3]、典质田土供抄见数，准折还官变卖。追征之际，犯人身故，欠钱人等却有异词，照勘凭验明白，有承伏者，拟合准折还官。外据本名不敷合追钱物，如委无可折挫，体覆是实，拟合革拨。"都省准拟。

[1]破用：花用，使用。
[2]借欠：指借人财物未还。
[3]钱债：即债款，指所欠的钱财。

舶商杂犯遇革

202 至顺三年八月，刑部议得："舶商请给验籍，发船下番博易，回帆未曾到舶，元雇事头[1]、火长[2]人等于沿途海岛通同守把巡尉[3]、军官人等，擅将船只物货私自□卖，分张[4]入己。事发到官，行移追究，未见着落[5]。所据前项船只物货，即系官司未经抽税之物，钦遇诏赦，未审合无挨问[6]？以此参详：'市舶则例，非止一端。诸人有犯，情罪[7]各异。互相察考，庶得其宜。拟合随事议拟。'"都省准拟。

[1]事头:"把事头目"之简称。指总管船上事务的头目。

[2]火长:指在海船上司罗盘之人。宋吴自牧《梦粱录》卷十二《江海船舰》:"盖神龙怪蜃之所宅,风雨晦冥时,惟凭针盘而行,乃火长掌之,毫厘不敢差误,盖一舟人命所系也。"

[3]巡尉:指巡检与县尉。主捕盗之事。

[4]分张:分配,均分。

[5]着落:下落。

[6]挨问:逐一审问。

[7]情罪:犹"罪情"。指犯罪情节。《通制条格·户令·户例》:"诸色人等,因为犯事,不问罪名轻重,一例将人口、财产断没,给与事主或所断官员分讫,中间亦有所犯情罪不及断没人口。"

抽分市舶

203 至正二年十一月初八日,中书省奏:"在先舶船回帆时月,行省预为选委廉干官员前去,将买卖番船封艍[1],这里差去官与行省官一同抽解[2]去,抽分的贵细之物先行起解有来。近年以来,行省官不去,转差司属官员抽分去的上头,贵细之物不行尽数抽分解纳来有。俺商量来:'如今舶船回帆时月,行省预为选差廉干官员前去,将买卖番船封艍,教行省官内一员前去,依在先定例从实抽分,将贵细之物先行起解,其余粗重物货,被(彼)①处变卖,作钞解纳呵,怎生?'"奏呵,奉圣旨:"那般者。"

[1]封艍:"艍"疑为"堵"之换旁俗字。"封艍"即"封堵"。谓封船堵截。

[2]抽解:犹"抽分"。指对沿海港口进出口贸易征收的实物税。宋朱彧《萍洲可谈》卷二:"凡舶至,帅漕与市舶监官莅阅其货而征之,谓之'抽解'。"

---

① 被(彼):《至正条格》作"被",误。分析文意,"被"当为"彼"之形讹字,今据校。

云南私蚆[1]

　　204① 至元十三年四月十三日，中书省奏："云南省里行的怯来小名的回回人，去年提奏[2]来：'江南田地里做买卖的人每，将着蚆子[3]去云南，是甚么换要有？〔做〕②买卖的人每，私下将得③去的，教禁断了。江南田地里、市舶司里见在有底④蚆子多有，譬如[4]空放着，将去云南，或换金子或换马呵，得济[5]的勾当有。'奏呵，'那般者'。圣旨有呵，去年的蚆子，教将◇（的）⑤云南去来。那其间[6]，那里的省官人每说将来：'云南行使蚆子的田地窄有，与钞法一般有。蚆子广呵，是甚么贵了⑥？百姓生受有。腹里将蚆子这里来的，合教禁了⑦有。'说将来呵，两个的言语不同有。'那里众官人每与怯来一处说了话呵，说将来者。'〔么道〕⑧，与将文书去来。如今众人商量了说将来：'将入来呵，不中。是甚么贵了⑨？百姓每也生受有。百姓每将入来的，官司将入来的，禁断了，都不合教将入来。'么道，说将来有。俺商量得：'不教将入去呵，怎生？'"奏呵，〔奉〕⑩圣旨："休教将入去者。"

　　[1]私蚆："蚆"，影印本作"贝八"，"贝八"同"蚆"。"蚆"为软体动物，即"贝"，又称"海蚆"。古时以贝壳作货币，故又指货币。元代云南等地及东南亚等国，以海蚆代钱，每一万个海蚆相当于中统钞二十贯。明费信

---

　　① 《通制条格·关市·私蚆》载有同一条文。《元典章·户部》卷六《禁贩私蚆》载有相关条文。
　　② 〔做〕：《通制条格》作"做"，《至正条格》脱，今据补。
　　③ 得：《通制条格》作"的"。
　　④ 底：《通制条格》作"的"。
　　⑤ ◇（的）：《至正条格》空格，《通制条格》作"的"，今据补。
　　⑥ 了：《通制条格》作"子"，误。《至正条格》作"了"，当据校。
　　⑦ 了：《通制条格》作"子"，误。《至正条格》作"了"，当据校。
　　⑧ 〔么道〕：《通制条格》作"么道"，《至正条格》脱，今据补。
　　⑨ 了：《通制条格》作"子"，误。《至正条格》作"了"，当据校。
　　⑩ 〔奉〕：依据文意，《至正条格》脱"奉"字，今据补。

《星槎胜览》卷一《暹罗国》:"以海𧋘代钱,每一万个准中统钞二十贯。""私𧋘",相对"真𧋘"而言,指非法流入的𧋘。非法之徒往往偷贩私𧋘以获取高利。《元典章·户部》卷六《禁贩私𧋘》:"云南行使𧋘货,例同中原钞法,务依元数流转,平准物价,官民两便。近年为权势作弊,诸处偷贩私𧋘,已常禁治。"

[2]提奏:同"题奏"。谓向上奏章。

[3]𧋘子:犹"𧋘"。元汪大渊《岛夷志略·罗斛》:"以𧋘子代钱,流通行使。"

[4]譬如:与其。

[5]得济:有益,得利。"得济的勾当有",谓有益的事情。

[6]那其间:"其间",指某一段时间。"那其间",指那段时间。

禁中宝货

205① 至元四年三月②,诏书内一款:"诸人中宝[1],蠹耗国财。比者,宝合丁、乞儿八答私买所盗内府宝带,转中入③官,既已伏诛。今后诸人毋得似前中④献[2],其扎⑤蛮等所受管领中宝圣旨,亦仰追收。"

[1]中宝:中献宝货。谓冒称将宝货献于内府,以希厚偿其值,所得价值往往高于宝货本身的价值。《元史·张珪传》:"中卖宝物,世祖时不闻其事,自成宗以来,始有此弊。分珠寸石,售直数万,当时民怀愤怨,台察交言。且所酬之钞,率皆天下生民膏血,锱铢取之,从以捶挞,何其用

---

① 《通制条格·关市·中宝》和《元典章·圣政》卷一《至大四年三月诏》载有同一条文。《新元史·仁宗本纪上》载有相关条文。

② 至元四年三月:《至正条格》作"至元四年三月",疑误。《通制条格》作"至大四年三月",《元典章》作"至大四年三月十八日"。

③ 中入:《元典章》作"入中",误倒。《至正条格》《通制条格》皆作"中入",当据校。

④ 中:《新元史》作"申",误。《至正条格》《通制条格》《元典章》皆作"中",当据校。

⑤ 扎:《至正条格》《通制条格》皆作"扎",《元典章》作"札"。

之不吝！夫以经国有用之宝，而易此不济饥寒之物，又非有司聘要和买，大抵皆时贵与斡脱中宝之人，妄称呈献，冒给回赐，高其直且十倍，蚕蠹国财，暗行分用。如沙不丁之徒，顷以增价中宝事败，具存吏牍。"

[2]中献：向内府进献（宝货）。《元史·食货志二》："若夫中买宝货之制，泰定三年命省臣依累朝呈献例给价。天历元年，以其蠹耗国财，诏加禁止，凡中献者，以违制论云。"

206 至治三年十二月初四日，诏书内一款："奇珍异货，朕所不贵，诸人中献，已尝禁止。下海使臣指称根寻[1]稀罕宝物，冒支官钱，私相博易，屈节番邦，深玷国体，亦仰住罢。所给圣旨牌面[2]，尽数拘收。舶商下番，听从民便。关防法则，并依旧制。"

[1]根寻：寻找。

[2]圣旨牌面：指依照圣旨颁发给官吏、使节的一种身份凭证。《永乐大典》卷一九四一七《经世大典》："来往使臣，令脱脱禾孙盘问。无圣旨牌面起马者，裁减之。"

207① 天历元年九月，诏书内一款："诸人中宝，耗蠹国财，累朝已尝禁止。比者，奸臣倒剌沙[1]、乌伯都剌[2]等违众任情，擅将中宝回回人一概朦胧支给价钱，仰中书省照勘追理。今后似前中献者，以违制论。"

[1]倒剌沙：《元史》无传，《新元史》有传。奸臣。西域人。泰定帝时，为王府内史。仁宗时，以其子合散事丞相拜住，得入宿卫。至治三年（1323），泰定帝即位，以倒剌沙为平章政事，旋拜中书左丞相，又改御史大夫。泰定四年（1327），以倒剌沙兼内史府、四斡耳朵事。致和元年（1328），肉袒奉玉玺出降，被戮。

[2]乌伯都剌：《元史》《新元史》皆无传。奸臣，为倒剌沙之党羽。历任参知政事、治书侍御史、平章政事。致和元年（1328），被戮。

① 《元史·文宗本纪一》载有相关条文。

和雇和买

208① 至元十九年②十月，诏书内一款："和雇、和买、和籴[1]③，并依市价。不以是何户计，照依行例应当，官司随即支价，毋得逗留④刁蹬。大小官吏、权豪势要之家，不许因缘结揽，以营私利。违者，治罪。"

[1]和籴：官府以议价交易为名向民间强制征购粮食。

209⑤ 至元二十一年四月，户部呈："大都管下州县[1]和籴、和买米粮、料草一切所须，官给价钱内有给不到数目，及将元降料钞私下换作烂钞，散与百姓。"都省议得："如遇关支和买、和籴钞数，明白开写，行移合属，须管依数给散，毋致因而换易违错。仰御史台严加体察。"

[1]大都管下州县：指大都路所管领的州县。据《元史·地理志一》："大都路。……领院二、县六、州十。州领十六县。"其中，院二：右警巡院、左警巡院；县六：大兴、宛平、良乡、永清、宝坻、昌平；州十：涿州（领二县：范阳、房山）、霸州（领四县：益津、文安、大城、保定）、通州（领二县：潞县、三河）、蓟州（领五县：渔阳、丰闰、玉田、遵化、平谷）、漷州（领二县：香河、武清）、顺州、檀州、东安州、固安州、龙庆州（领一县：怀来）。

210⑥ 至元二十六年七月，御史台呈："山东道按察司[1]申：'每年和买段定（匹）⑦，合趁丝蚕[1]收成时分和买织造，官民俱便。

---

① 《通制条格·关市·和雇和买》和《元典章·户部》卷十二《和买照依市价》载有同一条文。《元史·刑法志一》载有相关条文。
② 至元十九年：《元典章》作"至元九年"，脱"十"字。《至正条格》《通制条格》皆作"至元十九年"，当据补。
③ 和籴：《至正条格》《元典章》皆作"和籴"，《通制条格》脱，当据补。
④ 逗留：《通制条格》《元典章》作"逗遛"。
⑤ 《通制条格·关市·和雇和买》载有同一条文。
⑥ 《通制条格·关市·和雇和买》载有同一条文。
⑦ 定（匹）：《至正条格》作"定"，误。《通制条格》作"匹"，今据校。

及令各处官司递相体覆保勘,就申合干上司。但有不实,体察。'"都省准呈。

[1]山东道按察司:官署名,"山东东西道提刑按察司"之简称,又称"山东道提刑按察司"。元初所立四道提刑按察司之一,置司于济南路。

[2]丝蚕:犹"蚕丝"。

211① 至元二十八年四月,御史台呈:"各处凡有和买诸物,必须从实估价,合该上司体覆相应,依数支放[1]。如有多估不实,取问当该官吏招伏,以其冒估之数多少论罪,追征余价还官。若元估相应,故行减驳[2],亏损人民,亦行治罪。在内监察御史,在外肃政廉访司体察。"都省准呈。

[1]支放:发放。《金史·百官志四》:"如遇凶年尽贷与民,其俸则于钱多路府支放,钱少则支银绢亦未晚也。"

[2]故行减驳:故意减少。

212② 大德七年三月,户部与礼部议得:"凡雇车运物,不分粗细,例验斤重、里路,官给脚价。今后起运上都米面等物,合从宣徽院选委有职役廉干人员长押。先将合起物色一一亲临秤盘装发,打角完备,如法封记。斟酌合用车辆,令大都路巡院正官[1]召募有抵业信实车户[2],明立脚契[3],编立牌甲[4],递相保管,然后许令揽运。各于契上开写所载箱包、布袋各各斤重,眼同交盘[5],责付车户收管,及令重护封头[6],长押官通行管押。如运至上都交收,辨③得封记、打角俱无损坏,布袋、箱包亦不松慢,枰(秤)④盘斤重又与元揽相同,中间却有短少、不堪,盖为押运人员装发之际

---

① 《通制条格·关市·和雇和买》载有同一条文。《元典章·台纲》卷一《设立宪台格例》载有相关条文。
② 《通制条格·关市·和雇和买》载有同一条文。
③ 辨:《通制条格》作"办",误。《至正条格》作"辨",当据校。
④ 枰(秤):《至正条格》作"枰",误。《通制条格》作"秤",今据校。

失于照略,着落追陪◇◇(相应)①。若苦盖[7]不如法,装卸不用心,致有损失,虽封记俱全,比元封打角松慢,或去封头,箱包、布袋破漏,交出短少、不堪者,即是车户不为照略,或因而侵盗,就将行车人监勒,追征不敷之物。照依脚契,先验元雇车户均征,更有追补不足者,着落〔当〕②该雇◇(车)③官司补纳,仍以物多寡量情断罪。押运人员回还,须要纳获无欠朱钞[8]销照。及经过村坊店户之家,排门粉壁[9],毋④得寄顿[10]籴买[11]官物。"都省准呈。

[1]大都路巡院正官:指大都路所管领的右、左警巡院中的长官。右、左警巡院中的长官指达鲁花赤、警巡使。

[2]车户:又作"车家"。指车夫,赶车的人。

[3]脚契:雇车人与行车人之间签订的运输契约。

[4]牌甲:元代基本兵籍或户籍编制。将军队或人户按十进制编成基本单位,大约十人(户)为一牌,十牌为一甲。《元史·顺帝本纪八》:"设万夫长、千夫长、百夫长,编立牌甲,分守要害,互相策应。"《元史·兵志一》:"五月,禁干讨房人,其愿充军者,于万户、千户内结成牌甲,与大军一体征进。"

[5]交盘:交接盘点。清李鹏年《六部成语·吏部》:"交盘:交代之时,将库中存项盘运抨(秤)兑无差,新任乃接受。"

[6]封头:信函、布袋、器物等开口的封闭物。

[7]苫盖:遮蔽,遮盖。

[8]朱钞:旧时征收、起运粮物时,官府发给民户的凭据。因其上盖有官府朱印,故称。《元典章·户部》卷十《征纳税粮》:"如粮送纳到仓,当日即便出给朱钞,毋得取受分文加耗钞物,及不得刁蹬留难纳户。"

[9]排门粉壁:谓挨家逐户将法令、告示写在粉刷成白色的墙壁上,以使人周知。

[10]寄顿:寄放,寄存。

---

① ◇◇(相应):《至正条格》空两格,《通制条格》作"相应",今据补。
② 〔该〕:《通制条格》作"该",《至正条格》脱,今据补。
③ ◇(车):《至正条格》空格,《通制条格》作"车",今据补。
④ 毋:《通制条格》作"无"。《至正条格(校注本)》录作"无",误,今据校。

[11]籴买:购买。

213① 至大四年三月②,诏书内一款节该:"诸王、驸马经过州郡,从行人员多有非理需索,官吏夤缘为奸[1],用一鸠百,重困吾民。自今各体朝廷节用爱民之意,一切惩约,毋蹈前非。其和雇和买,验有物之家,随即给价。克减欺落[2]者,从监察御史、肃政廉访司体察究治。"

[1]夤缘为奸:互相拉拢干坏事。
[2]欺落:欺骗占有。

214 泰定二年五月,户部议得:"车驾临行上都,年例一切所需之物阙少者,必须和买。切恐留守司官吏不肯尽心从公估买,不惟客旅生受,倘误支持未便。拟合令上都留守司摘委本司色目、汉人正官各一员、首领官一员,开平[1]巡院官吏铃(钤)③束各色行头,与覆实司[2]一同,审实时估,眼同估体[3],实直[4]相应,随即依例全行给价,似不停滞百姓,物能尽实到官。其覆实司不许回还大都,每一周岁交换。留守司官吏并司属人等,每季轮流。仍将和买名④件,每五日一次,赴部勾销[5]。如省部回还,每月关报[6]。中间若有稽违冒滥、亏官损民,受宣官[7]取招呈省,受敕[8]以下,就便究治。"都省准拟。

[1]开平:即"开平府"。宪宗六年(1256),世祖命刘秉忠建城于桓州东、滦水北之龙冈。中统元年(1260),赐名开平府。中统五年(1264),加号上都。"开平巡院官吏",指上都路所管领的警巡院官吏。
[2]覆实司:官署名,隶属工部,"广谊司"之前身。总和雇和买、营缮

---

① 《通制条格·关市·和雇和买》载有同一条文。《元史·仁宗本纪一》载有相关条文。
② 至大四年三月:《通制条格》作"至元四年三月",疑误。《至正条格》《元史》皆作"至大四年三月"。
③ 铃(钤):《至正条格》作"铃",误。分析文意,当作"钤",今据校。
④ 名:《至正条格(校注本)》录作"各",误。《至正条格》作"名",今据校。

织造工役。元贞元年(1295),立覆实司。至顺二年(1331)九月,罢覆实司,置广谊司。元统二年(1334)三月,复立覆实司,罢广谊司。《元典章·工部》卷一《讲究织造段匹》:"为分拣应有造作生活好歹,体覆丝料尽实使用不使用的、更官司和买的呵,估计价钞上,先立着覆实司衙门来。"

［3］估体:估量核实。"眼同估体",指一同估量核实。

［4］实直:同"实值"。实际价格。"实直相应",指与实际价格相符合。

［5］勾销:注销。

［6］关报:公文术语。行文申报。

［7］受宣官:元代封赠官员分宣命和敕牒两种,若封赠一品至五品官,用宣命,以白纸誊写;若封赠六品至九品官,则用敕牒,以赤色纸誊写。"受宣官",指接受宣命的官员。即元代封赠的一品至五品官。

［8］受敕:"受敕官"之简称,指接受敕牒的官员。即元代封赠的六品至九品官。

215 至正元年正月初一日,诏书内一款:"和雇和买,未支价钱,文案明白,即于系官不以是何钱内给付。今后必须对物支价,其中献宝货者,不在此限。"

豪夺民利

216[①] 至元二十八年三月,诏书内一款:"数年以来,所在商贾,多为有势之家占据行市,豪夺民利,以致商贾不敢往来,物价因而涌贵。在都令监察御史,在外令按察司,常切用心纠察按治。"

禁减价买物

217 至正元年正月初一日,诏书内一款:"在内诸司,在外行

---

① 《通制条格·关市·牙保欺蔽》载有同一条文。

省、行台、宣慰司、廉访司、军民官吏,凡有私家所需一切物件,并依市价自行收买,不得使用印帖[1]着落行户[2]减价勒要。违者,以所亏价钱准不枉法赃[3]论罪。"

[1]印帖:指具有印记的官府文书。
[2]行户:指临时抽调雇用的差役。
[3]不枉法赃:谓在不影响公正执法、审断案件的情况下所受之赃物。

减价买物遇革

218 至顺三年八月,刑部议得:"官吏人等革前于所管户内减价买物,取讫招伏,罪遇释免,所亏价钱,依数追给。其犯在革前,招在革后,钦依革拨。"都省准拟。

派卖物货遇革

219 大德九年十一月,刑部议得:"各处见任官已招将梯己并亲戚物货强行派卖[1],罪经原免,多要物价,合行追还各主。"都省准拟。

[1]派卖:分摊售卖。

和买多破遇革

220 大德九年十一月,刑部议得:"排年考校局照算,驳问出修理系官房舍、递运脚力并和雇和买比例多破[1]物色,或有比照时估冒破价钱,经过人员多支衣装分例。若委是系官正数[2],合行追征还官。"都省准拟。

[1]破:领取。《元典章·户部》卷二《祗应月申数目》:"随路管站的官人每,使臣每根底少与了,却说谎多写着,多破了祗应,做罪过多也,更破着长行马匹草料。"
[2]正数:正额,正式规定的数。

买卖金银

221① 至大四年四月二十六日,诏书内一款:"榷②禁[1]金银,本以权衡钞法,条令虽设,其价益增,民实弗便。自今权宜开禁,听从买卖。其商贾收买下番者,依例科断。"

[1]榷禁:犹"禁榷"。指禁止民间私自贸易盐、铁、茶、酒、金、银等物资,而由政府专卖。

牙行欺弊

222③ 至元十年八月,断事官呈:"大都等路诸买卖人口、头匹、房屋一切物货交易,其官私牙人[1]侥幸图利,不令买主、卖主相见,先于物主处扑定[2]价直[3],却于买主处高抬物价④。今后凡买卖人口、头匹、房产⑤一切物货,须要牙保[4]人等与卖主、买主明白书写籍贯、住坐去处[5],仍召知识[6]卖主⑥或正牙保人等保管,画完押字,许令成交,然后赴务投税。仍令所在税务,亦仰验契完备,收税明白,附历[7]出榜,遍行禁治。"都省准呈。

[1]官私牙人:指官牙与私牙。"官牙"指经官府指派的牙人,"私牙"指未经官府指派而私下设置的牙人。《元典章·户部》卷八《新降盐法事理》:"除额设部辖外,其余滥设私牙,截日尽行罢去。"

[2]扑定:商定,敲定,言定。

[3]价直:犹"价值"。价格。

[4]牙保:指立契的牙人和保人。

[5]住坐去处:犹"住处"。指居住的地方。

---

① 《通制条格·杂令·金银》载有同一条文。《元史·刑法志四》载有相关条文。

② 榷:《通制条格》作"权",误。《至正条格》作"榷",当据校。

③ 《通制条格·关市·牙保欺蔽》载有同一条文。

④ 《通制条格》在"物价"后作"多有克落,深为未便",《至正条格》无,疑脱。

⑤ 房产:《通制条格》作"房屋"。

⑥ 《通制条格》在"卖主"后衍"人"字,《至正条格》无,当据删。

［6］知识：熟识。

［7］附历：指登记在文簿上。

223① 至元二十三年六月，中书省照得："先为牙行[1]②扰害百姓，已行禁罢。况客旅买卖，依例纳税。若便③设立诸色牙行，抽分牙钱[2]，割④削市利，侵渔不便。除大都羊牙[3]及随路买卖人口、头匹、庄宅牙行依前存设，验价取要牙钱，每十两不过二钱，其余各色牙人，并行革去。"

　　［1］牙行：指为买卖双方说合交易而从中收取佣金的商行。
　　［2］牙钱：指牙人抽取的佣金。
　　［3］羊牙：指居于买卖羊只双方之间，从中撮合，以获取佣金的人。《通制条格·关市·牙行》："羊牙人等，多取牙钱，惊扰羊客，公私不便，已尝禁治。"

224⑤ 皇庆元年三月，御史台呈："近年都下诸物价腾，盖因各处所设船行[1]埠头[2]⑥刁蹬客旅，把柄[3]船户，以致舟船涩滞，货物不通。拟合严行督责各处濒河提调官司常加禁治，于本土有抵业之人量设二三名，榜示姓名，以革泛滥⑦〔之弊〕⑧。"刑部议得："合准台拟。仍令监察御史、廉访司常加⑨体察。"都省准呈。

　　［1］船行：指自备船只来往于各码头，介绍买卖的商行。
　　［2］埠头：又作"步头"。指码头包揽客货运输的人。
　　［3］把柄：把持，控制，操纵。

---

① 《通制条格·关市·牙行》和《元典章·刑部》卷十九《斛斗秤尺牙人》载有同一条文。
② 牙行：《通制条格》《元典章》皆作"盖里赤"。
③ 便：《通制条格》《元典章》皆作"更"。
④ 割：《通制条格》《元典章》皆作"刮"。
⑤ 《通制条格·关市·牙行》载有同一条文。
⑥ 埠头：《通制条格》作"步头"。
⑦ 泛滥：《通制条格》作"滥设"。
⑧ 〔之弊〕：《通制条格》作"之弊"，《至正条格》脱，今据补。
⑨ 常加：《通制条格》作"常切"。

225① 皇庆元年八月,中书省照得:"大都羊市[1]设官恢办[2]税课[3]皮毛,若遇官买,亦须两平支价。其所委买羊之人,往往揸勒[4]羊主贱买,或不即给价,营利转卖,及权豪势要之家挟势强买,又一等无赖之徒迎接绖占[5],干要[6]钱钞②,羊牙人等多取牙钱,惊扰羊客,公私不便,已常(尝)③禁治。今体知得,诸衙门往往乱行批写印帖,就市强行夺买羊口,无赖之徒扰害客旅。如有违犯之人,许诸人捉拿到官,严行治罪,及札付[7]御史台体察。"

[1]大都羊市:官署名,隶属大都宣课提举司。《元史·百官志一》:"大都宣课提举司,掌诸色课程,并领京城各市。……世祖至元十九年,并大都旧城两税务为大都税课提举司。至武宗至大元年,改宣课提举司。其属四:马市、猪羊市,秩从七品。提领一员,从七品;大使一员,从八品;副使一员,从九品。世祖至元三十年始置。牛驴市、果木市,品秩、设官同上。鱼蟹市,大使一员,副使一员。至大元年始置。煤木所,提领一员,从八品;大使一员,从九品;副使一员。至元二十二年始置。"

[2]恢办:征收。

[3]税课:赋税。

[4]揸勒:刁难,强迫。

[5]绖占:读作"拴占"。指拘系占有。

[6]干要:指平白地索要。

[7]札付:公文术语。指上级官府交付下级官府的公文,用以谕示或命令下级官府做某事。元徐元瑞《吏学指南·公式》:"札付:《演义》曰:'枾也。以木为牒,简笺之属。'又刺著为书曰札,以文相与曰付。犹界赐也。"

船户脚钱遇革

226 至顺三年八月,刑部议得:"诸人置备船只,受要脚钱,装

---

① 《通制条格·关市·牙行》载有同一条文。
② 钱钞:《通制条格》作"盖利"。
③ 常(尝):《至正条格》作"常",误。《通制条格》作"尝",今据校。《至正条格(校注本)》直录作"常",失校。

载客旅,偷谩[1]合税香物等货。事发到官,即系揽载船户,其已招未追脚钱,既非系官正数,拟合革拨。"都省准拟。

[1]偷谩:欺骗偷取。谓以欺骗的方式偷取某物。

至正条格卷第二十八

至正条格卷第二十九　条格　捕亡

防　盗

227① 至元二十八年六月,中书省奏准:

诸管军官职当镇守,其要盗贼不生。管民官职当抚治,其要安静不扰。今后行省、行院[1]凡于所属,若管民官抚治不到以致百姓逃亡,管军官镇守不严以致盗贼滋盛,即须审其所由,依理究治。②

诸行院到任,取会[2]所管地分[3]③见有草贼起数[4],相其事宜,严谕④诸⑤处军官⑥,各使镇守有法,招捕得宜,期于盗息而已。仍将见有起数,先行报院。今后每季具已未招捕起数并有无续生贼人,咨院呈省。⑦

诸盗贼相聚,初非同心,或被憎协⑧从,或为诳诱。其行省、行院常须多出文榜,许令自相首捕[5]。若始谋未行,随即告发,或已相结聚,能自捕获者,量其事功理赏。⑨

---

① 《通制条格·捕亡·防盗》载有同一条文。
② 《元典章·刑部》卷十三《至元防盗新格》载有同一条文。
③ 地分:《至正条格》《通制条格》《元典章》皆作"地分",《新元史》作"地方"。
④ 谕:《元典章》作"论",误。《至正条格》《通制条格》《新元史》皆作"谕",当据校。
⑤ 诸:《至正条格》《通制条格》《元典章》皆作"诸",《新元史》作"各"。
⑥ 军官:《至正条格》《通制条格》《元典章》皆作"军官",《新元史》作"军民官"。
⑦ 《元典章·刑部》卷十三《至元防盗新格(又)》载有同一条文。《新元史·刑法志上》载有相关条文。
⑧ 憎:《通制条格》《元典章》皆作"吓"。
⑨ 《元典章·刑部》卷十三《盗贼许相首捕》载有同一条文。

诸盗贼生发，当该地分人等速报应捕官司，随即追捕。如必当会合邻境者，承报官司即须应期而至①，并力捕逐，勿以彼疆此界为限。违者，究治。②

　　诸草贼招捕既平之后，仍须区处得宜，防备周密。严责合干③官司，常令用心，无④致⑤疏慢⑥。⑦

　　诸捕盗官，如能巡警尽心，使境内盗息者，为上；虽有失过[6]⑧起数，而限内全获者，为次；其因失盗，累经责罚，未获数多者，为下。到选之日，考以⑨实迹⑩，定其升降。即⑪南方⑫见⑬有草贼⑭

---

① 至：《元典章》作"坐"，误。《至正条格》《通制条格》皆作"至"，当据校。
② 《元典章·刑部》卷十三《捕盗勿以疆界》载有同一条文。
③ 合干：《至正条格》《通制条格》《元典章》皆作"合干"，《新元史》作"各管"。
④ 无：《至正条格》《通制条格》皆作"无"，《元典章》《新元史》皆作"毋"。
⑤ 致：《至正条格》《通制条格》《元典章》皆作"致"，《新元史》作"令"。
⑥ 慢：《至正条格》《通制条格》皆作"慢"，《元典章》《新元史》皆作"失"。
⑦ 《元典章·刑部》卷十三《至元防盗新格（又）》载有同一条文。《新元史·刑法志上》载有相关条文。
⑧ 失过：《至正条格》《通制条格》《元典章·捕盗官给由例》《元典章·捕盗官到选考迹》皆作"失过"，《新元史》作"过失"。
⑨ 以：《至正条格》《通制条格》皆作"以"，《元典章·捕盗官给由例》《元典章·捕盗官到选考迹》《新元史》皆作"其"。
⑩ 迹：《新元史》作"际"，误。《至正条格》《通制条格》《元典章·捕盗官给由例》《元典章·捕盗官到选考迹》皆作"迹"，当据校。
⑪ 即：《至正条格》《通制条格》《元典章·捕盗官到选考迹》皆作"即"，《元典章·捕盗官给由例》作"即目"，《新元史》作"其"。
⑫ 南方：《至正条格》《通制条格》《元典章·捕盗官给由例》《元典章·捕盗官到选考迹》皆作"南方"，《新元史》作"江南"。
⑬ 见：《至正条格》《通制条格》《元典章·捕盗官到选考迹》《元典章·捕盗官给由例》皆作"见"，《新元史》作"现"。
⑭ 草贼：《至正条格》《元典章·捕盗官到选考迹》《元典章·捕盗官给由例》《新元史》皆作"草贼"，《通制条格》作"盗贼"。

去处,若平治有法,使盗清民安者①,另②议闻奏升擢。③

[1]行院:官署名,"行枢密院"之简称。详参第203页"行枢密院"条。
[2]取会:取勘,核实,核对,核查。
[3]地分:地区,地段。
[4]起数:指批数、次数、额数等。
[5]首捕:指自首己罪,并捕捉同犯归案。
[6]失过:指因疏忽大意而未能捉获。

228 至元三年四月,刑部议到监察御史言防御盗贼事理,都省准拟。

一、沿江上下捕鱼船只,令所在巡捕官司及河泊所[1]等官,官为见数,明白附籍[2],编号印烙,开写采鱼人居住去处、乡贯、姓名,互相保识[3],许听采捕。但有失过盗贼,以凭挨照[4]。

一、各处站船,令提调站赤[5]官员将所管应有各色船只于船头板上明白大字书写各站名号,每遇递送,定立往回程限。过期不还,即将梢水[6]人等严行治罪。站官失于铃(钤)④束,或容情故纵者,许各处提调站赤正官依上断决,以示关防。

一、各处官设写船埠头,今(令)⑤里正、社长、主首举保住近江河有税产无过人户承充。凡遇写赁[7]船只,须要辨⑥验买船契据,知识船主住籍去处、梢水人等来历因依,询问客旅往来处所,验其

---

① 者:《至正条格》《通制条格》《元典章·捕盗官给由例》皆作"者",《元典章·捕盗官到选考迹》脱,当据补。
② 另:《至正条格》《元典章·捕盗官给由例》《元典章·捕盗官到选考迹》《新元史》皆作"另",《通制条格》作"别"。
③ 《元典章·吏部》卷五《捕盗官给由例》、《元典章·刑部》卷十三《捕盗官到选考迹》和《新元史·刑法志上》载有相关条文。
④ 铃(钤):《至正条格》作"铃",误。分析文意,当作"钤",今据校。
⑤ 今(令):《至正条格》作"今",误。分析文意,当作"令",今据校。
⑥ 辨:《至正条格(校注本)》录作"办",误。《至正条格》作"辨",今据校。

官给文引,船主、埠头保识明白,方许承榄(揽)①,附写文历,每旬具报所属官司。如遇失过盗贼,以凭稽考。

一、处囚之际,各贼供报,将伊所乘行盗船只时常变卖,转行别买船只,牵驾为盗。今后凡遇出卖船只,须凭所在保识牙埠[8]人等明白具状,称说出卖缘由,是否新旧,赴官告给公据,方许召主成交。买主须要将契据赴务投税。违者,准私卖田宅匿税法定论[9]。

[1]河泊所:官署名,元置。元代于江河沿线多有设置,多隶属于各处财赋提举司,如安庆等处河泊所,隶属扬州等处财赋提举司,下设提领、大使、副提举诸官职;建康等处三湖河泊所,隶属建康等处财赋提举司,下设提领、大使、副使、相副官诸官职;池州等处河泊所,隶属建康等处财赋提举司,下设提领、大使、副使诸官职。

[2]附籍:指登记户口于本地籍册上。

[3]保识:担保。

[4]挨照:审查,核查。

[5]站赤:蒙古语音译。指驿站。《元史·兵志四》:"元制,站赤者,驿传之译名也。盖以通达边情,布宣号令,古人所谓置邮而传命,未有重于此者焉。凡站,陆则以马以牛,或以驴,或以车,而水则以舟。其给驿传玺书,谓之铺马圣旨。""提调站赤官员",犹言"站官"。

[6]梢水:又作"稍水"。指艄公,撑船的人。元赵世延《大元海运记》卷下:"近海有力人户自行造船,顾募梢水,依已定拟每石支钞八两五钱。"

[7]写赁:立约租赁。

[8]牙埠:指官牙和埠头。清汤斌《汤子遗书》卷九《禁止船户涉险夜行以弭盗贼以安行旅告谕》:"至于客商雇船,俱由牙埠,此辈熟知船户来历,客商远来投牙雇载,自无疏虞。"

[9]定论:判决,断决。

---

① 榄(揽):《至正条格》作"榄",误。分析文意,当作"揽",今据校。《至正条格(校注本)》直录作"榄",失校。

申报盗贼

229① 至元十三年三月②,兵刑部[1]据益都路申:"军人和尚,牛群内被盗牛只,经隔二十余日,才行申官,委的难以追袭捉贼。若同被盗财物一例责罚捕盗官兵,实是虚负[2]。"省部相度:"如事主[3]委的不曾随即申官,督勒合捕官兵常川根捉[4]正贼[5],得获追勘。"

[1]兵刑部:官署名,世祖中统元年(1260),设中书省,下置左、右二部,以兵、刑、工为右三部。至元元年(1264),别置工部,以兵、刑自为一部。置尚书四员,侍郎三员,郎中五员,员外郎五员。至元三年(1266),并为右三部。至元五年(1268),复为兵刑部。置尚书二员,省侍郎二员,郎中如故,员外郎一员。至元七年(1270),始列六部。至元八年(1271),又合为兵刑部。至元十三年(1276),复析为兵、刑二部。

[2]虚负:犹"偏负"。不公正,不公平。

[3]事主:指刑事案件中的被害人。

[4]根捉:又作"跟捉"。指追捕。

[5]正贼:正犯,主犯。

230③ 至元十四年七月,圣旨内一款:"守土官④常切觉察,毋致盗贼生发。或有贼人起于不意,即时申报上司,并行移邻近官司,并力捕捉。如申报稽迟,并⑤有失觉察,致令滋蔓结成群党者,纠察。"

---

① 《通制条格·捕亡·追捕》载有同一条文。
② 至元十三年三月:《通制条格》作"至元二十三年三月"。据《元史·百官志一》,"兵刑部"于至元十三年(1276),复析为兵、刑二部,故疑《通制条格》所载时间有误。
③ 《通制条格·捕亡·捕盗责限》、元刘孟琛《南台备要·立江南提刑按察司条画》载有同一条文。
④ 官:《至正条格》《通制条格》皆作"官",《南台备要》作"官司"。
⑤ 并:《至正条格》《通制条格》皆作"并",《南台备要》作"及"。

231① 至元二十三年七月，江浙省咨："婺州永康县[1]贼人陈巽四[2]等聚集作耗[3]。"八月二十七日，中书省奏："忙古歹[4]省官每与将文书来：'这贼每普济寺里聚着，造衣甲军器来。如今江南地面山林里，人烟稀少，寺观多有。贼人聚集作闹[5]去处生发的，先生、和尚每、官人每根底不说有。既这般聚集做贼说谎的，先生、和尚每、官人〔每〕②根底来说呵，与赏。不说呵，与贼人③一同断罪。'么道，说将来。俺商量得：'依忙古歹说来的行文书呵，怎生？'"奏呵，奉圣旨："是也。行文书④者。"

[1]婺州永康县："婺州"即"婺州路"。隶属浙东道宣慰司都元帅府，治所在今浙江金华市。《元史·地理志五》："婺州路。上。唐初为婺州。又改东阳郡。宋为保宁军。元至元十三年，改婺州路。领司一、县六、州一。"婺州路领县六，分别是金华、东阳、义乌、永康、武义、浦江。"永康县"为婺州路领县之一。宋为紧县。元为中县。

[2]陈巽四：《元史·世祖本纪十一》载有其事，云："辛酉，婺州永康县民陈巽四等谋反，伏诛。"

[3]作耗：作乱。

[4]忙古歹：人名，又音译作"忙兀台""忙古台"。《元史》有传。忙古歹于至元十一年(1274)十二月，行省第其功，承制授行两浙大都督府事。至元二十二年(1285)，进拜银青荣禄大夫、行省左丞相，还镇江浙。上文所记，当是其还镇江浙后不久之事。

[5]作闹：作乱。

捕盗责限

232⑤ 至元十年五月，兵刑部呈："博州路[1]王阿丁，被贼烧讫

---

① 《通制条格·捕亡·防盗》载有同一条文。
② 〔每〕：《通制条格》作"每"，《至正条格》脱，今据补。
③ 贼人：《通制条格》作"贼每"。
④ 文书：《通制条格》作"文字"。
⑤ 《通制条格·捕亡·追捕》载有同一条文。《元典章·刑部》卷十三《交替捕盗官不停俸》载有相关条文。

房舍,县尉罗旺二限不获贼人得替,新任县尉刘源末限不获。议得:'去官未及限满,后官亦非界内[2],各免停俸①。弓手依例断决。'"都省准拟。

[1]博州路:即"东昌路"。隶属中书省,治所在今山东聊城市。《元史·地理志一》:"东昌路。下。唐博州。宋隶河北东路。金隶大名府。元初,隶东平路。至元四年,析为博州路总管府。十三年,改东昌路,仍置总管府。领司一、县六。"据《元典章·刑部》卷十三《交替捕盗官不停俸》所记,文中县尉当隶属博州路茌平县。

[2]界内:犹"任内"。指任职期内。

233② 至大四年十一月,刑部议得:"捕盗官兵失过盗贼,革③前违限不获,合行革拨。革④后违限不获者,既正贼不该原免,捕盗官兵亦合依例追断。"都省准拟。

杀人同强盗捕限

234⑤ 至元七⑥年正月,右三部[1]议得:"失过盗贼,定立三限根捕[2],别不该被贼无故杀人捕限体例。今后无⑦故杀人,合与强盗一体定立罪赏。"都省准拟。

[1]右三部:官署名,世祖中统元年(1260),设中书省,下置左、右二部,以兵、刑、工为右三部,置尚书二员、侍郎二员、郎中五员、员外郎五员,总领三部之事。至元元年(1264),别置工部,以兵、刑自为一部。至元三年(1266),并为右三部。至元五年(1268),复为兵刑部。至元七年

---

① 俸:《至正条格》《元典章》皆作"俸",《通制条格》作"罚"。
② 《通制条格·捕亡·捕盗责限》载有同一条文。
③ 革:《通制条格》作"格"。
④ 革:《通制条格》作"格"。
⑤ 《通制条格·捕亡·捕盗责限》载有同一条文。《元典章·刑部》卷十三《捕杀人贼同强盗罪赏》载有相关条文。
⑥ 七:《元典章》作"十",误。《至正条格》《通制条格》及《元典章》原书纲目及目录皆作"七",当据校。
⑦ 无:《元典章》作"谋",误。《至正条格》《通制条格》皆作"无",当据校。

(1270),始列六部。

[2]根捕:缉拿,追捕。

军民官捕盗

235① 至元二十三年二月二十七日,圣旨节该:"贼根底民官、军官一处②镇压者[1]。贼生发呵,一处拿者。贼根底拿不获呵,罪过他每根前[2]要[3]者。"

[1]贼根底民官、军官一处镇压者:指民官、军官一起镇压贼。

[2]根前:犹"根底"。用在直译体文献中,对译蒙古语名词和代词的与一位格、离格、宾格成分,表示动作行为的对象、领属等语法意义。"罪过他每根前要者",犹言"要他每罪过"。指给他们定罪。

[3]要:犹"断"。判定,判决。

236③ 延祐元年六月十四日,中书省奏:"前者,河西务一起[1]贼人,船里住着,强劫钱、杀伤人命的上头,兵马司[2]官人每教那里的军官,'添气力[3]拿贼'。么道,说呵,军官每不曾肯有。又为偷盗了官头口的上头,差人根赶[4]至庆元路[5]去呵,将那贼每也捉获了。沿路来的时分,经过的城子里,索防送的人呵,'不是俺管的地面贼有'。〔么道〕④,不曾添气力来。军官每并管民官似这般不添气力呵,怎中?公事松慢了去也。各处捕盗官兵,教公谨捕捉贼人者。拿贼时分,附近有的军官并管民官每,不以是谁,教做伴的,各处遍行文书呵,怎生?"奏呵,奉圣旨:"那般者。"

[1]一起:一群,一伙。

[2]兵马司:官署名,又称"兵马都指挥使司"。元代于诸路初置兵马

---

① 《通制条格·捕亡·追捕》载有同一条文。

② 一处:方龄贵《通制条格校注》录作"一起",误。《至正条格》《通制条格》皆作"一处",当据校。

③ 《通制条格·捕亡·捕盗责限》载有同一条文。

④ 〔么道〕:《通制条格》作"么道",《至正条格》脱,今据补。

司,后改置录事司。唯两京置兵马司。掌两都治安之事。元代于大都北城与南城各置一司,于上都置一司,分隶两都总管府。秩正四品。下设都指挥使、副指挥使、知事、提控案牍、司吏诸官职。大都南、北兵马司各辖弓手一千四百名、七百九十五名。至正十年(1350)十月,置大名、东平、济南、徐州四兵马司。后又立沂州、济宁二兵马司,掌防御之职。

[3]添气力:添力,加力,助力,努力。《元典章·新集至治条例·刑部·李旺陈言盗贼》:"各自管着的人每做贼呵,添气力疾忙拿与有司问者。"

[4]根赶:又作"跟赶"。追赶。

[5]庆元路:隶属浙东道宣慰司都元帅府。治所在今浙江宁波市。《元史·地理志五》:"庆元路。上。唐为鄞州,又为明州,又为余姚郡。宋升庆元府。元至元十三年,改置宣慰司。十四年,改为庆元路总管府。领司一、县四、州二。"

237 至顺三年四月,刑部议得:"江湖水贼撑驾小船,假以打鱼为名,窥伺客旅梢泊[1]去处,寅夜为盗,劫取财物。盖是巡哨[2]镇守军官、军人、应捕官兵失于防禁,拟合厘勒[3]当该官兵捕限根捉。外据巡哨军官、军人失于警捕,合从行省提调军马官依例责罚。"都省准拟。

[1]梢泊:又作"稍泊"。停泊。
[2]巡哨:巡逻查防。
[3]厘勒:勒令,约束。

巡尉专捕

238① 至元十九年②二月,刑部呈:"圣旨节该:'捕盗官员专一

---

① 《元典章·刑部》卷十三《县尉巡检巡捕》和《元典章·刑部》卷十三《州判兼管捕盗》载有同一条文。

② 至元十九年:《元典章·县尉巡检巡捕》作"至元十八年",误。《至正条格》《元典章·州判兼管捕盗》皆作"至元十九年",当据校。

巡捕盗贼，不得别行差占。'钦此。〔议得〕①：'巡捕人员，除②州判、主簿兼尉与管民官通行署事，〔别无定夺〕③。外据县尉、巡检，既不与管民官一同画字勾当，拟合令各官依上专一捕盗④。'"都省准拟。

录事司捕盗

239⑤ 至元八年二月⑥，刑部呈："北京路[1]申：'各县俱有巡尉，惟录事司兼管捕盗，遇有失过盗贼，依限不获，即不见合停录事[2]或录判[3]俸给〔体例〕⑦。'议得：'〔随路录事司〕⑧，元奉中书省札付，止令录事司捕盗，别无拟定何员兼管明文。拟令⑨录事司官轮番巡捕，遇有失盗，止坐巡捕官员。'"都省准拟⑩。

[1]北京路：即"大宁路"。至元七年(1270)，改北京路为大宁路。至元二十五年(1288)，改北京路为武平路。后复改为大宁路。隶属辽阳等处行中书省。治所在今内蒙古宁城县大名城。《元史·地理志二》："大

---

① 〔议得〕：《元典章·县尉巡检巡捕》《元典章·州判兼管捕盗》皆作"议得"，《至正条格》脱，今据补。
② 《元典章·县尉巡检巡捕》于"州判"前衍"下"字，《至正条格》《元典章·州判兼管捕盗》皆无，当据删。
③ 〔别无定夺〕：《元典章·县尉巡检巡捕》《元典章·州判兼管捕盗》皆作"别无定夺"，《至正条格》脱，今据补。
④ 一同画字勾当，拟合令各官依上专一捕盗：《元典章·县尉巡检巡捕》作"一同画字勾当，拟合令各官依上专一巡捕"。《元典章·州判兼管捕盗》作"送本部依上施行今承见奉本部议得州县"，误，当据《元典章·县尉巡检巡捕》校。
⑤ 《通制条格·捕亡·追捕》和《元典章·刑部》卷十三《录事司巡捕事》载有同一条文。
⑥ 至元八年二月：《至正条格》《通制条格》皆作"至元八年二月"，《元典章》作"至元八年二月二十四日"。
⑦ 〔体例〕：《元典章》作"体例"，《至正条格》《通制条格》皆脱，今据补。
⑧ 〔随路录事司〕：《元典章》作"随路录事司"，《至正条格》《通制条格》皆脱，今据补。
⑨ 拟令：《至正条格》《通制条格》皆作"拟令"，《元典章》作"拟合令"。
⑩ 都省准拟：《通制条格》作"省准"，《元典章》作"省府准拟"。

宁路。上。本奚部，唐初其地属营州，贞观中奚酋可度内附，乃置饶乐郡。辽为中京大定府。金因之。元初为北京路总管府，领兴中府及义、瑞、兴、高、锦、利、惠、川、建、和十州。中统三年，割兴州及松山县属上都路。至元五年，并和州入利州为永和乡。七年，兴中府降为州，仍隶北京，改北京为大宁。二十五年，改为武平路。后复为大宁。领司一、县七、州九。"①北京路所领司为录事司，初置警巡院，至元二年(1265)改置录事司。

[2]录事：官职名，元代诸路总管府下属机构录事司长官。秩正八品。

[3]录判：官职名，元代诸路总管府下属机构录事司下设官职之一，为"录事司判官"之简称。至元二十年(1283)，置达鲁花赤一员，省司候，以判官兼捕盗之事。

军官捕贼

240 元统二年五月，刑部议得："益都路捉获强贼千家奴，系蒙古万户府所管军人，纠合贼人，杀死事主，劫讫财物，捉获复劫在逃。盖是管军官员容情，不肯用心捕捉。合将万户府并本管千户、百户停俸，与拘该有司应捕官兵一同捕捉。"都省准拟。

捕盗功过

241② 至元六年四月③，刑部呈："博④州等路各状申'管下司县，失过盗贼，违限不获及赏钱'等事。"都省议得："捕盗人员，本

---

① 从《元史·地理志二》所记可见，至元七年(1270)，改北京路为大宁路。但文中至元八年(1271)仍称北京路，这与《元史·地理志二》所记不符，疑误。
② 《通制条格·捕亡·捕盗功过》和《元典章·刑部》卷十三《获贼给赏等第》载有同一条文。《元典章·刑部》卷十三《捕获强切盗贼准折功过》两处皆载有部分条文。《元史·刑法志二》载有相关条文。
③ 四月：《至正条格》《元典章·获贼给赏等第》皆作"四月"，《通制条格》作"二月"。
④ 博：《通制条格》作"溥"，误。《至正条格》《元典章·获贼给赏等第》皆作"博"，当据校。

境内如有失过盗贼,却获别境作过贼徒,拟合准折①除过。谓如捉获②别境作过强盗或伪造交钞[1]③二起,各准本境内强盗一起。无强盗④者,准窃⑤盗[2]二⑥起。如获窃⑦盗二起,亦准窃⑧盗一起。既是准折除过,其赏不须给付。如本境内别无失过起数,但获强窃⑨盗贼[3],依上⑩理赏。若应捕人员承准事主及诸人告指[4]捉获⑪,不在准除[5]⑫理赏之限。"

---

① 拟合准折:《至正条格》《通制条格》皆作"拟合准折",《元典章·获贼给赏等第》作"拟令比折",《元典章·捕获强切盗贼准折功过》第一处作"合准折",第二处作"拟合比折"。

② 谓如捉获:《至正条格》《通制条格》《元典章·获贼给赏等第》皆作"谓如捉获",《元典章·捕获强切盗贼准折功过》第一处、《元史》皆作"如获"。《元典章·捕获强切盗贼准折功过》第二处作"谓如拟获","拟"为"捉"之误,当据校。

③ 交钞:《至正条格》《通制条格》《元典章·获贼给赏等第》皆作"交钞",《元典章·捕获强切盗贼准折功过》两处、《元史》皆作"宝钞"。

④ 盗:《至正条格》《元典章·获贼给赏等第》《元典章·捕获强切盗贼准折功过》两处皆作"盗",《通制条格》脱,当据补。

⑤ 窃:《至正条格》《元史》作"窃",《通制条格》《元典章·获贼给赏等第》《元典章·捕获强切盗贼准折功过》两处皆作"切"。

⑥ 二:《元典章·捕获强切盗贼准折功过》第一处作"一",误。《至正条格》《元典章·获贼给赏等第》《元典章·捕获强切盗贼准折功过》第二处和《元史》皆作"二",《通制条格》作"贰",当据校。

⑦ 窃:《至正条格》《元史》皆作"窃",《通制条格》《元典章·获贼给赏等第》和《元典章·捕获强切盗贼准折功过》两处皆作"切"。

⑧ 窃:《通制条格》《元典章·获贼给赏等第》皆作"强",误。《至正条格》作"窃",《元典章·捕获强切盗贼准折功过》两处皆作"切",当据《元典章·捕获强切盗贼准折功过》校。方龄贵《通制条格校注》直录作"强",失校。

⑨ 窃:《至正条格》《元史》皆作"窃",《通制条格》《元典章·获贼给赏等第》和《元典章·捕获强切盗贼准折功过》第二处皆作"切"。

⑩ 上:《至正条格》《通制条格》《元典章·获贼给赏等第》《元典章·捕获强切盗贼准折功过》第二处皆作"上",《元史》作"例"。

⑪ 若应捕人员承准事主及诸人告指捉获:《元史》作"若应捕之人及事主等告指捕获者",疑脱字。《至正条格》《通制条格》《元典章·获贼给赏等第》皆作"若应捕人员承准事主及诸人告指捉获",据此疑《元史》当校补作"若应捕之人〔承准诸人〕及事主等告指捕获者"。

⑫ 准除:《元典章·获贼给赏等第》作"除准",误倒。《至正条格》《通制条格》皆作"准除",当据校。

[1]交钞:金、元两代发行的纸币。元世祖于中统元年(1260)发行"中统交钞",使用较久。详参第1页"元宝交钞"条。

[2]窃盗:又作"切盗",犹"窃贼"。指偷东西的人,小偷。与"强盗"相对。元代将盗贼分为"强盗"和"窃盗"两种。强盗指以暴力抢夺他人财物的人;窃盗指以非暴力手段秘密窃取他人财物的人。《元典章·刑部》卷十三《设置巡防弓手》:"如限内不获,其捕盗官,强盗停俸两月,切盗一月。"

[3]强窃盗贼:又作"强切盗贼"。指强盗和窃贼。

[4]告指:告发指控。

[5]准除:抵偿减免(惩处、租税、劳役等)。

242① 大德七年十月,刑部呈:"汴梁路[1]仪封县[2]簿尉李思柔,大德五年十二月二十六日例后未获切盗[3]四起、强盗二起,除拿获别境强盗一起、印造伪钞一起,例合准除本境强盗一起外,有未获窃②盗四起,数不满五,未该添资[4],却有强盗一起。拟合通作五起,添一资历。"都省准拟③。

[1]汴梁路:隶属河南江北等处行中书省。治所在今河南开封市。《元史·地理志二》:"汴梁路。上。唐置汴州总管府。石晋为开封府。宋为东京,建都于此。金改南京。宣宗南迁,都焉。金亡,归附。旧领归德府,延、许、裕、唐、陈、亳、邓、汝、颍、徐、邳、嵩、宿、申、郑、钧、睢、蔡、息、卢氏行襄樊二十州。至元八年,令归德自为一府,割亳、徐、邳、宿四州隶之,升申州为南阳府,割裕、唐、汝、邓、嵩、卢氏行襄樊隶之。九年,废延州,以所领延津、阳武二县属南京路,统蔡、息、郑、钧、许、陈、睢、颍八州,开封、祥符倚郭,而属邑十有五。旧有警巡院,十四年改录事司。二十五年,改南京路为汴梁路。二十八年,以濒河而南、大江以北,其地冲要,又新入版图,置省南京以控治之。三十年,升蔡州为汝宁府,属行

---

① 《通制条格·捕亡·捕盗功过》载有同一条文。《元典章·刑部》卷十一《强切盗贼通例》载有相关条文。

② 窃:《通制条格》作"切"。

③ 都省准拟:《通制条格》作"省准"。

省,割息、颍二州以隶焉。领司一、县十七、州五。州领二十一县。"

[2]仪封县:隶属汴梁路睢州。金于曹州东明置仪封县。元改隶睢州。下县。

[3]窃盗:犹"窃盗""窃贼"。指偷东西的人,小偷。与"强盗"相对。

[4]添资:犹言"添一资历"。谓添加一考,推迟升迁。官员任满考绩,若未完成规定的任务,须添资降等。

243 元统二年五月,刑部议得:"安丰路[1]牛重儿、胡三窃盗邓耐惊财物,从贼胡三在逃。首贼[2]牛重儿虽是事主自行捉拿到官,终是获贼及半。捕限官兵,难议责罚。"都省准拟。

[1]安丰路:隶属河南江北等处行中书省。治所在今安徽寿县。《元史·地理志二》:"安丰路。下。唐初为寿州,后改寿春郡。宋为寿春府,又以安丰县为安丰军,继迁安丰军于寿春府。元至元十四年,改安丰路总管府。十五年,定为散府,领寿春、安丰、霍丘三县。二十八年,复升为路,以临濠府为濠州,与下蔡、蒙城俱来属。领司一、县五、州一。州领三县。"

[2]首贼:犹"贼首"。指盗贼的首领。

仓库被盗

244① 大德六年三月,刑部议得:"仓库被盗,如有贼人出入,踪迹明白,正贼未获者,着落当该围宿[1]〔军官〕②、军人追陪。无明白踪迹者,于仓库官[2]、司仓[3]、司库人等名下追陪。候获正贼,却行追还陪纳之人。"都省准拟。

[1]围宿:指在夜间巡防。

[2]仓库官:简称"仓官"。元代京师及地方官仓之主守官员。

[3]司仓:吏名,主管仓库的吏员。元代于各仓、各路及京畿都漕运司等机构中多有设置。《元史·选举志三》:"京畿都漕运司司仓,于到选

---

① 《通制条格·捕亡·仓库被盗》载有同一条文。
② 〔军官〕:《通制条格》作"军官",《至正条格》脱,今据补。

钱谷官内选发。……上都东西万盈、广积二仓司仓,与仓官一体,二周岁为满。"

245① 延祐元年七月,刑部呈:"河南省宣使张从政,关拨到钞本,于彰德路唐宋站界不见讫至元折中统钞三十六定一十两,归问间,钦遇诏赦。参详:'所失钞本,比获正贼,着落押运官、库官、库子、站船梢工[1]孙千儿等并防送军兵、巡宿[2]丁壮均征纳官。〔仍督勒应捕官兵〕②根缉[3]正贼,〔须要〕③得获,追赃数足,至日验数给付。'"都省准呈。

[1]梢工:犹"艄公"。指掌舵的人。
[2]巡宿:犹"围宿"。指在夜间巡防。
[3]根缉:犹"根捉""根捕"。缉拿,追捕。

捕草贼不差民官

246 至元三十一年十一月初四日,中书省奏:"明安答儿、拔都儿等龙兴府[1]省官每与将文书说有,他每管着的南安路[2]上犹县[3]镇守的抄儿赤小名的管军万户,行枢密院[4]官人每根底与文书:'收捕草贼时节,约会路官每呵,说他每办的钱粮大有,教次官每来,道呵,催趁钱粮去了也。这般推称事故,教县官每来有。为那般上[5],收捕草贼时节,迟误了勾当[6]。今后俺万户每收捕草贼去呵,教路官每和俺一处去者。千户每收捕去呵,教县官去者。'这般月的迷失[7]根底与将文书去呵,月的迷失依着这般文书,明安答儿等龙兴〔府〕④省官每根底与将来有。为那般上,龙兴府省官每根底与文书说有。管民官每额定的钱粮,验着年月,立

---

① 《通制条格·捕亡·仓库被盗》载有同一条文。
② 〔仍督勒应捕官兵〕:《通制条格》作"仍督勒应捕官兵",《至正条格》脱,今据补。
③ 〔须要〕:《通制条格》作"须要",《至正条格》脱,今据补。
④ 〔府〕:分析文意,《至正条格》脱"府"字,今据补。《至正条格(校注本)》直录作"府",误,当据校。

着限次，干办[8]有。军官每请着俸钱，军人每支着盐粮，除收捕草贼外，别无勾当[9]，收捕贼人怠慢，损折了百姓每上头，管民官每合说他每的言语，他每颠倒说管民官每有。如今管军官若不好生着紧收捕了草贼呵，损折了百姓每去也。今后管军官每收捕草贼勾当里，依圣旨体例里，不教差拨管民官呵，怎生？"奏呵，奉圣旨："那般者。"

[1]龙兴府：江西等处行中书省的治所，在今江西南昌市。《元史·百官志七》："江西等处行中书省，至元十四年置。十五年，并入福建行省。十七年，仍置省于龙兴府，而福建自为行省，治泉州。二十二年，以福建行省并入江西。二十三年，又以福建省并入江浙。本省统有十八路。"

[2]南安路：隶属江西等处行中书省，治所在今江西大余县。《元史·地理志五》："南安路。下。唐升大庾镇为县，属虔州。宋以县置南安军。元至元十四年，改南安路总管府。十五年，割大庾县在城四坊，设录事司。十六年，废录事司。领县三：大庾，中，倚郭；南康，中；上犹，下。"

[3]上犹县：隶属南安路。南唐为上犹县。宋改南安县。至元十六年（1279），改永清。后复为上犹。下县。

[4]行枢密院：官署名，简称"行院"。辽始置，元代沿置。元代为地方性军事行政机构。国初有征伐之事，则置行枢密院。若为大征伐者，则止曰行院。若为一方一事而设者，则称某处行枢密院，或由行省代设，事已则罢。

[5]为……上："为"是介词，表示原因。指因为，由于。"上"对译蒙古语中表示原因的工具格附加成分及表示原因的后置词"tula"，表示某种原因，位于因果复句的原因分句之后。"为……上"为蒙汉两种语法成分的混合，表示"因为……的原因"。"为那般上"，犹言"因为那样的原因"。

[6]迟误了勾当：犹言"耽误了事情"。

[7]月的迷失：人名。《元史》无传。曾任江西等处行枢密院副使、广东道宣慰使、平章政事等职。上文所载，当是月的迷失任江西等处行枢

密院副使时之事。上文所载"行枢密院官人",当指江西等处行枢密院副使月的迷失。

[8]干办:征收。

[9]别无勾当:犹言"没有其他事情"。

弓兵不许差占

247 至治三年十二月,刑部议得:"各处所设弓兵[1],专一巡防捕盗,已有定例。如是别行差占,遍行禁止。"都省准拟。

[1]弓兵:宋元间负责地方巡逻、缉捕之事的兵士。明清因之。《通制条格·军防·巡军》:"弓兵之设,本以巡警贼盗。"

捕盗未获遇革

248① 至顺三年八月,刑部议得:"捕盗官失过未获强窃②盗贼,即非私罪③,革前虽有取到招伏,难议添资降等[1]。拟合革拨,解由内不须开写。"都省准拟。

[1]降等:降低官阶。

至正条格卷第二十九

---

① 《元典章·新集至治条例·刑部·延祐七年革后禀到捕盗官不获贼例》载有相关条文。
② 窃:《元典章》作"切"。
③ 非私罪:《元典章》作"系杂犯"。

至正条格卷第三十　条格　赏令

优礼致仕

249 至顺二年十一月,户部呈:"钦奉诏书内一款:'侍祠官员,另行赏赉。内外流官,七十致仕,宣力既久,礼宜优遇,一品月给全俸,二品半俸,以终其身,三品至四品各赐二表里[1],五品至九品各赐一表里,与免本家杂役。但犯赃私[2]、公罪[3]、解任,杂职不与。'钦此。议得:'今后各处致仕官员,合令拘该有司保勘,别无赃私、公罪、解任。在京并腹里路分各处官司,就申刑部照勘。在外者,行省类咨[4],依上照勘明白。京师官员,万亿绮源库[5]支付。行省、腹里路分,于系官钱内放支。委文资正官提调,照依彼中时直,两平收买,钦依给付。'"都省准拟。

三品:常课[6],金答子[7]一匹,暗花一匹,带里。

四品:常课,金云袖带襕[8]一匹,和织暗花一匹,带里。

五品:常课,金云袖带襕一匹,带里。

六品至七品:和织金六花一匹,带里。

八品至九品:和织金四花一匹,带里。

[1]表里:犹"表礼"。指作礼品或赏赐用的绸缎布匹之类。《元史·揭傒斯传》:"元统初,诏对便殿,慰谕良久,命赐以诸王所服表里各一,躬自辨识以授之。"

[2]赃私:指官吏贪污营私的非法行为。

[3]公罪:与"私罪"相对。指因公务上的过失所获之罪。元徐元瑞《吏学指南·三罪》:"公罪:缘公事致罪,而无私曲者。"

[4]类咨:公文术语。依类咨报。

[5]万亿绮源库:官署名,"都提举万亿绮源库"之简称。负责诸种段

匹、绢帛等出纳和收藏事务。详参第25页"绮源库"条。

[6]常课:定额。

[7]金答子:元代三品职官的服饰。指部分装饰有块状金花的丝织物。《元典章·礼部》卷二《贵贱服色等第》:"职官:除龙凤文外,一品、二品服浑金花,三品服〔金〕答子,四品、五品服云袖带襕,六品、七品服六花,八品、九品服四花。"

[8]金云袖带襕:"云袖"指衣服上长长的袖子,它的袖口很大;"金云袖"指在云袖上装饰金花的丝织物;"襕"指古代衣与裳相连的长衣下摆所加的作为下裳形制的横幅。"金云袖带襕"为元代四品、五品职官的服饰。指在云袖上装饰金花并下加襕的丝织物①。

泛滥赏赐

250 延祐五年六月十二日,御史台奏:"监察每文书里说有:'近年以来,勾当里行的官人每,他每都要着名分,请着俸钱,因嫁着女孩儿、娶媳妇儿,或买田宅,为私己的勾当[1]其间,互相结托,上位根底题奏,索要钱物的哏多[2]有。为这上头[3],钱物不敷支用有。真个[4]有功劳合赏的人每根底,与赏有。其余因着私己的勾当索要钱物的,上位根底奏了,合住罢。'么道。俺商量来:'他每说的是有。今后似这般勾当[5],教住罢了呵,怎生?'"奏呵,奉圣旨:"恁说的是有。教省家便(遍)②行文书住罢了者。"

[1]私己的勾当:犹言"私事"。
[2]哏多:犹"很多"。
[3]为这上头:因为这个原因。
[4]真个:真的,确实。
[5]这般勾当:犹言"这样的事情"。

---

① 《元典章·礼部》卷二《贵贱服色等第》和《元史·舆服志一》《新元史·舆服志一》皆云"四品、五品服云袖带襕",疑"云袖带襕"前脱"金"字。
② 便(遍):《至正条格》作"便",误。分析文意,当作"遍",今据校。《至正条格(校注本)》直录作"便",失校。

251 天历二年正月二十日，中书省奏："赏赐泛滥呵，于大体例[1]里有窒碍。今后委有功勋必合赏赐的，斟酌轻重定拟，其余不以是何人等，不得侥幸要赏。虽有特旨的，也回奏呵，不泛滥也者。"奏呵，奉圣旨："那般者。"

[1]大体例：大法规，大规章。《通制条格·户令·寺院佃户》："教和尚每管呵，别着大体例的一般有。"

252 元统二年四月二十八日，中书省奏："内外官员既有名爵以荣其身，俸禄以赡其家，互相奏索金银钱物，好生蠹耗国财。今后除果有功勋著明实绩必合赏赐者，从中书省闻奏，其余掌管钱粮官员隔越中书省互相奏索要的，并行禁止。违者，以违制论。各衙门非奉都省明文，不教应付呵，怎生？"奏呵，奉圣旨："那般者。"

253 至元二年六月十九日，中书省奏："收聚钱粮的缘故，为国家一应支持的上头，钱粮不敷，其间若不撙节呵，怎生中[1]？近年以来，管钱粮的衙门官员自其间里使见识[2]互相奏请要的多有。今后似这般要的，重要了罪过，勾当里黜罢[3]。端的合与赏赐的，各监里不拣是谁，不许辄便传圣旨，须要省里传圣旨，教放支与。又在前不拣甚么合支的物色，与本色有来。近年以来，如无本色，于别物内折支与有。如今似这般折支与的有呵，将物色追了，重要罪过呵，怎生？又寺监[4]官骑坐铺马，吃着首思，起运将计置钱物来呵，是他每合做的勾当[5]，使见识要赏的也有。如今似这般要的，教回纳还官，今后休教与呵，怎生？"奏呵，奉圣旨："那般者。"

[1]怎生中：犹言"怎么行"。
[2]使见识：耍手段，使心计，使计谋。《通制条格·选举·军官袭替》："近年以来，年壮的人每无病推称'有病'。么道，使见识自己替头里交他每弟侄、儿男行了，他每却别寻勾当出去了的多有。"
[3]勾当里黜罢：犹言"罢免官职""罢职"。

[4]寺监：指元代光禄寺、太常寺、太府监、利用监等寺、监两级官署机构的并称。

[5]合做的勾当：犹言"应做的事情"，即本职工作。

254 至正元年三月，诏书内一款："国家常赋，量入为出。比年以来，各衙门及近侍之人互相奏请，甚非节用之道。今后有功必合赏赉者，明具公文，中书省斟酌闻奏。"

平反冤狱

255① 至大四年七月，刑部议得："今后若有平反罪囚，细考实绩[1]②明白，本道廉访司体覆是实，总管上司保勘相同，然后许动公文，以凭定拟。其或冒滥不实，罪及保勘体覆官司③。"都省准呈。

[1]实绩：又作"实迹"。指真实的业绩、功绩。

256④ 延祐六年十月，刑部议得："今后内外官员果能平反冤狱⑤，保勘明白，行移各处廉访司体覆相同，缴连的本回文⑥，方许申呈。须具元问并平反各各缘由，取到杆勘[1]官吏招伏，本宗公事如何归结，开坐咨申详酌。如能平反重刑三名以上，量升一等；犯流配五名者，拟减一资，名数不及者，从优定夺。其吏员能平反者，于应得名役⑦上拟升⑧一等迁调。若职当审录[2]，并家属称冤，承差委问诸人告指，不在论赏之例。其或冒滥不实，罪及保勘

---

① 《通制条格·赏令·平反冤狱》载有同一条文。《元史·刑法志四》载有相关条文。
② 绩：《通制条格》作"迹"。
③ 官司：《至正条格》《通制条格》皆作"官司"，《元史》作"官吏"。
④ 《元典章·新集至治条例·刑部·平反冤狱》载有同一条文。《新元史·刑法志下》载有部分条文。
⑤ 平反冤狱：《元典章》作"留情狱讼平反"。
⑥ 回文：《至正条格》作"回文"，《元典章》脱，当据补。
⑦ 名役：《元典章》作"役"，脱"名"字，当据补。
⑧ 拟升：《元典章》《新元史》皆作"量进"。

体覆①官司,庶革侥幸之弊。"都省议得:"今后官员②如能平反重刑一名以上,升一等;犯流罪三名,减一资历[3],五名升一等,名数不及者,从优定夺;徒役[4]五名以上,减一资。余准部拟。"

[1]枉勘:曲法审讯无罪之人。
[2]审录:审问,审讯。
[3]减一资历:又作"减一资"。谓减少一考,即提前升迁。
[4]徒役:徒刑劳役。谓将罪犯拘禁于一定场所,剥夺其自由,并强制服劳役的刑罚。

告获谋反

257③ 至元六年二月十二日,伯颜右丞等奏:"东平府[1]④司吏元鉴⑤告:'至元五年,亲手拿住胡王先生[2]⑥伴当任万宁。今知首告四人已蒙迁赏。'臣等议得:'拟充部令史[3],仍赏钞十定。'"奉圣旨:"那人勾当得呵,行者。勾当不得呵,止与赏赐者。"

[1]东平府:即"东平路"。隶属中书省,治所在今山东东平县。《元史·地理志一》:"东平路。下。唐郓州,又改东平郡,又号天平军。宋改东平府,隶河南道。金隶山东〔西〕路。元太祖十五年,严实以彰德、大名、磁、洺、恩、博、浚、滑等户三十万来归,以实行台东平,领州县五十四。实没,子忠济为东平路管军万户总管,行总管府事,州县如旧。至元五

---

① 体覆:《元典章》《新元史》皆作"体察"。
② 今后官员:《元典章》作"诸官员今后"。
③ 《通制条格·赏令·告获谋反》载有同一条文。《元典章·刑部》卷三《谋反处死》和《元典章·刑部》卷十三《告捕谋反赏例》载有相关条文。
④ 东平府:《至正条格》《通制条格》皆作"东平府",《元典章·告捕谋反赏例》作"东平府路"。
⑤ 元鉴:《至正条格》《通制条格》皆作"元鉴",《元典章·告捕谋反赏例》作"袁鉴"。
⑥ 先生:《元典章·告捕谋反赏例》作"光生",误。《至正条格》《通制条格》《元典章·谋反处死》皆作"先生",当据校。另,《至正条格(校注本)》在"先生"后标顿号,欠妥。由《元典章·告捕谋反赏例》"东平府路司吏袁鉴拿获事发在逃反贼任万宁",知袁鉴并未捉获胡王先生,而是其同伙任万宁,故顿号当删。

年,以东平为散府。九年,改下路总管府。领司一、县六。"

〔2〕胡王先生:"胡王",《元史·郭宝玉传附子侃》载有其事,云:"(至元)五年,邑人吴乞儿、济南道士胡王反,讨平之。"因"胡王"为道士,元代称道士用"先生",故称"胡王先生"。

〔3〕部令史:即"六部令史"。指六部里的令史一职。"令史"在元代为案牍吏员之统称,在各省、院、台与行省、行院、行台、六部、宣慰司等官府中皆有设置。《元史·选举志三》:"中书省掾于枢密院、御史台令史内取,台、院令史于六部令史内取,六部令史以诸路岁贡人吏补充,内外职官材堪省掾及院、台、部令史者,亦许擢用。"

258① 至元二十八年九月,刑部呈:"郴州路[1]兴宁县[2]主簿[3]李宇告发'李英俊谋反'〔等事〕②。已将各贼处断,家产籍没[4],不为无功。拟于本官应得资品上量升二等。"都省准呈。

〔1〕郴州路:隶属湖南道宣慰司。治所在今湖南郴州市。《元史·地理志六》:"郴州路。下。唐改桂阳郡为郴州,宋因之。元至元十三年,置安抚司。十四年,改郴州路总管府。领司一、县六。"

〔2〕兴宁县:隶属郴州路。南宋新增县,有资兴、程水二乡。元为下县③。

〔3〕主簿:官职名,元代诸县所设之官职,为佐官,地位仅次于达鲁花赤、县尹、县丞。掌钱粮、捕盗等事。《元史·选举志二》:"三年,以中下县主簿、录事司录判掌钱粮、捕盗等事,不宜减去,并增置副达鲁花赤一员。"

〔4〕籍没:谓登记财产,加以没收。元徐元瑞《吏学指南·杂刑》:"籍没:谓断没家私也。隋制。"

---

① 《通制条格·赏令·告获谋反》载有同一条文。
② 〔等事〕:《通制条格》作"等事",《至正条格》脱,今据补。
③ 方龄贵《通制条格校注》注云:"按《元史》卷六二《地理志》江西等处行中书省循州与卷六三《地理志》湖广等处行中书省郴州路所属并有兴宁县。二者未知孰是,无可取证。"盖因《通制条格》脱"郴州路",故无可取证。今据《至正条格》知,此处兴宁县隶属郴州路。

259① 至元二十九年三月,湖广行省[1]咨:"兴国路[2]大治(冶)②县[3]民户周□□□(鼎亲获)③谋反首贼范文兴等,若将本人擢赏〔相应〕④。"都省议得:"周鼎首获[4]叛贼功效,量拟于县尉内任用。"

[1]湖广行省:"湖广等处行中书省"之简称,又称"湖广省"。《元史·地理志六》:"湖广等处行中书省。为路三十、州十三、府三、安抚司十五、军三,属府三,属州十七,属县一百五十,管番民总管一。"

[2]兴国路:隶属湖广等处行中书省。治所在今湖北阳新县。《元史·地理志六》:"兴国路。下。本隋永兴县。宋置永兴军,又改兴国军。元至元十四年,升兴国路总管府,旧隶江西。三十年,自江西割隶湖广。领司一、县三。"

[3]大冶县:隶属兴国路。宋为紧县。元为下县。

[4]首获:犹"告获"。告发捉获。

260⑤ 大德六年十月,中书省议得:"今后应有首告捕获作耗叛乱首从贼徒者,宁息之日,从总兵官随即考究实绩,开具某年月日何人首告某处某贼作耗,某年月日何人⑥于何处与贼如何相杀获功,将杀死、捉获首从[1]人数各各⑦备细缘⑧由从实保勘明白,别无争功之人,行移行省、宣慰司,再行委官体覆是实,以凭定夺。但有差(妄)⑨冒不实者,监察御史、廉访司依例体察,仍⑩将妄

---

① 《通制条格·赏令·告获谋反》载有同一条文。
② 治(冶):《至正条格》《通制条格》皆作"治",误。分析文意,当作"冶",今据校。
③ □□□(鼎亲获):《至正条格》残缺三字,《通制条格》作"鼎亲获",今据补。
④ 〔相应〕:《通制条格》作"相应",《至正条格》脱,今据补。
⑤ 《通制条格·赏令·军功》和《元典章·吏部》卷五《给由开具收捕获功》载有同一条文。
⑥ 何人:《通制条格》《元典章》皆作"某人"。
⑦ 各各:《通制条格》作"合合",误。《至正条格》《元典章》皆作"各各",当据校。
⑧ 缘:《元典章》作"解",误。《至正条格》《通制条格》皆作"缘",当据校。
⑨ 差(妄):《至正条格》作"差",误。《通制条格》《元典章》皆作"妄",今据校。
⑩ 仍:《通制条格》作"乃",误。《至正条格》《元典章》皆作"仍",当据校。

冒[2]人员并保勘体覆官吏黜(黜)①降断罪。"

[1]首从:指首犯和从犯。元徐元瑞《吏学指南·贼盗》:"首从:造谋设意,专于进止,曰首;听受纠合,同犯非违,曰从。又曰首谓罪首,从为从坐。"

[2]妄冒:犹"冒妄"。假冒。《居家必用事类全集·辛集·诈妄》:"妄冒:虚诈谓之妄,假名谓之冒。"

261 至元六年十月,刑部议得:"汴梁路襄邑县[1]达鲁花赤帖儿,受襄宁王[2]令旨,充前职在任之际,追袭造反贼徒棒胡[3]等,射死贼人八名,夺到马匹、旗号、伪敕等物。本官系投下委任官员,量于从八品流官内迁用。"都省准拟。

[1]襄邑县:隶属汴梁路睢州。宋为畿县。金为睢州属县。元为下县,倚郭。

[2]襄宁王:元代襄宁王有二位:一是阿鲁灰,一是阿鲁灰的兄子也速不干。文中所记"襄宁王",二者未知孰是,无可取证。《新元史·阿鲁灰传》:"阿鲁灰,尝从海都叛,大德十年偕诸王秃满、明理帖木儿等来降,封襄宁王,赐驼纽金印。卒,无子。至大二年,以兄子也速不干袭爵。"

[3]棒胡:元末反贼。《元史·顺帝本纪二》载有其事,云:"二月壬申朔,日有食之。棒胡反于汝宁信阳州。棒胡本陈州人,名闰儿,以烧香惑众,妄造妖言作乱,破归德府鹿邑,焚陈州,屯营于杏冈。命河南行省左丞庆童领兵讨之。"上文所记,当是河南行省左丞庆童率领达鲁花赤帖儿等人讨伐反贼棒胡之事。

招蛮有功

262 元统二年十一月,刑部议得:"今后果有招蛮出降有功人等,合令廉访司体覆,缴连的本牒文,以凭定夺。"都省准拟。

263 至元三年四月,刑部议得:"今后云南地面未附远夷,先从行省与本处官司举保,深知彼中事宜,出给榜据。果能入洞[1]招

---

① 黜(黜):《至正条格》作"黜",误。《通制条格》《元典章》皆作"黜",今据校。

谕出降,廉访司体察明白,别无冒滥,验功理赏。必合拜见者,行省委官保勘明白,方听依例前来。不许虚捏劳效,一面滥保白身豪富之人。违者,照依重惜名爵例①究治。"都省准拟。

[1]洞:古代南方少数民族部落单位。《元史·欧阳玄传》:"玄至逾月,赤水、太清两洞聚众相攻杀,官曹相顾失色,计无从出。"

军 功

264② 元贞二年三月,御史台呈:"前江西省③都事[1]高芝,自设方略,擒获耗贼[2]桂早,军前对众明④正典刑讫,若蒙升用,以示激劝。"刑部议得:"高芝智获耗贼桂早,量减一资⑤升转。"都省准拟⑥。

[1]都事:官职名,元代中书省、行中书省、枢密院、御史台、行御史台、宣慰司等官署机构中皆设此职,品秩随所属官署机构而定,为正七品或从七品。掌案牍、上奏公事等。

[2]耗贼:指为非作乱的贼人。

265⑦ 皇庆元年五月,江西省⑧咨:"潮州路[1]海阳县[2]大麻寨钟友鸣与雷贵安争本寨首目[3],招到贼二百⑨余人,围掩[4]本寨,发嗷[5]突入,杀伤刘镇抚,将雷贵安捉去倒吊,生取心肝,财物、人口尽行杀虏。本路同知[6]忽都都单舟独进,直抵垒门,随宜定计,五日之内,追究被虏雷阿刘等二十二人圆聚[7],活获贼首钟友鸣

---

① "重惜名爵例"的内容可参《元典章·新集至治条例·吏部·重惜名爵》。
② 《通制条格·赏令·军功》载有同一条文。
③ 江西省:《通制条格》作"江西行省"。
④ 明:《至正条格》作"明",《通制条格》脱,当据补。
⑤ 量减一资:《通制条格》作"量拟减一资历"。
⑥ 准拟:《通制条格》作"准呈"。
⑦ 《通制条格·赏令·军功》载有同一条文。
⑧ 江西省:《通制条格》作"江西行省"。
⑨ 百:《通制条格》作"伯"。

等九名,归勘[8]岳(狱)①成。"刑部议得:"合于本官应得品级②上量升一等迁用。"都省准拟。

[1]潮州路:隶属广东道宣慰使司都元帅府。治所在今广东潮州市。《元史·地理志五》:"潮州路。下。唐初为潮州,又改潮阳郡,又复为潮州。元至元十五年归附。十六年,改为总管府,以孟招讨镇守。未几移镇漳州,土豪各据其地。二十一年,广东道宣慰使月的迷失以兵来招谕。二十三年,复为江西等处行枢密院副使兼广东道宣慰使以镇之,始定。领司一、县三。"

[2]海阳县:隶属潮州路。宋为望县。元为下县。

[3]首目:首领。

[4]围掩:包围袭击。

[5]发喊:犹"发喊"。呼喊,大声喊叫。

[6]同知:官职名,元代于中央诸院、司、府及地方诸路、府、州等官署机构中皆设此职,品秩随所属官署机构而定,从正二品至正七品不等。

[7]圆聚:犹"完聚"。团聚。

[8]归勘:犹"归问"。审讯,审问,审理。

266③ 皇庆元年十二月,刑部议得:"顺元宣慰司[1]④令史[2]冯梦弼[3],根同[4]宣慰使[5]二次抵巢,多设方略,化谕歹蛮一千余户出官安业。总兵官保勘明白,合候本人考满,于应得资品上拟升一等。"都省准拟。

[1]顺元宣慰司:官署名,又称"八番顺元宣慰司""八番顺元等处宣慰司都元帅府"。至元二十九年(1292),由八番罗甸宣慰司与顺元等路军民宣慰司二机构合并而置。隶属湖广行省。

[2]令史:吏名,元代设于省、院、台及行省、行院、行台、六部、宣慰司等官署机构中,主管文案。各官署机构中另有掾史、省掾、院掾、台掾等

---

① 岳(狱):《至正条格》作"岳",误。《通制条格》作"狱",今据校。
② 级:《通制条格》作"给",误。《至正条格》作"级",当据校。
③ 《通制条格·赏令·军功》载有同一条文。《至正条格》此条内容删节。
④ 顺元宣慰司:《通制条格》作"八番顺元等处宣慰司"。

名目。省、院、台、部任此职者,多由下级官署机构中选充。至大元年(1308),半数由在职官吏充任。

[3]冯梦弼:字士启,名梦弼,许昌人。历任八番顺元宣慰司令史、礼部尚书(一作"吏部尚书"①)。元郑元佑《遂昌杂录》与明陶宗仪《南村辍耕录》皆载有其事,可参。

[4]根同:犹"跟同"。跟随,跟从。

[5]宣慰使:官职名,元置,为元代宣慰使司、宣慰使司都元帅府、宣慰司兼管军万户府等官署机构之长官,秩从二品。多设于少数民族地区,参用土官。至明清时不设于内地,而专设于西南少数民族地区,为土司世袭之官。

267② 皇庆二年六月,湖广省③咨:"八番顺元宣慰司令史齐庭珪④,根随[1]都元帅宣慰使收捕叛贼,到于普定[2]、顺元[3]两界,与军一体迎敌混杀,用箭射死歹蛮二⑤名,割到首级,夺讫马匹。总兵官保勘体覆是实,廉访司连到的本牒文。"刑部议得:"候⑥本人考满,于应得资品上拟升一等。"都省准拟。

[1]根随:同"跟随"。跟从。

[2]普定:即"普定路"。隶属云南诸路行中书省,治所在今贵州安顺市。《元史·地理志四》:"普定路。本普里部,归附后改普定府。大德七年,改为路。"

[3]顺元:即"顺元等路军民安抚司",又称"顺元等路安抚司"。隶属海北海南道宣慰司,治所在今贵州贵阳市。《元史·地理志六》:"顺元等路军民安抚司。至元二十年,四川行省讨平九溪十八洞,以其酋长赴阙,

---

① 元郑元佑《遂昌杂录》:"今嘉议大夫、吏部尚书致仕许昌冯公。"明陶宗仪《南村辍耕录》卷十:"公官至礼部尚书。"关于冯梦弼之官职,一作"吏部尚书",一作"礼部尚书"。二者孰是,无可取证。
② 《通制条格·赏令·军功》载有同一条文。《至正条格》此条内容删节。
③ 湖广省:《通制条格》作"湖广行省"。
④ 齐庭珪:《通制条格》作"齐庭桂"。
⑤ 二:《通制条格》作"三"。
⑥ 候:《通制条格》作"如后"。

定其地之可以设官者与其人之可以入官者,大处为州,小处为县,并立总管府,听顺元路宣慰司节制。"

捕贼被害

268① 皇庆元年十月二十四日,刑部呈:"唐州[1]弓□□□(手宋聚)②,因为捕捉强劫曹州[2]钞本贼人,舍命向前,致被贼徒射死。既宋聚没③于王事,理宜优恤其家。如将本户身役[3]比依阵亡军人例存恤二年,所据烧埋钱钞[4],比及正贼败获[5],于本处系官钱内支给。"都省准拟。

[1]唐州:隶属河南江北等处行中书省南阳府。《元史·地理志二》:"唐州。下。唐初为显州,后改唐州。宋属京西南路。金改裕州。元初复为唐州。至元三年,以民力不及,废湖阳、比阳、桐柏三县。领一县:泌阳,倚郭。"

[2]曹州:隶属中书省。治所在今山东菏泽市。《元史·地理志一》:"曹州。上。唐初为曹州,后改济阴郡,又仍为曹州。宋改兴仁府。金复为曹州。元初,隶东平路总管府。至元二年,直隶省部。领县五。"

[3]身役:差役,职使。

[4]烧埋钱钞:又称"烧埋银""烧埋银两"。指向凶手或凶手家属所征收的支付给受害者家属办理丧事、安葬亡者的钱。

[5]败获:被捉获。

269④ 皇庆元年十一月十三日,中书省奏:"前者,沧洲(州)[1]⑤等处一起贼人踏践田禾、射死田主许大上头,各处差人捕捉去呵,南抵黄河,回到山东,北至大宁,来往拒敌,杀伤射死官兵

---

① 《通制条格·军防·存恤》载有同一条文。
② □□□(手宋聚):《至正条格》此三字残缺,《通制条格》作"手宋聚",今据补。
③ 没:《通制条格》作"殁"。
④ 《通制条格·赏令·获贼》载有同一条文。
⑤ 洲(州):《至正条格》作"洲",误。《通制条格》作"州",今据校。《至正条格(校注本)》录作"州",误,当据校。

人等。如今已获贼内阿失歹儿[2]、睹海、塔海三名,已招明白,五府官[3]审录无冤,将这三个贼明正典刑支解,发付各处谕众号令。拿这贼每时分,射死了宽彻大王[5]来,这阿失歹儿等贼人七口家属,断付与宽彻大王为驱[6],官司更与中统钞五百①定;射死的捕盗官员,应继之人,本等承袭,官司仍给埋葬钱中统钞一十定;射死的弓手、田主人等,官给各家中统钞一十定外,弓手依例存恤二年;被伤流官任回,减一资;被伤投下官员、弓手,官给各人医药钱中统钞五定;射死贼人来的阔阔歹驸马,与两表里金段子[7]呵,怎生?"奏呵,奉圣旨:"那般者。依着恁②商量来的行者。"

[1]沧州:隶属中书省河间路。《元史·地理志一》:"沧州。中。唐改景城郡,复仍为沧州。金升临(横)海军。元复为沧州。领五县。"

[2]阿失歹儿:人名,又译作"阿失答儿"。《元史·仁宗本纪一》载有其事,云:"(皇庆元年十一月)甲辰,捕沧洲(州)群盗阿失答儿等,擒之,支解以徇。"③

[3]五府官:又称"五府审囚官"。"五府"系由元代中央最重要的五个官署机构中书省、枢密院、御史台、大宗正府、刑部组成。"五府官"即指五府指派通晓刑名的官员所组成的联合司法审判团体。"五府官"是以联合司法审判的形式,定期(规定为三年一次)巡视地方,审决重案囚犯,解决滞狱问题。明陶宗仪《南村辍耕录》卷十二:"五府之官,所以斩决罪因者。"

[5]宽彻大王:谱系未详,《元史·仁宗本纪一》载有其事,云:"(皇庆元年十一月)庚申,赐诸王宽彻、忽答迷失金百五十两、银一千五百两、钞三千锭、币帛有差。"

[6]驱:指驱口,驱奴。

[7]段子:同"缎子"。丝织物。"金段子",指以金线织纹的丝织品。

---

① 五百:《通制条格》作"伍伯"。
② 恁:《通制条格》作"您"。
③ 明樊深《(嘉靖)河间府志》卷十一载:"仁宗皇庆二年,捕沧州盗阿失答儿等,擒之,支解以徇。"例云"仁宗皇庆二年",时间有误。据《至正条格》《元史》所载,当作"皇庆元年"。

获　贼

270① 至元八年正月，枢密院呈："事主自获强切②盗贼③，亦合依例给赏。"刑部议得："钦奉圣旨：'诸人告捕④获强盗一名，赏钞五十贯；切⑤盗◇（一）⑥名，赏钞二十五贯。应捕人⑦减半。'别无事主亲获贼人给赏体例。"都省准拟。

271⑧ 至元十三年五月，兵刑部呈："宣使二月拘⑨捉获杀兄贼人阿秃，合比捉获强盗例，赏钞五十贯。"都省准呈。

272⑩ 大德三年十一月，江浙省⑪咨："〔镇守信州[1]万户府申〕⑫：'凡遇盗贼，巡检、尉司[2]约会镇守军官一同巡捕。限内不获，亦有决罚。如获贼之人，拟合加赏。'"刑部议得："各处镇守军官、军人，如是亲获强切盗贼，依例减半给赏。"都省准呈。

[1]信州：即"信州路"。隶属江浙等处行中书省，治所在今江西上饶

---

① 《通制条格·赏令·获贼》载有同一条文。《元典章·刑部》卷十三《事主获贼无赏》载有部分条文。《元典章·刑部》卷十三《获强切盗给赏》和《元史·成宗本纪二》载有相关条文。

② 切：《至正条格》《通制条格》作"切"，《元典章·事主获贼无赏》作"窃"。

③ 盗贼：《至正条格》《通制条格》皆作"盗贼"，《元典章·事主获贼无赏》作"盗贼人"。

④ 告捕：《至正条格》《通制条格》《元史》皆作"告捕"，《元典章·获强切盗给赏》作"告或捕"。

⑤ 切：《至正条格》《通制条格》《元典章·获强切盗给赏》皆作"切"，《元史》作"窃"。

⑥ ◇（一）：《至正条格》空格，《通制条格》作"壹"，《元典章·获强切盗给赏》作"一"，今据补。

⑦ 人：《至正条格》《通制条格》《元典章·获强切盗给赏》皆作"人"，《元史》作"者"。

⑧ 《通制条格·赏令·获贼》载有同一条文。

⑨ 拘：《通制条格》作"狗"。

⑩ 《通制条格·赏令·获贼》载有同一条文。

⑪ 江浙省：《通制条格》作"江浙行省"。

⑫ 〔镇守信州万户府申〕：《通制条格》作"镇守信州万户府申"，《至正条格》脱，今据补。

市西北。《元史·地理志五》:"信州路。上。唐乾元以前,为衢、饶、抚、建四州之地。乾元元年,始割衢之玉山、常山,饶之弋阳及抚、建二州之地置信州。宋因之。元至元十四年,升为路。领司一、县五。"

[2]尉司:指县尉。"巡检、尉司",犹言"巡检、县尉",简称"巡尉"。

273① 大德十一年二月,刑部呈:"各处官员在任捕获盗贼,如应迁赏,理合明具公文,于所属陈告。其所司随即照勘,开写元发事头,如何捉获,分豁[1]本境、〔别境〕②有无合准折起数,曾无承准他处公文及诸人告指,是否亲获,有无争功之人,各贼略节所招情犯,归结缘由,明白完备,腹里路分保结申部,行省所辖保勘移咨[2]都省,以凭定夺。若不依式保勘,止于解由内朦胧开写者,不须行移照勘,庶矫不明之弊。"都省准拟③。

[1]分豁:结算,算清。《元典章·户部》卷八《设立常平盐局》:"据卖到价钱,本局明附文历,每日分豁本息,具单状申报提点官司印押,每旬开申本路。"

[2]移咨:公文术语。移送咨文。

274④ 皇庆元年十月,刑部约会吏部议得:"今后诸人告获强切⑤盗贼,如赃状[1]⑥明白,别无疑词⑦,例合给赏者,拘该官司随即于不以是何系官钱内就便支发[2]⑧,具数申呈合干上司,年终通行照算,庶使人肯尽心,贼盗⑨弭息。如有争差不实,罪及当该官

---

① 《通制条格·赏令·获贼》载有同一条文。
② 〔别境〕:《通制条格》作"别境",《至正条格》脱,今据补。
③ 准拟:《通制条格》作"准呈"。
④ 《通制条格·赏令·获贼》和《元典章·刑部》卷十三《捕盗功赏》载有同一条文。
⑤ 切:方龄贵《通制条格校注》作"窃",误。《至正条格》《通制条格》《元典章》皆作"切",当据校。
⑥ 赃状:《通制条格》《元典章》皆作"赃仗"。
⑦ 词:《元典章》作"似",误。《至正条格》《通制条格》皆作"词",当据校。
⑧ 支发:《通制条格》《元典章》皆作"支拨"。
⑨ 贼盗:《至正条格》《元典章》皆作"贼盗",《通制条格》作"盗贼"。

司。"都省准呈。

　　[1]赃状:犹"赃仗""赃证"。指罪证,犯罪证据。
　　[2]支发:犹"支拨"。支付拨给。

　　275　延祐七年六月,刑部议得:"庆元路录事司达鲁花赤忻都,捉□(获)①别境劫墓开棺贼人张季五等五名,庆元路并廉访司保勘□□□(体覆相)②同,别无争功之人,合于本官应得资品上量减一资。"都省准拟。

　　276　至顺三年六月,刑部呈:"张伯荣前充崇明州[1]司吏,犯赃断罢,捉获强贼高胜保等八人。扬州路[2]保勘,亦无争功之人,廉访司体覆相同,连到的本牒文。拟合依例与一官。"都省议得:"张伯荣获贼有功,例应给赏,缘本人前经犯赃不叙,难以牧民,拟于杂职流官内任用。"

　　[1]崇明州:隶属淮东道宣慰使司扬州路。《元史·地理志二》:"崇明州,下。本通州海滨之沙洲。宋建炎间有升州句容县姚、刘姓者,因避兵于沙上,其后稍有人居焉。遂称姚刘沙。嘉定间,置盐场,属淮东制司。元至元十四年,升为崇明州。"
　　[2]扬州路:隶属淮东道宣慰使司。治所在今江苏扬州市。《元史·地理志二》:"扬州路。上。唐初改南兖州,又改邗州,又改广陵郡,又复为扬州。宋为淮〔南〕东路。元至元十三年,初建大都督府,置江淮等处行中书省。十四年,改为扬州路总管府。十五年,置淮东道宣慰司,本路属焉。十九年,省宣慰司,以本路总管府直隶行省。二十一年,行省移杭州,复立淮东道宣慰司,止统本路并淮安二郡,而本路领高邮府及真、滁、通、泰、崇明五州。二十三年,行省复迁,宣慰司遂废,所属如故。后改立河南江北等处行中书省,移治汴梁路,复立淮东道宣慰司,割出高邮府为散府,直隶宣慰司。领司一、县二、州五。州领九县。"

---

　　①　□(获):《至正条格》此字残损,分析文意及残存笔画,当作"获",今据补。
　　②　□□□(体覆相):《至正条格》此三字残损,分析文意及残存笔画,当作"体覆相",今据补。

获伪钞贼

277① 大德七年十月②，江浙省③咨："杭州[1]等路见禁〔囚内〕④，印造伪钞八十八起，二百七十四人，多系追取板钞[2]⑤到官，止是同犯一二名逃亡，便作未完追勘。今后若〔蒙〕⑥照依强盗例⑦，但获伪造宝钞之徒，追搜板⑧印[3]到官，招责[4]明白⑨，即正典刑⑩，以塞造伪之源。"都省议得："伪造宝钞，已获贼徒，追搜板印、伪钞赃物无疑，廉访司审复[5]无冤，先行结案，首告、捉事人[6]赏钱。如板印到官，犯人招证明白，廉访司审录无冤，本路随即当官给付，仍申合干上司照验。若应给而迁延不给者，听廉访司纠察治罪⑪。〔外〕⑫，其事未发而自首者，原其罪。能捕获⑬同伴者，仍减半给赏。若有未获贼徒，应捕官兵依强盗例捕限缉捉。仍令有司严加禁治，略节真书[7]罪赏，排门粉壁，使民知惧，递相关防⑭觉察。"

---

① 《通制条格·赏令·获伪钞贼》和《元典章·户部》卷六《禁治伪钞》载有同一条文。
② 大德七年十月：《至正条格》《通制条格》皆作"大德七年十月"，《元典章》作"大德七年十二月初六日"。
③ 江浙省：《通制条格》《元典章》皆作"江浙行省"。
④ 〔囚内〕：《元典章》作"囚内"，《至正条格》《通制条格》皆脱，今据补。
⑤ 板钞：《至正条格》《通制条格》皆作"板钞"。《元典章》作"板印伪造"，误。《元典章》后文作"板印伪钞"，故"造"系"钞"之误，当据校。
⑥ 〔蒙〕：《通制条格》《元典章》皆作"蒙"，《至正条格》脱，今据补。
⑦ 例：《至正条格》《通制条格》皆作"例"，《元典章》作"体例"。
⑧ 板：《元典章》作"获"，误。《至正条格》《通制条格》皆作"板"，当据校。
⑨ 招责明白：《至正条格》《通制条格》皆作"招责明白"，《元典章》作"取责明白招伏"。
⑩ 即正典刑：《至正条格》《通制条格》皆作"即正典刑"，《元典章》作"随即明正典刑"。
⑪ 治罪：《至正条格》《通制条格》皆作"治罪"，《元典章》作"究治"。
⑫ 〔外〕：《元典章》作"外"，《至正条格》《通制条格》皆脱，今据补。
⑬ 能捕获：《至正条格》《通制条格》皆作"能捕获"，《元典章》作"就捕"。
⑭ 关防：《至正条格》《通制条格》皆作"关防"，《元典章》脱，当据补。

[1]杭州：即"杭州路"。隶属江浙等处行中书省。治所在今浙江杭州市。《元史·地理志五》："杭州路。上。唐初为杭州，后改余杭郡，又仍为杭州。五代钱镠据两浙，号吴越国。宋高宗南渡，都之，为临安府。元至元十三年，平江南，立两浙都督府，又改为安抚司。十五年，改为杭州路总管府。二十一年，自扬州迁江淮行省来治于杭，改曰江浙行省。领司二、县八、州一。"

[2]板钞：指板印与伪钞。

[3]板印：犹"印板"。指用以印刷纸钞的底板。《元典章·户部》卷六《伪钞堪以行使处死》："又于至元六年八月内，雕成五百文、五十文、二十文伪钞板印各一副，两次自行印造伪钞二十一贯四百九十文，节次使讫七贯五百文。"

[4]招责：招供。

[5]审复：审查复核。

[6]捉事人：指捉拿住犯人的人。

[7]真书：真实书写。

278① 大德七年十一月，刑部呈："议得：'扬州路江都县[1]弓手王兴，亲获伪造宝钞贼人郑贵，赏钱例应减半，虽已身故，拟合给付家属。'"都省准拟。

[1]江都县：隶属扬州路。宋属扬州，紧县。元为扬州路倚郭县，上县。

279② 大德九年六月，陕西省③咨："庄浪路[1]司吏李济，捉获印造伪钞贼人赵失剌立吉等，合该赏钱，若便全给，缘系请俸[2]人吏。"刑部议得："李济即非应捕身役，合得赏钱，依例全行支付。"都者准呈。

[1]庄浪路：即"庄浪州"。隶属陕西等处行中书省，治所在今甘肃庄

---

① 《通制条格·赏令·获伪钞贼》载有同一条文。
② 《通制条格·赏令·获伪钞贼》载有同一条文。
③ 陕西省：《通制条格》作"陕西行省"。

浪县西北。《元史·地理志三》："庄浪州。下。沿革阙。成宗大德八年二月,降庄浪路为州。"《元史·成宗本纪四》："(大德八年二月)降庄浪路为州,并陇干县入德顺州。"①

[2]请俸:领取薪俸。

280② 至大四年四月二十六日,诏书内一款:"告获印造伪钞者,赏银五定③,仍给犯人家产,应捕人④减半。告捕挑剜、裨辏[2]⑤者,赏中统钞十定,犯人名下追给。应给而不给者,肃政廉访司纠察。"

[1]裨辏:又作"裨凑"。补缀添加。

281⑥ 至大四年七月⑦,四川省⑧咨:"成都路申:'句龙高状首[1]:驱男[2]丑奴,用至元钞二两于巴张花处买到至元伪钞四两。'句龙高若比例给赏,诚恐差池。"刑部议得:"句龙高因驱丑奴

---

① 据《元史·地理志三》,降庄浪路为庄浪州的时间为大德八年二月,而《至正条格》此条在大德九年六月却仍称庄浪路,二者必有一误:或疑《至正条格》沿袭旧称,误将"庄浪州"写作"庄浪路";或疑《元史》所记时间有误,降庄浪路为庄浪州的时间或为大德九年。《元书·寰宇志第二中》:"庄浪州。下。元初置庄浪路。大德九年,降为州。"可参。

② 《通制条格·赏令·获伪钞贼》和《元典章·户部》卷六《住罢银钞铜钱使中统钞》载有同一条文。《元典章·户部》卷六《应捕人捉获伪钞理赏》载有"告获"至"减半"部分条文。《元典章·户部》卷六《挑钞窝主罪名》载有"告捕"至"追给"部分条文。《元史·刑法志四》载有相关条文。

③ 定:《至正条格》《通制条格》《元典章·住罢银钞铜钱使中统钞》《元典章·应捕人捉获伪钞理赏》皆作"定",《元史》作"锭"。

④ 人:《至正条格》《通制条格》《元典章·应捕人捉获伪钞理赏》皆作"人",《元典章·住罢银钞铜钱使中统钞》脱,当据补。

⑤ 辏:《至正条格》《通制条格》皆作"辏",《元典章·住罢银钞铜钱使中统钞》作"湊",《元典章·挑钞窝主罪名》作"凑"。

⑥ 《通制条格·赏令·获伪钞贼》载有同一条文。《元史·刑法志四》载有相关条文。

⑦ 至大四年七月:《通制条格》作"至元四年七月",误。因元代于至元二十四年(1287),始发行至元钞,故"至元"系"至大"之误,当据校。

⑧ 四川省:《通制条格》作"四川行省"。

买使伪钞,恐致①事发累及,自行陈首,难议理赏。"都省准拟。

[1]状首:具状告发。

[2]驱男:指男性奴隶或仆奴。

告获私盐

282② 延祐元年八月,户部与刑部议得:"诸告③首亲获私盐[1]之人,拟合将各家没官财产依例一半充赏。外据不及引[2]者,无问多寡,同一引给赏。"都省准拟。

[1]私盐:谓未纳盐税而私自贩运出售的盐。与"官盐"相对。

[2]引:量词。重量单位。宋以后盐、茶、锡、矾、铁等运销时以"引"为计量单位,每引规定的斤数,不同时期和地区各不相同。

283④ 延祐七年二月,刑部与户部议得:"诸获私盐犯人钦遇革拨,应捕军兵、告捕人合给赏钱,例于断没回易盐钱内支给中统钞一定。如犯人名下别无抄到家产,及有不敷之数,拟合官为补支⑤。"都省准拟。

告冒受官职

284 至治二年闰五月,御史台呈:"萧汉臣告:'曲靖[1]□□(宣慰)⑥使忽都不花,骤升不应滥保人员,于所属州县勾当。'所据合追赏钱中统钞四百定,合无全给?"都省议得:"萧汉臣一状告赵贤等四人冒受,追到赏钱四百定,若准全给,缘比诬告,止坐一罪,法意不伦。拟合给一主赏,余数没官。"

---

① 恐致:《通制条格》作"为恐"。
② 《元典章·户部》卷八《盐法通例》载有同一条文。
③ 告:《元典章》作"各",误。《至正条格》作"告",当据校。
④ 《元典章·新集至治条例·户部·私盐赏钱》载有相关条文。
⑤ 补支:《元典章》作"贴支"。
⑥ □□(宣慰):《至正条格》此二字残损,分析文意,当作"宣慰",今据补。

[1]曲靖:即"曲靖等路宣慰司军民万户府"。《元史·地理志四》:"曲靖等路宣慰司军民万户府。曲、靖二州在汉为夜郎味县地。蜀分置兴古郡。隋初为恭州、协州。唐置南宁州。东、西爨分乌、白蛮二种,自曲靖州西南昆川距龙和城,通谓之西爨白蛮,自弥鹿、升麻二川南至步头,通谓之东爨乌蛮。贞观中,以西爨归王为南宁都督,袭杀东爨首领盖聘。南诏阁罗凤以兵胁西爨,徙之至龙和,皆残于兵。东爨乌蛮复振,徙居西爨故地,世与南诏为婚,居故曲靖州。天宝末,征南诏,进次曲靖州,大败,其地遂没于蛮。元宪宗六年,立磨弥部万户。至元八年,改为中路。十三年,改曲靖路总管府。二十年,以隶皇太子。二十五年,升宣抚司。领具一、州五。州领六县。"

告获私酒

285① 皇庆元年正月,江浙省②咨:"诸人告获私酒[1],犯人已有招伏,罪经释免,未审合无理赏?"都省议得:"告获私酒,犯人已招明白,虽经释免,依例追给。"

[1]私酒:与"官酒"相对。指未纳酒税而私自酿造、贩运或出售的酒。

告捕私历

286③ 至元十七年六月,太史院[1]钦奉圣旨:"印造《授时历》[2],颁行天下。敢有私造者,以违制论。告捕者,赏银一百④两。如无本院历日印信[3],便同私历[4]。"

[1]太史院:官署名,元置,掌天文历数。至元十五年(1278),始立太史院,设太史令等官七员。至大元年(1308),秩从二品,设官十员。延祐

---

① 《通制条格·赏令·私酒》载有同一条文。
② 江浙省:《通制条格》作"江浙行省"。
③ 《通制条格·赏令·私历》和《元典章·礼部》卷五《禁私造授时历》载有同一条文。《元史·刑法志四》载有相关条文。
④ 百:《至正条格》《元典章》《元史》皆作"百",《通制条格》作"伯"。

三年(1316),升秩正二品,设官十五员。后定置院使五员,正二品;同知二员,正三品;佥院二员,从三品;同佥二员,正四品;院判二员,正五品;经历一员,从五品;都事一员,从七品;管勾一员,从九品;令史三人,译史一人,知印二人,通事一人,宣使二人,典吏二人。至明代,改为"钦天监"。

[2]授时历:元初承用金《大明历》,至元四年(1267),西域札马鲁丁撰进《万年历》,世祖稍颁行之。至元十三年(1276),平宋,世祖诏许衡、王恂、郭守敬等改治新历。至元十七年(1280)冬至,历成,诏赐名曰《授时历》。至元十八年(1281),颁行天下。今许衡、王恂、郭守敬等所撰《授时历经》《授时历议》尚存,皆可考据。《授时历经》具存于《元史·历志三》《元史·历志四》,《授时历议》具存于《元史·历志一》《元史·历志二》。

[3]历日印信:犹言"官历"。指由官府颁发并盖有官府印章的历书。与"私历"相对。

[4]私历:指非经官府颁发而私自印造的历书。与"官历"相对。

获逃驱

287① 延祐二年七月二十二日,也可扎鲁忽赤[1]奏:"薛禅皇帝时分,逃驱被捉获呵,将拐带的财物,三分内一分与拿获人充赏,在后住罢了来。如今百姓每为'不与赏',么道,见逃驱呵,多不肯拿有。准奏呵,依在前体例里,三分内将一分与拿住的人②充赏呵,怎生?"奏呵,奉圣旨:"那般者。"

[1]也可扎鲁忽赤:蒙古语音译。官职名,指大断事官。"也可"指大。元代任同一官职的数人,为首的在官名前加"也可"二字,表示第一。清钱大昕《十驾斋养新录·也可太傅》:"蒙古语,大为也可。凡官名也可者,第一之称。""扎鲁忽赤",又音译作"札鲁忽赤""扎鲁火赤""札鲁火赤""撒鲁火赤""扎鲁花赤""札鲁花赤"等,指断事官,为大宗正府的一品

---

① 《通制条格·赏令·获逃驱》载有同一条文。
② 拿住的人:《通制条格》作"拿住人"。

官,其职责是负责判决各种事务,如奸盗诈伪、诱掠逃驱、轻重罪囚等事。《元史·百官志三》:"大宗正府,秩从一品。国初未有官制,首置断事官,曰札鲁忽赤,会决庶务。凡诸王、驸马投下蒙古、色目人等,应犯一切公事,及汉人奸盗诈伪、蛊毒厌魅、诱掠逃驱、轻重罪囚,及边远出征官吏、每岁从驾分司上都存留住冬诸事,悉掌之。"清赵翼《廿二史札记》卷二九《蒙古官名》:"扎鲁忽赤,《本纪》:太祖开创之初置此官,位在百司三公上,犹汉之大将军也,亦名断事官,得专生杀,故最尊,见《忙哥撒儿》及《布鲁海牙传》。"

捕 虎

288① 至元二十一年八月,兵部呈:"议得:'凡②有虎害去处③,拟令本处官司严勒④官兵及打捕之人多方捕杀⑤。或不系应捕之人,自愿⑥设机捕获者,皮肉给付充赏。'"都省准拟。

会赦给赏

289⑦ 皇庆元年正月,刑部议得:"赌博钱物,私盐酒税,虽已招伏[1],罪经释免。其摊场[2]钱物并犯人家产,既未追没,钦依革拨。告人赏钱,依例追给。"都省准呈。

[1]招伏:招供,招认。
[2]摊场:赌场。

不应给赏遇革

290 至顺三年八月,刑部议得:"诸人陈告私发番船、拗番博

---

① 《通制条格·赏令·捕虎》和《元典章·兵部》卷五《捕虎皮肉充赏》载有同一条文。《元史·刑法志四》载有相关条文。
② 凡:《至正条格》《通制条格》皆作"凡",《元典章》作"如",《元史》作"诸"。
③ 去处:《至正条格》《通制条格》《元典章》皆作"去处",《元史》作"之处"。
④ 严勒:《至正条格》《通制条格》《元史》皆作"严勒",《元典章》作"严行督勒"。
⑤ 杀:《至正条格》《通制条格》《元典章》皆作"杀",《元史》作"之"。
⑥ 愿:《至正条格》《通制条格》《元典章》皆作"愿",《元史》作"能"。
⑦ 《通制条格·赏令·会赦给赏》载有同一条文。《至正条格》此条内容删节。

易、印造伪钞、私盐盗贼、僭用服色器皿并捕盗官员等项赏钱内,若有不应支给之数,革前已有承伏者,依例追征。未曾承伏,并犯在革前,招在革后,钦依革拨。"都省准拟。

阑遗头匹

291 泰定二年二月二十四日,宣徽院奏:"在前不阑奚头匹,每五月十五日或二十日,于宽迭连根底聚着,教他各主人每识认有来。如今各怯薛、各枝儿里遍行文书,针锤之上,不阑奚人口、头匹、钱物等,限五月十五日聚着,至六月初五日,教各主识认。将不阑奚头匹来的人每,这限次内,教准备着粮食来。又在先各枝儿里步行的每根底,不阑奚头匹内,与了的也有。将与了的头匹,说道:'与了也。'么道,收聚不阑奚头匹时分,将来有。不阑奚赤每将好头匹隐藏着,聚处也不将来有。为那上[1],走失了的头匹每,他每主人每寻不着有。今后聚会不阑奚头匹时分,将来者。若不将来的,有人首告出来呵,将他教对证了,元告人[2]的言语是实呵,将隐藏的人要重罪过[3],首告的人根底与赏赐那。"么道,奏□(呵),□(奉)①圣旨:"恁商量的是有。与的赏赐钱,立定额数者。"么道。又奏:"将一个□□(头匹)②隐藏的,首告的人根底,与十定;隐藏着两个头匹的,首告人[4]根底,与二十定;隐藏三个或四个头匹者,首告的人根底,或四十定、五十定做赏赐与呵,怎生?"奏呵,奉圣旨:"那般者。"么道。又奏:"在先似这般聚不阑奚头匹时分,阑遗监官内去有来。在先的阑遗监官人每聚会不阑奚头匹时分,将好的选拣着,远处背地里放着,不教他每主人识认,使智量[5]将着行有。俺众人商量来:'如今,阑遗监官并不阑奚赤每等隐藏着,不曾教他主人每识认。么道,有人首告出来呵,将他每教对证了,首告人言语是实呵,上位根底奏了,要重罪过,将他

---

① □(呵)□(奉):《至正条格》此二字残缺,分析文意,当作"呵奉",今据补。
② □□(头匹):《至正条格》此二字残损,分析文意,当作"头匹",今据补。

每勾当革罢[6]了,首告的钱(人)①根底,做赏赐与四十定钞。将这做赏赐与的钱,教省里与的。'俺和倒剌沙丞相商量来。"奏呵,奉圣旨:"教省里与者。"

[1]为那上头:又作"为那的上头"。因为那种原因。

[2]元告人:犹"原告人",又称"元告""原告"。指向司法机关提出诉讼的人。

[3]要重罪过:犹"重要罪过"。从重治罪。

[4]首告人:又称"首告"。指告发人。

[5]智量:计策,计谋。"使智量",谓使计策,耍计谋。元马致远《泰华山陈抟高卧》第四折:"您休使智量,俺乐处是天堂。"

[6]勾当革罢:犹言"革职""罢职"。

至正条格卷第三十

---

① 钱(人):《至正条格》作"钱",误。前文作"人",今据校。

至正条格卷第三十一　条格　医药

医　学

292① 大德八年十月，礼部移准太医院[1]关："'训诲医生[2]'等事。"都省准拟。

一、各处应设学校②大小学生③，今后不令坐斋隶④业[3]、有名无实者：初次，教授[4]罚俸一月，正[5]、录[6]各罚中统钞七两；再次，教授罚俸两月，正、录视前例倍罚；三次，教授、正、录取招别议，仍各标注过名[7]。其提调官，视教官⑤例减等，初次罚俸半月，再次一月，三次两月。

一、各处学校若有大小生员在学，而训诲无法，课讲卤莽，苟应故事者：初次，教授罚俸半月，正、录各罚中统钞五两；再次，教授罚俸一月，正、录各罚中统钞七两；三次，教授、正、录取招别议，仍各标注过名。提调官，初次罚俸十日⑥，再次半⑦月，三次一月。

[1]太医院：官署名，元置，掌医事，制奉御药物，领各属医职。中统

---

① 《通制条格·医药·医学》《元典章·礼部》卷五《医学官罚俸例》和《新元史·刑法志一》载有同一条文。《元史·刑法志二》载有相关条文。
② 应设学校：《至正条格》《通制条格》皆作"应设学校"，《元典章》《新元史》皆作"学校应设"。
③ 生：《至正条格》《通制条格》《元典章》皆作"生"，《新元史》脱，当据补。
④ 隶：《至正条格》《通制条格》《元典章》皆作"隶"，《元史》《新元史》皆作"肄"。《至正条格（校注本）》校作"隶（肄）"，不必校。
⑤ 教官：《至正条格》《通制条格》皆作"教官"，《元典章》《新元史》皆作"学官"。
⑥ 日：《新元史》作"月"，误。《至正条格》《通制条格》《元典章》皆作"日"，当据校。
⑦ 半：《新元史》作"三"，误。《至正条格》《通制条格》《元典章》皆作"半"，当据校。

元年（1260），置宣差，提点太医院事。至元五年（1268），以太医院隶宣徽院。至元二十年（1283），降为尚医监，秩正四品。至元二十二年（1285），复为太医院。大德五年（1301），升正二品。至治二年（1322），定置院使十二员，另设同知、金院、同金、院判、经历、都事、照磨兼承发架阁库、令史、译史、知印、通事、宣使诸官职。下领广惠司、御药院、御药局、御香局、大都惠民局、上都惠民局、医学提举司诸官署机构。

[2]医生：指从官学中学医肄业的人。

[3]隶业：犹"肄业"。修习课业。"隶"通"肄"。"坐斋隶业"，指坐在学校里修习课业。

[4]教授：学官名。宋代除宗学、律学、医学、武学等置教授传授学业外，各路的州、县学均置教授，掌管学校课试等事，位居提督学事司之下。元代于诸路府及上中州置之。明清的府学亦置教授。《元史·选举志一》："凡师儒之命于朝廷者，曰教授，路府上中州置之。"

[5]正：学官名。"学正"之简称。元代于国子学与路、州、县及书院置之，掌督习课业。元代规定，若学正任满一考合格，升散府或上中州教授。

[6]录：学官名。"学录"之简称。元代于国子学与路、州、县及书院置之，位次于教授、学正，掌协助教授、学正教育所属生员。元代规定，若直学考满，又试所业十篇，升为学录、教谕。教谕、学录任满历两考合格，升为学正、山长。

[7]过名：罪名。

科　目

293① 大德九年五月，礼部移准太医院关："各处设立医学，讲究到合设科目一十三科，合为十科，各有所治经书篇卷、方论条目。拟合遵依已定程式②，为考试之法。不精本科经书，禁治不得行医。"都省准呈。

---

① 《通制条格·医药·科目》载有同一条文。《元典章·礼部》卷五《医学科目》载有相关条文。《至正条格》此条内容删节。

② 程式：《至正条格》《通制条格》皆作"程式"，《元典章》作"程试"。下同。

一、程式太医合设科目：

大方脉杂医科[1]　小方脉科[2]　产科兼妇人杂病科[3]
风科[4]　　　　　口齿兼咽喉科[5]　正骨兼金镞①科[6]
疮肿科[7]　　　　针灸科[8]　　　　祝由书禁科[9]
眼科

一、各科合试经书：

大方脉杂医科

《素问》一部　　《难经》一部　　《神农本草》一部

张仲景《伤寒论》一部　　　　《圣济总录》八十三②卷〔{第二十一至一百卷，一百八十五至一百八十七卷}〕③

小方脉科

《素问》一部　　《难经》一部　　《神农本草》一部

《圣济总录》一十六卷{第一百六十七至一百八十二卷}

风科

《素问》一部　　《难经》一部　　《神农本草》一部

《圣济总录》一十六卷{第五至二十卷}

产科兼〔妇人〕④杂病科

《素问》一部　　《难经》一部　　《神农本草》一部

《圣济总录》一十七⑤卷{第一百五〔十〕⑥至一百一（六）十六⑦卷}

---

① 镞：《元典章》作"疮"，误。《至正条格》《通制条格》皆作"镞"，当据校。

② 八十三：《通制条格》作"八十二"，误。《至正条格》《元典章》皆作"八十三"，再结合《圣济总录》目录，当据校。

③ 〔第二十一至一百卷，一百八十五至一百八十七卷〕：《元典章》作"第二十一至一百卷，一百八十五至一百八十七卷"，《至正条格》《通制条格》皆脱，今据补。

④ 〔妇人〕：《元典章》作"妇人"，《至正条格》《通制条格》皆脱，今据补。

⑤ 七：《元典章》作"六"，误。《至正条格》作"七"，《通制条格》作"柒"，当据校。

⑥ 〔十〕：依据《圣济总录》目录，《至正条格》《通制条格》《元典章》皆脱"十"字，今据补。

⑦ 一百一（六）十六：《至正条格》《元典章》皆作"一百一十六"，《通制条格》作"壹伯贰拾壹"，均误。依据《圣济总录》目录，当作"一百六十六"，今据校。

眼科

《素问》一部　　《难经》一部　　《神农本草》一部

《圣济总录》一十三卷{第一百二至一百一十三①卷}

口齿兼咽喉科

《素问》一部　　《难经》一部　　《神农本草》一部

《圣济总录》八卷{第一百二(一)②十七③至一百二十四卷}

正骨兼金镞科

《素问》一部　　《难经》一部　　《神农本草》一部

《圣济总录》四卷{第一百三十九至一百四十,并〔一〕百四十四至〔一〕百四十五④卷}

疮肿科

《素问》一部　　《难经》一部　　《神农本草》一部

《圣济总录》二十一卷{第一百〔一〕⑤卷,又一百十四至一百十六⑥,并一百二十五至一百二(三)十八⑦,又一百四十一〔至一百四十三〕⑧卷}

---

① 一百一十三:《通制条格》作"壹伯壹拾肆",《元典章》作"一百一十二",皆误。《至正条格》作"一百一十三",再结合《圣济总录》目录,"眼科"为"第一百二至一百一十三卷",当据校。

② 二(一):《至正条格》作"二",误。《通制条格》作"壹",《元典章》作"一",今据校。

③ 七:《元典章》作"六",误。《至正条格》作"七",《通制条格》作"柒",当据校。

④ 〔一〕百四十四至〔一〕百四十五:《至正条格》作"百四十四至百四十五",《通制条格》作"伯四拾肆至伯四拾伍",皆脱字。《元典章》作"一百四十四至一百四十五",今据补。

⑤ 一百〔一〕:《至正条格》作"一百",脱字。《圣济总录》目录为"一百一",今据补。《元典章》作"二百",误,当据校。

⑥ 又一百十四至一百十六:《通制条格》作"第壹伯卷至壹伯拾肆,又壹伯拾陆",误。《至正条格》作"又一百十四至一百十六",《元典章》作"又一百一十四至一百一十六",当据校。

⑦ 一百二(三)十八:《至正条格》《元典章》皆作"一百二十八",《通制条格》作"壹伯贰拾捌",皆误。依据《圣济总录》目录,当作"一百三十八",今据校。

⑧ 〔至一百四十三〕:《元典章》作"至一百四十三",《至正条格》《通制条格》皆脱,今据补。

针灸科

《素问》一部　　《难经》一部　　《铜人针灸经》①〔一部〕②

《圣济总录》四卷{第一百九十一至一百九十四卷}

祝由书禁科

《素问》一部　　《千金翼方》二卷{第二十九至三十卷③}

《圣济总录》三卷{第一百九十五至一百九十七卷}

[1]大方脉杂医科：元代医学科目之一。专治成年人疾病，即今之内科。

[2]小方脉科：元代医学科目之一。专治小儿疾病，即今之儿科。

[3]产科兼妇人杂病科：元代医学科目之一。专治妇女疾病，即今之妇产科。

[4]风科：元代医学科目之一。专治各种因外感风邪所致的疾病。

[5]口齿兼咽喉科：元代医学科目之一。即今之口腔科。

[6]正骨兼金镞科：元代医学科目之一。即今之骨科及外科。

[7]疮肿科：元代医学科目之一。即今之皮肤科。

[8]针灸科：元代医学科目之一。"针灸"包括针法和灸法，针法是用特制的金属针，在一定穴位刺入患者体内，运用一套操作手法以达到治病的目的；灸法是把燃烧着的艾绒，温灼穴位的皮肤表面，利用热刺激来治病。

[9]祝由书禁科：元代医学科目之一。指通过祝祷、画符、念咒以禳病之疗法。

试验太医

294④ 延祐元年十一月二十二日，御史台奏："监察每文书里

---

① 铜人针灸经：《元典章》作"神农本草"，误。《至正条格》《通制条格》皆作"铜人针灸经"，当据校。

② 〔一部〕：《通制条格》作"壹部"，《元典章》作"一部"，《至正条格》脱，今据补。

③ 第二十九至三十卷：《通制条格》作"第贰拾玖至三拾卷"，《元典章》脱，当据补。

④ 《通制条格·医药·试验太医》载有同一条文。《元典章·礼部》卷五《试验医人》载有相关条文。

说有：'医人每行医的勾当，学得会呵，用得药有，学得低的，差用了药[1]呵，犯着人性命有。随朝太医每，学得高的也有，年纪小的，或承父兄倚托亲戚医人的勾当，或省得省不得[2]做太医的也有。各处教授、提领，行医的勾当省不得的也有。如今儒人每科举里选用有。这医人每，教太医院立定体式，将他每试了医人的勾当，学会的委付。'〔么道〕①，说有。俺商量来：'在前太医院立着体式，各处官司教②习学医业有来。如今不曾依着那体例里行的也有，随朝太医每不曾考试，便交行的也有。似这般将他每不试验[3]取用，◇（若）③错用了药呵，犯着人的性命有。这里的太医每并各处医学教官，教太医院依着他每立来的体例里试验，中的，委付医人的勾当，省不得的，合分拣者④。随处医人每，依在先体例里考试，会的，教行医。各处官司若不依这体例行呵，教监察、廉访司体察呵，怎生？"奏呵，奉圣旨："'除我认得的，别个的都是官人每保来的，年纪小的，医人的勾当省不得。'么道，太医院官人每也曾说◇（有）⑤来。恁说的是有，伤着人的性命去也。依着恁奏来的，交省家、太医院家好生试验分拣者。"

[1]差用了药：犹言"用错了药"。
[2]省得省不得：犹言"明不明白""晓不晓得"。
[3]试验：考试测验。

295 元统元年七月二十四日，太医院奏："今后内外诸衙门并本□□（院官）⑥应保白身医人，俺约请着监察御史同本院官一同出题试□（验）。□（中）⑦式[1]者，许充承应[2]太医呵，怎生？"奏

---

① 〔么道〕：《通制条格》作"么道"，《至正条格》脱，今据补。
② 教：《通制条格》作"交"。下同。
③ ◇（若）：《至正条格》空格，《通制条格》作"若"，今据补。
④ 者：《通制条格》作"有"。
⑤ ◇（有）：《至正条格》空格，《通制条格》作"有"，今据补。
⑥ □□（院官）：《至正条格》此二字残缺，分析文意，当作"院官"，今据补。
⑦ □（验）□（中）：《至正条格》此二字残缺，分析文意，当作"验中"，今据补。

呵,奉圣旨:"那般者。恁行与省部家文书做例行者。"

[1]中式:犹"中试"。指考试合格。
[2]承应:担当,承担。"承应太医",谓担当太医。

296 至元五年七月二十五日,中书省奏:"在先将太医每教做官医呵,州县官与了保的文书,太医院官人每试验。实省的[1]太医的勾当呵,与俸钱交行者,在后做御诊太医[2]来。近年各处来的太医人每,有认的人呵,觑面情[3]交行了,将人医不痊,伤了性命有。今后用太医呵,依先例试验了,端实省得呵,教用。在近侍官每奏着,交这壁[4]那壁[5]看治去的也有。如今除太医院官闻奏外,其余不拣是谁,休教奏呵,怎生?"奏呵,奉圣旨:"那般者。"

[1]省的:犹"省得"。晓得,明白,懂得。
[2]御诊太医:犹言"御医"。
[3]觑面情:犹"觑面皮"。看面子,照顾情面,徇私。
[4]这壁:即"这壁厢",又作"这厢"。这里,这边。指比较近的处所。
[5]那壁:那里,那边。指比较远的处所。

惠民局

297① 大德三年正月,诏书内一款:"贫民病攻(疾)②,失于救疗,坐待其毙,良可悯焉。宜准旧例,各路置惠民药局[1],择良医主之,庶使贫乏病疾之人不致失所。"

[1]惠民药局:官署名,又称"惠民局"。中统二年(1261),元代于大都置大都惠民局,掌收官钱,出息修药剂,以惠贫民。设提点和司令二官职。中统四年(1263),元代又于上都置上都惠民局,设提点和司令二官职。大都惠民局和上都惠民局皆隶太医院。大德三年(1299)正月,元代于各路置各路惠民局,择良医主之。

---

① 《通制条格·医药·惠民局》载有同一条文。
② 攻(疾):《至正条格》作"攻",误。《通制条格》作"疾",今据校。

官员药饵

298 天历元年九月二十六日,太医院奏:"诸王、百官、怯薛歹每,俺根底索生熟药[1]的多有,俺待与呵,上位登了宝位,不曾明白得圣旨有。在前累朝皇帝时分,些小药与有来。依着那,合与的,俺太医院官斟酌与呵,怎生?"奏呵,奉圣旨:"那般者。"

[1]生熟药:"生药"和"熟药"的合称省写。"生药"指简单加工而未精制的药物,"熟药"指经加工炮制的药材。

假 医

299① 至元五年十二月,圣旨:"据提点太医院奏:'开张药铺之家,内有不畏②公法者③,往往将有毒药物如乌头[1]、附子[2]、巴豆[3]、砒霜之类,寻常[4]发卖与人,其间或有非违,致④伤人命;及有不习医道诸色人等,不通医书,不知药性,欺诳俚俗,假医为名,规图财利,乱行针药,误人性命;又有一等妇人,专行堕胎药者,作弊多端,乞⑤禁约事。'准奏。仰中书省遍行随路,严行禁约。如有违犯之人,仰所在官司究治施行。"

[1]乌头:植物名。乌头科乌头属,多年生草本。根部纺锤形,叶互生,深绿色,深裂如掌状。夏季顶端开紫黄色花。块根含乌头碱,可入药,但毒性强,过量能麻痹中枢神经,引起体温下降,心脏停搏致死。

[2]附子:植物名。多年生草本,株高三四尺,茎作四棱,叶掌状,如艾。秋月开花,若僧鞋,俗称"僧鞋菊"。叶茎有毒,根尤剧,为乌头块根之侧根,含乌头碱,性大热,味辛,可入药。对虚脱、水肿、霍乱等有疗效。

---

① 《通制条格·医药·假医》载有同一条文。《元典章·刑部》卷十九《禁卖青(毒)药乱行针医》载有部分条文。
② 畏:《元典章》此字残损,《至正条格》《通制条格》皆作"畏",当据补。
③ 者:《至正条格》《通制条格》皆作"者",《元典章》作"之人"。
④ 致:《元典章》作"杀",误。《至正条格》《通制条格》皆作"致",当据校。
⑤ 乞:《至正条格》《通制条格》皆作"乞",《元典章》脱,当据补。

明李时珍《本草纲目·草六·附子》:"其母名乌头。时珍曰:初种为乌头,象乌之头也,附乌头而生者为附子,如子附母也。乌头如芋魁,附子如芋子,盖一物也。"

[3]巴豆:植物名。产于巴蜀,其形如豆,故名。中医药上以果实入药,性热,味辛,功能破积、逐水、涌吐痰涎,主治寒结便秘、腹水肿胀等。有大毒,须慎用。

[4]寻常:轻易,随便。"寻常发卖与人",指轻易卖给人。

300① 元贞二年七月,御史台呈:"大都五门[1]②外,及中书省、枢密院前,并街市人烟辏集处,有一等不畏公法假医卖药之徒,调弄蛇禽③、傀儡、藏挾[2]、撒钹[3]、到花钱[4]④、擊(击)⑤鱼鼓[5]之类,引聚人众,诡说妙药。无知小人,利其轻售,用钱赎买[6],依说服之,药病相反,不无枉死。参详:'京师,天下之本,四方取法者也。太医院不为禁治,非⑥唯误人性命,实伤风化。理宜遍行禁治。'"都省准呈。

[1]五门:又称"午门"。指元大都之崇天门。《新元史·地理志一》:"大都路。……宫城周回九里三十步,分六门:正南曰崇天,崇天之左曰星拱,右曰云从,东曰东华,西曰西华,北曰厚载。"明陶宗仪《南村辍耕录》卷二一:"宫城周回九里三十步。……分六门:正南曰崇天,十二间,五门。"

[2]藏挾:古代魔术之一种。指变戏法。宋彭乘《墨客挥犀》卷八:"一日会宴斋宫,伶人有杂手伎号藏挾者在焉,丁顾夏曰:'古无咏藏挾诗,内翰可作一首。'英公即席献诗曰:'舞拂桃珠复吐丸,遮藏巧伎百千般。主公端坐无由见,却被傍人冷眼看。'"

---

① 《通制条格·医药·假医》载有同一条文。《元史·刑法志四》载有相关条文。
② 五门:《通制条格》作"午门"。
③ 蛇禽:《至正条格》《通制条格》皆作"蛇禽",《元史》作"禽蛇"。
④ 到花钱:《至正条格》《通制条格》皆作"到花钱",《元史》作"倒花钱"。
⑤ 擊(击):《至正条格》作"擊",误。《通制条格》《元史》皆作"击",今据校。《至正条格(校注本)》录作"击",误,当据校。
⑥ 非:《通制条格》作"不"。

[3]撒钹:犹"击钹"。谓两手各拿一个钹,合在一起击打。

[4]到花钱:又作"倒花钱"。杂耍之一种。待考。

[5]鱼鼓:又作"渔鼓"。一种竹制打击乐器。以竹筒为体,底端蒙以猪羊护心薄皮,以手敲打。常与简板合用。多用以伴唱道情。明王圻《三才图会·器用》卷三"鱼鼓简子":"截竹为筒,长三四尺,以皮冒其首(皮用猪脊上之最薄者),用两指击之。又有简子,以竹为之,长二尺许,阔四五分,厚半之,其末俱略反外,歌时用二片合击之以和者也,其制始于胡元。"

[6]赎买:购买。

至正条格卷第三十一

至正条格卷第三十二　条格　假宁

给　假

301① 中统五年八月，圣旨内一款："京府州县官员，每日圆座[1]②，参议③词讼，理会公事。若④遇天寿[2]、冬至，各给假二⑤日；元正[3]、寒食[4]，各三日；七月十五日[5]、十月一日[6]、立春、重午[7]、立秋、重九[8]、每旬⑥，各给假一日。公务急速，不在此⑦限。其赴任职官或宣使人员在他所病患[9]者，即告所在官司⑧验治，病愈给据发还。"

[1]圆座：坐在一起。

[2]天寿：皇帝的寿辰。

[3]元正：节日名。指正月元日，即元旦。语出《尚书·舜典》："月正元日，舜格于文祖。"孔传："月正，正月；元日，上日也。"

[4]寒食：节日名。在清明前一日或二日。南朝梁宗懔《荆楚岁时记》："去冬节一百五日，即有疾风甚雨，谓之寒食。禁火三日，造饧大麦粥。"

[5]七月十五日：指佛教节日"盂兰盆节"。旧传目连从佛言，于农历

---

① 《通制条格·假宁·给假》载有同一条文。《元典章·吏部》卷五《放假日头体例》载有部分条文。
② 圆座：《至正条格》《通制条格》皆作"圆座"，《元典章》作"圆坐"。
③ 参议：《至正条格》《通制条格》皆作"参议"，《元典章》作"商议"。
④ 若：《至正条格》《通制条格》作"若"，《元典章》作"如"。
⑤ 二：《元典章》作"一"，误。《至正条格》作"二"，《通制条格》作"貳"，当据校。
⑥ 每旬：《至正条格》《通制条格》皆作"每旬"，《元典章》作"旬日"。
⑦ 此：《通制条格》作"比"，误。《至正条格》作"此"，当据校。
⑧ 官司：《通制条格》作"有司"。

七月十五日置百味五果,供养三宝,以解救其亡母于饿鬼道中所受倒悬之苦。南朝梁以降,成为民间超度先人的节日。是日延僧尼结盂兰盆会,诵经施食。后亦演为仅具祭祀仪式而不延僧尼者。元代统治者笃信宗教,故规定七月十五日为休假日。

[6]十月一日:节日名,即"寒衣节",又称"十月朝""祭祖节""冥阴节""秋祭"。指农历十月初一祭扫之节。

[7]重午:节日名,又称"重五"。指农历五月初五日,即端午节。

[8]重九:节日名,又称"重阳"。指农历九月初九日。《元典章·礼部》卷三《革去拜天》:"其重五、重九拜天,据《集礼》所载,金人立国之初,重午拜于鞠场,重九拜于都城外。"

[9]病患:患病。

302① 至元十四年十二月二十九日,中书省奏:"在先,初十日、二十日、三十日[1],每月三次〔放〕②假③有来④。如今,初一日、初八日、十五日、二十三日[2]、元命日[3]⑤,这日数里放假呵,怎生?"奏呵,奉圣旨:"那般者。"

[1]初十日、二十日、三十日:此为元代的旬假制。指官员十日一休假。

[2]初一日、初八日、十五日、二十三日:此为佛教节日"四斋日"。佛教以农历每月的初一日、初八日、十五日、二十三日为"四斋日"。元释德辉《敕修百丈清规》卷一《景命四斋日祝赞》:"月旦、月望、初八、廿三,四斋日。"元代统治者笃信宗教,故规定四斋日为休假日。《元典章·刑部》卷十九《禁宰猎刑罚日》:"这丁巳年为头,按月初一日、初八日、十五日、二十三日这四个日头,不拣是谁,但是有性命的,背地里偷杀的人每,不断按答奚那甚么?"

---

① 《通制条格·假宁·给假》载有同一条文。《元典章·吏部》卷五《放假日头体例(又)》载有相关条文。《至正条格》此条内容删节。

② 〔放〕:《通制条格》《元典章》皆作"放",《至正条格》脱,今据补。

③ 假:《至正条格》《通制条格》皆作"假",《元典章》作"旬假"。

④ 有来:《至正条格》《通制条格》皆作"有来",《元典章》作"有",疑脱"来"字。

⑤ 元命日:《通制条格》作"乙亥日",《元典章》作"再乙亥日"。

[3]元命日:节日名,即"本命日"。特指元代皇帝的本命日。"本命日"指人出生所属六十甲子干支纪年对应的干支日。元代皇帝十分重视本命日,元世祖忽必烈的本命日即为乙亥日,此后成为全国性的节日活动。

仓库不作假

303 泰定四年八月,御史台呈:"永平[1]等仓,未尝有假。六行用库,除配料、复检相妨外,每日须要卯时开库倒换昏钞,申时后收计,不许似前作假。"户部议得:"在京六库倒换昏钞,务要流通,不宜停缓涩滞,合准御史台所呈,不许作假。"都省准拟。

[1]永平:仓名,即"永平仓"。隶属京畿运粮提举司。京师二十二仓之一,秩正七品。至元十六年(1279)置。每仓各置监支纳一员,正七品;大使二员,从七品;副使二员,正八品。

奔丧迁葬假限

304① 至元二十七年十二月,吏部呈:"诸官吏人等,祖父母、父母丧亡并迁葬者,合依旧例给假,并除马程日行七十里所据俸给②。"送户部议得:"奔丧迁葬,既以人伦重事,许给假限[1],其限内俸钞[2],拟合支给。"都省议得:"依准所拟,除程[3]给假。违限不到者,勒停。今将各各日限开具于后:

"祖父母、父母丧亡③,假限三十日。

"迁葬祖父母、父母,假限二十日。"

[1]假限:休假的期限,指假期。
[2]俸钞:元、明时官吏俸金或以钱币支付,称"俸钞"。元初官吏均

---

① 《通制条格·假宁·奔丧迁葬》载有同一条文。《元典章·吏部》卷五《奔丧迁葬假限》和《元史·选举志三》载有相关条文。
② 俸给:《元典章》作"给假",误。《至正条格》《通制条格》皆作"俸给",当据校。
③ 丧亡:《至正条格》《通制条格》皆作"丧亡",《元典章》作"丧"。

无俸禄，中统三年（1262）定百官俸，并另向民户征收。《元史·食货志四》："至武宗至大二年，外官有职田者，三品给禄米一百石，四品给六十石，五品五十石，六品四十五石，七品以下四十石；俸钞改支至元钞，其田拘收入官。"

[3]除程：指扣除旅途往返乘马所用日程。

305① 大德元年十二月，御史台呈："〔云南行省咨〕②：'诸职官迁葬假限，远近不同。若不明定格例，恐致差池。'"都省议得："除迁葬一节，云南比之中原，地里③悬远，难议给假外，如闻祖父母、父母丧者，即听解任奔讣④。所在官司依例给由申覆，行省照勘完备咨省。仍先具职名[1]、籍贯、解官⑤月日，先行咨来，以凭札付御史台，行移拘该廉访司体覆。"

[1]职名：犹"职衔""官衔"。指官员的职位名称。《元史·百官志一》："国初，职名未创。太宗始置右丞相一员、左丞相一员。"

306 元统二年六月，刑部议得："今后诸官吏迁葬，已有常例。外据提调管军官员，本以防边御寇，比与民职不同。若欲迁葬，预由任所官司保勘，别无窥避[1]，及有以次提调管军官员，方许给假离职。仍行移拘该廉访司体察。违者，验事轻重论罪。"都省准拟。

[1]窥避：犹"规避"。设法躲避。

307 至元二年五月，刑部议得："两淮盐运司[1]五祐场[2]吴司丞，不候申□（覆）⑥，辄便还家迁葬。参详：'今后诸色办课人员须

---

① 《通制条格·假宁·奔丧迁葬》载有同一条文。《元史·选举志三》载有相关条文。
② 〔云南行省咨〕：《通制条格》作"云南行省咨"，《至正条格》脱，今据补。
③ 地里：《通制条格》作"地理"。
④ 讣：《通制条格》作"赴"。
⑤ 解官：《通制条格》作"解任"。
⑥ □（覆）：《至正条格》此字残缺，分析文意，当作"覆"，今据补。

要申奉上司明□(文)①,□(方)②许离职。'"都省准拟。

[1]两淮盐运司:官署名,"两淮都转运盐使司"之简称,又称"两淮都转运使司""两淮运司"等。秩正三品。元初,两淮内附,以提举马里范章专掌盐课之事。至元十四年(1277),始置司于扬州。至元三十年(1293),悉罢所辖盐司,以其属置场官。大德四年(1300),复置批验所于真州、采石等处。下设使、同知、副使、运判、经历、知事、照磨诸官职。下领盐场二十九所,办盐各有差。又下领批验所二,掌批验盐引。

[2]五祐场:两淮都转运盐使司下领二十九所盐场之一。下设司令、司丞、管勾各一员。文中的"吴司丞",指五祐场里担任司丞一职的吴姓官员。

丧葬赴任程限

308③ 延祐六年七月,兵部议得:"诸赴任官员□□(在家)④装⑤束[1]假⑥限,二千里内三十日,三千里内四十日,已上虽远,不过□(五)⑦十日。〔其在路行程[2],大都至本家〕⑧,自起程至到

---

① □(文):《至正条格》此字残缺,分析文意,当作"文",今据补。
② □(方):《至正条格》此字残缺,分析文意,当作"方",今据补。
③ 《元典章·新集至治条例·吏部·官员迁葬假限》载有同一条文。《元典章·吏部》卷四《赴任程限等例》载有部分条文。《元史·选举志三》载有相关条文。
④ □□(在家):《至正条格》此二字残损,《元典章·赴任程限等例》《元典章·官员迁葬假限》《元史》皆作"在家",今据补。
⑤ 装:《至正条格》《元典章·赴任程限等例》《元史》皆作"装",《元典章·官员迁葬假限》作"妆"。
⑥ 假:《元典章·赴任程限等例》作"暇",误。《至正条格》《元典章·官员迁葬假限》《元史》皆作"假",当据校。
⑦ □(五):《至正条格》此字残损,《元典章·赴任程限等例》《元典章·官员迁葬假限》《元史》皆作"五",今据补。
⑧ 〔其在路行程,大都至本家〕:《元典章·赴任程限等例》《元典章·官员迁葬假限》皆作"其在路省(程),大都至本家",《至正条格》脱,今据补。

任,马日行七十里,车日行四十里。乘驿者〔日〕①两站②,百里以上止一站。舟行,上水[3]八十里③,下水[4]一百二十④里。职当急赴任者,不拘此例。违限百日⑤之外者,依例作阙⑥。今后奔丧迁葬之人,果有扶护灵柩,必须经由舟车者,合依赴任水路车程扣算给假。若有违限不到,依例勒停。"都省准拟。

[1]装束:又作"妆束"。约束,限制。
[2]在路行程:犹言"路程"。
[3]上水:船逆流向上游航行。
[4]下水:船顺流向下游航行。

曹 状

309⑦ 至元八年十月,御史台备殿中司[1]呈:"体知差去打算陕西行省官员,至今多日,不见报到曹状[2]。"送礼部讲究得:"今后被差离职官员,拟同事故一体报台,还职日亦行具报。"都省准呈。

[1]殿中司:官署名,元代于世祖至元五年(1268)始置,秩正七品,属御史台。大朝会时,对百官班序失仪失列者进行纠罚;对在京百官到任、

---

① 〔日〕:《元典章·赴任程限等例》《元典章·官员迁葬假限》《元史》皆作"日",《至正条格》脱,今据补。

② 站:《至正条格》《元典章·赴任程限等例》《元典章·官员迁葬假限》皆作"站",《元史》作"驿"。下同。

③ 八十里:《至正条格》《元典章·赴任程限等例》《元典章·官员迁葬假限》皆作"八十里",《元史》作"日八十里"。

④ 一百二十:《元典章·赴任程限等例》《元典章·官员迁葬假限》皆作"日百二十",《元史》作"百二十"。

⑤ 日:《元典章·官员迁葬假限》作"里",误。《至正条格》《元典章·赴任程限等例》《元史》皆作"日",当据校。

⑥ 之外者,依例作阙:《元典章·赴任程限等例》作"之外者,依例作缺",《元典章·官员迁葬假限》作"外者作缺",《元史》作"外,依例作阙"。疑《元史》"外"后脱"者"字。

⑦ 《通制条格·假宁·曹状》载有同一条文。

假告、事故，过三日不报者进行纠举；大臣入内奏事，则随以入，凡不可与闻之人，则纠使回避。后升秩正四品。下设殿中侍御史、知班、通事、译史诸官职。

[2]曹状：官员的请假、离职等文状。《元史·刑法志一》："文武百官谒假事故，三日以外者，以曹状报之。"

310① 至元二十八年八月，御史台备监察御史呈："随处诸衙门府州司县官，或因私隙，或事有畏忌，辄便托疾在家，虚请[1]俸给者有之，或推称事故离职，延待[2]月日者有之。因无检举，冒请俸禄，多致败事。今后外路官吏，合依随朝百官一体，凡假故曹状报本属。仍诸衙门置立假故文簿，明白附写，令首领官掌管结转[3]，每日一次，正官署押，用印关防。行省文簿，令监察御史照刷，其余官府文簿，按察司照刷。如有推病故官吏，所请俸钱，钦依圣旨事意施行。"都省准呈。

[1]虚请：犹"冒请"。假冒领取。
[2]延待：拖延耽搁。
[3]结转：公文术语。保结转报。指对文簿保证了结并转报。

至正条格卷第三十二

---

① 《通制条格·假宁·曹状》载有同一条文。

至正条格卷第三十三　条格　狱官

重刑覆奏

311① 中统四年十一月二十三日，圣旨："至如我或怒其间，有罪过的人根底，'教杀者'。便道了呵。恁每[1]至如[2]迁延一两日再奏呵，亦不妨事。"

[1]恁每：代词。你们。
[2]至如：连词。倘若，假如。"至如……呵"，表示假设。

恤　刑

312 大德八年四月，刑部呈："切照，公事之重，莫重于刑狱，刑狱之重，莫重于人命。故始者，省部抄连[1]初复检验尸状[2]体式，遍行各路。遇有告诉人命公事，县尹即时将引典史[3]、司吏亲诣尸所，监临仵作人等如法检复[4]，明白定验致死根因，行移邻近官司依上检复，盖欲使各处官司知所遵守。近年有司官吏不得其人，往往以人命公事视同泛常，委次官与捕盗官检验，或纵令吏卒迁延文案，致使尸首发变，暧（暖）昧（眛）②其事，或有躬亲检复，则将一干人等独员取问，滥加拷讯，因而受贿徇情，改变损伤，出入情节，作弊多端。又鞫问[5]重囚，狱贵初情[6]。在先官吏得人之时，推究有方，听察得理，故有不待加刑而真情自得，随即附口[7]取讫招词，追会紧关事件，申解本管州府，详审无疑，追勘完备。

---

① 《元史·世祖本纪二》《元史·刑法志二》载有相关条文。
② 暧（暖）昧（眛）：《至正条格》作"暖眛"，误。分析文意，当作"暧昧"，今据校。

按察司上下半年审录无冤,回牒申部,披详[8]待报[9]。每岁秋分之后,差官处断,以至处决。轻囚亦无故出故入之弊,提牢、司狱[10]等官于囹圄狱具亦能加意,故囚徒因病而死者亦少。自南北混一以来,所在抚字之官,类多杂进之流[11],处己公廉,留心刑狱者亦固有之,而以私为念,掊取是图者在在皆是。至如推究狱情,漠然不知,谓如一件人命公事,司县官吏卖弄于检尸之始,迁延于推问之间,所属州府又不即取发归问,或听信人吏,非理疏驳[12],以致囚徒有因讯疮举发[13],有因饥饿,不时变生疾疫,提牢官[14]不为用心医治,死于司县之狱者。及有解到路府,引于公厅之下,众官泛然一问,不待囚人辞说[15],已即换枷入狱。当此之时,罪囚惧狱卒苦楚之不暇,何敢分折[16]①冤抑之情?其所责词状,皆听吏人依解脱写[17],勒令点指[18]画字。若推官[19]素练刑名,肯任其事,尤②能参详文案,审察曲直,容令罪囚吐说真情,庶几分解一二。如或秉性偏执,疏于刑狱,或专尚惨酷,惟事捶楚者,囚人虽有冤抑,欲以自辩,其可得乎?又重囚追会事件,官吏若肯究心,亦无迁延耽滞。加之当该胥吏自知才短,畏避其事,故以小节疏驳不完,虚调行移,以俟交案[20]。廉访司所至之处,苟且多不审察催问,间有牒审[21]起数,又复旁求不完,回牒补答,以致囚徒在狱岁久,心忧形苦,秽气熏蒸,饮食失时,安得无病?虽有医药之名,徒为文具,将养失宜,必然死于非命。略举监察御史照刷出江西行省管下路分,至元二十九年正月至十二月终,死讫轻重罪囚一千一十一名,其余道分[22]谅亦如是。所以近年完备结案者,百无一二,盖为比(此)③也。纵有结案到部,反复参考,中间紧关情节

---

① 折:《至正条格(校注本)》校作"折(析)",误。《至正条格》作"折",文意亦通,今据校。

② 尤:《至正条格(校注本)》校作"尤(犹)",误。《至正条格》作"尤",文意亦通,今据校。

③ 比(此):《至正条格》作"比",误。分析文意,当作"此",今据校。

多有不完,事涉疑似,必须驳问[23],比及完备,往复动经岁①,由此淹滞数年,不能与决[24],往往囚死狱中,是致感伤和气,此皆有司不得其人,风宪官姑息之故也,甚不副圣朝恤刑之意。议拟到下项事理,合从行省、宣慰司、各路总管府整治催督,以任其责。廉访司、监察御史依上审理纠察。"都省准呈。

[1]抄连:谓将(公文)一并抄写。

[2]检验尸状:犹言"检尸""验尸"。

[3]典史:官职名,元代于各提领所、录事司及各局、院,如典饮局、织染局、杂造局、丰州毛子局、缙山毛子旋匠局、杂造双线局、熟皮局、弘州衣锦院、警巡院等,以及诸县皆有设置。诸县置员不同,上、中县,置二员,俸三十五贯;下县,置一员,俸三十五贯。为司县之幕佐,掌照管案牍及亲临百姓应办钱粮一切事务。《元典章·吏部》卷六《选择典史通事》:"随路州县契勘随处司县典史,系临民照管案牍人员。"

[4]检复:犹"检覆"。检验。

[5]鞫问:审讯,审问。元徐元瑞《吏学指南·推鞫》:"鞫问:推穷狱讼曰鞫,询其情状曰问。"

[6]初情:谓初始的、最初的犯罪情节。元张养浩《三事忠告·牧民忠告》卷下《狱诘其初》:"狱问初情,人之常言也。盖狱之初发,犯者不暇藻饰,问者不暇锻炼,其情必真而易见,威以临之,虚心以诘之,十得七八矣。"

[7]附口:依凭口说。谓官员依凭犯人或仵作吏员的言说而审案。

[8]披详:翻阅审理。元徐元瑞《吏学指南·发端》:"披详:谓博览其义而处决者。"

[9]待报:指下级官府判决罪人死刑后,申报上级官府,等候批准施行。

[10]司狱:官职名,元代于刑部司狱司及大宗正府、兵马司、宣抚司、录事司、大都路都总管府、诸路总管府等官署机构皆有设置,秩正八品、从八品不等,掌勘问刑狱之事。

---

① 分析文意,疑《至正条格》于"岁"后脱"余"字。

[11]杂进之流:犹言"杂流"。谓非正途出身的杂职官吏。

[12]疏驳:驳难,批驳责难。

[13]举发:发作。

[14]提牢官:指管理监狱的官员。元律规定,诸郡县佐贰及幕官,每月分番提牢,三日一亲临点视,月终则具囚数牒次官。其在上都囚禁,从留守司提之。

[15]辞说:辩说,辩解。

[16]分折:分辩,辩白。

[17]脱写:简略书写。

[18]点指:按手印。

[19]推官:官职名,至元二十三年(1286),元代于诸上路总管府置推官二员,于诸下路总管府置推官一员,专治刑狱。大德二年(1298),增上路三员,下路一员。

[20]交案:交割案卷。谓下级官府里的办案官吏,在一定的期限内,将此段时期内的审案文卷办理移交至上级官府,以凭上级官府审核查验。《元典章·吏部》卷八《人吏周年交案》:"拟合周年交案,或有差占、事故,明立案验,相沿交割。"

[21]牒审:牒呈审理。指向上级官府呈报案件并由上级官府审理。

[22]道分:即"道"。元代监察区划名。元置二十二道肃政廉访司,其中内八道肃政廉访司隶御史台,江南十道肃政廉访司隶江南行台,陕西四道肃政廉访司隶陕西行台。

[23]驳问:驳回原判,重行审问。元徐元瑞《吏学指南·推鞫》:"驳问:谓案节不完,执意不同,理须驳难而问者。"

[24]与决:断决,判决。

一、①重刑枉直,推详事头[1]。如故杀、斗杀、众证、尸伤、器仗[2]显然,及强盗明白,易于结案者,犹②不免变乱情款[3]。若被殴初不讼官,直待身死,然后方告,或因他疾而死,或事涉暧昧,不

---

① 《无冤录》卷下《受理人命词讼及检尸例》载有同一条文。《无冤录》版本使用《枕碧楼丛书》所载朝鲜抄本,参以《续修四库全书》影印本。

② 犹:《无冤录》作"尤"。

愿进词,尸已烧理(埋)①,其弓手、里正人等意在挟私,计嘱[4]巡②尉、县吏妄投词状。又有妄以惊死老幼为辞③,及自伤残害,故行谋赖[5],胥吏兜揽[6],受理官亦贪求,从而检验,勾拿人众,刻取厌足,改变是非。或以尸首发变青赤颜色妄作生前打损痕伤,欺诈钱物,倘若不满所求,从而锻炼[7]成狱。及有放火□(踪)④迹不明,或被强盗之类,吏卒教令事主妄指平人,因□□(而破)⑤家,致有拷讯而死,捏合文案者,此弊江南尤甚。今□□□(后凡斗)⑥殴致命,即许亲属诣官,指实陈告,照状无疑,随即检□□(验推)⑦究,不许弓手、里正人等受词转申。其余凡告人命不明,□(或)⑧死已多日,事有暧昧,州县先须子细详察,不许轻易受理⑨,破人家产,以肥吏卒。若⑩其事必当受理,选择廉能人吏掌行[8],正官亲临,反覆推求,要见虚实,毋作疑狱。若故杀⑪及强盗一切奸伪之事,例该巡捕官任责者,依例略问情由,即发本县公同磨问[9],须⑫真赃[10]、正仗[11]实迹明白,申解路府施行。其他误杀、戏杀[12]、过失而死,与夫因殴甲而伤乙者,初非故意,罪应减等,亦须许令家

---

① 理(埋):《至正条格》作"理",误。《无冤录》作"埋",今据校。
② 巡:《无冤录》作"廷",误。《至正条格》作"巡",当据校。
③ 辞:《无冤录》作"词"。
④ □(踪):《至正条格》此字残损,《无冤录》作"踪",今据补。《至正条格(校注本)》录作"纵",误,当据校。
⑤ □□(而破):《至正条格》此二字残缺,《无冤录》作"而破",今据补。《至正条格(校注本)》阙录作"□□",当据补。
⑥ □□□(后凡斗):《至正条格》此三字残缺,《无冤录》作"后凡斗",今据补。《至正条格(校注本)》校补作"□(后)□□(斗)",当据补。
⑦ □□(验推):《至正条格》此二字残缺,《无冤录》作"验推",今据补。《至正条格(校注本)》校补作"□(覆)□(究)",误,当据校。
⑧ □(或):《至正条格》此字残缺,《无冤录》作"或",今据补。《至正条格(校注本)》阙录作"□",当据补。
⑨ 理:《无冤录》作"词"。
⑩ 若:《至正条格》《无冤录》皆作"若",《至正条格(校注本)》脱,当据补。
⑪ 故杀:《无冤录》作"被故杀",衍"被"字。《至正条格》作"故杀",当据删。
⑫ 须:《无冤录》作"须要"。

属赴官告诉,推议[13]之际,当尽其心。

[1]事头:情由,事由。"推详事头",指审问情由。

[2]器仗:犯罪工具。

[3]情款:案情。"变乱情款",指变更案情。

[4]计嘱:设法嘱托。指行贿,通关节,买通。

[5]谋赖:指用非正当的手段图谋诬赖某人。

[6]兜揽:包揽。

[7]锻炼:罗织罪名。元徐元瑞《吏学指南·推鞫》:"锻炼:《刑统》释文曰:'锻炼成罪,由屈曲架构也。'犹精熟也。言深文之吏入人之罪,犹工冶陶铸精熟也。""锻炼成狱",谓罗织罪名,造成冤狱。

[8]掌行:掌管。

[9]磨问:仔细审讯,盘问。元徐元瑞《吏学指南·推鞫》:"磨问:谓事应研究而问者。""公同磨问",指共同审讯。

[10]真赃:指盗窃的原物。

[11]正仗:犹"真仗"。指真正、确凿的犯罪工具。

[12]戏杀:谓相戏误伤而致死。元代承袭前代法律,规定戏杀罪轻于斗杀,罪应减等。《元典章·刑部》卷四《船边作戏溺死》:"戏杀伤人者,减斗杀伤二等,谓以力共戏而致死伤者。虽和,以刃,若乘高、履危及入水中,以故烧伤者,准减一等。"

[13]推议:审问议罪。

一、推问惨酷,不得真情。鞠囚之官,先当以哀矜为念。今之问囚者,多尚惨酷,先之以威猛,次之以拷讯,至有狱具遍加,不禁捶楚而虚招诬服者,又或以轻罪诱说[1],使之招承,皆问事[2]之过也。若果显证明白,抗拒不招,依例立案拷问,自有狱成之理,何至专以惨酷为念哉?在先为鞭背游街、精跪[3]砖石、王侍郎绳索[4]等涉于惨酷,已经禁革。尚有非法狱具,脑箍[5]夹踝、搅札麻槌[6]、以棒拗膝之类,但问寻常细事,辄陈于前,使人畏慑,或纵己意,遽而用之,皆可损人肢体,其酷尤甚,并宜禁断。

[1]诱说:诱骗。

[2]问事:审讯,审问。

[3]精跪:酷刑。谓审问犯人时,使其脱衣露膝,屈腿跪于铁锁、砖石、田地等上面,以示惩罚。

[4]王侍郎绳索:酷刑。元代刑部侍郎王仪审囚惨酷,自创绳索法,谓用绳索缚囚,使其全身痛苦,如果再加重缚囚,囚徒即肢体断裂,后称"王侍郎绳索"。《元典章·刑部》卷二《禁断王侍郎绳索》:"自阿合马擅权以来,专用酷吏为刑部官,谓如刑部侍郎王仪,尤号惨刻。自创用绳索法,能以一绳缚囚,令其遍身痛楚,若后(复)稍重,四肢断裂,至今刑部称为'王侍郎绳索'。"

[5]脑箍:刑具名。箍头的刑具。元徐元瑞《吏学指南·狱具》:"脑箍、脚夹、麻棍:今用拷囚。"

[6]搅札麻槌:"搅札"即"搅扎",犹"缠扎"。缠绕捆扎。"搅札麻槌",谓用麻缠绕捆扎而成的粗而短的鞭槌。用作刑具。行刑前用水浸湿。

一、追会迟延,久不结案。若囚正情[1]已定,追会不难,谓如故杀、斗杀、误杀、过失杀,尸伤、器仗最为要切,事发之初,即合追会明白。如指尸仗弃于山涧井野,或损或在,即时着紧穷究,易见分晓。如指弃于水中池塘,可以捞觅。在长流江河,捞觅不见,经涉泛涨,徒费文移[2]。若其事别有明白显证,合凭有司重别保结。如紧关干犯[3]、干连[4]人等在于他处,必当面对[5],早差有职役能干公人,责限亲诣所在官司,守候同来。如或逃亡,督责捕盗官兵亲于诸处根捉。不获,着落亲知。委实无踪①可捕,如不至极刑,合凭众词归结。后若败获,却指已断者罪重,复行对问[6]。强盗追见正赃[7]、真仗[8],伪钞搜获板印②,事无可疑,在狱者照勘,必合追会紧关事件,疾早结案。续发者,一体结解[9]审复。

[1]正情:即"真情""实情"。指真正、真实的犯罪情节。

---

① 踪:《至正条格(校注本)》录作"纵",误。《至正条格》作"踪",今据校。
② 伪钞搜获板印:《至正条格》此句不合语法,文意不通,疑为"搜获板印伪钞"之误倒。

［2］文移：文书，公文。

［3］干犯：指与罪案有牵连的人。元徐元瑞《吏学指南·狱讼》："干犯：谓相因致罪者。《汉后纪》曰：'即保其罪。'"

［4］干连：又称"干连人"。指无罪却被牵连进诉讼中的人。元徐元瑞《吏学指南·狱讼》："干连：谓无罪被累者。秦有知见连坐法，《梁商传》曰'辞所连染'也。"

［5］面对：当面对质。

［6］对问：当面审问。元徐元瑞《吏学指南·推鞫》："对问：两相对鞫也。古对如此，汉文以言多非诚，乃去口从土。《赋》注云：'问鞫则情易见，偏听则辞难穷。'"

［7］正赃：犹"真赃"。指盗窃的原物。

［8］真仗：犹"正仗"。指真正、确凿的犯罪工具。

［9］结解：结案起解。谓将案件归结并解送至上级官府，以凭审查。元苏天爵《滋溪文稿》卷二七《禁治死损罪囚》："其有结案之囚，当使明正其罪，今县未尝申解于州，州未尝申解于路，或畏刑名之错，或因结解之难，不问罪之轻重，尽皆死于图圄。"

一、①检验尸伤，亲速详定要害致命去处，要见拳手、砖石、棍棒、刃物所伤明白。不许官吏避忌臭②秽，远听仵作行人[1]喝写标附③。检毕，责付邻佑看守，以待复检，不得就彼擅自推问，有所侵扰，及守候复检，相与扶同[2]，亦不得轻许陈告免检。如故有稽④缓，致尸发变者，依例科断⑤。

［1］仵作行人：又作"仵作""仵作人"。指官府中检验死伤的差役。

---

① 《无冤录》卷下《受理人命词讼及检尸例》载有同一条文。《无冤录》版本使用《枕碧楼丛书》所载朝鲜抄本，参以《续修四库全书》影印本。《无冤录》所载条文内容完整，《至正条格》此条内容删节。

② 臭：《无冤录》作"凶"。

③ 附：朝鲜抄本《无冤录》作"付"，误。《续修四库全书》影印本《无冤录》与《至正条格》皆作"附"，当据校。

④ 稽：《无冤录》作"迟"。

⑤ 依例科断：《无冤录》作"依律科罪"。

[2]扶同:串通。"相与扶同",指相互串通。

一、狱贵初情,亲任问责[1]。凡事发官司,皆须正官亲自推勘[2],各□(人)①异处隔问[3],众说皆同,始得其真。其或矛盾,反复穷诘,当官取责[4],毋令吏人私下勘问[5]。所解上司,正官必须子□(细)②躬亲磨问推穷,容囚自吐实情,毋加苦楚。令吏当面附口取责,不许攀指[6]平人,或傍引无用情节,招词须要明白简当,不失正情。

[1]问责:审问。

[2]推勘:审问。

[3]隔问:隔离审问。元徐元瑞《吏学指南·推鞫》:"隔问:谓两不睹面而问者。"

[4]取责:犹"问责"。审问。

[5]勘问:审问。元徐元瑞《吏学指南·推鞫》:"勘问:谓事应推鞫者。"

[6]攀指:又作"指攀"。攀扯指证。谓招供时攀扯牵连别人。

一、审复依期,囚无冤滞。凡到路府轻重罪囚,推官加意推究,路官用心审问,轻者早与疏决,重者若无冤抑及无不尽情节,照勘追会事件完备,行移廉访司,依期子细参照文案,对家属、苦主[1],再三审复无冤,回牒结案。开写元问州县路官并审复官职名,各道类申[2],御史台略节各起事由,开具呈省,以凭查照[3]。如有番异[4]及别有可疑者,钦依施行,移推[5]官司,依理穷诘,毋尚捶楚,以成其事。其吏人指各衙门审断所需,于囚属科取钱物,尤为害政,亦宜严行体察禁治。

[1]苦主:命案中受害人的家属。元徐元瑞《吏学指南·狱讼》:"尸亲:谓死者之亲也。宋曰血属,今曰尸亲,又曰苦主,取被害之义也。"

[2]类申:公文术语。依类申报。

---

① □(人):《至正条格》此字残损,分析文意,当作"人",今据补。

② □(细):《至正条格》此字残损,分析文意,当作"细",今据补。

[3]查照:核查。
[4]番异:又作"翻异"。翻供。
[5]移推:移送,移交。

一、囚病失治,责任所司。但有囚病,司狱、提牢官监医诊候,如法用药,着紧看治,须要痊愈。若有耽误,非理死损,廉访司、监察御史钦依随事纠问。每月另具病因已痊、身死及病重出外死者轻重起数,同本月提牢官职名牒报,廉访司体问。任满,于解由内开写任内死损罪囚及果有审出冤抑柱禁[1]罪囚。已经改正者,亦具实绩开申,以凭殿最。

[1]柱禁:无辜而被囚禁。

一、①狱事不修,司狱之责。看详[1]:"司狱直隶廉访司者②,盖欲③常知各处狱情。今后督责司狱整治狱事,如法每月具报收□□(除起)④数、有无冤滞,开申宪司[2]。其司狱官吏有犯,许移文宪司,取问责罚,以称直隶之责,亦免有司挟恨罗织之患。仍仰本府提牢正官常切依期加意点觑。"

[1]看详:公文术语。审阅研究。元徐元瑞《吏学指南·发端》:"看详:谓审视辞理,善为处决者。"
[2]宪司:上司。元代习用语。此处专指廉访司。

一、狱卒久役,奸弊多端。或教囚番异,走泄[1]狱情,或苦虐罪囚,或有病应申而延迟,及未应疏保而同医工冒申,因而乞取,比比成家。又如新囚入狱,每过一门,辄用粗棍于囚腰背痛捶三下,谓之摄牢棒[2],有因内损而致死者。司狱官吏既与此辈相处日久,互知弊病,不敢责问,必须文致囚状,别作它病身死。今后凡久役狱卒除差者,即便交替。如不除差或代名者,革罢为民,并

---

① 《元典章·新集至治条例·刑部·禁司狱用刑》载有同一条文。
② 者:《至正条格》作"者",《元典章》脱,当据补。
③ 欲:《元典章》作"与",误。《至正条格》作"欲",当据校。
④ □□(除起):《至正条格》此二字残损,《元典章》作"除起",今据补。

选相应惯熟无过正名[3]勾当,周岁交替。司狱、提牢官常切关防,毋令教唆走泄狱情,如摄牢棒并苦囚旧弊,并宜禁止。铃(钤)①束狱卒日夜公谨,毋致囚徒逃逸。

[1]走泄:走漏,泄漏。"走泄狱情",指泄漏案情。

[2]摄牢棒:又作"慑牢棒""杀威棒"。犯人收监前,常先施以棒打,使其慑服,故称。

[3]正名:真名。与"假名""冒名"相对。谓确系本人,而非假借他人名义。

一、②枷锁刑禁,毋肆威权。今后凡有枷锁、散禁[1]罪人,即日以公文明写已招罪名、应枷应锁或散,收发下司狱司[2],分别轻重异处。若无公文,不许收留。州县同署案验讫,然后监系。仍行移提牢官照验,并依程限归结。杖笞枷锁,校勘如法。□(钤)③束公吏人等,凡决罪人,毋致贫而加重,富而从轻。其□□门房他所不应□(监)④□之处,并仰禁绝,及独员并典□□□等,不得擅自监放。如违,痛行究治。其干连人⑤不关利□(害),□(及)⑥虽正犯[3]而罪轻者,钦依圣旨事意施行。曾论诉官吏人等,有犯到官,照例回避,毋加陵苦。

[1]散禁:谓不给囚犯戴镣铐。

[2]司狱司:官署名,元初以右三部照磨兼刑部系狱之任。大德七年(1303),始于刑部置司狱司,设司狱一人,正八品;狱丞一人,正九品;狱典一人;部医一人,掌调视病囚。此外,元代于诸路总管府亦有设置,设司狱一人。

---

① 铃(钤):《至正条格》作"铃",误。分析文意,当作"钤",今据校。
② 《元典章·刑部》卷二《斟酌监保罪囚》载有相关条文。
③ □(钤):《至正条格》此字残损,分析文意,当作"钤",今据补。
④ □(监):《至正条格》此字残损,分析文意,当作"监",今据补。
⑤ 干连人:《元典章》作"干连"。
⑥ □(害)□(及):《至正条格》此二字残损,《元典章》作"害及",今据补。《至正条格(校注本)》阙录作"□□",当据补。

[3]正犯:又称"正犯人"。犹"主犯"。指首要的罪犯。

重囚结案

313 皇庆二年七月,刑部呈:"切惟[1]刑法之设,本以禁暴防奸,实辅治之权纲,御民之御辔,有天下国家必用而不可缺者也。书曰:'明于五刑,以弼五教。'[2]三代之盛,所不能无。汉唐以来,各定法令,以成一代之治。钦惟世祖皇帝重惜民命,慎恤刑罚,内立中书刑部以总其纲,外设各处推官以专其事。至于风宪[3]之置,所责尤深,列圣(朝)①相承,典章具在。近年以来,有司暗于识断[4],狃于姑息,各处重刑,率多淹滞。廉访司既失究治,复多推延。凡遇牒审,或驳小节不完,或托它故苟避,上下相习,恬不为意,致使强盗图财、奴婢杀主、妻妾因奸杀夫,禁系[5]累年,尚不结案,非死于囹圄,必释于洪恩。得正典刑,百无一二,使被死者含冤而莫伸,为恶者侥幸而待免,甚戾朝廷禁暴惩恶之意。夫古之所谓慎刑者,盖谓加察于推鞫[6]之际,致详于审谳[7]之时,诚能尽心,自无冤滥,非徒迁延姑息。若今之弊,苟不申严,深害政治。今后一切重囚,凡在官守,钦体累降圣旨条画及遵都省节次已行通例,有司取问明白,追勘完备,廉访司即为审复无冤,结案待报。枉滥淹滞者,严行纠治。其或廉访司官吏迁延苟避,故行疏驳[8],从监察御史追照[9]究问。"都省准拟。

[1]切惟:犹"窃惟"。谓私下考虑。表示个人想法的谦辞。
[2]明于五刑,以弼五教:出自《尚书·大禹谟》。
[3]风宪:指监察、法纪部门。元代指称肃政廉访司。
[4]识断:审察断决。
[5]禁系:监禁。
[6]推鞫:犹"推鞫"。审问。

---

① 圣(朝):《至正条格》作"圣",误。分析文意,当作"朝",今据校。《至正条格(校注本)》录作"朝",误,当据校。

［7］审谳：审判定罪。
［8］疏驳：驳难，批驳责难。
［9］追照：核查。

314 至元元年四月，刑部议得："今后各处行省、宣慰司并路府州县，凡有咨呈[1]关申[2]刑名重事，须要遵依元定案式，追勘一切完备，明白议拟，依例结案，以凭详谳[2]。但有不完或违元式[4]，合将当该首领官吏验事轻重治罪。"都省准拟。

［1］咨呈：公文术语。具文呈报。元徐元瑞《吏学指南·公式》："咨呈：即咨申意耳。"
［2］关申：公文术语。行文申报。
［3］详谳：审判。
［4］元式："元定案式"之简省。指原来制定的结案程序。

斗殴杀人结案详断

315① 大德十年八月，刑部呈："本部郎中[1]赵奉政[2]言：'刑罚之设，本以禁暴防奸，俾民不相侵害，各得保全性命而已，所以历代科条，皆以虐绝人命为重罪。故汉之约法曰：杀人者，死。唐之定律曰：谋故杀人者，斩；斗殴杀人者，绞。近代亦然。至于国朝，酌古准今，详情论罪，于谋故杀人者，少所宽贷，而斗殴致命者，亦从重科。近年以来，各处谳狱者，如济宁路张猪狗用棒打死冯五，广平路邢羊儿用头撞死刘大之类。部拟：罪皆处死。都省议得：非故杀人，并从杖断一百七下，追征烧埋银两[3]。从此而后，各处官司与审断罪囚官员辄将斗殴杀人重囚轻议比例断遣，徒知矜恕罪人，不念辜负死者。何况定罪轻重有五：曰笞，曰杖，曰徒，曰流，曰死，自轻加重也，从笞十渐加二十等而极于死，从重减轻□（也）②，是死罪渐减二十等而至笞十。今斗殴杀人者，杖一

---

① 元苏天爵《滋溪文稿》卷二七《乞详定斗殴杀人罪》载有部分内容。
② □（也）：《至正条格》此字残损，分析文意，当作"也"，今据补。

百七下，□□(则比)①死罪陡行减轻者十等，而杀人者获幸何多，丧命者含冤□□□。兼见断窃盗例，不计赃之多寡，再犯者配徒[4]三年，三犯者流□□戍，而斗殴杀人者减死杖断，不入配流[5]，则反轻于窃盗，屡犯□□。又如私宰自己马牛，杖断一百，盗取他人头匹者，一征其九，而□(斗)②殴杀人者，杖断则仅如私宰马牛，征赃则不及偷盗头匹，用刑轻重，似少详论，将恐渐开凶恶杀人之门，或长奸吏舞文之弊。自前所无，于理不顺。'本部议得：'斗殴杀人，所犯不一。原情议罪，事各有异。若许一例断放，被死之人，冤何由雪？又③恐官吏乘此弄法，渐生奸弊，甚于刑政不便。如准所言，但犯斗殴杀人，追勘完备，依例结案详断[6]，庶免差池。'"都省准拟。

[1]郎中：官职名，元代置于中书省、左右司、六部、大宗正府、行中书省诸官署机构中，秩正五品或从五品不等。

[2]赵奉政：时任刑部郎中之职。元苏天爵《滋溪文稿》卷二七《乞详定斗殴杀人罪》载有其事。

[3]烧埋银两：又称"烧埋银"。

[4]配徒：犹"徒配"。谓将罪犯拘禁于一定场所，剥夺其自由，并强制其劳动。

[5]配流：犹"流配"。谓把罪人发配、流放到远地。

[6]详断：审察断决。

刑名备细开申

316④ 至元二十年十一月，刑部呈："各处凡有到省刑名事理，多送本部照勘拟呈⑤。今来照得：'事发官司元呈止是节略犯人招

---

① □□(则比)：《至正条格》此二字残损，分析文意，当作"则比"，今据补。
② □(斗)：《至正条格》此字残损，分析文意，当作"斗"，今据补。
③ 又：《至正条格》录作"叉"，误。分析文意，当作"又"，今据校。
④ 《元典章·刑部》卷一《刑名备申招词》载有同一条文。
⑤ 拟呈：《元典章》作"拟定呈省"。

语,不见备细情犯词因,惟①凭短招议罪,中间恐有差池。若便疏驳不完〔呈省〕②,却缘地里悬远,不惟往复文繁,致使囚人坐禁[1]未便。'〔参详〕③:'今后遇有须合申明裁决事理,令事发官司开写犯人所招一干备细词因完备,申覆合干上司,先行议拟,咨呈都省区处,或送本部复拟,庶望易为照勘,不致差池。'"都省准呈。

[1]坐禁:被关押,被囚禁。

317 至顺三年十二月,刑部议得:"今后重刑招款[1],必令供责[2]幼名[3]。凡有咨呈关申刑名事理,须要选委通晓刑名人吏,追勘完备,依式结案,提调首领官吏对同[4]书名画字,仍设法关防,发放入递。但不依式,并行治罪,标附。如是催行[5],依式开写备细,再催之后,方许略节咨申。"都省准拟。

[1]招款:指罪犯招认的各项罪行。
[2]供责:犹"招责"。指招供。
[3]幼名:指详细的犯罪情节。
[4]对同:公文术语。谓校对及纠正讹误,使副本与正本文字相同。《元典章·吏部》卷七《净检对同方押》:"今后应行公事,先须议定,详看检目,随即填写了毕,赴首领官处书卷完备,对同(读)无差,于净本、净检上标过'对同',方许呈押。"
[5]催行:催促。

处决重刑

318 至元三年十月,刑部议得:"今后处决重囚,比及立春,务要与决。如果已及春月,将见禁重囚疾早追勘完备,牒审无冤,依式结案,申达省部。应死者,预为奏闻,才候秋分,依例处治。若犯恶逆[1]以上及奴婢杀主之类,决不待时者,不拘此例。"都省

---

① 惟:《元典章》作"准",误。《至正条格》作"惟",当据校。
② 〔呈省〕:《元典章》作"呈省",《至正条格》脱,今据补。
③ 〔参详〕:《元典章》作"参详",《至正条格》脱,今据补。

准拟。

[1]恶逆:指刑律十恶之一。《元史·刑法志一》:"恶逆:谓殴及谋杀祖父母、父母,杀伯叔父母、姑、兄、姊、外祖父母、夫、夫之祖父母、父母者。"

决不待时

319 至顺三年四月,刑部议得:"强盗图财,劫杀使命[1]及品官者,合令事发官司即便归勘明白。在外行省咨禀,腹里路分申达省部,备呈都省闻奏,决不待时。"都省准拟。

[1]使命:犹"使者"。指奉命出使的人。

囚案明白听决

320① 皇庆元年十二月二十六日,中书省奏节该:"各处囚徒,杖罪以下,不行决遣[1],作疑申禀,及重刑结案不完等事。照得,至元二十八年六月,奏准节该:'诸〔杖〕②罪五十七以下,并听司[2]、县断决;八十七以下③,散府[3]、州[4]、军[5]④断决;一百七以下,宣慰司⑤、总管府断决。'又一款:'诸应申上司定夺之事,皆自下而上用心检校。但有不实不尽,其所由官司即须疏驳,必要照

---

① 《元典章·朝纲》卷一《省部减繁格例》载有同一条文。《元典章·刑部》卷二《诸衙门杖数笞杖等第》、《元典章·吏部》卷七《申事自下而上》、《元典章·圣政》卷二《大德八年诏》、元赵承禧《宪台通纪·审理罪囚定例》和《事林广记·别集》卷三《刑法类》载有部分条文。
② 〔杖〕:《元典章·省部减繁格例》作"杖",《至正条格》脱,今据补。
③ 八十七以下:《至正条格》《元典章·诸衙门杖数笞杖等第》《事林广记》皆作"八十七以下",《元典章·省部减繁格例》作"八十七下以下"。
④ 军:《事林广记》作"郡",误。《至元新格》《元典章·省部减繁格例》《元典章·诸衙门杖数笞杖等第》皆作"军",当据校。
⑤ 宣慰司:《至元新格》《元典章·省部减繁格例》《元典章·诸衙门杖数笞杖等第》皆作"宣慰司",《事林广记》作"各路"。

勘完备，议拟相应，方许□（申）①呈。若事有未完，例或不当，不即疏驳而辄准申呈者，各将当□□（该首）②领③官吏究治。驳而不尽④，至于再三，故延其事者，亦如之。'又□□□（大德五）⑤年八月，钦奉圣旨节该：'诸处罪囚，仰肃政廉访司官分行[6]审理⑥，轻者决之，冤者□□（辨之）⑦，滞者纠之。有禁系累年疑不能决⑧者，另具始末及具⑨疑状申御□（史）⑩台，呈省详谳。在江南者，经由行御史台⑪。仍自今后，所至审囚⑫，永为定例。'钦此。议得：'今后诸处罪囚所犯，事例明白，应断决者，并听合干上司依例

---

① □（申）:《至正条格》此字残损，《元典章·省部减繁格例》《元典章·申事自下而上》皆作"申"，今据补。

② □□（该首）:《至正条格》此二字残损，《元典章·省部减繁格例》《元典章·申事自下而上》皆作"该首"，今据补。

③ 领:《至正条格（校注本）》录作"令"，误。《至正条格》《元典章·省部减繁格例》《元典章·申事自下而上》皆作"领"，今据校。

④ 尽:《元典章·申事自下而上》作"益"，误。《至正条格》《元典章·省部减繁格例》皆作"尽"，当据校。

⑤ □□□（大德五）:《至正条格》此三字残损，《元典章·省部减繁格例》《宪台通纪》皆作"大德五"，今据补。又，《元典章·大德八年诏》作"大德八年□日"，误。依据《至正条格》《元典章·省部减繁格例》《宪台通纪》，当作"大德五年八月初三日"。

⑥ 分行审理:《至正条格》《元典章·省部减繁格例》《宪台通纪》皆作"分行审理"，《元典章·大德八年诏》作"分明审录"。

⑦ □□（辨之）:《至正条格》此二字残损，《元典章·省部减繁格例》作"辨之"，《宪台通纪》作"辩之"，今据《元典章·省部减繁格例》补。此外，《元典章·大德八年诏》脱"冤者辨之"，当据《元典章·省部减繁格例》补。

⑧ 疑不能决:《至正条格》《宪台通纪》皆作"疑不能决"，《元典章·省部减繁格例》作"疑不决"，《元典章·大德八年诏》作"疑而不能决"。

⑨ 具:《至正条格》《元典章·大德八年诏》皆作"具"，《元典章·省部减繁格例》《宪台通纪》皆作"其"。

⑩ □（史）:《至正条格》此字残损，《元典章·省部减繁格例》《元典章·大德八年诏》《宪台通纪》皆作"史"，今据补。

⑪ 台:《至正条格》《元典章·省部减繁格例》《宪台通纪》皆作"台"，《元典章·大德八年诏》脱，当据补。

⑫ 囚:《至正条格》《元典章·省部减繁格例》皆作"囚"，《元典章·大德八年诏》作"录"。

决遣。即应与决〔而不与决〕①,或故延其事,作疑申禀,及结案重囚虽经廉访司审录无冤,中间却有漏落[7]情节,追勘不完,必致再行驳问,淹禁囚徒,不能与决。今后各路重刑结案,须要追勘一切完备,牒呈[8]本道廉访司,仔②细参详始末文案,如中间但有不完可疑情节,尽情驳问。如无不尽不实,再三审复无冤,开写备细审状,回牒有司,追勘一切完备,方许结案。行省委文资正官并首领官吏依上用心参照,别无不完可疑情节,拟罪咨省。首领官吏对读无差,标写[9]姓名,不许抄连备咨。如结案,但有照出追勘不完、失问事理,当该正官、首领官吏亦行究治。其获贼功赏、平反冤狱,若不依例保勘完备,乱行咨申者,拘该正官、首领官吏量事轻重断罪。果有情犯不同,事干通例,必合咨禀者,议拟咨呈。'"

[1]决遣:审判发落。

[2]司:指"录事司"。详参第138页"录事司"条。

[3]散府:元代地方官署机构。《元史·百官志七》:"散府,秩正四品。达鲁花赤一员,知府或府尹一员,领劝农奥鲁与路同,同知一员,判官一员,推官一员,知事一员,提控案牍一员。所在有隶诸路及宣慰司、行省者,有直隶省部者,有统州县者,有不统县者,其制各有差等。"

[4]州:元代地方行政区划。《元史·百官志七》:"诸州。中统五年,并立州县,未有等差。至元三年,定一万五千户之上者为上州,六千户之上者为中州,六千户之下者为下州。江南既平,二十年,又定其地五万户之上者为上州,三万户之上者为中州,不及三万户者为下州。于是升县为州者四十有四。县户虽多,附路府者不改。上州:达鲁花赤、州尹秩从四品,同知秩正六品,判官秩正七品。中州:达鲁花赤、知州并正五品,同知从六品,判官从七品。下州:达鲁花赤、知州并从五品,同知正七品,判官正八品,兼捕盗之事。参佐官:上州,知事、提控案牍各一员;中州,吏目、提控案牍各一员;下州,吏目一员或二员。"

---

① 〔而不与决〕:《元典章·省部减繁格例》作"而不与决",《至正条格》脱,今据补。

② 仔:《元典章·省部减繁格例》作"子"。

[5]军:元代地方行政区划。《元史·百官志七》:"诸军,唯边远之地有之,各统属县,其秩如下州,其设官置吏亦如之。"元代,"军"的设置有长宁军、南宁军、万安军、吉阳军四个。其中,长宁军隶属四川行省马湖路,南宁军、万安军、吉阳军皆隶属湖广行省海北海南道宣慰司。

[6]分行:分明,清楚。

[7]漏落:遗漏。

[8]牒呈:公文术语。移文呈报。

[9]标写:登记书写。

刑名作疑咨禀

321 至元四年十一月,都省议得:"设官分职,各有攸司[1]。趋事赴功,在于守法。今后拘该行省、宣慰司,凡遇各处申详[2]刑名等事,若不据例与决,仍复作疑咨禀者,定将首领官吏□(究)①治。"

[1]攸司:犹"所司"。指职责。

[2]申详:公文术语。谓向上级官府详细呈报。

断决推理

322 至元二十八年六月,中书省奏准:

诸〔杖〕②罪,五十七以下,并听司、县断决;八十七以下,散府、州、军断决;一百七以下,宣慰司、总管府断决。配流、死罪,依例勘审[1]完备,申关[2]刑部待报。应申扎鲁忽赤[3]③者,亦同。④

诸随处季报罪囚,当该上司皆须详视,但有淹滞,随即举行。

---

① □(究):《至正条格》此字残损,分析文意,当作"究",今据补。
② 〔杖〕:《元典章·罪名府县断隶》《新元史》皆作"杖",《至正条格》脱,今据补。
③ 扎鲁忽赤:《元典章·罪名府县断隶》作"扎鲁火赤",《新元史》作"札鲁忽赤"。
④ 《元典章·刑部》卷一《罪名府县断隶》和《新元史·刑法志上》载有同一条文。《元典章·刑部》卷二《诸衙门杖数笞杖等第》载有部分条文。

其各路推官,既使专理刑狱①。凡所属去处,察狱有不平,系囚②有不当,即听推问明白,咨申本路,依理改正。若推问已成,他司审理复③有不尽不实,即④取推官招伏议罪。⑤

诸鞫⑥问罪囚,必先参照元发事头⑦,详审本人词理[4],研究[5]合⑧用证佐[6],追究可信显迹。若或⑨事情疑似,赃状⑩已明,而隐讳⑪不招,须与连职[7]官员立案同署,依法拷问。其告指⑫不明,无证验[8]⑬可据者,先须以理推寻[9],不得辄加拷掠。⑭

诸所在重刑,皆当该官司公厅圆座⑮,取讫服辨[10],移牒[11]肃政廉访司,审覆⑯无冤,结案待报。若犯人番异⑰,或⑱家属称冤,听牒本路移推。其赃⑲验[12]已明,及不能指论抑屈情由者,不在移推之例。⑳

① 刑狱:《至正条格》《元典章》皆作"刑狱",《新元史》作"刑名"。
② 囚:《元典章》作"狱"。
③ 复:《元典章》《新元史》皆作"或"。
④ 即:《元典章》作"却",误。《至正条格》作"即",当据校。
⑤ 《元典章·刑部》卷二《罪囚淹滞举行》载有同一条文。《新元史·刑法志上》载有相关条文。
⑥ 鞫问:《元典章》《新元史》皆作"鞫问"。
⑦ 事头:《至正条格》《元典章》皆作"事头",《新元史》作"事件"。
⑧ 合:《新元史》作"各",误。《至正条格》《元典章》皆作"合",当据校。
⑨ 若或:《至正条格》《元典章》皆作"若或",《新元史》作"若"。
⑩ 状:《元典章》作"仗"。《新元史》作"伏",误。"伏"当为"仗"之误,当据校。
⑪ 隐讳:《至正条格》《元典章》皆作"隐讳",《新元史》作"隐匿"。
⑫ 告指:《至正条格》《元典章》皆作"告指",《新元史》作"指告"。
⑬ 证验:《至正条格》《元典章》皆作"证验",《新元史》作"证佐"。
⑭ 《元典章·刑部》卷二《鞫囚以理推寻》载有同一条文。《新元史·刑法志上》载有相关条文。
⑮ 圆座:《元典章》作"圆坐"。
⑯ 审覆:《元典章》作"审复"。
⑰ 番异:《元典章》作"翻异"。
⑱ 或:《至正条格》作"或",《元典章》脱,当据补。
⑲ 赃:《元典章》作"贼",误。《至正条格》作"赃",当据校。
⑳ 《元典章·刑部》卷二《犯人番异移推》载有同一条文。

诸见禁罪囚，各处正官每月分轮检视。凡禁系不应①、淹滞不☐（决）②、病患③不治，并合给囚粮依时不给者，并须随事究问④。☐☐（肃政）⑤廉访司官所在之处，依上审察。其在都罪囚⑥，中书⑦刑☐（部）、☐（御）⑧史台、扎鲁忽赤⑨各须委官季一⑩审理，冤者辨明，迟者☐☐（催问）⑪，轻⑫者断遣，不致冤滞。⑬

诸狱讼，元告[13]⑭明白，易为穷治。其当该官司，凡受词状，即须子⑮☐（细）⑯详审。若指陈不明及无证验者，省会别具的实[14]文状，以☐（凭）⑰勾问。其所告事重⑱，急⑲应掩捕者，不拘此例。⑳

---

① 应：《新元史》作"究"。《元典章》作"廉"，误，今据《至正条格》校。
② ☐（决）：《至正条格》此字残损，《元典章》《新元史》皆作"决"，今据补。
③ 病患：《至正条格》《元典章》绵作"病患"，《新元史》作"患病"。
④ 并须随事究问：《至正条格》《元典章》皆作"并须随事究问"，《新元史》作"须随时讯问"。
⑤ ☐☐（肃政）：《至正条格》此二字残损，《元典章》《新元史》皆作"肃政"，今据补。
⑥ 在都罪囚：《至正条格》《元典章》皆作"在都罪囚"，《新元史》作"京师狱囚"。
⑦ 中书：《至正条格》《元典章》皆作"中书"，《新元史》作"中书省"。
⑧ ☐（部）☐（御）：《至正条格》此二字残损，《元典章》《新元史》皆作"部御"，今据补。
⑨ 扎鲁忽赤：《元典章》作"扎鲁火赤"，《新元史》作"札鲁忽赤"。
⑩ 官季一：《至正条格》《元典章》皆作"官季一"，《新元史》作"问官一员"。
⑪ ☐☐（催问）：《至正条格》此二字残损，《元典章》作"催问"，《新元史》作"督催"，今据《元典章》补。
⑫ 轻：《新元史》作"释"，误。《至正条格》《元典章》皆作"轻"，当据校。
⑬ 《元典章·刑部》卷二《审察不致冤滞》载有同一条文。《新元史·刑法志上》载有相关条文。
⑭ 元告：《至正条格》《元典章》皆作"元告"，《新元史》作"原告"。
⑮ 子：《至正条格》《新元史》皆"子"，《元典章》作"仔"。
⑯ ☐（细）：《至正条格》此字残损，《元典章》《新元史》皆作"细"，今据补。
⑰ ☐（凭）：《至正条格》此字残损，《元典章》《新元史》皆作"凭"，今据补。
⑱ 事重：《至正条格》《元典章》皆作"事重"，《新元史》作"情事重大"。
⑲ 急：《至正条格》《元典章》皆作"急"，《新元史》脱，当据补。
⑳ 《元典章·刑部》卷十五《至元新格》和《新元史·刑法志上》载有同一条文。

诸民讼①之繁,婚田为甚。其各处官司,凡媒人,各使通晓不应成婚之例;牙人,使②知买卖田宅违法之例;写词状人,使③知应告不应告言[15]之例。仍取管不违犯④甘结[16]⑤文状,以塞起讼[17]之源⑥。⑦

诸系囚听讼[18]事理,当该官司自始初勾问⑧,及中间施行,至末后归结,另须置簿朱销[19]。肃政廉访司专一⑨照刷,毋⑩致淹滞。⑪

诸词讼,若证验无疑,断例明白,而官吏看徇(徇)[20]⑫,故有枉错[21]者,虽事已改正,其元⑬断情由,仍须究治。⑭

[1]勘审:犹"勘问"。审问。

[2]申关:公文术语。谓向上申报。

[3]扎鲁忽赤:蒙古语音译,官职名,指断事官。详参第226页"也可扎鲁忽赤"条。

[4]词理:犹"词情"。诉讼情节,词讼情节。

[5]研穷:详细追查审问。

---

① 民讼:《至正条格》《元典章》皆作"民讼",《新元史》作"狱讼"。
② 牙人使:《至正条格》《元典章》皆作"牙人使",《新元史》作"使牙人"。
③ 使:《至正条格》《元典章》皆作"使",《新元史》脱,当据补。
④ 违犯:《元典章》《新元史》皆作"违"。
⑤ 结:《新元史》作"给",误。《至正条格》《元典章》皆作"结",当据校。
⑥ 源:《至正条格》《新元史》皆作"源",《元典章》作"原"。
⑦ 《元典章·刑部》卷十五《至元新格(又)》载有同一条文。《新元史·刑法志上》载有相关条文。
⑧ 勾问:《至正条格》《元典章》皆作"勾问",《新元史》作"究问"。
⑨ 专一:《元典章》作"专以",《新元史》作"专行"。
⑩ 毋:《元典章》《新元史》皆作"无"。
⑪ 《元典章·刑部》卷十五《至元新格(又)》载有同一条文。《新元史·刑法志上》载有相关条文。
⑫ 徇(徇):《至正条格》作"徇",《新元史》作"详",皆误。《元典章》作"循",可从。"循"同"徇"。"徇"当是"徇"之误,"详"当为"循"或"徇"之误,今据校。
⑬ 元:《至正条格》《元典章》皆作"元",《新元史》作"原"。
⑭ 《元典章·刑部》卷十五《至元新格(又)》和《新元史·刑法志上》载有同一条文。

[6]证佐:又作"证左"。证据。

[7]连职:一起供职,一起共事。

[8]证验:犹"证佐"。证据。

[9]以理推寻:犹言"依法审理"。

[10]服辨:又作"服辩"。认罪供状,认罪文据。

[11]移牒:公文术语。谓移文呈报。

[12]赃验:犹"赃证"。指罪证,犯罪证据。

[13]元告:犹"原告"。指向司法机关提出诉讼的一方。元徐元瑞《吏学指南·狱讼》:"元告:谓始讼人者。"

[14]的实:真实。

[15]告言:告发。

[16]甘结:甘愿具结。元徐元瑞《吏学指南·状词》:"甘结:所愿曰甘,合从曰结,谓心肯也。"

[17]起讼:兴起诉讼,打官司。

[18]听讼:审案。《元史·刑法志一》:"诸职官听讼者,事关有服之亲并婚姻之家,及曾受业之师与所仇嫌之人,应回避而不回避者,各以其所犯坐之。"

[19]朱销:勾销,注销。因勾销多用朱笔,故称。

[20]看徇:谓徇私照顾。

[21]枉错:错断。

323 延祐六年六月,刑部议得:"今后南北兵马司[1],但犯八十七以下刺配并杂犯[2]囚徒,招赃明白,追勘完备,合从本司官圆座,再三审复无冤,就便依例发落。"都省准拟。

[1]南北兵马司:官署名,"兵马司"始置于元代,元代于各路皆有设置,专理捕盗及斗殴等事。元代于京师设"大都兵马司",又根据南城和北城分为南北两城兵马司,即"南北兵马司"。

[2]杂犯:指各种犯罪行为。元代将某些常见的、专类的犯罪行为以外的其他各种犯罪行为称作"杂犯"。

犯罪有孕

324① 中统四年七月十八日②,圣旨内一款:"妇人犯罪有孕,应拷及决杖笞者,须候产后百日决遣。临产月者,召保[1]听出,产后二十日③,复追入禁④。无保及犯死罪〔者〕⑤,产时令妇人入禁看视⑥。"

[1]召保:取保。谓使被告提供担保者。《元典章·刑部》卷二《僧尼各处监禁》:"使院合下,仰今后僧尼罪犯,奸盗徒罪以上,不得监收,止令召保随衙。"

二罪俱发

325⑦ 至大二年正月⑧,刑部呈:"诸犯罪者,二罪俱发,以重者论罪,等者⑨从一。〔假有因事取受不枉法〔赃〕⑩一十贯,合决四十七〔下〕⑪,别行求仕。又因事取受不枉法赃五贯,亦合决四十七下,〔解见

---

① 《元典章·刑部》卷二《孕因产后决遣》和《新元史·刑法志上》载有同一条文。
② 中统四年七月十八日:《元典章》作"中统四年七月",《新元史》作"中统四年"。
③ 召保听出,产后二十日:《元典章》《新元史》皆作"召保听候,出产后二十日",文意不通。前文作"须候产后百日决遣",故"召保听候,出产后二十日"当为"召保听出,候产后二十日"之误倒,当据校。
④ 禁:《至正条格》《元典章》作"禁",《新元史》作"狱"。
⑤ 〔者〕:《新元史》作"者",《至正条格》《元典章》皆脱,今据补。
⑥ 看视:《元典章》作"有侍",误。《至正条格》作"看视",《新元史》作"省视",当据校。
⑦ 《元典章·刑部》卷八《诸犯二罪俱发以重者论》载有同一条文。《枕碧楼丛书·刑统赋疏》《元史·刑法志二》《新元史·刑法志下》载有部分条文。
⑧ 至大二年正月:《元典章》《刑统赋疏》皆作"至大二年二月",《新元史》作"至大二年"。
⑨ 者:《至正条格》《元典章》皆作"者",《元史》脱,当据补。
⑩ 〔赃〕:《元典章》《刑统赋疏》皆作"赃",《至正条格》脱,今据补。
⑪ 〔下〕:《元典章》《刑统赋疏》皆作"下",《至正条格》脱,今据补。

任〕①,别行②求仕③。即系罪等,合④从一科。}若一罪先发,已经论决,余罪后发,其轻若等,勿论;重者,更论之,通计前罪⑤,已(以)⑥充后数。{假有不枉法〔因〕⑦事取受至元钞十贯,依例合决四十七下,解见任,别行求仕。已行断讫,再有因事取受至元钞二十贯,后发,亦合断⑧四十七下,解见任,别行求仕。系在先断之前,即与已断罪等,止合追赃,余皆勿论。重者,更论之。假有因事取受不枉法至元钞〔二〕⑨十贯,合决四十七下,解见任,别行求仕。已经追断,再有因事取受至元钞三十贯,事发,合决五十七下,注边远一任。系在先断之前,合行再断一十⑩下,仍注边远〔一任〕⑪,依数征赃。此为⑫通计前罪,以充⑬后数。}"都省准呈。

二罪俱发遇革

326 天历元年四月,刑部议得:"官吏人等各事取受两主钱物,俱已告发。情犯相同,其赃若等,一主招承,征赃到官,一主未招,追问遇免,拟合照依已招赃数,依例定拟。未承伏者,钦依革拨。"都省准拟。

---

① 〔解见任〕:《元典章》作"解见任",《至正条格》脱,今据补。《刑统赋疏》作"解见",脱"任"字,当据补。
② 行:《元典章》作"来",误。《至正条格》《刑统赋疏》皆作"行",当据校。
③ 仕:《刑统赋疏》作"事",误。《至正条格》《元典章》皆作"仕",当据校。
④ 合:《刑统赋疏》作"各",误。《至正条格》《元典章》皆作"合",当据校。
⑤ 罪:《元典章》作"赃",误。《至正条格》《元史》《新元史》皆作"罪",当据校。
⑥ 已(以):《至正条格》作"已",误。《元典章》《元史》皆作"以",今据校。
⑦ 〔因〕:分析文意,下文作"因",《至正条格》脱"因"字,今据补。《元典章》作"用",误,当据校。
⑧ 断:《元典章》作"决"。《至正条格(校注本)》于"断"后衍录"决",当据删。
⑨ 〔二〕:《元典章》作"二",《至正条格》脱,今据补。
⑩ 一十:《元典章》作"一十七","七"为衍字,当据删。
⑪ 〔一任〕:《元典章》作"一任",《至正条格》脱,今据补。
⑫ 为:《元典章》作"谓"。《至正条格(校注本)》录作"谓",误,当据校。
⑬ 充:《元典章》作"克",误。《至正条格》作"充",当据校。

老幼笃废残疾

327① 元贞元年闰四月②,御史台呈:"官吏并诸人有罪,年老或笃废病疾③,妨碍科决,赎罪钱多寡〔不一〕④,终无通例。"刑部议得:"诸犯罪人,若年七十以上、十五以下及笃废〔残〕⑤疾,不任杖责,理宜哀矜⑥。每笞杖⑦一下,拟⑧罚赎中统钞一贯⑨。"都省准拟。

328 元贞二年五月,御史台呈:"官吏并诸人犯罪,老幼笃废疾者,理合赎罪。其残疾之人,不妨科决,合无赎罚[1]?"刑部议得:"残疾病证[2],非止一端。若妨决科[3],合准赎罚。如任杖责,依例断罪。"都省准拟。

[1]赎罚:犹"罚赎"。谓罚金赎罪。《宋史·选举志一》:"五年,诏士曾预南省试者,犯公罪听赎罚。"

[2]病证:犹"病症"。《元典章·兵部》卷五《题名放鹰》:"小飞禽儿于我的病证得济有来,鹞子、笼朵放那,怎生?"

[3]决科:犹"科决"。判决。

废疾赎罚遇革

329 延祐七年十月,刑部议得:"年老笃废残疾之人犯罪,罚赎

---

① 《元典章·刑部》卷一《老疾赎罪钞数》载有同一条文。《枕碧楼丛书·刑统赋疏》载有部分条文。《元史·刑法志四》载有相关条文。《至正条格》《刑统赋疏》条文内容皆有删节。

② 元贞元年闰四月:《元典章》《刑统赋疏》皆作"元贞元年六月"。

③ 病疾:《元典章》作"疾病"。

④ 〔不一〕:《元典章》作"不一",《至正条格》脱,今据补。

⑤ 〔残〕:《元典章》《刑统赋疏》皆作"残",《至正条格》脱,今据补。

⑥ 理宜哀矜:《至正条格》《元典章》皆作"理宜哀矜",《刑统赋疏》脱,当据补。

⑦ 笞杖:《元典章》作"杖笞"。《刑统赋疏》作"笞",脱"杖"字,当据补。

⑧ 拟:《刑统赋疏》作"挂",误。《至正条格》《元典章》皆作"拟",当据校。

⑨ 《元典章》于"贯"后作"相应",《至正条格》无。《刑统赋疏》作"相准","准"当为"应"之误,当据校。

钞两，未追到官，钦遇诏赦，拟合革拨。外据追在主典之手者，起解。"都省准拟。

至正条格卷第三十三

至正条格卷第三十四　条格　狱官

审理罪囚

330 延祐五年四月初九日，中书省奏："大都里诸衙门有的罪囚，不肯着紧归断[1]，淹滞的上头，每季省、院、台、也可扎鲁忽赤等五府审囚官断见禁罪囚来。如今这五府官人每说：'俺依年例，则[2]审断一季。'将次季见禁的罪囚不肯审断。又审问中间有些小疑似的，俺根底也不禀说，也不与决。更他每有事故呵，三五日不聚会，勾当迟误[3]了，将罪囚每淹禁[4]的缘故，是这般有。俺商量来：'今后每季委的五府官，将应有的见禁罪囚，不分季分，通教审理，合断的都教断了，有冤的辩明，迟了的究问，俺根底合禀的教禀说。发落重囚每，催督着有司追勘完备，疾早结案。不完备的轻囚，也并着疾早完备者。这般行呵，罪囚每不淹禁也者。更这五府官似前推称事故不聚会的每根底，俺斟酌要罪过，怎生？'"奉（奏）①呵，奉圣旨："那般者。"

[1]归断：审理断决。元徐元瑞《吏学指南·狱讼》："归断：谓事应究竟致罪者。"
[2]则：副词。只，仅。
[3]勾当迟误：犹"迟误勾当"。谓耽误事情。
[4]淹禁：监禁，囚禁，关押。

331② 至正二年四月初九日，中书省奏节该："京师四方辐辏，

---

① 奉（奏）：《至正条格》作"奉"，误。分析文意，当作"奏"，今据校。《至正条格（校注本）》录作"奏"，误，当据校。
② 元唐惟明《宪台通纪续集·审囚官不许别除》载有同一条文。

词讼繁多,有司系囚,时常盈狱。比者,五府审囚官吏托故不聚,久淹①囚人,明正其罪者百无一二,死于囹圄者十有八九,致使凶顽恶少之徒不知警畏,狱囚淹延[1],实在于此。俺商量来:'今后五府审囚官,除圣节、正旦拜贺表章、迎接诏书外,每日早聚晚散,参考审理应禁囚徒。若大情已定,赃验明白,轻者即与疏决,重者就催有司疾早依例结案。不出所委季分,须要遍历[2]审理,毋②得推称小节不完,故延其事。仍于季月二十日已里先行呈省,催差次季官员,都省随即差官,依上接审,毋以限逼为辞,故留合录囚徒。续具审过已未断罪囚起数,开呈。又已委五府官审理未毕,不许别除。虽有除授,不许之任,亦不得别行差占。违者,挨问究治呵,怎生?'"奏呵,奉圣旨:"那般者。"

[1]淹延:拖延。元徐元瑞《吏学指南·勾稽》:"淹延:久留曰淹,久远曰延。"

[2]遍历:普遍,周遍。《元典章·台纲》卷二《察司合察事理》:"巡按官所到,凡仓库收贮官物及造作役使工匠去处,须管遍历巡视,用心体察。"

禁审囚科扰

332 至元二十九年九月,御史台备监察御史呈:"审断诸衙门见禁罪囚官吏,每到须有宴会,或以酒食公厅饮用。上项所费等物,未免科敛,理合禁止。"本台议得:"凡断遣勾当[1]饮用酒食,中间情弊不无[2],合从监察御史所言禁止。"都省准呈。

[1]断遣勾当:犹言"断案"。

[2]不无:不是没有,即"有"。"情弊不无",犹言"不无情弊",谓有作弊情节。

---

① 淹:《宪台通纪续集》作"禁"。
② 毋:《宪台通纪续集》作"勿"。

台宪审囚

333① 至元十六年四月,刑部呈:"照得:'各路重刑结案到部,于内虽经按察司审录无冤,中间却有漏落情节,追勘不完,以致再行驳勘[1],使上下紊繁,淹禁罪囚,不能与决。'议得:'按察司系提刑衙门,照刷案牍。凡有合审重刑,理合随即照卷完备,审录无冤,回牒本路,结案申部。如中间但有不完可疑情节,即从本司尽情驳问,明白开牒[2],有司追勘完备,方许结案申部,拟罪〔呈省,似为便当〕②。'"都省准呈。

[1]驳勘:驳回原判,重行审勘。
[2]开牒:公文术语。具文呈上。

334③ 至元二十一年七月,圣旨谕提刑按察司一款:"所在④重刑,每上下半年亲行参照文案⑤,察之以情,当面审问⑥。若⑦无异词,行移本路总管府结案,申部待报。仍仰提刑按察司⑧具⑨审过

---

① 《元典章·刑部》卷二《重刑结案》载有同一条文。
② 〔呈省,似为便当〕:《元典章》作"呈省,似为便当",《至正条格》脱,今据补。
③ 《元典章·台纲》卷二《察司体察等例》和《枕碧楼丛书·刑统赋疏》载有同一条文。元苏天爵《滋溪文稿》卷二七《建言刑狱五事》、元刘孟琛《南台备要·立江南提刑按察司条画》载有部分条文。《刑统赋疏》脱讹处颇多。
④ 所在:《刑统赋疏》作"所夫",误。《至正条格》《元典章》《滋溪文稿》皆作"所在",当据校。此外,《南台备要》作"随处"。
⑤ 文案:《刑统赋疏》作"之按",误。《至正条格》《元典章》《滋溪文稿》《南台备要》皆作"文案",当据校。
⑥ 审问:《至正条格》《滋溪文稿》《刑统赋疏》皆作"审问",《元典章》《南台备要》皆作"审视"。
⑦ 若:《至正条格》《元典章》《滋溪文稿》《南台备要》皆作"若",《刑统赋疏》作"答"。
⑧ 仰提刑按察司:《元典章》《南台备要》皆无。《刑统赋疏》作"仰提刑按察",脱"司"字,当据补。
⑨ 具:《至正条格》《元典章》《南台备要》皆作"具",《刑统赋疏》脱,当据补。

起数、服[1]审文状②,申御史台③。其有番异④及别有疑词⑤者,即行⑥推鞫⑦。若〔事〕⑧关⑨人众,卒难归结者,移⑩委附近⑪不干碍官司,再行磨问实情。若⑫更⑬有可疑,亦听复行推问⑭,无⑮致⑯冤枉。其余罪囚,亦亲录问[2]。若有冤滞,随即改正疏放[3]。宣慰司⑰、转运司[4]并⑱其余衙门罪囚,〔亦仰〕⑲一体施行。"

[1]服审:同"伏审"。认罪。"服审文状",即"伏审文状",犹言"伏

---

① 服:《元典章》作"复",误。《至正条格》《刑统赋疏》皆作"服",当据校。
② 文状:《刑统赋疏》作"又将",误。《至正条格》《元典章》皆作"文状",当据校。
③ 申御史台:《至正条格》《刑统赋疏》皆作"申御史台",《元典章》作"申台",《南台备要》作"开申行台"。
④ 番异:《至正条格》《元典章》《南台备要》皆作"番异",《滋溪文稿》作"翻异"。
⑤ 别有疑词:《元典章》《滋溪文稿》皆作"别有疑似",《南台备要》作"事涉疑似"。
⑥ 行:《至正条格》《滋溪文稿》皆作"行",《元典章》《南台备要》皆作"听"。
⑦ 鞫:《至正条格》《元典章》《南台备要》皆作"鞫",《刑统赋疏》《滋溪文稿》皆作"鞠"。
⑧ 〔事〕:《元典章》作"事",《至正条格》《南台备要》《滋溪文稿》皆脱,今据补。《刑统赋疏》作"是",误,当据校。
⑨ 关:《至正条格》《元典章》《刑统赋疏》《滋溪文稿》皆作"关",《南台备要》作"干"。
⑩ 移:《至正条格》《元典章》《刑统赋疏》《滋溪文稿》皆作"移",《南台备要》作"许"。
⑪ 附近:《至正条格》《滋溪文稿》《刑统赋疏》《南台备要》皆作"附近",《元典章》作"邻近"。
⑫ 若:《至正条格》《元典章》《滋溪文稿》《刑统赋疏》皆作"若",《南台备要》脱,当据补。
⑬ 更:《至正条格》《滋溪文稿》《刑统赋疏》《南台备要》皆作"更",《元典章》脱,当据补。
⑭ 复行推问:《至正条格》《元典章》《滋溪文稿》《刑统赋疏》皆作"复行推问",《南台备要》作"复审"。
⑮ 无:《至正条格》《元典章》《滋溪文稿》《刑统赋疏》皆作"无",《南台备要》作"毋"。
⑯ 致:《刑统赋疏》作"故",误。《至正条格》《元典章》《滋溪文稿》《南台备要》皆作"致",当据校。
⑰ 宣慰司:《至正条格》《刑统赋疏》皆作"宣慰司",《元典章》作"统军司"。
⑱ 并:《刑统赋疏》作"若",误。《至正条格》《元典章》皆作"并",当据校。
⑲ 〔亦仰〕:《元典章》作"亦仰",《至正条格》《刑统赋疏》皆脱,今据补。

状",指认罪供状。

[2]录问:审问。元徐元瑞《吏学指南·推鞫》:"录问:音虑,思也,疑也,审其冤滞。谓不限文案已成未成,必须审问者。"

[3]疏放:释放。

[4]转运司:官署名,"都转运盐使司"之简称。详参第535页"都转运盐使司"条。

335 延祐三年六月,圣旨内一款:"各路重囚,须要追勘完备,牒呈廉访司,参详始末。如有可疑情节,随即驳问督责,即与施行。如无不尽不实①,再三审复无冤,回牒有司,依例结案,毋以小节故延其事。违者,究治。"

336 延祐七年四月,刑部议得:"鲁王[1]位下所设王傅并钱粮总管府[2]等衙门,既隶山北廉访[3]按治,其本投下断事官亦系一体。见禁轻重罪囚,合令本道廉访司依例审断。"都省准拟。

[1]鲁王:指阿里嘉室利。元代号称鲁王的有琱阿不剌、阿里嘉室利、桑哥不剌、乃蛮台四人。其中,琱阿不剌于大德十一年(1307)加封鲁王,于至大三年(1310)薨;阿里嘉室利于至大三年袭封鲁王,元统元年(1333)薨;桑哥不剌于元统二年(1334)加封鲁王;乃蛮台于至正八年(1348)追封鲁王。从时间来看,于延祐七年(1320)号称鲁王的当是阿里嘉室利。

[2]钱粮总管府:官署名,为鲁王阿里嘉室利位下所设下属机构。秩正三品。下设达鲁花赤、都总管、副达鲁花赤、同知、副总管、经历、知事、提控案牍、承发架阁诸官职。

[3]山北廉访司:官署名,"山北辽东道肃政廉访司"之简称。内八道肃政廉访司之一。长期置司于大宁路,后因战乱,一度移司于豪州,至正二十二年(1362),权置于惠州。

---

① 实:《至正条格(校注本)》录作"失",误。《至正条格》作"实",今据校。

推官审囚

337① 泰定三年九月,刑部议得:"今后路府州县凡有轻重罪囚,已招是实,情无可疑,应疏决者,即与疏决,合申呈者,就便申呈。果有系囚数多,淹延悬远,情犯疑似,风宪阙官及分司未到去处,许委推官诣彼审断。具已未断讫略节缘由,咨申本路,开牒廉访司照详[1],逐一子细披详。其有理断不当,随事究问。拘该廉访司依期录问,所至之处,即须取勘见数。若词情[2]明白,罪状招(昭)②著,虽有小节不完,亦须详决[3]。重囚,比及秋分,催督依式结案。冤者疏放,疑者申明,其有应疏决而不决,故行迁延,妄生疏驳,致使囚人淹禁,非理死损,当该官吏取招定罪,量事轻重黜降。每岁巡历,监察御史严加体察,庶几狱无停滞。"都省议得:"推官之设,专理刑狱,独员遍历,审断不便,已经禁止,别难更议。今后所属州县,遇有系囚淹延,情犯疑似,并听推官诣彼审录,具实咨申总府[4],从公参视。若有冤滞,随即改正,验事轻重,罪及当该正官、首领官吏。如无冤滥,合判决者,依例判决,合牒审者,牒审结案。余准部拟。"

[1]照详:核查审理。元徐元瑞《吏学指南·结句》:"照详:谓义明于前,乞加裁决也。"
[2]词情:诉讼情节,词讼情节。
[3]详决:审理判决。
[4]总府:官署名,"总管府"之简称。详参第134页"总管府"条。

推官理狱

338③ 大德七年八月④,御史台呈:"切惟圣朝以恤刑为心,路

---

① 《元典章·新集至治条例·刑部·推官不许独员遍历断囚》载有相关条文。
② 招(昭):《至正条格》作"招",误。分析文意,当作"昭",今据校。
③ 《元典章·刑部》卷二《推官专管刑狱(又)》载有条文"都省议得"的内容。
④ 大德七年八月:《元典章》作"大德七年八月□日"。

府添设推官,专问狱讼,其余府事,并不佥押,亦无差占。近年通署府事,既分辨庶务,日积月累,囚徒滋多,有专设之名,不得守职。"都省议得:"推鞫刑狱,大与其它①庶务不同。诸囚事发之源,起自巡尉。司县官吏公明廉正②者固亦有之,然推问之术,少得其要。况杂进之人十有③八九,不能洞察事情,专尚棰④楚,期于狱成而已。甚至受赂枉法[1],变乱是非,颠倒轻重。欲使狱无枉滥,其可得乎？兼囚徒所犯,小则决刺徒流,大则人命所系,不加详审,害政实深。事既到路,推官应须先自细看文案⑤,披详词理,察言观色,庶得其情。且古者察狱之官,先备五听[2],如就州县审理,尤宜⑥究心,此皆推官之责也。若差调夺于外,余事扰其中,虽欲留情[3]狱事,不可得矣⑦。今拟:'路府推官仍旧专管刑狱,通署刑名追会文字,其余事务并不佥押,诸官府亦不得⑧差占。凡有罪囚,推官先行穷问实情,须待狱成,同⑨审圆⑩署[4]。事须加刑,与同职官圆⑪问[5]。掌管刑名司吏,听推官于见役人吏内选择,具姓名申报⑫,廉访司照验,同僚⑬官不得阻当[6]移换。路府长官通行提调,长司[7]、首领官主管文案,合追会者,常加检举。违者,许推官直申省部,仍令各道廉访司严行⑭究治。若推官承差,不〔即〕⑮

---

① 它:《元典章》作"他"。
② 正:《元典章》作"政"。
③ 有:《元典章》作"常"。
④ 棰:《元典章》作"捶"。
⑤ 案:《元典章》作"卷"。
⑥ 宜:《元典章》作"且",误。《至正条格》作"宜",当据校。
⑦ 矣:《元典章》作"已"。
⑧ 得:《至正条格》作"得",《元典章》脱,当据补。
⑨ 同:《元典章》作"通"。
⑩ 圆:《元典章》作"园",误。《至正条格》作"圆",当据校。
⑪ 圆:《元典章》作"员",误。《至正条格》作"圆",当据校。
⑫ 申报:《元典章》作"申"。
⑬ 僚:《元典章》作"寮"。
⑭ 严行:《元典章》作"严加"。
⑮ 〔即〕:《元典章》作"即",《至正条格》脱,今据补。

申上司①,辄离本职者,亦行治罪。其巡案②官取具平反冤抑并在禁淹延轻重起数,行移本路,候推官任满,解由内开写,以凭考其殿最,约量升降。'"

[1]枉法:谓歪曲和破坏法律。元代官吏犯赃,分枉法与不枉法两种。凡因贪赃而妨碍正常有效地执行法律者为枉法。元郑介夫《上奏一纲二十目》:"昔国家定为枉法、不枉法之例,今则枉法者除名不叙,不枉法者并殿三年。"

[2]五听:审查案情的五种方法。听,判断。《周礼·秋官·小司寇》:"以五声听狱讼,求民情。一曰辞听,二曰色听,三曰气听,四曰耳听,五曰目听。"郑玄注:"观其出言,不直则烦;观其颜色,不直则赧然;观其气息,不直则喘;观其听聆,不直则惑;观其眸子,视不直则眊然。"

[3]留情:留心,留意。

[4]圆署:共同签署。指记录审判结果的文书需要相关人员共同签署。《元史·刑法志一》:"诸有司凡荐举刑名出纳等文字,非有故,并须圆署行之。"

[5]圆问:一同审问。

[6]阻当:犹"阻挡"。阻止,阻拦。

[7]长司:犹"主司""长官"。指官署机构中主管某项工作的官员。

339 皇庆元年二月,刑部呈:"大都路见设推官二员,合推刑狱,置之不问,时与本路协力办事。其府狱并南北两兵马[1]、三警巡院③、大兴[2]、宛平[3]两县应禁轻重罪囚数多,本路并不随事与决,须待五府官审断,以致淹延枉禁者有之,因而死于狱中者亦有之,不惟推官失于责刑[4]之意,虑恐无辜之人死于非命。今后合令推官不管余事,专一详谳罪囚。应疏放者,划即[5]决放。合结

---

① 上司:《元典章》作"上"。
② 案:《元典章》作"按"。《至正条格(校注本)》录作"按",误,当据校。
③ 三警巡院:《至正条格》作"三警巡院",疑误。《元史·地理志一》:"初设警巡院三。至元四年,省其一,止设左、右二院,分领坊市民事。"可见,元初设三警巡院,后于至元四年(1267)止设左、右二警巡院。文中时间是皇庆元年(1312),此时只有左、右二警巡院。因此,疑"三警巡院"为"二警巡院"之误。

案者,催督合属疾早解路,依例追勘结案。但有淹延枉禁,罪在推官。不许各衙门非理呼唤,余事妨夺。"都省准呈。

[1]南北两兵马:官署名,指南北兵马司。参见"南北兵马司"条。
[2]大兴:即"大兴县"。隶属大都路,为分治外城的赤县。
[3]宛平:即"宛平县"。隶属大都路,为分治外城的赤县。
[4]责刑:审理刑狱。
[5]划即:即刻,立刻。

权摄推官

340 天历元年二月,中书省议得:"推鞫刑名,责任甚重。其推官阙员去处,令佐贰[1]文资官[2]从权推检[3],毋致冤滞。"

[1]佐贰:副职。
[2]文资官:文职官员。"佐贰文资官",指文职副职官员。
[3]推检:审问追查。

越分审囚

341 至大元年闰十一月,御史台呈:"徽政院佥院[1]完颜泽[2]钦奉圣旨,前来交割嘉兴[3]、隆兴[4]、瑞州[5]、松江[6]等路钱粮①,辄将松江府见禁罪囚审断过二十三起九十七名。越职干分[7],拟合禁革。"刑部议得:"各处见禁罪囚,已有审断定例。完颜泽因差交割钱粮,不应擅自审决,罪遇革拨。今后诸衙门出使人员,合行禁约。"都省准呈。

[1]佥院:官职名,元代于徽政院、太常礼仪院、典瑞院、太史院、太医院、通政院、中政院、储正院、宣政院、宣徽院、行枢密院、度支院、资正院等院类官署机构中皆设有此职。秩正三品、从三品或正四品不等。"徽

---

① 文中"嘉兴、隆兴、瑞州、松江等路",表述欠妥。据《元史·地理志五》,"松江"为"松江府",而非"松江路"。

政院佥院",又称"佥徽政院事"。

[2]完颜泽:《(正德)瑞州府志》卷十三赵孟頫《仁济桥记》载有其事,云:"明年是为至大元年,临遣中书左丞臣郝天挺、签徽政院事臣完颜泽经画赋入。"①

[3]嘉兴:即"嘉兴路"。隶属江浙等处行中书省。治所在今浙江嘉兴市。《元史·地理志五》:"嘉兴路。上。唐为嘉兴县。石晋置秀州。宋为嘉禾郡,又升嘉兴府。领司一、县一、州二。"又据《新元史·地理志五》:"至元十四年,升嘉兴路总管府。"

[4]隆兴:即"隆兴路"。皇庆元年(1312),改隆兴路为兴和路。详参第13页"兴和"条。

[5]瑞州:即"瑞州路"。隶属江西等处行中书省,治所在今江西高安市。《元史·地理志五》:"瑞州路。上。唐改建成县曰高安,即其地置靖州,又改筠州。宋为高安郡,又改瑞州。元至元十四年,升瑞州路,领一司、三县。元贞元年,升新昌县为州。领司一、县二、州一。"

[6]松江:即"松江府"。隶属江浙等处行中书省。治所在今上海松江区。《元史·地理志五》:"松江府。唐为苏州属邑。宋为秀州属邑。元至元十四年,升为华亭府。十五年,改松江府,仍置华亭县以隶之。领县二:华亭,上,倚郭;上海,上。"

[7]越职干分:犹"越分"。谓超出本身职务上应尽的本分。

禁私和贼徒

342② 至元二十年十一月初三日③,圣旨节该:"中书省官人每奏:'先前扎鲁忽赤④每奏:做贼说谎来的,本管千户里、百户里、本投下官人每根底,不教听得,私地休和[1],放了有[2]。为那上头,做贼的多了。将做贼的人每,本千户、百户、本投下不得另断者,

---

① 《(正德)瑞州府志》作"签徽政院事",元代文献无此官职,常作"佥徽政院事",故疑"签"为"佥"之误。
② 《元典章·刑部》卷十三《获贼分付民官》载有部分条文。
③ 至元二十年十一月初三日:《元典章》作"至元二十一年"。
④ 扎鲁忽赤:《元典章》作"扎鲁花赤"。

不得休和者。么道,奏准圣旨,行了来。如今,城子里头、城子外头,并管禁约的人每,及诸人拿获贼人,不经由城子里达鲁花赤、管民官,各投下头目私下休和,放了,或强教①断了的多有。今后若有拿着贼人②,分付与城子里达鲁花赤官人每,与证见[3]一处对证了断[4]呵,百姓每根底有益,做贼的也改去也。'这般奏的③上头,如今拣那阿谁[5],但属城子里的人,如拿住贼呵,教④本处达鲁花赤官人每断者。如他每断不定[6]呵,省里呈说者。这般宣谕了呵,却私下休和,断的人每有罪过者。"

[1]休和:谓停止诉讼、争端以平息了事。《元典章·吏部》卷三《投下职官公罪》:"恩州岳总管人户朱全祐驱男朱得兴,奸诱斑(班)四驱妇腊梅在逃。捉获,受钱私下休和。"

[2]做贼说谎来的,本管千户里、百户里、本投下官人每根底,不教听得,私地休和,放了有:为"宾+主+谓"的句法结构,宾语是"做贼说谎来的",主语是"本管千户里、百户里、本投下官人每根底",谓语是"不教听得,私地休和,放了有"。此句的正常句式是"本管千户里、百户里、本投下官人每根底,不教听得,私地休和,放了做贼说谎来的有"。

[3]证见:证人。元关汉卿《山神庙裴度还带》第三折:"明日若有人来寻,山神,你便是证见,我两只手便还他,也是好勾当。"

[4]了断:结案。谓结束案件,作出判决。

[5]拣那阿谁:犹言"管那何人"。指管那是什么人。与"不拣那阿谁"表意同。

[6]断不定:犹言"断不住"。谓不能做出决断。

---

① 教:《元典章》作"交"。
② 有拿着贼人:《元典章》作"拿着贼"。
③ 的:《元典章》作"底"。
④ 教:《元典章》作"交"。

禁转(专)①委公吏鞫狱

343② 至元二十一年七月,圣旨内一款:"京府州县③凡遇鞫勘[1]罪囚,须管公座园(圆)④问,并不得委公吏人等推勘。外⑤据捕盗人员如是⑥获贼,依理亲问得实,即便牒发[2]本县一同审问。若无(有)⑦冤枉,画申[3]本管上司,不得专委司吏、弓兵⑧人等私下栲(拷)⑨问。据设立弓手,专一捕盗巡防,本管官员不得别行差占。如违,并听提刑按察司纠治⑩。"

[1]鞫勘:又作"鞫勘"。审问。
[2]牒发:公文术语。行文发送。
[3]画申:立即申报。

非理鞫囚

344 至元九年七月,御史台呈:"陕西等路凡有鞫问罪囚,除拷

---

① 转(专):《至正条格》作"转",《至正条格(校注本)》录作"转",皆误。条文中作"专",今据校。
② 《元典章·台纲》卷二《察司体察等例》载有同一条文。《元典章·刑部》卷十三《获贼略问即解》、元刘孟琛《南台备要·立江南提刑按察司条画》载有部分条文。《元典章·刑部》卷十三《获贼随时解县》载有相关条文。
③ 京府州县:《至正条格》《元典章·察司体察等例》皆作"京府州县",《南台备要》作"府州司县"。
④ 园(圆):《至正条格》作"园",误。《元典章·察司体察等例》《南台备要》皆作"圆",今据校。《至正条格(校注本)》录作"圆",误,当据校。
⑤ 外:《至正条格》《南台备要》皆作"外",《元典章·察司体察等例》脱,当据补。
⑥ 是:《至正条格》《元典章·察司体察等例》《元典章·获贼略问即解》皆作"是",《南台备要》作"遇"。
⑦ 无(有):《至正条格》《南台备要》《元典章·获贼略问即解》皆作"无",误。《元典章·察司体察等例》作"有",今据校。
⑧ 弓兵:《元典章·察司体察等例》作"弓手"。
⑨ 栲(拷):《至正条格》作"栲",误。《元典章·察司体察等例》作"拷",今据校。《至正条格(校注本)》录作"拷",误,当据校。
⑩ 纠治:《元典章·察司体察等例》作"究治",《南台备要》《元典章·获贼略问即解》作"纠察"。

讯外，更将犯人枷立大披挂[1]，上至头髻，下至两膝，绳索拴缚，四下用砖吊坠，沈苦[2]难任。即系法外凌□（虐）①，中间恐有冤抑，致伤人命。又虑其余路分亦有此事，拟合禁约。"都省准拟。

[1]大披挂：酷刑。谓用绳索缚囚，上至发髻，下至两膝，四下用砖吊坠，使罪囚全身痛苦，难以承受。

[2]沈苦：痛苦。

345② 至元十九年十二月③，刑部尚书崔彧[1]呈："照得：'鞫勘④罪囚，笞杖枷锁，凡诸狱具⑤，已有定制。自阿合马[2]擅权〔以来〕⑥，专用酷吏〔为刑部官，谓如〕⑦刑部侍郎王仪，尤⑧号惨刻。自创用绳索法，能以〔一〕⑨绳⑩缚囚，令其遍身痛楚⑪，若复⑫梢（稍）⑬重，即支体⑭断裂，至今〔刑部〕⑮称为王侍郎绳索。'参详：'应内外官司，凡推勘罪囚狱具，自合照依已降定例，并不得用王侍郎绳索。其余似此等法外惨苦之刑，皆不得施行。拟合遍行禁

---

① □（虐）：《至正条格》此字残损，分析文意，当作"虐"，今据补。
② 《元典章·刑部》卷二《禁断王侍郎绳索》和《新元史·刑法志下》载有部分条文。
③ 至元十九年十二月：《元典章》作"至元二十年二月"，《新元史》作"至元二十年"。
④ 鞫勘：《元典章》作"鞫问"，《新元史》作"鞫问"。
⑤ 具：《至正条格》《新元史》皆作"具"，《元典章》脱，当据补。
⑥ 〔以来〕：《元典章》《新元史》皆作"以来"，《至正条格》脱，今据补。
⑦ 〔为刑部官，谓如〕：《元典章》《新元史》皆作"为刑部官，谓如"，《至正条格》脱，今据补。
⑧ 尤：《至正条格》《元典章》皆作"尤"，《新元史》作"独"。
⑨ 〔一〕：《元典章》《新元史》皆作"一"，《至正条格》脱，今据补。
⑩ 绳：《至正条格》《元典章》皆作"绳"，《新元史》作"索"。
⑪ 楚：《至正条格》《元典章》皆作"楚"，《新元史》作"苦"。
⑫ 复：《元典章》作"后"，误。《至正条格》《新元史》皆作"复"，当据校。
⑬ 梢（稍）：《至正条格》作"梢"，误。《元典章》《新元史》作"稍"，今据校。《至正条格（校注本）》录作"稍"，误，当据校。
⑭ 支体：《元典章》《新元史》皆作"四肢"。
⑮ 〔刑部〕：《元典章》《新元史》皆作"刑部"，《至正条格》脱，今据补。

约。'"都省准呈。

[1]崔彧：至元及大德年间重臣，《元史》有传，字文卿，小字拜帖木儿，弘州人，历任刑部尚书、御史中丞、甘肃行省右丞、平章政事诸职。于大德二年（1298）九月卒。至大元年（1308）七月，赠推诚履正功臣、太傅、开府仪同三司，追封郑国公，谥忠肃。

[2]阿合马：世祖至元年间奸臣，《元史》有传，回族人，历任诸路都转运使、同知开平府事、中书平章政事诸职。至元十九年（1282）三月，为叛贼所杀。

346① 大德三年十月②，江浙行省咨："杭州路总管梁正议言：'诸处鞫问罪囚，多有自用己意，失之酷害③。若不禁断，有伤大体。'送刑部议到各项事理。"都省准拟于后：

一、④鞫问罪囚，已有定制⑤。官吏不肯以理推寻，遽凭所告，务要速成。一到讼厅⑥，便令褪衣露膝，跪⑦于粗砖顽石之上，或于寒冰烈日之中，莫恤其情，不招不已，使其人筋骨支离，不可屈伸。今后若有似此连日⑧问事酷虐官吏，有人告发，从本管上司严行究治。

一、⑨见奉《至元新格》[1]节该："官府皆须平明治事，当日合行商议发遣之事，了则方散。"又⑩一款节该："凡问罪囚，须与连职官

---

① 《元典章·刑部》卷二《禁治游街等刑》载有同一条文。
② 大德三年十月：《元典章》作"大德四年三月"。
③ 酷害：《元典章》作"酷虐"。
④ 《元典章·刑部》卷二《禁治游街等刑》载有同一条文。
⑤ 定制：《元典章》作"明制"。
⑥ 厅：《元典章》作"庭"。
⑦ 褪衣露膝跪：《元典章》作"精跪褪衣露膝"，误倒。"精跪"当置于"露膝"之后，《至正条格》作"褪衣露膝跪"，当据校。
⑧ 连日：《元典章》作"跪厅"。分析文意，疑以"跪厅"为是。
⑨ 《元典章·刑部》卷二《禁治游街等刑》载有同一条文。《元典章·吏部》卷七《官府平明治事》载有部分条文。《至正条格》此条内容删节。
⑩ 又：《至正条格》作"又"，《元典章·禁治游街等刑》脱，当据补。

员立案同署,依法推理。"近来①,一等酷吏,昼则饱食安寝,夜则鞫狱问囚,灯烛之下,肆情妄作。间有品官,为事鞫问,使跪于前,据案假寐,或熟寝榻上,至于睡觉,方问招与不招,又复偃卧,〔或〕②啜茶饮酒,迁延凌虐,必得招而后已。今后诸衙门官吏,不得似前寅夜鞫问罪囚。违者,从本管上司究治。

[1]《至元新格》:书名,元初法令汇编。至元二十八年(1291)五月,何荣祖以公规、治民、御盗、理财等十事缉为一书,名曰《至元新格》。诏命刻版颁行,使百司遵守。原书已佚。今散见于《元典章》《通制条格》《至正条格》《永乐大典》等书中。元苏天爵《滋溪文稿》卷六载有《至元新格序》,可参。

非法用刑

347③ 大德四年九月,江西行省咨:"南丰州[1]吏目[2]王沂呈:'切见有司亲民之官,每于问事之际,私情暴怒,辄遣凶徒,驱于公厅之下,恣意④捆⑤打,或致⑥聋聩,终为残废,重则因而致伤人命,深可哀怜。如准禁止,以戢酷虐之风。'"都省准拟。

[1]南丰州:隶属江西等处行中书省,治所在今江西广昌县东。《元史·地理志五》:"南丰州。下。唐为南丰县,隶抚州。宋改隶建昌军。元至元十九年,升为州,直隶行省。"

[2]吏目:官职名,元代于儒学提举司、凡山采木提举司、上都诸色民匠提举司、大都路管领诸色人匠提举司等提举司与提举右八作司、福元营缮司、普安智全营缮司、修内司、祗应司、器物局、太原路军器人匠局、

---

① 近来:《元典章·禁治游街等刑》作"近年以来"。
② 〔或〕:《元典章·禁治游街等刑》作"或",《至正条格》脱,今据补。
③ 《元典章·刑部》卷二《禁杀杀问事》载有同一条文。《至正条格》此条内容删节。
④ 恣意:《元典章》作"恣情"。
⑤ 捆:《元典章》作"悃",误。《至正条格》作"捆",当据校。
⑥ 或致:《元典章》作"致成"。

提举富宁库、提举都城所、永平屯田总管府、尚珍署、尚牧所、哈剌鲁万户府及诸州皆设吏目以为参佐官。或为从九品，或未入流。掌官署文书案牍，办理具体事务及管辖吏员。

348① 延祐三年六月初七日②，李平章[1]特奉圣旨："罪过好生重[2]，合陵迟处死的，为他罪过比敲[3]的重上，审复无冤了，对众明白读了犯由[4]，那般行来。合敲的人也审复无冤了，读了犯由呵，敲了来，他罪犯不已③了也？又将他的肉剐割[5]将去呵，这般体例那里有？遍行文书禁了者。犯着的人，要重罪过者。'更有罪过的人，指证明白，不肯招伏④，合硬问[6]的人，除强盗外，问事的官人〔每〕⑤并首领官每⑥，圆聚着商量了，依着体例，合使甚么棒子⑦，打⑧多少杖数，明白立着札子[7]，圆押[8]者。不依体例，将本⑨人头发鬓揪提着，脚指头上踏⑩着，软肋里搠打着，精屈⑪膝[9]铁锁上、石头砖上、田地上一两日跪着问。'么道，遍行文书禁了者。犯着的官吏根底，要重罪过者。"

[1]李平章：指中书平章政事李孟。
[2]罪过好生重：犹言"罪过很重"。
[3]敲：处死。
[4]犯由：罪状。
[5]剐割：分割肢体，即"凌迟"。
[6]硬问：强行审问，指用刑罚手段强行审讯。

---

① 《元典章·刑部》卷二《有罪过人依体例问》载有部分条文。
② 延祐三年六月初七日：《元典章》作"延祐三年十一月十三日"。
③ 已：《至正条格（校注本）》录作"巳"，误。《至正条格》作"已"，今据校。
④ 招伏：《元典章》作"招"。
⑤ 〔每〕：《元典章》作"每"，《至正条格》脱，今据补。
⑥ 每：《至正条格》作"每"，《元典章》脱，当据补。
⑦ 棒子：《元典章》作"杖子"。
⑧ 《元典章》于"打"后作"了"，分析文意，疑为衍字，《至正条格》无。
⑨ 本：《至正条格》作"本"，《元典章》脱，当据补。
⑩ 踏：《元典章》作"蹎"。
⑪ 屈：《元典章》作"跪"。

[7]札子：指官府中用来上奏或启事的一种文书。宋欧阳修《归田录》卷二："唐人奏事，非表非状者谓之榜子，亦谓之录子。今谓之札子。凡群臣百司上殿奏事，两制以上，非时有所奏陈，皆用札子。中书枢密院事有不降宣敕者，亦用札子。"

[8]圆押：指相关人员共同画押为据。

[9]精屈膝：犹"精跪"。一种刑罚，谓审问犯人时，使其脱衣露膝，屈腿跪于铁锁、砖石、田地等上面，以示惩罚。

禁鞭背

349① 至元二十九年二月，御史台呈："河南道肃政廉访司[1]准分司佥事[2]起（赵）②朝列[3]牒：'常（尝）③读《贞观政要》[4]，太宗因阅铜人，见人之五脏近④于背，诏天下勿鞭背，可谓仁君爱民，万世龟鉴也。今朝廷用刑，自有定制⑤，有司不详科条，辄因暴怒，将有罪之人脱去衣服，于背上栲（拷）⑥讯，往往致伤人命，深负圣上⑦好生之德，拟合禁治。'"都省准呈。

[1]河南道肃政廉访司：官署名，"江北河南道肃政廉访司"之简称，又称"河南江北道肃政廉访司""河南道廉访司""河南廉访司"。内八道肃政廉访司之一，置司于汴梁路。

[2]佥事：官职名，元代于诸卫、诸亲军都指挥使及各道肃政廉访司、分司、安抚、宣抚、仪凤诸司，皆置佥事一职。秩正四品、五品不等，掌协

---

① 《元典章·刑部》卷二《罪人毋得鞭背》载有同一条文。元苏天爵《滋溪文稿》卷十《元故少中大夫江西湖东道肃政廉访使赵忠敏公神道碑铭》载有部分条文。《至正条格》此条内容删节。
② 起（赵）：《至正条格》作"起"，误。《元典章》作"赵"，今据校。《至正条格（校注本）》录作"起"，失校。
③ 常（尝）：《至正条格》作"常"，误。《元典章》作"尝"，今据校。《至正条格（校注本）》录作"常"，失校。
④ 近：《至正条格》《元典章》作"近"，《滋溪文稿》作"皆系"。
⑤ 自有定制：《至正条格》《元典章》皆作"自有定制"，《滋溪文稿》作"有制"。
⑥ 栲（拷）：《至正条格》《元典章》皆作"栲"，误。分析文意，当作"拷"，今据校。
⑦ 圣上：《至正条格》《元典章》皆作"圣上"，《滋溪文稿》作"国家"。

理本衙事务。

[3]赵朝列：即"赵忠敏"。因赵忠敏曾授朝列大夫，故称。《元史》无传。元苏天爵《滋溪文稿》卷十《元故少中大夫江西湖东道肃政廉访使赵忠敏公神道碑铭》载有其事，可参。据碑铭所记，赵忠敏讳秉政，字公亮，历任江西湖东道肃政廉访使、河北河南道肃政廉访使、山东道廉访副使、治书侍御史。于至大元年(1308)秋七月去世，享年六十七岁。

[4]《贞观政要》：唐吴兢所著的一部政论性史书。全书共计十卷四十篇。

红泥粉壁申稟

350 至治二年八月，刑部议得："象州[1]知州周德贤，持权弄法，挟私任情，民有小过，辄生罗织，煅炼[2]成狱，擅立红壁，以仇其民，甚负朝廷子育元元之意。今后果有例应红泥粉壁[3]之人，开具本犯罪名，在外路分申稟行省，腹里去处申达省部，可否须候许准明文，然后置立。仍从监察御史、廉访司纠察。"都省准拟。

[1]象州：隶属广西两江道宣慰使司都元帅府。治所在今广西象州县。《元史·地理志六》："象州。下，唐改为象郡，又改象州。元至元十三年，立安抚司。十五年，改象州路总管府。领县三：阳寿，下；来宾，下；武仙，下。"
[2]煅炼：犹"锻炼"。罗织罪名，陷人于罪。
[3]红泥粉壁：简称"红壁"。这是元代设置的一种惩戒犯过错人的方式。谓在犯过错人的门首用红泥粉壁，书写罪名，选取红泥具有鲜艳、醒目的特点，使犯过错人受到社会舆论的谴责，使其产生羞耻感，以便改正过错。

狱　具

351① 中统二年七月，中书省钦奉圣旨节该："所在重刑，宣抚

---

① 《元典章·刑部》卷二《狱具之制》、《元史·刑法志二》和《事林广记·别集》卷三《刑法类》载有部分条文。

司[1]详照[2]文案,当面审引[3],视①察以情。若无异词,关部待报。其余囚禁,亦常切录问,无致冤滞。司狱官从宣抚同(司)②选设,仍不隶本路官司。{除州府司县外,其余官司无得自置牢狱,其狱具谓枷杻杖笞之类。}所在之处,即行检校。不如法者,随时科决改正。"钦此。送法司[4]照勘到旧例:"狱具:枷[5],长五尺以上六尺以下,阔一尺四寸以上一尺六寸以下。死罪,重贰十五斤。徒、流③,贰十斤。杖罪,一十五斤。皆以干木为之,长阔④轻重,刻⑤志其上;杻[6]⑥,长一尺六寸以上贰尺以下,横⑦叁寸,厚一寸;锁⑧,长八尺以上一丈二尺以下;镣[7],连环⑨重三斤;笞⑩,大头径贰分七厘,小头径一分七厘;杖⑪,大头径叁分贰厘,小头径贰分贰厘;讯杖⑫,大头径四⑬分五厘,小头径叁⑭分五厘。长三⑮尺五寸,皆须削去节目,无令⑯筋胶[8]诸物装钉。应⑰决⑱者,并用小头。其

---

① 视:《元典章》作"详"。
② 同(司):《至正条格》作"同",误。分析文意,当作"司",今据校。
③ 徒、流:《至正条格》《元史》皆作"徒、流",《元典章》作"徒罪"。
④ 阔:《至正条格》《元典章》《元史》皆作"阔",《事林广记》作"短"。
⑤ 刻:《元典章》作"列",误。《至正条格》《元史》《事林广记》皆作"刻",当据校。
⑥ 杻:《至正条格》《元典章》《元史》皆作"杻",《事林广记》作"杻械"。
⑦ 横:《至正条格》《元史》皆作"横",《元典章》《事林广记》皆作"阔"。
⑧ 锁:《至正条格》《元典章》《元史》皆作"锁",《事林广记》作"铁锁"。
⑨ 环:《元典章》《元史》《事林广记》皆作"镮"。
⑩ 笞:《至正条格》《元史》皆作"笞",《元典章》《事林广记》皆作"笞杖"。
⑪ 杖:《至正条格》《元史》《事林广记》皆作"杖",《元典章》作"杖杖"。
⑫ 讯杖:《至正条格》《元典章》《元史》皆作"讯杖",《事林广记》作"讯囚杖"。
⑬ 四:《至正条格》《元史》《事林广记》皆作"四",《元典章》作"五"。
⑭ 叁:《元史》《事林广记》皆作"三",《元典章》作"二"。
⑮ 三:《至正条格》《元史》《事林广记》皆作"三",《元典章》作"二"。
⑯ 无令:《至正条格》《元史》皆作"无令",《元典章》作"不得以",《事林广记》作"不得用"。
⑰ 应:《元典章》作"因",误。《至正条格》《元史》《事林广记》皆作"应",当据校。
⑱ 决:《至正条格》《元史》《事林广记》皆作"决",《元典章》作"决讯"。

决①笞及杖者②,〔皆〕③臀受。拷④讯者,臀腿分受⑤,务要数停⑥。"都省准拟。

[1]宣抚司:官署名,中统元年(1260)五月,立燕京路、益都济南等路、河南路、北京等路、平阳太原路、真定路、东平路、大名彰德等路、西京路、京兆等路十路宣抚司。中统二年(1261)十一月,罢十路宣抚司。后于广南西道、丽江路、顺元等处、播州、思州、叙南等处设之,分属各行省。后增置绍熙军民宣抚司、永顺宣抚司、平缅宣抚司等。秩正三品。每司设达鲁花赤、宣抚、同知、副使、佥事、计议、经历、知事、提控案牍架阁诸官职。

[2]详照:犹"详察"。审查,审理。

[3]审引:犹"引审"。审查。

[4]法司:指掌司法刑狱的官署。

[5]枷:刑具。加在犯人颈上的木制刑具。元徐元瑞《吏学指南·狱具》:"枷:较也,交木为之。始自后魏。唐宋以来,方定三等斤重。"

[6]杻:刑具。手铐。元徐元瑞《吏学指南·狱具》:"杻:即梏也,转手貌也。宋金定制。"

[7]镣:刑具。始定于金章宗时期,是一种戴在脚上的刑具。其质地是铁质的,形制是连环的,重有三斤,作用是絷足。元徐元瑞《吏学指南·狱具》:"镣:即带链镰刀也,形象镰而无柄,连镰于足,以限役囚步也。辽制有锁无镣。金章宗始〈定〉定镣,连环重三斤。"《明史·刑法志一》:"镣,铁连环之,以絷足,徒者带以输作,重三斤。"

[8]筋胶:指一种用动物的筋所制成的黏性物质。宋谢维新《事类备

---

① 决:《至正条格》《元典章》《元史》皆作"决",《事林广记》脱,当据补。

② 者:《至正条格》《元史》《事林广记》皆作"者",《元史》脱,当据补。

③ 〔皆〕:《元典章》作"皆",《至正条格》《元史》《事林广记》皆脱,今据补。

④ 拷:《至正条格(校注本)》校作"栲(拷)",误。《至正条格》《元典章》《元史》《事林广记》皆作"拷",今据校。

⑤ 臀腿分受:《至正条格》《元典章》《事林广记》皆作"臀腿分受",《元史》作"臀若股分受"。

⑥ 务要数停:《至正条格》《元典章》皆作"务要数停",《元史》作"务令均停"。《事林广记》无,疑脱。

要·外集》卷二十《刑法门·狱系》:"枷以干木为之,长者以轻重刻识其上,杖不得留节目,亦不得钉饰及加筋胶之类,仍用火印,从官给。"

352① 大德九年四月②,刑部呈:"济南路申:'即今,司、县五十七,以笞决;路、府、州、郡五十七,却以杖断。罪责既同,杖笞各异。若不申覆,终无所守明白定例。'议得:'笞五十,杖六十③,盖为数止满百,故各半其数。今既杖数至一伯柒下,所据五十七以下,当用笞;六十七以上,当用杖。'"都省准拟。

囚　历

353 大德七年十一月,刑部议得:"今后随路司狱司并府州司县委首领官各置禁历[1]一扇,若有收禁罪囚,随即附写所犯情由、收禁月日,每五日一次结附[2],各起花名,正官署押。佐贰官钦依已奉圣旨事意轮番提调,每月一替,三日一次,亲于牢内点视。但有不应监系者,随即疏放究问,仍委推官常切诣狱审录。各道廉访司官所至之处,先行提刑体察,仍将囚历照勘。敢有违犯及外监漏报罪囚起数,就便严行惩戒。"都省准呈。

[1]禁历:犹"囚历""囚帐""囚簿"。指登记收禁罪囚信息的文簿。其上一般书写罪囚的姓名、犯罪缘由、收禁月日等。

[2]结附:了结登记。谓在文簿上登记以示了结。

男女罪囚异处

354④ 中统四年六月⑤,中书省奏奉圣旨节该:"随路府州

---

① 《元典章·刑部》卷二《诸衙门杖数笞杖等第》载有同一条文。《至正条格》此条内容删节。

② 大德九年四月:《元典章》作"大德九年六月"。

③ 六十:《元典章》作"五十"。分析文意,疑《元典章》为是。

④ 《元典章·刑部》卷二《罪囚分别轻重》载有同一条文。《元典章·刑部》卷二《罪囚暖匣》和《元史·刑法志四》载有相关条文。

⑤ 中统四年六月:《元典章》作"中统四年七月"。

〔司〕①县牢房,须要分别轻重异处,不得参杂,妇人仍与男子别所。虽有已盖房舍,若窄隘不能分间②,即仰别行添盖。据合用材料价钱,申覆宣慰司,委官覆③实相同,就便于官钱内放支,然后关部照会[1]。若全无设致(置)④牢房,仰别⑤行起盖,却不得因而多破官钱,别致违错。如违,究治。"

[1]照会:公文术语。谓官署间就有关事务行文。

355 至元十六年三月,刑部契勘[1]:"随路罪囚,无问轻重,俱送司狱[2]收禁。又男女无别,今后若罪重者,送狱收禁,其余轻罪,另置监房[3]收系[4],须要男女异处。司狱司官常切照略,厘勒狱卒、当监人等依理监禁,毋令非理栲(拷)⑥掠,亦不得别致疏虞[5]违错。提牢正官不时点视,无致淹禁。"

[1]契勘:公文术语。查,按查,推究,参详。元徐元瑞《吏学指南·发端》:"契勘:谓事应推验而行者。"

[2]司狱:官署名,"司狱司"之简称。详参第257页"司狱司"条。

[3]监房:牢房。元徐元瑞《吏学指南·狱名》:"监房:即禁之异名也。"又云:"禁:《周礼》曰刑禁也。又制人之所也。"

[4]收系:拘禁,监禁。《元史·迭里威失传》:"陵州群凶为官民害,悉收系死狱中。"

[5]疏虞:疏忽,失误。《元典章·工部》卷三《祗候弓手充替》:"今次若便遵依替换,委是新佥,此辈俱系农民,不谙刑狱,走透事情,傥有疏虞,事系利害。"

---

① 〔司〕:《元典章》作"司",《至正条格》脱,今据补。
② 分间:《元典章》作"分拣"。
③ 覆:《至正条格(校注本)》录作"核",误。《至正条格》《元典章》皆作"覆",今据校。
④ 致(置):《至正条格》作"致",误。《元典章》作"置",今据校。
⑤ 别:《元典章》作"创"。
⑥ 栲(拷):《至正条格》作"栲",误。分析文意,当作"拷",今据校。

提调刑狱

356[①] 中统四年七月十八日[②],圣旨内一款:"在狱罪囚,皆委佐贰[1]、幕官[2][③]分轮[④]一员提调[⑤],三日一次,亲于年(牢)[⑥]内点视,每月一替。若[⑦]有枉禁及事有淹延不决者,随即举问[3][⑧]。月终具录囚数、姓名、施行次第,牒送[4]下次官[5],仍报本属[⑨]。"

[1]佐贰:即"佐贰官"。指辅佐主司的官员。元徐元瑞《吏学指南·官称》:"佐贰:谓相副协赞之官也。"

[2]幕官:又称"幕职"。指地方长官的属吏,辅佐主司的官员。因在幕府供职,故称。

[3]举问:检举审问。元徐元瑞《吏学指南·推鞫》:"举问:谓偶有愆犯,必须呈举而问者。"

[4]牒送:公文术语。行文呈送。

[5]下次官:犹言"下届官"。指接替官。

357 皇要(庆)[⑩]元年六月十一日,中书省奏:"'奸盗诈伪,休教也可扎鲁忽赤提调,刑部官人每提调者。'圣旨有来。刑部随车驾回去了呵,不教留守司官提调呵,不中也者。刑名是大勾当[1]

---

① 《元典章·刑部》卷二《幕职分轮提控》载有同一条文。《元典章·刑部》卷二《罪囚暖匣》载有部分条文。《元史·刑法志二》载有相关条文。

② 中统四年七月十八日:《元典章·幕职分轮提控》作"中统四年七月"。

③ 幕官:《至正条格》《元史》皆作"幕官",《元典章·幕职分轮提控》《元典章·罪囚暖匣》皆作"幕职"。

④ 分轮:《至正条格》《元典章·幕职分轮提控》《元典章·罪囚暖匣》皆作"分轮",《元史》作"分番"。

⑤ 提调:《元典章·幕职分轮提控》《元典章·罪囚暖匣》皆作"提控",《元史》作"提牢"。

⑥ 年(牢):《至正条格》作"年",误。《元典章·幕职分轮提控》作"牢",今据校。

⑦ 若:《至正条格》《元典章·幕职分轮提控》作"若",《元史》作"其"。

⑧ 举问:《至正条格》《元史》皆作"举问",《元典章·幕职分轮提控》作"检举"。

⑨ 本属:《元典章·幕职分轮提控》作"合属"。

⑩ 要(庆):《至正条格》作"要",误。分析文意,当作"庆",今据校。

有，教一个色目官人、一个汉儿官人提调呵，怎生？商量。"奏呵，奉圣旨："那般者。"

[1]大勾当：犹言"大事"。《元朝秘史》卷七："将纳牙放了，说此人至诚，以后大勾当里可以委付。""以后大勾当里可以委付"，指以后可以委付大事。

358 延祐七年十月，刑部议得："内外直隶省部路府州郡差设司狱，其余州县各委佐贰正官提调牢禁[1]，即系通例。所据各处茶盐运司[2]，既无所设司狱，凡有捉获盐徒[3]，依例委请佐贰正官提控点视。"都省准拟。

[1]牢禁：牢狱，监狱。"提调牢禁"，犹言"提牢"。谓管理监狱。

[2]茶盐运司：指茶运司与盐运司。"茶运司"为"榷茶都转运司"之简称。"榷茶都转运司"又简称"榷茶运司"。至元十五年(1278)，罢茶运司。至元十六年(1279)，立江西榷茶运司。元统元年(1333)，江西、湖广、江浙、河南复立榷茶运司。掌征收茶税之事。"盐运司"为"都转运盐使司"之简称。《元典章·户部》卷八《民官管课程事》："茶运司只管茶，盐运司只管盐。"

[3]盐徒：指贩卖私盐的人。

司狱掌禁

359 至元十五年九月，山东道提刑按察司[1]照得："随路司狱，专掌囚禁，无致差占。"

[1]山东道提刑按察司：官署名，"山东东西道提刑按察司"之简称。详参第179页"山东道按察司"条。

狱囚博戏饮酒

360① 至元二十六年八月，刑部议得："今后仰合属提调刑狱

---

① 《元典章·刑部》卷二《禁约狱内无得饮酒》载有相关条文。

官员常切厘勒司狱官吏、狱卒人等,毋令囚徒饮酒、博戏,亦不得将带刃器、纸笔、一切文字入禁。知(如)①违,定将提调官员究治,司狱官吏、狱卒人等痛行断罪。"都省准呈。

罪囚衣粮等

361② 中统四年七月十八日③,圣旨内一款:"狱内有亲属者,并食私粮;无亲属者,官给每〔名〕④日支米⑤二(一)⑥升,于鼠耗[1]⑦内支破[2]。虽有亲属,若贫穷⑧不能供备⑨,或家属在他⑩处住坐未知者,粮亦官给。"

[1] 鼠耗:老鼠造成的粮食损耗。指官府加收税粮的一种名目。与"正粮"相对。《元典章·户部》卷七《收粮鼠耗分例》:"若依行省听(所)拟,比民田减半,每石止收三升五合,却缘所破折耗粮米如五年之上,已是支破五升,切恐侵破正粮,拟合每石带收鼠耗、分例五升相应。"

[2] 支破:支付,拨给。

---

① 知(如):《至正条格》作"知",误。分析文意,当作"如",今据校。
② 《元典章·刑部》卷二《罪囚无亲给粮》载有同一条文。《元典章·刑部》卷二《罪囚灯油》载有相关条文。
③ 中统四年七月十八日:《元典章·罪囚无亲给粮》作"中统四年七月"。
④ 〔名〕:《元典章·罪囚无亲给粮》《元典章·罪囚灯油》皆作"名",《至正条格》脱,今据补。
⑤ 米:《至正条格》《元典章·罪囚无亲给粮》皆作"米",《元典章·罪囚灯油》作"粮"。
⑥ 二(一):《至正条格》作"二",误。《元典章·罪囚无亲给粮》《元典章·罪囚灯油》皆作"一",再结合《至正条格》下一条文作"日支一升",今据校。
⑦ 鼠耗:《元典章·罪囚无亲给粮》作"雀鼠耗"。
⑧ 穷:《至正条格》《元典章·罪囚无亲给粮》皆作"穷",《元典章·罪囚灯油》作"难"。
⑨ 备:《至正条格》《元典章·罪囚无亲给粮》皆作"备",《元典章·罪囚灯油》作"给"。
⑩ 他:《至正条格》《元典章·罪囚无亲给粮》皆作"他",《元典章·罪囚灯油》作"它"。

362① 至元八年正月，刑部呈："益都路申：'见禁罪囚每夜合用点灯清油，拟合依例于年销钱[1]内除破[2]。'"都省准拟。

[1]年销钱：指各级官府每年开销支出的钱财。
[2]除破：犹"支破"。支付，应付。

363 至元八年十一月，刑部呈："淄莱路[1]申：'见禁囚人穆昭等，并无做饭烧柴、御寒衣服。'参详：'囚人烧柴、冬衣，验无供送人数，从实支破，俱于年销钱内应付。'"都省准拟。

[1]淄莱路：即"般阳府路"。隶属山东东西道宣慰司，治所在今山东淄博市淄川区。《元史·地理志一》："般阳府路。下。唐淄州。宋属河南道。金属山东东路。元初，太宗在潜，置新城县。中统四年，割滨州之蒲台来属。先是，淄州隶济南路总管府。五年，升淄州路，置总管府。是岁改元至元，割邹平属济南路、高苑属益都路。二年，改淄州路为淄莱路。二十四年，改般阳路，取汉县以为名。领司一、县四、州二。州领八县。"

364 至元九年十二月，大都路申："见禁罪囚日支温牢木炭，于年销钱内斟酌和买。"都省准拟。

365 至元十四年十一月，中书省户部呈："益都路申：'见禁罪囚冬月合用席荐[1]、秆草、麻皮，估计到合该价钞，于本路年销钱内依年例放支。'"都省准呈。

[1]席荐：又作"席荐儿"。指草席。

366② 至元二十三年四月，刑部呈："大都路申：'见禁无家属供送囚人，每名依例日支老米[1]食用。数内患病囚人，亦食老米，实是不便。'今后合无于关支老米内三分中约放支粟米[2]一分？令病人食用。"都省准拟。

[1]老米：陈米，往年的米。

---

① 《元典章·刑部》卷二《罪囚灯油》载有相关条文。
② 《元典章·刑部》卷二《罪囚无亲给粮》载有相关条文。

［2］粟米：小米。明李时珍《本草纲目·谷二·粟》："粟米，即小米。气味咸，微寒，无毒。"

367 至顺二年七月，刑部议得："甘肃省[1]咨：'各处见禁罪囚合支口粮，本省所辖仓分[2]既无带收[3]耗粮[4]。'拟合于见在系官钱粮内支给。"都省准拟。

［1］甘肃省："甘肃等处行中书省"之简称，又称"甘肃行省"。《元史·地理志三》："甘肃等处行中书省。为路七、州二，属州五。本省马站六处。"

［2］仓分：犹"仓"。指官府负责倒换昏钞、关拨钞本、收支钱粮等事务的仓库。

［3］带收：附带征收。《元史·食货志一》："中统二年，远仓之粮，命止于沿河近仓输纳，每石带收脚钱中统钞三钱，或民户赴河仓输纳者，每石折输轻赍中统钞七钱。"

［4］耗粮：犹"耗羡"，又作"粮耗"。官府征收税粮时以弥补损耗为名，在正额之外附带征收的部分称作"耗羡"。

368 至顺三年十二月，刑部议得："各路狱囚无亲属及有亲属在他所或贫穷不能供备者，官给衣粮，日支一升，已有定例。各处司县囚徒即系一体，合于有司官仓内依例支给，年终通行照算。"都省准拟。

囚病医药

369① 中统四年七月十八日②，圣旨内一款："罪③囚病患，主司申提牢官验实，于本处医人内轮差④应当看治，每月一替。若有

---

① 《元典章·刑部》卷二《病囚医人看治》载有同一条文。《元典章·刑部》卷二《罪囚灯油》载有部分条文。

② 中统四年七月十八日：《元典章·病囚医人看治》作"中统四年七月"。

③ 罪：《至正条格》作"罪"，《元典章·病囚医人看治》脱，当据补。

④ 差：《元典章·病囚医人看治》作"番"，误。《至正条格》《元典章·罪囚灯油》皆作"差"，当据校。

死者,委官检复①有无他故,随状②推治[1]。"

[1]推治:审问治罪。

370③ 大德七年六月,江浙省咨:"见禁罪囚患病,官医专为诊脉看治,别无官降药钱。"都省议得:"各路见禁病囚所用药饵,斟酌于惠民局从实给付。合该④价钱,于本局营到息钱内通行准除。外据司县囚人,〈徒〉⑤徒罪以上,例解各路。时(其)⑥无家属病⑦囚,依旧令医工看治。"

371 皇庆二年十二月,刑部呈:"今后各处监系罪囚衣粮、药饵,并须依时支给,所司常加检视,不致饥寒失节。遇有疾病,令医看治,期于痊愈。果至身死,开具所犯罪名、收禁月日、感患病证、用过药饵加减分数、死亡日时、初复检验致死缘由,置簿明白开附[1],每月牒报,廉访司照刷。在都者具申[2]御史台,一体施行。中间但有非理死损,严行究治。仍于岁终通类开坐,咨申省部。"都省准拟。

[1]开附:开列登记。
[2]具申:公文术语。具文申报。

试验狱医

372⑧ 皇庆二年正月⑨,刑部呈:"路府州县狱医,皆凭医工提

---

① 检复:《元典章·病因医人看治》作"验复",《元典章·罪囚灯油》作"检验"。
② 状:《元典章·罪囚灯油》作"即",误。《至正条格》《元典章·病因医人看治》皆作"状",当据校。
③ 《元典章·刑部》卷二《罪囚药饵惠民局内给付》载有部分条文。
④ 该:《元典章》作"请",误。《至正条格》作"该",当据校。
⑤ 〈徒〉:《至正条格》衍一"徒"字,《元典章》无,今据删。
⑥ 时(其):《至正条格》作"时",误。《元典章》作"其",今据校。
⑦ 病:《元典章》作"罪",误。《至正条格》作"病",当据校。
⑧ 《元典章·礼部》卷五《试验狱医》载有同一条文。《至正条格》条文内容有删减。
⑨ 皇庆二年正月:《元典章》作"皇庆二年三月"。

领[1]差拨,中间多系不谙方脉[2]或雇觅不畏公法之人,惟利是务,代名当役。今后差拨,须要试验委用。如或不谙方脉,官医提领人等量情科罪[3],提调官亦行究治,将滥选之人革去。"都省准呈。

[1]医工提领:官职名,又称"官医提领"。至元二十五年(1288),河南、江浙、江西、湖广、陕西五省各立一官医提举司,秩从六品,掌医户差役、词讼。不设官医提举司之行省则置官医提领所或置太医散官以辖之。官医提领即系官医提领所下设之官职。

[2]方脉:本指医方与脉象。此处引申指医术。

[3]量情科罪:即"量情断罪"。指根据犯罪情节轻重定罪。

病囚分数

373① 延祐元年七月,御史台呈:"南台咨:'江南罪囚患病,一分至三分方报一分,四分方报二分,五分、六分方报作三分,七分报作四分,以〔此〕②误人性命。今后若依腹里定例,病至七分为重,正合古今治病之理。'江西等处官医提举司[1]讲究得:'罪③囚初病,作二分申报,增至九分为死证[2]。'前后不一,宜从太医院讲究。"刑部准太医院关:"据诸路医学提举司[3]申:'会集教官,检阅诸经④。照得:病囚分数,前后不著于书,无凭可据。然叔和[4]云:脉一息五至,为五藏⑤气俱,谓之平和无病之人。加一至为阳盛,减一至为阴盛。又《难经》云:〔至之〕⑥脉,一呼再至曰平,三至曰离经,四至曰夺精,五至曰死,六至曰命绝;损之脉,一呼二(一)⑦

---

① 《元典章·刑部》卷二《罪囚患病分数》、《元史·刑法志四》和《无冤录》卷上《病死罪囚》载有相关条文。《无冤录》版本使用《枕碧楼丛书》所载朝鲜抄本,参以《续修四库全书》影印本。

② 〔此〕:《元典章》作"此",《至正条格》脱,今据补。

③ 罪:《元史》作"狱"。

④ 诸经:《无冤录》作"经书"。

⑤ 藏:《至正条格(校注本)》作"脏",误。《至正条格》作"藏",今据校。

⑥ 〔至之〕:《难经》作"至之",《至正条格》脱,今据补。

⑦ 二(一):《至正条格》作"二",误。《难经》作"一",今据校。

至曰离经,二①呼一至曰夺精,三呼一至曰死,四呼一至曰命绝。此亦为脉之至数也。若以脉之至数定拟病之分数,《难经》有谓:寸口脉平而死者,谓生气独绝于内。又叔和所谓:形病脉不病曰生,脉病形不病曰死。如此者,岂能为定哉?参详江西等处廉访司所言:罪囚病以十分为率。似为近理。何以言之?《素问·五常政大论》所载:大毒治病,十去其六;常毒治病,十去其七;小毒治病,十去其八;无毒治病,十去其九。斯言病以十分之说也。病囚分数,准以十分为率。人之体,虚实不同,邪气为患,轻重不一,病疾之名,不可胜记,今略举数证而言之。有得病二三分,轻易为愈者,如感冒、风寒之疾,头微痛,身微热,但服发散之药,汗出而愈者,是也;有得病初轻至重,死复生者,如《伤寒》六经[5],中间传受,变证多谞(端)②,初得三分之轻,传至九分之重而死者,亦有忽然大汗出而解者,是也;有得病便至八九分之重,因而不瘥,绵历岁时,其病复来而方死者,如中风瘫缓[4]之证,是也;有得〔病〕③一二分之轻,淹延月日,渐至八九分之重,而至十分方死者,如肺痿[5]、劳瘵[6]之证,是也;有得病便至十分,难治而死者,真心痛[7]、真头痛[8],旦发夕死,夕发旦死者。又若卒中之证[9],急申卒至,五脏绝闭,脉道不通,气不往来,譬如堕溺而死者,是也。以此论之,人身之病,有得之轻而易愈者,有初得病轻至重而死者,有得之便至十分不及治而死者,载在方书,难以遍举,是不可以缕陈枚数而预定其分数也。要在当验医工临于病因,辨验轻重,参校制宜,以定分数。大凡世间数物,皆以十为数,盖一者数之始,十者数之终,未尝有至五数而止者。'如准江西官医□(提)④举司讲究,

---

① 二:《难经》作"再"。
② 谞(端):《至正条格》作"谞",误。分析文意,当作"端",今据校。
③ 〔病〕:《无冤录》作"病",《至正条格》脱,今据补。
④ □(提):《至正条格》此字残损,分析文意,当作"提",今据补。

以十分为率,与太(大)①都路医学[10]所拟相应。"都省准拟。

[1]官医提举司:官署名,元至元二十五年(1288)置,掌医户差役、词讼等事。河南、江浙、江西、湖广、陕西五省各置一司,各隶于本省,余省并无。秩从六品。下设提举、同提举、副提举各一员。此外,大都、保定、彰德、东平四路,设提举、同提举、副提举各一员。河间、大名、晋宁、大同、冀宁、广平、济宁、济南、辽阳、兴和十路,设提举、副提举各一员。卫辉、怀孟、大宁三路,设提举一员。秩从五品。以上皆为腹里路分官医提举司,隶属于太医院。

[2]死证:犹"死症",指无法治愈的病症。《元史·刑法志四》:"诸狱囚病至二分申报,渐增至九分,为死证。"

[3]医学提举司:官署名,秩从五品,隶属太医院。元至元九年(1272)始置,十三年(1276)罢,十四年(1277)复置。掌考较诸路医生课义,试验太医教官,校勘名医撰述文字,辨验药材,训诲太医子弟,提领各处医学。下设提举、副提举各一员。

[4]叔和:即"王叔和"。西晋人,名熙,著名医学家,曾任太医令,著有《脉经》一书。

[5]《伤寒》六经:《伤寒》即汉张仲景所著《伤寒论》。《伤寒论》将外感疾病发展、演变过程中产生的各种证候,根据所侵犯的经络、脏腑病变部位,受邪轻重,邪正盛衰,辨其阴阳、表里、寒热、虚实,分为太阳经、阳明经、少阳经、太阴经、少阴经、厥阴经六经,论述各经主要脉证、治法及其传变规律。

[4]瘫缓:瘫痪。

[5]肺痿:中医病名。指肺衰竭。元朱震亨《脉因证治》卷三《三十七痈疽(附瘿瘤)》:"脉数而虚,欬唾涎沫,为肺痿。"

[6]劳瘵:中医病名。犹"痨瘵",指肺结核病,俗称"肺结核"。元朱震亨《丹溪先生心法》卷二《劳瘵十七》:"劳瘵之证,非止一端,其始也,未有不因气体虚弱劳伤心肾而得之,以心主血,肾主精,精竭血燥,则劳生焉。"

---

① 太(大):《至正条格》作"太",误。分析文意,当作"大",今据校。《至正条格(校注本)》录作"大",误,当据校。

[7]真心痛：中医病名。指心痛之极危重者。证见卒然心大痛，甚则有咬牙口噤，伴见面色苍白，冷汗出，手足厥冷，脉微欲绝为主要临床表现。为区别于心窝部位疼痛，故名。西医上说的心绞痛、急性心肌梗死等病可参。元朱震亨《丹溪先生心法》卷四《心脾痛七十》："其痛甚，手足青过节者，是名真心痛，旦发夕死，夕发旦死，非药物所能疗。"

[8]真头痛：中医病名。头痛危症。证见剧烈头痛，连脑户尽痛，手足逆冷至肘膝关节。元朱丹溪《丹溪手镜》卷上："真头痛，甚入连于头脑，而手足冷者死。"

[9]卒中之证：指中风的病症。

[10]大都路医学：官署名，"大都路医学提举司"之简称。元代于大都路设医学提举司，隶属太医院。

囚病亲人入侍

374① 皇庆二年十一月，刑部呈："大都路申：'今后见禁罪囚若有病疾，除勒医工如法看治外，未知何等罪囚许令亲属入侍？'检会[1]到旧例：'诸狱囚有患病疾[2]，主司申提牢官，验实给医药救疗。若囚病重者，脱去枷锁杻，仍听家人看视②。职事、散官[3]五品以上，听二人入侍，候病愈归问。若犯恶逆以上，及强盗至死，奴婢杀主者，病虽重，不在脱③去枷锁杻及家人入侍之限。若有死者，提牢官与司狱检视，有故，随状推治，无他故者，不在覆治[4]之限。'参详：'狱囚有患病者，酌古准今，合依旧例。'"都省准拟。

[1]检会：查考。
[2]职事、散官："职事"即"职事官"之简称，指有具体职掌之官；"散官"犹"阶官"，指有官名而无实际职掌之官。散官可分为文散官和武散官两种，文散官有开府仪同三司、特进、光禄大夫等；武散官有骠骑将军、

---

① 《元史·刑法志四》载有相关条文。
② 看视：《元史》作"入侍"。
③ 脱：《至正条格（校注本）》录作"夺"，误。《至正条格》作"脱"，今据校。

辅国将军、镇国将军等。其品秩之高下,待遇之厚薄,各代不一。故称散官以定班位,职事官以定职守。每一官员皆有散官之品级和职事官之官位,散官与职事官的等级有时相当(如散官为正三品,职事官亦为正三品,二者相当),有时不相当。

[3]覆治:再次审理。

至正条格卷第三十四

至正条格卷第一　断例　卫禁

阑入宫殿

1 至元十八年六月初六日，中书省奏："年时冬里，一个蛮子人[1]根着[2]抬酒筲[3]的人入大殿里叫。上教省官人每，'问者'。么道，圣旨有来。如今俺问得：'本人元是江南好投拜人户，被干讨虏军人[4]虏到陕州[5]，卖与人家做奴婢来。他自用钱赎身，做了陕县[6]百姓也。来到南阳府[7]，与壹个蛮子秀才一处，写陈言的文字：江南被虏人口，放令为良。待这般告来，因根着抬酒筲的入大殿里奏来，这般我的不是也。'与了招伏文字。商量来：'打壹百柒下，发得陕州做民户去呵，怎生？'"奏呵，奉圣旨："那般者。打了发将去者。"

[1]蛮子人：犹"蛮子"。详参第39页"蛮子"条。

[2]根着：同"跟着"。尾随在后面。

[3]酒筲：竹制盛酒器。

[4]干讨虏军人：又称"干讨虏军""干讨虏人""无籍军"，蒙古语称作"答剌罕军"，为元代一种非正规军，无正式军籍，是一种应募而集且不给粮饷，不入帐籍，俾为游兵，助声势虏掠以为利的军队。《元典章·兵部》卷一《禁干讨虏军人》："切见曩者江南未附，有从军干讨虏之人，即是讨虏宋人。今宋已亡，江南皆大元之民，尚有此等干讨虏之人，公行劫夺，驱掠人口，深为民害。……有回回一名，对卑司奏差干将等称，是怯列宣慰下干讨虏人，小名黑厮。"

[5]陕州：隶属河南江北等处行中书省河南府路。《元史·地理志二》："陕州。下。唐初为陕州，又改陕府，又改陕郡。宋为保义军。元仍为陕州。领四县。"

[6]陕县:隶属陕州。元为下县。

[7]南阳府:隶属河南江北等处行中书省。治所在今河南南阳市。《元史·地理志二》:"南阳府。唐初为宛州,而县名南阳。后州废,以县属邓州。历五代至宋皆为县。金升为申州。元至元八年,升为南阳府,以唐、邓、裕、嵩、汝五州隶焉。二十五年,改属汴梁路。后直隶行省。领县二、州五。州领十一县。"

肃严宫禁

2 延祐四年十一月二十九日,中书省奏节该:"世祖皇帝时分,诸王驸马每、各衙门官人每都在主廊里坐地[1],商量了勾当,有合奏的事呵,先题了入去奏有来。如今若不严切禁治呵,不便当的一般有。御史台官奏奉圣旨:'俺内苑里的勾当,入怯薛的怯薛官人并怯薛丹、扎撒孙[2]、各爱马的头目每、留守司官人每、八剌哈赤[3]每等,是他每合管的勾当有。俺众人商量了,写定奏目听读呵,怎生?'奏呵,'那般者'。么道,有圣旨来。四怯薛[4]的怯薛官、中书省官、枢密院官众人商量来:'入怯薛的怯薛官、次着的官各扫邻[5]里坐地着,教入怯薛的扎撒孙各门头守把着,不教空歇了,禁治闲人休入去者。正门[6]上,在先各爱马里也教人坐地有来。如今依先例,各爱马里教差拨人一同守把。又东门[7]里,在先除女孩儿、火者[8]之外,其余人每不教行。如今依先例,除女孩儿、火者之外,不教其余人每行呵,怎生?又有怯薛的官人每,有奏的事呵,题了教入来呵,入去者。有怯薛的人每,不该入怯薛时分,非奉宣唤,休入去者。无怯薛并无勾当的人每入红门[9]去行呵,怯薛丹及各爱马的人每,初犯打柒下,再犯打拾柒;闲人并阔端赤[10]每,初犯打拾柒,再犯打贰拾柒。大官人每入去呵,各引两个伴当,其余官人每入去呵,各引壹个伴当者。又马奶子[11]房里,有文字支酒的人每根底里,头下[12]卸了的酒内,不教支与,教大酒务里支者。这般省会了,依着这般向前整治的人每根底,与赏;不依着这般严切禁治的,打着整治呵,怎生? 又在先四怯薛里各委①壹个人,教常川整治有来。如今依先例,怯薛里各委壹个好人,教常川整治呵,怎生? 将这文书入怯薛时分交割着,只依这体例里省会了,整治呵,怎生?'商量来。"听读了奏目文书呵,奉圣旨:"那般者。教伯答沙[13]明日聚着各怯薛官、扎撒孙每省会了,依这文书体例好生整治者。"

[1]地:音 de。助词。附着在"立""坐""卧"等动词后面,表示动作状态的持续,略同现代汉语的时态助词"着"。又作"的"。

[2]扎撒孙:蒙古语音译。官职名,又译作"札撒孙""扎撒兀孙""扎撒火孙""扎撒温孙""扎撒兀勒"等,其职能相当于殿中侍御史和留守司二者职能的合称,负责维持宫廷之内及周边的秩序。

[3]八剌哈赤:蒙古语音译。官职名,又译作"八剌合赤",指管城者,即城门警卫者的官长。《元史·兵志二》:"司阍者,曰八剌哈赤。"

[4]四怯薛:"怯薛"分作四班,每班分别由博尔忽、博尔术、木华黎、赤老温四功臣或其后人充任"怯薛长",号称"四怯薛"。"四怯薛"轮流率领护卫宫廷之卫士"怯薛歹"宿卫汗廷,因是三日一换,故称"四怯薛番直宿卫"。《元史·兵志二》:"方太祖时,以木华黎、赤老温、博尔忽、博尔术为四怯薛,领怯薛歹分番宿卫。"

[5]扫邻:蒙古语音译,又译作"扫里",指宫门外百官会集之所。元杨瑀《山居新话》:"皇朝设内八府宰相八员,悉以勋贵子弟为之。禄秩章服,并同二品,例不受宣,唯奉照会礼上寄位于翰林院官扫邻(自注:即宫门外会集处也)。"明陶宗仪《南村辍耕录》卷一:"扫邻,宫门外院官会集处也。"

[6]正门:指元大都宫城崇天门。

[7]东门:指元大都宫城东华门。

[8]火者:宦官。

[9]红门:元大都宫城南丽正门灵星门的俗称。明萧洵《元故宫遗录》:"南丽正门内曰千步廊,可七百步,建灵星。门建萧墙,周回可二

---

① 委:《至正条格(校注本)》校作"安(委)",误。《至正条格》作"委",今据校。

十里,俗称红门阑马墙。"

[10]阔端赤:蒙古语音译,又译作"阔篆赤""阔脱臣""库特齐"等。"阔端赤"的蒙古语原意指牵从马的人,其在元代则指负责掌管从马的随从。蒙古军人以骑兵为主,这些蒙古骑兵在出征时,除本身所骑战马之外,每人常备数骑战马轮番骑乘,以保存战马之体力和应不急之需。这种用来备乘的马被称作"从马"或"副马"。而"阔端赤"即指这些掌管从马的随从人员。《元史·兵志二》:"侍上带刀及弓矢者,曰云都赤、阔端赤。"《元史·张珪传》:"阔端赤牧养马驼,岁有常法,分布郡县,各有常数,而宿卫近侍委之仆御,役民放牧。"

[11]马奶子:又作"马潼",指马奶酒。《元史·祭礼志六》:"每岁,驾幸上都,以六月二十四日祭祀,谓之洒马奶子。"

[12]头下:犹"投下",指"部""部落"的领主,即诸王、公主、驸马、后妃、功臣等。

[13]伯答沙:《元史》有传。忙哥撒儿之孙。幼入宿卫,为宝儿赤。历事成宗、武宗、仁宗、泰定帝、文宗,历任光禄少卿、同知宣徽院事、宣徽院使、中书右丞相、集贤大学士、大宗正札鲁忽赤诸职。至顺三年(1332)薨。

3 泰定三年五月十七日,留守司奏:"世祖皇帝时分,斡耳朵[1]后地卖酒肉做买卖的都无有来,如今做买卖的好生多有。"奏呵,奉圣旨:"使将两个扎撒孙、贵赤[2]、火里温[3]一处去拿将[4]来了者。"么道。"俺将那人每拿住呵,造酒的,就那里柒拾柒重要了罪过打来。如今,多有人每不改有,又那般做买卖多有。"奏呵,奉圣旨:"恁留守司出与榜文禁约者。今后似这般依前做买卖的人拿住,好生要罪过[5]。更两邻不首,与犯人同罪者。"

[1]斡耳朵:蒙古语音译,又译作"斡鲁朵""窝鲁朵""斡里朵""斡儿朵""斡里陀""窝里朵"。本指辽时的宫卫,即禁卫军,金元沿用;亦指代皇帝或皇后的宫帐(行宫)。此处即指皇帝的宫帐。

[2]贵赤:当是"贵由赤"之省译形式。"贵由赤"系蒙古语音译,其省译即为"贵赤"也,意指善跑者、跑步者。蒙古统治者将这些善跑者组成元代军制中的一支特殊兵种,为直属皇帝的亲军,称为"贵赤卫",简称

"贵赤"。元杨允孚《滦京杂咏》卷上:"宫中又放滦河走,相国家奴第一筹。"注云:"滦河至上京二百里,走者名贵赤,黎明放自滦河,至御前已初中刻者,上赏。"明陶宗仪《南村辍耕录》卷一:"贵由赤者,快行是也。每岁一试之,名曰'放走',以脚力便捷者膺上赏,故监临之官,齐其名数而约之以绳,使无后先参差之争,然后去绳放行。在大都,则自河西务起程;若上都,则自泥河儿起程。越三时,走一百八十里,直抵御前,俯伏呼万岁,先至者赐银壹饼,余则段匹有差。"

[3]火里温:蒙古语音译,又译作"火里孙"。指看护皇家禁地之人,其职能是防止他人侵犯禁地,阻拦百姓侵耕、践踏营地等事。

[4]拿将:捉拿。

[5]好生要罪过:犹言"重要罪过"。从重治罪。

4 至顺三年十月十三日,中书省奏:"火你赤[1]、达鲁花赤于内府提交床[2]坐的上头,监察每言着呵,'教省部里定拟者'。么道,有圣旨来。部拟:'除诸王、驸马、勋旧大臣、宰辅、台院一品官员外,其余官属敢有似前坐交床者,拟决贰拾柒下,标附过名。若遇朝贺日期,百官具公服未入班次,系在阙门之外者,不拘此例。'定拟了,与文书有。俺商量来:'中书省、枢密院、御史台二品以上官员,坐交床;其余衙门官员内到一品者,许坐交床;别个的,依部家定拟来的教行呵,怎生?'"奏呵,奉圣旨:"那般者。"

[1]火你赤:蒙古语音译。官职名,元代怯薛执事之一,指牧羊官。《元史·兵志二》:"其怯薛执事之名:……牧羊者,曰火你赤。"

[2]交床:又称"胡床",一种可以折叠的轻便坐具。

分拣怯薛歹

5 至顺元年闰七月初十日,中书省奏节该:"各怯薛、各枝儿里将无体例的汉人、蛮子并〔高丽〕①人的奴婢等夹带着行呵,将各怯薛官、各枝儿头目每打伍拾柒下;孛可温[1]、亦里哈温[2]夹带行的

---

① 〔高丽〕:分析文意,《至正条格》脱"高丽"二字,今据补。

人每,打柒拾柒下。将不应〔行〕①的人看觑面情[3],不分拣教出去,却将合行的分拣扰害呵,将各怯薛官、各枝儿头目每并孛可温、亦里哈温只依这例要罪过。有体例行的怯薛丹、各枝儿每,元支请的钞定、草料,依验[4]分拣来的数目,均减钞定、草料外,分拣出去的人每内,不应行的汉人、蛮子、高丽人每的奴婢,并冒名数目等有呵,怯薛官、各枝儿头目尽数分拣出去。其有体例合行的每根底,依旧与衣粮,不依体例行的,教监察御史每好生用心体察者。各怯薛、各枝儿里晓谕呵,怎生?"奏呵,奉圣旨:"是有。与的每根底,依您商量来的与者。"

[1]孛可温:蒙古语音译。官职名,又译作"孛可孙"。掌关支粮草,即支给衣粮和马驼草料。

[2]亦里哈温:蒙古语音译。官职名,职责是在给怯薛人员分发钞定、衣服、马匹草料等物时辨别区分真假怯薛。

[3]看觑面情:犹"觑面情""看面情"。看面子,照顾情面,徇私。谓看在某人的面子上徇私做某事。

[4]依验:查验,核对。

侵耕纳钵草地

6 元统二年五月二十二日,经正监[1]奏:"在前累朝皇帝时分,大都至上都等处有的纳钵[2]营盘,奉圣旨,教有司官提调着,俺委付火里孙[3]当阑[4]有来。近年以来,盖是有司提调正官不肯用心提调,火里孙当阑不得有。如今,相邻着的百姓每好生侵耕、踏践了有。又比及车驾行幸,先行的诸王、公主、驸马并各枝儿、怯薛歹、女孩儿、火者、各爱马人等,于纳钵内将自己的车辆、头匹安下,作践草茸。火里孙每当阑呵,倚气力[5]将火里孙每好生打拷有。为这上头,草长不出来的缘故,是这般有。如今各处宽纳钵里委付火里孙陆名,窄纳钵里委付肆名,教与有司提调官一同当

---

① 〔行〕:分析文意,《至正条格》脱"行"字,今据补。

阑呵,怎生?"奏呵,奉圣旨:"如今奴都赤[6]内差好人,与中书兵部文书,教他每行与拘该有司。若有司提调官不曾当阑呵,教恁差去的使臣,受敕官就便打肆拾柒下者,受宣官要了他每的招伏,我根底奏者。侵耕的百姓每根底,打柒拾柒下者。自意[7]倚气力入去的,恁将他每的头匹拿了,打陆拾柒下者。各处纳钵营盘内,恁委付火里孙每,合着和雇和买、杂泛夫役,教有司官出与他每执把的文书,便教除免了者。"钦此。送兵部,定立各各罪名。七月二十四日,中书省奏:"兵部备着经正监文书里,俺根底与文书:'累朝时分,大都、上都等处有的纳钵营盘,教有司官提调着,俺委付火里孙当阑来。近年以来,盖是有司提调正官不肯用心提调,火里孙当阑不得有,相邻百姓每好生将纳钵地土侵耕、踏践了有。'他每奏过与文书的上头,俺教兵部定拟呵,'今后宽纳钵拟设火里孙肆名,窄纳钵贰名,从经正监选择公勤能干之人,依上委用。火里孙不为用心,纵令诸色人等于纳钵内安下,牧放头匹呵,决肆拾柒下。有司官提调不严,致使百姓侵耕,并头匹食践,本管上司取问,受敕官决叁①拾柒下,受宣官取招呈省。经正监官不为用心提调,依上取问。侵耕并倚气力于纳钵安下牧放人等,钦依奏准罪名科断'。定拟了有。俺商量来:'纳钵营盘,经正监官失于整治,量事罚俸。其余的,依着兵部定拟来的行呵,怎生?'"奏呵,奉圣旨:"那般者。"

[1]经正监:官署名,元至大四年(1311)置,掌皇帝营盘纳钵及标拨投下草地,兼理词讼,秩正三品。下设太卿、太监、少监、监丞、经历、知事、令史、译史诸官职。其中,太卿、太监、少监皆由奴都赤充任,监丞由流官充任。

[2]纳钵:契丹语音译,又译作"捺钵""纳拔""剌钵""纳宝"等。"纳钵"源于契丹语,沿用于女真语和蒙古语中,为辽、金、元三代通用语。"纳钵"意译作"行在""所在",指辽、金、元三朝皇帝出行时的临时宿顿之

---

① 叁:《至正条格(校注本)》录作"参",误。《至正条格》作"叁",今据校。

所,即皇帝巡幸之时,其驻跸之行宫。元杨允孚《滦京杂咏》诗:"大臣奏罢行程记,万岁声传龙虎台。"自注:"龙虎台,纳宝地也。凡车驾行幸宿顿之所,谓之纳宝,又名纳钵。"《辽史·营卫志第二》:"辽国尽有大漠,浸包长城之境,因宜为治,秋冬违寒,春夏避暑,随水草就畋渔,岁以为常,四时各有行在之所,谓之捺钵。"

[3]火里孙:蒙古语音译,又译作"火里温"。详参第 311 页"火里温"条。

[4]当阑:犹"当拦"。拦挡,阻拦。

[5]倚气力:仗势。《元代白话碑·一二六八年登封少林寺圣旨碑》:"这底每寺院里、房舍里,使臣休安下者。不拣是谁,倚气力休住坐者。"

[6]奴都赤:蒙古语音译。官职名,又译作"侬独赤""奴秃赤"。指管理牧地之人。《元史·文宗本纪四》:"戊子,命奴都赤阿里火者按行北边牧地。"

[7]自意:肆意,恣意,任意。

巡绰食践田禾

7 泰定三年七月二十一日,中书省奏:"每年上位大都、上都往来经行时分,扎撒孙内差拨,教为头领着壹伯名怯薛丹巡绰。但有将百姓田禾食践的,禁约有来。在先禁约的上头,行了几般禁例。忒轻呵,也不宜;忒重呵,也不宜有。守得的一般禁例遍行呵,相应也者。俺如今遍行省谕,若有撒放[1]马、驼、牛只食践田禾的每根底,壹个头匹,令人陪偿壹拾两钞,断壹拾柒下。各怯薛、各枝儿里遍行省谕呵,怎生?"奏呵,奉圣旨:"那般者。"

[1]撒放:散放。

门尉不严

8 至大二年九月,刑部呈:"光禄寺[1]酒匠玄药师奴将领[2]凶徒叁拾余人,各执挕(棍)①棒,将无辜平民李亦怜真等挟仇绑缚,游街打拷[3]入城。其守把丽正[4]门尉军人不即盘问,约当[5]捉拿。除行凶人另行外,大使[6]塔刺赤,拟决肆拾柒下;百户叔连教化的、弹压[7]刘川,各决叁拾柒下;权百户嗦罗海,贰拾柒下。"都省准拟。

[1]光禄寺:官署名,元置,隶属宣徽院,秩正三品,掌起运米曲诸事,领尚饮、尚酝局沿路酒坊,各路布种事。至元十五年(1278),罢都提点,置光禄寺。至元二十年(1283),改尚酝监,秩正四品。至元二十三年(1286),复为光禄寺。至元二十五年(1288),拨隶省部。至元三十一年(1294),复隶宣徽院。延祐七年(1320),降从三品。泰定二年(1325),复升正三品。定置卿、少卿、丞、主事、令史、译史、知印、通事、奏差、典吏、蒙古书写诸职。

[2]将领:率领。

[3]打拷:拷打。

[4]丽正:元时京师内城正南门曰丽正。明陶宗仪《南村辍耕录》卷二一:"城方六十里,里二百四十步,分十一门,正南曰丽正。"

[5]约当:阻拦,阻止。

[6]大使:官职名,元代指称事务官、管理官为"大使"。元代于仪凤司、典乐司、资用库、尚衣局、御药院、行用库、丰备库、宝钞总库、印造宝钞库、烧钞东西二库、鱼蟹市、抄纸坊、通济仓等官署机构均设有此职,其为这些官署机构中的事务管理官。

[7]弹压:官职名,元代诸千户所下设之军官。上千户所秩从八品,中、下二所秩正九品、秩从九品内铨注。

津渡留难致命

9 至元二十八年正月,江浙行省咨:"体知浙江河渡司[1]及行船梢水人等,取受钱物钞两,溺没人命。另行归问外,今后河渡人

---

① 挕(棍):《至正条格》作"挕",误。分析文意,当作"棍",今据校。《至正条格(校注本)》录作"棍",误,当据校。

等明知潮信到来,或风涛将起,贪取船钱,将过往人员摆渡,因而致伤人命,无问多寡,合分首从处断。为首者处之重刑,为从者减等断罪,庶望不致违犯。"都省准拟。

[1]河渡司:官署名,又称"提举河渡司"。元代于各河道渡口多有设置,掌摆渡客旅,盘问可疑人员,收取摆渡船钱。后罢。《元典章·工部》卷二《黄河渡钱例》:"黄河上下渡口,在先年分设立提举河渡司并监渡官,节次省并告去,即目止令亲临州县官分轮提调……如今河渡司要做甚么用?罢了者。"

10 至元二十九年五月,御史台呈:"监察御史体问得:'把泸沟桥军人阿八赤等,节次遇有过往人员,欲要解卸行李,勒取酒食钱钞,将各人不复盘问,即便放行,百户脱思不花不为用心钤束。'本台议得:'军人阿八赤等,各决贰拾柒下;百户脱思不花,量决柒下。'"都省准拟。

[至正条格卷第一] 断例

至正条格卷第二 断例 职制

擅自离职

11 大德三年九月,刑部呈:"管州[1]达鲁花赤塔察儿,私自离职,前去临州[2],与男秃可帖木儿娶妻。量拟贰拾柒下,依例罢职。离职俸给,追征还官,标附。"都省准拟。

[1]管州:隶属河东山西道宣慰使司冀宁路。《元史·地理志一》:"管州。下。唐以静乐县置。后州废,属岚州。后又为宪州。宋为静乐军。金为静乐郡,又改为管州。元太祖十六年,以岚州之岢岚、宁化、楼烦并入本州。至元二十二年,割岢岚隶岚州,而宁化、楼烦并入本州。"

[2]临州:隶属河东山西道宣慰使司冀宁路。《元史·地理志一》:"临州。下。唐置临泉县,又置北和州,后州废,隶石州。宋置晋宁军。金废军,置临水县,隶石州。元中统二年,仍改临泉县,直隶太原府。三年,升临州。"

12 至元二年正月,刑部议得:"沿海万户府千户丁元昌,擅离镇守信地[1],还家营干[2]己事。拟笞叁拾柒下,解任标附。"都省准拟。

[1]信地:军队驻扎和管辖的地区。
[2]营干:办理。

托故不赴任

13 元统元年六月,诏书内一款:"已除大小官员托故不赴任者,已有累降条画。违者,断罪黜罢。务在必行,监察御史、廉访司常加体察。"

14① 至元六年正月,枢密院奏:"各处万户府里万户、千户、百户并镇抚[1]、弹压、首领官人等,有急阙的上头,委用人员,上位根底奏了。既是给降与了宣敕牌面[2],推称缘故,嫌地里远弯[3],不肯前去有。军情事比其余勾当不厮以(似)②有,不拟罪过呵,怎中?推称缘故,嫌地里远弯,不肯前去的,将他每宣敕牌面追夺了,重要了罪过,永不叙用呵,怎生?"奏呵,奉圣旨:"那般者。"

[1]镇抚:军职名。元置。元代于诸都元帅府、诸军民安抚使司、诸亲军都指挥使司、诸招讨使司、诸万户府及万户府所属镇抚、诸卫所属镇抚所等官署机构中均有设置。其中,镇抚司所设镇抚,蒙古、汉人参用。上、中、下万户府镇抚司的品秩分别为正五品、从五品、正六品。

[2]宣敕牌面:指发给官吏的一种宣敕身份凭证。

[3]远弯:犹"弯远"。遥远。"地里远弯",指路程遥远。

应直不直

15 皇庆元年九月初八日,御史台奏:"淮东廉访司[1]官人每文书里说将来:'孟显祖小名的千户,官人每的言语,教他看申(守)③丰盈库,他自己不谨慎夜巡,家里宿去上头,被贼剜开墙,偷了叁伯定官钱。'廉访司他根底取了招也。刑部拟着:'打叁拾柒,依旧勾当。'么道,说有。俺商量来:'依他每拟来的断呵,怎生?'"奏呵,奉圣旨:"那般者。要了罪过,依旧教勾当行者。"

[1]淮东廉访司:"江北淮东道肃政廉访司"之简称,又称"淮东道肃政廉访司"。内八道肃政廉访司之一,置司于扬州路。

16 至顺元年六月,刑部议得:"江西省千户沈斌,蒙万户府差拨,守把北厢,不行守宿。拟笞壹拾柒下,依旧勾当,标附。"都省准拟。

---

① 《元典章·吏部》卷四《不赴任官员》载有相关条文。
② 以(似):《至正条格》作"以",误。分析文意,当作"似",今据校。
③ 申(守):《至正条格》作"申",误。分析文意,当作"守",今据校。

沮坏风宪

17 元统元年五月初五日,御史台奏:"大都台官每备着监察御史文书说将来:'山东宣慰使七十,蠹政害民,违别圣旨,辄便为头画字,被山东廉访司弹劾之后,挟仇排捏[1]饰词,影射[2]本罪,阻当刷卷[3]监问书吏,故将累朝风宪勾当沮坏。启奉令旨,省里、台里差人取问呵,要了他明白招伏,拟了陆舍(拾)①柒下罪名,罢职,遍行文书。'么道。俺商量来:'依着他每定拟的罪过,打陆舍(拾)柒下,罢职,遍行照会呵,怎生?'"启呵,奉令旨:"那般者。"

[1]排捏:编排捏造。
[2]影射:遮掩,掩饰。
[3]刷卷:元代肃政廉访司定期清查各种案卷账目,复核已审案卷,称"刷卷",又称"刷案"。

遗失印信

18 至治三年正月,刑部议得:"甘肃省宣使张嗦忍布,因公赴都,关到肃州[1]司狱司铜印壹颗,带酒遗失。到于真定路,吓令带行人[2]张嗦南巴虚申被贼劫讫印信,影避己罪。量笞伍舍(拾)②柒下,革去。遗失印信,令有司根寻。比及得见,别行铸降。"都省准拟。

[1]肃州:即"肃州路"。隶属甘肃等处行中书省,治所在今甘肃酒泉市。《元史·地理志三》:"肃州路。下。唐为肃州,又为酒泉郡。宋初为西夏所据。元太祖二十一年,西征,攻肃州下之。世祖至元七年,置肃州路总管府。"
[2]带行人:元代于各驿站设置的负责带引的小吏差役。

---

① 舍(拾):《至正条格》作"舍",误。分析文意,当作"拾",今据校。下同。
② 舍(拾):《至正条格》作"舍",误。分析文意,当作"拾",今据校。

拘占印信

19 至元二年正月,刑部议得:"尚珍署[1]达鲁花赤浑秃罕①,挟恨亦老温前来替代,将元掌印信拘占在家数月,革后叁十日不行交割,耽误官事。量笞叁拾七下,标附。"都省准拟。

[1]尚珍署:官署名,元置,隶属宣徽院,秩从五品,掌收济宁等处田土籽粒,以供酒材。至元十三年(1276)始立。至元十五年(1278),罢入有司。至元二十三年(1286)复置,立于济宁路之兖州。下设达鲁花赤、令、丞、吏目诸官职。

典质牌面

20② 皇庆二年三月③,刑部议得:"今后军官敢有擅将所佩牌面[1]解典[2]质当者,断五拾柒下,削降散官壹等换授[3]④,依旧勾当。受质之家,减犯人罪贰等科断。"都省准拟。

[1]牌面:官吏、使节的一种身份凭证,其状扁薄如牌。
[2]解典:解送典铺,抵押换钱。
[3]换授:又作"换受"。调换原职授予新职。

隐藏玄象图谶

21⑤ 泰定二年十二月十三日,中书省奏节该:"合禁的文书,如今严立断例,各处遍行文书,张挂榜文。但系世祖皇帝时分禁了来的并在后累朝禁了来的禁书,不拣谁根底有呵,文字到日,壹

---

① 罕:《至正条格(校注本)》录作"窂",误。《至正条格》作"罕",今据校。
② 《元典章·礼部》卷二《军官解典牌面》载有同一条文。《至正条格》此条内容删节。
③ 皇庆二年三月:《元典章》作"皇庆二年五月"。
④ 授:《元典章》作"受"。
⑤ 《通制条格·杂令·禁书》、《元典章·礼部》卷二《拘收旧历文书》、《禁收天文图书》和《禁断推背图等》载有相关条文。

伯日已里,教他每自便烧毁了者,休藏留者。若壹伯日之外,不行烧毁的,首告出来呵,杖壹伯柒下,籍没家产一半,于那钱物的壹半付告人充赏呵,庶使无知的人每不致伤害姓(性)①命,多人每不遭祸扰也者。"奏呵,奉圣旨:"那般者。"钦此。令太史院、司天监[1]与礼部、翰林国史院[2]、集贤院、刑部一同议得,合禁等书,开列于后:

《乾象通鉴》　　《天官要览》　　《乾象新书》
《五行类事占》　《大象赋》　　　《戎轩指掌》
《古今通占》　　《天文录》　　　《握镜占》
《乾象隐微通占》《天文总录》　　《乙巳占》
《荆州占》　　　《开元占》　　　《通天玉镜》
《天文祥异》　　《景祐占》　　　《天文精义赋》
《天文祥异赋》　《周天星图》　　《天文主管》
《风角集》　　　《历代占天录》　《悬象赋》
《天元玉册》　　《占书类要》　　《太一玉镜》
《福应集》　　　《太一龟鉴》　　《太一新书》
《淘金歌》　　　《金镜式》　　　《紫庭经》
《紫庭秘诀》　　《龙虎经》　　　《太一雌雄钤》
《太白阳经》　　《太白阴经》　　《符应经》
《万一诀》　　　《专征赋》　　　《遁甲细钤图》
《太一雷公式》　《七曜历》　　　《推背图》
《五公符》　　　《苗太监伪造图谶文书》
《博闻录》　　　《显明历》

《推背图》《血盆》及应合禁断天文图书,一切左道乱正之术。

[1]司天监:官署名,秩正四品,掌凡历象之事。中统元年(1260),因金人旧制,立司天台,设官属。至元八年(1271),以上都承应阙官,增置

---

① 姓(性):《至正条格》作"姓",误。分析文意,当作"性",今据校。

行司天监。至元十五年（1278），别置太史院，与台并立，颁历之政归院，学校之设隶台。至元二十三年（1286），置行监。至元二十七年（1290），又立行少监。延祐元年（1314），升司天台为司天监。至正八年（1348），置上都司天台。下设提点、司天监、少监、丞、知事、令史、译史、通事兼知印诸官职。属官有提学、教授、学正、天文科管勾、算历科管勾、三式科管勾、测验科管勾、漏刻科管勾、阴阳管勾、押宿官、司辰官、天文生。

[2]翰林国史院：官署名，"翰林兼国史院"之简称，元置，秩从一品，掌拟写文书、纂修国史、定拟谥号、备皇帝咨询等事。中统二年（1261），立翰林国史院，以王鹗为翰林学士，未立官署。至元元年（1264），始置。至元二十年（1283），省并集贤院为翰林国史集贤院。至元二十二年（1285），复分立集贤院。下设承旨、学士、侍读学士、侍讲学士、直学士诸官职。属官有待制、修撰、应奉翰林文字、编修官、检阅、典籍、经历、都事、掾史、译史、通事、知印、蒙古书写、书写、接手书写、典吏、典书。

22 元统元年六月，刑部议得："太平路[1]完颜智理瓦歹，收藏遁甲禁书三册。合杖壹伯柒下，籍没一半家产，未经抄扎[2]，钦遇诏赦。罪既遇免，拟合革拨。已追到官禁书，合发秘书监[3]收贮。"都省隹（准）①拟。

[1]太平路：隶属江浙等处行中书省，治所在今安徽当涂县。《元史·地理志五》："太平路。下。唐置南豫州。宋为太平州。至元十四年，升为太平路。领司一、县三。"

[2]抄扎：又作"抄札"。查抄没收。

[3]秘书监：官署名，元置，秩正三品，掌历代图籍并阴阳禁书。至元九年（1272）置，其监丞皆用大臣奏荐，选世家名臣子弟为之。大德九年（1305），升正三品，给银印。下设卿、太监、少监、监丞、典簿、令史、知印、奏差、译史、通事、典书、典吏诸官职。属官有著作郎、著作佐郎、秘书郎、校书郎、辨验书画直长。

---

① 隹（准）：《至正条格》作"隹"，误。分析文意，当作"准"，今据校。

各位下阴阳人

23① 大德十一年十月十四日,钦②奉圣旨:"今后阴阳法师[1],休教③诸王、公主、驸马根前[2]去者。去的人有呵,当死罪者。"

[1]阴阳法师:指擅长星相、占卜、相宅、相墓方术等的道士或方士,又称"阴阳人""阴阳生""阴阳"。《元史·刑法志四》:"诸阴阳法师,辄入诸王、公主、驸马家者,禁之。"

[2]根前:犹"跟前"。身边。

漏泄官事

24 至大四年二月十七日,中书省奏:"省里商量勾当其间,商量来的言语走泄了呵,根挨[1]着要了招伏,斟量了他每的罪过,上位奏了,要了罪过,勾当里教出去呵,怎生?"奏呵,奉圣旨:"那般者。"

[1]根挨:追查。

25 至治元年十月十三日,中书省奏:"中书省管着国家大勾当有。近间,但凡有合商量的勾当呵,管事的必阇赤[1]人等走泄事情,随即教为事的人每知道有。在前也这般走泄事情的人每根底,'好生教根挨者'。么道,普颜笃皇帝[2]有圣旨来。今后将走泄事情的人每根挨出来,好生要了罪过,黜退了呵,怎生?"奏呵,奉圣旨:"那般者。"

[1]必阇赤:蒙古语音译。官职名,又译作"必赤赤""必齐齐""必彻彻""毕彻赤""必者赤""笔且齐"等,又省译作"必赤"。职掌文书。《元史·祭祀志三》:"必阇赤,译言典书记者。"《元史·兵志二》:"为天子主

---

① 《元典章·礼部》卷五《阴阳法师》载有同一条文。《元史·刑法志四》载有相关条文。
② 钦:《元典章》作"传"。
③ 教:《元典章》作"交"。

文史者,曰必阇赤。"《元史·察罕传附立智理威》:"立智理威,为裕宗东宫必阇赤,典文书。"

[2]普颜笃皇帝:指元仁宗。年号皇庆和延祐。至大四年(1311)即位,在位九年。"普颜笃"为其蒙古语称号,汗号"普颜笃可汗"。

稽缓开读

26 至顺三年六月,刑部议得:"乾宁安①抚司[1]知事李元鼎、司吏莫让,于至顺二年二月初一日钦承诏赦,不即差人宣布,经隔肆日,通同指以措置[2]支持为名,于元差人林德宽等处科要中统钞贰拾贰定,才令前去开读。又将本司钦录全文行下各翼文字私家[3]藏收壹伯零陆日,使涣汗[4]之恩不能周遍。合准所拟,将各人杖断壹伯柒下,除名不叙。罪幸遇免,标附。"都省准拟。

[1]乾宁安抚司:官署名,又称"乾宁军民安抚司",隶属湖广等处行中书省。《元史·地理志六》:"乾宁军民安抚司。唐以崖州之琼山置琼州,又为琼山郡。宋为琼管安抚都监。元至元十五年,隶海北海南道宣慰司。天历二年,以潜邸所幸,改乾宁军民安抚司。领县七。"②

[2]措置:筹集,凑集。"措置支持",指筹集开支。

[3]私家:副词。犹"私"。私自。

[4]涣汗:喻指帝王的圣旨、号令。

官文书有误

27 元贞二年八月,刑部呈:"潞州[1]采参大使贾居仁赴都纳参,七月初四日,听读讫除免差税诏书还家,于勾集医户告示上略行该写[2],将'至元三十一年包银俸钞尽数蠲免'写作'尽数除

---

① 安:《至正条格(校注本)》录作"按",误。《至正条格》作"安",今据校。

② 《元史·顺帝本纪一》:"(元统二年)改乾宁军民安抚司曰乾宁安抚司。"由此可见,乾宁安抚司当是元统二年(1334)由乾宁军民安抚司改。上文却云"乾宁安抚司知事李元鼎、司吏莫让于至顺二年二月初一日钦承诏赦",可见,至顺二年(1331)已有乾宁安抚司之称,故疑《元史》所记时间有误。

免'，'至元三十一年地税全行除免'写作'今年秋税全除'。议得：'贾居仁差写诏书节文情犯，量拟叁拾柒下，标附。'"都省准拟。

[1]潞州：隶属河东山西道宣慰使司晋宁路。《元史·地理志一》："潞州。下。唐初为潞州，后改上党郡，又仍为潞州。宋改隆德军。金复为潞州。元初为隆德府，行都元帅府事。太宗三年，复为潞州，隶平阳路。至元三年，以涉县割入真定府，以录事司并入上党县。领七县。"

[2]该写：书写。"略行该写"，指简略书写。

28 大德四年八月二十六日，完泽[1]丞相等奏："前者，阿只吉[2]使的秃干奏将来：'大（太）①原路官人每，我的伴当每的阜料文书上改了我名字，写做阿吉吉。人老了呵，改名字也者，教汉儿人每两遍家[3]改写了来。太原路达鲁花赤塔海[4]属俺的有，我教拿了也，诫谕众人。'奏将来。又他一处画字的伴当每，上位奏了：'怎生般[5]要罪过的？'说将来呵。俺奏来：'是故意的写来，那委实错写了来，看说甚缘故。'么道。省里、也可扎鲁忽赤里差人教问去来，使将去的人问了来了也。起初行的文书检子[6]，大令史写的是来，小令史根底与了，转写出去时分，错写来也，不是故意的一般也，不干官人每事。令史错了的上头，待官人每根底要罪过呵，常时间这般错的有也者，似这般官人每根底要罪过呵，不宜也者。俺商量来：'小令史错写了的上头，打叁拾柒；大令史是当该的人，出去的文书不对同行了的上头，打拾柒。达鲁花赤是他每投下有，勾当里委付不委付的，阿只吉识者。虽那般呵，这言语明白说将去呵，怎生？'"奏呵，奉圣旨："那般者。阿只吉根底明白说将去者。"

[1]完泽：人名，《元史》有传，土别燕氏。祖土薛，父线真。至元二十八年（1291），特拜中书右丞相。大德四年（1300），加太傅、录军国重事。大德七年（1303）薨，年五十八，追封兴元王，谥忠宪。

---

① 大（太）：《至正条格》作"大"，误。分析文意，当作"太"，今据校。

〔2〕阿只吉:元代宗王,察合台曾孙。蒙古军将领,拥戴忽必烈为大汗。太原为其分地。

〔3〕家:助词。用在数量词之后,表示次数或数额。"教汉儿人每两遍家改写了来",指教汉人们改写了两遍。

〔4〕塔海:人名,曾任太原路达鲁花赤。《元典章·刑部》卷八《替闲官员犯赃》载其事,云:"察知太原路达鲁花赤塔海指与阿只吉大王拜年为名,差前代州判官马哈答不花于各司县齐敛钞定,于内克落讫钞三定一两,文(又)于忻州刘吏目处要讫人情钞二十两。"

〔5〕怎生般:怎么样。

〔6〕检子:犹"检"。指公家文书之稿。元熊忠《古今韵会举要》卷十六《上声·二十九》:"又今俗谓文书稿为检子。"

漏报卷宗

29 延祐元年十二月,中书省检校官呈:"吏部漏报合检校文卷,罪①遇革拨。今后各部似此漏报卷宗,合验多寡,定立罪名。"刑部议得:"省部应合检校文卷,如漏落不行从实具报者,壹宗决柒下,每伍宗加壹等,罪止叁拾柒下。若有所规避,临事详情定拟。"都省准呈。

照刷文卷

30 至正三年五月,刑部议得:"御史台呈:'山比(北)②道廉访[1]佥事王奉政言:今后内外比及刷卷之际,须令各衙门正官壹员提调,首领官监督,当该人吏照勘应有合刷[2]卷宗,依式编类,从实具报。但有漏透及规避隐匿者,验卷多寡、事之轻重,严立罪名,以示中外,有所遵守。'以此参详:'刷磨[3]案牍,本妨奸弊。今后各衙门并其余诸司摘委首领官壹员提调,监督该管人吏子细用

---

① 《至正条格(校注本)》于"罪"后衍录"过",《至正条格》无,今据删。
② 比(北):《至正条格》作"比",误。分析文意,当作"北",今据校。

心照勘牵查[4]应有合刷文卷,分割明白,依式编类,结罪具报,须要尽实到官,以备照刷。中间但有透漏壹宗者,当该吏、贴,各决柒下,每伍宗加壹等,罪止叁拾柒下。首领官,斟酌议罪。其或有所规避,中间事情重者,拟合临时详情区处。'"都省准拟。

[1]山北道廉访:"山北辽东道肃政廉访司"之简称。详参第278页"山北廉访司"条。

[2]刷:清查,核查,检查。

[3]刷磨:又作"刷照"。清查,核查,检查。

[4]牵查:核查。

迷失卷宗

31 延祐元年五月,中书省检校官呈:"比年以来,省部当该人吏将已报检校文卷不为用心收掌,致有迷失。必须停俸检寻[1],动经岁余或贰叁年,不能得见。其当该人吏,止因已停俸给,故不检寻,又行侥幸,经营差使,或别图升转,或至考满,才方赍出元失文卷。于内检校得稽迟者有之,冒滥差错合改正者有之。迁延岁久,屡蒙恩宥,事虽改正,罪亦释免,却将元停俸秩总行兜支[2],实与不停无异,长恶滋奸,莫甚于此。参详:'吏员具报应合检校文卷、簿籍、事目,先取不致迷失漏落结罪文状,次委员外郎[3]、首领官各壹员提调查勘,别无迷失漏落,开呈那省,判送[4]检校。如至时检校得却有迷失卷宗,即将见役者罢役[5]检寻,歇下[6]名阙[7],别行发补[8]。已除者,选官替代。到选者,不许铨注[9],直候检寻元失卷宗得见,至日方听补用。当该书写[10]、典吏,亦行停役[11]补替。元管贴书,开除名役[12],杖限检寻。仍将提调官并首领官验事轻重责罚,庶望知畏,为例遵守。'"都省议得:"迷失卷宗,内外诸衙门即系一体,依上施行。"

[1]检寻:搜寻,查找。

[2]兜支:领取,支取。"总行兜支",指全部领取。

［3］员外郎：官职名，元代置于左司、右司、六部、大宗正府、行中书省诸官署机构中，位列郎中之次。左、右司，秩正六品，余为从六品。

［4］判送：公文术语。谓上级官府批阅签署后传送下级官府。元赵天麟《论增崇都省并于腹里别立一行省》："凡都省事关行省，及行省一切合禀事务咨呈于都省，都省判送六部，六部拟而呈之，转咨行省以行。"

［5］罢役：犹"罢职"。解除职务。

［6］歇下：空下。

［7］名阙：官职的空缺。"歇下名阙"，指空下的官职。

［8］发补：发遣补用。元代选拔任用官吏制度之一。《元史·选举志三》："选补吏员，除都省自行选用外，各部依元设额数，遇阙职官，与籍记内相参发补，合用一半职官，从各部自行选用。"

［9］铨注：指对官吏的考选登录。《元史·选举志三》："福建、两广官员五品以上，照勘员阙，移咨都省铨注，六品以下，就便委用，开具咨省。"

［10］书写：吏名，元代于各官署机构中多有设置，指抄书吏员。《元史·选举志一》："矧夫儒有岁贡之名，吏有补用之法。曰掾史、令史，曰书写、铨写，曰书吏、典吏，所设之名，未易枚举。"

［11］停役：犹言"停职"。

［12］开除名役：犹言"除职""罢职""解职"。指解除职务。

妄申水潦文卷

32① 大德七年十月，御史台呈："琼州[1]乐会县[2]官吏因水泛涨，将救获出已未绝文卷玖伯壹拾壹宗②及全未施行安抚司指挥[3]③三十三道④，中间多有不完，恐廉访司照刷问罪，欺诈上司，妄⑤申洪水漂流一空。"刑部议得："乐会县官吏所犯，除典史、司吏

---

① 《元典章·刑部》卷十四《诈申漂流文卷》载有相关条文。
② 玖伯壹拾壹宗：《元典章》作"九百一十三宗"。
③ 指挥：《元典章》作"旨挥"。
④ 三十三道：《元典章》作"三十四道"。
⑤ 妄：《至正条格（校注本）》校作"妾（妄）"，误。《至正条格》《元典章》皆作"妄"，今据校。

断罪罢役外,据达鲁花赤驴驴、县尹王英、簿尉李德用〔所招〕①,各决肆拾柒下,解见任。"都省准拟。

[1]琼州:即"乾宁军民安抚司"。隶属海北海南道宣慰司,治所在今海南海口市琼山区。

[2]乐会县:隶属乾宁军民安抚司,宋为下县,元为下县。

[3]指挥:命令。

漏附行止

33 延祐四年十月,刑部与吏部议得:"台院选用人员,到任之日,开具三代年甲、籍贯、脚色[1]、礼任[2]、改除、得代月日,移文任所官司,开申合干上司,转达吏部。省除人员,照勘备细历仕[3],于元除卷内开写。提调都事,每岁不过下年正月已里,责令当该省掾[4]、书写将各各卷宗具呈左司,关发[5]到部,以凭附写。如违,从都省斟酌责罚。其部选从七以下人员,奏准之后,照会到部,当该令史、铨写[6]即将元卷判送行止局。其提调主事监督令史、典吏工程[7],须要依卷附写。迁延违犯者,量事科罪。中间如是漏附[8],壹员至五员,典吏笞壹拾柒下,令史柒下,主事罚俸五日;至拾员,典吏贰拾柒下,令史壹拾柒下,主事罚俸十日;拾员已上,典吏叁拾柒下,罢见役,令史贰拾柒下,主事呈省别议。如将合附官员,增减月日,更易地方,改换杂职常调,隐蔽过名,即同诈伪,临时详情议罪。因而取受者,以枉法论。当该令史、铨写故将合附文卷沉匿,不行送附者,罪亦如之。"都省准拟。

[1]脚色:犹言"履历"。旧时入仕,必具乡贯、户头、三代名衔、家口、年甲、出身及任职、改除、所受奖惩情况等,谓之"脚色"。与"根脚"词义相通。

[2]礼任:犹"理任""之任"。元代官府常用语。谓到任治事。

---

① 〔所招〕:《元典章》作"所招",《至正条格》脱,今据补。

[3]历仕:任职履历。

[4]省掾:官职名,元代中书省令史之别称,掌文书案牍。定置汉人省掾六十人,包括左司三十九人,右司二十一人。一般选自枢密院和御史台令史,亦可从正、从七品文资官内选取。至大元年(1308),规定职官选取者须占省掾一半。另置回回省掾十四人,包括左司九人,右司五人。

[5]关发:发送。

[6]铨写:吏名。元代省、院、台、部等官署机构中多有设置。负责选拔和除授官员的书面记录工作。

[7]工程:指读书、造作等事的日程。

[8]漏附:遗漏登记。

私家顿放公文①

34 至治元年十一月,刑部议得:"河南省贴书吕谦,私家顿放省府公文壹拾捌件,钦遇诏赦之后,不行出首[1]。拟笞叁拾柒下,革去。"都省准拟。

[1]出首:自首。元徐元瑞《吏学指南·首过》:"出首:谓事将彰露,未经取问而首者。"

误毁官文书

35 至元十年十月,户部呈:"写发人[1]李滋荣,将令史元鉴分付到印押府②文叁道误作故纸,将去本家,伊母卖与大夫陈聚做药帖。"省拟:"元鉴决壹拾柒下,李滋荣叁拾柒下,陈聚柒下,李阿刘免罪。"

[1]写发人:元代一种无俸见习吏员,为正式吏员的助手,负责抄写、记录等事,或协助吏员应干其他杂务。

---

① 私家顿放公文:目录作"昨前日私顿放公文"。
② 府:《至正条格(校注本)》录作"符",误。《至正条格》作"府",今据校。

弃毁官文书

36 至元二十七年十一月,工部〔呈〕①:"壕寨[1]祁天祐,因蒙本部委令,编类文卷,将远年已未押文字陆拾柒件于下处欲糊门窗等用,致蒙都省所委搜寻文字官直省高舍人就于安下处[2]搜寻到官。"都省议得:"祁天祐虽将文字下处欲糊门窗,已搜到官。拟决五拾柒下,罢役不叙,仍将文字分付工部收管,照勘施行。"

[1]壕寨:吏名,亦称"壕寨官"。较早设置于宋、金时期。宋代,壕寨的职掌是负责参与兴修水利、治理河堤、修建屋寨等事。金朝,壕寨的职掌范围缩小,仅指负责监督修造之事,隶属南京提举京城所。元代沿置,其职掌与宋代相同。壕寨之职在都水监、行都水监、大都留守司、都总制庸田使司等官署机构中皆有设置。《元史·选举志四》:"行都水监准设人吏,令史八人,奏差六人,壕寨一十人,通事、知印各一人,译史一人,公使人二十人。都水监令译史、通事、知印考满,俱于正八品迁用,奏差考满,正九品,自用者降等,壕寨出身并俸给同奏差。"

[2]安下处:又称"下处"。住处,住所。

37 大德元年五月,刑部呈:"省架阁库[1]典吏孙茂,擅令参议府[2]首领冀全、慈太入库,自行检照壬子年元籍,以致暗地扯毁家口户面。"都省议得:"慈太、冀全,各决捌拾柒下,罢役;孙茂,五拾柒下,罢役;管回(勾)②姜迪吉,罚俸壹月,标附。"

[1]架阁库:官署名,元代置于中书省、左右部、御史台、枢密院、宣徽院、各行中书省等官署机构中,为储藏文牍案卷之机构。下多设管勾、典吏二官职。条文中"省架阁库"当为"中书省架阁库"之简称。中书省架阁库,下设管勾二员,典吏十人。

[2]参议府:官署名,元置,为参议中书省事之治所,即中书省的办事机构,领左、右司,分统六部。秩正四品,定置参议中书省事四员,令史二

---

① 〔呈〕:分析文意,《至正条格》于"工部"后脱"呈"字,今据补。
② 回(勾):《至正条格》作"回",误。分析文意,当作"勾",今据校。

人。朱元璋登基前沿置,为中书省下属机构之一,后废。

发视机密文字[①]

38 至顺元年十二月,刑部议得:"涿州[1]脱脱禾孙[2]阿里,擅将云南省宣使梁贵见赍云南声息[3]机密实封文字拆开,与脱脱禾孙亦失撒里一同从头读念。虽是职专盘诘,不应擅将实封[4]拆开,漏泄机密,拟笞伍拾柒下。亦失撒里减等,笞肆拾柒下。俱解见任。"都省准拟。

[1]涿州:隶属大都路。《元史·地理志一》:"涿州。下。唐范阳县,复改涿州。宋因之。元太宗八年,为涿州路。中统四年,复为涿州,领二县:范阳,下,倚郭;房山,下。金奉先县。至元二十七年,改今名。"

[2]脱脱禾孙:蒙古语音译,又音译作"脱脱火孙""脱脱和孙"。"脱脱禾孙"是元代在驿站中设置的官职名称,即驿官。负责盘查、检验和上报,具体指盘查驿站过往人员的许可证件,负责维持驿站乘驿人员的秩序,检验过往乘驿人员有无多骑铺马、绕道驰驿和夹带违禁物品等的行为,向上报告并提出驿站方面的问题。《元史·兵志四》:"元制站赤者,驿传之译名也。……其官有驿令,有提领,又置脱脱禾孙于关会之地,以司辨诘,皆总之于通政院及中书兵部。"

[3]声息:消息。

[4]实封:又称"实封文字""实封公文"。指密封的公文。

39 至顺三年四月,御史台呈:"安陆府[1]同知佛住,因荆湖北道[2]宣慰使索要梗(粳)[②]米五十石,佛住发言,令司吏郄喻义等出钞肆拾余定,送赴去讫。明知告发,不候取问,将宪司委问公文擅自拆录。"刑部议得:"佛住擅将宪司实封公文私拆抄录,窥伺被告事情,笞决五拾柒下,解见任,罪遇原免,解任标附。"都省准拟。

---

① 发视机密文字:目录作"要了□□文字"。
② 梗(粳):《至正条格》作"梗",误。分析文意,当作"粳",今据校。《至正条格(校注本)》录作"梗",失校。

〔1〕安陆府：隶属荆湖北道宣慰司，治所在今湖北钟祥市。《元史·地理志二》："安陆府。唐郢州，又改富水郡，又为郢州。宋隶京西〔南〕路。元至元十三年归附。十五年，升为安陆府。领县二。"①

〔2〕荆湖北道：官署名，"荆湖北道宣慰司"之简称，又称"荆湖北道宣慰使司"。因"荆湖北道"又称"荆南道""山南江北道"，故"荆湖北道宣慰司"又称"荆南道宣慰司""山南江北道宣慰司"。元初，置六道宣慰使司，荆湖北道为其一。置司于中兴路，秩从二品，下设宣慰使、同知、副使、经历、都事、照磨兼架阁管勾诸官职。至正十一年（1351）十一月奏准，荆湖北道宣慰使司兼都元帅府。

关防公文沉匿

40 至顺四年九月，刑部议得："各处行省，除常行咨文[1]依例入递外，但有干碍一切刑名重事，依式署押完备，委首领官壹员，不妨本职，提调点检[2]，对读无差，用印实封附簿，开写名件[3]，责付公便人收领，就行赍赴都省呈下。中间若有迷失毁损、涂改字样、移易轻重，将元来人追问究正。提调首领官每季查勘，若有应合责付公差人员咨文，却行私付为事人[4]收领，自行赴都，以资奸弊，验事轻重，就便究治。受赃者，以枉法论。仍令各处行省每季照勘，移咨都省公文，分豁[5]公便顺带，并入递各各名件开坐，不过次季孟月初十日已里，咨报[6]都省，通行查勘。"都省准拟。

〔1〕咨文：公文的一种。元代多用于上下级官署之间，常见如行中书省与中书省。

〔2〕点检：检查，核查。

〔3〕名件：名目。

〔4〕为事人：事件之相涉者。《大明律集解附例》卷六《娶部民妇女为妻妾》："若监临官娶为事人妻妾及女为妻妾者，杖一百。纂注：曰为事人

---

① 《元史·世祖本纪七》："（至元十六年十二月丁酉）升沔阳、安陆各为府。"可见，《元史》所记升为安陆府的时间一为"至元十五年"，一为"至元十六年"。二者孰是，无可取证。

者,盖为事人止谓有事与监临相涉者。"

[5]分豁:安排,委派,分派。

[6]咨报:公文术语。申报。

季报官员迟慢

41 至正二年三月十一日,中书省奏:"吏部呈:'各处季报官员,并不依期咨报,或有报到,不行开写各各名讳,若不再行取勘,实碍铨注,定拟罪名。'的说有。俺商量来:'到选官员,阙少员多,不能迁调,其各处多有埋没、久任、急阙、事故等窠阙。盖因当该提调正官、首领官吏不以选法为重,因仍苟且,每遇季报,止是脱写旧本咨呈,实碍铨注。合令行省委正官、首领官各一员提调,严立程限,督勒路府州县正官、首领官吏从实取勘。见在久任、急阙及过期不行赴任并各处籍居、寄寓、已除未任、丁忧、事故等官,明具缘由,随即飞报,以凭铨注。仍每季依式开咨,若有似前耽滞埋没、不尽不实,合作阙而不作阙,及违期不报者,该吏决叁拾柒下,首领官贰拾柒下,正官壹拾柒下,通行标附。行省当该掾史[1]二拾柒下,提调首领官壹拾柒下,正官别议。其未任守阙官员,若遇丁忧、事故,令子孙、弟侄、以次[2]人丁随即申告所在官司。违者,亦行究治。在京、腹里,吏部委官提调,依上申呈。若所报中间但有隐埋[3]、窠阙及违元限,亦依上例决罚。监察御史、廉访司所至之处,严加体究,永为定例,庶使官无旷(旷)①职,选法流通有。'"奏呵,奉圣旨:"那般者。"

[1]掾史:吏名。元代于各级衙门中多有设置,为"令史"之别称,职同"令史"。

[2]以次:别的,其他的。

[3]隐埋:犹"隐瞒"。谓掩盖真相不让人知道。

---

① 旷(旷):《至正条格》作"旷",误。分析文意,当作"旷",今据校。

投下达鲁花赤重冒

42 天历元年正月,刑部与吏部议得:"今后各投下达鲁花赤若有重冒保用不应之人,元启禀[1]王傅官[2]并本①投下总管府判署正官、首领官吏,各笞四拾柒下,标附。受赃者,以枉法论。其营求犯人,加等断罪[3],仍追至元钞贰伯贯,付告人充赏。"都省准拟。

[1]启禀:公文术语。禀告,禀报。

[2]王傅官:泛指元代诸王的府官。元代于诸王位下设王傅官,王傅官包括王傅、傅尉、司马三个官职,人数多少不等。《元史·百官志五》:"诸王傅官,宽彻不花太子至齐王位下,凡四十五王,每位下各设王傅、傅尉、司马三员。傅尉,唯宽彻不花、也不干、斡罗温〔孙〕三王有之。自此以下,皆称府尉,别于王傅之下,司马之上。而三员并设,又多寡不同,或少至一员,或多至三员者。齐王则又独设王傅一员。"

[3]加等断罪:又作"加等科断""加等要罪""加等处断"。指在原定刑罚基础上增加治罪等级定罪。

远年冒荫

43② 天历元年四月,吏部议得:"自中统元年以后,至元二十八年二月初九日以前,历仕身故官员子孙告荫,果系常调[1]应荫之职,明具不曾求仕缘由,赴元籍官司陈告。当该州县摘委正官照勘已故官员生前曾无经犯殿降[2]、不叙等罪,告荫人有无窒碍,保结明白申路。本路官体覆相同,在外行移廉访司,在内监察御史,体覆是实,拆(抄)③连的本牒文,申达省部,至日定夺。中间但有虚冒不实,将告荫人断罪不叙,元保勘官吏黜降断罪。"都省

---

① 本:《至正条格(校注本)》录作"各",误。《至正条格》作"本",今据校。

② 《元典章·吏部》卷二《民官子孙承荫》载有相关条文。

③ 拆(抄):《至正条格》作"拆",误。分析文意,当作"抄",今据校。《至正条格(校注本)》录作"拆",失校。

准拟。

[1]常调:指按常规迁选官吏。

[2]殿降:指对犯过官员中止叙用并降职。

废疾不许从仕

44 天历元年四月,刑部议得:"婺州路永康县尹刘隆,因事受财,合笞叁拾柒下,解任别仕。为本人元系侏儒,有妨科决,罚赎了当。参详:'刘隆侏儒废疾,不当从仕,今既犯赃收赎[1],据法再难迁用。验本官见受资品,合令子孙依例荫叙。'"都省准拟。

[1]收赎:凡老幼、废疾、笃疾、妇人犯徒、流等刑者,准其以银赎罪,谓之"收赎"。元徐元瑞《吏学指南·隋唐金宋刑》:"收赎:谓老幼疾病之人应收赎者。"

折(拆)①扣解由

45 泰定四年闰九月,刑部议得:"江陵路[1]监利县尹[2]许亮,取受杨必达中统钞贰定,比依知人欲告,减等断讫叁拾柒下,解任别叙。革后给到本县解由,嘱托贴书陈庆祥等拆扣文解,虚妆[3]饰词,影射前过,罪坐不应[4],量笞肆拾柒下,别仕标附。贴书陈庆祥等饮用酒食,扣换文解,减等各笞叁拾柒下,革去。"都省准拟。

[1]江陵路:即"中兴路",隶属荆湖北道宣慰司,治所在今湖北荆州市。《元史·地理志二》:"中兴路。上。唐荆州,复为江陵府。宋为荆南府。元至元十三年,改上路总管府,设录事司。天历二年,以文宗潜藩,改为中兴路。领司一、县七。"

[2]监利县尹:即"监利县县尹"。"监利县",隶属江陵路,宋为次畿

---

① 折(拆):《至正条格》作"折",误。分析文意,当作"拆",今据校。《至正条格(校注本)》录作"拆",误,当据校。

县,元为中县。

[3]虚妆:又作"虚桩",犹言"假作"。

[4]不应:法律术语。指情节较轻或非有意的犯罪。《元典章·兵部》卷五《禁内打死獐兔》:"若以私偷围场一体断没,即非故犯,止据各人不应罪犯量拟,为首决一十七下,为从笞七下。"

匿过求仕

46 至元二年十月,刑部议得:"今后诸衙门官吏人等,但犯公私①之罪,曾经解任、殿降,匿过朦胧求仕者,合以不应为坐,笞叁拾柒下,依前殿降叙用。隐匿不叙过名,笞肆拾柒下,依旧除名。已除者,追夺所受并支过俸给。当该吏、贴失于照勘,决贰拾柒下。官吏知而故纵者,与犯人同罪。受赃者,以枉法论。"都省准拟。

迁调司吏

47 泰定元年八月,吏部议得:"路府州县人吏对迁[1],既已明立案验,指定名阙,不即依期应役,却于元役两操吏权,把持官事,依前掌管文案,不肯就迁,故延月日。似此之人,支讫俸钱禄米,拟合追纳还官。役过月日,不为准使,仍计已发日期远近,量拟断罪。当该首领官吏看循[2]容留,罚俸壹月,标附。从监察御史、廉访司常加纠察。"都省准拟。

[1]对迁:指官吏以原秩从甲地迁调到乙地。
[2]看循:犹"看徇"。看情面,徇私情,即徇私照顾。

发补不赴役

48 至元六年九月,吏部议得:"部令史咨发行省掾史,避难就

---

① 私:《至正条格(校注本)》录作"事",误。《至正条格》作"私",今据校。

易,不遵前去,却于别衙门参补[1]者,笞叁拾柒下,标附,止发元役。"都省准拟。

[1]参补:犹"选补"。官吏有缺额,选人递补。

关防吏弊

49 皇庆元年十月,御史台呈诸衙门贴书、主案[1]蠹政害民等事。刑部议得:"张官置吏,本以为民。今诸司大小衙门贴书多有年深滥设人数,中间把持官府,漏泄事情,取受钱物,变易是非。亦有累犯经断,罔有悛心,依旧占据。主司、首领官吏畏避排陷,莫敢谁何[2],反有与之为地者。彼既不知忌惮,于事无所不为,名虽至微,为害甚大。今后各衙门人吏,依例选祩(保)①通晓儒吏、行止廉慎、别无瑕玷者各贰人,余尽革去。既保之后,有犯非违,除犯人依例追断,当该人吏失于保举,或明知有过,容留不行斥去,事发到官,量事轻重断罪。仍令所司照勘,有曾经断并年及肆拾之上者,并听逐出。敢有不遵,令众的决[3]。再犯,加等科断。即于公廨门首书写姓名,各知警畏,庶使吏弊少革。"都省准拟。

[1]主案:吏名。元代诸衙门中的案牍起草人员,地位较低,是吏员的助手。

[2]莫敢谁何:没有人敢对他(他们)怎么样。

[3]的决:按判定结果施行杖刑。

50 泰定四年八月,刑部议得:"吏部员外郎、主事职专稽考案牍,凡诸官员给由并应叙人员告满,置簿勾销,主事拾日壹查勘,员外郎②月终审校[1],次月初五日巳里,具检过名件[2],报校检官

---

① 祩(保):《至正条格》作"祩",误。分析文意,当作"保",今据校。《至正条格(校注本)》录作"祩",误,当据校。

② 郎:《至正条格(校注本)》录作"即",误。《至正条格》作"郎",今据校。

（检校官）①，拟定程限查照。若有因循废弛，检校官[3]呈省区处。其当该令史、铨写、贴书，如关会[4]未完，故作已完，移付[5]选科，或已完，指以小节未完，退回元科，辗转迟慢者，令史壹拾柒下，书写、典吏、贴书各笞贰拾柒下。果有未完，具由回付。各房[6]元管差错令史、书写、典吏、贴书，量事轻重责罚。典吏、贴书将所管合交割已未绝文卷故行隐匿，或推事故，或称迷失，着落杖限追寻到官，量决肆拾柒下，革去，发还元籍。贴书人等不由承发司[7]凿使日印附簿，自行结揽者，决壹拾柒下。承发典吏通同不行接受附簿，呈报勾销者，与同罪，仍回避本部贴书，黜退除籍[8]。架阁库照勘之际，典吏迁延，不依程限回报者，决壹拾柒下。若以有为无，非理刁蹬，加等断罪。以无为有，事干诈伪，自从诈法。受赃者，以赃论。管勾[9]失于关防催举，临时详情定拟。其余衙门，亦合一体禁治。"都省准拟。

[1]审校：审核校正。元俞希鲁《（至顺）镇江志》卷十五"参佐"条："凡曹务稽违，则旬一检核，月一审校而改正举行之，此首领官之职也。"

[2]名件：案卷。

[3]检校官：官职名，简称"检校"。隶属中书省，秩正七品，额定四员，掌检校左右司、六部公事程期、文牍稽失之事。另各行中书省检校所亦置，秩从七品，额定一员。

[4]关会：公文术语。行文知照。

[5]移付：公文术语。移文交付。

[6]房：官署。《元史·百官志一》："刑房之科有六，一曰法令，二曰弭盗，三曰功赏，四曰禁治，五曰枉勘，六曰斗讼。"

[7]承发司：官署名，始置于金朝，隶属兵部，负责接收和发送省部及外部各路的公文，设管勾、同管勾两个官职。元代沿用，其职能与金朝基本相同，但所属部门和所设官职有别。"承发司"在元代中书省、枢密院、御史台及各道行御史台等官署机构中皆有设置，其下设官职为管勾承发

---

① 校检官（检校官）：《至正条格》作"校检官"，误倒。元代有"检校官"一职，且后文作"检校官"，今据校。

司(或作"承发司管勾")。

　　[8]除籍:从簿籍上除名。

　　[9]管勾:官职名,元代于中书省及各官署机构中多有设置。管勾设于中书省,为正八品,掌出纳四方文移缄縢启拆之事,兼管邮递之程期、曹属之承受等。管勾亦设于各局、院、司、署、场、行省等官署机构中,或由照磨兼任,执行衙门公务,秩由从七品至从九品。

51 至元二年十月,中书省奏:"省、院、台诸衙门里掾[1]、译史、令史,依在前定例,每一科分[2]内许保贴书贰名,教行有来。近年以来,各衙门不遵旧例,壹科分里滥保贴书壹贰拾名行有。令(今)①后省、院、台、各行省、行台、宣慰司、廉访司、路、府、州、县等内外诸衙门,繁难科分里,教本房当该掾史、令史结罪许保肆名,其余房分[3],依旧例教保贰名,外据其余滥设的,尽行革去。若不这般遵守,擅自再入衙门里写文书做贴书行呵,提调首领官决贰拾柒下,掾、译史、令史等容留行呵,决肆拾柒下,请俸典吏决伍拾柒下,革去。滥设贴书,打陆拾柒下,发还元籍。在外结揽着写发的,打柒拾柒下,发还元籍。各处遍行文书②,怎生?"奏呵,奉圣旨:"那般者。"

　　[1]掾:吏名,"掾史"之简称。详参第334页"掾史"条。
　　[2]科分:犹"科"。元代官署机构中按工作性质分设的部门。元魏初《论部令史》:"六部之事,其呈覆出纳,在于各科分令史。"
　　[3]房分:犹"房"。指官署。

二卷终

---

①　令(今):《至正条格》作"令",误。分析文意,当作"今",今据校。
②　分析文意,疑"文书"后脱"呵"字。

至正条格卷第三　断例　职制

失误祀事

52 泰定四年正月,刑部呈:"宣政院[1]都事李谦祖,都省告示差充社稷廪牺令[2],迎香[3]之后,詹事院[4]改除长史,不诣祀所。参详:'李谦祖虽经改除,终是都省告示已行,迎接御香,失误[5]祀事。量笞叁拾柒下,标附。'"都省准拟。

[1]宣政院:官署名,掌释教僧徒及吐蕃地区事务。遇吐蕃有事,则置宣政分院往镇,亦别有印。如大征伐,则与枢密院商议。其用人则自为选。其为选则军民通摄,僧俗并用。长官为宣政使,由帝师担任,下属各官及所辖地区各级官吏,僧俗都可充任,掌军事民政。至元元年(1264),立总制院,而领以国师。至元二十五年(1288),因唐制吐蕃来朝见于宣政殿之故,更名宣政院。秩从一品。下设院使、同知、副使、参议、经历、都事、管勾、照磨诸官职。下领大都规运提点所、上都规运提点所、大都提举资善库、上都利贞库等官署机构。

[2]社稷廪牺令:"社稷署廪牺令"之简称。其中,"社稷"为"社稷署"之简称,"社稷署"是元代于大德元年(1297)始置的官署机构,隶属太常礼仪院,负责祭享社稷之事,其下设令、丞二官职。"廪牺令"为"社稷署"下设之官职。

[3]迎香:即"迎接御香"。元代祭仪之一。《元史・祭祀志五》:"一曰迎香。前一日,有司告谕坊市,洒扫经行衢路,设香案。至日质明,有司具香酒楼舆,三献官以下及诸执事官各具公服,五品以下官、斋郎等皆借紫,诣崇天门。"

[4]詹事院:官署名。《元史・百官志八》:"詹事院。至正十三年六月,立詹事院,罢宫傅府。置詹事三员,从一品;同知詹事二员,正二品;副詹事二员,从二品;詹事丞二员,正三品;首领官四员,中议二员,从五

品；长史二员，从六品；管勾、照磨各一员，正八品；蒙古必阇赤六人，回回掾史二人，掾史十人，知印二人，怯里马赤二人，宣使十人。其属有家令司，家令二员，正三品，二员，正四品；家丞二员，正五品；典簿二员，从七品；照磨一员，正九品。有府正司，府正二员，正三品；府丞二员，正五品；典簿二员，从七品；照磨一员，正九品。有典宝监，典宝卿二员，正三品；太监二员，从三品；少监二员，从四品；监丞二员，正五品；经历一员，从七品；知事一员，从八品；照磨一员，正九品。有仪卫司，指挥二员，从四品；副二员，从五品；知事一员，从八品。十一月，置典藏库，从五品，掌收皇太子钱帛。十七年十月，置分詹事院。詹事一员，同知、副使各一员，詹事丞二员，经历一员，都事二员，照磨兼架阁一员，断事官二员，知事一员。"

［5］失误：耽误。

差摄斋郎

53 至顺三年正月，刑部与礼部议得："国家大祭，礼当谨严。今后遇享郊庙、社稷，合用斋郎[1]，须于三品以上衙门掾、译史、宣使、奏差并司属见任职官内差摄[2]。该管①人吏，随即分豁职名，具印信曹状，赴省供报，祗备行礼[3]。敢有差设都目[4]、小吏人等者，首领官罚俸一月，人吏笞贰拾柒下。若曹状内不行分豁职名，或不使印信，该吏笞壹拾柒下。已差斋郎不供祀事，令人代替者，笞肆拾柒下，解任。"都省准拟。

［1］斋郎：吏名，元代掌宗庙社稷祭祀之事的吏员。
［2］差摄：差遣代理。
［3］祗备行礼：恭敬地准备行礼。
［4］都目：吏名，元代置于尚衣局、御衣局、诸提举司、诸总管府、诸千户所、镇抚所、诸营缮司、镇抚司、虎贲亲军都指挥使司等官署机构中。掌衙门文书及日常事务。诸衙门吏员升转，先升吏目，后升都目，再升提控案牍。

---

① 管：《至正条格（校注本）》录作"官"，误。《至正条格》作"管"，今据校。

不具公服

54 天历二年正月初四日,御史台奏:"'直省舍人[1]八不罕,不曾具公服,便衣听诏书。'么道,殿中司官人每文书里说的上头,奉圣旨,教监察御史问呵,'他与了招伏。断陆拾柒下,标附过名'。么道,文书呈有。俺商量来:'依着监察每定拟来的,教打陆拾柒下,标附过名,遍行呵,怎生?'"奏呵,奉圣旨:"那般者。"

[1]直省舍人:官职名,元至元七年(1270)始置于中书省,隶客省使,初仅二员,后增至三十三员,掌奏事给使差遣之役。《元史·选举志二》:"直省舍人,内则侍相臣之兴居,外则传省闼之命令,选宿卫及勋臣子弟为之。又择其高等二人,专掌奏事。"

失 仪

55 皇庆二年十二月,御史台奏节该:"皇帝根底行礼间,但有失仪的,依例罚中统钞捌两。上殿去时,各依资次,不教紊乱。札撒孙[1]、监察御史好生整治行呵,怎生?"奏呵,奉圣旨:"那般者。"

[1]札撒孙:蒙古语音译。官职名,又译作"扎撒孙",负责维持宫廷之内及周边的秩序。详参第309页"扎撒孙"条。

56 元统二年二月,礼部呈:"监察御史言:'今后凡遇朝贺行礼、听读诏敕,礼先省、部、院、台,次及百司,依职事[1]等第、官品正从以就序列。敢有不遵,比同失仪论坐[2],标附。'"都省准拟。

[1]职事:职务。
[2]论坐:判罪,定罪。

失误迎接

57 至治二年十月,刑部议得:"哈剌鲁万户府[1]镇抚黄头,因为酒醉,失误迎接诏书。合笞伍拾柒下,标附。"都省准拟。

[1]哈剌鲁万户府:官署名,隶属大都督府,掌守禁门等处应直宿卫。至元二十四年(1287),招集哈剌鲁军人,立万户府。寻移屯襄阳,后征交趾。大德二年(1298),置司南阳。天历二年(1329),奏隶大都督府。下设达鲁花赤、万户、经历、知事、提控案牍、镇抚、吏目各一员。

失误拜贺

58 至顺三年十一月,刑部议得:"鲁王位下钱粮总管府提控案牍[1]张思恭,天寿节辰指称带酒,不行拜贺。合杖陆拾柒下,解任标附。"都省准拟。

[1]提控案牍:吏名,简称"案牍"。元代于各司、院、监、库、总管府、六部、诸府、上中州等官署机构中多有设置,掌文书案牍,额定人数一至二人不等。异称较多,根据不同机构与兼职情况,有提控案牍兼管勾承发架阁库、提控案牍兼照磨、提控案牍承发架阁、提控案牍架阁等。

僭用朝服

59 至元四年三月,御史台呈:"侍仪司[1]典簿[2]章国仁,听读诏书,不入班次行礼,僭用紫服金带。量笞肆拾柒下,解任标附。"都省准拟。

[1]侍仪司:官署名,隶属礼部。至元八年(1271)始置。至元十三年(1276),并侍仪司入太常寺。至元二十年(1283),复置。掌朝会、即位、册后、建储、上尊号及外国使者朝觐之礼。原秩正四品。大德十一年(1307),升正三品。下设侍仪使、引进使、知侍仪事、典簿、承奉班都知、通事舍人、侍仪舍人、令史、译史、通事、知印诸官职。下领法物库。

[2]典簿:官职名,元代置于各监、司、院及兴文署等官署机构中,掌案牍簿籍等事,国子监典簿还掌提调诸生庖膳之事。秩从七品,唯群玉内司典簿为正七品。

回纳公服稽缓

60 大德四年十二月二十四日,御史台奏:"四怯薛行礼,怯薛歹每合穿的公服、窄紫[2]关了,行罢礼呵,都不来纳有。"奏呵,奉圣旨:"今已后行罢礼呵,限三个日头[2]不纳呵,柒棒子家[3]打者。百官每借得公服,都教纳者。"

[1]窄紫:即"窄紫罗衫"。指一种紧身的紫色丝织衣衫,通常用作冕服、祭服使用。《元史·舆服志一》:"其后节次祭祀,或合祀天地,增配位从祀,献摄职事,续置冠服,寸法服库收掌。法服二百九十有九,公服二百八十,窄紫二百九十有五。"

[2]三个日头:犹言"三天"。

[3]家:语气助词。置于数量词后面,表示数额。亦作"价""介""假"。《元典章·兵部》卷一《处断逃军等例(又)》:"在先那般逃走底根底,一百七下打了呵,放了有来。那般呵,惯了的一般有。如今那般逃走的每根底,为首的每根底敲了,为从的每根底一百七下家打呵,怎生?""柒棒子家打者",犹言"打了柒棒子"。

服色等第

61① 至正四年十二月②,中书省奏奉圣旨:"服色等第,上得兼下,下不得僭上。违者,职官解见任,期年后降一等叙用③,余人决④伍拾柒下。违禁之物,付告捉人充赏。有司禁治不严,从监察

---

① 《元典章·礼部》卷二《贵贱服色等第》、《通制条格·衣服·服色》、《元史·舆服志一》和《枕碧楼丛书·刑统赋疏》载有同一条文。《元史·刑法志四》载有部分条文。

② 至正四年十二月:《元典章》作"延祐二年二月",《通制条格》作"延祐元年十二月",《元史·舆服志一》作"延祐元年冬十有二月",《刑统赋疏》作"延祐三年十二月",《元史·刑法志四》无时间。

③ 叙用:《元典章》《通制条格》《元史·舆服志一》《元史·刑法志四》《刑统赋疏》皆作"叙"。

④ 决:《至正条格》《元典章》《通制条格》《元史·舆服志一》《刑统赋疏》皆作"决",《元史·刑法志四》作"笞"。

御史、肃政廉访司①纠②治。"

私用贡物

62 元贞元年二月,御史台呈:"也里钦奉圣旨,管领人户,专一采蜜,驰驿赴上进纳,不合将人户纳到紫蜜[1]壹瓶作梯己人情[2],与讫任提举娘子食用。"刑部议得:"也里所犯,决陆拾柒下,革罢。"都省准拟。

[1]紫蜜:又称"熟蜜"。指经过加热熬制而成的蜂蜜。与"生蜜"相对。元鲁明善《农桑衣食撮要》卷下"割蜜":"不见火者为白沙蜜,见火者为紫蜜。"明宋诩《竹屿山房杂部》卷六"收藏制":"生熟蜜皆宜陶瓮,蜜未煎者曰白砂蜜,已煎者曰紫蜜。"

[2]人情:礼物。"梯己人情",指私人礼物。

失误赐帛

63 皇庆元年九月初八日,御史台奏:"山北廉访司文书说将来:'去年诏赦里,捌拾、玖拾岁的老人每根底,教赐与绢子者。么道。川州[1]达鲁花赤脱别歹,他不肯取勘,则道无合赐绢子的老人,勒着社长要了文书。这般后头[2],有人首呵,恐怕罪过到他身上[3],却将社长打了叁拾柒。'廉访司问他,取了招也。刑部拟着:'合打肆拾柒,解见任,别行求仕。'说有。俺商量来:'依着他每拟的断呵,怎生?'"奏呵,奉圣旨:"依体例要罪[4]者。"

[1]川州:隶属辽阳等处行中书省大宁路。下州。辽故州,金废。元至元二年(1265),省入懿州,寻复置。

[2]这般后头:犹言"这样以后"。

---

① 肃政廉访司:《至正条格》《元典章》《通制条格》皆作"肃政廉访司",《元史·舆服志一》《刑统赋疏》皆作"廉访司"。

② 纠:《至正条格》《元典章》《通制条格》《刑统赋疏》皆作"纠",《元史·舆服志一》作"究"。

[3]罪过到他身上：犹言"定他的罪"。

[4]要罪：犹"要罪过"。治罪，定罪。

赈济迟慢

64 至元三年六月十九日，中书省奏："江浙省与将文书来：'庆元路所辖定海县[1]人民阙食的上头，委庆元路府判[2]刘肃前去赈济，他托病不去，违慢捌日。取了招，将刘肃决贰拾柒下。'的说将来。教刑部定拟呵，'将它①笞决贰拾柒下，标附过名'。说有。依部家定拟来的教行呵，怎生？"奏呵，奉圣旨："那般者。"

[1]定海县：隶属庆元路，宋为望县，元为中县。

[2]府判：官职名，较早置于宋代，为宋代诸府判官之简称，品级不等。金朝沿用，置于各府、州，职掌为咨议参佐、纠正违法的行为、治理众务、通检推排簿籍及分判六部案件等事。元代于各路总管府亦设有"府判"一职，职掌与金朝基本相同。明清沿用。

修堤失时

65 元贞二年三月，刑部议得："东平路雨降八日不止，将城东堤口冲塌，淹没百姓房舍，淹死人口。总管府官吏，量各罚俸壹月。须城县[1]官吏，即系亲管官司，达鲁花赤、县尹，各决贰拾柒下；典史、司吏，各决壹拾柒下，标附。"都省准拟。

[1]须城县：隶属东平路。下县。东平路治所。

造 作

66② 元贞元年八月③，钦奉圣旨节该："在先时节，诸王常课段

---

① 它：前文作"他"，疑"它"为"他"之误。

② 《通制条格·营缮·造作》载有同一条文。《元典章·工部》卷一《讲究织造段匹》载有相关条文。

③ 元贞元年八月：《通制条格》作"元贞元年正月"，《元典章》作"元贞元年二月"。

匹①七八托[1]家，更宽好有来，如今更短窄歹了有，拯②治〔者〕③。"又会验钦奉圣旨："诸司、局、院造作生活[2]，今年为头，关了物料的，只教当年纳足，休教拖欠。若有拖欠，生活歹呵，要罪过者。"钦此。都省议得下项事理。

都省元坐陆款：

一、④应造御用、诸王异样[3]、常例金绣绒素段匹，合用丝金[4]物料，在都委自提调部官主事，外路依已行委达鲁花赤、总管、经历[5]、首领官，不妨本职，多方用心催督局官、库官人等，比及新年，责限应付，关支了毕，接续下机，来年正月已里，收工造作。如违，断罪。

一、⑤所关丝料，先行选拣打络[6]，须要经纬配答均匀，如法变染。造到段匹，亦要幅阔相应，斤重迭就[7]，不致颜色浅淡，段匹粗糙⑥。并要照依已定额数，从实催办。非奉上位处分[8]，不得擅自损减料例、添插粉糨[9]。如送纳时辨⑦验却不如法，定将局官断罪罢役，提调官吏责罚。

一、⑧打造金箔[10]，须要照依元关成色、额定箔数，从实打造用度，无致人匠添插银铜气子[11]，颜色浅淡。提调官、局官常切用心关防，亦不致克落[12]金货。如违，追断。

一、⑨每月造到段匹及见在物料，委自提调官吏先行计点，须

---

① 匹：《至正条格》《通制条格》皆作"匹"，《元典章》脱，当据补。
② 拯：《至正条格》原作"拯"，又于当页边栏之下改作"整"，以示改正。实则作"拯"亦可。"拯治"同"整治"，指整顿。《通制条格》亦作"拯"。《元典章》作"整"。
③ 〔者〕：《元典章》《通制条格》皆作"者"，《至正条格》脱，今据补。
④ 《通制条格·营缮·造作》载有同一条文。
⑤ 《通制条格·营缮·造作》载有同一条文。
⑥ 糙：《通制条格》作"操"，误。《至正条格》作"糙"，今据校。方龄贵《通制条格校注》录作"操"，失校。
⑦ 辨：《至正条格（校注本）》录作"办"，误。《至正条格》《通制条格》皆作"辨"，今据校。
⑧ 《通制条格·营缮·造作》载有同一条文。
⑨ 《通制条格·营缮·造作》载有同一条文。

要段匹堪好，别无短少拖欠，如法收贮打夹[13]，按季作运次，依例差官管押，依限送纳，无致损坏。如有侵欺物料、损败段匹，照依已奉圣旨断罪，罢职役，陪纳。

一、①局院造作，局官每日巡视，提调官按月点检，务要造作如法，工程不亏。违者，随事究治。外路每季各具工程，次第申部，工部通行比较[14]，季一呈省，年终须要齐足。如造作堪好，工程不亏，临时定夺迁赏。如是低歹拖兑[15]，其提调官吏、局官人等，验事责罚，置簿标附过名，任回[16]，于解由内开写，验事轻重黜降。其销用不尽物料，随所纳生活一就[17]还官。

一、②匠官除关拨丝料、迭（送）③纳段匹、迎接圣旨外，其余而（一切）④事理，有司不得差故。提调官、匠官人等却不得因而带造[18]生活、侵欺物料，亦不得科扰匠户[19]。如违，依条断罪，罢职。

本部议到捌款：

一、⑤额造金素段匹[20]、纱罗[21]等物，合该丝金、颜料，本处正官亲行关支，置库收贮，明立文簿。如有支讫物色，开写备细名⑥项、斤两，半月一次结转收支见在数目，须要正官印押。其库门锁钥，亦仰正官封收。若有横收钱物，另行置簿结附，以备照勘。若应收支而不收支，应标附而不标附，致有耽误⑦造作，三日罚俸半月，五日以⑧上决柒下。若有失收滥支者，另行追断。

---

① 《通制条格·营缮·造作》载有同一条文。
② 《通制条格·营缮·造作》载有同一条文。
③ 迭（送）：《至正条格》作"迭"，误。《通制条格》作"送"，今据校。《至正条格（校注本）》录作"迭"，误，当据校。
④ 而（一切）：《至正条格》作"而"，误。《通制条格》作"一切"，当据校。
⑤ 《通制条格·营缮·造作》载有同一条文。
⑥ 名：《至正条格（校注本）》录作"各"，误。《至正条格》《通制条格》皆作"名"，今据校。
⑦ 误：《通制条格》作"悟"，误。《至正条格》作"误"，今据校。
⑧ 以：《通制条格》作"已"。

一、①络丝[22]、打线[23]、缵纴[24]、拍金[25]、织染工程,俱有定例。仰各处局院置立工程文簿,标附人匠关物日期,验工责限收支,并要依限了毕。如违限不纳及造作不如法者,量情断罪。

一、②各局院每岁所支色丝[26],仰管局官吏明立按验[27]③,照依市价,回易收买上等堪好颜料,依数变染,不致浅淡。及局官人等不得将所关色丝减价诡名暗地分买,仰提调官常切计点。如有违犯,随即追理究治。

一、④脚乱丝[28]货。钦奉圣旨节该:"修理机张[29]等什物用度。"钦此。仰各处提调官吏用心关防,局官如遇必合修理机张什物等⑤用度,明置文簿,依公销用,年终考较。若有用不尽丝数,回纳还官,却不得因而冒滥破使[30]。如违,追断。

一、⑥钦奉圣旨节该:"匠人每的粮,纳了生活后头与粮呵,匠人每生受。上下半年的粮预先支与呵,不做生活,更推甚么?"钦此。局院仓官、斗脚[31]人等,如遇放支工粮,仰随处提调官吏用心关防,无致克落。如有违犯,就便追问断罪。

一、⑦各处额造段匹,正月一日收工,年终织造齐足。每月造到工程,在都不过次月初五日,外路初十日已里,须要申报到部。如是违限,取各路首领官吏招伏断罪。

一、⑧禁约在局人匠,不得妄称饰词,恐吓官吏,扇⑨惑[32]人匠

---

① 《通制条格·营缮·造作》载有同一条文。
② 《通制条格·营缮·造作》载有同一条文。
③ 按验:《通制条格》作"案验"。
④ 《通制条格·营缮·造作》载有同一条文。
⑤ 什物等:《至正条格》《通制条格》皆作"什物等",疑误倒。依据前文"修理机张等什物用度",疑"什物等"为"等什物"之误倒。
⑥ 《通制条格·营缮·造作》载有同一条文。《元典章·工部》卷一《预支人匠口粮》载有相关条文。
⑦ 《通制条格·营缮·造作》载有同一条文。
⑧ 《通制条格·营缮·造作》载有同一条文。
⑨ 扇:《至正条格(校注本)》录作"煽",误。《至正条格》《通制条格》皆作"扇",今据校。

推故不肯入局,耽误①工程。及一等不畏公法闲杂人等,辄入局院,沮扰造作者,仰提调官常切禁治。如有违犯之人,痛行断罪。其提调官亦不得差无职役人,指称计点工程,非理搔扰,取要饮食钱物。许各局径直申部②,严行究问。

一、③各处管匠官吏、头目、堂长[33]人等,每日绝早入局,监临人匠造作,抵暮方散。提调官常切点视,如无故辄离者,随即究治。

[1]托:量词。以成人两臂平伸作为物体深度或长度的单位,约五尺。"托"作量词,用于深度,一般指水的深度,也可指物体的长度,约五尺为一托。《元典章·工部》卷一《禁治纰薄段帛》:"今后选拣堪中丝绵,须要清水夹密段匹,各长五托半之上,依官尺阔一尺六寸,并无药丝绵、中幅布匹,方许货卖。"

[2]生活:器具,物件,家什,用品。

[3]异样:与寻常不同。与"常例"相对。

[4]丝金:犹"金丝"。指金制的线。用作织造缎匹。

[5]经历:官职名,元代置于枢密院、行枢密院、行御史台、宣慰司、肃政廉访司、诸路总管府等官署机构中。秩由从五品至从七品不等。多由吏员充任。顺帝初规定,皆以蒙古、色目人充任。掌文移案牍、管理吏员及官署内部杂物等事。

[6]打络:缠绕扎束丝线以织造缎匹。

[7]迭就:相当,相合。"斤重迭就",指重量相当。

[8]处分:吩咐,命令。

[9]粉糨:同"粉浆",即"浆粉"。指麸面、面粉经淘洗沉淀而成的淀粉。可制食品,亦可作浆衣材料。元刘时中《一枝花·罗帕传情》曲:"丝缕细织造的匀如江纸,粉糨轻出制的赤似鹅脂,温柔玉无瑕疵。"

[10]金箔:又作"金薄"。黄金捶成的薄片。常用以贴饰器物或佛

---

① 耽误:《通制条格》作"悟",误。《至正条格》作"误",今据校。
② 部:《至正条格(校注本)》录作"报",误。《至正条格》《通制条格》皆作"部",今据校。
③ 《通制条格·营缮·造作》载有同一条文。

像等。

　　[11]气子:金属夹杂物。即金中杂以红铜,色混而有声。清方以智《通雅》卷四八"金石":"杂红铜者曰气子,又名张公,又名身子,则掷之有声。"清方以智《物理小识》卷七"金石类":"赤金有紫霞,甚奭,无声而烧不黑,杂赤铜曰气子、张公,即有声矣。"又:"愚按本淡者可以朱砂变,其和银者以矾盐之,则银自白,金自赤。其有气子者,别一法出之,色混有声,即知为气。"

　　[12]克落:克扣。元徐元瑞《吏学指南·钱粮造作》:"克落:谓支多给少,赢取其余也。"

　　[13]打夹:使东西固定不移动。

　　[14]比较:犹"比"。指官府征收钱粮、缉拿人犯、指派造作等,限期完成,定期查验。至期不能完成,须受责罚,然后再限期完成。《元典章·兵部》卷一《省谕军人条画》:"军中屯田官吏并各屯百户,每岁年终比较。如种地不敷元额,所收子粒数少,牛只倒死、瘦弱数多,及有隐匿物斛,定是责罚。"

　　[15]拖兑:拖延。

　　[16]任回:犹"回任"。返任。

　　[17]一就:一并,一起。

　　[18]带造:附带造作。谓除正常造作之外,附带造作某物,以为己用。

　　[19]匠户:元代诸色户计之一。元代统治者为便于强制征调各类工匠服徭役,将工匠编入专门户籍,称之为"匠户"。子孙世代承袭,不得脱籍改业。《元史·世祖本纪十》:"阿鲁忽奴言:'曩于江南民户中拨匠户三十万,其无艺业者多,今已选定诸色工匠,余十九万九百余户,宜纵令为民。'"

　　[20]金素段匹:由金色丝线织成的缎子。

　　[21]纱罗:轻软细薄丝织品的通称。

　　[22]络丝:缠丝。

　　[23]打线:犹"纺线"。谓用丝纺成线。元王元恭《(至正)四明续志》卷三"公宇":"织染局在西北隅儒学西……络丝堂一十四间,机坊二十五间,又有打线场屋四十一间。"

[24]缤经:同"纰"。谓用纰车纠绞丝以成纱或绳。

[25]拍金:十四种饰金法之一,即"拍金薄",谓通过拍打把黄金捶成薄片。常用以贴饰器物或佛像等用。明田艺蘅《留青日札》卷二三《金》:"《唐六典》有十四种:销金、拍金、镀金、织金、砑金、披金、泥金、镂金、捻金、戗金、圈金、贴金、嵌金、裹金。"

[26]色丝:染过色的丝。

[27]按验:犹"案验"。指供查询验证的文簿。

[28]脚乱丝:脚丝和乱丝。泛指在织造丝的过程中因损失消耗而产生的残废丝。《元典章·工部》卷一《讲究织造段匹》:"织造段匹的丝分付与匠人打络时分,脚乱丝等十分中一分折耗,自前至今数目里除陪有来。"

[29]机张:犹"机",指织机。

[30]破使:花用,耗用,耗费。

[31]斗脚:吏名。元代官仓中负责称量和搬运粮食的吏役。

[32]扇惑:犹"煽惑"。煽动蛊惑。元徐元瑞《吏学指南·征敛差发》:"扇惑:生事播扬曰扇,惊遑及众曰惑。"

[33]堂长:吏名。指元代诸局院官署机构中监督工匠造作的低级小吏。

造作违慢

67① 至元十四年三月,工部呈:"钦奉圣旨节该:'诸局分生活,今年为头,关了物料的,只教当年纳足生活,休教拖欠。生活歹呵,要罪过者。'钦此。议到下项事理,拟合遍行随路,以诫违慢。"都省准拟。

一、各路局院额造弓甲、箭弦、哈儿[1]、杂带[2]、镮刀[3]一切军器、段匹、杂造、鞍辔生活合用物料,除在都放支外,余者年例各路应付,中间多致违慢造作。责在各路官司,凡支上项物料,自承受符文月日为始,须管限柒日交付数足造作。若有违限怠慢去处,

---

① 《通制条格·营缮·造作》载有同一条文。

即将本路总管府官、首领官，不分长次，一例拟罚俸半月，当行司吏，的决壹拾柒下。如过期悬远，耽误造作，至日验事轻重，别议处决。事急不拘此限，画①时应付②。任满日，于解由内开写，临时定夺黜降。

一、段匹造作生活，若局官人员依额应限了毕，造作堪好，临时量其可否，定夺迁赏。拖兑工程，置簿标附过名。其提调提举司官、局官任回日，于解由内开写，临时验事轻重，别议黜降。

一、比较违限工程，依例合限壹拾个月造足。如有过限局分，扣算拖工分数，并异样改织常例金作者，将当该局官勾唤赴部，照依呈准中书省札付，以拾分为率，拖欠肆分已上，决贰拾柒下；肆分以③下，贰分以上，决壹拾柒下；贰分已下，罚俸壹月，钦依圣旨事意断决。提调官取招别议，外据以次官、头目、司吏人等，从本路提调府官约量断遣。

［1］哈儿：蒙古语音译。军器名。指军人绑缚在两臂上用来防御兵器的铁质或纸质臂手。

［2］杂带：元代蒙古骑兵所骑战马上悬挂弓袋、箭袋、佩刀等所需的各种带子。元袁桷《（延祐）四明志》卷十二："弓袋、箭葫芦、杂带：皂真皮弓袋五十五副，水牛皮箭葫芦五十五个，皂真皮杂带五十五条。"

［3］镮刀：军器名。犹"环刀"。元代蒙古骑兵常用的短兵器。一种弯刀，指刀把小而扁且刀身上有一定弧度呈环形的刀。宋彭大雅《黑鞑事略》："有环刀，效回回样，轻便而犀靶，利（利，靶）小而褊，故运掉也易。"蒙古语音译作"温勒都""温都"等。"温都赤"，指佩环刀的人。《元史·舆服志三》："佩宝刀十人，国语曰温都赤。"

造作违期

68 延祐六年二月，工部议得："腹里路分额造段匹，已有计拨

---

① 画：《至正条格（校注本）》录作"划"，误。《至正条格》《通制条格》皆作"画"，今据校。

② 应付：《通制条格》作"应副"。

③ 以：《通制条格》作"已"。下同。

解纳程限。其余行省去处，往往违期计拨，过限不纳数足。今后若有似此违期不行计拨，过限不纳段匹齐足者，局官验事轻重断罪，解见任，期年后叙用。提调官减罪科决，标附过名，任满，解由内开写。"都省准拟。

织造①不如法

69 大德八年二月，中书省照得："行省、腹里局院织造诸王金素段匹，拟到粗糙低歹贰分者，肆②拾柒下；壹分，决叁拾柒下；壹分已下，决贰拾柒下。押物到部局官、头目，就行断罪。提调正官，取招呈省，标注过名，任满，解由内开写。"

70 至治二年二月，工部议得："今后织造常课段匹，各处提调官常切严督，局官、头目人等依期计拨丝金、颜料，须要一一尽实分俵[1]人匠，监看织造。中间但有克落侵使，即同枉法论罪追陪。提调官必须辨③验委的依样迭就，差官管押，依期起解。但有粗糙不堪，提调官并局官依例断罪，任满，解由内开写，局官验事轻重解任。匠户、头目人等既是除免差税，又行支请工粮，不为用心织造，拟合依例断罪追陪。"都省准拟。

[1]分俵：分给，分发。

71 至元二年八月，刑部议得："将作院[1]纱罗副提举[2]郑伯不花，不行关支摊丝[3]、赤金[4]，却用追到人匠元欠丝纩[5]变染成色，及用九成金打裁做线，织到金素纱罗[6]，中间丝粗金淡，不堪上用，拟笞伍拾柒下。库子蔡兴等叁名，各笞肆拾柒下，革去标附。"都省准拟。

[1]将作院：官署名，秩正二品，元至元三十年（1293）置，掌打造金玉

---

① 造：《至正条格（校注本）》录作"作"，误。《至正条格》作"造"，今据校。
② 分析文意，疑"肆"前脱"决"字。
③ 辨：《至正条格（校注本）》录作"办"，误。《至正条格》作"辨"，今据校。

珠翠、犀象、宝贝、冠佩、器皿等器物，织作刺绣、缎匹、纱罗等织物及制造各类样式的物品等事。下设院使、同知、同佥、院判、经历、都事、照磨管勾、令史、译史、知印、宣使诸官职，下领诸路金玉人匠总管府、玉局提举司、金银器盒提举司、玛瑙提举司、异样局总管府、纱罗提举司等官署机构。

[2]纱罗副提举："纱罗提举司副提举"之简称。"纱罗提举司"为"将作院"的下领机构，秩从五品；"副提举"为"纱罗提举司"的下设官职，秩正八品。《元史·百官志四》："纱罗提举司，秩从五品。至元十二年，改局置提举司。提举、同提举、副提举各一员，品秩同上。"

[3]摊丝：通过科摊丝户所征收的丝。《元史·食货志一》："摊丝户，每户科摊丝四斤。储也速觯儿所管户，每户科细丝，其数与摊丝同。"

[4]赤金：黄金。

[5]丝纻：犹"丝"。明郝敬《毛诗序说》卷八："蚕为丝，故衣丝纻，洁白也，象蚕色也。"清郝懿行《诗问》卷七："蚕为丝，故衣丝尔。"此二文一作"丝纻"，一作"丝"，异文同义。

[6]金素纱罗：由金色丝绒织成的轻软细薄的丝织品。

监收段匹不如法

72① 元统三年十月，户部议得："腹里、行省局院造作各色金素花样段匹，不依元料，擅自更改，克落元关丝金、颜料织造等事。除局官、头目就行断罪，提调正官取招呈省，俱有定例外，据收受衙门符②同[1]容纳，合与局官一体究治，标附过名，仍除（于）③解由内开写。其监收、覆实等官，不为用心辨④验、比对元样，辄便发付收受，量笞贰拾柒下。"都省准拟。

① 《至正条格·厩库·段匹有违元料》载有相关条文。
② 符：《至正条格·厩库·段匹有违元料》作"扶"。
③ 除（于）：《至正条格》此处作"除"，误。《至正条格·厩库·段匹有违元料》作"于"，今据校。《至正条格（校注本）》录作"除"，失校。
④ 辨：《至正条格（校注本）》录作"办"，误。《至正条格》此处与《至正条格·厩库·段匹有违元料》皆作"辨"，今据校。

[1]符同:犹"扶同"。串通。

监临中物

73 大德七年十一月,福建道[1]奉使宣抚[2]呈:"今后凡有和买成造物件,各处官司须验出产去处、停蓄、行铺之家[3],两平收买,从实估价,无致亏官损民,并不得碎派[4]概管[5]人户,严限勒要多价,结揽转买成造。如有违犯官吏人等,各〈无〉①验入己钞数多寡,依不枉法[6]例,追断殿叙。虽无入己之赃,即同擅自科敛断罪。"刑部议得:"今后和买造作诸物,若有似此图利结揽转买官吏人等,合依奉使宣抚所拟,验余利多寡,依不枉法例,追断殿叙。若无入己之赃,临时量情议罪[7]。"都省准拟。

[1]福建道:"福建道宣慰使司都元帅府"之简称,又称"福建"。元代八道宣慰使司都元帅府之一,大德元年(1297)立。下辖福州路、建宁路、泉州路、兴化路、邵武路、延平路、汀州路、漳州路八路。元代分天下为十八道,遣奉使宣抚分道宣抚,"福建道"(全称"江西福建道")即为十八道之一。

[2]奉使宣抚:官职名,元代朝廷遣官分道巡察各地,以布宣德意、询民疾苦、疏涤冤滞、蠲除烦苛、体察官吏。元代朝廷分别于大德七年(1303)、延祐二年(1315)、泰定二年(1325)、至正五年(1345)、至正十七年(1357)五次派出奉使宣抚。

[3]行铺之家:犹言"经营商铺之家",即"商家""商贾""商人",又称"行铺户"。

[4]碎派:不时委派。

[5]概管:犹言"所管"。

[6]不枉法:不以私意歪曲和破坏法律。元代官吏犯赃,分枉法与不枉法两种。凡因贪赃而未妨碍正常有效地执行法律者为不枉法。《元史·世祖本纪十四》:"中书省与御史台共定赃罪十三等,枉法者五,不枉

---

① 〈无〉:分析文意,《至正条格》衍"无"字,今据删。

法者八,罪人死者以闻。"

[7]量情议罪:根据犯罪情节轻重论议定罪。

中卖站马

74 至元三年八月,刑部议得:"保宁府[1]达鲁花赤牙忽,系提调站赤正官,将站户许聪堪充走递[2]铺马妄作不堪,勒令补买,却将自己花骟马壹匹作价壹拾捌定卖与本人当站,估计实中统钞壹拾定外,有余利捌定,折至元钞捌拾贯。依不枉法例,杖陆拾柒下,降先职壹等,标附。"都省准拟。

[1]保宁府:隶属四川等处行中书省广元路。《元史·地理志三》:"保宁府。下。唐隆州,又改阆州,又为阆中郡。后唐为保宁军。元初立东川路元帅府。至元十三年,升保宁府。二十年,罢元帅府,改保宁路。初领新得、小宁二州,后并入阆中县,又并奉国入苍溪县,新井、新政、西水总入南部县,仍改为府,隶广元路。领三县:阆中,下,倚郭;苍溪,下;南部,下。"《永乐大典》卷一九四二三《经世大典》:"保宁府所辖站九处:陆站五,马八十五匹;水站四,船二十四只。陆站:锦屏站,马一十二匹;怀恕站,马一十一匹;永宁站,马一十一匹;金华站,马一十一匹;剑门站,马四十匹。水站:虎溪站,船六只;南溪站,船六只;南部站,船六只;新政站,船六只。"

[2]走递:递送,传送。《元典章·兵部》卷三《立站赤条画》:"诸站铺马,大概一体走递,其间或有马匹参杂瘦乏病患、气力生受去处。"

中卖站船

75 至治二年九月,刑部议得:"象州知州周德贤,中卖[1]站船,比之时直,多要中统钞壹拾肆定入己,合以一主[2]至元钞肆①贯陆伯文为重。依不枉法例,笞肆拾柒下,解见任,殿[3]三年,本等叙用,标附。"都省准拟。

---

① 《至正条格(校注本)》于"肆"后衍录"拾",《至正条格》无,今据删。

[1]中卖:指民间将盐、铁、茶之类属于专卖性质的物资卖给官府。
[2]一主:又作"壹主"。一笔,一宗。多用于钱财。
[3]殿:停,停叙。

带造段匹

76 至元三十年二月,御史台呈:"前工部令史蒲居仁,与讫欠州局丝贰斤半,带造素串壹段。局官另行外,蒲居仁升充河南行省令史。量决叁拾柒下,罢见役,带造段匹没官。"都省准拟。

带绣段匹

77 泰定四年六月,刑部议得:"将作院判[1]粟也先不花,因差福建监绣影堂顶子等物,于铺马上梢带[2]自己段匹,就雇彼处官匠,私家亏价绣造。拟答贰拾柒下,依旧勾当,标附。带绣段匹没官,元亏人匠工价追给。"都省准拟。

[1]将作院判:官职名,"将作院院判"之简称。"院判"为"将作院"的下设官职,定置二员,正五品。
[2]梢带:犹"稍带""捎带"。携带。

违法买引

78 大德七年九月,燕南山东道[1]奉使宣抚呈:"山东道宣慰司[2]经历董秉道、都事王元良,令人于盐局[3]买到官盐,转行货①卖,分使利息。决讫叁拾柒下,合无罢职?"刑部议得:"益都路在城盐局发卖百姓零盐,宣慰司经历董秉道、都事王元良贪利,令行钱[4]周三买讫盐伍拾引,转行货卖,获到息钱中统钞叁拾伍定分使罪犯。既已断讫,各解见任,息钱追没。"都省准拟。

[1]燕南山东道:元代分天下为十八道,遣奉使宣抚分道宣抚。"燕

---

① 货:《至正条格(校注本)》录作"贷",误。《至正条格》作"货",今据校。下同。

南山东道"即为十八道之一。《元史·百官志八》:"奉使宣抚。……燕南山东道,以资正院使蛮子、兵部尚书李献为之,太医院都事贾鲁为首领官。"

[2]山东道宣慰司:官署名,"山东东西道宣慰司"之简称,又称"山东宣慰司""山东东西道宣慰使司"。元初,置六道宣慰使司,山东东西道为其一。置司于益都路。秩从二品。下设宣慰使、同知、副使、经历、都事、照磨兼架阁管勾诸官职。

[3]盐局:官署名,元代专门售卖官盐的机构。元政府于京师及各地皆有设置。元代实行食盐专卖,有官营官销和官营商销两种。官营官销,指官府设置盐局售卖官盐给百姓,收取差价以为盐利。《元史·刑法志三》:"诸大都南北两城关厢,设立盐局,官为发卖,其余州县乡村并听盐商兴贩。"

[4]行钱:打杂的佣人。

赊买盐引

79① 至元十九年十月②,诏书内一款:"近年各处转运盐使司[1]所用皆非其人,省降盐引[2]多为势力之家赊买,赍引[3]下场,搀蓦[4]资次,多查斤两,遮当[5]客旅,把握[6]行市,以致盐法不行,公私不便③。今后见钱卖引,照依资次支发盐袋,监临主守官吏并不得赊买。违者,其价与盐俱没官。〔诡名盗买者〕④,仍征陪⑤赃[7],官解见任,司吏勒停。"

[1]转运盐使司:官署名,"都转运盐使司"之简称。详参第535页"都转运盐使司"条。

[2]盐引:官府在商人缴纳盐价和税款后,发给商人用以支领和运销

---

① 《元典章·户部》卷八《立都提举司办盐课》载有同一条文。
② 至元十九年十月:《元典章》作"至元二十九年"。
③ 公私不便:《元典章》作"公私两不便当"。
④ 〔诡名盗买者〕:《元典章》作"诡名盗买者",《至正条格》脱,今据补。
⑤ 陪:《元典章》作"倍"。

食盐的凭证。

［3］引：专营货物（如"茶""盐""铁"等）的运销凭证。此处专指"盐引"。

［4］搀蓦：犹"搀越"。越过本分。"搀蓦资次"，指越过次序，即不遵守次序。

［5］遮当：犹"遮挡"。拦挡，阻拦。

［6］把握：把持。

［7］陪赃：犹"赔赃""倍赃"。指赔偿赃物或赃款。

诡名买引

80 大德七年五月，两浙运司[1]同知赵尚敬虚立宋允中等姓名，诡买盐引玖千道。除本家钱本[2]支查[3]发卖外，得到何清答头[4]钱中统钞壹伯伍拾定入己。刑部议得："赵尚敬诡名买卖盐引，取答头钱物，赃已过满。合决壹伯柒下，除名不叙，依例仍征倍①赃[5]。既遇原免，依上标附。"都省准拟。

［1］两浙运司：官署名，"两浙都转运盐使司"之简称，又称"两浙都转运使司""两浙运盐司"，秩正三品。至元十四年（1277），置司杭州。大德三年（1299），定其产盐之地，立场有差，仍于杭州、嘉兴、绍兴、温、台等处，设检校四所，专验盐袋，毋过常度。下设使、同知、运判、经历、知事、照磨诸官职。下领盐场三十四所，每所下设司令、司丞、管勾各一员。

［2］钱本：本钱。

［3］支查：支给检查。通常指对支给客商发卖的盐进行检查。

［4］答头：犹"搭头"。指附加的部分。

［5］倍赃：犹"陪赃""赔赃"。指赔偿赃物或赃款。

聘卖末茶

81 泰定四年六月，刑部议得："滁州[1]知州完颜薛彻坚，使令

---

① 倍：《至正条格（校注本）》录作"陪"，误。《至正条格》作"倍"，今据校。

籍记司吏张世良,交领末茶[2]柒拾玖引贰块,于六合[3]等县散卖,致有张世良使令伊表弟何小小,将茶肆拾陆引零贰块,投托全椒县[4]旧识倪明叔散卖各户。合该茶价,未曾索足,告发到官。利未入手,比例拟决贰拾柒下。既遇原免,依旧勾当,标附。"都省准拟。

[1]滁州:隶属淮东道宣慰使司扬州路。《元史·地理志二》:"滁州。下。唐初析扬州地置,又改永阳郡,又复为滁州。元至元十五年,改滁州路总管府。二十年,仍为州。隶扬州路。领三县:清流,中;来安,下;全椒,中。"

[2]末茶:制成细末的茶砖。明邱浚《大学衍义补·制国用·山泽之利下》:"元世祖至元十七年,置榷茶都转运司于江州,总江淮、荆南、福广之税,其茶有末茶,有叶茶。……唐宋用茶,皆为细末,制为饼片,临用而辗之,唐卢仝诗所谓'首阅月团'、宋范仲淹诗所谓'辗畔尘飞'者是也。《元志》犹有末茶之说,今世惟闽、广间用末茶。而叶茶之用,遍于中国,而外夷亦然,世不复知有末茶矣。"

[3]六合:即"六合县",隶属淮东道宣慰使司扬州路真州,宋为望县,元为下县。

[4]全椒县:隶属淮东道宣慰使司扬州路滁州,宋为紧县,元为中县。

减价买物

82 至大元年七月,刑部议得:"安西路同知忽林察,指以规划[1]祗应,夹带己钱中统钞贰定,桩配[2]百姓,减价买到麻贰拾伍个,卖讫钞伍定叁拾两。合以余利论罪,拟叁拾柒下,解见任,别行求仕,余利给主。"都省准拟。

[1]规划:筹措,筹备。
[2]桩配:附加摊派,额外摊派。

减价买马

83 天历二年七月,刑部议得:"保定翼万户张武昌,因奔祖父丧,回还保定,减价勒买军户张子京玉面赤骟马壹匹,与讫中统钞壹拾定,令张子京家人邵成于契上代替画字,闻知事发,令王德义于契内填作军人王镇抚名字,印税[1]赴官,遮掩己罪。武昌路估计马价实直中统钞壹拾捌定,即与军官人等遍诣军家非理扰害取要饮食、草料事例不同,况兼保定与武昌时价贵贱各异。合准湖北道廉访司[2]所拟,量笞叁拾柒下,依旧勾当。罪幸遇免,标附。"都省准拟。

[1]印税:买卖商品时,双方签订契约后,须向官府交纳契税,官府给以印凭,谓之"印税"。宋李元弼《作邑自箴》卷七《榜客店户》:"谕客旅,凡出卖系税行货,仰先赴务印税讫,方得出卖,以防无图之辈恐吓钱物。"

[2]湖北道廉访司:"江南湖北道肃政廉访司"之简称。元代江南十道肃政廉访司之一,隶江南行台,置司于武昌路。至元十五年(1278)置。下设廉访使、副使、佥事、经历、知事、照磨兼管勾诸官职。

借民钱债

84① 元贞元年六月②,御史台呈:"常德路武陵县[1]石应庚等告:'李县丞借讫中统钞壹拾定,不肯归还。'"刑部议得:"在任官吏,除亲戚故旧外,今后③凡取借部下诸人钱债,合④明立保见[2]出息[3]文约,依数归还。违者,难议计赃科断黜降。合从壹多[4]〔者〕⑤为重⑥,准不枉法例,减贰等断罪。"都省准拟⑦。

---

① 《元典章・户部》卷十三《部下不得借债》载有相关条文。《枕碧楼丛书・刑统赋疏》载有"在任"至"断罪"部分条文。
② 元贞元年六月:《至正条格》《刑统赋疏》皆作"元贞元年六月",《元典章》作"元贞元年"。
③ 除亲戚故旧外,今后:《元典章》作"除亲戚故旧之家外,今后",《刑统赋疏》无。
④ 合:《刑统赋疏》作"各",误。《至正条格》作"合",《元典章》作"合行",当据校。
⑤ 〔者〕:《元典章》《刑统赋疏》皆作"者",《至正条格》脱,今据补。
⑥ 合从壹多〔者〕为重:《元典章》作"拟合从一多者为重"。《刑统赋疏》作"各从一多者为重",其中的"各"当为"合"的形讹字,当据校。
⑦ 准拟:《元典章》作"准呈"。

[1]常德路武陵县:"常德路",隶属湖广等处行中书省,治所在今湖南常德市。《元史·地理志六》:"常德路。上。唐朗州。宋常德府。元至元十二年,置常德府安抚司。十四年,改为总管府。领司一、县一、州二。州领一县。""武陵县",隶属常德路,宋为望县,元为上县。

[2]保见:保证。

[3]出息:交出利息。

[4]壹多:又作"一多"。指数额多少。

85 皇庆元年六月,刑部议得:"益阳州[1]达鲁花赤西京撒里,指借为名,勒要部民王震伯至元钞贰伯贯。虽有元押批帖[2],别无保见,不系出息文约,又不依理归还。此(比)①依不枉法例,减贰等,杖断陆拾柒下,解任标附。"都省准拟。

[1]益阳州:隶属湖南道宣慰司天临路。《元史·地理志六》:"益阳州。中。唐新康县。宋安化县。元元贞元年,升为益阳州。"

[2]批帖:写有官府批语的文书。

违例取息

86 至元二十五年六月,御史台呈:"后卫[1]百户忙速儿,除照依每两月利叁分合得本利[2]外,多要讫军人王兴利钱钞[3]捌拾肆两。"刑部议得:"多要利钱[4],拟合回付借钱之家。量决叁拾柒下,标注过名。"都省准拟。

[1]后卫:官署名,元置,秩正三品。元枢密院所属京师侍卫军机构,掌宿卫扈从,兼营屯田。国有大事,则调度之。至元十六年(1279),以侍卫亲军创置前、后二卫。下设都指挥使、副都指挥使、佥事、经历、知事、照磨、令史、译史、知印、通事诸官职。下领镇抚所、行军千户所、屯田千户所诸官署机构。

[2]本利:本钱和利息。

[3]利钱钞:又作"利钱钞锭",犹"利钱",指利息。

---

① 此(比):《至正条格》作"此",误。分析文意,当作"比",今据校。

[4]利钱：利息。《元典章·新集至治条格·户部·军官多取军人息钱（又）》："一年之间，违例三次倒契，逼勒军人多取本息。幸遇释免，革后不改前过，止依虚契，多追利钱。"

87 至治二年闰五月，刑部议得："汉阳府[1]知府郜伯颜帖木儿，因科征百姓包银，定立严限，致使催差坊正[2]人等于伊解库[3]内借钞，闭纳[4]每两月利陆分。其多要息大（钱）①，虽未入己，终是违法。量笞叁拾柒下，依旧勾当，标附。"都省准拟。

[1]汉阳府：隶属湖广等处行中书省，治所在今湖北武汉市汉阳区。《元史·地理志六》："汉阳府。唐初为沔州，又改沔阳郡。宋为汉阳军。咸淳十年，郡守孟琦以城来归。元至元十四年，升汉阳府。领县二：汉阳，汉川。"

[2]坊正：管理街坊的小吏。

[3]解库：当铺。宋吴曾《能改斋漫录》卷二《以物质钱为解库》："江北人谓以物质钱为解库，江南人谓质库，然自南朝已如此。"

[4]闭纳：百姓拖欠钱粮，官吏不令其依期交纳，而令其预先借贷交纳，官吏从中获取利息。元徐元瑞《吏学指南·诸纳》："闭纳：谓拖欠钱粮，预令官吏揭借为纳足者。"

勒要借钱文契

88 至顺元年闰七月，刑部议得："大乾元寺提点所[1]副使伯颜不花，立约借讫本所大使应赟巴无利中统钞壹拾定，后因署押本人兜支俸给文字，勒要讫前项借钞文帖。准不枉法，杖陆拾柒下。既非监临，解任别仕，已追赃钞给主。"都省准拟。

[1]大乾元寺提点所：官署名，秩正三品，掌修缮寺庙、提供工匠、寺僧衣粮、征收房课、祭供钱粮等事。延祐六年（1319），升大乾元寺提点所为总管府。延祐七年（1320），罢总管府。下设提点、大使、副使诸官职。

---

① 大（钱）：《至正条格》原作"大"，又于当页边栏之上改作"钱"，以示改正，今据校。

虚契典买民田

89① 大德元年二月②,御史台宣(呈)③:"武冈路[1]府判昔里呈(吉)④思,为武冈县[2]民户舒德与⑤、徐端等被本县科差生受,托昔里吉思照觑[3]杂役,将各户田亩虚钱实契[4]典卖[5]与本官为主,各人自行种佃送纳税粮外,每年认纳[6]本官租钱米石[7]。"刑部议得:"昔里吉思所招数内,以要讫徐端中统钞肆定为重,比依不枉法例断罪,解任标附。"都省准拟。

[1]武冈路:隶属湖南道宣慰司,治所在今湖南武冈市。《元史·地理志六》:"武冈路,下。唐武冈县。宋升为军。元至元十三年,置安抚司。十四年,升武冈路总管府。领司一、县三。"

[2]武冈县:隶属武冈路。宋为中县,有山塘、关硖、武阳、城步、赤木、神山、峡口等寨;元为上县,倚郭。

[3]照觑:照顾。

[4]虚钱实契:简称"虚契"。谓买卖双方虽签订有契约,卖方却未得钱。

[5]典卖:活卖。出卖时约定期限,到期可备价赎回,不同于"绝卖"。

[6]认纳:应承交纳(税款)。元徐元瑞《吏学指南·钱粮造作》:"包办:谓依额认纳官钱,私下多余取利也。"

[7]米石:犹"米"。因米以石计,故称。

侵使赡学钱粮

90 皇庆元年六月,刑部议得:"御史台呈:'建德路[1]儒学教

---

① 《元典章·户部》卷五《虚钱实契田土》载有相关条文。
② 大德元年二月:《元典章》作"大德元年八月"。
③ 宣(呈):《至正条格》作"宣",误。分析文意,当作"呈",今据校。
④ 呈(吉):《至正条格》作"呈",误。下文两处皆作"吉",《元典章》亦作"吉",故"呈"为"吉"之形讹字,今据校。
⑤ 与:《元典章》作"舆"。

授[2]翟思温,与总管周惟惠庆贺生日,支讫学田租钱中统钞叁定贰拾两,置买羊酒。本道廉访司断讫叁拾柒下。'拟解见任标附,追钞还官。"都省准拟。

[1]建德路:隶属江浙等处行中书省,治所在今浙江建德市东北。《元史·地理志五》:"建德路。上。唐睦州,又为严州,又改新定郡。宋为建德军,又为遂安军,后升建德府。元至元十三年,改建德府安抚司。十四年,改建德路。领司一、县六。"

[2]儒学教授:官职名,秩正九品,元代置于诸路,府,上、中州及左、右、前、后卫,左、右都威使司,左、右卫率府,左、右钦察卫,诸亲军都指挥使司,吐蕃等处宣慰司都元帅府等官署机构中。其中,路儒学教授秩正九品,府、州儒学教授秩从九品。

和雇和买违法

91 延祐二年五月,御史台呈:"大都路和雇和买冒滥作弊等事。"都省议得:"今后应报时估,各巡院、大兴、宛平县每月分轮委官壹员,妨职理会上下半月,呼集输首行人,躬亲审覆诸物实直。若有增减,开写缘由,取各各结罪文状,类写[1]牒司申府,移委正官壹员提调。比较无差,上半月不过初五日,下半月不过二拾日,申部判送覆实司,限五日体度[2]。但有虚冒不实,开申本部。时估内所无物色,督责各行须要尽实供报。若街市所无,不许称阙,须要照依前月价直,从实估计呈报。拘该不尽名件,和买之际,元委官与覆实司对物眼同估价收买。若以有作无,亏官损民,冒估价直,初犯叁拾柒下,再犯加一等,叁犯仍解见任。和买之物,着落行铺之家依元估物价收买,关给价钞。令当该官司置立勘合,于上明写纳主行人姓名、合关钞数,关状。亲临提调官吏亦行圆书[3]印押,缴申总府,再行比照无差,下库放支,当官唱名[4],给付所买之物,凭纳获收附,限壹拾日内给价。违壹日决柒下,叁日加一等,罪止伍拾柒。价不给主而官吏人等侵使者,以枉法论。诸官府权势人等转行结揽、诡名中纳[5]及冒支官钱者,犯人决柒拾柒下,再犯壹伯柒下,发还元籍。赃重以盗论,有职役人员罢职不叙,其物没官,于内壹半付告人充赏,仍于府衙门首粉壁书写罪名。当该官吏通同计构,结揽中纳者,伍拾柒下,罢职不叙。赃多者,从重科。有失关防者,叁拾柒下。其物不到官而虚给价钞者,计赃,以盗论。主司知情,罪亦如之。失觉察者,减三等。覆实司体度不实,但犯者,叁拾柒下。受赃者,以枉法论。"

[1]类写:依类书写。
[2]体度:查考。
[3]圆书:犹"圆签"。共同签署。
[4]唱名:点名。
[5]中纳:将诸物卖给官府,官府按价购买。元徐元瑞《吏学指南·诸纳》:"中纳:谓以诸物投卖于官者。"

巡盐官军违期不换

92 至元元年九月初三日,中书省奏:"河南省两淮巡盐千户安尚礼所招:'两淮巡盐官军明有都省并枢密院文书,二年壹次交替,不合推称事故,违期不即交换,革后又不悛改,依前占吝,踵袭旧弊,失误换期,滞碍盐法。'教刑部定拟呵,'合依河南省并户部所拟,量笞肆拾柒下,选官替代,标附过名有'。依他每拟将来行呵,怎生?"奏呵,奉圣旨:"那般者。"

纵军抢取民财

93 至顺元年三月,刑部议得:"均州[1]万户府千户司杰,承差领军归州[2],把截隘口,经过松滋[3]等县,纵令军人白昼抢取民财。量笞叁拾柒下,削降散官一等换授,依旧勾当。"都省准拟。

[1]均州:隶属河南江北等处行中书省襄阳路。《元史·地理志二》:"均州。下。唐初为均州,又为武当郡。宋为武当军。元至元十二年,江陵归附,割隶湖北道宣慰司。十九年,还属襄阳。领二县:武当,下;郧

县,下。"

[2]归州:隶属湖广等处行中书省。治所在今湖北秭归县。《元史·地理志六》:"归州。下。唐初为归州,又改巴东郡,又复为归州。宋端平三年,元兵至江北,遂迁郡治于江南曲沱,次新滩,又次白沙南浦,今州治是也。德祐初,归附。元至元十二年,立安抚司。十四年,改归州路总管府。十六年,降为州。领县三:秭归,下,倚郭;巴东,下;兴山。"

[3]松滋:即"松滋县"。隶属荆湖北道宣慰司中兴路,宋为次畿县,元为中县。

军官军人劫夺遇革

94 至顺三年八月,刑部议得:"迁换镇守并巡哨等军官、军人经过去处,强行劫夺百姓钞物。革前招证明白,追赃之际,罪遇释免,未追之数,拟合追给。未曾招承及发在革后,钦依革拨。"都省准拟。

致死军人

95 至元三年八月,刑部议得:"江西永安翼千户刘昱,因军人刘德不行代替百户田思忠夜巡,喝令祗候刘青捆打,其刘青用膝于刘德左肋礚[1]讫壹下,因伤身死。除刘青在禁病死外,其刘昱所犯,田思忠失误夜巡,不行举问,却将刘德捆打,致令刘青将本人礚伤身死。合杖陆拾柒下,削降散官一等换授,依旧勾当。田思忠轮该夜巡,不合转令军人代替,笞叁拾柒下,通行标附。"都省准拟。

[1]礚:同"垫"。指身体触着凸起的硬东西。

三卷终

至正条格卷第四　断例　职制

被盗勒民陪偿

96 至顺三年二月,刑部议得:"河南府路永宁县[1]达鲁花赤塔海帖木儿,因为涉疑部民杨荣祖等劫伊财物,私将本人非法拷讯,勒要各家牛只、房舍、地土、钞定,内以张顺一主中统①折至元钞一伯三十贯为重。依不枉法,杖断柒拾柒下,解见任,降先职二等叙用,标附。元要杨荣祖等牛只、房舍、地土文凭,追给各主。"都省议得:"塔每(海)②帖木儿拷讯平民,勒陪[2]己家被盗财物,准要地土、房舍、钞定,残忍贪污,难任牧守。余准部拟。"

[1]永宁县:隶属河南府路,宋为畿县,金改隶嵩州,元改属河南府路,下县。

[2]勒陪:同"勒赔"。勒令赔偿。

虚称被劫封装

97 至正元年二月,刑部议得:"百户王祐,蒙守卫万户府差遣,于彰德等路取到军人张汝等封装钱中统钞一伯二十定二十两入己,侵使不存,回还到于扬州邵伯镇南白塔,起意用杖将从军李山儿打伤落马,昏迷在地,虚称被贼劫夺封装[1],影射己罪。若以侵使封装计赃一主为重定论,别无每军一名实该钞数。侵使封装,即系枉法,打伤从军,诈称劫夺,情犯深重,幸遇原免,拟合比例除名不叙,标附。侵使封装,依数追足,给散各军。"都省议得:"百户

---

① 《至正条格(校注本)》于"中统"后衍录"钞",《至正条格》无,今据删。

② 每(海):《至正条格》作"每",误。结合上文,当作"海",今据校。

王祐,侵使军人封装钞定,起意打伤从军,诈称被劫,影射己罪,情犯深重,幸遇原免,追夺不叙。余准部拟。"

[1]封装:又称"封装钱""封装物""封装盘缠"。指由军户供给在役军人所需的钱物。

亲故营进

98① 至元二十一年五月,御史台呈:"照得圣旨条画内一款:'诸求仕、讦(诉)②讼人,若于应管公事官员私第谒托者,委监察纠察。'又一款:'诸官府如书呈[1]往来者,委监察纠察。'钦此。近年以来,内外宪台按察司官吏将亲戚并营求勾当人于各路总管府及诸衙门嘱托安插,作酒税务课程[2]等勾当,或转托他人,宛转[3]分付。总管府等处官司素畏风宪官吏,凡所嘱托,必须安排优便。其人恃赖按察司官吏,恣行非理,实今大弊。江南诸道,此弊尤多。若不惩治,益长贪浊。今后诸宪台提刑按察司官吏若将亲戚及营求勾当人于各路总管府诸衙门嘱托安插,及转托他人,情弊亦司(同)③。如有首告,或体访[4]得知,取问是实,以故违圣旨论,闻奏断罢。"都省准呈。

[1]书呈:书信,信函。
[2]酒税务课程:犹言"酒课""酒税"。元代赋税名目之一。指元政府对酒所征收的税。
[3]宛转:辗转。指经过许多人的手或许多地方。
[4]体访:犹"体察"。察访。

---

① 《元典章·台纲》卷一《设立台宪格例》和元赵承禧《宪台通纪·设立台宪格例》载有部分条文。
② 讦(诉):《至正条格》作"讦",误。《元典章》《宪台通纪》皆作"诉",今据校。《至正条格(校注本)》录作"诉",误,当据校。
③ 司(同):《至正条格》作"司",误。分析文意,当作"同",今据校。

与民交往

99① 至元三十一年十二月,刑部议得②:"吉凶庆③吊,人之常礼,廉贞④者自不滥交,贪纵者因而张大[1]。绝行禁约,恐涉太⑤严。若不关防,必生奸弊。诸官吏在任,部下人情礼数,除亲戚故旧及理应追往[2]之人外⑥,余皆⑦禁止。如违,随其轻重斟酌追断。"都省准呈。

[1]张大:夸大。
[2]追往:交往,交际。

交通罢闲官吏

100⑧ 延祐七年八月⑨,刑部议得:"外郡官吏持守不谨,贿赂交通[1],徇私败事,必当严定罪名,期于不犯。〔以此参详〕⑩:'今后见任官吏,若与革闲[2]赃污官吏、〔妄称职官〕⑪豪霸、兜揽官事僧道人等非自⑫亲戚,指以追往为名,私相交通,受其馈遗,事发到官,〔合依已拟〕⑬计赃,比依十二章不枉法例,减等断罪,再犯全科[3]。其行贿把持之徒,减官吏罪一等,累犯不悛,迁徙他郡。仍

---

① 《枕碧楼丛书·刑统赋疏》载有同一条文。
② 刑部议得:《刑统赋疏》作"部议"。
③ 庆:《刑统赋疏》作"议",误。《至正条格》作"庆",当据校。
④ 贞:《刑统赋疏》作"慎"。
⑤ 太:《刑统赋疏》作"大",误。《至正条格》作"太",当据校。
⑥ 外:《刑统赋疏》无,疑脱。
⑦ 余皆:《刑统赋疏》作"违者"。
⑧ 《元典章·新集至治条例·刑部·革闲官吏僧道交通赃贿》载有同一条文。
⑨ 延祐七年八月:《元典章》作"至治元年二月□日"。
⑩ 〔以此参详〕:《元典章》作"以此参详",《至正条格》脱,今据补。
⑪ 〔妄称职官〕:《元典章》作"妄称职官",《至正条格》脱,今据补。
⑫ 自:《元典章》作"因"。
⑬ 〔合依已拟〕:《元典章》作"合依已拟",《至正条格》脱,今据补。

令风宪常切①纠察,庶革其弊,为例遵守。"都省准拟。

[1]交通:勾结,串通。

[2]革闲:又作"罢闲"。谓革除官职而赋闲。

[3]全科:指对所犯罪行依法定罪,不予减免。《元史·刑法志三》:"诸盗贼,为首者自首,免罪;为从不首,仍全科。"

私役部民

101 大德十年四月,御史台呈:"陈州[1]达鲁花赤九十,使令首领孙成前去宛丘县[2]王社长等处,差倩人夫一十名,钕刈[3]蒿草、杂柴一阡[4]伍百束,差倩佃户崔二等车叁辆、王二等船肆只,般运烧用。量决二十七下,解见任,别行求仕,标附私罪[5]过名。已追到官柴钱、脚价,并地内未般柴数,给付元差人户收管。"刑部议得:"九十所犯,量决三十七下,依旧勾当,标附过名。余准廉访司所拟。"都省准拟。

[1]陈州:隶属河南江北等处行中书省汴梁路。《元史·地理志二》:"陈州。下。唐初为陈州,后改淮阳郡,又仍为陈州。宋升怀德府。金复为陈州。元初因之。旧领宛丘、南顿、项城、商水、西华、清水六县。至元二年,南顿、项城、清水皆废。后复置南顿、项城。领五县:宛丘、西华、商水、南顿、项城。"

[2]宛丘县:隶属汴梁路陈州,宋为紧县,金为陈州领县,元沿袭,为下县②。

[3]钕刈:犹"芟刈"。割。

[4]阡:通"千"。元王元恭《(至正)四明续志》卷三:"贮秋粮一阡三十五石,以充吏员、军人禄粮。"

[5]私罪:与"公罪"相对。指由营私所获的罪行。元徐元瑞《吏学指南·三罪》:"私罪:不缘公事,私自犯者。若虽缘公事,意涉阿曲者,亦是。"

---

① 常切:《元典章》作"常加"。
② 宛丘县:《新元史》作"宛邱县",当系避讳而改。

挟势乞索

102 延祐五年正月,刑部议得:"东昌路达鲁花赤火儿忽答,于农忙时月私役弓手,擅差人户车辆,壓(撅)[1]①载部民张荣祖柏树五十五株,又要讫车子一辆,估价折至元钞一十二贯。即系挟势乞索,合笞四十七下,解任别仕。已估柏树、车辆价钱,追征给主。"都省议得:"火儿忽答所招乞索等罪,既②非因事取受,量情拟决三十七下,依旧勾当,漂(标)③附。余准部拟。"

[1]壓(撅):同"掘"。挖掘。《集韵·月韵》:"掘,穿也。或作阙、撅。"

纵吏扰民

103 至元六年六月,刑部议得:"蠡州[1]知州王郁,听从籍记司吏祁可泰所说,押与本人禁治农民喂养热蚕[2]、点视畦桑[3]下帖,以致本吏下乡,于人户高琳等处齐敛[4]到小麦二十八石、中统钞六定三十六两五钱、生绢[5]等物,致使忻都搜获。闻知欲告,令男王诚等与讫忻都买不语钱[6]中统钞五十九定四十五两、金镯儿一对、金钗儿一只、银盏一只罪犯。参详:'知州王郁,违例署押职行委帖,纵令祁可泰下乡,遍扰农民。齐敛钱物,终未入手,止据不应署押白帖[7]致扰平民为坐。量笞四十七下,解任别仕,罪遇④原免,标附。已首到官钱物,即系不应之赃,没官。齐敛小麦、钱物,给主。'"都省准拟。

---

① 壓(撅):《至正条格》作"壓",误。分析文意,当作"撅",今据校。《至正条格(校注本)》录作"撅",误,当据校。

② 既:《至正条格(校注本)》录作"概",误。《至正条格》作"既",今据校。

③ 漂(标):《至正条格》作"漂",误。分析文意,当作"标",今据校。《至正条格(校注本)》录作"标",误,当据校。

④ 遇:《至正条格(校注本)》录作"过",误。《至正条格》作"遇",今据校。

[1]蠡州：隶属中书省真定路。《元史·地理志一》："蠡州。下。唐始置。宋改永宁军。金仍为蠡州。元初，隶真定。领司候司、博野县。至元三年，省司候司、博野县入蠡州。十七年，直隶省部。二十一年，仍属真定。"

[2]热蚕：本名"原蚕"，又名"夏蚕""晚蚕""魏蚕"。指夏季养的蚕。宋陆佃《埤雅》卷十一《释虫·蚕》："再蚕谓之'原蚕'，一名'魏蚕'……然则原蚕有禁，非特欲以护桑，又以害马故也。今蚕负马迹，亦其验欤？里俗谓之'夏蚕'，亦曰'热蚕'，亦曰'晚蚕'。"

[3]畦桑：分畦种植桑树。

[4]齐敛：犹"聚敛"。敛取。

[5]生绢：未漂煮过的绢。

[6]买不语：犹言"封口"。指通过贿赂而不让人吐露真言。"买不语钱"，犹言"封口钱""封口费"。指通过贿赂而不让人吐露真言的钱。

[7]白帖：又称"白帖子"。指未经署押而私自书写的凭据、收据、借条之类的帖子。《元典章·吏部》卷七《圆座署事》："如承准上司许科明文，须要公厅圆押，不得用白帖子科敛差役，支遣钱谷，亦不得用职印行发系官文字勾摄军民人等。"

罚俸令人代纳

104 至顺三年三月，刑部议得："婺州路永康县尉潘寿，因为方瑞被盗，三限不获正贼，罚俸一月中统钞一十二两，令弓手杜清出备解纳。既非因事受财，合准不枉法例，笞四十七下，还职标附，替纳钞两追给。"都省准拟。

草贼生发罪及所司

105① 元贞元年六月二十六日②，御史台奏准下项事理：

---

① 《元典章·刑部》卷三《草贼生发罪例》载有同一条文。
② 元贞元年六月二十六日：《元典章》作"元贞元年"。

一件。"江南行台咨:'昭州[1]、贺州[2]①、藤州[3]、邕州路[4]②、澧③州路[5]④、全州路[6]、衡州路[7]、柳州路[8]⑤、赣(赣)⑥州路[9]、南安路、吉州路[10]、上犹县⑦、攸县[11],这十三处地面里,草贼洞蛮[12]作耗,移房⑧百姓,劫掠财物。那田地里镇守军官⑨每镇守不严,着贼每走了呵,不赶去的⑩,都取了招伏。'说来。这底每[13]根里[14]⑪不要罪过呵,更后头怠慢了⑫,怎生治呵?是这里[13]头陆个万户府达鲁花赤,更捌个万户、四个千户、两个百户。俺商量来:'各断三拾七下,见受散官削降一等,职事如故,换受,依旧勾当,标注镇守不严过名。这的⑭每这般断了呵,应有军官每都教⑮省会,再有不严切镇守犯着的⑯,一般[15]要罪过呵,怎生?"奏呵,奉圣旨:"那般者。"

一件。"江南行台咨:'南安路、南康县[16]、衡州路、藤州

---

① 贺州:《元典章》作"邕州",误。《至正条格》作"贺州",当据校。
② 邕州路:《元典章》作"邕州路",误。《至正条格》作"邕州路",当据校。
③ 澧:《至正条格(校注本)》录作"沣",误。《至正条格》《元典章》皆作"澧",今据校。
④ 澧州路:《元典章》作"澧州"。
⑤ 柳州路:《元典章》作"郴州路",误。《至正条格》作"柳州路",当据校。
⑥ 赣(赣):《至正条格》作"赣",误。《元典章》作"赣",今据校。《至正条格(校注本)》录作"赣",误,今据校。
⑦ 上犹县:《元典章》作"上犹"。
⑧ 移房:《元典章》作"杀掳"。
⑨ 军官:《元典章》作"官军",误倒。《至正条格》作"军官",当据校。
⑩ 的:《元典章》作"底"。
⑪ 里:《元典章》作"底"。
⑫ 了:《元典章》作"呵"。
⑬ 里:《元典章》作"底",误。《至正条格》作"里",当据校。
⑭ 的:《元典章》作"底"。
⑮ 教:《元典章》作"交"。
⑯ 的:《元典章》作"底"。

〈路〉①,这几处四个府官、三个州官、三个县官,为他每田地里草贼生发,教②百姓没③入贼火[17]里去了。把截道子不严,教④贼每出入劫掠,杀死百姓,劫夺财物。贼每入来呵,不申上司。他每抚治百姓不到,都取了招伏。'俺商量来:'这的⑤每各打二十七下,见授散官削降一等,职事如故,换授,依旧勾当,标注有失抚治百姓过名⑥。满了的⑦有呵,一体教⑧迁转。上位根底奏过呵,遍行省会,再有这般不用心抚治百姓,这般一体断罪过呵,怎生?'"奏呵,奉圣旨:"那般者。"

[1]昭州:即"平乐府"。隶属广西两江道宣慰使司都元帅府,治所在今广西平乐县。《元史·地理志六》:"平乐府。唐以平乐县置乐州。复改昭州,又为平乐郡,又仍为昭州。宋因之。元改为平乐府。领县四:平乐,下,倚郭;恭城,下;立山,下;龙平,下。"《元史·成宗本纪三》:"(大德五年十一月),升昭州为平乐府。"

[2]贺州:隶属广西两江道宣慰使司都元帅府,治所在今广西贺州市东南。《元史·地理志六》:"贺州。下。唐改临贺郡,后仍为贺州。宋因之。元至元十三年,仍行州事。领县四:临贺,下,倚郭;富川,下;桂岭,下;怀集,下。"

[3]藤州:隶属广西两江道宣慰使司都元帅府,治所在今广西藤县。《元史·地理志六》:"藤州。下。唐改感义郡,后仍为藤州。宋徙州治于

---

① 〈路〉:《至正条格》《元典章》皆作"藤州路",但元代的行政区划只有"藤州",隶属广西两江道宣慰使司都元帅府,而无"藤州路",且上文作"藤州",故"路"系衍字,今据删。
② 教:《元典章》作"交"。
③ 没:《元典章》作"投"。
④ 教:《元典章》作"交"。
⑤ 的:《元典章》作"底"。
⑥ 名:《元典章》作"勾",误。《至正条格》作"名",当据校。
⑦ 的:《元典章》作"底"。
⑧ 教:《元典章》作"交"。

大江西岸。元至元十三年,仍行州事。领县二:镡津,下;岑溪,下。"

[4]邕州路:即"南宁路"。隶属广西两江道宣慰使司都元帅府,治所在今广西南宁市。《元史·地理志六》:"南宁路。下。唐初为南晋州,又改邕州,又为永宁郡。元至元十三年,立安抚司。十六年,改为邕州路总管府,兼左右两江溪洞镇抚。泰定元年,改为南宁路。领司一、县二。"

[5]澧州路:隶属湖广等处中书省,治所在今湖南澧县。《元史·地理志六》:"澧州路。上。唐改澧阳郡,复改澧州。元至元十二年,立安抚司。十四年,改澧州路总管府。领司一、县三、州二。"

[6]全州路:隶属湖南道宣慰司,治所在今广西全州县。《元史·地理志六》:"全州路,下。石晋于清湘县置全州。宋因之。元至元十三年,置安抚司。十四年,改全州路总管府。领司一、县二。"

[7]衡州路:隶属湖南道宣慰司,治所在今湖南衡阳市。《元史·地理志六》:"衡州路。上。唐初为衡州,又改衡阳郡,又仍为衡州。宋因之。元至元十三年,置安抚司。十四年,改衡州路总管府。十五年,置湖南宣慰司,以衡州为治所。十八年,移司于潭,衡州隶焉。领司一、县三。"

[8]柳州路:隶属广西两江道宣慰使司都元帅府,治所在今广西柳城县东南古城。《元史·地理志六》:"柳州路。下。唐改龙城郡,又改柳州。元至元十三年。置安抚司。十六年,改柳州路总管府。领县三:柳城,下,倚郭;马平,下;洛容,下。"

[9]赣州路:隶属江西等处行中书省,治所在今江西赣州市。《元史·地理志五》:"赣州路。上。唐初为虔州,又为南康郡,又仍为虔州。宋改赣州。元至元十四年,升赣州路总管府。十五年,设录事司,领一司、十县,隶江西省。二十四年,并龙南入信丰,安远入会昌。大德元年,宁都、会昌二县升州,割瑞金隶会昌。至大三年,复置龙南、安远二县,属宁都。领司一、县五、州二。州领三县。"

[10]吉州路:即"吉安路"。隶属江西等处行中书省,治所在今江西吉安市。《元史·地理志五》:"吉安路。上。唐为吉州,又为庐陵郡。宋升为上州。元至元十四年,升吉州路总管府,置录事司。领一司、八县。元贞元年,吉水、安福、太和、永新四县升州,改吉州为吉安路。领司一、

县五、州四。"①

［11］攸县：即"攸州"。隶属湖南道宣慰司天临路。《元史·地理志六》："攸州。中。唐为县，属南云州。宋属潭州。元贞元年，升为州。"

［12］洞蛮：对南方少数民族的蔑称。"草贼洞蛮"，指南方地区聚居于山区作乱的少数民族。

［13］这底每：人称代词。他，他们。此处指他们。亦作"这的每"。《元代白话碑·一二八〇年莱州神山长生万寿宫令旨碑》："这底每宫观里、房舍里，使臣休安下者。"

［14］根里：犹"根底"。"这底每根里不要罪过呵"，犹言"如果不定他们的罪"。

［15］一般：犹"一体"。一律。

［16］南康县：隶属南安路，宋为望县，元为中县。

［17］贼火：犹"贼伙""贼伙"。指贼人聚集的团伙。

丧所丁忧

106 元统二年十二月，刑部议得："在朝官吏丁忧，止离职役，奔讣旋复，却来京师，交通权贵，经营起复[1]，实伤风俗。今后合于值丧处所守服，违者，笞四十七下。如果祖父以来，土著京师，已有恒产，及父母在都，不幸值丧，贫穷不能归葬者，不拘此例。"都省准拟。

［1］起复：指官员遭父母丧，守制尚未满期而应召任职。

---

① 《元史·地理志五》："元贞元年……改吉州为吉安路。"《元史·仁宗本纪一》："（皇庆元年二月）辛未，改安西路为奉元路，吉州路为吉安路。"改吉州路为吉安路的时间当是皇庆元年（1312）。《元典章·刑部》卷四《非谋故杀人准释放》："大德三年五月，江西行省准中书省咨，〔来咨〕：'吉州路归问到周方大督勒人夫萧明二等锄倒土墙，萧明二藏讫墙中元有银盘，将本人拷打监锁，因伤身死，拟合结案，咨请照验。'"据此知，大德三年（1299）仍称吉州路，故当非元贞元年（1295）改吉州路为吉安路。

冒哀从仕

107① 延祐元年六月②,刑部呈:"吉安路知事庄荣,遭值父母重丧[1],不候终制③,忘哀礼④任。拟合量笞四十七下,解见任,降一等,终制后叙用⑤,依例标附。"都省准呈。

[1]重丧:谓家属有两人相继死亡。

不丁父母忧

108 延祐三⑥年六月,刑部议得:"沅州路[1]推官马德懋,父亡不即丁忧,后因摇(猺)⑦贼[2]作耗,诈称迁葬,抛弃继母、弟、妹于烟瘴远乡,将引妻小,却往扬州住坐。合杖六十七下,除名不叙。"都省准拟。

[1]沅州路:隶属湖广等处行中书省,治所在今湖南芷江侗族自治县。《元史·地理志六》:"沅州路。下。唐巫州,又改沅州,又为潭阳郡,又改叙州。宋为镇远州。元至元十二年,立沅州安抚司。十四年,改沅州路总管府。领县三:卢阳,卜;黔阳,卜;麻阳,卜。"
[2]猺贼:又作"徭贼""瑶贼"。对作乱瑶族的蔑称。

闻丧不奔讣

109 元统二年正月,刑部与礼部议得:"父母丧亡,闻即奔讣。

---

① 《元典章·刑部》卷三《臧荣不丁父忧》载有相关条文。
② 延祐元年六月:《元典章》作"延祐元年十一月日"。
③ 不候终制:《元典章》作"服制未终"。
④ 礼:《元典章》作"之"。
⑤ 降一等,终制后叙用:《元典章》作"期年之后,降一等叙用"。
⑥ 三:《至正条格(校注本)》录作"二",误。《至正条格》作"三",今据校。
⑦ 摇(猺):《至正条格》作"摇",误。分析文意,当作"猺",今据校。

今松蟠(潘)①等处[1]安②抚使[2]八刺,父死匿不举哀,又不奔丧。虽色目人等例不丁忧,理当奔讣。拟合杖断六十七下,降二等,杂职内叙用。罪幸遇免,依上降叙[3]。"都省准拟。

[1]松潘等处:官署名,即"松潘等处安抚司",全称"松潘宕叠威州等处军民安抚使司",又称"松潘宕叠威茂州安抚司""松潘宕叠威州等处安抚司"。隶属宣政院,秩正三品。下设达鲁花赤、安抚使、同知、佥事、经历、知事、照磨、镇抚各一员。下领静州茶上必里溪安乡等二十六族军民千户所、龙木头都留等一十二族军民千户所、岳希蓬萝卜村等处二十二族军民千户所、折藏万户府、威州保宁县及茂州义(汶)山县、文(汶)川县。至大二年(1309),改为宣抚司,迁治茂州文(汶)川县。

[2]安抚使:官职名,简称"安抚"。元代各府州安抚司下设之实际长官,次于达鲁花赤,秩正三品,额设一员,掌安集人民、稽查边防军旅、审录重囚等事。

[3]降叙:降职叙用。

诈称亲丧

110 延祐元年六月,刑部议得:"官吏人等诈称父母丧亡,有所规避者,拟决八十七下,除名不叙。若亲殁已久,妄称始死,决五十七下,杂职内任用。赃重者,即同狱成定论。"都省准拟。

111 延祐七年六月,刑部议得:"户部令史李弼,伊父李文刚于皇庆元年九月身故,匿不举哀。后因恨(根)③随省委官审断罪囚,取受马祥钞定,事已发露[1],才称父死奔讣,因而在逃。合同狱成,罪幸遇免,拟合不叙。"都省准拟。

[1]发露:败露。

---

① 蟠(潘):《至正条格》作"蟠",误。分析文意,当作"潘",今据校。
② 安:《至正条格(校注本)》录作"按",误。《至正条格》作"安",今据校。
③ 恨(根):《至正条格》作"恨",误。分析文意,当作"根",今据校。

妄冒奔丧

112 泰定三年八月,刑部呈:"恒州①达鲁花赤阿都剌哈蛮,为系酷寒地面父妾身故,移文本州,妄作继母奔丧。拟笞三十七下,解任标附。"都省准拟。

军官奔丧

113 至顺元年八月,枢密院呈:"千户也先帖木儿奔丧违限,若比民官一体勒停,似涉太重。参详:'军官奔丧,违限一月至四月,笞二十七;五月至六月,笞三十七,标附;七个月之上至一年,决四十七,解任别仕。或因奔丧违限,却称病患,须要经由元籍官司从实体覆保勘,中间有无规避,开写始初病患、痊可[1]日期、备细缘由,依例作阙,期年后求仕。'"刑部议得:"军官奔丧违限,比例勒停。缘系世袭之职,似与迁转民官不同。合准枢密院所拟科断,违限俸禄不须支给。"都省准拟。

[1]痊可:痊愈。元徐元瑞《吏学指南·老幼疾病》:"痊可:谓病除也。"

虚称迁葬

114 至顺三年八月,刑部议得:"高州路[1]提控案牍梁国宝,诈称葬父,告假还家,却葬其妻,后又虚称迁葬,营干私事。合笞五十七下,解任标附。"都省准拟。

[1]高州路:隶属海北海南道宣慰司,治所先在电白县(今广东高州市东北)。大德八年(1304),移治于茂名县(今广东高州市)。《元史·地理志六》:"高州路。下。唐为高凉郡,又为高州。宋废高州入窦州,后复

---

① 恒州:疑误。元代的行政区划中确有"恒州",其为陕西等处行中书省凤翔府的前身,但"恒州"于元初即废除,后寻立凤翔路总管府。至元九年(1272),更为散府。文中的时间是泰定三年(1326),此时早已称"凤翔府",故作"恒州"当误。

置。元至元十五年,置安抚司。十七年,改总管府。领县三:电白,下;茂名,下;信宜,下。"

推称迁葬遇革

115 至元二年九月,刑部议得:"官吏人等,因事取受钱物,侵使官钱,买卖物货,不纳商税,作下一切违法罪犯。闻知告发,推称迁葬父祖,离职还家,迁延逃避年载之上。众证明白,罪幸遇革,合依在逃同狱成例,计赃多寡,依例殿降不叙。"都省准拟。

至正条格卷第五　断例　职制

泛滥给驿

116 至顺元年二月,刑部呈:"亦集乃路[1]达鲁花赤亦老温,不令同僚并首领官知会,辄令站提领石塔合暗行书写别里哥[2],独员署押,行使路印,擅自于数外增给内史府[3]差来使臣乞旦布等铺马二匹。"都省议得:"亦老温罪犯,拟决五拾七下,解任。"

[1]亦集乃路:隶属甘肃等处行中书省,治所在今内蒙古额济纳旗东南。《元史·地理志三》:"亦集乃路。下。在甘州北一千五百里,城东北有大泽,西北俱接沙碛,乃汉之西海郡居延故城。夏国尝立威福军。元太祖二十一年,内附。至元二十三年,立总管府。"

[2]别里哥:蒙古语音译。本指标记,标志,象征。此处引申指凭验、证件,泛指各种文符证件。《通制条格·杂令·诈称赐酒》:"上位知识的外路官人每根底,若上位谁根底赐将蒲萄酒并酒去呵,教宣徽院与兵部印信文书呵,却教兵部官与印信别里哥文字,凭着那别里哥将去者。"例中"别里哥"与"别里哥文字"相对同义,可证"别里哥"之义。《元典章·兵部》卷三《铺马不般运诸物》:"哈迷等赉扎忽真妃子懿旨一道,起马五匹,前来杭州、泉州等处,催办等(军)人胖袄等物,别不曾经由通政院例给别里哥,亦无所赍都省咨文。"

[3]内史府:官署名,始置于宋开宝五年(972),此时南唐后主李煜为了尊重宋朝廷,改革官制,改"中书门下省"为"左右内史府"。辽代沿置为"亲王内史府",管理诸王府事务,下设内史、长史、参军三官职。元代沿置,掌诸王府事务。至元二十九年(1292),晋王甘麻剌因守太祖肇基之地有功,故封晋王于太祖四斡耳朵之地,改王傅为内史。至元三十年(1293),置内史府,秩从二品。延祐五年(1318),升正二品,给印分司京师,并分置官属。下设内史、中尉、司马、咨议、记室、照磨兼管勾承发架

阁库、掾史、译史、知印、通事、宣使、典吏诸官职。下领延庆司、典军司诸官署机构。

117① 元统二年五月二十五日，刑部议得："今后各投下果有军情紧急公事，敛（钦）②依圣旨，给降员牌[1]。其余必合驰驿公事，须要给付起马圣旨，不许泛滥给驿。违者，当该王傅、正官，笞二十七下；首领官吏并被差人，减等断决。强将居民、客旅马匹夺充铺马，干办己事者，笞四十七下。"都省准拟。

[1]员牌：同"圆牌"，又称"圆符"，元代驰驿常用符牌之一，为使者往来于各驿站传递军务所佩带的凭证。"圆牌"质地以铁质为主，正面由八思巴蒙文书写，分为金字圆牌和银字圆牌两种，二者区别在于军情大事的缓急有所不同。诸使臣凡遇军务急速者，则给金字圆牌为信，银字圆牌次之。"圆牌"归典瑞院掌管，中书省发给，用毕仍交还典瑞院。

118 至元三年六月初一日，中书省奏奉圣旨："'除军情勾当外，其余不忙的，不拣甚么勾当里差的使臣，休教纳麟（怜）③站[1]里行，教兀鲁思[2]里行者。又西手[3]里诸王、驸马每，不拣甚么勾当里差的使臣铺马，教别里哥帖木儿[4]大王提调着，分拣了教来者。又各投下，除军情紧急重事，其余催办钱粮，不许悬带员牌，泛滥给驿。'说来。去年怯乩肃王位下差也的迷失名字的人悬带员牌，令旨内该写：'争理营盘草地。'别里哥内却称：'为军情事，赴枢密院计禀[5]。'及不经由别里哥帖木儿大王差来的上头，也的迷失根底要了招伏。又违例泛滥差使来的王傅官唐兀根底，也要了招伏。教刑部议④拟呵，'将唐兀决二十七下，标附，依旧勾当；也的迷失二十七下，标附'的说有。'依部家定拟来的教行呵，怎

---

① 《朴通事集览·金字圆牌》载有相关条文。
② 敛（钦）：《至正条格》作"敛"，误。分析文意，当作"钦"，今据校。
③ 麟（怜）：《至正条格》作"麟"，误。分析文意，当作"怜"，今据校。《至正条格（校注本）》录作"麟"，失校。
④ 议：《至正条格》作"议"，《至正条格（校注本）》脱录，今据补。

生?'"奏呵,奉圣旨:"那般者。"

[1]纳怜站:"纳怜"为蒙古语音译,有"敏捷""机密"之义。"纳怜道"即指专为军情机密急务而设立的快捷驿道,又称"纳怜站道"。在此站道上,只有悬带金银字圆牌、通报军情机密重事的使臣才可通行,其余一切出使人员不可通行。"纳怜站道"共有47站,合称"纳怜站",又称"纳怜站赤"。"纳怜站"由蒙古军人充当,因其多位于甘肃等处行中书省,故又称"甘肃纳怜驿"。

[2]兀鲁思:蒙古语音译,又译作"斡鲁思"。本指分封给诸王的领地、封地。此处指河西境内蒙古宗王所立的站赤,具体说是阔端兀鲁思和察合台系诸王出伯、宽彻等所代表的察合台系诸王兀鲁思所立站赤,即"兀鲁思道"①。

[3]西手:方位词,又作"西首"。西面,西边,西头。

[4]别里哥帖木儿:木华黎的后代。木华黎的儿子叫孛鲁,孛鲁的儿子叫速浑察,速浑察的儿子叫乃燕,乃燕的儿子叫硕德,硕德的儿子叫别里哥帖木儿。因木华黎被追封为鲁国王,世袭王爵,故称"别里哥帖木儿大王"。《元史》无传,《新元史》有传。《新元史·木华黎传附别里哥帖木儿》:"别里哥帖木儿,早孤,其母弘吉剌氏以国书授之。性至孝,母疾,成宗遣尚医诊视,或言有割股疗疾者,别里哥帖木儿闻之,即刲肉以进,疾遂愈。仁宗即位,擢金通政院事。帝尝问周文王之父子及周之所以兴,别里哥帖木儿奏对甚详。帝赐以卮酒,奖谕之曰:'卿,蒙古人中儒者也。'延祐四年卒,年三十三,赠河南行省中书平章政事,追封鲁国公。子朵尔直班。"

[5]计禀:禀报,禀告。

增乘驿马

119② 大德六年二月③,陕西省咨:"土蕃④宣慰司[1]差⑤押进

---

① 参胡小鹏:《元甘肃行省诸驿道考》,《西北史地》,1997年第4期。
② 《永乐大典》卷一九四二五《成宪纲要》载有相关条文。
③ 大德六年二月:《成宪纲要》作"大德六年"。
④ 土蕃:《成宪纲要》作"土番"。
⑤ 差:《成宪纲要》作"花",误。《至正条格》作"差",当据校。

呈马匹、狗只[2]①人曲术②哥,将本司元给畏兀儿[3]差札[4]上'铺马九匹'字样刮改,添写③作'起马一十匹',又将所进呈马'二十匹'改作'三十匹',及多要长行马骡一十匹草料。"刑部议得④:"曲术哥所犯,量决八十七下。多余骡马,拟合纳官。"都省准拟。

[1]土蕃宣慰司:官署名,又称"土番宣慰司",全称"土番等处宣慰司都元帅府"。治所在今甘肃临夏市。下辖河州路、雅州、黎州、洮州、茂州、脱思麻路、岷州、铁州、碉门鱼通黎雅长河西宁远等处宣抚司、礼店文州蒙古汉儿军民元帅府。

[2]狗只:犹"狗"。因狗以只计,故称。

[3]畏兀儿:蒙古语音译。元代的西北民族名。该民族早在元代之前就已经出现,其在宋代被称为"高昌回鹘"。可见,畏兀儿的族源当是回鹘族也。畏兀儿另有"畏吾儿""伟吾而""畏午儿"等不同的音译形式。元代为了便于对畏兀儿所在地区的统治,在畏兀儿所在的别失八里、合剌火州等处分别设立了宣慰司都元帅府、北庭都元帅府等官署机构。

[4]差札:公文术语。指官府发给差遣人所携带的差事文书。

120⑤ 大德七年七月⑥,河南省咨:"出征平章差来官百户塔海燕只哥,前去大都计禀军情⑦,为本省急无见在铺马札子[1],就赍都省三匹铺马圣旨[2]一道,差札内⑧止起马二匹,本官却令从人杜千奴多骑一匹。"刑部议得⑨:"塔海燕只哥罪犯,决六十七下,标附。杜千奴即系从人,量拟免罪。"都省准拟。

[1]铺马札子:使臣使用驿站马匹、船只、车辆等时所持有的官府凭

---

① 马匹、狗只:《成宪纲要》作"马狗"。
② 术:《成宪纲要》作"木",误。《至正条格》作"术",当据校。
③ 刮改,添写:《成宪纲要》作"刮写"。
④ 刑部议得:《成宪纲要》作"部拟"。
⑤ 《永乐大典》卷一九四二五《成宪纲要》载有相关条文。
⑥ 大德七年七月:《成宪纲要》作"大德七年"。
⑦ 前去大都计禀军情:《成宪纲要》作"赴都计禀"。
⑧ 内:《成宪纲要》作"上"。
⑨ 刑部议得:《成宪纲要》作"部拟"。

证,由中书省、枢密院、御史台及行中书省、行御史台等官署机构签发。

[2]铺马圣旨:使臣使用驿站马匹、船只、车辆等时所持有的圣旨凭证,于其上用蒙古文字书写,标明起马数目。《元史·兵志四》:"元制,站赤者,驿传之译名也。……其给驿传玺书,谓之铺马圣旨。"

121① 大德七年七月②,御史台呈:"宣政院所委官伯颜帖木儿,西番③勾当回还④,因为行李沉重,多起兀剌赤[1]铺马⑤一匹。"都省议得:"量决四十七下,标附。"⑥

[1]兀剌赤:蒙古语音译,又音译作"乌剌赤""乌拉齐""兀鲁赤"等。指驿站里管理驿马的人。《元史·兵志二》:"典车马者,曰兀剌赤、莫伦赤。"明陶宗仪《南村辍耕录》卷十:"乌剌赤,站之牧马者。"

强质驿马

122 至治元年十月,刑部议得:"沙州路[1]府判魏珪,公差驰驿西宁州[2],经过大同站,起马三匹,为兀剌赤遗失貂鼠襖(袄)⑦子,不曾经官,辄将驿马三匹当还本家,节次倒死,及将回马人[3]答剌赤[4]雇觅,与李八当军罪犯,幸遇原免,拟合罢职不叙。追征马价中统钞一十五定,给还马主。雇军钱二十定,责付答剌赤收管。"都省准拟。

[1]沙州路:隶属甘肃等处行中书省。治所在今甘肃敦煌市西。《元史·地理志三》:"沙州路。下。唐为沙州,又为燉煌郡。宋仍为沙州,景祐初,西夏陷瓜、沙、肃三州,尽得河西故地。金因之。元太祖二十二年,

---

① 《永乐大典》卷一九五二五《成宪纲要》载有相关条文。
② 大德七年七月:《成宪纲要》作"大德七年"。
③ 番:《至正条格(校注本)》录作"蕃",误。《至正条格》《成宪纲要》皆作"番",今据校。
④ 回还:《成宪纲要》作"回"。
⑤ 铺马:《成宪纲要》作"马"。
⑥ 都省议得量决四十七下标附:《成宪纲要》作"都省议决"。
⑦ 襖(袄):《至正条格》作"襖",误。分析文意,当作"袄",今据校。

破其城,以隶八都大王。至元十四年,复立州。十七年,升为沙州路总管府,瓜州隶焉。"

[2]西宁州:隶属甘肃等处行中书省。治所在今青海西宁市。《元史·地理志三》:"西宁州。下。唐置鄯州,理湟水县。上元间,没于土蕃,号青唐城。宋改为西宁州。元初为章吉驸马分地。至元二十三年,立西宁州等处拘摧①课程所。二十四年,封章吉为宁濮郡王,以镇其地。"

[3]回马人:换马人,即前往驿站更换驿马之人,又称"回马人夫"。《永乐大典》卷一九四二三《经世大典》:"本处并无存留铺马,但遇使臣经过,捉拿百姓马匹,更行取要鞍辔、苫毡、绳索,回马人夫稍有迟慢,便将官吏凌辱吊拷,脱剥衣服。"

[4]答剌赤:蒙古语音译。元代怯薛执事之一,指掌酒者。《元史·舆服志三》:"酒人,凡六十人,主酒(国语曰答剌赤)。"《元史·兵志二》:"其怯薛执事之名:……掌酒者,曰答剌赤。"

枉道驰驿

123② 至元二十四年四月③,湖广省咨:"本省译④史姚朵鲁朵⑤海,因⑥押运曲⑦药[1],回还至南京[2],不由正⑧道驰驿,却与⑨温迪罕⑩参役(政)[3]⑪稍带家书、衣服,经由襄阳府[4]水站[5]还

---

① 疑"摧"为"榷"之形讹字。
② 元刘孟琛《南台备要·公差人员》和《永乐大典》卷一九四二五《成宪纲要》载有同一条文。
③ 至元二十四年四月:《南台备要》作"至元十四年四月",误。《至正条格》作"至元二十四年四月",《成宪纲要》作"至元二十四年",当据校。
④ 译:《成宪纲要》作"驿",误。《至正条格》《南台备要》皆作"译",当据校。
⑤ 朵:《至正条格》《南台备要》皆作"朵",《成宪纲要》脱,当据补。
⑥ 因:《至正条格》《南台备要》皆作"因",《成宪纲要》脱,当据补。
⑦ 曲:《成宪纲要》作"面",误。《至正条格》《南台备要》皆作"曲",当据校。
⑧ 正:《至正条格》《南台备要》皆作"正",《成宪纲要》脱,当据补。
⑨ 与:《至正条格》《南台备要》皆作"与",《成宪纲要》脱,当据补。
⑩ 罕:《成宪纲要》作"空",误。《至正条格》《南台备要》皆作"罕",当据校。
⑪ 役(政):《至正条格》作"役",误。《南台备要》《成宪纲要》皆作"政",今据校。

省。"都省拟:"决①四十七下②,罢没(役)③。"

[1]曲药:酒曲和药。

[2]南京:即"南京路"。"南京路"即"汴梁路"。至元二十五年(1288),改南京路为汴梁路。详参第200页"汴梁路"条。

[3]温迪罕参政:指参知政事温迪罕。《元史》虽无传,但载有其事。《元史·宰相年表》载温迪罕任参知政事的时间是从至元二十年(1283)到至元二十一年(1284)。又《元史·世祖本纪十》:"(至元二十一年十一月)辛丑,和礼霍孙、麦术丁、张雄飞、温迪罕皆罢。"④

[4]襄阳府:即"襄阳路总管府",又称"襄阳路"。隶属河南江北等处行中书省,治所在今湖北襄州市襄州区。《元史·地理志二》:"襄阳路。唐初为襄州,后改襄阳郡。宋为襄阳府。元至元十年,兵破樊城,襄阳守臣吕文焕降,罢宋京西安抚司,立河南等路行中书省。更襄阳府为散府,未几罢省。十一年,改襄阳府为总管府,又立荆湖等路行枢密院。十二年,立荆湖行中书省,后复罢。本府领四县、一司。十九年,割均、房二州,光化、枣阳二县来属。领司一、县六、州二。州领四县。"

[5]水站:元代驿站之一种。专供水路途中暂驻转运之所。水站站户备站船,以供乘驿人员使用。《永乐大典》卷一九四一六:"世祖龙兴,为驿传不可讲,遂有站赤之置。其设法也,有马站,有水站,有车站,有江船站。水站、马站,则通客旅。"

124 延祐七年四月,兵部议得:"黎雅[1]、建都[2]、纳怜站道[3],本以通报军情紧急重事,闲慢使臣、回任人员往往不行经由新开、永宁[4]、乌撒[5]等处驿路,径直前来成都,靠损倒断[6]站赤。今后云南省差使,事干军务,必合赴成都、兴元[7]、安西等处勾当,经行

---

① 决:《至正条格》《成宪纲要》皆作"决",《南台备要》脱,当据补。

② 四十七下:《至正条格》《南台备要》皆作"四十七下",《成宪纲要》脱,当据补。

③ 没(役):《至正条格》作"没",误。《南台备要》《成宪纲要》皆作"役",今据校。《至正条格(校注本)》点作"决四十,七下罢没(役)",误点,当据正。

④ 据《元史》所记,温迪罕于至元二十一年(1284)十一月辛丑罢参知政事一职。而上文的时间却是至元二十四年(1287),此时温迪罕已不任参知政事一职,故其中必有一误,无可取证。

建都、纳怜站道。其余缓慢人员,如有违犯,以枉道例断罪。脱脱禾孙不行盘诘,减等治罪。"都省准拟。

[1]黎雅:指黎州和雅州。隶属土蕃等处宣慰司都元帅府。《元史·地理志三》:"雅州。下。宪宗戊午岁,攻破雅州,石泉守将赵顺以城降。领县五:石(名)山,下;泸山,下;百丈,下;荣经,下;严道,下。"又:"黎州。下。至元十八年,给黎、雅州民千一百五十四户钞二千三百八绽,以资牛具种实。领县一:汉源,下。"

[2]建都:即"建都宁远都护府"。至元十一年(1274)置,地处朵甘思与四川、云南行省交界。《元史·世祖木纪五》:"(至元十一年)以忙古带等新旧军一万一千五百人戍建都,立建都宁远都护府,兼领互市监。"

[3]站道:又称"驿道""驿路"。指为传车、驿马通行的大道,沿途设置驿站。

[4]永宁:即"永宁路"。隶属四川等处行中书省,治所在今四川叙永县西南。下路。宋为泸州江安、合江二县之境。元初置西南番总管府。至元二十五年(1288)六月,改为永宁路。下领筠连州。

[5]乌撒:即"乌撒路"。至元二十四年(1287),升为"乌撒乌蒙宣慰司"。治所在今贵州威宁彝族回族苗族自治县。《元史·地理志四》:"乌撒乌蒙宣慰司。在本部巴的甸。乌撒者,蛮名也。其部在中庆东北七百五十里,旧名巴凡兀姑,今曰巴的甸,自昔乌杂蛮居之。今所辖部六,曰:乌撒部、阿头部、易溪部、易娘部、乌蒙部、闷畔部。其东西又有芒布、阿晟二部。后乌蛮之裔折怒始强大,尽得其地,因取远祖乌撒为部名。宪宗征大理,累招不降。至元十年始附。十三年,立乌撒路。十五年,为军民总管府。二十一年,改军民宣抚司。二十四年,升乌撒乌蛮(蒙)宣慰司。"

[6]倒断:指驿站因亏空过甚无法维持而关闭。

[7]兴元:即"兴元路"。隶属陕西等处行中书省,治所在今陕西汉中市。《元史·地理志三》:"兴元路。下。唐为梁州,又改汉中郡,又为兴元府。宋仍旧名。元立兴元路总管府,久之,以凤、金、洋三州隶焉。宋时领南郑、西县、褒城、廉水、城固五县。后废廉水入南郑。元初割出西县属沔州,以洋州、西乡县来属。领县四、州三。"

冒名乘驿

125 泰定元年十月，刑部议得："也先元充云南行省镇抚，因差赴枢密院计禀公事，改除河东翼千户所达鲁花赤，回至成都，已行之任，不将铺马圣旨就彼钦纳，却令从人陈琮冒顶也先名字，拜延为从，就赍元领圣旨，倒换[1]站船，回还云南行省。量决陆拾柒下，罪遇原免，拟合解任标附。"都省准拟。

[1]倒换：变换，更换。

擅起铺马

126 至顺二年七月，刑部议得："沙州路达鲁花赤忽都不丁，提调站赤，虚称紧急勾当[1]，擅起铺马贰匹，令带行人捏只骑坐，前去薛留地面，看觑[2]自己马群，致将元骑马匹走损倒死。拟杖六十七下，解任，降先职壹等叙用，标附，追征马价给主。"都省准拟。

[1]紧急勾当：紧急事情。
[2]看觑：看顾，照料。

借骑铺马

127① 至元二十四年五月②，刑部议得："延安路[1]同知乞歹不花，前去察罕脑儿[2]支持，于站官苏泰等处借借[3]走递马匹③。在后每日借骑，赴府聚会，及省会委差蒲察伸于经过州县站官处借

---

① 《永乐大典》卷一九四二五《成宪纲要》载有同一条文。《成宪纲要》此条内容删节。
② 至元二十四年五月：《成宪纲要》作"至元二十四年"。
③ 借借走递马匹：《成宪纲要》作"借马一匹"。

借马匹①,般②取家小。已经得替,拟决三十七下③,降先职壹等叙用,标附。"都省准拟。

[1]延安路:隶属陕西等处行中书省,治所在今陕西延安市。《元史·地理志三》:"延安路。下。唐初为延州,又改延安郡,又为延州。宋为延安府。金为鄜延路。元改延安路。领县八、州三。州领八县。"

[2]察罕脑儿:蒙古语音译,又译作"察罕诺儿"。本指白色的湖,具体指今之河北省沽源县北囫囵淖。《元诗选·初集》卷五二周伯琦《纪行诗二十四首》诗:"凉亭临白海,行内壮黄图。(旁注:右察罕诺儿,犹汉言白海。)"此处指"察罕脑儿站"。"察罕脑儿站"隶属上都路,位于从大都到上都的径直驿路上,具体位于李陵台站之南,牛群头站之北。《永乐大典》卷一九四二二《经世大典》:"上都路。……察罕脑儿站,元设马一百五十匹,车五十辆,牛二百只。续添马五十八匹,车三十辆,牛一百二十只。"

[3]偺借:又作"借借"。犹"借"。"偺"与"借"同。

走死铺马

128 皇庆二年六月,御史台呈:"减铁匠陕西丁,因纳减铁[1]生活,乘坐铺马,至渭南县站[2],选拣蹄行马匹[3],根赶伊弟马速忽奔走贰十余里,以致冲努[4]损伤心肺倒死。"刑部议得:"陕西丁拟笞贰十④七下,追还马价。"都省准拟。

[1]减铁:一种铁加工工艺。"减"通"錽",指在铜铁器上镂金银文。明李实《蜀语》:"铁上镂金银文曰錽。"

[2]渭南县站:站名,又称"渭南站"。陕西等处行中书省安西路(后改称"奉元路")所辖马站。《永乐大典》卷一九四二三《经世大典》:"安西路所辖马站一十三处。……渭南站,马一百一十九匹。"

---

① 偺借马匹:《成宪纲要》作"借马"。
② 般:《成宪纲要》作"搬"。
③ 拟决三十七下:《成宪纲要》作"部拟决"。
④ 十:《至正条格(校注本)》录作"拾",误。《至正条格》作"十",今据校。

[3]蹿行马匹:"蹿",影印本作"骉",当为"蹿"之换旁俗字,指奔跑。"蹿行马匹",指善于长途奔跑的马。

[4]冲努:指因向前奔跑用力太过而受损伤。

枉道不诘

129① 皇庆元年十二月②,河南省咨:"杨③州路脱脱禾孙裴④安、王良明验得,鹰房子[1]⑤怯列⑥等一行陆人赍把[2]河南行省差札,赴都送纳鸦鹘[3],坐船二只,枉道前来,不即⑦盘诘,又行应付饮食分例,倒给船马,令各人乘坐去讫。"刑部⑧议得:"裴安、王良,量拟各决⑨四十七下,钦⑩遇原免,解任标附。"都省准拟。

[1]鹰房子:犹"鹰房"。指元代宫廷饲养猎鹰的地方。
[2]赍把:携持,携带。
[3]鸦鹘:鸟名。游隼,猎鹰。性凶猛,古代常用以助猎。

私用站车

130 大德四年十月,御史台呈:"京畿都漕⑪运司[1]何运判,创盖[3]梯己房屋,于管下运粮提举司[4]内借倩[5]站车[6]伍辆,般运砖

---

① 《永乐大典》卷一九四二五《成宪纲要》载有同一条文。《成宪纲要》此条内容删节。
② 皇庆元年十二月:《成宪纲要》作"皇庆元年"。
③ 杨:《成宪纲要》作"扬"。
④ 裴:《至正条格(校注本)》录作"裏",误。《至正条格》《成宪纲要》皆作"裴",今据校。下同。
⑤ 鹰房子:《成宪纲要》作"鹰房"。
⑥ 怯列:《成宪纲要》作"怯烈"。
⑦ 即:《成宪纲要》作"行"。
⑧ 刑部:《成宪纲要》作"都省",误。《至正条格》作"刑部",今据校。
⑨ 决:《至正条格》《成宪纲要》皆作"决",《至正条格(校注本)》脱,今据补。
⑩ 钦:《成宪纲要》作"罪"。
⑪ 漕:《至正条格(校注本)》录作"转",误。《至正条格》作"漕",今据校。

瓦木植,占吏(使)①五日。量决二十七下,解任标附。"都省准拟。

[1]京畿都漕运司:官署名,又称"京畿都漕运使司"。隶属户部,秩正三品,掌凡漕运之事,领在京诸仓出纳粮斛及新运粮提举司站车攒运公事。中统二年(1261),初立军储所,寻改漕运所。至元五年(1268),改漕运司,秩正五品。十二年(1275),改都漕运司,秩正四品。十九年(1282),改京畿都漕运使司,秩正三品。二十四年(1287),内外分立两运司,而京畿都漕运司之额如旧。下设运使、同知、副使、判官、经历、知事、提控案牍兼照磨诸官职,下设令史、译史、回回令史、通事、知印、奏差、典吏诸吏员。下领新运粮提举司、京师二十二仓、通惠河运粮千户所诸官署机构。

[3]创盖:犹"创建"。建造。

[4]运粮提举司:官署名,运粮提举司分为新运粮提举司和旧运粮提举司。上文运粮提举司当指新运粮提举司。新运粮提举司,秩正五品。至元十六年(1279)始置,管站车二百五十辆,隶兵部。开设运粮坝河,改隶户部。下设达鲁花赤、都提举、同提举、副提举、吏目、司吏、奏差诸官职。延祐三年(1316)十一月,改为京畿运粮提举司。

[5]借倩:借用。

[6]站车:犹"驿车"。指供驿站用的车辆。

多支分例

131 至元二十四年四月,通政院呈:"济州[1]脱脱禾孙盘获福建行省[2]打算回还令史解祯,于站船内夹带从人张羽、李瑄二人,自通州[3]至济州,计一十叁站,每名日支白米壹升,计支讫米二斗陆升。"兵部照拟得:"各路攒报差税、支应[4]等文字,依例许破从人壹名米粮。今据解祯多将从人一名李瑄,关支米壹斗叁升,着落解祯追还。量决一十七下,标附。"都省准拟。

[1]济州:隶属中书省济宁路。《元史·地理志一》:"济州。下。唐

---

① 吏(使):《至正条格》作"吏",误。分析文意,当作"使",今据校。

以前为济北郡,治单父。唐初,为济州,又为济阳郡,仍改济州。周濒济水立济州。宋因之。金迁州治任城,以河水湮没故也。元至元二年,以户不及千数,并隶任城。六年,迁州于巨野,而任城为属邑。八年,升州为济宁府,治任城,复还府治巨野。十二年,以任城当江淮水陆冲要,复立济州,属济宁路(府),而任城废。十五年,迁府于济州,以巨野行济州事。其年,复于巨野立府,仍于此为州。二十三年,复置任城,隶州。领三县:任城,倚郭;鱼台;沛县。"

[2]福建行省:"福建等处行中书省"之简称,又称"福建行中书省""福建省"。至元十五年(1278),立福建等处行中书省,治福州,后徙泉州,并江西行省入福建行省。十七年(1280),另立福建行省于福州,寻徙泉州,徙泉州行省于隆兴。十九年(1282),并江西、福建行省。二十年(1283),并泉州行省入福建行省,治泉州。二十二年(1285),并福建行省于江西行省。二十三年(1286),又以福建行省并入江浙行省。二十八年(1291),罢福建行省,改福建行省为宣慰司,隶江西行省。二十九年(1292),复立福建行省。大德元年(1297),改福建行省为福建平海等处行中书省,徙治泉州。三年(1299),罢福建行省,并入江浙行省,立福建宣慰使司都元帅府。至正十六年(1356),改福建宣慰使司都元帅府为福建行中书省,治福州。十八年(1358),右丞朵歹分省建宁,参政讷都赤分省泉州。

[3]通州:元代有两处"通州",一属中书省大都路,一属淮东道宣慰使司扬州路。上文"通州"当属中书省大都路。《元史·地理志一》:"通州,下。唐为潞县。金改通州,取漕运通济之义,有丰备、通济、太仓以供京师。领二县:潞县,倚郭;三河,下。"

[4]支应:犹"祗应""分例"。指驿站接待过往使臣及其他乘驿人员时的供应之物。

增起站车分例

132 至治二年七月,刑部议得:"辽阳路[1]长押官千户张帖木儿、库副乞石烈兴寿,因差赴都关拨钞本,除合起车马外,于各站内添要站车叁辆,夹带闲人肆名,打拷站官人等,多取分例罪犯。

各笞肆拾七下,解任标附。"都省准拟。

[1]辽阳路:隶属辽阳等处行中书省,治所在今辽宁辽阳市。《元史·地理志二》:"辽阳路。上。唐以前为高句骊及渤海大氏所有。梁贞明中,阿保机以辽阳故城为东平郡。后唐升为南京。石晋改为东京。金置辽阳府,领辽阳、鹤野二县,后复改为东京,宜风(丰)、澄、复、盖、沈、贵德州、广宁府、来远军并属焉。元初废贵德、澄、复州、来远军,以广宁府、婆娑府、懿州、盖州作四路,直隶省。至元六年,置东京总管府,降广宁为散府,隶之。十五年,割广宁仍自行路事,直隶省。十七年,又以婆娑府、懿州、盖州来属。二十四年,始立行省。二十五年,改东京为辽阳路,后废婆娑府为巡检司。领县一、州二。"

取要长行马草料

133 延祐六年十一月,刑部议得:"大宁路军器提举司[1]达鲁花赤伯答儿,因差驰驿,不应取要草料喂饲长行马匹。量笞叁拾柒下,依旧勾当,追征草料价钱给主。"都省准拟。

[1]大宁路军器提举司:官署名,"大宁路军器人匠提举司"之简称。元置,秩从六品,隶属武备寺,掌大宁路军器缮治之事。下设达鲁花赤、提举、同提举、副提举诸官职。

使臣回还日程

134① 大德七年十一月,都省②议得:"闲慢使臣给驴,本革泛滥之弊③。各省宣使事毕回还,所差难④同闲慢⑤人员,回日依例

---

① 《永乐大典》卷一九四二五《成宪纲要》载有同一条文。《元典章·兵部》卷三《使臣不过三站》载有相关条文。
② 省:《成宪纲要》作"堂",误。《至正条格》作"省",当据校。
③ 弊:《成宪纲要》作"獘"。
④ 所差难:《成宪纲要》作"听差虽",误。《至正条格》作"所差难",当据校。
⑤ 慢:《成宪纲要》作"漫"。

给马。除军情急务外，无①得走骤[1]，日行不过叁站。宿顿去处②，于起马关文上明白该写：'某站起呈（程）③，至第三站止宿。'如违，站官、宣使各断贰拾柒下④。再犯，罢⑤役。"

[1]走骤：飞奔，疾驰。

稽留铺马札子

135 至顺元年闰七月，刑部议得："中书省宣使郭伯颜不花，差随断事官也速迭儿，钦赍诏书，前去宁海州[1]等处开读，回还不将元领铺马札子钦纳，在家停留壹十九日〔罪〕⑥犯。量拟笞决三拾柒下，标附。"都省准拟。

[1]宁海州：隶属山东东西道宣慰司。治所在今山东烟台市。《元史·地理志一》："宁海州。下。伪齐刘豫以登州之文登、牟平二县立宁海军。金升宁海州。元初隶益都路。至元九年，直隶省部。领县二：牟平，中；文登，下。"

规划祗应夹带己钱

136 泰定四年五月，兵部议得："各处额拨官钱，规划祗应，即系奏准通例，难议更张。今后各路拘该官司、站赤祗应所用物色，从长规划，不致扰民。其官吏人等指以规划，夹带己前（钱）⑦，桩配百姓，营利入己者，笞叁拾柒下，解任标附。元带己钱没官，余利给主。仍令监察御史、廉访司常加体察，依例究治。"都省准拟。

---

① 无：《成宪纲要》作"不"。
② 去处：《成宪纲要》作"处"。
③ 呈（程）：《至正条格》作"呈"，误。《成宪纲要》作"程"，今据校。《至正条格（校注本）》录作"呈"，失校。
④ 贰拾柒下：《至正条格》作"贰拾柒下"，《成宪纲要》脱，当据补。
⑤ 罢：《成宪纲要》作"罪"，误。《至正条格》作"罢"，当据校。
⑥ 〔罪〕：分析文意，《至正条格》脱"罪"字，今据补。
⑦ 前（钱）：《至正条格》作"前"，误。分析文意，当作"钱"，今据校。

私用计置羊口

137 延祐五年六月,刑部议得:"冀宁路寿阳县[1]达鲁花赤野仙帖木儿,将前官王县尹规划下本县支持羊口节次馆待亲戚食用。若拟解任,终是自行计置羊口。拟笞叁拾柒下,依旧勾当,标附。"都省准拟。

[1]寿阳县:隶属冀宁路。元为下县。

被差令人伐(代)①替

138 至元二十八年三月,刑部议得:"直省舍人阿台,被差河西务等处点视仓敖[1],到彼转委驱赵国宝前去直沽仓[2]点视罪犯。拟决三十七下,标附。"都省准拟。

[1]仓敖:同"仓厫"。指储藏粮食的处所。《元史·兵志二》:"初,大都城内仓敖有军守之,城外丰闰、丰实、广贮、通济四仓无守者。至是收粮颇多,丞相桑哥以为言,乃依都城内仓例,每仓发军五人守之。"

[2]直沽仓:仓名。指设于直沽的所有粮、盐仓。为元代海运米的接纳仓。在今天津海河口处。

军官承差不赴

139 至顺元年八月,刑部议得:"江西省镇守益都、淄莱千户苏士武,蒙本管万户府差遣,领军巡哨盗贼,不行亲身前去约会。合决三十七下,还职。"都省准拟。

军官被差违限

140 至大四年二月十八日,枢密院奏:"各路起补[1]逃亡军人并征取军人起发[2]钞定,与军官限次,差将去呵,违了限有。俺商

---

① 伐(代):《至正条格》作"伐",误。目录作"代",今据校。

量来:'除定与限次外,违了壹个月至叁个月的,罚俸壹月;四月至五月的,打贰拾柒,标附过名;六个月的,打叁拾柒,解见任,别行求仕;柒个月之上至壹年的,打肆拾柒,解见任,降先职壹等,别行求仕。各处奥鲁[3]不肯用心在意,迟误了勾当呵,令差去的人,受宣官,取将招来呵,闻奏;受敕官已下,取招便断呵,怎生?"奏呵,奉圣旨:"依着恁商量来的行者。"

[1]起补:征集补充。
[2]起发:征发,征调。
[3]奥鲁:指管领军户的官员,又称"奥鲁官""奥鲁赤"。详参第110页"奥鲁官"条。

独员不差

141① 至正元年二月,刑部议得:"诸路府州县张官置吏,责任非轻。事有必当委遣者,须从员多事简去处摘委②。或止独员,不许妨占。违者,当该上司判署正官罚俸半月,首领官量笞柒下,该吏量笞壹拾柒下。其司属承奉上司文字,摘委正官离境,若止独员,不即回申,辄便离职,转差学、务[1]等官权县[2]者,正官、首领官吏亦依上例决罚。当该上司不详事之轻重,勾唤所属,有妨公务者,临时斟酌究治。"都省准拟。

[1]学、务:指学官和务官。"学官",指主管学政的官员和官学教师的统称;"务官",指负责征收税务官员的统称。
[2]权县:谓正官不在任,由下属暂时代理官府事务。

差委有俸人员

142 天历元年三月,刑部议得:"诸差使,今后除朝廷出使人员

---

① 《元典章·吏部》卷八《委遣从员多处》载有相关条文。《至正条格(校注本)》引《元典章》作"委遣从员多处诸",衍"诸"字,今据删。
② 委:《元典章》作"差"。

难拘常例外,各处行省并诸衙门遇有公事,必合差人催办,须于见役请俸人内选差,不许滥行给驿,差委替闲[1]官员、无禄人等。违者,判署正官罚俸半月,首领官罚俸一月,该吏笞二十七下,被差者不坐。中间若有营求差遣者,与该吏同罪。"都省准拟。

[1]替闲:犹"代闲"。谓卸任闲居。

公差不许截替

143 至元三年八月,吏部议得:"云南各道宣慰司将被差令译史[1]、宣使、奏差人等妄作考满,巧捏事端,无故截替[2]。元差之人回还,告蒙改正,便作公差彼替,其俸两给。今后严加禁上(止)①。如违,正官取招罚俸,首领官吏断罪,标附。"都省准拟。

[1]令译史:官职名,"令史"与"译史"的合称省写。《元史·选举志四》:"行都水监准设人吏,令史八人,奏差六人,壕寨一十人,通事、知印各一人,译史一人,公使人二十人。都水监令译史、通事、知印考满,俱于正八品迁用;奏差考满,正九品,自用者降等;壕寨出身并俸给同奏差。"文中"令译史"与"令史""译史"相对同义。

[2]截替:代替,接替。

整点急递铺

144② 大德十年七月③,都省照得:"先为随路急递铺所递④文字,比之初立以来,特是迟慢。议拟:'差官分道计点。若何(有)⑤身死、在逃、老幼、残疾不堪走递之人,取勘见数,于相应户内依数

---

① 上(止):《至正条格》作"上",误。分析文意,当作"止",今据校。《至正条格(校注本)》录作"止",误,当据校。
② 《元典章·兵部》卷四《整点急近(递)铺舍〔又〕》载有同一条文。《至正条格(校注本)》引《元典章》作"整点急近铺舍",失校。
③ 大德十年七月:《元典章》作"大德四年五月十六日"。
④ 递:《至正条格》作"递",《元典章》脱,当据补。
⑤ 何(有):《至正条格》作"何",误。《元典章》作"有",今据校。

补换。须令堪役人丁正身应役,无令权豪势要并一般人户取要钱物,结揽代替。开具实①补换户数、各县村庄花名,造册〔呈省〕②。'或有必合添设户数去处,亦仰明白议拟,保结呈省。仍令各铺照依元行体例并节续禁治条陈事理,安置时刻轮牌[1]、灯堠[2]、法烛、毡袋[3]、油绢、夹板[4]、铃攀[5]等物,一切完备。遇有递传③文字,随于铺历[6]上分朗附写是何衙门文字、承发时刻、相邻铺兵[7]姓名、交递文匣有无损坏,即用已备物件如法裹护,及用当时第几刻牌子于文字上拴系,依所定时刻送至前铺,亦行依上明白交接附历,须要昼夜行四伯④里。委自各路正官一员,每季总行提调。州县亦令有俸幕职[8]⑤正官{谓府判、州判、主簿之类},上下半月,亲临提调,往来照刷。如有稽迟、磨擦、损坏、沉匿文字,即将当该铺司[9]、铺兵验事轻重断罪。仍令各道廉访司常切厘勒当该正官依期⑥整点,如但有不依所责,亲临提调官初犯笞一十七下,再犯二十七下,三犯呈省别议,提调官⑦比亲临减一等科断。每季具境内有无稽迟文字,开申合十(干)⑧上司,任满,于解由内〔通行〕⑨开写,以凭黜降。"

[1]时刻轮牌:即"时牌",又称"时辰牌子""时辰轮子""时轮子"。指揭报自子至亥十二时辰的圆形牌子。为急递铺专用。铺兵在传递公文时,用当时第几刻牌子拴系在包裹的公文上,依所定时刻送至下一个急递铺。

[2]灯堠:指在驿路上安置的灯和堠。"堠"指筑在路旁用以分界或

---

① 实:《元典章》作"不",误。《至正条格》作"实",当据校。
② 〔呈省〕:《元典章》作"呈省",《至正条格》脱,今据补。
③ 传:《元典章》作"去"。
④ 伯:《元典章》作"百"。
⑤ 幕职:《元典章》作"末职",疑误。
⑥ 依期:《元典章》作"照勘"。
⑦ 提调官:《元典章》作"总行提调"。
⑧ 十(干):《至正条格》作"十",误。《元典章》作"干",今据校。
⑨ 〔通行〕:《元典章》作"通行",《至正条格》脱,今据补。

计里数的土坛。每五里筑单堠，十里筑双堠。

［3］毡袋：毡制的袋子。

［4］夹板：又作"夹版"。用以夹持物体的板子，多用木头或金属制成。

［5］铃攀：铃铛。供急递铺铺兵使用。《元史·兵志四》："其铺兵每名备夹版、铃攀各一付，缨枪一，软绢包袱一，油绢三尺，蓑衣一领，回历一本。"

［6］铺历：驿站里的记事文簿。

［7］铺兵：又称"铺丁""铺卒"。元代急递铺的执役人员。负责到铺公文的递送。每十里或十五里、二十五里，置一铺，设铺兵五人。铺兵从贫户与漏籍户中签发，免其差发。《元史·兵志四》："铺兵须壮健善走者，不堪之人，随即易换。"

［8］幕职：地方长官的属吏，辅佐主司的官员。因在幕府供职，故称。元徐元瑞《吏学指南·官称》："幕职：汉曰幕府，即相副以下之官也。"

［9］铺司：官职名，指急递铺里铺兵的头目。凡各铺收到递送公文，由铺司于铺历上登记文目及到铺时刻，分派铺兵递送。《元史·兵志四》："至元八年，申命州县官用心照刷及点视阙少铺司、铺兵。凡有递转文字到，铺司随即分明附籍，速令当该铺兵裹以软绢包袱，更用油绢卷缚，夹版束系，赍小回历一本，作急走递，到下铺交割附历讫，于回历上令铺司验到铺时刻并文字总计角数，及有无开拆、摩擦损坏或乱行批写字样，如此附写一行，铺司画字，回还。"

145 至顺三年二月，兵部议得："邮传[1]之设，累有整治条画。有司夫（失）①于检举，因仍废弛，以致入递文字多有稽迟，铺司人等中间作弊，于公未便。议拟到整治事里（理）②。"都省准拟。

一、凡有递转文字，壹昼夜须及四伯里，迟慢二刻者，犯人笞决柒下，每二刻加一等，罪止三十七下。

一、将递转文字擦磨[2]损坏者，三角已上，犯人笞决柒下，每

---

① 夫（失）：《至正条格》作"夫"，误。分析文意，当作"失"，今据校。
② 里（理）：《至正条格》作"里"，误。分析文意，当作"理"，今据校。

三角加壹等,罪止四拾柒下。

一、将递转文字停留,不即入递,及伺候[3]类发者,叁件已上,犯人笞决柒下,每三件加一等,罪止四十七下。

一、铺司、铺兵将递铺[4]文字受财卖与为事人等,挨究[5]明白,计赃论罪[6],取与同科。

一、亲临提调官吏不行依期整点者,依例决责。

[1]邮传:驿站。

[2]擦磨:同"擦磨"。摩擦。

[3]伺候:等候。

[4]递铺:即"急递铺"。元许有壬《风宪十事·会议还司》:"至于文移之往来,自有递铺,必曰重事,亦自有额设[奏]①差乘驿往来。"

[5]挨究:又作"挨问""根挨"。追查,追问,查究。

[6]计赃论罪:根据所得赃物数量定罪。

设立邮长

146② 至治二年九月,兵部议得:"置邮传命,古今良法,行之既久,不能无弊。凡递文字,止凭铺司承③收发放,其铺兵人数,率以老切(幼)④应充,州县官司视问泛常,又不依期亲历整点,遂致文字稽迟损坏,甚至沉匿,无踪追究。拟合设立邮长[1],于州县籍记司吏内差充,壹周岁交替⑤。其拘该两州县去处,从铺分多者差设⑥,相等者轮番。差使时,常于该⑦管铺分往来巡视,务要修置亭舍、什物完备,附写铺历明白,照依元立程式走递。但有老幼铺

---

① [奏]:清宣统三年(1911)石印本作"奏",《四库》本脱,今据补。

② 元苏天爵《元文类》卷四一《急递铺》载有相关条文。

③ 承:《至正条格(校注本)》录作"乘",误。《至正条格》作"承",今据校。

④ 切(幼):《至正条格》作"切",误。分析文意,当作"幼",今据校。《至正条格(校注本)》录作"幼",误,当据校。

⑤ 壹周岁交替:《元文类》作"一岁交承"。

⑥ 从铺分多者差设:《元文类》作"铺多者差"。

⑦ 该:《元文类》作"所"。

兵，随即申覆补换。凡入递①文字，从元发②官司约量地里③远近，印帖长引隔眼[2]④，于上明白标写件数、发行日时，至各各邮长处⑤附写⑥，发放转递。每上下半月，开具递过文件⑦及各各日时申覆，提调官依期亲历刷勘[3]，置立文案具报，廉访司照刷。若各铺稽迟⑧损坏⑨文字，或附写不明不实，仰邮长就便治罪。其在别管铺分⑩，亦须互相举呈所属上司，行移究治。若邮长不能尽职，致有稽迟者，提调官量事轻重断罪，三犯者替罢[4]，仍黜去⑪籍记姓名。壹岁之内，能尽其役⑫，略无稽迟⑬者，即许从优先补。若提调官吏不行依期用心刷勘者，廉访司严加究治。仍于年终将断过此等官吏通类另项呈台，备呈都省，验事别议黜降。"都省准拟。

[1]邮长：官职名，元代于至治三年（1323）设置，即邮驿之长。元代在转送朝廷及郡邑文书往来的路上，每十里、十五里或二十五里设一急递铺，又于每十铺设一邮长之职，掌巡视各急递铺亭舍的修置、什物完备、文书传递等情况，并负责发放转递文书、惩治稽迟者等事。

[2]长引隔眼："长引"指长途传递的凭证，"隔眼"指表格上的栏目，即今之表格。"长引隔眼"为元代驿站传递公文填注的单据。元延祐五年（1318）规定，凡入递公文，由原发官司斟酌地理远近，印贴长引隔眼于公文之上，于上标写件数、发行时间，至各个邮长处，交给递铺传递承接，

---

① 入递：《元文类》作"走递"。
② 元发：《元文类》作"始"，脱"发"，当据补。
③ 约量地里：《元文类》作"量地"。
④ 眼：《元文类》作"服"，误。《至正条格》作"眼"，当据校。
⑤ 处：《元文类》作"去处"。
⑥ 附写：《元文类》作"标写"。
⑦ 文件：《元文类》作"文字"。
⑧ 稽迟：《元文类》作"稽滞"。
⑨ 损坏：《元文类》作"损失"。
⑩ 铺分：《元文类》作"铺"。
⑪ 黜去：《元文类》作"去"。
⑫ 能尽其役：《元文类》作"克尽乃役"。
⑬ 稽迟：《元文类》作"稽违"。

即由铺司于隔眼上填写时刻,责付递传铺兵书名画字,依照原定程限传递至下一铺。《元典章·新集至治条例·工部·递传文字置长引隔眼》:"今置长引隔眼,仰各处铺司如遇承接文书到铺,毋得停滞,即便于隔眼上填写时刻,责付递传铺兵书名画字,照依元定程限依例递转一铺,依上施行,以凭稽考。"

[3]刷勘:核查。

[4]替罢:免去官职。

禁扰铺兵

147 泰定二年五月十四日,宣徽院奏准节该:"沿路立下的急递铺,在前上位根底进送果木[1]有来,又各衙门里有的忙文书[2]呵,递送有来。如今果木不似在先一般,递送哏迟误有。送果木来的急递铺人户每根底问呵,各衙门里官人每根底与来的果木,大都、上都来往的人,贵赤、祗候衣服毡衫,教俺递送有。为那的上头,迟误了。今后除进送上位的果木并忙文书外,各衙门、各枝儿递送的果木,休教递送。来往行的贵赤、祗候每衣服,若教担着递送的,拿住呵,要重罪过。"

[1]果木:水果。元高文秀《刘玄德独赴襄阳会》第一折:"叔父,你不饮酒呵,你请个果木波……叔父,你看这桌子上,好枣、好桃、好梨也。"

[2]忙文书:紧急公文。

体覆站户消乏

148① 大德六年八月,兵部②议得:"逃亡消乏[1]站户,合令亲管州县保勘,具申总管府,委不干碍伍品以上管民官亲行体覆是

---

① 元刘孟琛《南台备要·金补站户》和《永乐大典》卷一九四一九《经世大典》载有同一条文。

② 兵部:《至正条格》《南台备要》皆作"兵部",《经世大典》作"省部"。

实,开具元佥增损、目今实有丁产[2],申覆省部定夺①。监察御史、廉访司体察,但有不实,将保勘、体覆等官②验户③多寡责罚,标附过名,任回,降等迁叙,主典吏人④勒停。"都省准拟。

[1]消乏:消减。元刘孟琛《南台备要·佥补站户》:"站户消乏,例合随即佥补。"

[2]丁产:人户。

至正条格卷第五　断例

---

① 定夺:《至正条格》《南台备要》皆作"定夺",《经世大典》作"区处"。
② 等官:《经世大典》作"官等",误倒。《至正条格》《南台备要》皆作"等官",当据校。
③ 户:《至正条格》《经世大典》皆作"户",《南台备要》作"数"。
④ 吏人:《至正条格》《经世大典》皆作"吏人",《南台备要》作"人吏"。

至正条格卷第六　断例　职制

取受十二章

149① 大德七年三月十六日,钦奉圣旨节该:诸职官及有出身人等②,今后因事受财,依条断罪。枉法者,除名不叙;不枉法者③,须殿三年[1],再犯不叙。无禄者④,减等⑤。以至元钞为则。

枉法:

壹贯至拾贯,肆拾柒⑥。不满贯者,量情断罪,依例除名。

拾贯已上⑦至贰拾贯,伍拾柒⑧。

贰拾贯已⑨上至伍拾贯,柒拾柒⑩。

伍拾贯已上至壹伯贯,捌拾柒⑪。

壹⑫伯贯已⑬上,壹伯柒⑭。

不枉法:

---

① 《元典章·刑部》卷八《赃罪条例》和《元史·刑法志一》载有同一条文。
② 人等:《至正条格》《元典章》皆作"人等",《元史》作"人"。
③ 者:《元典章》作"官",误。《至正条格》《元史》皆作"者",当据校。
④ 者:《元典章》作"官",误。《至正条格》《元史》皆作"者",当据校。
⑤ 减等:《元典章》《元史》皆作"减一等"。
⑥ 肆拾柒:《元典章》作"四十七下",《元史》作"答四十七"。
⑦ 拾贯已上:《元典章》作"十贯以上",《元史》作"一十贯以上"。
⑧ 伍拾柒:《元典章》作"五十七下",《元史》作"五十七"。
⑨ 已:《元典章》《元史》皆作"以"。
⑩ 柒拾柒:《元典章》作"七十七下",《元史》作"杖七十七"。
⑪ 伍拾贯已上至壹伯贯,捌拾柒:《元典章》作"五十贯以上至一百贯,八十七下",《元史》脱,当据补。
⑫ 壹:《元典章》作"二",误。《至正条格》作"壹",《元史》作"一",当据《元史》校。
⑬ 已:《元典章》《元史》皆作"之"。
⑭ 壹伯柒:《元典章》作"一百七下",《元史》作"一百七"。

壹贯至贰拾贯,肆拾柒①,本等叙。不满贯者,量情断罪,解见任,别行求仕。

贰拾贯已②上至伍拾贯,伍拾柒,注边远壹任。

伍拾贯已上至壹伯贯,陆拾柒③,降壹等。

壹伯贯已上至壹伯伍拾贯,柒拾柒,降贰等。

壹伯伍拾贯已上至贰伯贯,捌拾柒,降叁等。

贰伯贯已上至叁伯贯,玖拾柒,降肆等。

叁伯贯已上,壹伯柒,除名不叙。

[1]殿二年:官吏犯过,停止叙用三年。即三年内不具备官职的铨叙资格。

枉法赃满追夺

150④ 至大四年三月⑤,诏书内一款节该:"内外百司,各有攸职。其清慎公勤、政迹昭著、五事[1]备具者,从监察御史、肃政廉访司察举,优加迁擢。废公营私,贪污败事,〔诸人〕⑥陈告得实,依条断罪。枉法赃满者,应受⑦宣敕[2],并行追夺。吏人犯赃,终身不叙。诬告者,抵罪反坐。"

[1]五事:指元代选举官吏的制度。"五事"分别指户田增、田野辟、词讼简、盗贼息、赋役均。凡五事备者为上选,三事有成者为中选,五事

---

① 肆拾柒:《元典章》作"四十七",《元史》作"笞四十七"。
② 已:《元典章》《元史》皆作"以"。下同。
③ 陆拾柒:《元典章》作"六十七",《元史》作"杖六十七"。
④ 《元典章·圣政》卷一《至大四年三月诏》和《元典章·刑部》卷八《吏员赃满一体追夺(又)》载有同一条文。《新元史·仁宗本纪上》载有相关条文。
⑤ 至大四年三月:《元典章·至大四年三月诏》《新元史》皆作"至大四年三月十八日",《元典章·吏员赃满一体追夺(又)》作"皇庆元年四月"。
⑥ 〔诸人〕:《元典章·至大四年三月诏》《元典章·吏员赃满一体追夺(又)》皆作"诸人",《至正条格》脱,今据补。
⑦ 受:《至正条格》《元典章·吏员赃满一体追夺(又)》皆作"受",《元典章·至大四年三月诏》作"授"。

俱不举者黜罢。《元史·选举志二》："凡选举守令：至元八年，诏以户口增、田野辟、词讼简、盗贼息、赋役均五事备者，为上选。九年，以五事备者为上选，升一等。四事备者，减一资。三事有成者为中选，依常例迁转。四事不备者，添一资。五事俱不举者，黜降一等。"

[2]宣敕：指宣与敕。国家任命或调遣官员的正式文书。《元史·选举志三》："凡迁官之法……自六品至九品为敕授，则中书牒署之。自一品至五品为宣授，则以制命之。"明叶子奇《草木子·杂制》："元之宣敕皆用纸。一品至五品为宣，色以白。六品至九品为敕，色以赤。虽异乎古之诰敕用织绫，亦甚简古而费约，可尚也。"

取受虽死征赃

151① 至元二十三年六月，御史台呈："饶州路乐平县[1]达鲁花赤乌马儿，取②受民财，追征③间，本官患病身死。"刑部议得："乌马儿取受钱钞④，生前既有招伏，未追身死，拟合着落家属追征。"都省准拟。

[1]饶州路乐平县："饶州路"隶属江浙等处行中书省，治所在今江西鄱阳县。《元史·地理志五》："饶州路。上。唐改鄱阳郡，仍改饶州。宋因之。元至元十四年，升饶州路总管府。领司一、县三、州三。""乐平县"即"乐平州"，隶属饶州路。唐、宋为乐平县，元元贞元年（1295），升为中州。

取受身死贫乏遇革

152⑤ 至顺三年八月，刑部议得："官吏人等因事取受并自首⑥

---

① 《元典章·刑部》卷八《官员取受身死着落家属追征》载有相关条文。
② 取：《至正条格》作"取"，《元典章》脱，当据补。
③ 追征：《元典章》作"归问"。
④ 钱钞：《元典章》作"钱数"。
⑤ 《元典章·新集至治条例·刑部·延祐七年革后禀到通例（又）》载有相关条文。
⑥ 自首：《元典章》作"已招"。

未纳之赃,家私消乏,累征无可折纳,及犯人身死,家属病穷①。遇革,体覆②是实,免征。"都省准拟。

赃罪再犯

153③ 延祐元年九月,刑部议得④:"松江府推官邓鉴,前任⑤庐陵县尹[1],取受萧保一嫂钞壹拾定,知人欲告,回付。减贰等,笞四拾柒下,解任别仕⑥。今任〔前职〕⑦,取受赌博人薛元二至元钞贰定。依不枉法例,杖陆拾柒下,殿三年,降壹等。参详:'邓鉴二次取受,若拟再犯不叙,缘先任取受,闻知欲告,回付,罪既不曾全科,难同再犯,合令吏部依例叙用。'"都省准拟⑧。

[1]庐陵县尹:即"庐陵县县尹"。"庐陵县",隶属江西等处行中书省吉安路,宋为望县,元为上县,倚郭。

154 延祐三年五月,刑部议得:"杭州路富阳县[1]务使[2]沈冲,先任乌程县[3]南浔镇巡检,犯赃经断。今次欺隐增余课钞[4],若以职官再犯不叙,终非因事受财。罪既断讫,拟合依例殿降。"都省准拟。

[1]富阳县:隶属杭州路,宋为紧县,绍兴中升畿县,元为中县。
[2]务使:官职名,元置,税务官之一。元代规定税务官分三等,上等充提领,中等充务使,下等充都监。税务官升转,以一周岁为满,都监三界升务使,务使三界升提领,提领三界升受省札钱谷官,又历三界于资品

---

① 病穷:《元典章》作"贫穷"。
② 体覆:《元典章》作"体勘"。
③ 《元典章·新集至治条例·刑部·前犯减断后犯难同再犯》载有同一条文。《至正条格(校注本)》云"《元典章》新集"兵部"《赃贿·前犯减断后难同再犯》同一条文",误,当据校。
④ 议得:《元典章》作"呈"。
⑤ 任:《元典章》作"充"。
⑥ 解任别仕:《元典章》作"解见任,别行求仕"。
⑦ 〔前职〕:《元典章》作"前职",《至正条格》脱,今据补。
⑧ 准拟:《元典章》作"准呈"。

钱谷官内任用。《元史·选举志二》："凡税务官升转：至元二十一年，省议：'应叙办课官分三等。一百锭之上，设提领一员、使一员。五十锭之上，设务使一员。五十锭之下，设都监一员。十锭以下，从各路差人管办。都监历三界，升务使，一周岁为满，月日不及者通理。务使历三界，升提领。提领历三界，受省札钱谷官，再历三界，始于资品钱谷官并杂职任用。各处就差相副官，增及两酬者，听各处官司再差。增及三酬以上及后界又增者，申部定夺。'"

[3]乌程县：隶属湖州路，宋为望县，元为上县，倚郭。

[4]增余课钞：又作"增余钞""增余钞定""附余课钞"。指超过定额部分额外征收的税钱。《元典章·新集至治条例·吏部·办课官增课升等》："内除正课外，增余钞一千七百八十七定一两七钱五分。"

前任取受改除事发

155 至治二年六月，刑部议得："职官前任，因事取受，改除别职，已未之任间事发，招赃明白，断讫罪犯[1]。见除职役，依例解任，殿降不叙。"都省准拟。

[1]断讫罪犯：判了罪，定了罪。

未任取受

156 延祐三年二月，刑部议得："郭瑞除充[1]庄浪州判官，未任被差，取勘人户侵耕地上(土)①，受要延安路地主阎贵至元钞壹伯伍拾贯。虽未之任，即与见任职官无异。合依不枉法例，杖柒拾柒，殿三年，降贰等叙。"都省准拟。

[1]除充：授官担任。

157 至治二年八月，刑部议得："邓新翼千户邢士杰，因赴大都

---

① 上(土)：《至正条格》作"上"，误。分析文意，当作"土"，今据校。《至正条格(校注本)》录作"土"，误，当据校。

关取[1]所受宣命照会[2],经由军户李温等家安下,食用羊口、马匹草料,接受庆贺绢匹[3]等物。若议罢职,终未到任,即与见任军官扰害军户事例不同。量笞叁拾柒下,标附,依旧勾当。"都省准拟。

[1]关取:领取。

[2]照会:指官署通知的文件。

[3]绢匹:因绢以匹计,故统称绢为"绢匹"。

已任未授①犯赃

158 延祐二年九月,御史台呈:"彭州[1]判官翟德源,蒙省台迁调官注充[2]前职照会,先行赴任,未经祗受,四川行省差委窟点[3]钱粮,取受嘉定路[4]吏何坤至元钞贰拾贯。廉访司依不枉法例,断讫肆拾柒下。"刑部议得:"翟德源虽系断罪之后祗受敕牒[5],终是任内被差,因事取受,拟合依例殿叙。"都省准拟。

[1]彭州:隶属四川等处行中书省成都路。《元史·地理志三》:"彭州。下。唐置蒙州,又为彭州。宋及元因之。领二县:蒙阳,下;崇宁,下。"

[2]注充:犹"除充"。授官担任。

[3]窟点:清点。

[4]嘉定路:即"嘉定府路"。隶属四川等处行中书省,治所在今四川乐山市。《元史·地理志三》:"嘉定府路。下。唐初为嘉州,又改犍为郡,又仍为嘉州。宋升嘉定府。元至元十三年,立总管府。旧领龙游、夹江、峨眉、犍为、洪雅五县。二十年,并洪雅入夹江。领司一、县四、州二。州领三县。"

[5]敕牒:君王任命官吏的文书。元徐元瑞《吏学指南·仪制》:"敕牒:天子制命也。"

---

① 授:《至正条格(校注本)》校作"授(受)",不必校。《至正条格》作"授",今据校。

去官取受

159 延祐四年九月,刑部议得:"桑哈剌前充左巡院副使,在任印押讫永丰库[1]关支余面钱领状[2],于私家顿放,得代之后,勒要讫磨户李赞至元钞贰伯贯,终系事犹在手,即同见任。合依不枉法例,杖捌拾柒下,殿叁年,降叁等叙。"都省准拟。

[1]永丰库:官署名,元置,隶属大都路,秩正七品。下设提领、大使、副使诸官职。

[2]领状:指向官府领取钱物时出具的字据。

风宪犯赃

160① 至元二十四年三月,中书省奏节该:"御史台、按察司、监察御史,系纠弹衙门官吏,正己方可正人,不应受赃出首。今后有犯②,比之有司官吏,罪加③一等。"

161④ 延祐元年⑤九月十四日,御史台奏:"监察〔每〕⑥文书里说有:'世祖皇帝圣旨:台察官吏但犯赃呵,永不叙用,在后又教加等断罪者。么道,圣旨有来。如今省部家议得:台察官吏犯赃,不枉法者,加至壹伯柒,永不叙用,与世祖皇帝圣旨体例不厮似的一般有。今后台察官〔吏〕⑦人等因事取受,加等断罪,虽不枉法,合除名不叙。'么道,说有。俺商量来:'风宪是掌把纪纲法则的职

---

① 《元典章·台纲》卷一《台察咨禀等事》和元赵承禧《宪台通纪·台察咨禀等事》载有同一条文。

② 犯:《元典章》《宪台通纪》皆作"犯人"。

③ 罪加:《元典章》《宪台通纪》皆作"加罪"。《至正条格(校注本)》录作"加罪",误倒,今据校。

④ 《元典章·刑部》卷八《台察官吏犯赃不叙》和元赵承禧《宪台通纪·台察官吏犯赃加重》载有同一条文。

⑤ 元年:《元典章》作"二年",误。《至正条格》《宪台通纪》皆作"元年",当据校。

⑥ 〔每〕:《元典章》《宪台通纪》皆作"每",《至正条格》脱,今据补。

⑦ 〔吏〕:《元典章》《宪台通纪》皆作"吏",《至正条格》脱,今据补。

分[1],若自己身上不严约束的干净[2],难正多人的〔一〕①般有。依着监察每说来的行呵,怎生?"奏呵,奉圣旨:"那般者。"

[1]职分:职务。
[2]干净:清楚。

162② 天历元年九月二十五日,御史台奏节该:"自世祖皇帝以来,廉访司官书③吏犯赃呵,教④断没当房家产。完者笃⑤皇帝圣旨:'廉访司官吏有罪过呵,比之常人加等要罪⑥者。'么道,说来,不曾革了断没的体例。近年各道官吏犯赃,钻坏风宪的,也只加等断罪呵,比世祖皇帝圣旨不厮似有。南台几遍言⑦:'合依着世祖皇帝定制行。'么道,咨将文书来有。俺商量来:'如今整治其间,依着南台题说将来的。今后廉访司官吏但犯赃呵,依着世祖皇帝圣旨,要了合得的⑧罪过,断没他每的当房家产呵,不坏了风宪,犯赃的少也者。'"奏呵,奉圣旨:"是有。那般者⑨。"

163 至顺元年五月十七日,御史台奏:"南台文书说将来:'福建道廉访司[1]书吏杨祯、李民瞻小名的根随孛罗金事前去漳泉分司[2],取受南安县尹[3]张居恭等中统钞柒阡叁伯贰拾捌定、金银、珠子、匹帛等物。明白招伏,追赃到官,将他每依体例断罪籍没了。那元举覆察的官吏,都合黜退。'么道。俺商量来:'廉访司是纠察别人不公不法的衙门,这杨祯等似这般做罪过[4],要了数千定赃物,虽是依例断罪籍没了呵,合将他每惩戒多人为例,流将迤

---

① 〔一〕:《元典章》《宪台通纪》皆作"一",《至正条格》脱,今据补。
② 元刘孟琛《南台备要·作新风宪》和《宪台通纪·作新风宪》载有同一条文。
③ 书:《至正条格》《南台备要》《宪台通纪》皆作"书",疑衍。
④ 教:《南台备要》《宪台通纪》皆作"交"。
⑤ 完者笃:《南台备要》《宪台通纪》皆作"完泽笃"。
⑥ 罪:《南台备要》《宪台通纪》皆作"罪过"。
⑦ 言:《至正条格》作"言",《南台备要》《宪台通纪》皆脱,当据补。
⑧ 的:《至正条格》作"的",《南台备要》《宪台通纪》皆脱,当据补。
⑨ 那般者:《南台备要》《宪台通纪》皆作"那般行者"。

东奴儿干[5]田地里去。那元举覆察官吏黜退了,风宪再不委用,遍行文书呵,怎生?"奏呵,奉圣旨:"那般者。"

[1]福建道廉访司:官署名,"福建闽海道肃政廉访司"之简称,又称"闽海道廉访司""福建廉访司"。元代江南十道肃政廉访司之一,隶江南行台,置司于福州路。至元十五年(1278),置福建广东道。二十年(1283),改福建闽海道。秩正三品。下设廉访使、副使、佥事、经历、知事、照磨兼管勾、书吏、译史、通事、奏差、典吏诸官职。

[2]漳泉分司:"漳泉"指漳州路与泉州路,"分司"指肃政廉访分司。肃政廉访分司为元代于各路设置的各道肃政廉访司的下属机构。"漳泉分司",指在漳州路与泉州路设置的福建闽海道肃政廉访司的下属机构。

[3]南安县尹:即"南安县县尹"。"南安县",隶属泉州路。宋元均为中县。

[4]做罪过:犯罪。

[5]奴儿干:地名。元代流放之地。在今俄罗斯哈巴罗夫斯克东北特林西。《元史·刑法志二》:"诸流远囚徒,惟女直、高丽二族流湖广,余并流奴儿干及取海青之地。"

军官取受值丧

164① 延祐元年十月,御史台呈:"百户徐允昌②,要讫③本翼正④军尹富买工歇役[1]钱钞,经值父丧,若候终制究问,事关通例。"刑部议得:"军官既不丁忧,拟合依例追问⑤。"都省准拟。

[1]歇役:停止服役,不当差。

运司取受茶商分例

165 至大二年七月,江西省咨:"龙兴[1]等路榷茶提举[2]秃林

---

① 《元典章·刑部》卷八《军官不丁忧取受依例问》载有相关条文。
② 百户徐允昌:《元典章》作"徐百户"。
③ 要讫:《元典章》作"受要"。
④ 正:《元典章》作"止",误。《至正条格》作"正",当据校。
⑤ 拟合依例追问:《元典章》作"依例追问相应"。

歹等,取受茶商[3]卖据倒引答头分例中统钞壹伯贰拾贰定叁拾玖两。"刑部议得:"提举秃林歹、都目李珪所招,取受钞定,以汪遇贤一主,各要讫中统钞玖定肆拾伍两,折至元钞玖拾玖两为重。依不枉法例,杖陆拾柒下,殿叁年,降一等,标附。已追到官钞定,即系行求之赃,拟合没官。"都省准拟。

[1]龙兴:即"龙兴路"。隶属江西等处行中书省,治所在今江西南昌市。《元史·地理志五》:"龙兴路。上。唐初为洪州,又为豫章郡,又仍为洪州。宋升隆兴府。元至元十二年,设行都元帅府及安抚司,仍领南昌、新建、丰城、进贤、奉新、靖安、分宁、武宁八县,置录事司。十四年,改元帅府为江西道宣慰司、本路为总管府,立行中书省。十五年,立江西湖东道提刑按察司,移省于赣州。十六年,复还龙(隆)兴。十七年,并入福建行省,止立宣慰司。十九年复立,罢宣慰司,隶皇太子位。二十一年,改隆兴府为龙兴。二十三年,丰城县升富州,武宁县置宁州,领武宁、分宁二县。大德五(八)年,以分宁县置宁州,武宁县隶龙兴路。领司一、县六、州二。"

[2]榷茶提举:官职名,指榷茶提举司下设提举一职。元代置榷茶提举司于各路产茶之地,共十六处,有杭州、宁国、龙兴、建宁、庐州、岳州、鄂州、常州、湖州、潭州、静江、临江、兴国、常德府、古田、建安十六处。

[3]茶商:经营茶叶买卖的商人。《元史·食货志二》:"每茶商货茶,必令赍引,无引者与私茶同。引之外,又有茶由,以给卖零茶者。初,每由茶九斤,收钞一两,至是自三斤至三十斤分为十等,随处批引局同,每引收钞一钱。"

远方迁调官取受

166① 延祐二年十一月②,刑部议得:"云南各道路府州县等官,为系远方,三年一次,〔蒙〕③都省差官迁调。虽未奏降宣敕,缘

---

① 《元典章·刑部》卷八《承权官取受》载有同一条文。
② 延祐二年十一月:《元典章》作"延祐三年正月"。
③ 〔蒙〕:《元典章》作"蒙",《至正条格》脱,今据补。

已奉照会之任,居官理民,裁①决庶务,即与已除无异。若有取受及不法不公,合依②有俸职官一体论罪。"都省准拟。

土官受赃

167③ 延祐六年九月十七日,中书省奏:"御史台呈:'云南建昌路[1]张同知④,因事取受人的马匹。本处廉访司官要了他⑤招伏,依例断柒拾柒,降散官贰等。他是本土人,依先立定来的例⑥,依旧勾当。'么道,说的上头,俺教刑部定拟呵,'是本处土官无禄人有,依无禄例,减一等,断陆拾柒⑦,依旧勾当'。〔么道〕⑧,定拟了,〔呈与俺文书有〕⑨。俺商量来:'待依着无禄例减等断罪呵,土官犯罪,不降殿[2]⑩,依旧勾当,更兼承袭父兄职事。他是受宣命的人有,难比无禄的人。如今将他⑪依有禄人例,要了罪过。今后似这般土官犯赃呵,只依这例,教要罪过呵,怎生?'"奏呵,奉圣旨:"那般者。"

[1]建昌路:隶属罗罗蒙庆等处宣慰司都元帅府,治所在今四川西昌市。《元史·地理志四》:"建昌路。下。本古越嶲地。唐初设中都〔督〕府,治越嶲。至德中,没于吐蕃。贞元中,复之。懿宗时,蒙诏立城曰建昌府,以乌、白二蛮实之。其后诸酋争强,不能相下,分地为四,推段兴为长。其裔浸强,遂并诸酋,自为府主,大理不能制。传至阿宗,娶落兰部

---

① 裁:《至正条格》作"栽",《元典章》脱,当据补。
② 有取受及不法不公,合依:《至正条格》作"有取受及不法不公,合依",《元典章》脱,当据补。
③ 《元典章·新集至治条例·刑部·土官取受无禄同有禄人断》载有同一条文。
④ 张同知:《元典章》作"姓张的同知"。
⑤ 他:《元典章》作"它的"。
⑥ 例:《至正条格》作"例",《元典章》脱,当据补。
⑦ 降殿:《元典章》作"殿降"。
⑧ 〔么道〕:《元典章》作"么道",《至正条格》脱,今据补。
⑨ 〔呈与俺文书有〕:《元典章》作"呈与俺文书有",《至正条格》脱,今据补。
⑩ 降殿:《元典章》作"殿降"。
⑪ 他:《元典章》作"它"。

建蒂女沙智。元宪宗朝，建蒂内附，以其婿阿宗守建昌。至元十二年，析其地置总管府五、州二十三，建昌其一路也，设罗罗宣慰司以总之。本路领县一、州九。州领一县。"

[2]降殿：即"殿降"。犹言"黜降殿叙"。指对犯过官员降职并停止叙用。

出使人员取受

168 元统二年三月初九日，御史台奏节该："今后出使人员开读诏书、圣旨，取受钱物者，准十二章不枉法例科断，似为平允。这般做体例行呵，怎生？"奏呵，奉圣旨："那般者。"

湖务站官犯赃

169 至顺元年十二月，刑部议得："诸受行省札付充钱谷、湖务、水旱、站官人等，即系无禄杂职，例不入流。有犯赃罪，减等科断。若准有俸出身吏员人等一体不叙，似涉太重。除枉法受财及不枉法赃满，依例除名不叙。赃不满者，断罪解役[1]，别仕。"都省准拟。

[1]解役：犹"解任""罢役""罢职"。解除职务。

奴贱为官犯赃

170 至元二十年五月，刑部议得："冀宁路乐平县[1]达鲁花赤匣剌六，系太原路达鲁花赤亦套里驱口[2]，取受李英钞两。除依例追断外，据职役，既是奴贱[2]，拟合不叙。"都省准拟。

[1]乐平县：隶属河东山西道宣慰使司冀宁路平定州。下县，倚郭。至元二年(1265)，省县为乡，与平定县俱省入本州。立巡检司。至元七年(1270)，复置。

[2]驱口：又称"驱丁""驱奴"，简称"驱"。金军、蒙古军在战争中俘虏了大量的的汉族人户，他们将这些汉族人户虏至家中驱使，这些供驱

使的人户即被称作"驱口"。元郑介夫《上奏一纲二十目》:"况南北之风俗不同,北方以买来者谓之驱口,南方以受役者即为奴婢,各因其俗之旧,则化易行也。"元徐元瑞《吏学指南·良贱孳产》:"驱口:谓被俘获驱使之人。古者以罪没为奴婢,故有官私奴婢之分。荀子云赃获,即奴婢也。此等并同资财,故《刑统赋〔释〕》曰:'称人不及于奴婢。'其所生子女谓曰家生驱口,若驱口自买到驱口谓之重口,盖此流亦司(同)财产耳。"

[3]奴贱:犹"贱奴"。指卑贱的奴才。

捕盗官匿赃

171 延祐二年七月,刑部议得:"怀庆路河内县尉[1]王璧,将强贼扈王驴家内搜到赃物壹布袋,计肆拾陆件,私家隐放,不行牒县,估价折至元钞陆拾贰贯肆伯文。虽招以后无事意欲入己,终与县吏周惟辅同行封记,不曾开封破用。量拟肆拾柒下,解见任,别行求仕,标附。"都省准拟。

[1]河内县尉:即"河内县县尉"。"河内县"隶属怀庆路,元为中县。

弓手犯赃

172 大德十一年五月十四日,御史台呈:"福州路[1]练门巡检司[2]弓手钟志臣等,侵扰乡民,诈取钱物。若止科罪,不行革去,切恐恃其久役,肆无忌惮,愈为民害。拟合罢役,别行差补[3]。"刑部议得:"所设弓手,本以捕盗。若因事受赃,合准御史台所拟,依例断罪罢役,别行佥补[4]。"都省准拟。

[1]福州路:隶属福建道宣慰使司都元帅府,治所在今福建福州市。《元史·地理志五》:"福州路。上。唐为闽州,后改福州,又为长乐郡,又为威武军。宋为福建路。元至元十五年,为福州路。十八年,迁泉州行省于本州。十九年,复还泉州。二十年,仍迁本州。二十二年,并入杭州。领司一、县九、州二。州领二县。"

[2]练门巡检司:官署名,指置于练门的巡检司。练门,又称"千练

门",位于福州路福清县东化北里。元至元间,置巡检司于千练门,名练门巡检司;巡检司,元置,多置于一县之境,由县指挥,以维持治安。秩正九品,下设巡检一人统之。

[3]差补:元代选拔任用官吏制度之一。差遣补用。

[4]佥补:犹"差补"。差遣补用,指派补缺。元徐元瑞《吏学指南·征敛差发》:"佥补:选差相应曰佥,填替缺役曰补。佥者,拣也,其法则力均者取强,财均者取富,财力等者先多丁。若反此者,是名佥补不平。"

盗用侵使封装

173 延祐四年三月,兵部与刑部议得:"远方征戍军人,征取起发钱物。今后各处奥鲁官与征取起发军官妄作事故,欺许(诈)①盗用钞数,合将当该正官、首领官吏取问明白,验赃,依十二章枉法例论罪,计算本利,追征给主。"都省准拟。

174 延祐四年三月,刑部议得:"重庆[1]镇守百户郭仲文,因为四川省迷失征取起发文卷,辄将逃亡事故等军贰拾叁名起发中统钞壹伯柒拾叁定不赴本省解纳,却与知事武惠、案牍兀近赤、司吏胡白傅分受入己。即系守掌在官,合同官钱定论,依枉法例科断。罪经释免,俱各罢职不叙,通行标附。"都省准拟。

[1]重庆:即"重庆路"。隶属四川南道宣慰司,治所在今重庆市。《元史·地理志三》:"重庆路。上。唐渝州。宋更名恭州,又升重庆府。元至元十六年,立重庆路总管府。二十一年,升为上路,割忠、涪二州为属郡。二十二年,又割泸、合来属,省璧山入巴县,废南平军入南川县为属邑,置录事司。领司一、县三、州四。州领十县。"

侵使军人寄收钱粮

175② 至大元年六月③,御史台呈:"押军弹压要宝,侵使寄

---

① 许(诈):《至正条格》作"许",误。分析文意,当作"诈",今据校。
② 《元典章·刑部》卷八《侵使军人盘缠》载有相关条文。
③ 至大元年六月:《元典章》作"至大元年八月"。

收[1]军人赵林等置买军需盘缠等钱。比依不枉法,科断殿降。"都省准呈。

[1]寄收:暂时收存,暂时存放。

冒易封装军数

176 至元四年五月,刑部议得:"今后征取军人封装,须要自下而上,从实磨勘[1]实合征取军数花名,结罪申请,拘该行省首须(领)①官、掾吏、贴书重行[2]查对[3]无差,于实征文册年月后真谨书名画字,摘委廉干官员赍册诣奥鲁官司,一同再行查照明白,别无差冒,方许征取。其或受财冒添易换军数者,计赃,以枉法论罪。虽无赃私,中间不为关防,有失查勘,冒添更易军名,及不该征取数目,动扰军属者,五名以下,当该百户军司[4],各笞叁拾柒下;千户并首领官吏,各贰拾柒下;万户府首领官吏,各一拾柒下。五名以上,百户军司,肆拾柒下;千户人等,叁拾柒下;万户府首领官吏,贰拾柒下。每一拾名,加壹等,罪止伍拾柒,解任别叙。承差官员与奥鲁官吏有犯,临事量情科罪。"都省准拟。

[1]磨勘:核查。
[2]重行:副词。犹"重"。表示动作行为的重复,相当于"再""又""重新"。
[3]查对:检查核对。
[4]百户军司:官职名,指上百户和下百户二官职。"百户军司"本为官署名,隶属万户府。"万户府"下领千户所和百户所两个官署。"千户所"按照统兵人数分为上、中、下三个千户所,下设达鲁花赤、副达鲁花赤、千户、副千户、百户、弹压等官职;"百户所"按照统兵人数分为上、下两个百户所,下设百户一职,"百户"又分为上、下百户二职。"百户军司"即指"百户所",下设上百户和下百户二官职。《事林广记•别集》卷二《外任诸衙门官职》:"百户军司:上百户,从六〔品〕;下百户,从七品。""百

---

① 须(领):《至正条格》作"须",误。分析文意,当作"领",今据校。

户军司"由官署名转指官职名,指百户军司里的官员,即指上百户和下百户二官职。

受要拜见钱

177 天历元年五月,刑部议得:"衢州路[1]达鲁花赤铁住,受要部民徐元仁参拜中统钞陆拾定。赃虽过满,终非因事取受,合杖捌拾柒下,解任别仕,标附。"都省准拟。

[1]衢州路:隶属浙东道宣慰司都元帅府,治所在今浙江衢州市。《元史·地理志五》:"衢州路。上。本太末地。唐析婺州之西境置衢州,又改信安郡,又改为衢州。元至元十三年,改衢州路总管府。领司一、县五。"

受要离役钱

178 泰定元年十二月,刑部议得:"长秋寺[1]奏差王克恭,入状愿充仓官,要讫丁忧终制奏差信实中统钞玖定、生绢壹拾四,方才与讫离役文状,令本人补阙勾当。拟笞伍拾柒下,罢役别仕,钱物没官。余(今)①后若有似化(此)②犯人,依上追断。"都省准拟。

[1]长秋寺:官署名,秩正三品,掌武宗五斡耳朵户口、钱粮、营缮诸事。皇庆二年(1313)置。下设寺卿、少卿、寺丞、经历、知事、令史、译史、知印、通事、奏差诸官职。

强取民财

179 大德七年十一月,燕南山东道奉使宣抚呈:"夏津县[1]民董仲禄等告:'前福建廉访司罢闲金事脱满奇,持宣人员,引领驱

---

① 余(今):《至正条格》作"余",误。分析文章,当作"今",今据校。《至正条格(校注本)》录作"今",误,当据校。
② 化(此):《至正条格》作"化",误。分析文意,当作"此",今据校。《至正条格(校注本)》录作"此",误,当据校。

奴[2]，亲去乡村，以借为名，问刘用等索要砖木，挟恨不与，捉拿私家拷打，恐喝要讫砖一千个、中统钞陆拾伍两，并把盏[3]、羊酒，又强行砍伐讫李秀等坟茔内大白杨树三株，执差宋贤等军牛人力装载等罪。'决讫肆拾柒下。"都省准拟。

[1]夏津县：隶属中书省高唐州，金属大名府，元初隶东平路，至元七年（1270）属高唐州，中县。

[2]驱奴：元代称奴隶或仆奴为"驱奴"，又作"躯奴"。

[3]把盏：犹"盏"。指杯子。因盏以把计，故称。

180 皇庆元年十二月，御史台呈："汴梁稻田总管府①同知高塔海对祗候哈八张道：'王胡店内有卖碧甸子[1]客人，你唤来，咱提调着合抽分。'以致哈八张夺到碧甸子肆斤伍两入己。"刑部议得："高塔海夺讫客人碧甸子肆斤伍两，估赃至元钞肆拾捌两壹钱。即系强取民财，比依枉法例，决柒拾柒下，除名不叙，标附。"都省准拟。

[1]碧甸子：即绿松石，又称"碧殿子""碧靛子""云朗甸子"，简称"甸子"或"靛子"。《元史·食货志二》："产碧甸子之所，曰和林，曰会川。"

军官挟势乞索

181 泰定三年七月，刑部议得："中卫[1]百户元都马沙，置备酒食，邀请军人王二等伍名，索要讫人情中统钞肆拾伍两，壹主李实中统折至元钞贰贯。量笞叁拾柒下，依旧勾当，标附，乞索钞两给主。"都省准拟。

[1]中卫：官署名，元枢密院所属京师侍卫军五卫之一，秩正三品。至元八年（1271），以侍卫改置。掌宿卫扈从，兼营屯田。国有大事，则调度之。下设都指挥使、副都指挥使、佥事、经历、知事、承发架阁照磨、令

---

① 汴梁稻田总管府：元代无此官署机构。根据文中的官职名称"同知"，疑"汴梁稻田总管府"为"汴梁等路管民总管府"之误。

史、译史、通事、知印诸官职。下领镇抚所一处、行军千户所十处、弩军千户所一处、屯田左右千户所二处。

乞索粮筹

182 泰定二年六月,刑部议得:"千户留儿因向大军仓[1]关支军人口粮,仓官王舆处索要支米一石木筹[2]壹根,转卖到至元钞叁贯叁伯文入己。若以枉法定论,终是米未出仓。合依不枉法例,笞肆拾柒下,解任殿叙,标附,元价没官。其仓官王舆自首到官,难议治罪。"都省准拟。

[1]大军仓:仓名。元代于各地多有设置,掌收支粮斛,逐年拨装海运。下设监支纳、大使、副使诸官职。

[2]木筹:木质算筹。"筹"指算筹,为计算数目所用的器物,可作为支粮凭证。其制甚古,以竹木及厚纸等为之,上记数字,用以布算。因"筹"是竹木制成,故称"木筹"。元制,每米一石,木筹一根。《朴通事集览》上:"出仓之计算。质问云:以木为之,此收放米计数之筹。每米一石,对筹一根。"

齐敛财物

183 至元二十年九月,刑部呈:"西京[1]录事刘时中,为相识刘唐卿,赍到袄子、带儿等物,前来投杔(托)①,令从人李面前于街下诸人处派散[2],齐敛到中统钞陆定叁拾叁两,内入己用讫钞壹定壹拾壹两。议得:'刘时中所招,即系派散聚敛,合以余利定论。缘非因事取受,准不枉法例,减贰等科断。既有入己之赃,解见任,别行求仕,标附。'"都省准呈。

[1]西京:东宁府治所,在今朝鲜平壤市。《高丽史·地理志三》:"蒙

---

① 杔(托):《至正条格》作"杔",误。分析文意,当作"托",今据校。《至正条格(校注本)》录作"托",误,当据校。

古以西京为东宁府,置官吏。""东宁府",又称"东宁路",隶属辽阳等处行中书省。《元史·地理志二》:"东宁路。本高句骊平壤城,亦曰长安城。汉灭朝鲜,置乐浪、玄菟郡,此乐浪地也。晋义熙后,其王高琏始居平壤城。唐征高丽,拔平壤,其国东徙,在鸭绿水之东南千余里,非平壤之旧。至王建,以平壤为西京。元至元六年,李延龄、崔坦、玄元烈等以府州县镇六十城来归。八年,改西京为东宁府。十三年,升东宁路总管府,设录事司,割静州、义州、麟州、威远镇隶婆娑府。本路领司一,余城堙废,不设司存,今姑存旧名。"

[2]派散:摊派。

184 至治元年五月,刑部议得:"衡州路达鲁花赤脱列,挟势省会路吏蒋应星,于所属司县局务等处齐敛到中统钞玖拾伍定,作梯己人情,赍发[1]相识宝庆路[2]达鲁花赤罕马鲁丁,别无入己之赃,拟答叁拾柒下。受钱人[3]罕马鲁丁,虽是代闲[4],难与常人一体定论,量答贰拾柒下,通行标附。"都省隹(准)①拟。

[1]赍发:贿赂。《枕碧楼丛书·刑统赋疏》:"泰定二年三月,台案:工部奏差刘伟告充仓官受要守关奏差赵杰赍发中统钞一十八锭四十两买阙,难同因事取受,决五十七下,解任别叙。出钱人赵杰所犯,断三十七下。"

[2]宝庆路:隶属湖南道宣慰司,治所在今湖南邵阳市。《元史·地理志六》:"宝庆路。下。唐邵州,又为邵阳郡。宋仍为邵州,又升宝庆府。元至元十二年,立安抚司。十四年,改宝庆路总管府。领司一、县二。"

[3]受钱人:受贿人。

[4]代闲:卸职闲居。

185 至治三年三月,御史台呈:"监察御史言:'各处考校照算钱粮,科敛钱物,事发到官,上(止)②据因公盘缠断以不应之罪,俱

---

① 隹(准):《至正条格》作"隹",误。分析文意,当作"准",今据校。
② 上(止):《至正条格》作"上",误。分析文意,当作"止",今据校。

各依旧向(勾)①当,立法太轻,大为民害。'"刑部约会户部议得:"各处照算考校钱粮,果有因而科敛钞定,事发到官,既非真犯,即系不应,拟合约量断罪。入己者,解役别钗(叙)②。"都省准拟。

勒要贴户钱物

186 至顺元年闰七月,刑部议得:"左都威卫[1]百户刘钦,于同户房兄刘仲威下津贴军钱人郑诚处,指以应当马札也[2]为由,吃用酒食,勒要讫中统折至元钞伍拾贯。难同取受本管军人钱物定论,止据不应为罪,笞贰拾柒下,依旧勾当,标附,元要钞定追给。"都省准拟。

[1]左都威卫:官署名,"左都威卫使司"之简称,秩正三品,元东宫、中宫侍卫军机构。至元十六年(1279),世祖以新取到侍卫亲军一万户拨隶东宫,立侍卫亲军都指挥使司。至元三十一年(1294),改隆福宫左都威卫使司,属中宫。下设使、副使、佥事、经历、知事、照磨诸官职。下领镇抚所、行军千户所、屯田左右千户二所、弩军千户所、资食仓诸官署机构。

[2]札也:女真语音译,又译作"扎也"。指军官的侍从、侍卫。"马札也",犹"贴户"。详参第117页"贴户"条。

揩除俸给

187 至元二年三月,刑部议得:"官吏月俸,俾以养廉,乞索揩除[1],诚乖公法。今后内外官府于本衙门并司属乞索官吏俸钞入己,或转与人者,准不枉法科罪。受者,减二等。不知情,不坐。即亲随人自行乞索,罪坐[2]本身,其俸并追给主。"都省准拟。

[1]揩除:扣除,克扣。

---

① 向(勾):《至正条格》作"向",误。分析文意,当作"勾",今据校。
② 钗(叙):《至正条格》作"钗",误。分析文意,当作"叙",今据校。《至正条格(校注本)》录作"叙",误,当据校。

[2]罪坐:归罪。元徐元瑞《吏学指南·字类》:"坐:罪有相连谓之坐。如家人共犯,罪坐专(尊)长是也。"

请求受赃

188 延祐七年七月,刑部议得:"已除未任余姚州[1]达鲁花赤普答失里,于杭州税课副提举[2]野先不花处,分付田垦充同(司)①吏勾当,二次要讫本人酬谢钞物,通折至元钞贰伯陆拾贯。既非见任因事取受,合依不枉法例,无禄减等,杖捌拾柒,罢已受余姚州达鲁花赤职事,别行求仕,标附。"都省准拟。

[1]余姚州:隶属浙东道宣慰司都元帅府绍兴路。唐为余姚县。宋因之。入元,定为上县。元贞元年(1295),升为下州。

[2]税课副提举:官职名,指杭州税课提举司里的"副提举"一职。元代分别于北方和江南设有两处税课提举司,分别为大都税课提举司和杭州税课提举司。杭州税课提举司,下设提举、同提举、副提举诸官职。

子受赃不坐父罪

189 至元二年八月,刑部议得:"浑源州[1]知州王著男王只儿瓦歹,于斗殴犯人杨贤辅处接受中统钞叁拾定、金钗儿一只,在后王著将杨贤辅等依例断决了当。初不知伊男受赃情由,本宗公事别无违枉[2],已经论决,虽有招涉[3],难议责罚。"都省准拟。

[1]浑源州:隶属河东山西道宣慰使司大同路。《元史·地理志一》:"浑源州。下。唐为浑源县,隶应州。金升为州,仍置县在郭下,并置司候司。元至元四年,省入州。"

[2]违枉:悖理枉曲。

[3]招涉:牵连,关涉。

---

① 同(司):《至正条格》作"同",误。分析文意,当作"司",今据校。

家人乞受

190 至元二十一年十二月,都省议得:"官吏取受,已有明文。家人欺谩,乞受财物,量事轻重,坐家人之罪。"

知人欲告回主

191① 延祐元年闰三月②,刑部议得:"诸官吏及有出身人等因事受财,未发而自首及回付者,当许自新,准首原罪。如已事发,出首回付,罪合全科。其知人欲告,回主及自首者③,依例④减罪二等科断,仍解见任。"都省准拟。

悔过还主

192 至顺元年五月,刑部议得:"会福院都事⑤任士毅,受讫襄阳提举司[1]解钞库子侯继间道纻丝[2]一匹,因本司取发[3]侯继,查勘侵使官钱,恐致连累,将元受纻丝令驱陈蛮子回付元主。侯继收讫,首告到官。即系悔过还主,似与知人欲告事例不同,难议坐罪。"都省准拟。

[1]襄阳提举司:官署名,"襄阳营田提举司"之简称,隶属会福院,秩从五品。初置襄阳等处水陆地土人户提领所,设官四员。大德元年(1297),改提举司。天历二年(1329),仍为襄阳营田提举司。下设达鲁花赤、提举、同提举、副提举诸官职。

[2]间道纻丝:"间道","纻丝"之一种,指颜色相间的条纹织物。宋潜说友《(咸淳)临安志》卷五八《物产》:"纻丝,染丝所织,有织金、闪褐、间道等类。""间道纻丝",指一种颜色相间的彩色条纹丝织物。《明史·

---

① 《元典章·刑部》卷十《知人欲告回钱》载有相关条文。
② 延祐元年闰三月:《元典章》作"延祐二年二月"。
③ 自首者:《元典章》作"有自首"。
④ 依例:《元典章》作"合依已拟"。
⑤ 查考文献,"会福院"下无"都事"一职,疑为"知事"之误。

舆服志三》:"南蛮四人,绾朝天髻,系红罗生色银锭,红销金抹额,明金耳环,红织金短袄子,绿织金细折短裙,绒锦裤,间道纻丝手巾,泥金项牌,金珠璎珞缀小金铃,锦行缠,泥金狮蛮带,绿销金拥项,红结子,赤皮靴。"

[3]取发:抓取。

出首不尽

193 元统二年三月,刑部议得:"济南路务副[1]于文通,将收到课程钱[2]中统钞壹拾一定贰拾贰两陆钱,与刘提领①分受入己。自首到官外,有出首不尽至元钞玖贯陆伯文。准不枉法例,止科其罪,无禄减罪,笞叁拾柒下,解任标附。"都省准拟。

[1]务副:官职名,"税务副使"之简称。元代于诸路总管府置"税务"这一官署机构,掌诸路总管府所属地区税务之事。下设提领、大使、副使三个官职。

[2]课程钱:又称"课钱""税钱""课钞"。指赋税钱,纳税的钱。

回付不尽

194 至元二年九月,刑部议得:"官吏人等因事取受钱物,闻知欲告,其受钱人因遇出钱之人,惭伏[1]其罪,要将元受钱物回付本主。奈在身见赍钞定不敷元受之数,据其所有,先已回付,未足钞②物,说称'展兑贴还'[2]。比及送付,其出钱人首告到官。合以回付不尽之数,止科其罪,标附。"都省准拟。

[1]惭伏:惭愧地招认(罪过)。
[2]展兑贴还:谓宽延时日,兑换钱物以贴补归还。

非真犯不追封赠

195 天历元年六月,刑部议得:"大宁路利州[1]知州范稽训,因

---

① 领:《至正条格(校注本)》录作"令",误。《至正条格》作"领",今据校。
② 钞:《至正条格(校注本)》录作"钱",误。《至正条格》作"钞",今据校。

造伪钞贼人司火你赤虚指[2]齐信卿买讫板印，取受本人中统折至元钞二伯贯。闻知欲告，回付本主，依例减等，杖断六拾七下，解任。罪既减科[3]，即非真犯，所受封赠，难议追夺，标附相应。"都省准拟。

[1]利州：隶属辽阳等处行中书省大宁路，金为北京路属州，元为下州。

[2]虚指：虚假指控，无中生有地指控。

[3]减科：减等科罪。指在判决时，依据法律对犯人的罪行减轻若干等级。

说事过钱

196① 至元十九年十二月初一日，中书省奏："如今断底勾当[1]，断底限（哏）②迟③了有。与肚皮[2]勾当有三件：一件，有勾当的④人将着钱物转托他人过度[3]有，过度钱物的人不令管公事人知，将元与钱物昧落[4]，却于元与钱〔物〕⑤人处说称'与了也'；一件，有勾当的⑥人将着钱物转托他人过度有，过度钱人[4]于管公事人处说知有，管公事人道：'那钱则你根底放者，候事了呵，我要。'一件，有勾当的人为管公事的人不要人钱上，故意将钱物与一个人将着，做过度一般，将管公事人赃谋[5]的也有。如今这般的人每，事发时分，钱谁的房子里出来呵，只问那人并与钱人[6]根底要罪过者⑦。这般要罪呵，其间⑧过度钱行踏[7]人每也无去

---

① 《元典章·刑部》卷十《禁治过度钱物》载有同一条文。
② 限（哏）：《至正条格》作"限"，误。《元典章》作"哏"，今据校。
③ 迟：《元典章》作"长"。
④ 的：《元典章》作"底"。
⑤ 〔物〕：《元典章》作"物"，《至正条格》脱，今据补。
⑥ 的：《元典章》作"底"。下同。
⑦ 者：《元典章》作"着"，误。《至正条格》作"者"，当据校。
⑧ 间：《元典章》作"问"，误。《至正条格》作"间"，当据校。

也。"奏呵,奉圣旨:"是有。则那般教①行者。"

[1]断底勾当:又作"断的勾当"。犹言"断的案"。

[2]与肚皮:"肚皮",指赃贿,贿赂。《元典章·兵部》卷三《出使筵会事理》:"近间开读圣旨诏赦差出去底使臣每,更不拣甚么大小勾当里使出去底人每,到外头城子里官人每根底要肚皮,[多]吃祗应。""要肚皮",犹言"索贿"。"与肚皮",犹"使肚皮",指行贿。《元典章·户部》卷八《办课合行事理》:"在先阿合马根底并他总领孩儿每底根底,又其余官人每根底,与肚皮有来。"

[3]过度:指通过中间人行贿受贿,行贿者与受贿者之间不直接交接赃物。元徐元瑞《吏学指南·赃私》:"过度:与人过财也。方言谓之涉济,犹舟船涉济,其事得遂也。"

[4]昧落:隐瞒克扣。

[4]过度钱人:又称"过度人""过钱人"。指行贿受贿的中间人。

[5]赃谋:犹"赃埋"。诬陷,陷害。

[6]与钱人:指给钱的人。犹言"行贿人"。

[7]行踏:走动。

197② 至元三十年五月③,御史台呈:"官吏因事受赃,中间多系转托他人过付[1],事发,止以不应量情科决。今受钱者已有罪名,其出钱④、过钱[2]人等,不见拟断定例。"都省照得:"取受罪名,已有奏准断例。所据过钱人等,事发到官,验赃轻重,量情断罪。"

[1]过付:经手交付。指行贿者与受贿者之间不直接交接赃物,而是由中间人经手交付。

[2]过钱:经手贿赂钱财。

---

① 教:《元典章》作"交"。《至正条格(校注本)》录作"交",误,今据校。
② 《元典章·刑部》卷十《过钱人量情断罪》载有同一条文。《至正条格》此条内容删节。
③ 至元三十年五月:《元典章》作"至元三十年七月"。
④ 《元典章》在"出钱"后作"人",疑衍,《至正条格》无。

198 至顺二年六月十九日,御史台奏:"监察每文书里说:'不公不法,轻重有例。说事过钱[1],无遵守通例。今后职官说事过钱,但有入己钱物,依十二章定论。无入己钱物,说事起灭[2]词讼,临事量情,比常人加等断罪。'么道。俺商量来:'诸官吏见役、在闲说事过钱,但有入己之赃,依十二章定论,吏员人等依例不叙。虽无入己钱物,说事过钱,起灭词讼,终是不应,临事比常人加等要罪①呵,怎生?'"奏呵,奉圣旨:"那般者。"

[1]说事过钱:谓作为中间人替人向官府里的官员说情并贿赂钱财。
[2]起火:谓玩弄手段,捏造与抹除(词讼、是非等)。

过钱克落

199 延祐七年二月,刑部议得:"周谦先任新城县尉[1],因事取受钞定,经断解任,后除鄞县[2]主簿,守阙未任,与袁端②义说事过钱,克落钞物。浙西廉访司[3]笞决肆拾柒下。若作再犯不叙,都(却)③缘今次过钱克落钞物难同真犯。既已断讫,合解见受职事。"都省准拟。

[1]新城县尉:即"新城县县尉"。"新城县",隶属江浙等处行中书省杭州路,宋为上县,绍兴中升畿县,元为中县。
[2]鄞县:隶属浙东道宣慰司都元帅府庆元路,宋为望县,元为上县,倚郭。
[3]浙西廉访司:官署名,"江南浙西道肃政廉访司"之简称。江南十道肃政廉访司之一,隶江南行台,置司于杭州路。至元十四年(1277)置。下设廉访使、副使、佥事、经历、知事、照磨兼管勾、书吏、译史、通事、奏差、典吏诸官职。

---

① 《至正条格(校注本)》于"罪"后衍录"过",《至正条格》无,今据删。
② 端:《至正条格(校注本)》录作"瑞",误。《至正条格》作"端",今据校。
③ 都(却):《至正条格》作"都",误。分析文意,当作"却",今据校。

违例接首①钱状

200 大德二年十一月十三日,御史台奏准:"千□(户)②张政,违例接受百户李威出首取受钱物文状。拟决贰拾柒下。"

□(至)正条格断例六卷终

---

① 首:目录作"受"。
② □(户):《至正条格》此字残损,分析文意及残存笔画,当作"户",今据补。

至正条格卷第七　断例　户婚

逃户差税

201 至元十九年十月,诏书内一款节该:"各州县逃移人户合该差税,并行除豁,勿令见在户计包纳。本处官吏却不得将在家人户妄申逃窜。违者,断罪,仍解见任。逃户复业,依中统二年已降圣旨存恤。"

置局科差

202 至治三年七月,刑部与户部议得:"科征民户差发,品答高低,已有成宪。今后各处当该官司每遇科差,须要依例验户贫富、丁产多寡,委自正官,监视人吏,置局科摊。如有因而作弊,轻重不均,犯人答叁拾柒下。受赃者,以枉法论。应合关防而有失觉察,致有偏重者,临事详情究治。"都省准拟。

赋役不均

203 延祐六年九月,刑部议得:"昆山州[1]达鲁花赤搠罗不花[2]、知州赵朴、同知虎都别[3]、州判康邻[4],定差里正、主首,放富差贫,赋役不均,各答叁拾柒下,依旧勾当;提控案牍蒋实、都目王天孙,肆拾柒下;司吏徐泽等,伍拾柒下,罢役别叙,通行标附。"都省准拟。

[1]昆山州:隶属江浙等处行中书省平江路,中州。唐、宋为昆山县,元元贞元年(1295),升为昆山州。

[2]搠罗不花:人名,又称"槊罗不花"。延祐年间,任昆山州达鲁花

赤一职,授武略将军。清王昶《湖海文传》卷三六王鸣韶《太仓州钟楼铜钟记》载有其事,云:"其钟乃元仁宗延祐四年十月朝列大夫知昆山州兼劝农事王安贞为海宁寺铸……中勒铭词并僚佐姓名,自安贞而外,有曰武略将军昆山州达鲁花赤槊罗不花,有曰进义都尉州同知金哈答,有曰儒林郎州同知虎都别,有曰忠翊校尉州判刘康,有曰承事郎州判康邻。"

[3]虎都别:人名。延祐年间,任昆山州同知一职,授儒林郎。

[4]康邻:人名。延祐年间,任昆山州州判一职,授承事郎。

私取差发

204 至元六年三月,户部呈:"顺德路邢台县[1]司吏胡珪等,影占民户,私下取要差发入己。"都省议得:"胡珪所犯,即系枉法,拟杖捌拾柒下;权司吏赵颜、马珪,各杖陆拾柒下。俱各不叙,钱物追征入官。"

[1]顺德路邢台县:"顺德路",隶属中书省,治所在今河北邢台市。《元史·地理志一》:"顺德路。下。唐邢州。宋为信德府。金改邢州。元初,置元帅府。后改安抚司。宪宗分洺水民户之半于武道镇,置司总管。五年,以武道镇置广宗县,并以来属。中统三年,升顺德府。至元元年,以洺州、磁州来属。二年,洺、磁自为一路,以顺德为顺德路总管府。领司一、县九。"①"邢台县",隶属顺德路,中县,倚郭。

隐蔽包银

205 至治二年二月,刑部议得:"耒阳州[1]达鲁花赤马合谋,提调科征回回户计包银,隐蔽本户,不行供科。合杖陆拾柒下,罢职别仕,收系科差。"都省准拟。

[1]耒阳州:隶属湖南道宣慰司,治所在今湖南耒阳市。《元史·地理志六》:"耒阳州。下。唐、宋皆为县,隶湘东郡。元至元十九年,升为州。"

---

① 《元史·地理志一》作"武道镇",疑误。《新元史·地理志一》作"道武镇",并云"旧志作武道镇,误倒"。

影避差徭

206① 至大四年七月②，御史台呈："江南三省[1]所辖之地，民多豪富兼并之家，专令子孙、弟侄华裾骏马，根随③省官，恃势④影占，不当差役，营干身事，把持官府，欺压良民。若不禁止，实为未便。"刑部议得："合从监察御史、肃攻（政）⑤廉访司用心体察。如有违犯之人，痛行断罪，发还元籍。再犯，加等处断。若因而影避差徭[2]者，罪及家长。元引官员，量事轻重治罪，仍标注私罪过名。"都省准拟。

[1]江南三省：指江浙等处行中书省、江西等处行中书省、湖广等处行中书省。

[2]影避差徭：躲避徭役。

科敛扰民

207 至元二十三年九月，御史台呈："阶州[1]判官何德明，因省差官，到来本州，行下各处科取祗应，动扰人民。"刑部议得："何德明即系擅科违错，量拟决贰拾柒下，标注公罪过名。"都省准拟。

[1]阶州：隶属巩昌等处总帅府，治所在今甘肃陇南市武都区西北。《元史·地理志三》："阶州。下。唐初置武州，又改武都郡，又更名阶州。宋因之。今州治在柳树城，距旧城东八十里。旧领福津、将利二县，至元七年并入本州。"

---

① 《通制条格·户令·官豪影占》载有同一条文。《元典章·刑部》卷十九《禁富户子孙根随官员》载有相关条文。

② 至大四年七月：《至正条格》《通制条格》皆作"至大四年七月"，《元典章》作"至大四年闰七月"。

③ 根随：《至正条格》《通制条格》皆作"根随"，《元典章》作"相随"。

④ 势：《至正条格》《通制条格》皆作"势"，《元典章》作"权势"。

⑤ 攻（政）：《至正条格》作"攻"，误。《通制条格》《元典章》皆作"政"，今据校。

208 至大元年七月,刑部议得:"西番茶货提举司[1]官于本管茶户[2]额外多科茶青[3]、柴炭,折纳轻赍钞定,内达鲁花赤北京不花分讫中统钞壹伯陆拾玖定,同提举谈天瑞壹伯肆拾贰定,副提举吴征壹伯伍拾壹定,孙伯颜察儿壹伯肆拾定,俱各入己。合同枉法定论,已是赃满,罪经原免,除名不叙,赃钞给主。"都省准呈。

[1]西番茶货提举司:官署名,"分宁等处成造西番茶货提举司"之简称。下设达鲁花赤、同提举、副提举诸官职。

[2]茶户:元代诸色户计之一,主要从事茶叶生产。每年须完成一定的产茶额,并须交纳茶课,不得私自销售茶叶。元苏天爵《滋溪文稿》卷二一《元故承德郎寿福院判官林公墓碑铭》:"茶户岁贡有常,有司又复役之,皆以为苦。"

[3]茶青:犹"青茶"。指茶叶。因茶叶呈青色,故称。

虚供户绝

209 至顺三年正月,刑部议得:"益都路乐安县[1]尹张德新,天历三年正月,磨问逃军李义,辄凭亲邻人等,虚供户绝,并无丁产,致蒙枢密院委官追究得,却有宅地二间半、坟地二亩,及有李义孙男[2]李宜哥等在逃罪犯。合答贰拾柒下,标附。"都省准拟。

[1]乐安县:隶属益都路,下县。
[2]孙男:孙子。

投下占户

210 至大二年八月二十八日,尚书省奏:"这沿路来时分,百姓每俺根底多告有:'与俺一般百姓数目的人每,如今,各处投入去了也。么道,除了差发[1],倚着各投下的势力搔扰有。'又道:'有圣旨、懿旨、令旨。么道，俺根底取要饮食，哏搔扰。'说有。令（今）[1]后若有推称圣旨、懿旨、令旨，将属民、站[2]的人每影占的有呵，决断柒拾柒下，断没家产一半。隐藏的人，决断壹伯柒下，发还元籍，教当差呵，怎生？"奏呵，奉圣旨："那般者。"

[1]除了差发：指免除了赋税徭役。

[2]民、站：指民户与站户。元代诸色户计之二种。"民户"，又称"种田户"，所占人口最多；"站户"，指元代服役于站赤之户，属通政院与中书兵部，并置驿令、提领等官管辖，不与民户相混，如有缺，由民户签补。每一提领所领站户，多则二三千，少则五百至七百。

妄献户计

211 延祐七年八月，刑部议得："东平路军户也先不花，将父囊加歹生前已献与正宫位下人户施文或等一万余户，贪图名分，纠合兀奴罕、刘咬住，又赴晋王位下妄献，合杖柒拾柒下。兀奴罕、刘咬住，各杖陆拾柒下，俱发元籍拘管。"都省准拟。

诬侄为义子

212 至顺二年二月，刑部议得："湖州路[1]照磨冷敏，意图兄冷应之家财，将亲侄冷益诬为义子，不令承继，却将伊男冷谦强立与兄为嗣。拟杖陆拾柒下，解任别叙，标附。"都省议得："冷敏所犯，难任牧民，拟于杂职内叙。〔余〕[2]准部拟。"

[1]湖州路：隶属江浙等处行中书省，治所在今浙江湖州市。《元史·地理志五》："湖州路。上。唐改吴兴郡，又改湖州。宋改安吉州。至元十三年，升湖州路。领司一、县五、州一。"

---

① 令（今）：《至正条格》作"令"，误。分析文意，当作"今"，今据校。《至正条格（校注本）》录作"今"，误，当据校。

② 〔余〕：分析文意，《至正条格》脱"余"字，今据补。

压良为驱

213 至顺元年三月,刑部议得:"开元路[1]打捕鹰房千户阿里,虚称买卖客人失盗马匹,主意[2]执谋[3]别薛歹作贼,又无赃验,辄将本人捉拿,用绳绖缚打拷,私置牢狱,枉禁壹月,脱监在逃。又将伊兄屈出、男妇[4]塔失拖往伊家驱使,革后柒个月余,仍前蔽匿为驱。详其阿里所犯,情理[5]尤重,拟杖陆拾柒下,虽遇原免,除名不叙,追夺元降金牌圣旨。"都省准拟。

[1]开元路:隶属辽阳等处行中书省。《元史·地理志二》:"开元路,古肃慎之地,隋、唐曰黑水靺鞨。唐初,渠长阿固郎始来朝,后乃臣服,以其地为燕州,置黑水府。其后渤海盛,靺鞨皆役属之。又其后渤海浸弱,为契丹所攻。黑水复擅其地,东濒海,南界高丽,西北与契丹接壤,即金鼻祖之部落也。初号女真,后避辽兴宗讳,改曰女直。太祖乌古打既灭辽,即上京设都,海陵迁都于燕,改为会宁府。金末,其将蒲鲜万奴据辽东。元初癸巳岁,出师伐之,生禽万奴,师至开元、恤品,东土悉平。开元之名,始见于此。乙未岁,立开元、南京二万户府,治黄龙府。至元四年,更辽东路总管府。二十三年,改为开元路。领咸平府,后割咸平为散府,俱隶辽东道宣慰司。"

[2]主意:起意。

[3]执谋:图谋陷害。

[4]男妇:儿子的妻子,即"儿媳妇"。

[5]情理:犯罪情节。

非法虐驱

214 大德六年正月,御史台呈:"真定路达鲁花赤哈剌哈孙男猫儿,嗔驱阿都赤,声杨尹(扬伊)①强奸良妇,淫乱驱妻,将本人两脚后筋砍断。"刑部议得:"猫儿所犯,量决肆拾柒下,罪经释免。

---

① 杨尹(扬伊):《至正条格》作"杨尹",误。分析文意,当作"扬伊",今据校。

据阿都赤,已成笃疾,再难为驱。合将阿都赤并妻母断令为良另居,收系当差。"都省准拟。

215 皇庆元年四月,御史台呈:"王闰驴元系施州[1]王顺男,山内牧放牛羊,被军人捉拿,撒花[2]与守镇李千户,转与夹谷万户为驱。将驱女龚奴奴匹配为妻,令闰驴每月认纳差发中统钞叁拾两,送纳不起,将闰驴断讫壹伯叁拾柒下。逃走灌州[3],本官捉获,面上刺讫'逃驱'等八字,又挑断两脚后筋。"刑部议得:"夹谷克诚虽称李千户将王闰驴撒花与伊为驱,本官身故,无可照对[4]。其夹谷克诚将闰驴驱使壹拾柒下(年)①,止因拖欠月纳丁钱,法外陵虐,刺面挑筋,永为废人。如此残忍,量决陆拾柒下,罪遇原免,削降散官贰等换授勾当。外据王闰驴并妻龚奴奴,全户为良当差。"都省准拟。

[1]施州:隶属四川南道宣慰司夔路。《元史·地理志三》:"施州。下。唐改清江郡,又改清化郡,又复为施州。宋因之。旧领清江、建始二县。元至元二十二年,并清江入州。领一县:建始,下。"

[2]撒花:蒙古语音译。谓行贿索贿,奉献礼品。宋彭大雅《黑鞑事略》:"其见物则欲,谓之撒花。……撒花者,汉语觅也。"《新元史·兵志一》:"至军人所掠买者,谓之驱口,又名撒花人口,亦曰投祥户。""撒花"又可作名词,有"礼品、礼物、赠品"之义。《元典章·户部》卷八《榷茶运司条画》:"茶司周围蒙古军万户、千户、头目人等,无得非理于茶司取要饮食、杯酒、撒花等物。"

[3]灌州:隶属四川等处行中书省成都路。《元史·地理志三》:"灌州。下。唐导江县。五代为灌州。宋为永康军,后废为灌口寨。元初复立灌州。至元十三年,以导江、青城二县户少,省入州。"

[4]照对:核对。"无可照对",无法核对。

擅披剃僧

216 皇庆元年十一月,刑部议得:"杭州路天竺寺住持僧尹可

① 下(年):《至正条格》作"下",误。分析文意,当作"年",今据校。

权,不经有司勘当,违例擅自披剃蔡宗贤等捌名为僧。量拟尹可权伍拾柒下,蔡宗贤等各肆拾柒下。罪遇释免,尹可权革去住持,余各勒还元籍当差。"都省准拟。

背夫为尼

217 元贞元年十月,河南省咨:"蕲州路[1]祝汝成妻阿张,为夫风瘫不能动止,不令翁姑[2]并所生儿女知觉,私自投妙胜院主雷东堂,削发为尼。"都省议得:"祝阿张所犯,拟决陆拾柒下,分付伊夫收管。外据雷东堂辄将有夫妇人削发为尼,依例断罪。"

[1]蕲州路:隶属河南江北等处行中书省,治所在今湖北蕲春县蕲州镇。《元史·地理志二》:"蕲州路。下。唐初为蕲州。后改蕲春郡,又仍为蕲州。宋为防御州。至元十二年,立淮西宣抚司。十四年,改总管府,设录事司。领司一、县五。"

[2]翁姑:公婆。

屯田赏罚

218 至治二年九月十一日,枢密院奏:"'在前院官内提调屯田有来,这几年屯田的勾当怠漫(慢)①了的一般有。'么道,奏呵,'教提调者'。么道,圣旨有来。在前提调屯田的院官每并卫官、万户、千户、百户每好生用心的上头,收到肆拾余万石子粒有来。这几年卫官、万户、千户、百户不用心的上头,收的不及所费有。如今谨慎的官人每根底与赏,怠慢了的,将提调卫官、万户、千户、百户每根底[1],合要罪过的,要罪过,合削降散官的,削降散官。每年壹顷地滚收[2]玖拾石之上呵,本屯里赏两个千户呵,提调卫官每根底,赏金段子贰匹带里儿[3]、白米贰石;千户本屯里赏叁个百户呵,千户每根底,赏与段子贰匹带里儿、白米贰石;百户,每员赏

---

① 漫(慢):《至正条格》作"漫",误。分析文意,当作"慢",今据校。《至正条格(校注本)》录作"慢",误,当据校。

段子叁匹带里儿、白米叁石；牌子头[4]、散军[5]，每名白米叁石。若收到陆拾石至伍拾石的卫官每根底，若本屯两个千户该罚者，决壹拾柒下；千户若本屯叁个百户该罚者，千户决贰拾柒下；百户叁拾柒下；牌子头、散军，从提调卫官就便断决。收到肆拾石之下，提调卫官不为用心，决贰拾柒下，削降散官壹等；千户决叁拾柒下，削降散官壹等；百户决肆拾柒下，削降散官壹等；牌子头、散军，教提调官就便断罪。若收到陆拾石之上呵，难以赏罚。又这提调卫官，每年壹次交换呵，屯田的勾当，便当的一般。"么道，奏呵，奉圣旨："说的是有。各卫官既提调着勾当，他每根底，不要罪过呵，那里[6]肯用心向前？如今他每根底，依着恁定来的赏罚者。"

[1]将……根底：蒙汉两种句法的杂糅。"将"为汉语介词，"将……"为介词引进宾语的汉语句式；"根底"为硬译蒙古语的宾格助词，用在宾语之后，"……根底"为蒙古语句式。

[2]滚收：均平收取。

[3]里儿：犹"里子"。指衣、冠、履等的内层。

[4]牌子头：军职名。犹"牌头"。"牌"，指元代的基层军队编制单位。《元史·兵志一》："其法，家有男子，十五以上、七十以下，无众寡尽签为兵，十人为一牌，设牌头，上马则备战斗，下马则屯聚牧养。""牌头"，指元代基层军队编制单位牌里的头领。其级别低于千户、百户。《元史·兵志二》："仍定立千户、百户、牌子头，并其家属同来，赴中都应役。"

[5]散军：指无官职的普通军人。元胡祗遹《紫山大全集》卷二二《又七军官有名无实之弊》："昨日散军，今日升为百户，再一升而为千户，又一升而为总官，又一升而为万户。一门之内，父子兄弟俱为勋官，锡爵既多，实不副名。"

[6]那里：犹"哪里"。用于反问句，意在否定。

219 至元四年四月十四日，枢密院奏："马札儿台知院[1]俺根底说：'各卫设立屯田卫所[2]，管一二十屯、军人百十名，所种地土不下千百顷。至于春夏耕耘之际,秋冬忺(收)①成之时,军人并工,扰攘扮(纷)②纭。其提调屯田卫官以一人之身,不能往来遍历,军人所种田土荒惰,是以所收子粒不及元额。今后农忙之际,令各卫提调官于本卫所管行军千户、百户内,除差占外,遴选廉能千户肆员、百户陆员,一同监督军人种佃屯田,庶易办集[3]。其千户、百户等官,或有克落官给种子,及侵用所收子粒,验数多寡科罪。壹石之上,解任;拾石之上,不叙。其余搔扰军人一切不便事理,临事定拟,仍量事轻重断罪。及元差官吏,若西成之后,验其分数,依例赏罚。外据军人例该给赏者,比及十月,军人放散,从本卫提调屯官随即依例给付。不敷者,亦令断罪追陪。庶使屯官军人有所畏向[4],尽于农矣。'的说有。俺众人商量来:'依着马札儿台知院说的定拟着行呵,怎生?'"奏呵,奉圣旨:"那般者。"

[1]马札儿台知院:"马札儿台",人名,又译作"马扎儿台"。蔑里乞氏,元末重臣脱脱之父。《元史》有传。早年扈从武宗,历侍仁宗、英宗、泰定帝、文宗、惠宗,先后任吏部郎中、兵部尚书、大都路达鲁花赤、陕西行台治书侍御史、太府卿、宣政使、御史大夫、知枢密院事、中书右丞相诸官职。至正元年(1341),晋爵忠王。至正七年(1347),别儿怯不花谗于帝,诏安置甘肃,以疾薨,年六十三。"知院",官职名,"知枢密院事"之简称,又称"知枢密院""知院事"。元中统四年(1263),置枢密院以统兵,除四怯薛由天子或亲任大臣节制外,凡宫禁宿卫、边庭军翼、征讨戍守、简阅差遣、举功转官、节制调度等,无不统之。院使初由皇太子兼任,另置副使掌院事。至元二十八年(1291),始置知院一员,遂成为枢密院实际长官。延祐年间,定置知院六员,从一品。行枢密院亦置知院一职。

[2]屯田卫所:官署名,指枢密院下辖各卫设立的屯田千户所,秩正五品。下设达鲁花赤、千户、弹压、百户诸官职。

[3]办集:办成。

---

① 忺(收):《至正条格》作"忺",误。分析文意,当作"收",今据校。
② 扮(纷):《至正条格》作"扮",误。分析文意,当作"纷",今据校。《至正条格(校注本)》录作"纷",误,当据校。

[4]畏向：畏惧。

失误屯种

220 至顺元年七月，大司农司呈永平屯田事。兵部与刑部议得："永平屯田总管府[1]户计，元系大宁路采木人夫，其民无知，溺于怀土，私领官牛还家，违失农时，妨误播种。今后若有似前衷私[2]还家者，笞肆拾柒下。因而失误屯种者，伍拾柒下。头目失于约束，各减贰等断决。其故纵者，与犯人同罪。仍令提调正官常加抚绥，依时劝课，勿令废弛。亲管头目不得非理搔扰。违者，约量断罪。"都省准拟。

[1]永平屯田总管府：官署名，元属大司农司，秩从三品。至元二十四年（1287），始立于永平路南马城县，以北京采木三千人隶之。下设达鲁花赤、总管、同知、知事、司吏诸官职。下辖昌国、济民、丰赡三署，各置署令一员、署丞一员、直长一人、吏目二人、吏二人。

[2]衷私：内中私下做某事。元徐元瑞《吏学指南·捕亡》："衷私：谓情有窥避而潜去者。"

私种官田

221 延祐二年七月，刑部议得："丰闰署[1]达鲁花赤和尚，自备麦种，于屯户地内用官牛种讫荞麦壹拾贰亩，收到子粒入己。即系不应，合笞贰拾柒下，还职，已追价钞没官。"都省准拟。

[1]丰闰署：官署名，秩从五品，隶属宣徽院，掌岁入刍粟，以给饲养驼马之事。下设达鲁花赤、令、丞、直长诸官职。至元二十二年（1285），创立于大都路蓟州丰闰县，户八百三十七，田三百四十九顷。

不修圩田

222 元统元年十月，刑部议得："昆山州达鲁花赤脱脱木儿、知州皇甫信，常熟州[1]达鲁花赤曲里不花、知州孟显，俱系劝农之职,农隙不行差夫修筑田污(圩)[2]①,河道淤塞,又不依时开浚,虚报修完。各笞贰拾柒下,标附。"都省准拟。

[1]常熟州:隶属江浙等处行中书省平江路,中州。唐、宋为常熟县。元元贞元年(1295),升州。

[2]田圩:指南方低洼地区防水护田用的田堤。元任仁发《水利集》卷六:"今昆山富户,如陈新、顾晏、陶湛等田舍,皆在田围之中,每至大水年,亦是外水高于田舍数尺,此今人在田圩中作田舍之验也。"

冒献地土

223② 至大四年三月③,诏书内一款:"国家租赋有常,侥幸献地之人,所当惩戒。其刘亦马罕、小云失不花等冒献河南地土,已令各还元主,刘亦马罕长流海南。今后诸陈献地土并山场、窑治(冶)④之人,并行治罪。"

虚申义粮

224 元贞二年八月,大司农司呈:"归德府萧县尹[1]王铎,虚报义粮贰拾伍石。"刑部议得:"王铎止凭社长郑旺等元申收纳[2]人户义粮,不行计点,致有短少。量拟罚俸壹月,标附。"都省准拟。

[1]萧县尹:即"萧县县尹"。"萧县",隶属归德府徐州,宋为望县,元为下县。至元二年(1265),一度并入徐州,十二年(1275)复立。

[2]收纳:收取,征收。

---

① 污(圩):《至正条格》作"污",误。题文作"圩",今据校。《至正条格(校注本)》录作"污",失校。

② 《通制条格·田令·妄献田土》和《元典章·圣政》卷一《至大四年三月诏》载有同一条文。

③ 至大四年三月:《至正条格》《通制条格》皆作"至大四年三月",《元典章》作"至大四年三月十八日"。

④ 治(冶):《至正条格》作"治",误。《通制条格》《元典章》皆作"冶",今据校。

虚报农桑

225 至顺三年四月十一日,大司农司奏:"监察御史文书里说将来:'东安州[1]知州唐秃坚小名的人,他钦受宣命,官居牧首,职专劝课。自天历三年正月十五日到任,本管〈地〉①地面俱系平州(川)②,止有旧栽桑枣,到今二年之上,别无所栽③树株,以致农桑废弛。除至顺二年八月十七日以前钦遇革拨,所据不合于至顺二年九月二十九日虚报农桑壹万壹千贰伯株,既不称职。'俺众官人每商量来:'依着监察御史每拟来的罪名,断贰拾柒下,黜罢,标附过名,照会各处,以励其余呵,怎生?'"奏呵,奉圣旨:"那般者。"

[1]东安州:隶属中书省大都路。《元史·地理志一》:"东安州。下。唐以前为安次县。辽、金因之。元初,隶大兴府。太宗七年,隶霸州。中统四年,升为东安州,隶大都路。"

侵耕煎盐草地

226 至顺三年七月,刑部与户部议得:"各处运司[1]煎盐草地,场官[2]、灶户于内侵种。若拟一概论罪,缘各处煎盐办课事例不同。其运司场官、灶户人等,今后若有侵耕者,拾亩以下,笞贰拾柒,每贰拾亩,加壹等,罪止伍拾柒,子粒没官。当该官吏人等,知情故纵者,临时详情断罪。受赃者,以枉法论。"都省准拟。

[1]运司:官署名,"都转运盐使司"之简称。详参第535页"都转运盐使司"条。

[2]场官:指管理盐场的官员。"盐场"下设司令、司丞、管勾诸官职。"场官"即指盐场里的司令、司丞、管勾诸官。

---

① 〈地〉:分析文意,《至正条格》衍一"地"字,今据删。
② 州(川):《至正条格》作"州",误。分析文意,当作"川",今据校。
③ 栽:《至正条格(校注本)》录作"裁",误。《至正条格》作"栽",今据校。

多收公田

227 至顺元年五月,诏书内一款:"公田之设,本以养廉。比年以来,外任官员间有不务守慎,因而广占富户,多收子粒,不依时估,折收轻赍,凡遇灾伤,不为拟免。今后若有违犯,依例以赃论罪。监察御史、廉访司严加体察。"

虚包公田

228 皇庆二年九月,刑部议得:"丰州[1]知州刘源,为无拨到职田[2],循习旧弊,令人户包纳,收要讫米叁拾柒石肆斗捌升。准不枉法例科罪,解见任,别行求仕,标附私罪过名,元追米价给主。"都省准拟。

[1]丰州:隶属河东山西道宣慰使司大同路。《元史·地理志一》:"丰州。下。唐初为丰州,又改九原郡,又仍为丰州。金为天德军。元复为丰州。旧有录事司并富民县。元至元四年,省入州。"

[2]职田:"职分田"之省称。指按品级授予官吏作俸禄的公田。《元史·食货志四》:"职田之制,路府州县官至元三年定之,按察司官十四年定之,江南行省及诸司官二十一年定之,其数减腹里之半。至武宗至大二年,外官有职田者,三品给禄米一百石,四品给六十石,五品五十石,六品四十五石,七品以下四十石;俸钞改支至元钞,其田拘收入官。四年,又诏公田及俸皆复旧制。延祐三年,外官无职田者,量给粟麦。"

阙官公田

229 泰定元年八月,户部议得:"湖广省咨:'阙官公田子粒,征收起解,田未收成,先行征租,靠损贫民。'今后各处须要委官提调,伺候秋成,依例征纳,回易作钞,通行起解。但有亏欠,着落委官追陪。仍于粮斛册[1]内另立名①项,明白攒报,年终通行照算。

---

① 名:《至正条格(校注本)》录作"各",误。《至正条格》作"名",今据校。

若有侵欺，比同侵使官钱计赃论罪。"都省准拟。

[1]粮斛册：犹"粮册"。指记载粮食收支数目的簿册。因粮食以斛计量，故称"粮斛"。

典卖田宅

230① 元贞元年六月，中书省照得："各处买卖田土，产去税存，富者愈富，贫者愈贫，大为民害。今后典卖田宅，先行经官合(给)②据，然后立契，依例投税，随时推收，常切关防，出榜禁治。若委因贫困必合典卖，依上给据，买主、卖主一同③随即具状赴官，将合该税石推收与见买地主，〔依上〕④送纳。如有官豪势要买田之家(之家买田)⑤，官吏人等看徇(徇)⑥，不即过割，止令卖主纳税，或科摊其余人户⑦包纳，或虚立诡名[1]⑧，取受分文钱物，告发到官，犯人断伍拾柒下，〔于〕⑨买主名下验元买地价⑩追征，一半没官，一半付告人充赏。当该正官断罪，典史、司吏断罪罢役。"

[1]诡名：又称"诡户"。假名。

---

① 《元典章·户部》卷五《买卖田宅告官推收》载有同一条文。《元史·刑法志二》载有相关条文。
② 合(给)：《至正条格》作"合"，误。《元典章》《元史》皆作"给"，今据校。
③ 同：《元典章》作"月"，误。《至正条格》作"同"，当据校。
④ 〔依上〕：《元典章》作"依上"，《至正条格》脱，今据补。
⑤ 买田之家(之家买田)：《至正条格》作"买田之家"，误倒。《元典章》作"之家买田产"，今据校。
⑥ 徇(徇)：《至正条格》作"徇"，误。《元典章》作"循"，《元史》作"徇"，当据《元史》校。《至正条格(校注本)》录作"徇"，误，当据校。
⑦ 科摊其余人户：《至正条格》《元典章》皆作"科摊其余人户"，《元史》作"分派别户"。
⑧ 名：《至正条格》《元史》皆作"名"，《元典章》作"户"。
⑨ 〔于〕：《元典章》《元史》皆作"于"，《至正条格》脱，今据补。
⑩ 元买地价：《元典章》作"元买地价钱"，《元史》作"元价"。

231① 延祐二年二月②,礼部呈:"民间典卖田宅者,皆因饥寒、丧事、军站差发、钱债,致③将田土、房舍典卖,盖非④得已。今后军民⑤诸色人户,凡典卖田宅,皆⑥从尊长画字⑦给据立帐⑧,尽⑨问[1]有服房亲,次及邻人、典主。不愿者,限壹拾日批退。如违限不行批退者,决⑩壹拾柒下。愿者,限壹拾伍日批价⑪,依例立契成交。若违限不行酬价者,决贰拾柒下,任便交易⑫。其亲邻、典

---

① 《元典章・户部》卷五《典卖批问程限》第一处载有同一条文。《元典章・户部》卷五《典卖批问程限》第二处、《元典章・新集至治条例・户部・典卖批问程限》两处载有部分条文。《元史・刑法志二》和《事林广记・别集》卷三《刑法类》载有相关条文。

② 延祐二年二月:《元典章・户部》卷五《典卖批问程限》作"延祐二年九月",《元典章・新集至治条例・户部・典卖批问程限》作"延祐二年九月□日"。

③ 致:《元典章・户部》卷五《典卖批问程限》作"将",误。《至正条格》《元典章・新集至治条例・户部・典卖批问程限》皆作"致",当据校。

④ 非:《元典章・户部》卷五《典卖批问程限》和《元典章・新集至治条例・户部・典卖批问程限》皆作"不"。

⑤ 民:《元典章・户部》卷五《典卖批问程限》作"户",误。《至正条格》《元典章・新集至治条例・户部・典卖批问程限》皆作"民",当据校。

⑥ 皆:《元典章・户部》卷五《典卖批问程限》和《元典章・新集至治条例・户部・典卖批问程限》皆作"皆",《元史》作"须"。

⑦ 画字:《至正条格》《元典章・户部》卷五《典卖批问程限》和《元典章・新集至治条例・户部・典卖批问程限》皆作"画字",《元史》作"书押"。

⑧ 帐:《元典章・新集至治条例・户部・典卖批问程限》第一处作"限",误。《至正条格》、《元典章・户部》卷五《典卖批问程限》、《元典章・新集至治条例・户部・典卖批问程限》第二处和《元史》皆作"帐",当据校。

⑨ 尽:《元典章・户部》卷五《典卖批问程限》、《元典章・新集至治条例・户部・典卖批问程限》和《事林广记》皆作"取",《元史》作"历"。

⑩ 决:《至正条格》、《元典章・户部》卷五《典卖批问程限》、《元典章・新集至治条例・户部・典卖批问程限》和《事林广记》皆作"决",《元史》作"笞"。下同。

⑪ 批价:《至正条格》《元典章・户部》卷五《典卖批问程限》和《元典章・新集至治条例・户部・典卖批问程限》皆作"批价",《元史》作"议价"。

⑫ 交易:《至正条格》、《元典章・户部》卷五《典卖批问程限》第一处、《元典章・新集至治条例・户部・典卖批问程限》和《元史》皆作"交易",《元典章・户部》卷五《典卖批问程限》第二处脱,当据补。

主故行刁蹬①,取要画②字钱物,取问是实,决贰拾柒下。如业主虚抬③高价,不相由问成交者,决叁拾柒④下,听亲邻、典主百日内收赎,限外不得⑤争告⑥。欺昧亲邻、典⑦主,故不交业〔者〕⑧,决四拾柒下。虽过百日,并听依价⑨收赎。若亲邻⑩、典主在他⑪所者,百里之外,不在由问之限。若告发到官,不行依例理⑫断,从监

---

① 故行刁蹬:《至正条格》、《元典章·户部》卷五《典卖批问程限》、《元典章·新集至治条例·户部·典卖批问程限》和《事林广记》皆作"故行刁蹬",《元史》作"故相邀阻"。

② 取要画:《至正条格》、《元典章·户部》卷五《典卖批问程限》、《元典章·新集至治条例·户部·典卖批问程限》和《事林广记》皆作"取要画",《元史》作"需求书"。

③ 抬:《至正条格》、《元典章·户部》卷五《典卖批问程限》和《元典章·新集至治条例·户部·典卖批问程限》皆作"抬",《元史》作"张"。

④ 叁拾柒:《元史》作"三十七",《元典章·户部》卷五《典卖批问程限》和《元典章·新集至治条例·户部·典卖批问程限》皆作"二十七"。

⑤ 得:《元典章·户部》卷五《典卖批问程限》第一处作"知",误。《至正条格》、《元典章·户部》卷五《典卖批问程限》第二处、《元典章·新集至治条例·户部·典卖批问程限》、《事林广记》和《元史》皆作"得",当据校。

⑥ 告:《至正条格》、《元典章·户部》卷五《典卖批问程限》、《元典章·新集至治条例·户部·典卖批问程限》和《事林广记》皆作"告",《元史》作"诉"。

⑦ 典:《元典章·户部》卷五《典卖批问程限》第二处作"业",误。《至正条格》、《元典章·户部》卷五《典卖批问程限》第一处、《元典章·新集至治条例·户部·典卖批问程限》和《事林广记》皆作"典",当据校。

⑧ 〔者〕:《元典章·户部》卷五《典卖批问程限》、《元典章·新集至治条例·户部·典卖批问程限》和《元史》皆作"者",《至正条格》《事林广记》皆脱,今据补。

⑨ 价:《元典章·户部》卷五《典卖批问程限》第一处作"例",误。《至正条格》、《元典章·户部》卷五《典卖批问程限》第二处、《元典章·新集至治条例·户部·典卖批问程限》、《事林广记》和《元史》皆作"价",当据校。

⑩ 亲邻:《元典章·户部》卷五《典卖批问程限》第二处作"邻人",误。《至正条格》、《元典章·户部》卷五《典卖批问程限》第一处、《元典章·新集至治条例·户部·典卖批问程限》、《事林广记》和《元史》皆作"亲邻",当据校。《至正条格(校注本)》录作"亲邻人",衍"人"字,今据删。

⑪ 他:《至正条格》、《元典章·户部》卷五《典卖批问程限》第二处、《元典章·新集至治条例·户部·典卖批问程限》和《元史》皆作"他",《元典章·户部》卷五《典卖批问程限》第一处和《事林广记》皆作"它"。

⑫ 理:《元典章·新集至治条例·户部·典卖批问程限》作"埋",误。《至正条格》、《元典章·户部》卷五《典卖批问程限》和《元史》皆作"理",当据校。

察御史、廉访司纠治①。"都省准呈。

[1]尽问:先问。

僧道不许置买民田

232 至正四年正月,户部与刑部议得:"御史台呈:'浙东道[1]廉使[2]张亚中等言:内外寺观僧道,近年以来,往往续置民产,影射差徭,侵损民力,虽有禁治,终无定例。如系至元元年十一月二十二日诏书已前,除金、宋旧有常住田土外,以后增置者,即系立革之后,拟合立限勒令吐退[3],令元主备价收赎。如主贫乏,听所在官司给据,卖与无违碍[4]之家,随产纳税当差。限外不行吐退者,严加禁治。今后明著革限,僧道不得置买民产。违者,许诸人陈告,买主、卖主,各决五十柒下;知情、说合、牙见人等,减罪贰等。价钞没官,一半付告人充赏。依例改正,仍旧当差纳税,诚为官民两便。'以此参详:'国家经费,赋役为先。僧道身处空门,往往置买民田,影避差徭,靠损民力。合准廉使张亚中等所言,自立限以后,僧道不得置买军民、站赤一应当差田产。违者,买主、卖主,各决伍拾柒下;牙见、说合人等,各减贰等。其价没官,实为官民两便。'"都省准拟。

[1]浙东道:官署名,"浙东海右道肃政廉访司"之简称,江南十道肃政廉访司之一,隶江南行台,置司于婺州路。至元十四年(1277)置。下设廉访使、副使、佥事、经历、知事、照磨兼管勾、书吏、译史、通事、奏差、典吏诸官职。

[2]廉使:官职名,"廉访使"之简称。为元代御史台、行御史台所属肃政廉访司之下设长官,秩正三品。每道肃政廉访司设廉访使二员。

[3]吐退:退还。

[4]无违碍:指无阻碍,即家境富裕。"无违碍之家",指家境富裕的

---

① 纠治:《至正条格》、《元典章·户部》卷五《典卖批问程限》和《元典章·新集至治条例·户部·典卖批问程限》皆作"纠治",《元史》作"纠之"。

人家。明吕坤《实政录·明职》卷一《提学道之职》："保结惟取身家无违碍之人,不谓乡举里选可乎?"

检踏灾伤

233 至正元年四月,刑部与户部议得:"各处灾伤,检踏不实,以熟作荒,以荒作熟,亲民州县官吏不行从实踏验等事。依验顷亩,立为等第,议拟到各各罪名。"都省准拟。

检踏官吏

234 今后以熟作荒,冒破官粮。以荒作熟,抑征民税。

壹顷之下,各罚俸半月。

壹顷之上至贰拾顷,各罚俸壹月。

贰拾顷以上至五拾顷,笞决柒下。

伍拾顷以上至壹伯顷,壹拾柒下。

壹伯顷以上至贰伯顷,贰拾柒下。

贰伯顷以上至五伯顷,叁拾柒下。

伍伯顷以上至壹千顷,四拾柒下。

壹千顷以上,罪止伍拾柒下,官解任,吏不叙。

果有被灾去处,亲民正官、首领官吏不恤民瘼,畏避踏验,不听告理[1],坐视百姓流离失所者,官吏各笞肆拾柒下,官解任,吏革去。覆踏[2]路府州官吏不行亲诣体视[3],扶同踏验不实,以所管一县多者为重,减亲民官吏一等科罪。但有受赃通同作弊者,计赃,以枉法论。廉访司官违期不行体视者,从监察御史依例纠劾。

[1]告理:谓向官府告状,请求处理。

[2]覆踏:再次检查,再次检验。《元典章·新集至治条例·户部·儒学灾伤田粮》:"有司灾伤田土,例从州县初检,路官覆踏,廉访司官体覆完备,然后除粮。"

[3]体视：亲自检查。

灾伤不即检覆

235 至大元年六月，御史台呈："绍兴路[1]山阴、会稽[2]等处田禾亢旸[3]，尽皆晒死。委同知赡思丁、治中杨钥检覆，推调[4]不即依期前去，以致过期不完，妨碍体覆。"都省议得："诸处灾伤，绍兴尤甚。赡思丁等职当抚字，托故不行，以致不能检覆，使民失所。量拟各决叁拾柒下，标附。"

[1]绍兴路：隶属浙东道宣慰司都元帅府，治所在今浙江绍兴市。《元史·地理志五》："绍兴路。上。唐初为越州，又改会稽郡，又仍为越州。宋为绍兴府。元至元十三年，改绍兴路。领司一、县六、州二。"

[2]山阴、会稽：指山阴县和会稽县，均隶属绍兴路。"山阴县"，宋为望县，元至元十三年（1276）后，定为上县。"会稽县"，宋为望县，元至元十三年后，定为中县，与山阴县俱为本路倚郭。

[3]亢旸：又作"亢阳"。天旱。

[4]推调：推托。

饥荒不申

236① 延祐四年十二月②，刑部议得："成州[1]人民饥馑③，本州不即申报赈救④，以致流移饿死。同知康惟忠，量拟叁拾柒下；州判黄文德，贰⑤拾柒下。各解见任，降先职壹等；吏目赵克让、司吏张惟福，叁拾柒下，解役⑥，期年后〔降等〕⑦叙用。"都省准拟。

---

① 《元典章·刑部》卷十六《人民饿死官吏断罪》载有相关条文。
② 延祐四年十二月：《元典章》作"延祐五年三月十七日"。
③ 饥馑：《元典章》作"阙食"。
④ 救：《元典章》作"济"。
⑤ 贰：《元典章》作"三"，误。《至正条格》作"贰"，当据校。
⑥ 解役：《元典章》作"罢见役"。
⑦ 〔降等〕：《元典章》作"降等"，《至正条格》脱，今据补。

[1]成州：隶属巩昌等处总帅府，治所在今甘肃成县。《元史·地理志三》："成州。下。唐初为成州，又改同谷郡，后仍为成州。宋因之。旧领同谷、栗亭二县。元初，岁壬寅，以田世显挈成都附，令迁于栗亭，行栗亭管民司事，不隶成州，割天水县来属。至元七年，并同谷、天水二县入州。"

虫蝻失捕

237 大德二年九月，刑部呈："淮安路[1]捕蝗迟慢。议得：'判署官达鲁花赤塔失、蒙古同知密只儿羊呵、经历杨仲安、提控案牍朱达等，本管安东[2]、海宁[3]等处，虫蝻[4]生发，不即差官检踏打捕。捕蝗官总管马沈欢，不行着紧监督。海宁、安东州打捕治中刘瑞，奉宣慰司札付，前去守（安）①东州催督捕蝗，不候打绝还府。各罚俸壹月，通行标附。海宁州达鲁花赤火你赤、知州王祐、州判李国蕃，为沭阳[5]、朐山[6]等县地面节续蝗虫生发，不行从小着紧捕打尽绝，以致飞腾生发，打捕不绝，各决壹拾柒下。朐山县达鲁花赤乞里真、县尹孟正臣、主簿刘君宝，既平林村等处节续虫蝻生发，不行监督人夫不分明夜从小并力捕打尽绝，以致飞腾，各决贰拾柒下，通行标附。'"都省准拟。

[1]淮安路：隶属淮东道宣慰使司，治所在今江苏淮安市。《元史·地理志二》："淮安路。上。唐楚州。又改临淮郡，又仍为楚州。宋为淮安州。元至元十三年，行淮东安抚司。十四年，改立总管府，领山阳、盐城、淮安、淮阴、新城、清河、桃园七县，设录事司。二十年，升为淮安府路，并淮安、新城、淮阴三县入山阳，兼领临淮府、海宁、泗、安东四郡，其盱眙、天长、临淮、虹、五河、赣榆、朐山、沭阳各归所隶。二十七年，革临淮府，以盱眙、天长隶泗州。领司一、县四、州三。州领八县。"

[2]安东：即"安东州"，隶属淮安路，下州。宋涟水军，后改安东州，属淮南东路。元至元十二年（1275），置安东分元帅府。至元二十九年

---

① 守（安）：《至正条格》作"守"，误。分析文意，当作"安"，今据校。

(1292),改隶淮安路。

　　[3]海宁：即"海宁州"，隶属淮安路。《元史·地理志二》："海宁州。下。唐海州。宋隶淮〔南〕东路。元至元十五年，升为海州路总管府，复改为海宁府。未几，降为州，隶淮安路。初设录事司，二十年，与东海县并入朐山。领三县：朐山，中；沭阳，下；赣榆，下。"

　　[4]虫螟：蝗虫。

　　[5]沭阳：即"沭阳县"，隶属淮安路海宁州，宋为中县，元为下县。

　　[6]朐山：即"朐山县"，隶属淮安路海宁州，宋为紧县，元为中县。

水灾不申

　　238 延祐四年十二月，刑部议得："延安路青涧县[1]常朗等壹拾柒户告：'经值河水泛涨，漂没房舍，头畜尽绝。'县尹邢天瑞，接受文状，不行踏验飞申赈恤，罪既遇免，拟合解任别仕。典史、司吏，一体解役叙用，通行标附。"都省准拟。

　　[1]青涧县：隶属延安路绥德州，宋为青涧城，金大定年间升为县，元为下县。

地震不申

　　239 皇庆二年七月，户部呈："大都路宝坻①县[1]，皇庆二年六月初一日地震，房舍倒塌，损伤人口，不即飞申。"都省议得："达鲁花赤帖哥、县尹李瑞，各决壹拾柒下，标附过名。"

　　[1]宝坻县：隶属大都路，下县。至元十六年(1279)，于县立屯田所，收籽粒赴太仓及醴源仓输纳。

七卷终

---

①　坻：《至正条格（校注本）》录作"坻"，误。《至正条格》作"坻"，今据校。

至正条格卷第八　断例　户婚

命妇不许再醮

240① 至大四年六月②,吏部③呈:"妇人因夫、子④得封郡县之号,即与庶民妻室不同。既受朝命,若夫、子不幸亡殁,不许再醮[1]⑤。如不遵守⑥,将所受宣敕追夺,断罪离异。"都省准拟⑦。

[1]再醮:犹"再嫁"。

禁收庶母并嫂

241 至顺元年九月二十三日,中书省奏:"御史台备着监察每文书,俺根底与将文书来:'汉人殁了哥哥,他的阿嫂守寡,其间兄弟[1]每收继[2]了多有。似这般呵[3],体例里不断似一般有。如蒙定拟,通例禁治。'的与将文书来的上头,教礼部定拟呵,'今后汉人、南人收继庶母并阿嫂的,合禁治'。么道,定拟行有。依他每定拟的教行呵,怎生?"奏呵,奉圣旨:"那般者。"钦此。刑部议得:"今后似此有犯男子、妇人,各杖捌拾柒下;主婚者,笞伍拾柒下;

---

① 《元典章·户部》卷四《命妇夫死不许改嫁》载有同一条文。《元史·选举志四》载有相关条文。
② 至大四年六月:《元典章》作"至大四年八月"。
③ 吏部:《元典章》作"礼部"。
④ 因夫、子:《元典章》作"因得夫、",衍"得"字。《至正条格》《元史》皆作"因夫、子",当据删。
⑤ 再醮:《至正条格》《元典章》皆作"再醮",《元史》作"再嫁"。
⑥ 守:《至正条格》《元史》皆作"守",《元典章》作"式"。
⑦ 准拟:《元典章》作"准呈"。

媒合人[4],肆拾柒下。聘财一半没官,一半付告人充赏。虽会赦,犹离之。"都省准拟。

[1]兄弟:弟弟。

[2]收继:元代风俗,兄死由弟娶嫂,或父死由子娶庶母,谓之"收继"。

[3]似这般呵:假设句。如果像这样。

[4]媒合人:媒人,居中撮合的人。

有妻娶妻

242 大德七年八月,江南湖广道[1]奉使宣抚呈:"万户李庆瑞,见有妻妾叁人,又与仵阿刘女作养老婿[2]。拟肆拾柒下,离异,标附。"都省准拟。

[1]江南湖广道:元代分天下为十八道,遣奉使宣抚分道宣抚。"江南湖广道"即为十八道之一。《元史·百官志八》:"奉使宣抚。至正五年十月,遣官分道奉使宣抚,布宣德意,询民疾苦,疏涤冤滞,蠲除烦苛,体察官吏贤否,明加黜陟。……江南湖广道,以大都路达鲁花赤拔实、江浙参政秦从德为之,留守司都事月忽难为首领官。"

[2]养老婿:即"赘婿",指奉养女方父母的入赘女婿。男子娶女子为妻,相对女方而言,男子为女婿。若该女婿入赘女方家里,并负责奉养女方父母,则被称为"养老婿",又称"养老女婿"。

许婚而悔

243① 皇庆二年四月②,礼部与刑部议得:"男女婚配,人之大伦。愚民无知,往往悔亲别嫁。若不立法禁约,无以敦劝民俗。

---

① 《元典章·户部》卷四《定婚不许悔亲》和《元典章·新集至治条例·户部·定婚不许悔亲别嫁》载有同一条文。《元史·刑法志二》载有相关条文。

② 皇庆二年四月:《元典章·定婚不许悔亲》《元典章·定婚不许悔亲别嫁》皆作"皇庆二年五月□日"。

今后许嫁女,已报①婚书②,及有私约[1],或受财③而辄悔者,笞叁拾柒下;若更许他④人者,笞肆拾柒下;已成⑤者,伍拾柒下;后娶者知情⑥,减一等。女归前夫。男家悔者,不坐,不⑦追聘财。外据伍年无故不娶者,照依旧例,听⑧经官出给执照[2],别行改嫁。"都省准呈。

[1]私约:指无媒妁而由男女双方私下议订的婚约。
[2]执照:指官府所发的文字凭证。

同姓为婚

244 至治二年十一月,刑部议得:"东平路刘成,将女嫁与刘海男为妻。既是同姓,主婚之人,各笞肆拾柒下,离异,元下财钱没官。媒人,量笞贰拾柒下。"都省准拟。

西夏私婚

245 至元三十年七月,甘肃省咨:"西夏番汉部落混处,各家男女私相诱说,强娶为妻。"刑部议得:"河西地面,男女强取[1]成婚,

---

① 报:《元典章·定婚不许悔亲》作"招",误。《至正条格》《元典章·定婚不许悔亲别嫁》皆作"报",当据校。
② 婚书:《至正条格》《元典章·定婚不许悔亲》《元典章·定婚不许悔亲别嫁》皆作"婚书",《元史》作"书"。
③ 受财:《至正条格》《元典章·定婚不许悔亲》《元典章·定婚不许悔亲别嫁》皆作"受财",《元史》作"已受聘财"。
④ 他:《至正条格》《元史》皆作"他",《元典章·定婚不许悔亲》《元典章·定婚不许悔亲别嫁》皆作"它"。
⑤ 成:《至正条格》《元典章·定婚不许悔亲》《元典章·定婚不许悔亲别嫁》皆作"成",《元史》作"成婚"。
⑥ 后娶者知情:《至正条格》《元典章·定婚不许悔亲》《元典章·定婚不许悔亲别嫁》皆作"后娶者知情",《元史》作"后娶知情者"。
⑦ 不:《元典章·定婚不许悔亲》作"只",误。《至正条格》《元典章·定婚不许悔亲别嫁》《元史》皆作"不",当据校。此外,《元典章·定婚不许悔亲别嫁》于"不"前衍"只"字,当据删。
⑧ 听:《元典章·定婚不许悔亲》《元典章·定婚不许悔亲别嫁》皆作"听许"。

为首者,决杖捌拾柒下;为从,减贰等。有父母之言,不待媒妁强取,为首者,伍拾柒下;为从,减贰等。"都省准拟。

[1]强取:犹"强娶"。

禁叔伯成婚

246① 至元六年十一月初五日,中书省奏:"御史台备着南台御史文书里呈:'普颜笃皇帝时分,答失蛮、回回、主吾[1]人等,叔伯成亲的,教住罢了来。近年以来,答失蛮、回回、主吾人等,仍于叔伯自相成亲,理合禁止。'么道,与将文书来的上头,刑部同礼部议得:'夫妇乃人伦之本,兄弟实骨肉之亲,同姓尚不为婚,叔伯岂容配偶。今后似此成婚者,合比同姓为婚例,加贰等,各杖陆拾柒下,并令离异。婚合人等,笞肆拾柒下。许诸人首告到官,于聘财内给中统钞壹拾定充赏,遍行为例遵守。'的说有。依部家定拟来的行呵,怎生?"奏呵,奉圣旨:"那般者。"

[1]主吾人:即犹太人。

兄妻配弟

247 至治二年闰五月,刑部议得:"商州[1]安庭秀,因长男安观奴与妻崔云儿成亲之后不相和谐,观奴出外,却行配与次男童童为妻。安庭秀杖柒拾柒下。安童童、崔云儿虽有父母舅姑[2]之言,终非可从之事,减等各杖陆拾柒下,仍令离异。"都省准拟。

[1]商州:隶属陕西等处行中书省奉元路。《元史·地理志三》:"商州。下。唐初为商州,又改上洛郡,又复为商州。宋及元皆因之。领一县:洛南,下。"
[2]舅姑:指称妻之父母,即岳父母。《礼记·坊记》:"昏礼,婿亲迎,见于舅姑。"郑玄注:"舅姑,妻之父母也。妻之父为外舅,妻之母为外姑。"

---

① 《元史·顺帝本纪三》载有相关条文。

弟妇配兄

248 至元二年六月,刑部议得:"兰溪州[1]张再二,凭媒定问[2]徐阿姚女徐新娘,与次男张住老为妻,未曾婚娶,因张住老患病,不令徐阿姚并媒证[3]知会,将徐新娘迎娶过门,配与长男张孙为妻。即系违律为婚,罪坐主婚之人,拟杖捌拾柒下,徐新娘离异归宗。"都省准拟。

[1]兰溪州:隶属浙东道宣慰司都元帅府婺州路。《元史·地理志五》:"兰溪州,下。木金华之西部三河戍。唐析置兰溪县。宋因之。元元贞元年,升州。"
[2]定问:下聘礼订亲。
[3]媒证:婚姻介绍人。

娶男妇妹为妾

249 泰定四年八月,礼部议得:"济宁路肥城县[1]郝拗儿,娶男妇亲妹刘秀儿为妾,甚失尊卑之礼。罪经释免,令刘秀儿离异归宗,元下财钱等物没官。"都省准拟。

[1]肥城县:隶属济宁路,下县。宋、金为平阴县。元至元十二年(1275),以平阴辛镇寨东北十五里旧城置此县,以平阴县孝德等四乡隶之。

居丧嫁娶

250① 大德二年八月②,枢密院呈:"均房翼奥鲁府[1]千户王继祖父王喜身故,将已定妻马氏③扶取[2]④过门,拜灵成亲。"刑部议

---

① 《元典章·户部》卷四《停尸成亲断离》和《元典章·刑部》卷三《王继祖停尸成亲》载有相关条文。
② 大德二年八月:《元典章·停尸成亲断离》《元典章·王继祖停尸成亲》皆作"大德二年"。
③ 马氏:《元典章·停尸成亲断离》《元典章·王继祖停尸成亲》皆作"马大姐"。
④ 扶取:《元典章·停尸成亲断离》《元典章·王继祖停尸成亲》皆作"扶娶"。

得："王继祖父丧停尸成亲，拟断捌拾柒下，罪遇释免，罢职离异，财钱没官，妇人不坐。"都省准拟①。

[1]奥鲁府：官署名，"奥鲁总管府"之简称。蒙古人占领中原后，置奥鲁官及官府管领军户。中统四年（1263），置十路奥鲁总管府。至元以后，多以地方长官管领诸军奥鲁，只有部分蒙古军、色目军保留奥鲁官府。如蒙古军聚集的东平等路即设奥鲁总管府。至元二十一年（1284），定蒙古奥鲁官，大翼万户下设奥鲁总管府，秩从四品。小翼万户下设奥鲁官，秩从五品。各千户奥鲁，亦设奥鲁官，受枢密院札付。

[2]扶取：犹"扶娶"。迎娶。

251② 至大元年闰十一月，辽阳省咨："利州蔡珍告：'妹寿僧聘与李四十为妻，李四十病故八月，本妇背伊婆李阿杨接受李茂才定物③。'利州断令守服，蔡寿僧却行逼令李阿杨受讫李茂才财钱，小叔李五儿主婚，聘④与本人为妾。"刑部议得："蔡寿僧，拟决陆拾柒下；李五儿不应服内主婚嫁嫂，量决肆拾柒下；李茂才知情求娶，量决伍拾柒下；李阿杨既非得已，原情可恕。蔡寿僧拟合离异，若有所生男女，许从其父，元财⑤没官。"都省准拟。

娶有夫妇人

252 至治二年二月，刑部议得："沔阳府景陵县[1]达鲁花赤阿思兰羊阿，取受被问，托病不出，就于羁管之所违法求娶有夫妇人王良妻为妾。罪遇释免，难任牧民，拟合解任，杂职叙用，妇人离异。"都省准拟。

---

① 准拟：《元典章·停尸成亲断离》《元典章·王继祖停尸成亲》皆作"准呈"。
② 《元典章·新集至治条例·户部·夫亡服内成亲断离与男同居》载有相关条文。
③ 定物：《元典章》作"财钱"。
④ 聘：《元典章》作"嫂"，误。《至正条格》作"聘"，当据校。
⑤ 元财：《元典章》作"财钱"。

[1]沔阳府景陵县:"沔阳府",隶属荆湖北道宣慰司,治所在今湖北仙桃市沔城回族镇。《元史·地理志二》:"沔阳府。唐复州,又改竟陵郡,又为复州。宋端平间移州治于沔阳镇。至元十二年归附,改为复州路。十五年,升为沔阳府。领县二:玉沙,中,倚郭;景陵,中。"①"景陵县",隶属沔阳府,宋为紧县,元为中县,南宋末因兵乱徙治无常,归附后还旧治。

娶定婚妇

253 皇庆元年十月,御史台呈:"陕西行台[1]察院[2]书吏郝大亨,根随御史巡历到白水县[3],照刷过李帖住男万僧告朱阿贺将元定弟妇朱爱哥许与郭君璋为妻文卷,在后郝大亨母阿冯身故,不行守服终制,违例多写财钱等物,将帖住已定男妇朱爱哥定问为妻,服内成亲。"刑部议得:"郝大亨明知朱爱哥已许李帖住男丑汉为妻,经官争理未定,多下财钱,服内求娶。拟合加等,断玖拾柒下,钦遇释免,除名不叙。朱爱哥既是听从母命,难拟坐罪,断付前夫,财钱没官。"都省准拟。

[1]陕西行台:官署名,"陕西诸道行御史台"之简称,秩从一品。至元二十七年(1290),始置云南诸路行御史台。大德元年(1297),移云南行台于京兆,为陕西行台,而云南改立廉访。延祐元年(1314)罢,二年(1315)复立。统汉中、陇北、四川、云南四道。下设大夫、御史中丞、侍御史、治书侍御史、经历、都事、照磨、架阁库管勾、承发司管勾兼狱丞、掾史、蒙古必阇赤、回回掾史、通事、知印、宣使、典吏、库子诸官职。

[2]察院:官署名,至元五年(1268),始置于御史台、行御史台。御史台所属察院,又称"内察院",掌廉访、刺举之事,秩正七品。定置监察御史三十二员,书吏三十二人。江南诸道行御史台所属察院置于至元十四

---

① 《元史·世祖本纪七》:"(至元十六年十二月丁酉)升沔阳、安陆各为府。"《元史》所载升沔阳府的时间一作"至元十五年",一作"至元十六年",未知孰是,无可取证。

年(1277),定置监察御史二十八员,书吏二十八人。陕西诸道行御史台所属察院,定置监察御史二十员,书吏二十人。

[3]白水县:隶属陕西等处行中书省奉元路同州,下县。

254 至元三年五月,刑部议得:"未任清流县尹[1]苏钦,已有妻子,又将高天祐未婚男妇郑春儿,买嘱[2]媒证,诈捏[3]婚书,寅夜部领[4]人众强要拜门,未曾成亲。量笞肆拾柒下,难任守令,拟解已除县尹职事,别叙标附。外据郑春儿,合令高天祐男高保儿依例求娶。"都省议得:"苏钦职居牧守,荒淫不法,合于杂职内叙用。余准部拟。"

[1]清流县尹:即"清流县县尹"。"清流县",元代有两处"清流县":一处隶属淮东道宣慰使司扬州路滁州,宋为望县,元为中县;一处隶属福建道宣慰使司都元帅府汀州路,宋析长汀、宁化边远地置清流县,元为下县。上文"清流县"未知孰是,无可取证。

[2]买嘱:犹"买托""买求"。谓给人钱财,请托办事。

[3]诈捏:虚假地捏造,即伪造。

[4]部领:率领。

赫①娶女使

255 天历二年八月十一日,御史台奏:"大都台官每文书里说将来:'监察御史每问着,大都兵马司[1]指挥[2]刁太不花因为回付王平章家私,问王平章娘子索要了妇女王莲哥,收纳为妾。比例打陆拾柒下,降壹等,殿叁年,杂职内叙用,王莲哥归宗完聚。'么道,说将来有。"奏呵,奉圣旨:"他是元封门子[3]的官人,为回付家私时要了这妇女,比例轻有。监察每拟将来的之上,加壹等,断柒拾柒下,降贰等,殿叁年,杂职内叙用者。"

---

① 赫:目录作"吓"。《至正条格(校注本)》校作"赫(吓)",不必校。

［1］大都兵马司:官署名,"大都路兵马都指挥使司"之简称,隶属大都路都总管府,秩正四品,掌京城盗贼奸伪鞫捕之事。下设都指挥使、副指挥使、知事、提控案牍、吏诸官职。至元九年(1272),改千户所为兵马司,隶大都路。凡刑名则隶宗正,且为宗正之属。二十九年(1292),置都指挥使等官,其后因之。因一置司于北城,一置司于南城,故合称"大都南北兵马司""南北兵马司"。

［2］指挥:官职名,"都指挥使"之简称,大都路兵马都指挥使司下设之长官,秩正四品。

［3］封门子:犹"封门"。指查封(家产)。

256 至元五年八月,刑部议得:"江西省河泊所提领解复初,年过五旬,元娶正妻,已有所生儿男[1],又有大使王鼎年老例合致仕为由,不用媒证,自捏婚书,吓要本官持服[2]孙女王福儿,强纳为妾。拟合杖断柒拾柒下,罢职不叙,罪既遇免,依上不叙,标附。王福儿归宗。"都省准拟。

［1］儿男:犹"男儿"。儿子。
［2］持服:犹"守服"。守孝,服丧。

夫亡召婿

257 至治二年三月,刑部与礼部议得:"妇人夫亡,已有所出男女,抛下家产,可以养赡,不守妇节,辄就夫家再行召婿,破荡[1]前夫家产,理合禁止。今后有犯,如未终制,本妇、后夫、媒合、保见人等比依服内成亲例,一体断罪。若已服阕[2]者,量事轻重科决,并行离异。仍追破费前夫家产给主,元下财钱没官。"都省准拟。

［1］破荡:破费,耗尽。
［2］服阕:守丧期满除服。

入广官员妻妾

258① 大德三年十一月,御史台呈:"两广②烟瘴重地,北③来官员染病身死,抛下妻妾,改适他人,将前夫应有资财、人口席卷而去。况在广亡殁官员老小出广,已有应付站船定例。今后若有身故,抛下老小,听从本处官司依例起遣[1]还家,其妻妾不得擅自改嫁。如有违犯,断罪听离。前夫家私,勒令陪偿。"都省准拟。

[1] 起遣:遣送,遣发,打发。

妄嫁妻妾

259④ 大德二年八月⑤,刑部议得:"袁州路[1]郭季二,将妻彭明四姑作妹,嫁与王二为妻。各杖陆拾柒下,罪遇原免,令本妇离异归宗。其王二既不知情,难议治罪。元下财钱,拟合给主。"都省准拟。

[1] 袁州路:隶属江西等处行中书省,治所在今江西宜春市。《元史·地理志五》:"袁州路。上。唐为袁州,又为宜春郡。元至元十三年,〔置〕安抚司。十四年,改总管府,领四县,设录事司,隶湖南行省。十九年,升路,隶江西行省。元贞元年,萍乡县升州。领司一、县三、州一。"

260 延祐元年五月,刑部议得:"金复州[1]新附军[2]百户塔海,凭媒求娶到良女白闰奴为妾,却行受钱,转嫁与王黑狗为妻。量决伍拾柒下,罪遇原免,解任别仕。白闰奴离异归宗,财钱没官。"都省准拟。

---

① 《通制条格·户令·嫁娶》和《元典章·户部》卷四《广官妻妾嫁例》载有同一条文。
② 两广:《至正条格》《通制条格》皆作"两广",《元典章》作"广东"。
③ 北:《通制条格》作"比",误。《至正条格》《元典章》皆作"北",当据校。
④ 《元典章·户部》卷四《夫嫁妻财钱革拨》载有相关条文。
⑤ 大德二年八月:《元典章》作"大德二年八月□日"。

[1]金复州:官署名,"金复州万户府"之简称。元拖雷元年(1228),仍立金州,隶盖金路,治化成县和司候司。太宗七年(1235),改隶辽西路,寻改隶东京路。八年(1236),仍改隶盖金路。至元二年(1265),省附郭县。三年(1266),复附郭县,省司候司。六年(1269),更金复州,改隶东京路,省附郭县。二十五年(1288),隶辽阳路。三十年(1293),更金复万户,改隶肇州道,治金州千户。

[2]新附军:元代兵种之一。指蒙古在灭南宋的过程中以降附之宋军编成的军队,从事征战、屯田、营造等事。《元史·兵志一》:"其继得宋兵,号新附军。"

转嫁男妇

261 大德七年三月,礼部议得:"大名路魏县[1]元瑞,娶到王玉女,与男为妻,不即成婚,却行冒作义女,转嫁与王义甫义男为妻。量决陆拾柒下,本妇改正归宗,财钱没官。"都省准拟。

[1]魏县:隶属大名路,元为中县。

逐婿嫁女

262 大德八年二月,礼部议得:"卫辉路王聚,定问到孟顺女玉儿,作一十二年女婿,下讫财钱中统钞伍定、表里、头面[1]等物,与孟玉儿成亲。在后孟顺计算得元与王聚钱本销折[2],遣赶在外,打兑[3]财钱,写立私约,如壹年不行下财,便同休书。后将财钱欲取孟玉儿出舍[4],孟顺却召有妻人耿世杰为婿。即系违法,孟顺、耿世杰各决柒拾柒下,将本妇断付王聚。先下财钱,已过定例,未满年限,不须贴住[5]。耿世杰元下财钱,追征没官。孟玉儿虽有招伏,原情恕罪。"都省准拟。

[1]头面:首饰,头部装饰品。
[2]销折:损耗。
[3]打兑:筹措,筹集。

[4]出舍:谓入赘之婿超过一定的年限,携妻出门与岳父母分开居住。

[5]贴住:谓入赘之婿有一定的居住年限,若未满年限,则须补足居住的年限,称作"贴住"。《通制条格·户令·收嫂》:"至元十六年二月,中书省。礼部呈:'浚州郭全,元召李丑驴作婿十三年,住讫四年身故,外有九年,伊弟李五驴欲行收继,贴住年限。其李五驴已于牛三家作婿,似难收继。'都省准呈。"

典雇妻妾

263① 至治二年九月十六日,中书省奏:"江浙省官人每备着信州路文书,俺根底与将文书来:'至元二十九年,世祖皇帝时分,御史台呈备浙东道廉访司[1]文字:南方百姓典雇有夫妇人,不许典雇。夫妇不相离,一同典雇的,教听者。么道,禁治呵。到今为不曾定拟到决断他每的罪名例有。'么道,与将文书来的上头,俺教刑部定拟呵,'今后若有受财典雇妻妾与人的,决断伍拾柒下,本妇离异归宗,元钱没官,和同[2]的本夫、本妇并雇主同罪,引领媒保[3]人等,减壹等决断。主首、豪霸人等因催官物,或索私债,以力逼勒典雇为妻妾的,决断陆拾柒下,本妇责付本夫完聚,不追聘财'。么道,教礼部官人每再行定拟呵,'合依刑部定拟的体例禁治'。么道,与将文书来有。依着他每定拟来的教行呵,怎生?"奏呵,奉圣旨:"那般者。教禁治者。"

[1]浙东道廉访司:官署名,"浙东海右道肃政廉访司"之简称,江南十道肃政廉访司之一,隶江南行台,置司于婺州路。至元十四年(1277)置。

[2]和同:伙同。元徐元瑞《吏学指南·贼盗》:"同党:相助匿非曰党。谓曾经和同商量,随从同党者。"

[3]媒保:媒证,媒人。

---

① 《元史·刑法志二》载有相关条文。

休妻再合

264 延祐四年七月,礼部议得:"嘉定路案牍周桂荣妻任氏,获罪于姑,因而休弃,改嫁计县尹为妻。本人身死,方及周岁,周桂荣却与任氏再合。虽在革前,理宜改正离异。"都省准拟。

擅嫁匠妻

265 皇庆元年十一月,刑部议得:"管领襄阳织造么丝人匠也乞,在逃不知存亡。其本管头目答求丁受许[1]财钱中统钞肆定,将也乞妻夫(失)①怜嫁与昔的为妻。合同枉法,决柒拾柒下,除名不叙,追财没官,失怜改正。"都省准拟。

[1]受许:收受(贿赂)。

男妇配驱

266 至元三十年五月,礼部议得:"不鲁花求娶扎不罕女盼儿,与伊男阿剌怗②木儿作童养媳妇,经今一十一年,不曾成婚,却将盼儿配与驱男[1]塔剌赤为妻。不鲁花拟决伍拾柒下,盼儿断付伊母扎不罕完聚,不回聘财。"都省准拟。

[1]驱男:元代称"驱"的儿子为"驱男"。

勒娶民女驱使

267 元贞元年正月,御史台呈:"刘阿王告:'有男刘山儿,于苏四处作婿,前去新店[1],籴米不还。苏四告到云州[2],乔知州抑勒父刘秉直陪偿米价、驴畜。为无可备,将亲女翠哥、苗哥准折钞柒

---

① 夫(失):《至正条格》作"夫",误。后文作"失",今据校。
② 怗:《至正条格(校注本)》录作"帖",误。《至正条格》作"怗",今据校。

定。乔知州指聚(娶)①与弟作妻为名,伊家驱使,又勒休弃男妇苏孙女,别行改嫁,与王三子为妻,以致刘秉直并阿王削发乞化为生。'刑部议得:"知州乔天铎逐项罪犯,止以与弟娶妻为名,勒要部内为事人刘秉直亲生二女,在家驱使。情犯为重,拟决柒拾柒下,罪遇原免,期年后降贰等,杂职内叙用。刘翠哥、苗哥给付完聚,苏孙女断付伊夫刘山儿。"都省准拟。

[1]新店:地名,又名"龙虎台"。为宿顿之所,位于昌平县境,距京师仅百里。皇庆二年(1313),徙昌平县治于新店。

[2]云州:隶属中书省上都路。《元史·地理志一》:"云州。下。古望云川地。契丹置望云县。金因之。元中统四年,升县为云州,治望云县。至元二年,州存县废。二十八年,复升宣德之龙门镇为望云县,隶云州。领一县:望云。"

侄女嫁驱

268 大德七年闰五月,礼部呈:"曹州禹城县[1]牛赛儿,欺谩侄女牛连儿孤幼,主婚暗受聘财,嫁与李合儿驱火你赤为妻。主婚人牛赛儿、李合儿,各决伍拾柒下,罪遇原免,拟合离异归宗,元受财钱追没。"都省准拟。

[1]禹城县:金朝隶属济南府,元代隶属曹州,中县。

娶逃驱妇为妾

269 泰定四年六月,刑部议得:"凤翔府[1]宝鸡县尹[2]雷复礼,将在逃驱妇[3]赵金金占吝,不行发遣,却接诉良[4]文状,断令为良。断后七日,收纳为妾。革后告发,才方休弃。原其所犯,难任牧民。拟决四拾柒下,解见任,标附,杂职内叙,妇人离异。"都省准拟。

---

① 聚(娶):《至正条格》作"聚",误。后文作"娶",今据校。

[1]凤翔府：隶属陕西等处行中书省，治所在今陕西凤翔县。《元史·地理志三》："凤翔府，唐为扶风郡，又为凤翔府，号西京。宋、金因其名。元初割平凉府、秦、陇、德顺、西宁、镇宁（原）州隶巩昌路，废恒州，以所领盩厔县隶安西府路。寻立凤翔路总管府。至元九年，更为散府。领县五：凤翔，下；扶风，下；岐山，下；宝鸡，下；麟游，下。"

　[2]宝鸡县尹：即"宝鸡县县尹"。"宝鸡县"，金为凤翔府属县，元为下县。

　[3]驱妇：元时称女性奴隶或仆奴为"驱妇"。

　[4]诉良：谓某人原为驱口、奴隶，后向官府诉讼，以求官府断令其脱离奴籍，成为良人（平民），此即"诉良"。

冒娶良人配驱

　270　元统元年九月，户部与刑部议得："良人嫁驱，自愿者听，已有定例。其巧立名色，捏写婚书，妄冒求娶良家子女，转配驱奴者，所生男女，俱合随母为良，别立户名，收系当差。主婚妄冒之人，笞伍拾柒下。有职役者，解任别叙。保亲[1]媒合人等，减贰等科断。"都省准拟。

　[1]保亲：做媒。

　271　至元二年四月，刑部议得："庆阳府[1]同知尚瓒，教令部民罗文通妾刘定哥告伊夫有妻娶妻，非理陵虐，擅断离异，却将本妇诱说，与驱作妻，在家驱使。拟杖柒拾柒下，降贰等，杂职内叙用，刘定哥离异归宗。"都省准拟。

　[1]庆阳府：隶属巩昌等处总帅府，治所在今甘肃庆城县。《元史·地理志三》："庆阳府。唐庆州。宋环庆路，改庆阳军，又升府。金为庆源（原）路。元初，改为庆阳散府。至元七年，并安化、彭原入焉。领县一：合水，下。"

娶囚妇为妾

　272　至元三年正月，刑部议得："成都路双流县[1]簿尉夏震子，将嘉定路递发[2]到因奸杀夫起内妇人常巧哥，不行发付元籍，中途捏合词状，通同接受，谩昧[3]同僚，出给执照，付本妇任便住坐，在后求娶为妾。拟杖陆拾柒下，解见任，杂职叙用，标附，离异。"都省准拟。

[1]双流县：隶属成都路，宋为次畿县，元为下县。
[2]递发：押送。
[3]谩昧：欺瞒。

定婚闻奸强娶

273 大德六年六月，礼部呈："河间路[1]田秀，凭媒说合李成侄女花心与伊男为妻，议定财钱，不行依理聘娶，却以风闻奸事为由，引领人众，各执棍棒（棒）①行凶，将李成等殴伤，强将花心拖去伊家与男成亲。议得：'田秀所犯，拟决伍拾柒下，离异。'"都省准呈②。

[1]河间路：隶属中书省，治所在今河北河间市。《元史·地理志一》："河间路。上。唐瀛州。宋河间府。元至元二年，置河间路总管府。领司一、县六、州六。州领十七县。"

定婚夫为盗断离

274③ 至元十一年六月，刑部呈："南京路④申：'樊德告：王招抚定问女菊花与伊男道道为妻，已下财钱。王道道见犯图财杀人，难与成亲。'议得：'凡女定婚未嫁，其夫作盗，拟合听离，归还

---

① 棒（棒）：《至正条格》作"捧"，误。分析文意，当作"棒"，今据校。《至正条格（校注本）》录作"棒"，误，当据校。
② 呈：《至正条格（校注本）》录作"拟"，误。《至正条格》作"呈"，今据校。
③ 《通制条格·户令·嫁娶》载有同一条文。
④ 南京路：《通制条格》作"南京总管府"。

聘财。'"都省准拟①。

僧道娶妻

275 至元十九年十二月,礼部准诸路释教都总统所[1]关:"各路僧人往往求娶妻室,败坏教门。"议得:"除至元七年籍定[2]有妻室亡殁,不得再娶。违者,量决陆拾柒下,听离,仍追元财没官。"

[1]释教都总统所:官署名,简称"释教总统所""总所",为元代设置于诸路专掌佛教事务的官署机构,下设总统、经历诸官职。

[2]籍定:谓于簿籍上按规定登记。

276 大德八年十一月初七日,宣政院奏:"御史台官人每与将文书来:'庐州有的和尚每告:那里的僧录[1]沙刺藏卜有妻室呵。与僧官每一处问了招了也,他罪过奏了依体例要的。'么道,说将来有。俺商量来:'前者,委付来的僧官每根底,要了甘结[2]。有妻室呵,当陆拾柒下罪过,更勾当里不行[3]。有文书来。如今依着那体例,沙刺藏卜根底教打陆拾柒下,更罢了他勾当呵,怎生?又去年俺曾奏:令(今)②后僧官每有罪过呵,受圣旨的,闻奏。那以下的,要了明白招伏,就教断呵,怎生?么道,遍行了文书来。虽是那般呵,似这有妻室的每,问得明白了,一件件奏呵,频繁耳热[4]的一般有。今后但有妻室的,明白了呵,依体例教断陆拾柒下,再勾当里不委付呵,怎生?'奏呵,奉圣旨:"那般者。"

[1]僧录:僧官名,掌僧尼事务,元代于各路僧录司设僧录一职,为其长官。

[2]甘结:指交给官府的一种甘愿具结的文书。多为保证某事,并声明不尔则甘愿受罚。《元典章·刑部》卷一《执结罪断非通例》:"为徐安国告王龙登,取要对证,多与元告不实,理合将徐安国照依本人元与甘结

---

① 准拟:《通制条格》作"准呈"。
② 令(今):《至正条格》作"令",误。分析文意,当作"今",今据校。《至正条格(校注本)》录作"今",误,当据校。

依例断罪。"

[3]勾当里不行:犹言"罢了勾当",又称"勾当里不委付"。指不任职,罢职。

[4]耳热:本指耳朵发热,此处引申指因频繁做某事而有所厌烦。

277 至大四年十二月,刑部议得:"洞霄①宫道士胡仁方,娶高二娘为妻,生长[1]贰男,同家聚活[2]。拟决陆拾柒下,罪遇原免,合令为民。所生贰男,既过房与胡康七为嗣,别无定夺。高二娘虽称出家,合令还俗归宗。"都省准拟。

[1]生长:生育,养育。

[2]聚活:谓在一起生活。元徐元瑞《吏学指南·亲姻》:"一曰养老,谓终于妻家聚活者。"

禁娶乐人

278② 至大四年八月十八日,中书省特奉圣旨:"今后乐人只娶乐人者③。咱每根底近行[1]的人每④并官人每、其余人每,若娶⑤乐人做媳妇呵,要了罪过,听离了者。"

[1]近行:亲随,亲信。"近行的人每",犹言"亲信的人们",指近臣。

279 泰定四年六月,刑部议得:"处州路松阳县[1]达鲁花赤燕只哥,前任确山县[2]达鲁花赤,有妻,写立婚书,将乐人李奔儿娶为次妻。罪经原免,廉访司已将李奔儿断令离异,元下财钱没官。今后官吏并富实人等不许违例求娶乐人以为妻妾,乐艺之家亦不得许嫁。违者,嫁娶之家坐以不应,各笞肆拾柒下,财钱没官。有

---

① 霄:《至正条格(校注本)》录作"宵",误。《至正条格》作"霄",今据校。
② 《通制条格·户令·乐人婚姻》和《元典章·户部》卷四《禁取乐人为妻》载有同一条文。
③ 娶乐人者:《至正条格》《通制条格》皆作"娶乐人者",《元典章》作"教嫁乐人"。
④ 人每:《至正条格》《通制条格》皆作"人每",《元典章》作"人"。
⑤ 娶:《至正条格》《通制条格》皆作"娶",《元典章》作"取"。

职役者,解任别叙。"都省准拟。

[1]处州路松阳县:"处州路",隶属浙东道宣慰司都元帅府,治所在今浙江丽水市。《元史·地理志五》:"处州路。上。唐初为括州。又改缙云郡,又为处州,宋因之。元至元十三年,立处州路总管府。领司一、县七。""松阳县",隶属处州路,宋为上县,元为中县。

[2]确山县:隶属河南江北等处行中书省汝宁府,宋属蔡州,中县,金仍为蔡州属县,元为下县。

职官娶倡

280 大德八年五月,刑部议得:"河南省都镇抚[1]哈剌,因差于归德府馆驿内安下,唤倡女申燕哥宿睡[2],后娶为妻。量决伍拾柒下,罪遇释免,解任别仕,申燕哥离异。"都省准拟。

[1]都镇抚:官职名,隶属都镇抚司,元代于各省置都镇抚司,都镇抚即为都镇抚司下设之长官,掌提调军马、镇遏地面之事。

[2]宿睡:犹言"陪睡"。

281 至元三年九月十二日,中书省奏:"俺根底刑部官人每备着上都留守司文书:'上都兵马司[1]指挥[2]李普颜娶吕陈奴名字的倡女为妾的上头,他根底要了招伏。比例笞决伍拾柒下,解见任,别仕标附。教吕陈奴离异归宗,给亲完聚。'的定拟了有。依他每定拟来的教行呵,怎生?"奏呵,奉圣旨:"那般者。"

[1]上都兵马司:官署名,元至元二十九年(1292)置,秩正四品,隶属上都留守司兼本都总管府,掌上都治安之事,下设指挥使、副指挥使、知事、提控案牍、司吏诸官职。

[2]指挥:官职名,"指挥使"之简称,上都兵马司下设之长官,秩正四品。

至正条格卷第八 断例

至正条格卷第九　断例　厩库

私宰马牛

282① 至元八年正月,中书省与尚书省并大司农司官勾集到中都诸局②头目人等,圆议定:"今后私杀③马牛者,正犯人④决杖壹伯⑤,仍征钞⑥贰拾伍两⑦,付告人充赏。两邻知而不首者⑧,决贰拾柒下。本管头目失觉察者⑨,决伍拾柒下。如有见杀马牛之人,不行告官,恐喝⑩要讫钱物者,有人首告⑪是实,决杖柒拾柒下,征钞贰拾伍两,与告人充赏。若马牛老病不堪为用者,除中都在城经由总管府官⑫辨验得实,附历印烙讫,方许宰杀。余经所在官司依上施行。如已病死者,申官验过开剥。"

283 延祐二年十一月,刑部议得:"婺州路翁贵二,唤觅屠户施

---

① 《元典章·刑部》卷十九《赏捕私宰牛马》载有同一条文。《元典章·刑部》卷十九《李万户宰马》载有部分条文。《事林广记·别集》卷三《刑法类》载有相关条文。
② 局:《元典章·赏捕私宰牛马》作"局分"。
③ 杀:《元典章·赏捕私宰牛马》《元典章·李万户宰马》《事林广记》皆作"宰"。
④ 正犯人:《至正条格》《元典章·李万户宰马》《事林广记》皆作"正犯人",《元典章·赏捕私宰牛马》作"犯人"。
⑤ 伯:《元典章·赏捕私宰牛马》《元典章·李万户宰马》《事林广记》皆作"百"。
⑥ 钞:《至正条格》《元典章·赏捕私宰牛马》皆作"钞",《事林广记》作"至元钞"。
⑦ 两:《事林广记》作"贯",误。《至正条格》《元典章·赏捕私宰牛马》皆作"两",当据校。
⑧ 者:《至正条格》《元典章·赏捕私寄牛马》皆作"者",《事林广记》脱,当据补。
⑨ 者:《至正条格》作"者",《元典章·赏捕私宰牛马》《事林广记》皆脱,当据补。
⑩ 喝:《元典章·赏捕私宰牛马》作"吓"。
⑪ 首告:《元典章·赏捕私宰牛马》作"告首"。
⑫ 官:《至正条格》《元典章·赏捕私宰牛马》皆作"官",《元典章·李万户宰马》脱,当据补。

仁三私宰牛只食用，令亲弟翁贵三、堂弟翁贵十、翁贵十二接血般肉。婺州路已将翁贵二、施仁三依例断决。据同居亲弟翁贵三、另籍[1]堂弟翁贵十、翁贵十二所犯，终是许相容隐，又系家人共犯，拟合免罪。"都省准拟。

[1]另籍：指不属同一户籍。

284① 延祐七年六月②，刑部议得："私宰马牛，正犯人〔决杖壹伯〕③，已有定例。外据〔为从〕④扶头把脚[1]、添力下手干犯人等，拟合杖断捌拾柒下。其有元不知情、临时雇倩[2]者，量情断罪。"都省准拟。

[1]扶头把脚：谓扶着头握着脚，即帮手、助手。"为从扶头把脚、添力下手干犯人等"，犹言"从犯"。

[2]雇倩：出钱雇请。"倩"犹"雇"也，元徐元瑞《吏学指南·征敛差发》："借倩：权时供给曰借，假人庸力曰倩。"

私宰病马牛

285 大德七年三月，江西省咨："忽林赤买到不堪耕作病瘦水牛壹只，私下宰杀货卖。"刑部议得："忽林赤不合私宰牛只货卖，拟合依例断罪。"都省议得："忽林赤即系蒙古人氏，量决叁拾柒下，仍令蒙古人行杖。"

286 延祐二年六月，刑部议得："阿速军人买住，私自宰杀本家病牛壹只货卖。缘系色目人氏，合比蒙古人所犯例，加贰等，笞决伍拾柒下。今后诸色目人等置立庄宅，与百姓相参住坐，果有瘸病年老不堪使用马牛，即报本处官司，相验[1]是实，方许宰杀食

---

① 《元典章·新集至治条例·刑部·宰杀马牛首从罪例》载有同一条文。
② 六月：《元典章》作"九月"。
③ 〔决杖壹伯〕：《元典章》作"决杖一百"，且《至正条格》前一条文作"决杖壹伯"，此处脱，今据补。
④ 〔为从〕：《元典章》作"为从"，《至正条格》脱，今据补。

用。其行营蒙古、色目，不拘此例。"都省准拟。

　　[1]相验：查验，检验。

受雇干犯宰牛

　　287 至元三年四月，刑部议得："集庆路[1]夏九住，依随雇主赵保保于宰牛处所打水杂用。若依扶头把脚为从科断，缘系受雇佣工[2]之人，听从主命，即与家人共犯无异，拟合免罪。"都省准拟。

　　[1]集庆路：隶属江浙等处行中书省，治所在今江苏南京市。《元史·地理志五》："集庆路。上。唐武德初，置扬州东南道行台尚书省。后复为蒋州，罢行台，移扬州江都，改金陵曰白下，以其地隶润州。贞观中，更白下曰江宁。至德中，置江宁郡。乾元中，改升州。其后杨氏有其地，改为金陵府。南唐李氏又改为江宁府。宋平南唐，复为升州。仁宗以升王建国，升建康军。高宗改建康府，建行都，又为沿江制置司治所。元至元十二年，归附。十四年，升建康路。初立行御史台于扬州，既而徙杭州，又徙江州，又还杭州。二十三年，自杭州徙治建康。天历二年，以文宗潜邸，改建康路为集庆路。领司一、县三、州二。"

　　[2]佣工：受雇为人做工。

宰牛再首不准

　　288 至顺三年八月，刑部议得："宁国路[1]胡廷孙，先犯杀牛，伊叔胡全宗告发，比同自首免罪。今又不悛，再犯杀牛，被叔胡基首告。若拟免罪，缘系准首再犯，拟合比依诸盗准首再犯不在首原[2]之例，杖断壹伯。"都省准拟。

　　[1]宁国路：隶属江浙等处行中书省，治所在今安徽宣城市。《元史·地理志五》："宁国路。上。唐为宣州，又为宣城郡，又升宁国军。宋升宁国府。元至元十四年，升宁国路总管府。领司一、县六。"

　　[2]首原：谓自首者免其罪。

药针刺牛

289 至治三年三月,刑部议得:"德安府云梦县[1]杨乞哥、喻弟儿,同情[2]造合毒药木针,针伤周有才等家牛只,却行疗治,取要钞①物,以致元针牛只倒死。各杖壹伯,追陪牛价。"都省准拟。

[1]德安府云梦县:"德安府",隶属荆湖北道宣慰司。治所在今湖北安陆市。《元史·地理志二》:"德安府。唐安州,又改安陆郡,又仍为安州。宋为德安府,咸淳间徙治汉阳。元至元十三年,还旧治,隶湖北道宣慰司。十八年,罢宣慰司,直隶鄂州行省为散府,后割以来属。领县四、州一。州领二县。""云梦县",隶属德安府,宋为中县,元为下县。

[2]同情:犹"同谋"。共谋,一同谋划。元徐元瑞《吏学指南·贼盗》:"知情:本不同谋,唯知所犯,谓之知情。但曾预谋,谓之同情。"

怀恨割牛舌

290 至元六年二月,刑部议得:"王佛保与邓普聪争地,怀恨用斧将本人牛舌割去半截倒死。即系故行用刃杀死牛只,难议减科。比例,拟合杖断壹伯。既已断讫捌拾柒下,所少杖数,依上贴断[1]。外据割舌倒死牛只,照依彼中时价,追陪给主。"都省准拟。

[1]贴断:对于量刑失当而轻判者,加重处罚或罚款以结案。

私宰驴骡

291 至治二年九月,刑部议得:"马牛驴骡,皆系负重致远之物,然于适用,亦有等差。若将私宰犯人一体定罪,似涉不伦。今后如将堪中使用驴骡宰杀货卖者,许诸人告捉到官,犯人笞肆拾柒下,皮肉付告人充赏。"都省准拟。

---

① 钞:《至正条格(校注本)》录作"钱",误。《至正条格》作"钞",今据校。

抽分羊马

292 大德六年正月二十六日,御史台奏:"太原廉访司[1]与将文字来:'抽分羊马的使臣,安荣小名的人,客人每卖的羊,别处抽分了也,后头他又重抽分了捌个羊。更无体例,委付小头目,卖羊人根底要肚皮[2]搔扰有。招伏文书[3]与了也。'俺商量来:'他根前打贰拾柒下,怎生?'"奏呵,奉圣旨:"那般者。"

[1]太原廉访司:官署名,即"河东山西道肃政廉访司",隶属御史台,元代二十二道肃政廉访司之一。因河东山西道肃政廉访司的治所一直在太原路,故称"太原廉访司"。

[2]要肚皮:索贿,受贿。《元典章·刑部》卷八《茶司官吏取受》:"要肚皮,交百姓每生受呵,休问者。"

[3]招伏文书:犹言"供状""供词""招词"。

阑遗头匹

293① 延祐二年三月二十六日,宣徽院奏:"各处不阑奚赤每拘收着不阑奚人口、头匹,与人使用骑坐、辆车[1]有。指拘收不阑奚为名,那其间里,哏做贼说谎有。别个各枝儿每关支不阑奚人口、头匹人每,关了壹个不阑奚头口的,和不阑奚赤每通同着骑两叁个的也多有。如今俺和省官人每一处商量来:'工部官人每根底说了,比着不阑奚人口、不阑奚骆驼、马、牛、驴、骡、羊口等身子的样子,教②铸着印子[2],分付与阑遗监。不拣那个收拾不阑奚的不阑奚赤每并别个各枝儿使换[3]③不阑奚人口的,骑坐不阑奚头匹、辆车子的人每有呵,教阑遗监押勘合文字,开写头匹的毛色、

---

① 《通制条格·杂令·阑遗》载有同一条文。

② 教:《通制条格》作"交"。

③ 使换:《至正格》《通制条格》皆作"使换",疑为"使唤"之误。一者,后文作"使唤";二者"使换"一词仅在此例中出现,而在元代其他文献中无见用例,该词在明清文献中偶见使用。

印记①,就②印上头匹的身子③印儿[4]支与。若收拾不阑奚的人每并别个各枝儿使唤④不阑奚人口的,骑坐不阑奚头匹、辆车子的人每,若无阑遗监这般印子的文字,骑坐、辆车子呵,准⑤做贼的例,要罪过呵⑥,怎生?'奏呵,奉圣旨:"那般者。商量的是有。工部官人每根底说了,教比着那般身子的样子,铸与印子,那般提调者。"

[1]辆车:又作"辆车子"。驾车。"辆"犹"驾"也,元武汉臣《散家财天赐老生儿》第二折:"张郎,辆起车儿,着婆婆和姐姐先回去,我随后便到也。"

[2]印子:印章,图章。

[3]使换:犹"使唤"。《金瓶梅》第二十四回:"如今你二娘房里,只元宵儿一个,不勾使,还寻大些的丫头使换。"

[4]印儿:犹"印子"。

阑遗不行起解

294 元贞二年七月,刑部呈:"汴梁路河阴县[1]达鲁花赤伯八思,将本县元解不阑奚为(马)⑦肆匹并申郑州[2]文解,私下分付与本州达鲁花赤下知印王秃林歹收讫,将马俱不纳官,却行交付小薛大王[3]〈小薛大王〉⑧位下收不阑奚人昔剌歹收管。议得:'王秃林歹并河阴县达鲁花赤伯八思,各拟叁拾柒下,标附。王秃林歹系无职役滥设之人,罢去。收马人昔剌歹,量拟贰拾柒下,革去,

---

① 印记:《通制条格》作"记印"。
② 就:《通制条格》作"记",疑误。
③ 身子:《通制条格》作"身上"。
④ 使唤:《通制条格》作"使换",疑误。
⑤ 准:《通制条格》作"依"。
⑥ 要罪过呵:《通制条格》作"要了罪过断没呵"。
⑦ 为(马):《至正条格》作"为",误。分析文意,当作"马",今据校。
⑧ 〈小薛大王〉:《至正条格》作"小薛大王小薛大王",语涉重复,当删一"小薛大王"。

追马解官。'"都省准拟。

[1]河阴县:隶属汴梁路郑州,唐为河阴县,宋因之,属孟州,金改属郑州,元为下县。

[2]郑州:隶属河南江北等处行中书省汴梁路。《元史·地理志二》:"郑州。下。唐初为郑州,又改荥阳郡。宋为奉宁军。金仍为郑州。元初领管城、荥阳、汜水、河阴、原武、新郑、密、荥泽八县及司候司,后割新郑、密属钧州,荥泽、原武隶开封府,并司候司入管城。领四县:管城,下,倚郭;荥阳,下;汜水,下;河阴,下。"

[3]小薛大王:元太宗第六子合丹大王之孙,睹尔赤王之子。郑州为其食邑。至元二十六年(1289),坐与合丹秃鲁干通谋叛,伏诛。

私卖阑遗头匹

295 泰定二年六月,刑部议得:"泾州[1]不阑奚头目张思敬,将拘收到无主牛壹只冒作己物,卖与完颜信,得到价钱中统钞肆定入己。量笞伍拾柒下,革去,牛价没官。"都省准拟。

[1]泾州:隶属陕西等处行中书省,治所在今甘肃泾川县西北古城。《元史·地理志三》:"泾州。下。唐改安定郡,后仍为泾州。宋改彰化军,旧领保定、长武、灵台、良原四县。金改保定县为泾州(川)。元初以隶都元帅府,立总司辖邠州。后属巩昌都总帅府,或隶平凉府、陕西省,所隶不一。今直隶省。领县二:泾川,下;灵台,下。"

拘收筋角

296 至元十七年九月,工部议得:"今后各处不以是何诸色人户,但有倒死马牛驴骡头匹,依例开取筋角,不致损坏,须要尽实纳官。若有隐藏,私下买卖,许诸人首告到官。将犯人拟断伍拾柒下,仍追钞壹拾两,给付告人充赏。两邻知而不首,比犯人拟减壹等。主首、社长人等失觉察者,亦行断罪。就委各路同知并府州司县正官壹员,不妨本职,专一提调。如所委官有故,令以次官提调拘收。所据鱼胞,亦合行移濒河官司,依上拘收。"都省准拟。

喂养驼马程限

297 泰定三年十二月,户部呈:"度支监关:'今后应发各处喂养马驼,须要照依元定马程,日行百里,扣算到彼该支草料日期,随即依例放支。若有先到马数,不许应付。敢有似前违例取与之人,马主并有司提调官吏比依①借马喂养例,减等各决叁拾柒下,标附过名。支过钱粮,止于犯人名下均征还官。'议得:'各路喂养马驼,拟合扣算大都至喂马处所各各里路、怯薛歹人等到彼日期,验实有到槽马数,应付草料。若有违例之人,依准本监所拟,科断追陪,标附过名。'"都省准拟。

倒换昏钞

298② 至元二十四年③,中书省④奏奉圣旨,定到至元通行宝钞⑤条画内一款:"民间将昏钞赴平准库倒换至元宝钞,以壹折伍,其工墨钞⑥止依旧例,每贯叁分。客旅买卖,欲图轻便,用中统钞⑦倒换至元宝钞者,以壹折伍,依数收换。各道宣慰司、提刑按察司⑧、总管府常切体究禁治,毋致势要之家并库官人等自行结

---

① 依:《至正条格(校注本)》录作"拟",误。《至正条格》作"依",今据校。
② 《通制条格·仓库·倒换昏钞》和《元典章·户部》卷六《行用至元钞法》载有同一条条文。《新元史·食货志七》载有部分条文。
③ 至元二十四年:《至正条格》《通制条格》皆作"至元二十四年",《元典章》作"至元二十四年三月"。
④ 中书省:《至正条格》《通制条格》皆作"中书省",《元典章》作"尚书省"。
⑤ 至元通行宝钞:《至正条格》《通制条格》皆作"至元通行宝钞",《元典章》作"至元宝钞通行"。
⑥ 工墨钞:《至正条格》《通制条格》皆作"工墨钞",《元典章》作"工墨钱",《新元史》作"工墨"。
⑦ 钞:《至正条格》《通制条格》皆作"钞",《元典章》作"宝钞"。
⑧ 提刑按察司:《至正条格》《通制条格》皆作"提刑按察司",《元典章》作"按察司"。

揽,多除工墨,沮坏钞法。违者①,痛断。库官违犯,断罪除名。"

监临倒钞

299 至大四年十一月,刑部呈:"诸路宝钞都提举司副提举刘之纪,为本家杂物铺[1]内节次收接至大银钞贰定,令祗候小赵赟去顺承库[2]倒换。之纪当日巡点到库,有朱国才告称:'本库收讫至元昏钞壹定,叁日不与料钞。'虽曾省会本库支付,不行取问库官人等迟慢缘由,却令驱魏兴儿落后,将小赵赟去银钞贰定折至元钞壹拾定,除讫工墨壹拾伍两外,拨到料钞玖定叁拾伍两,将赟出库,拿告到官。议得:'刘之纪见任宝钞副提举,提调行用六库,不应违例搀越[3]多倒钞定,比例合决叁拾柒下。库官提领白洪济等将朱国才元倒至元昏钞壹定叁日不行支与料钞,却先倒与刘提举至元料钞玖定叁拾伍两罪犯,各决贰拾柒下,通行标附过名。'"都省准拟。

[1]杂物铺:犹"什物铺"。指售卖日常生活用品的商店。

[2]顺承库:官署名,又称"顺承行用库""顺承平准库",京师行用六库之一,元置,属户部。中统元年(1260),初立中都行用库,秩从七品,掌收换昏烂之钞。下设提领、大使、副使三官职。至元二十四年(1287),京师改置为光熙、文明、顺承三库。至元二十六年(1289),又增置健德、和义、崇仁三库,均以大都城门命名。"顺承库"即以大都南右之顺承门命名。

[3]搀越:越出本分。如越职、越权等。

昏钞不使退印

300 元贞二年七月,刑部议得:"吉州路平准库提领李成、大使程福等,将倒下昏钞至元钞贰定不使退印。各断伍拾柒下,解任

---

① 者:方龄贵《通制条格校注》录作"法",误。《至正条格》《通制条格》《元典章》皆作"者",当据校。

别仕,标附。"都省准拟。

检闸昏钞

301① 至顺元年正月,户部与刑部议得:"朝廷行用钞法,本以资国便民。近年以来,所在库子人等作弊太甚,未免立法关防。其各处提调、配料官员往往惧罪,不行开库,合干贴库恃无定到罪责,奸滥日滋,罔知所畏,以②致钞法涩滞,百姓困弊。若不更张,愈见不便。定拟到下项事理。"都省准拟。

一、内外行用库,除真昏钞定照依定例倒换外,今后每李倒下昏钞,若有检闸出挑剜、裨矮、假伪、以小抵大、短少、不堪之数,以至元钞为则,每壹千贯内检出下项数目,照依所坐罪名追断。钞数多寡,准此加减断罪均陪,俱各标附。

伍贯之下,库子免罪。

伍贯,库子柒下。

伍贯之上拾贯之下,库子壹拾柒下。

壹拾贯之上壹拾伍贯之下,库子贰拾柒下。

壹拾伍贯之上贰拾贯之下,库子叁拾柒下。

贰拾贯之上贰拾伍贯之下,库子肆拾柒下;库官罚俸一月。

贰拾伍贯之上叁拾贯之下,库子伍拾柒下;库官柒下。

叁拾贯之上叁拾伍贯之下,库子陆拾柒下;库官壹拾柒下。

叁拾伍贯之上至肆拾贯之下,库子柒拾柒下,罢役,期年后发补;库官贰拾柒③下。

肆拾贯之上肆拾伍贯之下,库子捌拾柒下,殿贰年发补;库官叁拾柒下。

肆拾伍贯之上伍拾贯之下,库子玖拾柒下,殿叁年降等发补;

---

① 《至正条格·仓库·关防行用库》载有同一条文。
② 以:《至正条格·仓库·关防行用库》作"是"。
③ 柒:《至正条格(校注本)》录作"七",误。《至正条格》作"柒",今据校。

库官肆拾柒下,不减资。

伍拾贯之上,库子壹伯柒下,不钗(叙)①;库官伍拾柒下,添壹资。

提调官、配料官,壹伯贯之上,壹拾柒下,标附过名。

一、各处行用库子,在京钱谷官[1]内铨注,外路府州司县司吏内取补。其人少谙钞法,全凭久惯合干贴库辨验倒换。此等之流恃无罪责,多不子细辨验分拣。依前止着库官、库子追陪,中间利害不均。今后倒下不堪等钞,当该合干贴库并与库子一体断罪均陪。若当该库官、库子、贴库、合干人逃亡,无可追理者,并勒同界[2]官典人等均陪。其每季倒下昏钞,比及起解,提调官亲临监督。有司所差复闸行人照依定例,子细检数,别无短少、假伪、裨臻(辏)②、不堪。提调官再行复闸,但有短少、假伪、不堪等钞,即将复闸行人痛行断罪。就便追理完备,方许起解。又内外烧钞库、闸钞[3]行人贪饕无厌,少不如意,检数之际,故行擦毁字伯,或以真作伪,量情追断。若有窃匿,并以盗论。

一、不务本业无籍之徒,往往结揽诸人挑剜、裨辏、假伪之钞,专一通同库官、库子人等,多答工墨,倒换料本[4],坏乱钞法。今后若有违犯者,并准盗论。

[1]钱谷官:官职名,指管理仓库之杂职官。元代实行"入粟补官"制,富实民户可通过出纳钱谷而获得"茶盐流官"和"钱谷官"之类的低级职位。"钱谷官"又分为上等钱谷官、中等钱谷官、下等钱谷官三等。"钱谷官"虽不入流,但考满可依例升转。

[2]同界:犹"同任""同职"。指同一职守。

[3]闸钞:犹"查钞"。检查纸钞。通常指检查昏钞的兑换、烧毁等情况,也指检查纸钞的交纳、存贮等情况。

[4]料本:犹"料钞""钞本"。

---

① 钗(叙):《至正条格》作"钗",误。分析文意,当作"叙",今据校。
② 臻(辏):《至正条格》作"臻",误。分析文意,当作"辏",今据校。

闸钞官有失关防

302 大德七年九月，燕南山东道奉使宣抚呈："夏津县主簿刘守真，检闸出大德六年行用库春季昏钞内挑剜、接补、不堪钞肆拾捌定，擅勒库子宋德顺陪纳，又不亲临监使退印，以致宋德顺等通同暗地插入好钞料内，虚牒本县：'并无接补、挑剜、短少。'致蒙赵州判再令行人闸出不堪烧纳钞贰伯玖拾玖定。本州勾追，才将元闸不堪钞数移关本县。量情断讫伍拾柒下。"刑部议得："刘守真所招，罪虽断讫，拟解见任，别行求仕，标附过名。"都省隹（准）①拟。

提调官不封钞库

303 元统二年十二月，刑部议得："福州路达鲁花赤端徒、经历王文亨，提调本路平准行用库[1]，不行关防钤束，辄凭合干人阮善夫所说，将钥匙并条封[2]分付与库官阿里沙、郭维清等，自行开库，致令各人于已倒未给主钞内，将贰贯壹伯张，计钞贰拾定，令贴库潘以宁私藏出库，意欲转行倒换，多取工墨。事发到官，端徒、王文亨各笞叁拾柒下，解任别仕，标附。"都省准儗（拟）②。

[1]平准行用库：官署名，元置，又称"平准库""平准行用交钞库""平准交钞库""平准行用钞库""平准钞库"，掌均平物价、买卖金银、倒换昏钞。《元史·武宗本纪二》："随路立平准行用库，买卖金银，倒换昏钞。或民间丝绵布帛，赴库回易，依验时估给价。"《元史·世祖本纪二》："辛卯，诏立燕京平准库，以均平物价，通利钞法。"又："己亥，立诸路平准库。"元王元恭《（至正）四明续志》卷三："平准库在西北隅，清澜桥东，元系宋金判厅，至元十三年改立平准行用交钞库。"元张铉《（至大）金陵新

---

① 隹（准）：《至正条格》作"隹"，误。分析文意，当作"准"，今据校。《至正条格（校注本）》录作"准"，误，当据校。
② 儗（拟）：《至正条格》作"儗"，误。分析文意，当作"拟"，今据校。

志》卷六上:"平准行用钞库:至元十二年归附,创立平准行用交钞库。正七品,有印,设提领、大使、副使各一员。每岁倒换钞本八万四千定,每季额倒昏钞二万一千定,季终解赴江东廉访司监烧。"后因无法禁止民间买卖金银,遂去"平准"二字。将从事倒换昏钞的机构独立出来,称作"行用交钞库""行用库""行用钞库"等。

[2]条封:犹"封条"。

昏钞违期

304① 元贞二年正月,户部呈:"照得:'各路平准行用库倒换昏钞,随即使讫退印,配成料例,每季不过次季孟月十五日以里起纳。'今议拟:'违期壹季,提调路官罚俸壹月,首领官的决柒下,司吏、库官壹拾柒下。州官决柒下,首领官壹拾柒下,司吏、库官贰拾柒下;贰②季,提调路③官罚俸两月,首领官壹拾柒下,司吏、库官贰拾柒下。州官壹拾柒下,首领官贰拾柒下,司吏、库官叁拾柒下;叁季,提调路官罚俸叁月,首领官贰拾柒下,司吏、库官叁拾柒下。州官贰拾柒下,首领官叁拾柒下,司吏、库官肆拾柒下。'"都省准拟。

结揽小倒

305④ 至治二年五月,刑部与户部议得:"内外设立行用钞

---

① 《元典章·刑部》卷十六《起解昏钞违限罪名》载有同一条文。《元典章·户部》卷六《昏钞每季烧纳》载有部分条文。
② 贰:《至正条格(校注本)》录作"二",误。《至正条格》作"贰",今据校。《元典章·起解昏钞违限罪名》作"二"。
③ 路:《至正条格》《元典章·起解昏钞违限罪名》皆作"路",《至正条格(校注本)》脱录,今据补。
④ 元刘孟琛《南台备要·整治钞法》载有同一条文。

库①，倒②换昏钞，本以通流③钞法，便于交易。库官、司库、攒典人等往往结构[1]小倒之人，及与官豪势要通同结揽，商贾行铺昏钞，暗地倒换，多取工墨。提调官不为用心钤束，致使库官人等推称检闸为名，故意不行开库。今后各处行用钞库须要每日平明开库，库官亲临监视，司库人等先尽小本细民、过往客旅，次及行铺之家，不限多寡，尽数倒换，未时后收计。即将昏钞编类成料，提调官常切用心钤束。如监临主④守官吏人等诡计作弊，多取分例，并计赃以枉法科断。知情者，减犯人罪贰等。失觉⑤察者，减叁等。钞主，决伍拾柒下，其钞没官，仍追中统钞伍定⑥，付告捉人充赏。提调官失于钤束，量情究治，任满，解由内开写，从监察御史、廉访司常加体察。"都省准拟。

[1]结构：勾结。

306 至元四年正月，刑部议得："河西务行用库使齐允元与司计[1]薛彻元、库子聂举等揽到答配、挑剜、揞补、假伪等钞陆千余定，通同要讫外，答钱中统钞肆伯贰拾柒定，各分入己。即系枉法，俱已赃满，拟合各杖壹伯柒下，追夺不叙。知州魏庭端⑦，有失关防，答壹拾柒下，标附。吏目高郁，叁⑧拾柒下，解役别仕。已追钞定没官。"都省准拟。

[1]司计：官职名，"司计官"之简称，元代设置的掌管稽核内外赋敛经费出纳逋欠之事的官员，隶属户部。《元史·食货志四》："户部司计，俸二十八贯，米三石。"

---

① 行用钞库：《南台备要》作"行用库"。
② 倒：《南台备要》作"例"，误。《至正条格》作"倒"，当据校。
③ 通流：《南台备要》作"流通"。
④ 主：《南台备要》作"至"，误。《至正条格》作"主"，今据校。
⑤ 觉：《南台备要》作"览"，误。《至正条格》作"觉"，今据校。
⑥ 定：《南台备要》作"锭"。
⑦ 端：《至正条格（校注本）》录作"瑞"，误。《至正条格》作"端"，今据校。
⑧ 叁：《至正条格（校注本）》录作"参"，误。《至正条格》作"叁"，今据校。

盗官本知情寄放

307 大德十一年六月,省台委官呈:"检闸出光熙库[1]接补、挑剜、假伪等钞,问得倒钞行人张寿安指说:'司库王瑾忠男王伴驴,虚写寿安姓名,关出中统钞肆伯定,送于伊姑夫陈外郎家寄放。'责得陈外郎名成德状招:'明知妻兄王瑾忠见充光熙库司库,伊男王伴驴将到料钞两布袋,不合于本家寄放叁个月余,闻知官司检闸光煦库倒换昏钞,事发,令男陈玉将前项钞定转付贴书秦平处寄放。及有王二所寄盘缠中统钞叁拾伍定,遮当不令搜检,却令秦平赴官出首。'刑部议得:'陈成德所犯,量拟陆拾柒下,罢役。'"都省准呈。

[1]光熙库:官署名,又称"光熙行用库",京师行用六库之一,元置,属户部。中统元年(1260),初立中都行用库,秩从七品,掌收换昏钞。下设提领、大使、副使三官职。至元二十四年(1287),京师改置为光熙、文明、顺承三库。至元二十六年(1289),又增置健德、和义、崇仁三库,均以大都城门命名。"光熙库"即以大都东之左光熙门命名。

搔扰烧钞库

308 至元二十一年闰五月,户部呈:"烧钞库专一烧毁诸路并大都倒下昏钞,每日至晚罢散。有不畏公法泼皮人等,故行聚众,妄生事端,将行人、库子捽扯[1],强行吓要酒食钱物。本库顿放官钱数多,倘或因而别致失事,深系利害。又有一等诈称校尉及省部台院诸衙门祗(袛)①候人等,巡院[2]、兵马指挥司[3]巡军、弓手、机察[4]人等,往往赍假伪、剜挑、不堪钞两,恐喝库子须要接受。或将柒两、捌两便称拾两,不除工墨,立要倒换。及有凶恶之人,成党织罗,取要钱物。拟合出榜禁治,许诸人捉拿。或因事发露

---

① 祗(袛):《至正条格》作"袛",误。分析文意,当作"祗",今据校。《至正条格(校注本)》录作"祗",误,当据校。

到官，断决伍拾柒下。仍于犯人名下验诈欺乞取钞数倍征，给付告捉人充赏。"都省议拟："今后除当该库官、库子及倒钞铺户[5]、合干检钞人等许令入库，其余不以是何人等，无故不得辄入，亦不得于库外聚众作闹，生事搔扰。库子、检钞人等如违，许诸人捉拿到官，枷项号令，痛行断罪。及祗候、巡军人等有犯者，依上追断。"

[1]捽扯：徒搏，殴击。
[2]巡院：官署名，"警巡院"之简称。元代于路府初置警巡院，后改置录事司。唯两京置警巡院，掌坊市民事。元代于大都置左、右警巡院，于上都置警巡院一。
[3]兵马指挥司：官署名，"兵马都指挥使司"之简称。详参第195页"兵马司"条。
[4]机察：吏名。掌地方侦缉、巡察等事。
[5]铺户：店家，商家。

带钞入库

309 至治二年七月，刑部议得："江浙省施才，赴本省解纳桐油，赍带[1]陈三元付伊男陈兴盘缠中统钞壹拾定，误入官库。虽无禁例，缘广济库[2]终系出纳钱帛处所。今后诸人有带己身钱物辄入官库者，笞贰拾柒下，钱物没官。"都省准拟。

[1]赍带：携带。
[2]广济库：官署名，元代于江浙行省、江西行省、大同路及和林等处设有广济库，掌出纳钱谷。下设达鲁花赤、提领、大使、副使、攒典、库子等官职。

擅开生料库

310 至元二年十二月初四日，中书省奏："刑部官俺根底与文书：'去年宣徽院官奏奉圣旨：委官提调生料等仓库，收支物色其间,生料库门,提调官印贴封记了,省会除奉圣旨合用物色外,库官与掾史勿得开封。生料库[1]提点买驴听从当该掾史言语,不合擅自开库,将字罗怙木儿、魏王接支茶饭分例折支与了面的上头,买驴根底要招伏文书有。如今将他量笞决叁拾柒下,标附过名,他替头里[2]别委用人。'的说有。依部家定拟来的,将买驴要了罪过,解见任呵,怎生?"奏呵,奉圣旨:"那般者。"

[1]生料库:官署名,隶宣徽院,秩从五品。元至元十一年(1274),置生料野物库,隶尚食局。至元二十年(1283),别置大都与上都二生料库。其中,大都生料库,下设提点、大使、副使诸官职;上都生料库,掌受宏州、大同虎贲、司农等岁办油面,大都起运诸物,供奉内府,放支宫人、宦者饮膳,下设提点、大使、副使、直长诸官职。

[2]替头里:接替者,代替者,继承者。

纳钵物色

311 至元四年八月,御史台呈:"监察御史言:'车驾春秋行幸,排办[1]纳钵所需物色,省部拨降钞定,两平收买,以备支持[2]。有司奉行不至,一概科派[3]于民,遂将元降价直[4]克减入己。宜令拘该有司申关价直,预为计置,于所指仓分送纳。合设仓官,于州县籍记司吏内约量点差,拟一周岁为满,准理仓库一界,果无粘带[5],从优先补。收受之际,当该官吏监临提调,须要从实。敢有侵欺克取者,以枉法论。若有不敷、短少,提调官吏、仓攒[6]人等一体均陪。'"礼部议得:"合准监察御史所言。"都省准拟。

[1]排办:准备,安排。
[2]支持:接待。
[3]科派:谓摊派力役、赋税或索取(钱财)。
[4]价直:钱款。
[5]粘带:有瓜葛,牵连不清。
[6]仓攒:吏名,犹言"仓攒典",指元代置于诸仓中的"攒典"一职。

主守分要轻赍

312 至元二年七月,刑部议得:"上都生料库[1]提点秃鲁不花,明知库子郑恺与本把[2]高鹏举扣要讫供膳司[3]人户齐胤等合纳白面肆千斤、轻赍价钱中统钞叁拾贰定,分受讫柒定入己。内以一主至元钞壹拾伍贯陆伯文为重,依枉法例,笞伍拾柒下,除名不叙。"都省准拟。

[1] 上都生料库:官署名,隶宣徽院,秩从五品。元至元十一年(1274),置牛料野物库,隶尚食局。至元二十年(1283),别置大都与上都二生料库。其中,上都生料库,掌受宏州、大同虎贲、司农等岁办油面,大都起运诸物,供奉内府,放支宫人、宦者饮膳。下设提点、大使、副使、直长诸官职。

[2] 本把:吏名,元中央及地方诸库属吏,地位略低于库子。

[3] 供膳司:官署名,隶大司农司,秩从五品,掌供给内廷应需、购买百色生料及没入权相桑哥资产。元至元二十二年(1285)始置。下设达鲁花赤、提点、司令、丞诸官职。下领辅用库、兴中州等处油户提领所、蔚州面户提领所等官署机构。

监临抵换官物

313 延祐七年十二月,刑部议得:"陕西怯怜口[1]副总管拾得奴,提调丰盈库收支钱帛,于库内拣讫细毛段子贰匹入己,却买粗毛段子贰匹抵数还库。即系监临[2]盗换官物,合以余利至元钞陆贯,以盗论罪,依例加等,杖柒拾柒下,罢职不叙。库子张文质,容纵罪犯,笞叁拾柒下,革去,通行标附。"都省准拟。

[1] 怯怜口:蒙古语音译,指蒙古皇室、诸王、驸马、贵族之私属人口。元徐元瑞《吏学指南·户计》:"怯怜户:谓自家人也。"元郑介夫《论私役卫兵》:"如怯怜口,除蒙古人外,若汉儿皆是有户百姓,令就民间当差足矣。普天率土,尽是皇帝之怯怜口,何为更分彼我?今正宫位下怯怜口,有总管府所管户计,又有四怯薛官所管身役。殊不知在怯薛中者,乃百

姓避役投充,以希望粮草赏赐耳。"

[2]监临:又称"监临官"。元代指称各级地方官吏。因其负有监察之责,故称。

监临私借官钱

314 至元二十八年十二月,中书省,御史台呈:"临江路[1]总管姚文龙,写立文帖,于官库内借出钞壹千肆伯肆拾伍定、丝叁伯斤。"奏准:"断柒拾柒下,不叙。"

[1]临江路:隶属江西等处行中书省,治所在今江西樟树市临江镇。《元史·地理志五》:"临江路。上。唐改建成为高安,而萧滩镇实高安境内。南唐升镇为清江县,属洪州,后又属筠州。宋即清江县置临江军,隶江南西道。元至元十三年,隶江西行都元帅府,十四年,改临江路总管府。元贞元年,新淦、新喻二县升州。领司一、县一、州二。"

315① 延祐三年九月,刑部议得:"广宁路[1]达鲁花赤那怀,贰次于广益库②子尹澄处借讫官钱中统钞陆拾定③。即系监临枉法,罪遇原免,俱合除名不叙。元借钞定,追征还官。"都省准拟。

[1]广宁路:即"广宁府路",隶属辽阳等处行中书省,治所在今辽宁北镇市。《元史·地理志二》:"广宁府路。下。金为广宁府。元封孛鲁古歹为广宁王,旧立广宁行帅府事。后以地远,迁治临潢,立总管府。至元六年,以户口单寡,降为东京路总管府属郡。十五年,复分为路,行总管府事。领县二:闾阳,下;望平。"

抵换官钱

316 天历二年七月,刑部议得:"海北海南道宣慰司[1]都事吴

---

① 《枕碧楼丛书·刑统赋疏》载有同一条文。
② 广益库:《刑统赋疏》作"广盈库"。
③ 定:《刑统赋疏》作"锭"。下同。

长儒,将自己昏烂中统钞陆拾定,节吹(次)①令人于所属广盈库[2],抑令库官陈道震等于已收未入库盐课[3]内抵换好钞。即系亲临上司抑勒库官人等抵换官钱,合杖陆拾柒下,解任,降先职一等叙用。好钞还库,昏钞没官。"都省准拟。

[1]海北海南道宣慰司:官署名,又称"海北海南道宣慰司都元帅府",隶属湖广等处行中书省,治所在雷州路。分管雷州、化州、高州、钦州、廉州五路,南宁、万安、吉阳三军,并乾宁军民安抚司、八番顺元等处宣慰司都元帅府。下设宣慰使都元帅、副都元帅、佥副都元帅事、经历、都事、照磨兼架阁管勾等官职。

[2]广盈库:元代官库名,秩从八品,下设提领、大使等官职。

[3]盐课:指以食盐为对象所征的税课。《元史·食货志五》:"本司自至元十四年创立,当时盐课未有定额,但从实恢办。"

关防漕运

317 至元四年五月,户部议得:"司计官曲出怗木耳呈:'至元四年,河海等粮都漕运司[1]、临清万户府[2]押运千户人等、京畿运粮提举司[3]所委人员不便事理。'逐一议拟,开呈。"都省准拟。

一、长河装运海般(船)②年例,专委都漕运使一员、运粮万户一员,不管余事,专一接运交装,拟合责任,设法关防。若军人、船户盗卖蚕食官粮,到坝[4]短少及有湿润、糠尘[5]者,将接运运使、万户究问。如粮船到坝,关防失宜,分司同知亦行究问。巡河官员不严,量事轻重责罚。

一、京畿运粮提举司奏差止令看斛,总押辨验干圆[6]好歹,余有监委之人,尽行革去。若有揞勒[7]钱物、取要酒食,从对坝[8]司计官取问明白,依例断罪。

一、滥委巡斛夫头[9],截日[10]革去。若长押坝夫[11]刁蹬,军

---

① 吹(次):《至正条格》作"吹",误。分析文意,当作"次",今据校。
② 般(船):《至正条格》作"般",误。分析文意,当作"船",今据校。

人、船户揩要钞两,从司计官依例断罪,革去。

一、深沟坝[12]见设提领四员,其余圯(坝)①分[13]提领,合准所言,止于本圯(坝)办事,毋得擅自离役。

一、押运千户、百户、头目、军人、船户,运粮之际,于船上喂养鸡豚鹅鸭,稍带客旅物货,笞决贰拾柒下。船户将带自己老小在船者,一体科罪。盗用官粮者,依例追断。

一、运司奏差、祗候人等,乞索酒食鹅鸭,扰害船户,合令省委接运海粮官、巡河官、对坝司计官严加禁约。果有违犯,就便取问,依例断罪。

一、长可(河)②、坝可(河)[14]捕鱼、卖菜小船,即系细民生理,似难一概禁约。拟合督勒运司、万户府正官、千户、百户、纲官[15]人等设法关防。若有盗卖官粮、博易鱼菜者,押运之人与犯人同罪。

一、直沽广通仓[16]收贮斛只[17],从省委接运海粮官监督,都漕运司官、临清万户府官、海道府〔官〕③用都漕运司见收铁斛[18]、铁升[19],眼同较勘相同,方许交装行使。

一、纲翼人等通同船户,交装湿润粮米。盖因省委接运官安下处相离海船对运去处窎远,交装未毕,先已回还,防闲[20]不至,致生奸弊。合准所呈,宜从都省札付。接运官量其水,则海船可以通行,移船就里停泊,亲临交装。如果水浅,船不可行,亦须亲诣船所监督。运司、万户府官吏、纲翼梢水人等即将运粮海船撒开棚盖,拨去气头[21]湿润、色暗米样,另行收贮,候装好粮完备,辨验其米。如堪支持,依上交对[22]。须要一一交装了毕,方许回还。仍更为督勒运使、万户设法关防,毋令短少、湿润。

一、十八河仓[23]运粮到圯(坝),若有糠秕、湿润米粮,合准所

---

① 圯(坝):《至正条格》作"圯",误。前文作"坝",今据校。
② 可(河):《至正条格》作"可",误。分析文意,当作"河",今据校。下同。
③ 〔官〕:分析文意,《至正条格》脱"官"字,今据补。

拟,从对圩(坝)司计官,将当该押运千户、百户、纲官人等随即究治。其都漕运司、行司官吏有失关防,取招呈禀[24]。

一、直沽交粮斛只,交收至晚,互相封记。仍令接运海粮官相其事宜,设法关防。

[1]都漕运司:官署名,又称"都漕运使司",隶属户部,秩正三品,掌御河上下至直沽、河西务、李二寺、通州等处攒运粮斛。至元二十四年(1287),自京畿都漕运使司分立都漕运司,于河西务置总司,分司临清。下设运使、同知、副使、运判、经历、知事、提控案牍兼照磨、司吏、通事、译史、奏差、典吏诸官职。其属仓有河西务十四仓、通州十三仓、河仓十七、直沽广通仓、荥阳等三十纲。

[2]临清万户府:官署名,又称"临清运粮万户府",秩正三品,元转运漕粮之机构,承担转漕、守堤、驻防之事务,驻于临清。负责将由济州河、会通河转输漕粮经御河运往直沽,并防守河堤及保障运河、御河沿线之治安。

[3]京畿运粮提举司:官署名,延祐三年(1316),由新运粮提举司改置。详参第395页"运粮提举司"条。

[4]坝:堤堰,堤坝。指拦截水流的建筑物。《正字通·土部》:"坝,障水堰。"

[5]糠尘:谷皮和灰土。指粗劣的粮食。

[6]干圆:指(粮食)干燥饱满。

[7]揩勒:勒索。

[8]对坝:谓粮船到坝,由京畿运粮提举司委派官员,专门核对到坝官粮有无短少、湿润、糠尘等情况。

[9]夫头:夫役的头目。清贺长龄《清经世文编》卷一〇六庄有恭《水利条规十则》:"所有应设夫头,即于所雇夫内二十名设一夫头,散夫责成夫头管领,夫头着落圩甲保领。"

[10]截日:即日。

[11]坝夫:元代于堤坝处所设置的负责运粮之夫役。

[12]深沟坝:坝名。元代于坝河修筑的堤坝。《元史·河渠志一》:"坝河,亦名阜通七坝。……深沟坝九处,计一万五千一百五十三工。"

[13]坝分:犹"坝"。

[14]坝河:元代兴建的从通州到大都的两条漕运水道之一。其漕运路线是自通州起,沿温榆河至深沟坝入坝河,通过七坝(即在坝河中途修筑的千斯坝、常庆坝、郭村坝、西阳坝、郑村坝、王村坝、深沟坝等7处大坝),然后到达大都光熙门。

[15]纲官:官职名,"押纲官"之简称,元代设于户部都漕运使司等官署机构中,秩正八品。元制,于荥阳等三十余处设纲,每编船三十户为一纲,每纲设押纲官二员。主管船户运送粮食及其他物品,并约束散军或船户,使其沿途不致扰动行船、客旅及岸上居民。

[16]直沽广通仓:仓名,隶属户部都漕运使司,秩正七品,下设大使一员。

[17]斛只:量粮食的量器。因斛以只计,故称。元朱世杰《新编四元玉鉴》卷上《廪粟回求》:"今有方仓、圆囤各一所,贮粟三千三百一十二斛只。"

[18]铁斛:铁质量器。旧制,一斛为十斗。南宋末年改一斛为五斗。明申时行《大明会典》卷三七《金银诸课》:"宣德七年,令重铸铁斛,每仓发与一只,永为法则,较勘行使。"

[19]铁升:铁质量器。旧制,十合为一升,十升为一斗。明申时行《大明会典》卷三七《金银诸课》:"二年,令凡斛斗秤尺,司农司照依中书省原降铁斗、铁升较定则样制造。"

[20]防闲:防备。

[21]气头:指仓米最上面与空气接触的那一层。

[22]交对:核对。

[23]十八河仓:隶属户部都漕运使司,用从七品印。十八河仓,包括馆陶、旧县、陵州、傅家池、秦家渡、尖冢西、尖冢东、长芦、武强、夹马营、上口、唐宋、唐村、安陵、四柳树、淇门、伏恩十七仓,分置监支纳、大使、副使各一员。外加直沽广通仓,共计十八河仓。

[24]呈禀:公文术语。犹"呈报"。向上禀告。

漕运罪赏

318 至正三年正月二十八日,中书省奏准各仓合行事理,奉圣旨："那般者。"

一、各仓所收粮斛，每仓多者壹拾伍万石，少者壹拾万石，比之元例不同。拟合钦依奏准例，每仓交收壹拾万石之下捌万石之上为则。所据应支粮斛名项，从公分拣。合在京者，在京支给。合通州、河西务者，依例分派。

一、对坄(坝)①粮斛。往年委京畿运司[1]官壹员，赍分司印信，专职对坄(坝)。后因运官分仓提调，每岁委令运粮提举壹员前去交对，都漕运司纲翼、临清万户府视其职卑人微，交对之间，辁轹[2]百端。拟合添设同知壹员，职专对坄(坝)。

一、仓官收支繁重。今后如果交割完备，别无短少，合依延祐年间奏准圣旨，从优不次[3]类注[4]。运官提调仓分，无短少者，亦依上例定夺。

一、仓敖疏漏[5]损坏，必合修理去处，宜令工部划时委官相视，计料合用价钱，行移户部，随即放支。令提调仓分运官亲临监看督[6]，并收买合用物色，作急修理，须要坚完，不致疏漏，浥变、损坏官粮。若有怠慢，就便断决。如上司点视得，却有不完疏漏去处，严加究治。

一、仓官专一收支粮斛。每岁春秋应办口南三纳钵支持粟豆，各仓自行雇觅脚力，般运前去，听候交割，妨工不便。今后合令拘该有司委官赴仓关支，官为应付脚力。

一、粮斛收支，元定三年破耗[7]肆升。今后拟合量添耗粮壹升，初年破叁升，次年再破一升伍合[8]，叁年再破伍合。

一、权豪势要、宅司总领、孛可孙人等，关支粮斛，将领人众，夹带泼皮、籴买人户、无赖之徒入仓，取受分例，需索酒食、钱物、载粮车脚等钱，今后拟合严治。支粮数多者，将引不过五人，无得夹带泼皮、籴买人户、无赖之徒入仓搅扰。违者，听提调官就便断罪。若有违拒，具名申部。其司计官巡视仓库，止许引有俸典吏

---

① 坄(坝)：《至正条格》作"坄"，误。前文作"坝"，今据校。下同。

一名、带牌祗候一名,不许多引人众,搅扰不便。违者,亦仰究治。

一、仓库官员轮流直宿,自有常规。其仓官、斗脚不公不法一切违犯,听运司自行取问。如理断不当,从户部随事究治,诸衙门不许受理。今后各仓依例轮流直宿,若有闸点[9]不在,亦听运司官究治。

一、籴买人户贪图厚利,把握行市,私于孛可孙处转买结揽支粮文帖,诈称怯薛丹人员关粮,出仓添价籴①卖[10],已有追断明条。今后籴买人户结构[11]各衙门祗候、忽剌罕赤、官豪势要、宅司总领人等,作自应支粮人数,结揽支粮者,许诸人捉拿首告。依籴买户例,拾石以下,杖陆拾七,每拾石加一等,罪止一伯七。仍于所关粮内,一半没官,一半付告人充赏。

一、提调仓分运官,每员除将本司令史一名、祗候二名,其余滥设贴书、祗候、带行人等,尽行革去。若有依前容留者,运官取招议罪,犯人断罪,发还元籍。

一、省台院部诸衙门祗候人等,无故不得辄入仓库搅扰。若有违犯之人,听提调官就便断决。敢有违拒,具名申部。

一、仓官盗卖官粮,拾石以上,处以极刑,不为不重。今后诸官吏人等取要仓官钱物,并准枉法论。无禄之人,加等断罪,发还元籍。

一、各仓斗子[12]支粮之际,恐喝仓官赏功段子等钞,及通同包撮[13]之人夹带官粮,高下斛斗[14]者,事发到官,计赃,加等断罪,发还元籍。今后但有短少粮斛,以拾分为率,斗子拟陪三分。

一、挑倒粮斛,每季一次,呈司申部。须要依时挑倒,勿致损坏、浥变官粮。

一、各仓提调官公座[15]房屋,不过二间。今后拟合官为起盖,或有已盖房屋,官为约量给价。及公用器具,各官任满给由,明白

---

① 籴:《至正条格(校注本)》校作"籴(粜)",误。《至正条格》作"籴","籴卖"为偏义复词,指售卖,文意可从,故不必校。

开写交割。

一、季甲（申）①、旬申揭帖[16]、赤历单状[17]。今后令斗脚于运司、户部公厅投下[18]，并不得径直送付各该房分。如有私下收接者，当该令史究治，贴书断罪黜退。送付之人，亦仰治罪。

一、支粮孛可孙并各衙门官吏人等赴仓关粮，不许喝驾车辆、骑坐马匹辄入仓库。如违，从监仓运官、省部所委巡仓库官就便取招，决叁拾柒下。其守门军官、军人不严，故纵而入者，依上例就便断罪。

一、守把仓库军官、军人、八剌哈赤，从枢密院、留守司依例三个月交替。诡名代替者，从省委并监仓官就便断罪。合换军人务要正名，若是曾经守把仓库，不许再役。如违，除本军依例断罪外，本管头目从仓军申覆合干上司，行移枢密院、留守司，委官约会，一同取问究治。

一、运司官任满，仓官得代，新界官[19]依例从新选保斗子，于顺便相靠仓房兑那[20]，拗敖交割。验见在行使斛只、合用斗脚人数，点视入敖，接续抬斛，至敖门外过等[21]交割，止令新官入敖。斗脚如是借借钞定，扶同米粮，诸人赴官首告，以取与不应定罪，各决肆拾柒下。其钱没官，内一半付告人充赏。

一、近仓住坐籴买入（人）②户，转买结揽支粮文帖，暗地囤塌[22]，开张铺席，添价籴③卖者，拾石以下，杖陆拾柒，每十石加一等，罪止一伯柒。卖帖之人，减等断罪，粮价俱追没官，于内一半付告人充赏。若有仓官人等知情故纵，与籴买户同罪。两邻知而不首者，五拾七下。

一、仓官人等、籴买户通同作弊，夹带官粮出仓者，依盗所主守钱粮例科断。籴买户，减二等断罪。

---

① 甲（申）：《至正条格》作"甲"，误。分析文意，当作"申"，今据校。
② 入（人）：《至正条格》作"入"，误。分析文意，当作"人"，今据校。
③ 籴：《至正条格（校注本）》录作"粜"，误。《至正条格》作"籴"，今据校。

一、各枝儿、怯薛丹口粮,诸衙门官吏人等俸米[23],果有食用不尽之数,须要自行关支,出仓从便粜卖。其籴买人户,不得接买[24]囤塌。

一、各仓斗子,从新界官举保无过犯有柢(抵)①业信实之人,以充其役。每名月支食钱陆拾两,但有短少粮斛,依例追陪。旧有斗子革去,不许入仓。违犯之人,许诸人陈告到官,痛行断罪,发还元籍。若在仓斗子有犯,从仓官就便断遣②。

一、各仓收支时分,扫仓包撮官粮者,俱系斗脚之家子孙、弟侄及亲戚、邻佑人等,把门军人故纵入仓,比及发露,教令妄指仓官勾扰沮坏。今后若有似此人数,捉拿到官,比同私盐例,其罪止坐犯人,不许妄指平人。如年幼不任刑责者,着落各家尊长追陪断罪。军人守把不严,合令提调运官依例问罪。受钱故纵者,计赃论。

[1]京畿运司:官署名,"京畿运粮提举司"之简称。详参第497页"京畿运粮提举司"条。

[2]辌轹:倾轧欺压。元王恽《秋涧集》卷五一《大元国故卫辉路监郡塔本公神道碑铭》:"夏则避炎潞顶,冬则迎燠山阳,践食村落,辌轹州县,有不胜其挠者,盖十年于兹。"

[3]不次:不依寻常次序。犹言超擢,破格。《汉书·东方朔传》:"武帝初即位,征天下举方正贤良文学材力之士,待以不次之位。"师古曰:"不拘常次,言超擢之。"

[4]类注:以类注籍。谓对有功之官员分类登记入册,以备选拔。

[5]疏漏:破漏,破敝。

[6]监看督:犹言"监看""监督""监视"。

[7]破耗:耗费耗粮。《通制条格·仓库·粮耗》:"大都省仓,元定破耗:南粮每硕肆升,北粮每硕叁升。"

---

① 柢(抵):《至正条格》作"柢",误。分析文意,当作"抵",今据校。
② 遣:《至正条格(校注本)》用脱字符号标出"遣"字,《至正条格》作"遣",故脱字符号当据删。

[8]合:量词。一升的十分之一。《孙子算经》卷上:"十抄为一勺,十勺为一合,十合为一升。"

[9]闸点:犹"查点"。检查清点。

[10]籴卖:售卖,卖出。

[11]结构:勾结。

[12]斗子:元代官仓中当差的吏役。

[13]包撮:谓用工具收取粮食。

[14]斛斗:指斛和斗两种量粮食的量器。《元典章·户部》卷十《征纳税粮》:"如遇人户赴仓送纳粮米,须用官降斛斗,两平收受一色无糠秕干园(圆)洁净好米新谷。"

[15]公座:指办理公务。"公座房屋",指官吏办理公务之房屋。

[16]揭帖:又作"揭贴"。指登记、登录之簿册。

[17]赤历单状:又称"单状赤历",简称"赤历",是一种登记仓库收支和税务收纳之账簿,须定期向上司申报以供核查。《元典章·户部》卷七《至元新格》:"诸仓库赤历单状,当该上司月一查照。但开附不明,收支有差,随事究问。"又卷七《关防钱粮事理》:"仍令提调官轮番赴库,牵照一切勘合文凭,比对赤历单状,计点实有见在,但有侵欺、短少,即将当该库官、库子人等监锁追陪。"又卷八《收税附写物主花名》:"虽是本务在先市税内收讫诸人税钱,赤历内止报总数,别无上司许准明文。……今后税务应收诸色课程,于赤历单状内须要明白附写物主花名、收讫钱数目,以备照勘。"元王恽《秋涧集》卷八九《论随路交钞库令总管府提点事状》:"今各库虽按月赴提举司申报单状赤历,于关防实无所系。"

[18]投下:呈交,呈送,交付。

[19]新界官:又称"新官"。指新上任之官吏。

[20]兑那:调拨。

[21]过筹:用筹称量。"筹"指算筹,为计算数目所用的器物。

[22]囤塌:囤积,储存。

[23]俸米:元时官吏俸禄的实物形式。以米支给者谓之"俸米"。《元史·食货志四》:"七年,始加给内外官吏俸米。凡俸一十两以下人员,依小吏例,每十(一)两给米一斗。十两以上至二十五两,每员给米一石。余上之数,每俸一两给米一升。无米,则验其时直给价。虽贵,每石

不过二十两。上都、大同、隆兴、甘肃等处,素非产米之地,每石权给中统钞二十五两,俸三锭以上者不给。至大二年,诏随朝官员及军官等俸改给至元钞,而罢其俸米。延祐七年,又命随朝官吏俸以十分为率,给米三分。"

[24]接买:犹"收买"。购买。明毕自严《度支奏议·堂稿》卷十五《题遵奉圣谕议修盐政疏》:"接买而售之民间者,谓之水商。"

九卷终

至正条格卷第十　断例　厩库

海运带装私麦

319 至治二年九月，刑部议得："松江府上海县丞[1]邵克温，将本家籴到小麦壹百叁石写立文约，雇觅朱明，装运官粮船只越离开洋[2]处所叁百余里附再（载）①，以致遭风，湆湿官粮。即系不应，笞肆拾柒下，元装小麦没官。船户朱明，伍拾柒下。若有短少官粮，追征还官。"都省准拟。

[1]上海县丞：即"上海县县丞"。"上海县"，隶属松江府，上县，本华亭县地。至元二十八年（1291），因户口繁多，故自华亭县分置上海县②。

[2]开洋：海运船开航。

插和盗卖海运粮

320 至元二年三月，刑部与户部一同议得："每岁海运官粮叁百余万石，直沽下卸，经由深沟等柒坝[1]，运赴各仓。其间运粮，临清万户府军人、都漕运司所管纲翼船户、稍③工、水手、坝夫、车户人等，敢有用水搅拌，插和[2]糠尘、沙土作弊者，许诸人于差去官处首告是实，笞决肆拾柒下。押运军官、纲官、纲司[3]人等，临时详情究治。因而盗用货卖，壹石之下，伍拾柒；壹石之上至五

---

① 再（载）：《至正条格》作"再"，误。分析文意，当作"载"，今据校。
② 《元史·地理志五》："至元二十七年，以户口繁多，置上海县，属松江府。"《元史·世祖本纪十三》："（至元二十八年秋七月己未）分华亭之上海为县。"《新元史·地理志五》："至元二十八年，置上县。"今从《元史·世祖本纪十三》。
③ 稍：《至正条格（校注本）》录作"梢"，误。《至正条格》作"稍"，今据校。

石,陆拾柒;伍石以上至拾石,柒拾柒;拾石以上者,罪止一百柒。知情夥买者,减犯人罪一等,买粮价钱没官。其纲司、头目人等知而不首告者,笞叁拾柒,仍于犯人名下追中统钞五定,给付告人充赏。其本管运粮官吏知情受钱者,以枉法论。失觉察者,减犯人罪伍等。"都省准拟。

[1]深沟等柒坝:指在坝河中途修筑的千斯坝、常庆坝、郭村坝、西阳坝、郑村坝、王村坝、深沟坝等7处大坝。

[2]插和:掺和,掺杂。

[3]纲司:官职名,指负责监督纲运、招募船户的官吏。《元史·食货志五》:"又如所设三十五纲监运纲司,专掌召募船户,照依随场日煎月办课额,官给水脚钱,就场支装所煎盐袋,每引元额四百斤,又加折耗等盐十斤,装为二袋,纲官押运前赴所拨之仓而交纳焉。"

纲翼运粮短少

321 至正元年三月初七日,中书省奏:"俺根底户部官备斡赤[1]司计文书里与将文书来:'切照,海运粮斛,直沽至通州,往回九日。每石官破耗粮壹升五合,伍日之间下卸,岂有短少?盖有押运千户、百户、纲官人等,不以官粮为重,不为用心,纵令船梢[2]头目人等贪图厚利,贵价粜卖新粮,贱买会薄,以陈抵新。若不禁治,虚耗仓廪。'么道,与将文书来的上头,本部并刑部官一同议得:'今后海运粮斛都漕运司并临清万户府提调正官、首领官吏,不为用心钤束军人、船户,致将所运新粮盗卖,插和水土。每船一遭[3],如有短少壹石之上者,千户决壹拾柒下,百户、纲官各决贰拾柒下,运司并万户府提调官各罚俸半月;若伍石之上,千户贰拾柒下,百户、纲官叁拾柒下,提调官、万户府官各罚俸一月。俱各标附,就令对坝司计官断决。短少官粮,仍着落元装运军人、船户验数追陪还官。'的说有。依部家定拟来的行呵,怎生?"奏呵,奉圣旨:"那般者。"

[1]斡赤：元代官员名，又名"斡只"。《元史》无传。历任太子詹事、中书左丞、集贤使、江西行省右丞相、大司徒、典瑞院使、集贤大学士诸官职。

[2]船梢：指船上的梢工，即艄公，掌舵的人。

[3]一遭：一趟，一次。

纲船扰民

322 泰定四年五月，刑部与户部议拟到运粮船户扰民各各罪名，都省准拟。

一、运粮船只今后须要离仓一十余里湾泊[1]，不得入仓。违者，梢水、头目人等，笞贰拾柒下；纲官、百户，壹拾柒下；千户，罚俸半月。若入仓抢夺纳户税石，估赃准窃盗例，令众断罪，免刺。其在仓外抢夺者，各减一等科断。若妄生枝节、诈欺仓分、取要钱物，初犯笞伍拾柒下，再犯者加等，赃多者从重论。

一、运粮船户经行河道，沿溯[2]相逢，或在险处，不相回避，因而撞损民船者，笞叁拾柒下。或妄以撞着官船为名，故行诬赖客旅，抢夺诸物，各验赃物多寡，比常盗[3]加等断罪，免刺，其物给主。因而殴打平民，验伤轻重，比常殴加等断决。沿溯相逢，谓以沿避溯，或在险处，谓以轻避重。

一、仓官、斗脚、攒典人等与部粮[4]官吏、纲翼军官并运粮船户、军人通同作弊，私下接揽百姓粮斛送纳，及取要押甲、打纳钱钞，计赃，以枉法论。

一、沿河上下守冻[5]去□（处）①，运粮船户、军人故行砍伐百姓树株者，量笞肆拾柒下，验价陪偿。或索要酒食、米面、鸡鹅等物，依不枉法例追断，元物给主。

一、御河[6]仓分收受税粮，例合府路州县正官提调监督，依期赴已拨仓分送纳。粮既到仓，其仓官、斗脚人等无故停留，不即收

---

① □（处）：《至正条格》此字残损，分析文意及残存笔画，当作"处"，今据补。

受,叁日笞柒下,五日加一等,罪止贰拾柒下。已纳之后,不给朱抄者,罪亦如之。或与部粮官吏通同作弊,多收斛面[7]者,虽不入己,量笞叁拾柒下,标附。

一、纲翼官员、头目人等,不为用心,有失钤束,纵令船户、军人收违前项禁例,害及人民,取问是实,量事轻重断罪,黜降标附。若约会不即前来,许令有司径直勾问。占吝不发,恣纵犯人逃躲,不能结绝[8]者,拘该官司就申合干上司究治。其都漕运司、临清运粮万户府禁约不严,亦行依上究治。

[1]湾泊:(船只)停靠。

[2]沿溯:谓顺水下行与逆水上行。

[3]常盗:指一般的盗窃行为。谓被盗者为私人而非官府,偷盗者为普通百姓而非巡捕军兵等。

[4]部粮:征收税粮。

[5]守冻:谓等候河水解冻,以适合行船。

[6]御河:河名。今河北沧州西南运河和馆陶东南南运河支流卫河。《元史·河渠志一》:"御河,自大名路魏县界,经元城县泉源乡于村渡,南北约十里,东北流至包家渡,下接管(馆)陶县界三口。御河上从交河县,下入清池县界。又永济河在清池县西三十里,自南皮县来,入清州,今呼为御河也。"

[7]斛面:官吏征收税粮时的一种额外聚敛。《元典章·户部》卷十《征纳税粮》:"除正耗外,毋得多余笞带斛面,仍出榜禁治,诸人不得结揽轻赍。"

[8]结绝:判决结案。

仓官少粮

323 元贞二年六月,吏部定拟到仓官短少粮斛黜降等第,都省准呈。

省仓,即系收受通州、河西务仓攒运[1]到干圆物斛。

每石短少壹升之下,依例本等叙用。

壹升之上贰升之下，曾升等者，添贰资；不曾升者，依例本等叙用。

贰升之上叁升之下，曾升等者，降一等；不曾升等者，添一资。

叁升之上伍升之下，曾升等者，降贰等；不曾升者，降壹①等。

伍升之上，曾升等者，降叁等；不曾升者，降贰等。

壹斗之上，不叙。

通州、河西务等仓，即系交收河海运到湿润粮斛，多有烧毁发变。

每石短少壹升之下，依例本等叙用。

贰升之下，曾升等者，添贰资；不曾升者，依例本等叙用。

贰升之上伍升之下，曾升等者，降壹等；不曾升者，添壹资。

伍升之上，曾升等者，降贰等；不曾升者，降壹等。

壹斗之上，曾升等者，降叁等；不曾升者，降贰等。

贰斗之上，不叙。

河仓[2]即系收受百姓送纳干圆洁净丁地税粮[3]，不曾破耗，每年逐旋起运。仓官俱受省札[4]人员。

每石短少壹升之下，依例本等叙用。

壹升之上，降壹等。

贰升之上，降贰等。

叁升之上，不叙。

[1]攒运：同"趱运"。赶运，催运。

[2]河仓：元代于沿河修建的贮放漕运物资之官仓，既便于民户交纳税粮，又便于转运。《元史·食货志一》："中统二年，远仓之粮，命止于沿河近仓输纳，每石带收脚钱中统钞三钱，或民户赴河仓输纳者，每石折输轻赍中统钞七钱。"

[3]丁地税粮：又称"丁地税"。丁税、地税之合称。《元史·食货志一》："丁税、地税之法，自太宗始行之。初，太宗每户科粟二石，后又以兵

① 壹：《至正条格（校注本）》录作"一"，误。《至正条格》作"壹"，今据校。

食不足,增为四石。至丙申年,乃定科征之法,令诸路验民户成丁之数,每丁岁科粟一石,驱丁五升,新户丁、驱各半之,老幼不与。其间有耕种者,或验其牛具之数,或验其土地之等征焉。丁税少而地税多者纳地税,地税少而丁税多者纳丁税。工匠、僧道验地,官吏、商贾验丁。虚配不实者,杖七十,徒二年。仍命岁书其数于册,由课税所申省以闻。违者,各杖一百。逮及世祖,申明旧制,于是输纳之期、收受之式、关防之禁、会计之法,莫不备焉。"

[4]省札:元代中书省等中央机构发给下级官署机构的公文。

监临官买军粮

324 泰定四年五月,刑部议得:"临清运粮万户府千户恩忠信,预先借与军人粮钱,却将各军合请口粮揞除粜卖,赢①利入己,合以不应为坐,笞肆拾柒下。充益仓使江伯颜不花,不应买讫军人口粮,拟笞叁拾柒下,依旧勾当,标附。"都省准拟。

盗卖官粮

325 至元三年十二月二十九日,中书省奏:"俺根底省委官文书里,'千斯仓[1]官杜思义、不八、晋天泽、弩儿、丁田肃等伍名通同盗卖了叁千柒伯伍拾余石官粮的上头,要了招伏。他每的罪过,例应处死'。么道,与文书上头,教刑部定拟呵,'合依委官所拟,处死'的说有。依他每定拟来的教行呵,怎生?"奏呵,奉圣旨:"那般者。"

[1]千斯仓:仓名,京师二十二仓之一,隶属户部京畿都漕运使司,秩正七品。中统二年(1261)置。下设监支纳、大使、副使诸官职。

326 至元四年正月,刑部议得:"籴买户支舍儿、顾兴等,因图利息,同财合本,借与千斯仓官杜思义等中统钞柒伯定,节次要讫仓官打画[1]筹帖[2],支讫官粮贰千壹伯肆拾石,分张入己。各杖

---

① 赢:《至正条格(校注本)》录作"赢",误。《至正条格》作"赢",今据校。

壹伯柒下,元借钞定没官。"都省准拟。

[1]打画:犹"画"。签署,签押。

[2]筹帖:又作"筹贴",指元政府颁发给民户的购粮凭证。元代民户于官仓籴买官粮,为避免官粮被豪强所垄断,元政府颁发给民户已签押的筹帖作为籴买凭证。《元史·铁木儿塔识传》:"旧法:细民籴于官仓,出印券,月给之者,其直三百文,谓之红贴米;赋筹而给之,尽三月止者,其直五百文,谓之散筹米。贪民买其筹贴以为利。铁木儿塔识请别发米二十万石,遣官坐市肆,使人持五十文即得米一升,奸弊遂绝。"

虚交粮筹

327 延祐七年十二月,刑部议得:"都省委官盘点净州[1]广贮仓粮斛,令都巡刘聚等肆名接受筹杖[2],名(各)①人受乞仓官王忙古歹等行求照觑中统钞壹拾柒定,各分入己,虚交空筹[3]叁拾贰根。合依枉法定论,各人元分钞数,俱折至元钞肆拾贯以上。无禄减等,各杖陆拾柒下,革去当差,已追赃钞没官。"都省准拟。

[1]净州:即"净州路",隶属中书省。金为西京路属州净州,大定十八年(1178),由天山县改升。元升为路,下路,领天山县,下县。

[2]筹杖:算筹。计算数目所用的器物,可作为支粮凭证。其制甚古,以竹木及厚纸等为之,上记数字,用以布算。因"筹"的形制呈棍状,故称"筹杖"。

[3]空筹:空白筹杖。指无支粮数目及官府签押之空白筹杖。

不由运司支粮

328 延祐二年十月,户部议得:"各处仓官不行经由运司,径直接受宣徽院勘合,擅支粮斛。若不定立罪名,切恐循习作弊。今后若有似此犯人,笞伍拾柒下,降等叙用。"都省准拟。

---

① 名(各):《至正条格》作"名",误。分析文意,当作"各",今据校。

接买支粮荒帖

329 泰定三年三月,刑部议得:"仓官人等不得径直接受勘合,已有关防定例。所据河西务仓官卢世裔等,虑恐烧毁、短少,预备陪偿,违例用钱买到支粮荒帖。合决伍拾柒下,降等叙用。"都省准拟。

用斛支粮

330 至元三年十一月初九日,中书省奏:"去年奏了:'怯薛丹、各枝①儿根底合与的米粮、马料并俸米,教斛里起与[1]者。'么道,说来。如今各怯薛官并众怯薛丹人等,俺根底说有:'怯薛丹的米粮、马料,斛里不与,用斗支与的上头,好生少了。'么道,说有。俺商量来:'他每既是用斛收受,又除了鼠耗,似这般斗里支呵,怎中有?今后怯薛丹、各枝儿内外仓分里合支的米粮、马料及俸米,教斛里支与。少了呵,初犯,仓官决贰拾柒下,斗子叁拾柒下,亲临提调运司官柒下。再犯呵,依等第加等断罪呵,怎生?'"奏呵,奉圣旨:"那般者。"

[1]起与:犹"支与"。供应,支给。

火者口粮

331 天历二年四月初五日,中书省特奉圣旨:"省里行文书者,除皇后斡耳朵外,其余各斡耳朵,自天历元年为始,创入[1]来的新火者每,口粮、草料休与者。若有隐藏投入来的,关支口粮、草料的,为头火者每不说,别人首告出来呵,将他每的宣敕追了,重要罪过者。"

[1]创入:犹"闯入""投入"。指加入。

---

① 枝:《至正条格(校注本)》录作"支",误。《至正条格》作"枝",今据校。下同。

放支工粮

332 延祐六年七月,户部议得:"今后人匠工粮,若三年已里关索[1],照勘明白放支。如三年之外,过时不得关索。虽有役过工程,即取当该局官招伏,断罪解任。提调官吏,减罪科决。合支工粮,临时斟酌,定拟应付。"都省准拟。

[1]关索:领取。

赈粜红帖罪赏

333 至大元年二月,刑部讲究得:"大都红帖户[1]将籴到米粮添价粜卖,追取红帖,除名,决肆拾柒下,追中统钞二拾伍贯,付告人充赏,其粮没官。粜米官或监临米铺[2]巡军与籴买户通同作弊,粜卖者、监临官,笞肆拾柒下,罢见役;受财者,以枉法论;巡军,决叁拾柒下;籴买户,决伍拾柒。元籴米粮没官,仍于犯人名下追中统钞壹定,付告人充赏。红帖人户,除应籴本户红帖米粮外,又于散粜[3]米铺内籴买者,笞壹拾柒下。元籴米粮,付告人充赏。"都省准拟。

[1]红帖户:大德五年(1301),元政府取会大都和上都两城贫乏人户,置立半印号簿文帖,各书其姓名、口数于上,逐月对帖以赈粜米粮,贫乏人户持文帖以籴买,称此文帖为"红帖"(又作"红贴"),称手持文帖以籴买米粮之贫乏人户为"红帖户"(又作"红帖人户""红贴户"),称此赈粜米粮为"红帖米粮""红帖粮"(又作"红贴米粮""红贴粮")。元苏天爵《元文类》卷四十《京师赈粜粮红帖粮》:"大德五年,省臣奏旨,令有司取会两城贫乏户口之数,置立半印号簿文帖,各书其姓名、口数,逐月对帖以给之,其视赈粜之价三分常减去其一,名曰红帖粮,遂与赈粜并行焉。"

[2]米铺:又称"米肆"。米店。元政府于大都南、北两城置米铺若干所,每铺日粜米以济贫民。《元史·顺帝本纪二》:"十二月甲午,大都南城等处设米铺二十,每铺日粜米五十石,以济贫民,俟秋成乃罢。"

[3]散粜:谓米价暴涨时,官府为防止豪强垄断,设赈粜米铺,出售给

贫民平价米。《元史·刑法志二》："诸京师每日散粜官米，人止一斗，权豪势要及有禄之家辄籴买者，笞二十七，追中统钞二十五贯，付告人充赏。"

敖板损坏追陪

334 至顺元年闰七月，刑部议得："今后仓官交界[1]，敖[2]内漫板[3]、地栿[4]与粮一体相沿交割。任内但有损坏，随即申报合干上司，相视修理。果有短少粮数，必须掏敖，具申运司，转达省部，临时详酌，不许依前掏毁。如有违犯之人，笞肆拾柒下，从者减一等。各以所由为首，仍着落追陪，修补完备，然后给由。当该提调运官知而不举，量事轻重责罚。其新界[5]运官、仓官容隐辄便给由者，止着本界依上追断。"都省准拟。

[1]交界：官员任期届满交割。

[2]敖：粮仓。后作"廒"。

[3]漫板：指仓敖内贮粮、盐等的挡板，用以防潮、防漏等。"漫板"又称"敖板"。宋谢深甫《庆元条法事类》卷三六《仓库令》："诸盐仓于敖板下以瓮承卤，不得别设水器。"元蒲道源《闲居丛稿》卷十六《前儒林郎西乡宣差燕立帖木儿遗爱碣》："先是路官较广济仓粮短少十数石，盖以仓敖板疏漏，监仓者弗之觉，后方见，取以补短少数。"

[4]地栿：指敖板底下用木头做成的基础部分。

[5]新界：初任新职。

税粮限次

335① 至元三十年四月，御史台呈："各路违限税粮，初犯②笞肆拾，再犯杖捌拾。路官、县官③合无一体？又十二月末限满足

---

① 《元典章·户部》卷十《税粮违限官员科罪》和《元史·刑法志一》载有相关条文。

② 初犯：《元典章》作"初限"。

③ 路官、县官：《元典章》作"路、县官"。

者,是否叁限?如何加罪?"户部照拟得:"科税条画内一款,钦奉圣旨节该:'税粮,初限十月终,中限十一月终,末限十二月终。违限者,初犯①笞肆拾,再犯杖捌拾。但结揽税石及自愿令结揽与官司,许诸人首告得实,并行断罪。令结揽官司依元科税石数目倍罚②,赴所指仓分送纳。若本处不差正官,权官部税[1],将来若有失陷,或税石不足,各处达鲁花赤、管民官、部税官[2]③不分首从,一同断罪。'钦此。拟合钦依圣旨事意施行。"都省准拟。

[1]部税:犹"征税"。征收税粮。

[2]部税官:又称"部粮官"。泛指征收税粮的官员。

计点不实

336④ 大德七年八月⑤,御史台呈:"太⑥原路灾伤,赈粜[1]大备仓[2]米贰万贰千捌伯石⑦。点数[3]得,大德三年仓官郭世忠短少米肆千捌伯余石⑧,大德四年仓官郭楫⑨短少米柒伯余石⑩。"除另行追征外,刑部议得:"达鲁花赤塔海、总管木撒、同知六斤,俱系提调正官,亲临仓库,不行依例每季计点,以致短少官粮五千余石。各决叁拾柒下,标注过名。"都省准拟。

[1]赈粜:减价售米赈救。元徐元瑞《吏学指南·救灾》:"赈粜:谓饥

---

① 初犯:《元典章》《元史》皆作"初限"。
② 倍罚:《元典章》作"罚倍",《元史》作"倍征"。
③ 部税官:《元典章》作"部粮官"。
④ 《元典章·户部》卷七《短少粮斛提调官罪名》载有相关条文。
⑤ 大德七年八月:《元典章》作"大德七年八月十九日"。
⑥ 太:《元典章》作"大",误。《至正条格》作"太",当据校。陈校本《元典章》录作"太",误,当据校。
⑦ 贰万贰千捌伯石:《元典章》作"二万二千八百石三斗八升"。
⑧ 肆千捌伯余石:《元典章》作"四千八百五十一石八斗七升三合六勺二抄二撮二圭"。
⑨ 楫:《元典章》作"禈",疑误。
⑩ 柒伯余石:《元典章》作"七百一十五石四斗七升八勺八抄五撮五圭"。

年将粮减价粜与缺食人户也。"

[2]大备仓:仓名,金朝已置,元代沿置,置于太原路,下设大使、副使、攒典诸官职。

[3]点数:犹"查点"。检查清点。

337 大德九年四月,御史台呈:"大德八年七月,江陵路桩积仓[1]官刘谦等盗粮贰千五百余石,沙市仓[2]官孙大荣等盗粮叁千六百余石。"除刘谦等另行外,刑部议得:"江陵路达鲁花赤暗普,系提调桩积、沙市贰仓粮斛正官,不行子细计点,辄凭仓官虚称'并无短少',回关[3]本路,以致刘谦等偷盗官粮六千余石。拟决肆拾柒下,罪经释免,依例标附。"都省准拟。

[1]桩积仓:仓名。置于江陵路。

[2]沙市仓:仓名。置于江陵路。元苏天爵《滋溪文稿》卷十七《元故正议大夫金宣徽院事周侯神道碑铭》:"廷臣嘉其能,擢拜中兴路总管。江淮之田履亩而税,贫者或无地入租,富者或徼幸获免。民有输米沙市仓者五百余家,贫实无地,有司征求榜掠无已。"其中"中兴路"即"江陵路"。

[3]回关:公文术语。指向上级禀告。

虚出通关

338 泰定四年五月,刑部议得:"随州[1]丰大仓[2]使郑兴祖、副使畅益孙,因收受粮斛,用钞买嘱木匠,将官降斛只划削宽大,多收讫米壹千贰拾石,未曾出仓。又要讫谭陂屯权千户[3]赵全等中统钞肆伯贰拾肆定壹拾柒两、绫绢、银器,及将敕牒贰道质当在家,虚出讫收粮柒伯叁拾伍石通关[4]壹纸。在后闻知刘允寿告发,却行回付各人,收籴[5]上项粮米,送纳到仓。拟合各杖捌拾柒下,罢役不叙,多收军民粮米没官。谭陂屯权千户赵全、百户郝旺,各笞肆拾柒下。木匠媿[①]中才等,肆拾柒下。元收钞两没官。"

---

① 媿:《至正条格(校注本)》录作"魏",误。《至正条格》作"媿",今据校。

都省准拟。

[1]随州:隶属荆湖北道宣慰司德安府。《元史·地理之二》:"随州。下。唐初为随州,又改汉东郡,又复为随州。宋为崇信军,又为枣阳军,后因兵乱,迁徙无常。元至元十二年归附。十三年,即黄仙洞为州治。领二县:随县,下;应山,下。"

[2]丰大仓:仓名,置于随州,下设大使、副使等官职。

[3]权千户:指尚未被实授千户一职,临时充任千户一职。

[4]通关:元代仓库收受钱粮,若数足,则出给通行收据,此种通行收据被称为"通关"。若钱粮数不足时,则仓官虚假出给通行收据,以致仓库收受钱粮数不足,此属违法行为,这被称作"虚出通关"。《元典章·户部》卷七《毋擅开收税粮》:"今后除水旱灾伤已有定例,有必合续收田粮,依例申省,仍于官仓收贮,取无欠通关,别具备细缘由,缴申下年作收。"《通制条格·仓库·沮坏漕运》:"都漕运使司所管沿河仓分,随路部粮官吏与仓官人等通同作弊,收受糠秕米粟,结揽轻赍,虚出通关,致有短少官粮。"

[5]收籴:收买,收购。

诡名籴粮

339 至治二年五月,刑部议得:"奉元路录事司达鲁花赤乞里牙忽思、录事刘耀、典史姜茂,诡名印押红帖,减价冒籴赈粜官粮。各笞肆拾柒下,解任别仕。"都省准拟。

监临揽税

340 大德四年六月,御史台呈:"人匠达鲁花赤戴福兴与知事郭良弼等,提调税粮,不收本色,每石取要价钞肆拾两。除正价[1]贰拾伍两外,多敛到钞伍拾柒定,未曾分使,事发到官。"除已追回各主送纳一色外,看详:"戴福兴所招,多敛粮价,未曾分张。"都省议得:"戴福兴量拟决肆拾柒下,郭良弼决叁拾柒下。各人职役,从本投下就便定夺。"

[1]正价:指物品的标准价格。

341 大德十一年四月,御史台呈:"棣州[1]官医提领媿①忠,提调税粮,结揽籴纳[2],将积余中统钞伍伯余贯入己。"刑部议得:"媿忠不令医户[3]自行赴仓送纳本色税粮,勒要价钱,转行籴纳,克落中统钞伍伯余贯入己。合同枉法定论,罪经分拣,拟合不叙,标附。已追钞数,既是抑取,合行给主。"都省准拟。

[1]棣州:隶属山东东西道宣慰司济南路。《元史·地理志一》:"棣州。上。唐析沧州之阳信、商河、乐陵、厌次置棣州。宋、金因之。元初,滨、棣自为一道,中统三年,改置滨棣路安抚司。至元二年,与滨州俱隶济南路。领四县:厌次,中,倚郭,初立司候司,至元二年,省入本县;商河,中;阳信,中;无棣,下。宋、金属沧州。元初,割无棣之半属沧州,半以来属。"

[2]籴纳:购买交纳。谓百姓本应交纳本色税粮,官吏却包揽购买百姓交纳的本色税粮,令其交纳折色钱钞,以求余利。元徐元瑞《吏学指南·诸纳》:"籴纳:谓收籴粮斛纳官者。"

[3]医户:元代诸色户计之一。须纳税粮,承差役。元初免当杂泛差役,成宗以后,不再免当杂泛差役。元代于各路设立医学,医户须有一人入医学学习。又于各行省置官医提举司或提领所,掌医户差役、词讼。《元典章·吏部》卷三《选医学教授》:"诸路官医〈人〉提举司或提领所,委正官一员专行提调。同医学教授,将系籍医户并应有开张药铺、行医货药之家子孙弟侄,选拣堪中一名赴学。若有良家子弟才性可以教训,愿就学者,听。"②

取受附余粮

342 延祐四年九月,刑部议得:"中庆路罗次县[1]达鲁花赤忽

---

① 媿:《至正条格(校注本)》录作"魏",误。《至正条格》作"媿",今据校。下同。
② 〈人〉:《元典章·吏部》卷三《选医学教授》作"人",衍字。《元典章·礼部》卷五《讲究医学》载有同一条文,即无"人"字,当据删。陈高华等点校本《元典章》直录作"人",失校。

刺术、县尹谷嵩,提调催部粮储,取受仓官杨宽等斗面谷粟。若拟除名不叙,终是附余[2]粮斛,合验各受赃数,以不枉法定论。罪幸遇免,依例殿降,标附。"都省准拟。

[1]中庆路罗次县:"中庆路",隶属云南诸路行中书省,治所在今云南昆明市。《元史·地理志四》:"中庆路。上。唐姚州。阁罗凤叛,取姚州,其子凤伽异增筑城曰柘东。六世孙券丰祐改曰善阐。历五代迄宋,羁縻而已。元世祖征大理,凡收府八,善阐其一也,郡四,部三十有七。其地东至普安路之横山,西至缅地之江头城,凡三千九百里而远,南至临安路之鹿沧江,北至罗罗斯之大渡河,凡四千里而近。宪宗五年,立万户府十有九,分善阐为万户府四。至元七年,改为路。八年,分大理国三十七部为南北中三路,路设达鲁花赤并总管。十三年,立云南行中书省,初置郡县,遂改善阐为中庆路。领司一、县三、州四。州领八县。""罗次县",隶属中庆路安宁州。下。在州北,治历磨吕白村,本乌蛮罗部,地险俗悍。至元十二年(1275),因罗部立罗次州,隶中庆路。二十四年(1287),改州为县。二十七年(1290),改隶安宁州。

[2]附余:指超过钱粮征收定额的多余部分。元徐元瑞《吏学指南·钱粮造作》:"附余:谓正数之外增益者。"

仓官盗卖分例粮

343 至治二年七月,刑部议拟:"吉安路庆丰仓官刘济,元收延祐三年税粮贰万伍千伍伯余石,除正耗粮[1]外,于分例米内,与攒典人等通同盗卖讫壹伯陆拾伍石,分讫价钱中统钞贰拾柒定,攒典彭天瑞分讫钞壹拾肆定。即非官粮正数,罪既遇原,俱合除名不叙。百户王兴隆,因支军粮,就与仓官刘济将已卖分例粮米夹带出仓,分钞贰拾陆定入己。依不枉法,杖玖拾柒,降肆等,罪遇释免,依例殿降。"都省准拟。

[1]正耗粮:又称"正耗"。指官府在征收正税时,以弥补损耗为名,在正额之外附加征收的部分。

侵使粮价

344 泰定元年七月,刑部议得:"前兴和路经历高琏,承差追征拖欠攒运粮斛,因将元收已追粮户补买官粮价钞侵使入己。即系被差监临侵使,已征粮价,合同枉法定论。内以捏乞伯一主为重,已是赃满,杖断一伯柒下,追夺不叙。"都省准拟。

中粮插和私米

345 大德十年八月,甘肃省咨:"本省供给屯驻大军支用粮储,全藉客旅运米中纳。每石官给价钱贰定,于经行兰州[1]比卜[2]差人赍省降勘合把渡,遇有客旅运到粮米,封装米样[3],给付勘合,般运前来甘州仓[4],比对相同,辨验封头、米样无伪,收管出给朱抄,验数支价。中间有不畏公法贪图之人,巧生奸伪,将已验过河米粮封头割下,结构船桥水手人等,用皮浑脱船筏[5]将米偷般复回,再行诳官,谩赚[6]勘合,巢卖米粮,却赍元封口袋到来甘州,收籴仓米中纳。或于把渡人处求买勘合封头,逐旋收籴私米[7],插和中纳,官民未便。"议拟:"受钱虚给勘合封头之人,不计米数,杖壹伯柒下,罢役。营求勘合封头之人,不计米数,决玖拾柒下。割坼[8]封头,谩赚勘合,全中私米,壹石至拾石,决杖捌拾柒下;拾石至贰拾石,杖玖拾柒下;贰拾石至壹伯石,杖壹伯柒下。插和私米,玖斗之下,伍拾柒下;壹石至拾石,杖柒拾柒下;拾石至贰拾石,杖捌拾柒下;贰拾石至壹伯石,杖玖拾柒下。运到米粮,不问真伪,尽数没官。"都省准拟。

[1]兰州:隶属巩昌等处总帅府,治所在今甘肃兰州市。《元史·地理志三》:"兰州。下。唐初置,后改金城郡,又仍为兰州。宋、金因之。元初领阿干一县及司候司。至元七年,并司、县入本州。"

[2]比卜:津渡名,又称"比卜渡",在今甘肃靖远西北。《元史·仁宗本纪三》:"六月戊子,以庄浪巡检司为庄浪县,移巡检司于比卜渡。"

[3]米样:犹"样米"。指作为样品的米。

[4]甘州仓：仓名，置于甘州路。元贞二年（1296）建，延祐三年（1316）展修。

[5]皮浑脱船筏：又称"皮浑脱""浑脱""皮筏"，指北方民族中流行的用整张剥下的动物皮制成的渡河浮囊，可载人或物。元魏初《青崖集》卷五《故征行都元帅五路万户梁公神道碑铭》："宋人守瞿塘，众不克，进公作皮浑脱以济。"《元史·石抹按只传》："叙州守将横截江津，军不得渡，按只聚军中牛皮，作浑脱及皮船，乘之与战，破其军，夺其渡口，为浮桥以济师。"清康敷镕《青海志》卷三《路程》："河水黑而深，广约五里，乘皮筏而渡。"

[6]谩赚：欺骗获得。

[7]私米：指未经官府批准营销的米。与"官米"相对。

[8]割坼：割开。

仓官带收席价

346① 大德八年五月②，御史台呈："濮州馆陶县[1]尖冢仓监支纳[2]六国蛮、大使张仲礼、副使③马良④，不合将纳粮人户每粮伍石带纳[3]席一领，每领收轻赍中统钞贰两。除用价收买外，除剩[4]钞贰千玖伯贰拾捌两伍钱⑤，每人分讫玖伯柒拾陆两伍钱入己。"都省议得："六国蛮等所犯，难同因事取受，比不枉法，减二等科断。既有入己之赃，解见任，交割粮斛完备，别行求仕，多余价钱给主。"

[1]濮州馆陶县："濮州"，隶属中书省，治所在今山东鄄城县旧城镇。《元史·地理志一》："濮州。上。唐初为濮州，后改濮阳郡，又仍为濮州。宋升防御郡。金为刺史州。元初，隶东平路。后割大名之馆陶、朝城，恩

---

① 《枕碧楼丛书·刑统赋疏》载有相关条文。
② 大德八年五月：《刑统赋疏》作"大德七年五月"。
③ 副使：《刑统赋疏》作"大使"，误。《至正条格》作"副使"，当据校。
④ 马良：《刑统赋疏》作"马良卿"。
⑤ 贰千玖伯贰拾捌两伍钱：《刑统赋疏》作"二千九百二十八贯一两五钱"，误。《至正条格》作"贰千玖伯贰拾捌两伍钱"，当据校。

州之临清;开州之观城来属。至元五年,析隶省部。领县六:鄄城,上;朝城,中;馆陶,中;临清;观城,下;范县,下。""馆陶县",隶属濮州,中县,初属东平路,至元三年(1266)来属。

[2]监支纳:官职名,仓库官之一。元代户部、内宰司、上都留守司兼本都总管府等所属仓库长官,秩自正七品至从八品不等,掌仓库物资出纳之事。

[3]带纳:附带交纳。指民户除正常交纳的赋税外,另须附带交纳一定的费用。这是官员征收赋税的一种作弊行为,即官员在征收赋税时,往往附加征收一些费用。元徐元瑞《吏学指南·诸纳》:"带纳:谓如带粮纳收鼠耗分例之类。"

[4]除剩:除去剩余。谓除去已付之钱,剩余多少钱。

仓库军人交换

347 至元元年十二月初八日,枢密院奏:"守把围宿汉军叁个月一遍交换,这交换的军人每久①占仓库,盖为千户、百户每看徇,不行交换的上头,做贼说谎的缘故,是这般有。将军人每不交换的千户、百户每根底要罪过,勾当里革罢了[1],军人每根底重要罪过,发还元籍呵,怎生?"奏呵,奉圣旨:"那般者。"

[1]勾当里革罢了:犹言"罢了官职""罢职"。

仓库被盗

348② 大德六年九月③,刑部呈:"右八作司[1]被盗,督勒兵马司捉贼,仍取到围宿军官、军人防禁不严并八作司官、守宿人等有失觉察各各招伏,另行断遣外,本部议得:'八作司屡经被盗,盖因

---

① 久:《至正条格》作"久",《至正条格(校注本)》脱录,今据补。
② 《通制条格·捕亡·仓库被盗》载有同一条文。《元典章·刑部》卷十三《关防仓库盗贼》载有部分条文。
③ 大德六年九月:《至正条格》《通制条格》皆作"大德六年九月",《元典章》作"大德七年正月"。

每日支纳[2]官物，人众鸟杂①，提举司与围宿军官不设防禁，贼人恣意出入，视物易取，〔此生盗之源也〕②。拟合③立法防禁，以备不虞。'参详：'八作司除正门外，周围院墙筑打高厚，其墙头④里外多用棘针、䅺⑤查[3]，使贼人不能上下出入。将顿物屋壁⑥用砖垒砌，门窗锁钥坚牢。据应收到荆筐⑦、桙笭[4]⑧、箱柜⑨、栲栳[5]、席簟[6]，似此可以藏贼之物，不许露地顿放。亦合令盖敖房[7]收贮，封锁门户。每日收支诸物，令把门军官、军人用心关防，出则⑩搜检，毋使⑪夹带。每至日暮，八作司正官亲将敖门封锁，司官、司库、合干人⑫与围宿军官人等⑬眼同院内敖外子⑭细搜巡，别无停藏[8]贼⑮人，军官亲验敖门锁讫，然后俱出。仍置文历，开写搜巡司官人等花名，画字。及封锁正门毕，将应有钥⑯匙与搜巡文历一处用匣⑰封锁，依例八作司提举收掌⑱。至晚，本司正官壹员与司库、合干人各壹名轮番守宿。当该围宿军官号令军人坐铺[9]知

---

① 人众鸟杂：《至正条格》《通制条格》皆作"人众鸟杂"，《元典章》作"鸟杂人众"。
② 〔此生盗之源也〕：《通制条格》《元典章》皆作"此生盗之源也"，《至正条格》脱，今据补。
③ 拟合：《至正条格》《通制条格》皆作"拟合"，《元典章》作"若"。
④ 头：《至正条格》《通制条格》皆作"头"，《元典章》作"上"。
⑤ 䅺：《通制条格》《元典章》皆作"䅺"，误。《至正条格》作"䅺"，当据校。
⑥ 屋壁：《至正条格》《通制条格》皆作"屋壁"，《元典章》作"敖门壁饰"。
⑦ 筐：《元典章》作"推"，误。《至正条格》《通制条格》皆作"筐"，当据校。
⑧ 桙笭：《通制条格》作"桙笭"，《元典章》作"桙罗"。
⑨ 柜：《至正条格》《元典章》皆作"柜"，《通制条格》作"匮"。
⑩ 则：《至正条格》《通制条格》皆作"则"，《元典章》作"入"。
⑪ 使：《至正条格》《通制条格》皆作"使"，《元典章》作"致"。
⑫ 人：《至正条格》《通制条格》皆作"人"，《元典章》作"人等"。
⑬ 人等：《至正条格》《通制条格》皆作"人等"，《元典章》作"军人"。
⑭ 子：《至正条格》《元典章》皆作"子"，《通制条格》作"仔"。
⑮ 贼：《至正条格》《通制条格》皆作"贼"，《元典章》脱，当据补。
⑯ 钥：《通制条格》《元典章》皆作"锁"。
⑰ 匣：《元典章》作"厘"，误。《至正条格》《通制条格》皆作"匣"，当据校。
⑱ 收掌：《至正条格》《通制条格》皆作"收掌"，《元典章》作"收管"。

更,提①铃击柝,各执军器,把手(守)②围绕。至明,本司官人等与军官、军人验封开门,同入搜③贼。如获贼徒,随即发付兵马司追问。若是军官、司官人等搜巡④不严,藏下贼人,当该军官、司官人等比依捕捉不获切⑤盗中限例,俱各断罪。如不获贼,均陪偷⑥盗官物。若贼逾墙而入盗讫官物者,本处坐铺军人照依不获窃⑦盗⑧末限例断罪。如不获贼⑨,追陪所盗物货。再犯,加壹等。军官初犯,罚俸壹月。再犯,决⑩壹拾柒下。若有强劫仓库贼人,依不获强盗末限⑪例,将军官、军人俱各断罪。仍令兵马司依例责限捉贼。其余仓库,一体施行。'"都省议得:"若有⑫强劫贼徒,围宿巡铺军官、军人力所不及者,似难追断。余准所拟。"

[1]右八作司:官署名,"提举右八作司"之简称,又称"提举司""八作司",隶属工部,秩正六品,掌出纳内府漆器、红瓮、捎只等,并在都局院造作镔铁、铜、钢、鍮石、东南简铁,两都支持皮毛、杂色羊毛、生熟斜皮、马牛等皮、鬃尾、杂行沙里陀等物。中统三年(1262),始置提领八作司,秩正九品。至元二十五年(1288),改升提举八作司,秩正六品。二十九年(1292),以出纳委积,分为左、右两司。下设提举、同提举、副提举、吏目、司吏、司库、译史、秤子诸官职。

---

① 提:《至正条格》《元典章》皆作"提",《通制条格》作"持"。
② 手(守):《至正条格》作"手",误。《通制条格》《元典章》皆作"守",今据校。《至正条格(校注本)》录作"守",误,当据校。
③ 搜:《至正条格》《通制条格》皆作"搜",《元典章》作"捉"。
④ 巡:《至正条格》《通制条格》皆作"巡",《元典章》作"寻"。
⑤ 切:方龄贵《通制条格校注》录作"窃",误。《通制条格》《至正条格》《元典章》皆作"切",当据校。
⑥ 偷:《通制条格》《元典章》皆作"所"。
⑦ 窃:《通制条格》《元典章》皆作"切"。方龄贵《通制条格校注》录作"窃",误,当据校。
⑧ 《元典章》在"盗"字后衍"限"字,《至正条格》《通制条格》皆无,当据删。
⑨ 贼:《元典章》作"罪",误。《至正条格》《通制条格》皆作"贼",当据校。
⑩ 决:《至正条格》《通制条格》皆作"决",《元典章》作"的决"。
⑪ 末限:《至正条格》《通制条格》皆作"末限",《元典章》脱,当据补。
⑫ 有:《通制条格》作"遇"。

［2］支纳：支出和交纳。元徐元瑞《吏学指南·诸纳》："支纳：谓主司支出纳入也。"

［3］穄查：同"穄槎"。指成捆的禾秆和树杈。可置于墙头内外，以防贼进入。

［4］挊箩：即"孛罗"，又作"桲罗""桲箩"。指用柳条或竹篾等编制的箩筐。

［5］栲栳：又称"笆斗"。指用柳条编成的盛物器具。

［6］席簟：犹"簟席"。竹席。

［7］敖房：同"廒房"。仓房，粮仓。

［8］停藏：窝藏。

［9］坐铺：守卫本铺。谓警戒。元代兵制，十里为一铺。

拗支草料

349 泰定三年八月，都省议得："永平路乐亭县[1]达鲁花赤唆南巴，提调喂养鲁王位下马匹，将不到槽马壹伯匹合该草料不行申禀，辄合驼只[2]抵支[3]罪犯，量笞壹拾柒下。今后各处喂养马驼，若有似此拗支[4]名项，着落提调官吏追陪断罪。"

［1］乐亭县：隶属永平路滦州，下县。元初尝于县置漠州，寻废，复为乐亭县。

［2］驼只：指骆驼。因驼以只计，故称。

［3］抵支：抵偿支付。

［4］拗支：犹"抵支"。

克落草料

350 至治三年正月，中书省奏："皇后位下的怙麦赤[1]马儿答沙小名的人告：'内正司[2]少卿苦思丁提调着骆驼肆伯肆拾伍只，骆驼草料于官仓内多余关要[3]了，却不喂养，克落草料，于野甸牧放。又克落草料，喂养梯己头匹。'么道，告的上头，俺取问呵，苦思丁与了招伏文字也。'既是他提调系官驼只，将贰拾陆日合喂养的草料,黑豆伍伯柒拾捌石、麸子伍伯柒拾捌石、秆草壹万壹千伍伯柒拾束,关支入己,将驼只不行喂养,于野甸内牧放罪犯。合依十二章枉法例,杖断壹伯柒下,追夺宣敕,永不叙用。'么道,定拟了有。依着他每定拟来的教行呵,怎生?"奏呵,奉圣旨:"那般者。"

[1]怗麦赤:蒙古语音译,又译作"帖麦赤""帖灭赤"。指掌管牧养骆驼的人,犹汉语词"驼人"。

[2]内正司:官署名,隶属中政院,秩正三品,掌百工营缮及储存地产孳畜以供膳服,备赐予。下设卿、少卿、丞、典簿诸官职。下领尚工署、赞仪署、管领六盘山等处怯怜口民匠都提举司诸官署机构。

[3]关要:犹"取要"。索要。

收草官折受轻赍

351 延祐四年九月,刑部议得:"大都路永清县[1]主簿白贤,收受亭子场盐折草肆拾肆万肆千陆伯余束,内除凭度支监文帖放支外,有草肆万壹千伍伯束,接受轻赍入己。赃已过满,合同枉法,杖壹伯柒下,除名不叙,追赃没官。"都省准拟。

[1]永清县:隶属大都路。元为下县。

冒料工物

352 元统三年十一月,刑部议得:"监察御史言:'在京衙门一应造作头目,循习旧弊,往往冒料[1],多费官钱。覆实司官吏不行用心体度,致使钱粮马(虚)①耗。拟合明示罪名,庶革奸弊。'参详:'今后凡有造作冒料不实,各局院头目验其物价,依不枉法例,减贰等科断,革去。局官又减壹等,解任。比料、覆料官吏比局院官又减壹等,依旧勾当,罪止伍拾柒下。覆实司官吏体度不实,笞

---

① 马(虚):《至正条格》作"马",误。分析文意,当作"虚",今据校。

叁拾柒下,俱各标附。受赃者,并从枉法论。'"都省准拟。

[1]冒料:贪取物料。

克落金箔

353 至治二年二月,刑部议得:"扬州人匠提举司拍金局副陈子云,于打造常课金箔内克落讫金叁两叁钱,该价至元钞贰伯捌拾贯伍伯文。合同枉法,杖壹伯柒下,除名不叙。"都省准拟。

克落皮货

354 至大三年三月,御史台呈:"上都貂鼠局[1]大使阿里、副使高义等,节次关到成造皮衣貂鼠、狐、狢等皮及绵绢等物,不行尽实给散人匠,于内克落分使讫貂鼠皮六十一个、金钱豹皮贰拾张、山羊皮四拾柒张、狐皮叁拾贰张、狢皮四十五张、绵绫[3]一匹、绵线四伯三十二两、绢一伯五十尺,已追到官。"刑部议得:"阿里等所犯,即同枉法,罪经释免,俱合除名不叙,标附。"都省准拟。

[1]貂鼠局:官署名,隶属利用监,秩从五品,至元十九年(1282)立。下设大使、副使、直长诸官职①。

[2]绵绫:"绫"之一种。指用棉线织成的一种细薄而有花纹的丝织品。元俞希鲁《(至顺)镇江志》卷四"绫"条:"今所织者名杜绫,又撼绵为缕织之名绵绫,用白丝织之名大绫。"

解典造甲铁

355 天历二年四月,刑部议得:"军器局使[1]马忽哥赤,提调泰定元年造甲物料,于右八作司关支到东简铁[2]玖千叁伯斤内,将铁肆千斤典到中统钞肆拾捌定使用,未曾事发,用本息收赎出库。

---

① 《元史·百官志六》:"貂鼠局,副使二员,直长一员。至元十九年立。"依据上文可知,《元史》缺收"大使"一职。

革后一年之上,不行搬运赴局造甲,量笞肆拾柒下。局副赵德用提调泰定二年造甲物料,于右八作司关到东简铁玖千叁伯斤内,将捌千斤典到中统钞壹伯定入己,事发到官,才方收赎。若以侵使官物定论,终是本物见存。量拟陆拾柒下,革去,通行标附。"都省准拟。

[1]军器局使:"汴梁路军器局局使"之简称。"汴梁路军器局",官署名,秩正七品,下设局使、局副各一员,下领常课弓局、常课甲局,各设院长一员。

[2]东简铁:"简铁"系铁之一种。《元史·食货志二》:"凡铁之等不一,有生黄铁,有生青铁,有青瓜铁,有简铁。""东简铁",又称"东南简铁",《元史·百官志一》:"提举右八作司,秩正六品。……掌出纳内府漆器、红瓮、捎只等,并在都局院造作镔铁、铜、钢、鍮石、东南简铁,两都支持皮毛、杂色羊毛、生熟斜皮、马牛等皮、鬃尾、杂行沙里陀等物。"

漏报匹帛

356 延祐七年三月,刑部议得:"绮源库提举阿叔武戬等,失于查勘,漏报里绢伍万余匹。既已截替,量拟各笞叁拾柒下。司库阎绍祖,笞肆拾柒下,通行标附。"都省准拟。

起运上都段匹

357 至元二年六月二十二日,中书省奏:"每年寺监官从大都起运,将计置段匹等物到来上都,推称:'不开库。'么道,外头寄放着,偷要抵换了。回程时分,要了虚文,作了实数的多有。今后从大都起运时分,计禀省官,令首领官封记了,教来。如到上都,当日即便计禀,这里的省官、首领官验觑了元封,教拘该仓分收受。若到来了,不行计禀,推称缘故,外头寄放的,将他每要了罪过,勾当里黜罢呵,怎生?"奏呵,奉圣旨:"那般者。"

押运官物短少

358 大德十年二月,刑部议得:"司库刘裕,于万亿宝源库关拨到中统钞柒万定,同省委宣使严寿押去甘肃行省交割,到于甘州[1]丰备库[2]内寄放。刘裕封门,觑得柳箱内元封伍拾定钞被盗讫贰拾壹定。相验得,不见被盗显验[3]。所委宣使严寿呈:'刘裕于宝源库不候伊到,打角讫箱子伍拾个。当时涉疑,取讫本人但有短少陪纳文状。今次去失[4]钞定,壳箱皮子[5]及元封不动。'着落刘裕依数追陪还官。"都省准拟。

[1]甘州:即"甘州路",隶属甘肃等处行中书省,治所在今甘肃张掖市。《元史·地理志三》:"甘州路。上。唐为甘州,又为张掖郡。宋初为西夏所据,改镇夷郡,又立宣化府。元初仍称甘州。至元元年,置甘肃路总管府。八年,改甘州路总管府。十八年,立行中书省,以控制河西诸郡。"

[2]丰备库:库名,隶属甘肃等处行中书省,下设提领、大使各一员。

[3]显验:明显的证据,确凿的证据。

[4]去失:丢失。

[5]壳箱皮子:指包裹在箱子外面的一层坚硬外皮。

押运官物损坏

359 延祐七年四月,刑部议得:"江浙省宣使斡罗出,押运本省起解范总管岁办[1]进上茶芽[2]陆拾斤,不用元给铺马驼运,却行倒换站船装载,以致水潦损坏,不堪供用。拟笞肆拾柒下,发回[3]行省,立限追陪起解。"都省准拟。

[1]岁办:每年征收。

[2]茶芽:刚出叶尖的嫩茶。

[3]发回:退回。

官物有失关防

360 大德十一年正月,刑部议得:"安西路掌衣局库子焦进,货卖系官段子贰拾匹。除追断外,据人匠府总管撒都鲁丁有失关防。量笞贰拾柒下,依旧勾当,标附过名。"都省准拟。

段匹有违元料

361 元统三年十一月,工部呈:"省委官言:'腹里、行省造作段匹,不依元料,擅自改造、浅色、作弊等事。今后腹里各局院关索计拨段匹物料,放物衙门即将元料颜色、金素、花样等第先行照会收受去处,附写文簿,解纳之时,比对元料无差,方许交收,依验各色分数,答配均支。行省各路就放物料常课,和织[1]、和买亦先照会所收管解官员,依上施行。起纳咨解内开写元料各色、每匹各该价直,到部之日,行移该收库分辨验收受。若有更改,不依元料,低歹不堪,即便退回。将提调官吏、局官、头目人等依例断罪,着落追征元关物料补造。其收受衙门扶同容纳,与局官一体究治。监收、覆实等官,临时详酌轻重定罪。'本部议得:'除局官、头目就行断罪,提调正官取招呈省,标附过名,俱有定例外,据收受衙门扶同容纳者,与局官一体究治,标附过名,于解由内开写。其监收、覆实等官,不为用心辨验、比对元样,辄便发付收受,量拟笞决二十七下。'"都省准拟。

[1]和织:谓官府出物料寻找工人织造。元徐元瑞《吏学指南·征敛差发》:"和织:谓以丝觅工造作也。"

照算钱帛

362 至元六年正月,中书省。监局官呈:"照算腹里、行省未完钱帛。"户部照得:"皇庆二年三月十四日,奉省判[1]:'照算应支钱粮,委文资正官、首领官各一员,牵照[2]各各文卷。合追者,依例追征;合除者,拟定准除。若有积年迷失文卷、不完钱粮,多方傍行[3]挨究照算。但有堪信显迹,依上申除。'内一款:'每岁外有项下悬在[4]不完钱粮,皆因各处当该人吏循习旧弊,每到年终照算,止将易完备者作数除豁,不完事理,妄生枝节,并不着紧补勘[5],

止于外有项下立作悬在名项,或于见在内虚包,还役其间,交付别吏掌管。当该上司与本处提调正官、首领官又不用心钤束、子细举催[6],及至下年照算,其本年事故尚且不能完备,上下元立悬在、虚包名项置之不问,止是登答作数具报,以致年复一年,积攒[7]耽悬[8],不能结绝[9]。今后若有此等钱粮,当该提调正官、首领官验事多寡,立定程限,着紧催督,照勘定夺者。牵照许准明文,查勘无差。若有不应事理,依例除豁。未获朱抄者,并要取获[10]的本朱抄。已支未除者,即便依例倒除[11]。合追者,俱要追理还官。比及造册以来,必须一切完备。如是循习旧弊,不行用心着紧结绝,定将差来人吏断决伍拾柒下。不完钱粮,止令依旧掌管,直至完备,方许交换。当该首领官,决三十七下,任满,降等任用。正官取招,验事多寡的决,标附过名,解由内开写,以凭黜降。'除遵依外,本部议得:'腹里保定等路,外有虚悬[12]钱帛,文凭不完,驳回追理照勘。每岁度其地理[13]远近,定立程限,八月初,方才行移,比及九月终,须要照勘完备赴局,十月造册。一岁之间,两次照算,限期卒逼,合追者尚不到官,合除免者下不及名罪[14]。及差来官吏虑恐刑罚失中,因循顾忌,年复一年,积攒数多,实无补益。除常例照算并在京万忆(亿)①等库、宣课提举司[15]等衙门照依旧例外,上项未完事理,拟合另立限次,令各处摘委正官、首领官各一员,专一提调监督所属官吏人等,验其驳(驳)②问缘由,参照元行文卷,从公查勘备细明白,定拟结绝。如果不完,傍行挨究。但有堪信显迹,照例定拟,从元委首领官具事申禀。其当该人吏违限不到,或依限到来,应除而不除,应追而不追,但有文凭不完,依例断罪黜降,止令元管人吏依旧掌管,直候完备,方许对换[16]对迁。'"都省准拟。

---

① 忆(亿):《至正条格》作"忆",误。分析文意,当作"亿",今据校。《至正条格(校注本)》录作"忆",误,当据校。

② 驳(驳):《至正条格》作"驳",误。分析文意,当作"驳",今据校。

[1]省判:公文术语。谓中书省、尚书省等中央官署机构的裁决判定。

[2]牵照:核对。

[3]傍行:犹"傍"。谓广泛,普遍。

[4]悬在:谓长期未决。

[5]补勘:补充检查。

[6]举催:提举催督,掌管催促。

[7]积攒:又作"积趱"。积蓄,积聚。

[8]耽悬:耽搁拖延。

[9]结绝:了结。

[10]取获:犹"获取"。

[11]倒除:支出。《元史·刑法志二》:"任内收支钱粮,正收倒除皆完,方许给由。"

[12]虚悬:谓长期空搁着。

[13]地理:犹"地里"。路程。

[14]名罪:罪名。

[15]宣课提举司:官署名,掌诸色课程并领京城各市。至元十六年(1279),中书奏立诸路宣课提举司。至元十九年(1282),改上都宣课提领为宣课提举司,并大都旧城两税务为大都税课提举司。至元二十一年(1284),立西川、延安、凤翔、兴元宣课提举司。至大元年(1308),改大都税课提举司为宣课提举司,秩从五品。下设提举、同提举、副提举、提控案牍、司吏诸官职。下领马市、猪羊市、牛驴市、果木市、鱼蟹市、煤木所诸官署机构。

[16]对换:犹"对调"。指官吏以原秩从甲地调往乙地。

至正条格卷第十　断例

至正条格卷第十一　断例　厩库

盐　课

363 皇帝圣旨里，中书户部钦依圣旨，随路发卖盐引办课公事。除钦依外，省部今印造到某处盐引：据客人{某姓名}，依理赴官送纳讫正课[1]并灶户、合干人等工物分例，买到盐引壹道，重肆伯斤，其盐许于某路地分贩卖。今开见降条款同约束事理如后：

一、①伪造盐引者，皆斩。首告得实〔者〕②，犯人家产并付告人充赏。失③觉察者④，邻首[2]⑤杖壹伯。

一、犯界[3]盐货，许诸人捉拿，减私盐罪壹等。其盐壹半没官，壹半付告人充赏，应捕人亦同。

一、私盐生发并犯界盐货，或违限不缴引者，即将本路府当该官吏勾断[4]。

一、⑥诸客贩盐，以千字文为号，置簿拘管，出给文引，赴场支诸，于合行路分逐便货卖。如卖讫，限伍日于司县纳引目[5]。如违限匿而不批者，徒壹年，杖陆拾。因而转用者，从⑦卖私盐法。

一、⑧诸客贩盐，到处如有买人，不呈引发卖者，依私盐法。

---

① 《元典章·刑部》卷十四《伪造盐引》载有同一条文。《元史·食货志二》载有相关条文。
② 〔者〕：《元典章》作"者"，《至正条格》脱，今据补。
③ 失：《元典章》作"先"，误。《至正条格》《元史》皆作"失"，当据校。
④ 者：《至正条格》《元史》皆作"者"，《元典章》脱，当据补。
⑤ 邻首：《至正条格》《元典章》皆作"邻首"，《元史》作"邻佑"。
⑥ 《元史·刑法志三》载有相关条文。
⑦ 从：《元史》作"同"。
⑧ 《元史·刑法志三》载有相关条文。

一、①诸客贩盐，引数外夹带者，依私盐法。

一、②诸客贩盐，引不随行③者④，依私盐法。

一、⑤犯私盐并犯界盐货之人，除依条断罪外，拟将犯人发下⑥盐场[6][7]，充盐□(夫)[7]⑧，□□(带镣)⑨居役，满日疏放⑩。

一、随处官司起立盐牙[8]、把头[9]人等，抑遏客旅不得自卖，捏合买主多要斤重，较固[10]取利，纵客自卖，验卖到盐数干要牙钱。若有似前违犯，官吏并所设牙人同违中书省指挥定断。其价直没官，充正课。

右给引付本客{某人}收执，行盐[11]地面从便出卖。准此。年 月 日。

[1]正课：又称"常课"。定额赋税。与"杂课"相对。

[2]邻首：指邻居和掌管邻里事务的人。元徐元瑞《吏学指南·狱讼》："邻首：邻谓左右比邻之家，首谓坊正、主首之类。"

[3]犯界：犹"越界"。元代对盐、酒、茶等物品的流通有一定的区域限制，如果有人将这些物品越界运载或售卖，则属违法。这种违法行为

① 元徐元瑞《吏学指南·字类》和《元史·刑法志三》载有相关条文。

② 《元典章·户部》卷八《引盐不相离》、元徐元瑞《吏学指南·字类》和《元史·刑法志三》载有相关条文。

③ 随行：《至正条格》《元典章》《吏学指南》皆作"随行"，《元史》作"相随"。

④ 者：《至正条格》《吏学指南》皆作"者"，《元典章》脱，当据补。

⑤ 《元典章·户部》卷八《私造酒曲依匿税例科断》、元徐元瑞《吏学指南·字类》、《枕碧楼丛书·刑统赋疏》、《元史·刑法志三》和《新元史·食货志四》载有相关条文。

⑥ 发下：《至正条格》《元典章》《吏学指南》《刑统赋疏》皆作"发下"，《元史》作"发"。

⑦ 盐场：《至正条格》《元典章》《刑统赋疏》《元史》皆作"盐场"，《吏学指南》作"盐司"。

⑧ □(夫)：《至正条格》此字残损，《元史》作"夫"，今据补。

⑨ □□(带镣)：《至正条格》此二字残损，《元典章》《吏学指南》《刑统赋疏》《元史》《新元史》皆作"带镣"，今据补。

⑩ 满日疏放：《至正条格》《刑统赋疏》皆作"满日疏放"，《元史》作"役满放还"，《新元史》作"日满释放"。

被称作"犯界"。元徐元瑞《吏学指南·钱粮造作》:"犯界:彼境之物越入本界也。"

[4]勾断:勾捕断决。

[5]引目:指获准销售的货物凭单。开列有品种、分量等。

[6]盐场:官署名,掌管领灶户煎盐事宜,隶属两淮、两浙、福建等处都转运盐使司及广东盐课提举司、四川茶盐转运司等官署机构。秩从七品,下设司令、司丞、管勾诸官职。

[7]盐夫:指在盐场里服劳役的人。

[8]盐牙:指从事食盐买卖的牙人。《元典章·户部》卷八《立都提举司办盐课》:"行盐地面路府州县私立盐牙行大秤,有坏盐法,仰所在官司截日罢去。"

[9]把头:指称把持一方或某一行业的头目。此处指把持食盐买卖的行帮头目。

[10]较固:垄断。

[11]行盐:运销食盐。

追问私盐欺隐断没钱物

364 大德三年正月,陕西省咨:"都转运盐使司[1]奏差捉获私盐,断讫(没)①马匹、衣服等物,隐匿分使。"刑部议得:"巡禁人员若欺隐分使、断没钱物,合依枉法科罪。"都省议得:"今后遇有犯私盐之家,巡盐官[2]与各处提点官一同取问明白,钦依圣旨归断,即将没官钱物分付有司,申解合干上司收管。余准部拟。"

[1]都转运盐使司:官署名,始置于元代,元政府于各省及各路产盐之地设立的官署机构,如两淮、两浙、陕西、四川、福建等省和大都、河间、江淮、山东等路皆设有"都转运盐使司",负责管理监督各处盐场、征收盐税等事。下设使、同知、副使、运判、经历、知事、照磨等官职。"都转运盐

---

① 讫(没):《至正条格》作"讫",误。分析后文,当作"没",今据校。

使司"在明、清两代有所沿用,且可逆序作"都转盐运使司"①。"都转运盐使司"简称"转运盐使司",又简称"盐运司""转运使司""转运司",进而简称"运司"。

[2]巡盐官:官职名,元代于各运司专设此官,掌巡查盐政、禁止私盐、煎办官盐等事。

私盐罪赏

365② 延祐元年八月十八日,圣旨节该:"据中书省奏:'经国之费,盐课为重。比岁以来,所司失于关防,以致私盐、犯界盐货生发,侵衬[1]官课[2],涩滞盐法。乞降圣旨禁约事。'准奏。仰所在管民官、管军官常切用心提点③,关防禁治,毋致似前违犯。所有条画,开列于④后。"

一、诸人将有引官盐不于拘该行盐地面发卖,转于别境犯界货卖者,杖陆拾,盐价俱没官。虽称官盐而无引据[3],同私盐法科断。知情买食者,减壹等。不知情者,不坐。

一、⑤管民提点正官常切提调关防,仍排门粉壁,严加禁治,毋致私盐、犯界盐货生发。如不为用心禁治捕拿,致⑥有私盐、犯

---

① 《新元史·百官志一》:"延祐六年,更为河东陕西等处都转盐运使司,直隶省部,颁分司印二。"《新元史·选举志三》:"河间等路都转盐运使司所辖场,分二十九处,二处改升从七品,司吏有阙,依各县人吏,一体于附近各处巡尉捕盗司吏依次以上名勾补,再历一考,与各场邻县吏互相迁调。"《新元史》皆作"都转盐运使司"。因"都转盐运使司"较早设于明代,而在元代称为"都转运盐使司",故《新元史》中两处"都转盐运使司"皆当为"都转运盐使司"之误。
② 《元典章·户部》卷八《盐法通例》载有同一条文。
③ 提点:《元典章》作"提调"。
④ 于:《元典章》作"干",误。《至正条格》作"于",当据校。
⑤ 《元典章·户部》卷八《申明盐课条画》和《元典章·新集至治条例·户部·盐法》载有相关条文。
⑥ 致:《元典章·申明盐课条画》作"至",误。《至正条格》《元典章·盐法》皆作"致",当据校。

界①盐货,初犯笞肆拾,再犯杖捌拾,叁犯杖壹伯,仍除名。通同纵放者,与犯人同罪。

一、违犯私盐,捉拿其间拒捍者,流远。因而伤人者,处死。

一、②诸客人③并行铺之家卖讫官盐,限伍日赴所在④州县⑤缴纳引目⑥。如违限匿而不批纳者,依条科断⑦。仍委提点⑧官置簿关防,毋⑨致停藏卧引,影射私盐。拘到退引,当官随即毁抹[4],每季申解⑩运司收管。运司官所到⑪之处,先行检举。不如法者,就便究问。

一、⑫凡获私盐、犯界⑬盐货,须先挨问。私煎、贩卖去处,罪及管民提点正官、捕盗等官。经过把隘地面⑭,罪及镇守军官、把

---

① 私盐犯界:《至正条格》《元典章·盐法》皆作"私盐犯界",《元典章·申明盐课条画》作"私盐并犯界"。

② 《元典章·户部》卷八《申明盐课条画》和《元典章·新集至治条例·户部·盐法》载有同一条文。

③ 客人:《元典章·盐法》作"衙门",误。《至正条格》作"客人",《元典章·申明盐课条画》作"客旅",当据《元典章·申明盐课条画》校。

④ 所在:《元典章·申明盐课条画》《元典章·盐法》皆作"所属"。

⑤ 州县:《元典章·申明盐课条画》《元典章·盐法》皆作"州司县"。

⑥ 目:《至正条格》《元典章·盐法》皆作"目",《元典章·申明盐课条画》脱,当据补。

⑦ 依条科断:《元典章·申明盐课条画》《元典章·盐法》皆作"同私盐法"。

⑧ 提点:《至正条格》《元典章·盐法》皆作"提点",《元典章·申明盐课条画》作"提调"。

⑨ 毋:《元典章·申明盐课条画》《元典章·盐法》皆作"无"。

⑩ 解:《元典章·盐法》作"转",误。《至正条格》《元典章·申明盐课条画》皆作"解",当据校。

⑪ 到:《元典章·申明盐课条画》《元典章·盐法》皆作"至"。

⑫ 《元典章·户部》卷八《新降盐法事理》和《元典章·户部》卷八《申明盐课条画》载有相关条文。

⑬ 私盐犯界:《至正条格》《元典章·新降盐法事理》皆作"私盐犯界",《元典章·申明盐课条画》作"私盐并犯界"。

⑭ 地面:《元典章·新降盐法事理》《元典章·申明盐课条画》皆作"去处"。

隘人等。如①通同作弊,或有失觉察,并从运司依条②科断。仍每月具断讫私盐起数、官员职名,申呈省部,标附过名。管民官任满之日,管军官叁年壹次,通具任内失过私盐起数开申,以凭黜降。

一、南北事体不同,军民官若能奉公,于叁年之内捕获私盐并犯界盐货,两淮、两浙等处伍伯引之上,腹里贰伯引之上,升官壹等。不及分数者,任满,具获到起数,于解由内开写,量加升擢。

一、③诸人告捕获④私盐,所捕官司略问招词,将犯人、榷货[5]随即解送运司理断,不得停留,亦不许信从攀指平民。其告首亲获之人,于犯人没官家产内壹半充赏。若犯人贫穷,无产可籍⑤,虽有⑥不酬其功者⑦,每私盐壹引,官给中统钞伍拾贯,应捕人减半。不及引⑧者,同壹引例。仰运司于⑨系官钱内随即支给。犯界盐货,依上于犯人名下追⑩征。虽获榷⑪货而无犯人,不在理赏之限。

一、迤北上都、兴和、大同、辽阳等处所产盐货,诸人不得负载犯界前来大都等处食用。违者,杖陆拾,盐没官。仍仰龙镇卫严

---

① 如:《元典章·新降盐法事理》作"或"。
② 依条:《元典章·新降盐法事理》作"照依已降圣旨条画"。
③ 《元典章·户部》卷八《盐法通例》两处条文(条文一、条文二)、《元典章·新集至治条例·户部·私盐赏钱》载有部分条文。《元史·刑法志三》载有相关条文。
④ 捕获:《至正条格》和《元典章·盐法通例》条文一、二皆作"捕获",《元典章·私盐赏钱》作"捕"。
⑤ 籍:《元典章·盐法通例》条文一、二和《元典章·私盐赏钱》皆作"藉"。
⑥ 有:《元典章·盐法通例》条文一作"是",误。《至正条格》、《元典章·盐法通例》条文二和《元典章·私盐赏钱》皆作"有",当据校。
⑦ 者:《至正条格》和《元典章·盐法通例》条文一、二皆作"者",《元典章·私盐赏钱》脱,当据补。
⑧ 引:《至正条格》和《元典章·盐法通例》条文一、二皆作"引",《元典章·私盐赏钱》脱,当据补。
⑨ 运司于:《元典章·盐法通例》条文一、二和《元典章·私盐赏钱》皆作"于运司"。
⑩ 追:《元典章·私盐赏钱》作"均",误。《至正条格》作"追",当据校。
⑪ 榷:《元典章·私盐赏钱》作"确",误。《至正条格》作"榷",当据校。

督各处把隘口军官、军人,用心关防盘捉。如不为用心,致有透漏者,当该把隘人员,初犯笞肆拾,再犯杖捌拾,三犯杖壹伯,除名。皆以赦后为坐。

一、龙镇卫官并本管守把隘口军官、军人捉获私盐、犯界盐货,伯斤之上至壹引,赏钞壹伯贯;壹引之上者,每引添中统钞伍拾贯,并于犯人名下均征。犯人家产不及,官为代支。叁年之内,获及贰伯引者,加壹官。

[1]侵衬:侵占。元徐元瑞《吏学指南·钱粮造作》:"侵衬:谓搀夺课利也。"

[2]官课:官府的税收。

[3]引据:茶引、盐引等凭证。

[4]毁抹:销毁作废。

[5]榷货:指官府专卖的货物,如茶、盐等。

366 至正二年,中书省奏准盐法事理,开具于后:

一、①近年以来,所在私盐数多,盐法涩滞。今后诸犯私盐者,初犯,杖捌拾②,徒贰年,财产壹半没官,决讫发遣,带镣居役③,满日疏放。两邻知而不首并知情买食者,各减犯人壹等科断。其转行货卖,博易诸物者,同私盐法。正犯盐徒断配讫,于门首红泥粉壁,大字书写"违犯私盐④,经断贼徒"捌字⑤。官为籍记姓名,令⑥巡捕⑦等官每月壹次点名抚治,务要改过。出入往还⑧,须使邻佑、社长保申,役满叁年不犯,方许除籍[1];再犯,杖玖拾,徒叁年,

---

① 《元典章·户部》卷八《盐法通例》和《元典章·户部》卷八《新降盐法事理》载有相关条文。

② 杖捌拾:《元典章·盐法通例》作"决七十"。

③ 带镣居役:《元典章·盐法通例》作"镣役"。

④ 违犯私盐:《元典章·新降盐法事理》作"犯盐"。

⑤ 捌字:《元典章·新降盐法事理》作"六字"。

⑥ 令:《元典章·新降盐法事理》作"责令"。

⑦ 巡捕:《元典章·新降盐法事理》作"巡尉捕盗"。

⑧ 往还:《元典章·新降盐法事理》作"往回"。

仍额刺"盐徒"[2]贰字,每字各方壹寸;叁犯,杖壹伯,流远。须据赦后为坐。所断盐徒,如系两淮、两浙、福建、四川盐运司[3],广东、广海提举司[4]者,长流奴儿干;山东、河间、陕西运司者,长流广海。其余诸处军民官司捉获上项盐徒,并听有司随即追问明白,申准运司、分司,就便归断。如分司弯远,或已还司,及无分司去处,申准总司,依上处断。榷货申解结课[5],即运司亲获盐徒,听自断决。提调盐法军民官等有失觉察,依例断罪。监察御史、廉访司严加体察。

一、运司灶户工本,从行省选委有司廉干官员,亲诣各场,从实唱名,给散札付。运司官随即体覆,行移廉访司,依例体覆。若有侵欺克落,并依枉法追断。散钱之际,运司官吏人等毋得干预沮坏。违者,严加究治。

一、各场但有煎出余盐,官为作数,依例给付工本,不得私下盗卖。违者,以私盐法科断。仍听诸人陈告,于犯人名下追中统钞贰定充赏。其灶户所雇插和卤丁[6]合用柴粮,上下半月依数支付接①济。但有空阙,伍日以下,笞决壹拾柒;拾日,贰拾柒;半月,叁拾柒。若有怠慢亏煎[7],验其多寡,一体坐罪。

一、私盐巡禁不严,除州县亲临提点盐法正官及巡捕等官已有断罪定例,今后亲临把隘巡禁百户捉获私盐叁起,所委巡盐千户伍起之上,万户至拾起,各升散官壹等。失过私盐,亲临百户依旧例断决。千户伍起之上,万户拾起之上,依百户初犯例断罪。其镇守屯营内居住军人有犯私盐,亲临百户与有司提点盐法官一体科断。千户减罪贰等,万户取招呈省定拟,已下人员依例究治。其守团[8]军官、军人通同纵放私盐,与犯人同罪。赃多者,以枉法追断。

一、分司官吏纵令盐徒辗转攀指平民,及指以私盐为名,擅入人家搜番[9]者,司官、首领官吏人等,各笞肆拾柒,标附。受赃者,

---

① 接:《至正条格(校注本)》录作"援",误。《至正条格》作"接",今据校。

以枉法科断。若自将榷货装诬[10]平民,诳取[11]钱物,合依欺诈取财准盗论。在内合干部分,在外拘该行省归断。

一、①灶户、工丁[12]②人等私卖盐者,依私盐例③科断。两邻知而不首者,加等杖柒拾④。场官失觉察者,初犯加等笞伍拾⑤,再犯杖捌拾,叁犯杖壹伯,除名追夺。即场官、仓官、监运团灶煎盐去处头目、火甲[13]、把团军官、军人知情货卖者,与犯人一体科罪⑥。当该官司不行从公归断,故出其罪者,从监察御史、廉访司体覆究问。

一、纲仓官吏、团灶人等辄将好盐偷跑,私下货卖,插和灰土、硝石、硝碱[14]者,以私盐法论。余人犯者,杖陆拾。若分司官吏人等于民家安下,非理饮宴者,决叁拾柒,标附。其有占雇倡优,耽恋误事,笞伍拾柒,解任别叙。所用钱物,如系纲仓场官人等出备之数,或取要纲仓分例,纵令添答盐价,多余斤重,计赃,并同枉法论。出钱人,量情科断。老引过期不纳,杖捌拾。有榷货者,依私盐法断配,有司提点正官依例责罚。

一、分司官止许将引从人贰名,书吏、奏差不过伍名,毋得将挈[15]家小,多余带行,滥设吏、贴、祗候。违者,司官、书吏、奏差,各决叁拾柒,标附;带行人吏、贴、祗候,各决肆拾柒,发还元⑦籍。即虽额设贴书、祗候,比滥设减等,决三拾柒,革去,官吏递减壹等断罪。分司合用公吏人,于所在官吏见役人内约量差拨听使。经行去处,若有多余取要供需、茶饭、灯油、纸札等钱者,计赃,以不枉法断罪,黜降。如场官、总催[16]、头目人等于灶户处科敛钱物,

---

① 《元典章·户部》卷八《立都提举司办盐课》载有相关条文。
② 工丁:《元典章》无,疑脱。
③ 依私盐例:《元典章》作"同私盐法"。
④ 加等杖柒拾:《元典章》作"减犯人罪一等"。
⑤ 加等笞伍拾:《元典章》作"笞四十"。
⑥ 一体科罪:《元典章》作"同罪"。
⑦ 元:《至正条格(校注本)》录作"原",误。《至正条格》作"元",今据校。

亦以不枉法科断。分司官吏、总催、头目人等揹除工本,依枉法例断罪,不叙。监察御史、廉访司严加纠察。

一、各场官典人等出放钱债,每两月例(利)①叁分,年月虽多,不过壹本壹例(利)②。若有多余取息,巧立文契,虚答本钱,以枉法论,余利给主,本息没官。外据揹除工本、勒要分例者,以枉法计赃论罪,追赃给主,仍于犯人名下征中统钞贰拾伍两,付告人充赏。

一、各团煎到盐货,置立文簿,将各户日办盐数附写,定立出团到仓时刻,轮差军人、头目互相照略管押,赴仓交纳。如是过违时刻,将军人、头目斟酌远近迟慢,随时究治。其煎盐头目、灶户、把团押运纲官、军官、军人偷跑盐货,插和灰土,以私盐法科断。军人私离团灶,扰害亭民[17],不宿团围[18],军官、场官就便断罪。军官、军人壹年壹次调换。今后倘有过期违犯,合令运司申明究问。

一、分司官吏每年轮流下场,催办盐课。若有不行从公差遣,受财卖弄,枉法论。与钱人,减贰等科罪。

[1]除籍:谓犯人改过,于籍记其过名的簿籍上除名。

[2]盐徒:指因贩卖私盐受罚的刑徒。《元典章·户部》卷八《盐法通例》:"诸偷犯私盐货卖,初犯,依例断配;再犯,全藉家产,决杖一百七下,仍于手背刺'盐徒'二字,发付淘金、怙(铁)冶等处,配役三年。"

[3]福建、四川盐运司:"福建盐运司"与"四川盐运司"的合称省写。"福建盐运司",官署名,"福建等处都转运盐使司"之简称,又称"福建等处转运盐使司""福建都转运盐使司""福建盐运使司""福建转运司""福建运司"等,秩正三品。至元十四年(1277),始置市舶司,领煎盐征课之事。至元二十四年(1287),改立盐运司。至元二十九年(1292)罢,立提举司。大德四年(1300),复为运司。大德九年(1305)复罢,并入元帅府

---

① 例(利):《至正条格》作"例",误。分析文意,当作"利",今据校。《至正条格(校注本)》录作"例",失校。

② 例(利):《至正条格》作"例",误。分析文意,当作"利",今据校。

兼掌之。大德十年（1306），复立都提举司。至大四年（1311），复升运司，径隶行省。下设使、同知、运判、经历、知事、照磨诸官职。下领盐场七所。"四川盐运司"，官署名，"四川茶盐转运司"之简称，又称"四川茶盐运司""四川盐茶运司""四川转运盐司""四川运司"等，秩从三品。至元二年（1265），置兴元四川转运司，专掌煎熬办课之事。至元八年（1271），罢。至元十六年（1279），复立转运司。至元十八年（1281），并入四道宣慰司。至元十九年（1282），复立陕西四川转运司，通辖诸课程事。至元二十二年（1285），置四川茶盐运司。下设使、同知、副使、运判、经历、知事、照磨诸官职。下领盐场十二所。

[4]广东、广海提举司："广东提举司"与"广海提举司"的合称省写。"广东提举司"，官署名，"广东盐课提举司"之简称，秩从五品。至元十三年（1276），始从广州煎办盐课。至元十六年（1279），隶江西盐铁茶都转运司。至元二十二年（1285），并入宣慰司。至元二十三年（1286），置市舶提举司。大德四年（1300），改广东盐课提举司。下设提举、同提举、副提举诸官职。下领盐场十三所。"广海提举司"，官署名，"广海盐课提举司"之简称，又称"广海盐课司"，秩从四品。至元十三年置。专掌盐课。下设都提举、同提举、副提举、知事、提控案牍诸官职。

[5]结课：指办理完成赋税事务。

[6]卤丁：海边制盐者。清顾炎武《天下郡国利病书·江南十》："滨海灶户，谓之卤丁。"

[7]亏煎：减少煮盐的数量。

[8]团：元代盐业生产的基层单位。宋代盐业生产的基本单位是"灶"，"灶"是由数家盐户结合成的团体，轮流使用一个"牢盆"。元代盐场打破了宋代分散生产的模式，并灶立团，即基本单位仍是灶，但灶上设团，将两三个灶合编为一团，集中劳力，使用大型煎盘生产。

[9]搜番：犹"搜翻"。搜查翻找。

[10]装诬：又作"妆诬"。诬陷，陷害。

[11]谝取：犹"骗取"。指用欺诈的手段取得。

[12]工丁：服力役的壮丁。

[13]火甲：本指地方编户联保的基层组织，由若干户编成。此处指这种基层组织里的负责人。

[14]硝碱:犹"白碱"。指呈白色结晶体状的盐碱,系刮取碱土煎炼而成。

[15]将挈:带领。

[16]总催:指总管催征钱粮的乡里职役。元刘孟琛《南台备要·建言盐法》:"盐徒指出场官、总催、纲头、灶户、工丁等处买到盐数,合准所言,难同止理见发,并听随事追问。"

[17]亭民:犹"亭户"。指元代海盐产区中向政府领取本金产制正盐(额盐)归公的盐户。因煮盐地方称"亭场",故称。

[18]团围:指盐户煎盐之地。

增亏盐课升降

367① 至治元年正月②,户部与吏部议得:"运司盐课已有定额,各处煎捞难易不同。拟到增亏升降等第,〔开坐照详〕③。"都省准拟。

各处运司官亲临场分[1]煎办盐课,以元额十分为率,增及一分,从优定夺;贰分,减一资历;三分,升一等;四分之上,升贰等。亏及一分,添一资;贰分,降一等;叁分之上,降贰等。皆须追陪断罪。

运司守司运官、首领官总行措办发卖盐袋,验课钞到官、盐袋出场,方许结课。以拾分为率,增卖及一分者,给赏;贰分之上,优加升用;叁分,减一资;肆分之上,升一等。亏及一分,添一资;贰分之上,降一等;叁分者,降贰等。厘勒陪④偿断罪。煎盐其间,立法关防恢办,务要有增。若有⑤亏煎,比例一体黜降断罪。分催煎

---

① 《元典章·新集至治条例·吏部·盐场官升等》载有同一条文。
② 至治元年正月:《元典章》作"至治元年四月□日"。
③ 〔开坐照详〕:《元典章》作"开坐照详",《至正条格》脱,今据补。
④ 陪:《元典章》作"倍"。
⑤ 有:《元典章》作"是"。

办官验各场分,除增亏相补〔外〕①,以拾分为率,增及一分,从优定夺;贰分之上,减一资;叁分,升一等;四分之上,升贰等。亏一分,添一资;贰分,降一等;叁分之上,降贰等。亦行追陪断罪。

河东陕西运司[2]发卖盐引,验课钞到官、盐袋出场,以十分为率。若有增亏盐数②,比例一体升降③,追陪断罪。

[1]场分:官办的盐场机构。

[2]河东陕西运司:官署名,"河东陕西等处都转运盐使司"之简称,又称"河东陕西等处转运盐使司""河东解盐等处都转运盐使司"等,隶属户部,秩正三品,掌场灶榷办盬货,以资国用。元初,设平阳府以征课程之利。中统二年(1261),改置转运司,置提举解盐司。至元二年(1265),罢转运司,命有司掌其务。寻复置。至元二十三年(1286),立陕西都转运司,诸色税课悉隶焉。至元二十九年(1292),置盐运司,专掌盐课,其余课税归有司,解盐司亦罢。延祐六年(1319),更为河东陕西等处都转运盐使司。下设使、同知、副使、运判诸官职。下领解盐场、河东等处解盐管民提领所、安邑等处解盐管民提领所诸官署机构。

妇人犯私盐

368 至顺三年十月,刑部与户部议得:"两浙盐运吏(使)[1]④王克敬[2]言:'各处解到盐徒,多有妇人女子,押解在路,男女无别,败俗伤风,事干治体。'参详:'妇人有贩私盐,如夫老疾,其子幼弱,或无夫无子,就养[3]他人,而买卖私盐者,罪坐本妇,止从元发官司发落。如无夫而有子成人,或无子而有夫壮健,纵令犯法,罪坐男夫[4]。'"都省准拟。

[1]两浙盐运使:官职名,又称"两浙都转运盐使""两浙都转运使"

---

① 〔外〕:《元典章》作"外",《至正条格》脱,今据补。
② 盐数:《元典章》作"盐课"。
③ 降:《元典章》作"赏",误。《至正条格》作"降",当据校。陈校本《元典章》直录作"赏",失校。
④ 吏(使):《至正条格》作"吏",误。分析文意,当作"使",今据校。

"两浙运使"等,为"两浙都转运盐使司"之长官,秩正三品,定置二员。

[2]王克敬:《元史》有传。《元史·王克敬传》:"擢江西道廉访司副使,转两浙盐运司使,首减绍兴民食盐五千引。温州逮犯私盐者,以一妇人至。怒曰:'岂有逮妇人千百里外,与吏卒杂处者,污教甚矣!自今毋得逮妇人。'建议著为令。"

[3]就养:侍奉,奉养。

[4]男夫:儿子和丈夫。

巡盐谝赖平人

369 至顺三年九月,户部议得:"国家所需,盐课为重。今后除运使贰员守司掣挚[1]卖盐外,其余运官,每岁贰员,分头诣场,催煎散本。贰员分道,各赍已降印信,止许将引书吏、奏差各一名、公使人贰名,于拘该去处巡禁。如获私盐并犯界盐货,依例捉拿追断。不得滥引带行人等,自赍私盐,谝赖[2]平人,及非理搔扰百姓。违者,量事轻重断罪。"都省准拟。

[1]掣挚:抽查。

[2]谝赖:犹"骗赖"。欺骗诬赖。

私盐转指平民

370① 泰定二年六月,刑部与户部议得:"凡私盐及犯界盐货,止理见发之家,不得辗转②攀指③平民。官吏因而受财,合同枉法科断,俱有通例。所据同署正官、首领官吏,不应纵令盐徒转指[1]平民。违错罪犯,量拟正官贰拾柒下,首领官叁十七下,该吏肆十七下。"都省准拟。

[1]转指:即"辗转攀指"。指犯人招供的时候,反复不定地凭空攀扯

---

① 元刘孟琛《南台备要·建言盐法》载有相关条文。
② 辗转:《南台备要》作"展转"。
③ 攀指:《南台备要》作"指攀"。

牵连别人,以求减轻自己的罪责。

犯界盐货

371 延祐元年十月十六日,中书省奏:"为这河间运司[1]诸处私盐生发,亏了课程的上头,俺上位根底奏过。'教隆镇卫[2]官人每督责各处把口子的军官、军人用心关防盘捉者。'开读圣旨行了文书来。为那上头,达达怯薛歹每犯着的,他每壹个、两个也问来。近间,俺商量来:'今后除蒙古怯薛歹人每许将带自行食用的盐外,若指着食用为名,贩卖的并换诸物的有呵,依私盐法,一体拿着问了,要罪过呵,怎生?'"奏呵,奉圣旨:"那般者。"

[1]河间运司:官署名,"大都河间等路都转运盐使司"之简称,又称"河间等路都转运盐使司""河间等路都转运使司""河间等路都转运司""河间等路盐运司"等,隶属户部,秩正三品,掌场灶榷办盐货,以资国用。太宗二年(1230),始立河间税课达鲁花赤清沧盐使所。太宗六年(1234),改盐运司。太宗十二年(1240),改提举盐榷所。六皇后称制二年(1243),又改提举沧清盐使所。定宗四年(1249),改真定、河间等路课程所为提举盐榷沧清盐使所。宪宗二年(1252),改河间课程所为提举沧清深盐使所。中统元年(1260),改立宣抚司,提领沧清深盐使所。中统三年(1262),改都提领拘榷沧清课盐所。中统四年(1263),改为转运司。至元二年(1265),改河间都转运盐使司,立沧、清、深三盐司。至元十二年(1275),改为都转运使司。至元十九年(1282),改立清、沧二盐使司。至元二十三年(1286),改河间等路都转运使司。至元二十八年(1291),改河间等路都转运司。下设使、同知、副使、运判、经历、知事、照磨诸官职。下领盐场二十二所,每场设司令、司丞各一员。

[2]隆镇卫:官署名,"隆镇卫亲军都指挥使司"之简称,隶属枢密院,秩正三品。睿宗在潜邸,尝于居庸关立南、北口屯军,徼巡盗贼,各设千户所。至元二十五年(1288),以南、北口上千户所总领之。至大四年(1311),改千户所为万户府,分钦察、唐兀、贵赤、西域、左右阿速诸卫军三千人并南、北口、太和岭旧隘汉军六百九十三人屯驻东西四十三处,立

十千户所,置隆镇上万户府以统之。皇庆元年(1312),改隆镇上万户府为隆镇卫亲军都指挥使司。延祐二年(1315),又以哈儿鲁军千户所隶焉。至治元年(1321),置蒙古、汉军籍。下设都指挥使、副使、佥事、经历、知事、承发兼照磨诸官职。下领镇抚所、北口、南口、白羊口等十一处千户所。

无榷货不坐

372 大德十年八月,御史台呈:"山东盐运司[1]乐盐司[2]结案,申解到犯私盐人马伴哥等,各执杆、棒、鞭、枪、弓箭,邀赶[3]驴畜前来固堤场[4]峰台,与讫灶户王兴儿等钞两,回买[5]盐货,未曾得盐,被捉到官。其山东运司不行申禀刑部,又不照无榷货例归断,辄将马伴哥等九名各杖柒拾,发下乐盐司带镣居役贰年,满日疏放,籍没讫壹半家产。"刑部议得:"马伴哥等虽招买卖私盐,未曾交付,别无所获榷货,例合革拨。山东运司辄将各人杖断柒拾,财产壹半没官,发下居役,事属违错,拟合改正疏放,回付元断财物。官吏违错,依例取问。"都省准拟。

[1]山东盐运司:官署名,"山东东路转运盐使司"之简称,又称"山东东路都转运盐使司""山东都转运使司""山东转运使司""山东都转运司""山东盐课转运司""山东转运司""山东运司"等,隶属户部,秩正三品,掌场灶榷办盐货,以资国用。元初,始置益都课税所,管领山东盐场,以总盐课。后改置运司。中统四年(1263),诏以中书左右部兼诸路都转运司。至元二年(1265),命有司兼办其课,改立山东转运司。至元十二年(1275),改立都转运司。下设使、同知、副使、运判、经历、知事、照磨诸官职。下领盐场十九所①,每场设司令、司丞、管勾各一员。

[2]乐盐司:官署名,隶属山东盐运司,秩从五品,管领官台、高家港、

---

① 《元史》云"山东盐运司"有盐场十九所,《元典章·吏部》卷三《盐场窠阙处所》载有盐场二十所,《元典章》有"即墨场",《元史》无,疑脱。

新镇、王家冈①、固堤②五处盐场。下设管勾一职。

[3]邀赶:驱赶。

[4]固堤场:盐场名,隶属山东盐运司乐盐司,下设司令、司丞、管勾各一员。在今山东潍坊东北固堤。

[5]回买:购买。

军民官纵放私盐

373③ 延祐元年八月,户部与刑部议得:"管民提点盐法正官、关津渡口守把军官、军人、巡尉、弓手人等,通同纵放私盐者,例④与犯人同科。拟合止坐其罪,与免籍配[1]。"都省准拟。

[1]籍配:籍没财产,发配充军。

纵放私盐遇革

374 泰定三年五月,刑部议得:"镇守军官、军人、弓兵人等受财纵放私盐,众证明白,避罪在逃,既同狱成,罢职除名,不叙。根捉未获,钦遇原免,元带牌面,依例追纳。所受宣敕并未招钱物,拟合革拨。"都省准拟。

官军乞取官盐

375⑤ 延祐元年八月,户部与刑部议得:"守把团围、仓敖巡防军官、军人,于场官、司秤[1]、灶户等处⑥,挟势⑦乞取⑧官盐,私下

---

① 王家冈:《元典章》作"王家岗"。
② 固堤:《元典章》作"个堤",疑误。《至正条格》《元史》皆作"固堤"。
③ 《元典章·户部》卷八《盐法通例》载有相关条文。
④ 例:《元典章》作"既"。
⑤ 《元典章·户部》卷八《盐法通例》载有相关条文。
⑥ 等处:《元典章》作"卤丁处"。
⑦ 挟势:《元典章》作"持势"。
⑧ 乞取:《元典章》作"求取"。

货卖者,依私盐法断配①;食用者,减等;与盐之人,笞五拾柒下。"都省准拟。

[1]司秤:"司秤人"之简称。指在盐场、仓敖等机构中主管称量的人员。

受寄私盐

376② 延祐元年八月,户部与刑部议得:"挑担、撑载、受寄并引领为牙③货卖私盐者,比之④正犯减等。若受雇青(倩)⑤挑载、寄放⑥私盐者,比买食人又减壹等。"都省准拟。

私盐遇革

377 至治二年七月,刑部议得:"江浙省胡道二纠合孙福二,同出本钱,买到私盐贰引,用船装载,欲往山乡货卖,被捉到官。若拟全科,终是犯在革前,发在革后,既获榷货到官,合理见发,止坐其罪,与免籍配。"都省准拟。

378 至顺三年八月,刑部议得:"革前买贩[1]私盐,革后未曾货卖,告首弃毁,拟合革拨。匿而不首,榷货见在者,止坐其罪,并免籍配。因而货卖,依例追断。"都省准拟。

[1]买贩:贩卖。《元典章·户部》卷八《市舶则法二十三条》:"海商自番国及海南买贩物货到中国,虽赴市舶司抽分,而在船巧为藏匿者,即系漏舶。"

---

① 断配:《元典章》作"断"。
② 《元典章·户部》卷八《盐法通例》载有相关条文。
③ 引领为牙:《元典章》作"为牙引领"。
④ 比之:《元典章》作"比"。
⑤ 青(倩):《至正条格》作"青",误。《元典章》作"倩",今据校。
⑥ 寄放:《元典章》作"受寄"。

船户盗卖客盐

379 泰定三年九月,刑部议得:"两准(淮)①运司船户郑七二,揽载客人李信甫有引盐货叁伯壹拾引内,私自借与钱七一等盐贰拾引,及卖与不得名客人叁拾捌引。郑七二依私盐例断罪,钱七一等比买私盐断罪。江都县巡捕弓手王四等,不行盘捉,减价买讫本人无引盐货叁拾引,转行贩卖,依私盐例断罪。弓手梁德俊等,受财纵令犯人,不行招指[1]借盐事情,即系应捕人通同纵放,依例杖断,盐货、引目通行给主。"都省准拟。

[1]招指:招供,招认。

船户偷跑客盐

380 至治二年十二月,刑部与户部议得:"载盐船户偷跑客盐,转卖诸人兴贩。若准盗论,终是事干盐法。今后犯人俱各照依私盐例,一体全科,止理见发之家。元盗盐货,验数追给。外据路府州县并万户府委定提点巡禁,把隘捕盗官员各各职名,每季不过孟月初五日已里,牒报运司。"都省准拟。

食用无主盐

381② 延祐元年八月,中书省议得:"江浙省咨:'守把③仓团④军人或百姓、灶户,于盐仓⑤敖外装袋,因而撒盐在地,及灶户挑⑥

---

① 准(淮):《至正条格》作"准",误。分析文意,当作"淮",今据校。《至正条格(校注本)》录作"准",误,当据校。
② 《元典章·户部》卷八《盐法通例》载有相关条文。
③ 守把:《元典章》作"守"。
④ 团:《元典章》作"围",误。《至正条格》作"团",当据校。
⑤ 盐仓:《元典章》作"官仓"。
⑥ 挑:《元典章》作"排",误。《至正条格》作"挑",当据校。

盐送纳,箩内①漏下盐货,扫聚取撮②,包裹归家食用者,笞壹拾柒下。野泊拾取③无主私盐,不即首告,自行食用之人,笞叁拾柒下④。'"

克除工本遇革

382 泰定二年四月,刑部议得:"诸官吏人等揩除克落销用不尽还官工本钱物,革前已有招伏,罪经释免,工本钱物拟合追征,职役依例黜降。"都省准拟。

粮船回载盐泥

383 至正元年五月,中书省准江浙省咨:"两浙运司申:'比年以来,海道万户府[1]每岁运粮海船不下贰千余只,于真(直)⑤沽卸粮了毕,船户、梢水濒海地面掘取盐泥压载,又于河间、山东近海场分贩卖成引私盐、鱼货等物,回至昆山、刘家港[2]、江阴等处海口。其各处把隘镇守军官、军人等,每船壹只取要钞壹定,名曰搜空,就放船入港,公然货卖。'今后运粮海船回还,比入港口,即将盐泥尽行就海撇弃,毋致似前般⑥载盐泥、鱼货,冒犯刑宪。"本部议得:"海运粮船于直沽交卸毕,掘取盐泥回还,比入港口,即当撇弃。除船户所食鱼虾外,不得多余夹带贩卖,合行禁止。及所在把隘军官人等严切搜检,毋致似前纵放,通同入港,侵衬⑦官课。若有违犯,比依脱放私盐例断决。受赃者,以枉法论。"都省准拟。

[1]海道万户府:官署名,"海道运粮万户府"之简称。详参第 159 页

---

① 箩内:《元典章》作"萝白",误。《至正条格》作"箩内",当据校。
② 撮:《元典章》作"拨",误。《至正条格》作"撮",当据校。
③ 取:《元典章》作"得"。
④ 笞叁拾柒下:《元典章》作"笞决二十七下"。
⑤ 真(直):《至正条格》作"真",误。后文作"直",今据校。
⑥ 般:《至正条格(校注本)》录作"船",误。《至正条格》作"般",今据校。
⑦ 衬:《至正条格(校注本)》录作"榇",误。《至正条格》作"衬",今据校。

"海道都漕运万户府"条。

[2]刘家港：港口名，在今江苏太仓东北浏河东北。

扫刮碱土

384① 至元八年，刑部呈："益都路日照县[1]马青等，偷扫②碱土[2]。照得旧例，刮扫③碱土食用，与采黄④蕙⑤草烧灰淋卤者同⑥。马青所犯，难同私盐。"都省拟："将各人断决叁十柒下⑦。"

[1]日照县：隶属益都路莒州，下县。
[2]碱土：指含有盐分的土壤。

官盐插土

385 大德十年三月，刑部议得："文明铺卖盐官马大使，于盐内插土发卖，添答斤两，卖出钞数，裨补消折，总积出中统钞肆拾壹两伍钱，未曾支破。量决伍拾柒下，标附过名，所积钞两没官。"都省准拟。

卤水合酱

386 至元三年十月，刑部与户部议得："今后各处卖酱之家，如无买到官盐引目由帖，辄用私盐卤水[1]合酱货卖。事发到官，其有私盐显迹者，以私盐法科断。若用卤水合酱至伍伯斤之上，亦

---

① 《元典章·户部》卷八《盐法通例》两处条文（条文一、条文二）载有相关条文。
② 偷扫：《至正条格》与《元典章》条文一皆作"偷扫"，《元典章》条文二作"偷取"。
③ 刮扫：《元典章》条文一作"扫刮"，《元典章》条文二作"扫取"。
④ 黄：《元典章》条文一作"卖"，《元典章》条文二作"买"，疑皆为"黄"之误。
⑤ 蕙：《至正条格》作"蕙"，疑误。《至正条格·厩库·买食卤水碱土》与《元典章》条文一、二皆作"穗"。
⑥ 同：《至正条格》作"同"，《元典章》条文一、二皆无，疑脱。
⑦ 将各人断决叁十柒下：《元典章》条文一作"量笞卅七下相应"，《元典章》条文二作"量笞三十七下"。

同私盐法。斤重不及者,从运司斟酌多寡决放。止理见发之家,毋得辗转指攀[2],酱货没官。"都省准拟。

[1]卤水:指含盐分的水,可用来煮盐。
[2]指攀:犹"攀指"。招供时攀扯牵连别人。

买食卤水碱土

387① 延祐元年八月,户部与刑部议得:"诸人于灶户处买到卤水,欲行煎盐,被获到官。若同私盐②科断,终未③成盐,量拟④买卖之人各杖陆拾。挑担、撑载、受寄、为牙引领之人,减等笞伍拾。偷取卤水者,止坐偷卤之人。买食私卤者,各笞肆拾柒下。其扫刮碱土食用与采黄穗⑤草烧灰淋卤,笞叁拾柒下。"都省准拟。

腌浥鱼虾

388⑥ 延祐元年八月,江浙省咨:"两浙运司申:'每年于额办盐内提挈[1]柒捌千引,分俵两浙,召募濒海渔户请买[2],支盐⑦腌浥[3]鱼虾鲞鲒⑧、竹笋,检校⑨给程发卖。若有捉获所腌鱼鲞等物,却无腌造引目,正犯人,比同私盐法科断;挑担、受寄、为牙引领之人,减壹等;知情食用者,又减壹等;不知情者,准⑩例革拨。'"户部与刑部议得:"合依运司所拟。"都省准呈。

[1]提挈:提取。

---

① 《元典章·户部》卷八《盐法通例》载有相关条文。
② 若同私盐:《元典章》作"同私盐法"。
③ 未:《元典章》作"非"。
④ 量拟:《元典章》作"量情将"。
⑤ 穗:《至正条格(校注本)》录作"蕙",误。《至正条格》作"穗",今据校。
⑥ 《元典章·户部》卷八《盐法通例》载有相关条文。
⑦ 盐:《元典章》作"查",误。《至正条格》作"盐",当据校。
⑧ 鲒:《元典章》作"鲒"。
⑨ 校:《元典章》作"据",误。《至正条格》作"校",当据校。
⑩ 准:《元典章》作"依"。

[2]请买:购买。《元典章·户部》卷八《市舶则法二十三条》:"并不许见任官府、权豪势要人等诡名请买,违者,许令诸人首告得实,将见获物价尽数没官断罪,于没官价内一半付告人充赏,仍令拘该肃政廉访司体察。"

[3]腌浥:指用盐浸渍加工鱼肉、蔬菜、瓜果等。

腌造盐梅

389① 延祐六年八月②,刑部与户部议得:"福建盐运司捉获林勋盐梅,辗转③指攀收买私盐用度,虽有取到招伏,别无真正榷④货,拟合革拨,改正疏放,已籍⑤财产给主。运司擅断怀安县[1]官吏,终是招赃明白。今后干碍官吏取受,发付廉访司归结,运司无得似前擅断。其腌⑥梅⑦之家合用盐货,量拟叁拾斤以上⑧至伯斤,并行入状请买,盐司出给公据,其余行盐地面,听⑨买有引官盐,有司给凭。若用私盐腌浥,果有见获明白榷货,合同私盐⑩科断。如无⑪明白榷货,又⑫无官司凭据者,临时详酌轻重治罪⑬。"都省准拟⑭。

[1]怀安县:隶属福州路,宋为望县,元为中县。

---

① 《元典章·新集至治条例·户部·林勋盐梅》载有相关条文。
② 延祐六年八月:《元典章》作"延祐六年九月□日"。
③ 辗转:《元典章》作"展转"。
④ 榷:《元典章》作"确",误。《至正条格》作"榷",当据校。下同。
⑤ 已籍:《元典章》作"元藉"。
⑥ 腌:《元典章》作"淹"。下同。
⑦ 梅:《元典章》作"盐",误。《至正条格》作"梅",当据校。
⑧ 以上:《元典章》作"已上"。
⑨ 听:《元典章》作"所",误。《至正条格》作"听",当据校。
⑩ 合同私盐:《元典章》作"同私盐法"。
⑪ 如无:《元典章》作"即虽"。
⑫ 又:《元典章》作"而"。
⑬ 治罪:《元典章》作"断罪"。
⑭ 准拟:《元典章》作"准呈"。

腌鱼不禁转贩

390① 泰定元年三月,刑部与户部议得:"福、兴、漳、泉四路[1]买用官盐,腌浥鱼蟹。若拟行盐地面不许转贩,岂惟遏绝商旅,抑亦涩滞盐法。拟合听从民便,许令诸处投税货卖。因而夹带私盐,依例科断。"都省准拟。

[1]福、兴、漳、泉四路:指福州、兴化、漳州、泉州四路。

卤水腌鱼

391② 泰定四年四月,刑部与户部议得:"诸人腌浥鱼鲞,依腌梅例,合用盐货斤重,赴运司入状请买,盐司出给公据,其余行盐地面,听买有引官盐,有司给据③。如是④私盐腌浥,榷货明白者,同私盐法。外据卤水腌浥鱼鲞,仍须告给官由引据。如违,比依私盐例,减等科断,与免徒配,鱼货没官。"都省准拟。

捉获腌鱼给赏

392 至元二年十月,刑部议得:"河南犯人王伴哥,捕到鲜鱼,博换[1]私盐,节次腌鱼叁拾贰秤[2],在船货卖,弓手吴孙胜等捉获。既同私盐科罪,拟合依例给赏。弓手吴孙胜,即系应捕之人,减半给付。"都省准拟。

[1]博换:指以贸易方式换取。《元典章·户部》卷八《盐法通例》:"解至海盐州严庆一家,刘百户等又行接受钱物,将盐博换鸡酒食用,纵

---

① 《元典章·户部》卷八《越界鱼鲞不拘》和《元典章·新集至治条例·户部·盐鱼许令诸处投税货卖》载有相关条文。
② 《至正条格·厩库·腌造盐梅》和《元典章·新集至治条例·户部·林勋盐梅》载有相关条文。
③ 据:《至正条格·腌造盐梅》《元典章》皆作"凭"。
④ 如是:《至正条格·腌造盐梅》《元典章》皆作"若用"。

放王二(千)四等还家。"

[2]秤:量词。指一秤所称量的最大重量,具体斤数不一。元王士点《秘书监志》卷六:"木炭:二两,计五十二秤一十三斤四两。"

至正条格卷第十一　断例

至正条格卷第十二　断例　厩库

铁　课

393 中书省钦奉圣旨节该："随路金银、铜铁、丹粉、锡碌[1]，从长规划办课。"钦此。省部条画约束事理，印造到铁引[2]。据客人赴官送纳正课，买引壹道，铁贰伯斤。铁引相随，许令诸处贩（贩）①卖。据此。

一、②无引私贩铁货者，比犯私盐减等③科罪，将铁货尽数没官，铁内壹半折支价钱④，付告捉人⑤充赏。

一、⑥伪造铁引者，比同⑦伪造省部印信罪犯处断⑧。告捉人⑨，官给赏钱钞⑩贰定⑪。

一、⑫各处提点正官⑬禁治私铁[3]不严，致有生发，取招断罪。

一、⑭客旅赴冶，支铁数足，即于引后批凿[4]某年月日，支讫方

---

① 贩（贩）：《至正条格》作"贩"，误。分析文意，当作"贩"，今据校。《至正条格（校注本）》录作"贩"，误，当据校。
② 《元史・刑法志三》载有相关条文。
③ 减等：《元史》作"减一等"。
④ 折支价钱：《元史》作"折价"。
⑤ 告捉人：《元史》作"告人"。
⑥ 《元史・刑法志三》载有相关条文。
⑦ 比同：《元史》作"同"。
⑧ 罪犯处断：《元史》作"论罪"。
⑨ 告捉人：《元史》作"告人"。
⑩ 赏钱钞：《元史》作"赏钞"。
⑪ 定：《元史》作"锭"。
⑫ 《元史・刑法志三》载有相关条文。
⑬ 提点正官：《元史》作"监临正官"。
⑭ 《元史・刑法志三》载有相关条文。

许出冶。如不批凿出冶,同私铁论。

一、①引外夹带铁货贩卖者,罪同私铁法,夹带铁货没官。

一、②引铁不相随者,同私铁法。

一、③铁货卖讫,限壹拾日,将引于所在官司缴纳批抹[5]。如违限不行缴纳,笞肆拾。因而转用者,同私铁法。

[1]锡碌:指锡和碌。"锡"为一种金属元素。银白色,富有延展性,在空气中不易起变化。明宋应星《天工开物·五金·锡》:"凡锡,中国偏出西南郡邑,东北寡生。古书名锡为'贺'者,以临贺郡产锡最盛而得名也。""碌"为一种矿物名,又称"石碌""石绿""碌石""孔雀石"。光泽似金刚石,色翠绿。可制装饰品,粉末可制颜料。《广韵·烛韵》:"碌,石,彩色。"

[2]铁引:指官府在商人缴纳铁价和税款后,发给商人用以支领和运销铁的凭证。每引二百斤。《元史·刑法志三》:"客旅赴冶支铁引后,不批月日出给,引铁不相随,引外夹带,铁没官。"

[3]私铁:指未经官府允许而私自冶炼,及无官府发给的铁引执照或伪造铁引执照而贩卖铁货。

[4]批凿:审批检验。《元典章·户部》卷八《新降盐法事理》:"淮东真州,南北商旅聚集去处,故于彼中设立批验所。官府专责批凿盐引,发运办课,欲使无扰盐商,交易快便。"

[5]批抹:指铁商、盐商、茶商等售完货后到官府退引,由官府审批勾销,以示作废。

394 延祐元年十月十九日,中书省奏:"各处煽炼[1]铁冶,百姓每自备气力[2]煽炼来的铁货,官司拾分中抽分贰分,百姓每捌分来。百姓每的逐旋都卖了,官司的几年不曾卖有。待卖呵,与百姓每相拚[3]着难卖有。依在前的例,将百姓每煽下铁头[4],官司尽数拘收见数,官司发卖,他每合该的价钱,依数拨还与他每。已

---

① 《元史·刑法志三》载有相关条文。
② 《元史·刑法志三》载有相关条文。
③ 《元史·刑法志三》载有相关条文。

后官司怎生煽炼发卖的,另商量了再行呵,怎生?"奏呵,奉圣旨:"那般者。"钦此。送户部逐一议拟到下项事理,依准所拟,于延祐二年正月十七日奏:"各处百姓每自己气力里煽炼来的铁内,拾分中官司抽分贰分,百姓每要捌分有来。官司煽炼来的铁与百姓铁相滚[5]着卖的上头,官司煽炼来的铁,几年不曾发卖的有。'为盐、铁自古是榷货。'么道,在前省官每奏了,罢了百姓煽炼的炉座,都官司煽炼来。在后却立起炉座,为铁是榷货上头,将百姓每煽炼了的铁尽数拘收了,再不教煽炼。后头怎生教煽炼的并发卖的,另商量了行。"么道,奏了来。俺商量来:"修理煽炼铁的炉座呵,好生多费用钱本有。官司煽炼办勾额数呵,便住了有。若不接添着煽炼呵,民问(间)①使用的铁货不敷也者。各处比元定的额数之上,更与钱本添着煽炼呵,民间铁货也勾使用,于官也有利息也者。广平提举司[6]所管的壹座炉里,各与壹千伍伯定钞,教提举司官预先收买下矿炭,候正额煽办了,便接续煽炼,金火[7]雇工,一切的依体例,这钱里支与。檀景、莱芜、顺德三处提举司[8]里,依着广平提举司的例,与钱教煽炼。又河东提举司[9]里,若依着广平提举司例,与工本呵,不知本处事体有。差好人去,与本处提举司并有司官一同商议了教行。又先晋宁路所管地面里设立着四个管勾司衙门,管着柒伯户,每年办着柒拾万斤铁有来。在后革罢各处提举司衙门的时分,那管勾司衙门也革罢了,将那铁冶户也放散了有来。去年复立提举司衙门的时分,为不曾立那管勾司衙门的上头,百姓每依旧煽炼有。如今住罢百姓每煽炼的其间,却教住罢了,依旧立四个管勾司衙门,将在先柴(柒)②伯户铁冶户计拨与他每,教河东提举司官人每管着额办的铁之上,依广平提举司的例,与他每钱本,教接添煽炼。额外办出来的每根底,

---

① 问(间):《至正条格》作"问",误。分析文意,当作"间",今据校。《至正条格(校注本)》录作"间",误,当据校。

② 柴(柒):《至正条格》作"柴",误。分析文意,当作"柒",今据校。

添名分[10]。亏了额的,黜降责罚的。江南铁货,依先不教犯界的并其余合禁事理定着,与他每添气力圣旨呵,怎生?"奏呵,"那般者"。又奏:"大同所管的七峰山[11],晋王位下委付着人兴煽[12]铁有。禁断众人的其间,若不革罢了呵,不归一[13]的一般有。将那的也革罢了,教河东提举司管着煽炼铁呵,怎生?"奏呵,奉圣旨:"那般者。"今将条画开具干(于)①后:

一、百姓工本、炉座既已革去,官铁数少,民用不敷。仰依验见设官炉,量拨工本,提举司官从长规划,预为收买燋矿、柴炭,候冶户课额[14]将足,就用元雇工匠即便接煽。合该工价,依例支给,不得重科。冶户若能于正额之外增及贰分之上,从优定夺;叁分之上,减壹资;肆分之上,升壹等。课数增多,别加升赏。不为用心规划,致有亏兑[15],壹分之上,任满,添壹资;贰分之上,添壹资;叁分之上,降壹等,并解见任。因而侵借,移易官本,冒破克减价钱者,计赃,以枉法论。

一、淮汉迤比(北)②兴煽铁冶去处,合用燋矿、柴炭,照依已降圣旨,听提举司从便采取收买。诸王、公主、驸马各投下并僧道、权豪势要人等,不许占据遮当。违者,治罪。

一、提举司兴煽办课其间,诸人无得搅扰沮坏。若有告言官吏不公,候炉终日追问,不许辄便勾摄[16],妨误办课。

一、窑座[17]周围桥梁、道路,拘该州县正官提调。但有损坏,随即修理。违者,除受宣敕官[18]取招申部,以下人员,从提举司就便究治。

一、③私煽贩卖④无引铁货者,照依已降圣旨,比犯私盐减

---

① 干(于):《至正条格》作"干",误。分析文意,当作"于",今据校。《至正条格(校注本)》录作"于",误,当据校。

② 比(北):《至正条格》作"比",误。分析文意,当作"北",今据校。

③ 《元史·刑法志三》载有相关条文。

④ 私煽贩卖:《元史》作"私贩"。

等①,决杖②陆拾,铁货③没官。于没官铁内壹半折支价钱④,付告人充赏。知情收买者,减正犯罪壹等,仍委自州县长官提点。如禁治不严,致有私铁生发,初犯笞叁拾,再犯加壹等,叁犯别议黜降。农器、锅釜、刀镰、斧仗等物,民间破坏生熟铁器[19],不在禁断之限⑤。

一、诸人兴贩铁货,卖讫,限壹拾日,将铁引于所在官司缴纳批抹。如违限不行缴纳,笞肆拾。因而转用者,同私铁论。

一、引铁不相随及引外夹带铁货者,照依已降圣旨,并同私铁科断,夹带铁货没官。

一、⑥江南铁货并⑦生熟铁器,比及通行定夺以来,依前禁止,不得于淮汉迤北⑧贩卖。违者,以私铁科断⑨。

一、晋宁路工本、炉座,亦仰住罢,却将元拨冶户尽数交付河东山西铁冶都提举司,依旧管领,官为兴煽。若有差占事故,依数补拨。其拨本、接煽、关防、升降等事,并与其余去处一体施行。

一、该载不尽事理,照依已降圣旨条画施行。

[1]煽炼:冶炼。

[2]气力:财力,钱财。

[3]相搀:相互掺和。元徐元瑞《吏学指南·贼盗》:"相搀:彼此共为曰相,先后作过曰搀。"

[4]铁头:犹"铁"。

[5]相滚:相互混合。

---

① 比犯私盐减等:《元史》作"比私盐减一等"。
② 决杖:《元史》作"杖"。
③ 铁货:《元史》作"铁"。
④ 折支价钱:《元史》作"折价"。
⑤ 禁断之限:《元史》作"禁限"。
⑥ 《元史·刑法志三》载有相关条文。
⑦ 并:《元史》作"及"。
⑧ 迤北:《元史》作"以北"。
⑨ 科断:《元史》作"论"。

[6]广平提举司:官署名,"广平彰德都提举司"之简称,掌广平、彰德等处铁冶办课,隶属户部,秩正四品。大德元年(1297),罢顺德、彰德、广平、卫辉、真定等路五提举司,立都提举司二:顺德都提举司,领顺德、真定两处;广平彰德都提举司,领广平、彰德、卫辉三处。至大元年(1308),罢二都提举司,听民自采炼,有司税之。至大三年(1310),复置。延祐六年(1319),罢顺德都提举司,并为顺德广平彰德等处提举司。下领神德、左村、丰阳、临水、沙窝、固镇六冶。

[7]金火:冶炼金属。

[8]檀景、莱芜、顺德三处提举司:指"檀景提举司""莱芜提举司"和"顺德提举司"。"檀景提举司",官署名,"檀景等处采金铁冶都提举司"之简称,又称"檀景等处都提举司",隶属户部,秩正四品,掌各冶采金炼铁之权税。中统初,置景州提举司,管领景州、滦阳、新匠三冶。至元十四年(1277),又置檀州提举司,管领双峰、暗峪、大峪、五峰等冶。大德五年(1301),并为檀景等处采金铁冶都提举司。下设提举、同提举、副提举诸官职。"莱芜提举司",官署名,"济南莱芜等处铁冶都提举司"之简称,又称"济南都提举司""莱芜铁冶提举司",隶属户部,秩正四品,掌济南、莱芜等处铁冶岁课采办。中统四年(1263),拘漏籍户三千煽焉。至元五年(1268),立洞冶总管府。其后亦废置不常。至大元年(1308),复立济南都提举司。下领宝成、通和、昆吾、元国、富国五监。

[9]河东提举司:官署名,"河东山西铁冶提举司"之简称,又称"河东山西铁冶都提举司",隶属户部,秩正四品,掌河东、山西等处铁冶岁课之事。至大元年(1308),立河东都提举司。下领大通、兴国、惠民、利国、益国、闰富、丰宁、丰宁八冶。丰宁之冶有二。大德三年(1299),置河东山西铁冶提举司。

[10]添名分:犹言"升职"。《元典章・吏部》卷三《恢办钱粮增亏赏罚》:"向前在意来的每根底,添名分更与赏者。"

[11]七峰山:位于大同路怀仁县。明胡谧《(成化)山西通志》卷二:"七峰山,在大同府城西南四十五里怀仁县西北四十里,又名玉龙山,有石洞、天桥。"

[12]兴煽:煽炼,冶炼。

[13]归一:一致。

［14］课额：赋税的数额。

［15］亏兑：亏损，亏折，损失。元徐元瑞《吏学指南·钱粮造作》："亏兑：谓征不及其额也。"

［16］勾摄：拘捕。

［17］窑座：指烧制砖瓦陶瓷等物的灶。

［18］受宣敕官："受宣官"和"受敕官"的合称省写，指接受朝廷宣命和敕牒的官员。《元典章·台纲》卷二《戒饬司官整治勾当》："今以后，察知受宣敕官罪过呵，他每问了，与附近省官或宣慰司官、路官、元体察官一处审问是实呵，受敕官，依先体例，就那里一同断了，省官人每根底行文书交知者；受宣官，咱每根底奏将来，他每的罪过，咱每识也者。"

［19］生熟铁器：指用生铁制作的铁器和用熟铁制作的铁器。"生铁"系由铁矿石在炉内冶炼而成的含碳量在 2% 以上的铁碳合金，除碳外，还含有硅、锰和少量磷、硫以及其他元素；"熟铁"系用生铁精炼而成的含碳量在 0.15% 以下的铁，有韧性、延性、强度较低，容易锻造和焊接，不能淬火。

茶　课

395 中书省钦奉圣旨节该："恢办茶课公事，省部印造到茶引[1]。据客人赴官送纳正课，买到兴贩茶货引[2]，壹道重玖拾斤。年月日料号，并依坐去条画事理施行。"

一、①客旅兴贩茶货，纳讫正课，出给公据，前往所指山场装发茶货出山，将元据②赴茶司[3]缴纳，倒给省部茶引，方许赍引随茶。诸处③验引发卖毕，限三日以里，将引于所在官司缴纳，即时批抹。违限匿而不批纳者，杖陆拾。因而转用，或改抹字号，或增添夹带斤重，及引不随茶者，并同私茶法科断。仍〔于〕④各处官司，将客

---

① 《元典章·户部》卷八《贩茶例（倒）据批引例》载有同一条文。《元史·刑法志三》载有相关条文。
② 将元据：《元典章》作"赍据"。
③ 诸处：《至正条格》《元典章》皆作"诸处"，《元史》作"随处"。
④ 〔于〕：《元典章》作"于"，《至正条格》脱，今据补。

旅节次纳到引目,每月一次,解赴[4]合属上司缴纳。

一、①但犯私茶[5]者,决杖②柒拾,将所犯茶货壹半没官,壹半付告人充赏,应捕人亦同。如③茶园磨户[6]犯者,及运茶〔车〕④船主知情夹带装载无引私茶,一体科断。本处官司禁治不严,致有私茶生发去处,仰将本处当该官吏勾断。

一、⑤应客旅装发⑥茶货车船,各处⑦官司并不得拖拽。若必合和雇,直抵发卖地面下卸讫,方许和雇。如违,陈告得实,决杖陆拾。因而取受故纵⑧者,与同罪。如有邀当[7]客旅、拘买[8]取利者,杖陆拾,茶付本主,买价没官。

一、⑨伪造茶引者,处死。首告得实者,犯人家产并付告人充赏。

一、⑩客贩茶货,若经由关防批验[9]官司去处,私过不批引目者,决杖柒拾。随处官司常切禁治,不得抑遏客旅,干要牙钱。违者,就便追断。

一、⑪客旅所贩茶货,江淮迤南依旧免税,江淮迤北发卖去处,

---

① 《元典章·户部》卷八《私茶罪例》和《元典章·户部》卷八《私造酒曲依匿税例科断》载有同一条文。《元史·刑法志三》载有相关条文。

② 决杖:《元典章·私茶罪例》《元典章·私造酒曲依匿税例科断》《元史》皆作"杖"。

③ 如:《至正条格》《元典章·私茶罪例》《元典章·私造酒曲依匿税例科断》皆作"如",《元史》作"若"。

④ 〔车〕:《元典章·私茶罪例》《元典章·私造酒曲依匿税例科断》皆作"车",《至正条格》《元史》皆脱,今据补。

⑤ 《元典章·户部》卷八《优恤茶课》和《元典章·工部》卷二《禁治拘刷茶船》载有同一条文。

⑥ 装发:《元典章·优恤茶课》作"装买",《元典章·禁治拘刷茶船》作"装载"。

⑦ 各处:《元典章·禁治拘刷茶船》作"所在",《元典章·优恤茶课》无。

⑧ 取受故纵:《至正条格》《元典章·禁治拘刷茶船》皆作"取受故纵",《元典章·优恤茶课》作"故纵取受"。

⑨ 《元典章·刑部》卷十四《伪造茶引》载有同一条文。《元史·刑法志三》载有相关条文。

⑩ 《元史·刑法志三》载有相关条文。

⑪ 《元典章·户部》卷八《茶法》载有同一条文。

依例收税①。

[1]茶引:指茶商纳税后由官府发给的运销执照。于上开写运销数量及地点,准予按引上的规定从事贸易。此制始于宋代,元、明、清仍之,清末渐废。《元史·食货志五》:"除门摊批验钞外,数内茶引一百万张,每引十二两五钱,共为钞二十五万锭。"

[2]茶货引:犹"茶引"。

[3]茶司:官署名,"榷茶都转运司"之简称,又称"榷茶转运司""榷茶运司""榷司"。至元十七年(1280),置榷茶都转运司于江州,总江淮、荆湖、福广之税。至元二十五年(1288),改立江西等处都转运司。天历二年(1329),罢茶司而归诸州县。元统元年(1333),复置湖广、江西、江浙、河南榷茶都转运司。至正十四年(1354),复罢。

[4]解赴:押送。

[5]私茶:指未经官府许可,私自贩卖茶。

[6]茶园磨户:犹"茶户"。详参第438页"茶户"条。

[7]邀当:阻挡,阻拦。

[8]拘买:垄断性购买。

[9]批验:审批检验。

私茶生发

396② 延祐六年二月③,刑部与户部议得:"今后随处府州司县提调长官④禁治不严,致有私茶生发,比依私铁⑤提调官例,初犯笞叁拾,再犯加壹等,三犯别议黜降。"都省准拟。

妄献课程

397 至元六年七月初七日,诏书内一款:"山场、河泊、金银铜

---

① 收税:《元典章》作"投税"。
② 《元典章·新集至治条例·刑部·茶运司与盐运司事体不同》载有同一条文。
③ 延祐六年二月:《元典章》作"延祐六年六月□日"。
④ 提调长官:《元典章》作"提调官"。
⑤ 铁:《元典章》作"帖",误。《至正条格》作"铁",当据校。

铁窑冶,自有定①额。诸人妄词呈献,各衙门辄便受理,滥设抽分衙门、提领头目人等,以夺民利,今后并行革罢。禁止权豪势要,毋得遮占[1]。所办课程,拘该有司依例解纳。敢有违犯,断罪长流。"

[1]遮占:阻拦霸占。

纳课程限

398 至元二十九年三月,户部呈:"钦奉圣旨条画内一款节该:'所办课程,按月不过次月初五日到库。每季交纳,春季不过四月十五日,夏季不过七月十五日,秋季不过十月十五日,冬季不过次年正月十五日。'钦此。本部议得:'起解课程,差发诸物,各处里路远近不同,所管支郡多寡不一,若不从新量程,再行定限,柱被其责。'参详:'若一千里之内,每季不过次季孟月终。壹千里之外,每季不过次季仲月初十日。依例于阇管路府州县以次正官内通行轮番押运,须要依限到都,并不得转行差遣巡检、县尉捕盗之职。如是违限不到,宣慰司提调正官,取招呈省;首领官,初犯罚俸壹月,再犯的决壹拾柒下;令史,初犯壹拾柒下,再犯贰拾柒下。总管府正官,初犯罚俸壹月,再犯的决壹拾柒下;首领官,初犯的决壹拾柒下,再犯贰拾柒下;司吏,初犯贰拾柒下,再犯叁拾柒下。押课官违限到部,的决贰拾柒下。若各处季课果有省部明文,就支尽绝,亦具备细文解,依所定程限,申关到部。违者,当该官吏一体责罚。'"都省于至元二十九年三月十五日奏:"'江南的课程,不拣甚么钱物,限几时到来者?'么道,与前者来的官人每一处议定,上位奏来。'腹里路分,在先立限次叁个月的钱物,不过第肆个月半头到来者。'么道,道来。离这里近的路分,只依在先体例者。远的路分,展限至第肆个月终到来者。商量。"么道,奏呵,奉

---

① 定:《至正条格(校注本)》录作"正",误。《至正条格》作"定",今据校。

圣旨:"是也。有体例有,那般者。"钦此。据其余事理,依准所拟,附近大都、河间、保定、隆兴等处,依旧每季不过次季孟月十五日已里到都;远弯去处,限至次季孟月终到都。

绰敛圈税

399 至元三十年五月,刑部议得:"密州[1]务提领崔文郁等,违例于管下养猪之家畸零绰敛[2]圈税钱钞,分使入己。比依不枉法例科断,降叙标附,追钱给主。"都省准拟。

[1]密州:隶属山东东西道宣慰司益都路。《元史·地理志一》:"密州。唐初,改为高密郡,后仍为密州。宋为临海军,复为密州。元初因之,以胶西、高密属胶州。宪宗三年,省司候司入诸城县,隶益都。领二县:诸城,州治所;安丘,下。"
[2]绰敛:多征收。

匿　税

400① 至元二年二月②,圣旨内一款:"匿税[1]者,其匿税之物,壹半没官,于③没官物内壹半付告人④充赏外,犯人仍⑤笞伍拾。其回回通事[2]并使官银买卖人等,入门不吊引者,同匿税法。"

[1]匿税:指逃税、漏税等违法行为。
[2]通事:指翻译人员。宋彭大雅《黑鞑事略》:"译而通之,谓之通事。"

---

① 《元典章·户部》卷八《江南诸色课程》和《元典章·户部》卷八《隐匿商税罪例》载有同一条文。《元史·刑法志三》载有相关条文。
② 至元二年二月:《元典章·江南诸色课程》作"至元十三年十月",《元典章·隐匿商税罪例》作"至元二十五年三月"。
③ 于:《至正条格》《元典章·隐匿商税罪例》《元史》皆作"于",《元典章·江南诸色课程》脱,当据补。
④ 告人:《至正条格》《元典章·隐匿商税罪例》《元史》皆作"告人",《元典章·江南诸色课程》作"元告人"。
⑤ 仍:《至正条格》《元典章·江南诸色课程》皆作"仍",《元典章·隐匿商税罪例》脱,当据补。

诬人匿税

401① 至元二十七年二月,御史台呈:"成都路双流县达鲁花赤三宝奴,将罗大桂等已到务文契叁纸枉作匿税,断罚中统钞伍定叁拾柒两伍钱,侵使入己。即系枉法,拟杖捌拾柒下,除名不叙,标附。"都省准呈。

无契本同匿税

402② 至治元年二月,中书省议得:"今后凡典卖田宅、人口、头匹等物,应立契成交,限拾日内赴务投税。验契本[1]③上实直价钱收办[3]正税[3]外,随用省部契本印押讫,分付本主④,每本收至元钞叁伯文,明附赤历结课。如是违限不行赴务投税,虽限内到务,别无省部契本,许诸人首告,或因事发露到官,买主同匿税法,断没元契并不为用,于没官物内壹半付告人充赏。当该务官⑤依条追断,提点正官有失关防,验事轻重黜降。契本将尽,预为差人申关,毋致阙乏。仍令监察御史、各道廉访司严加体察。"

[1]契本:元代的纳税凭证。元代规定,一切买卖签订契约后,须赴务纳税,由税务部门发给契本,并粘在契约尾部。契本格式是统一的。如无契本,便作匿税论罪。元胡祗遹《紫山大全集》卷二一《又小民词讼奸吏因以作弊》:"诸交关典卖文契自有公据、问账、正契,然后赴务投税,契本契尾印押,方为完备,中间犹有欺诈奸伪。"

[2]收办:收取。

[3]正税:正额赋税。与"附加税"相对。

---

① 《元史·刑法志三》载有相关条文。
② 《元典章·户部》卷八《关防税用契本》载有相关条文。
③ 契本:《元典章》作"立契"。
④ 本主:《元典章》作"各主"。
⑤ 务官:《元典章》作"院务官"。

职官不纳契税

403 延祐元年十一月,御史台呈:"晋州武强县[1]达鲁花赤也先海牙,与财主杨九结亲,立契交换马匹,令弟大同赍契赴务印讫,不将合该税钱至元钞捌贯纳官,闻知事发,才方悔交。"刑部议得:"也先海牙所犯,量拟决肆拾柒下,解见任,别行求仕,标附。"都省准拟。

[1]晋州武强县:"晋州",隶属中书省真定路。《元史·地理志一》:"晋州。唐、宋皆为鼓城县。元太祖十年,改晋州。太宗十年,立鼓城等处军民万户所(府)。中统二年,复为晋州。领四县:鼓城,中,倚郭;饶阳,中;安平,下;武强,下。""武强县",隶属晋州,下县。元初置东武州,领武邑、静安。太宗六年(1234),降州为县,隶深州。十一年(1239),析属祁州。中统二年(1261),置晋州,改隶本州。

贸易收税

404① 至元七年十月,户部呈:"李义与谷大相换马匹,不曾投税。照得:'私相贸易田宅、奴婢、孳畜②及质压交业者,〔并〕③合立契收税。违者,从匿税科断。'"都省准呈。

欺隐增余课程

405 延祐七年二月,刑部议得:"鄢陵县[1]税务大使李思忠、副使张守义,欺隐办出增余课程[2]中统钞贰伯伍拾定叁拾陆两,不即申解,在柜封收,未曾分使,告发到官。既是不曾入己,量拟各笞肆拾柒下,解任别叙。"都省准拟。

---

① 《元典章·户部》卷五《贸易田宅》和《元典章·户部》卷八《贸易田产收税》载有部分条文。

② 孳畜:《元典章·贸易田宅》《元典章·贸易田产收税》皆作"畜产"。

③ 〔并〕:《元典章·贸易田宅》《元典章·贸易田产收税》皆作"并",《至正条格》脱,今据补。

[1]鄢陵县:隶属河南江北等处行中书省汴梁路,宋为畿县,金为开封府属县,元为中县。

[2]增余课程:又作"增余税课"。指超出定额部分额外征收的赋税。

亏折契本

406 泰定元年正月,户部议得:"中庆路税务提领杨荣,契本用绝,不行申关,止税文契,亏折[1]课蚆[2]。即系革前事理,今后若有以(似)①此不行预关契本,当该务官笞贰拾柒下。脱漏契本课钞,依数追陪。"都省准拟。

[1]亏折:亏损,亏耗。
[2]课蚆:犹"课钞"。指以货币形式征收的赋税。

务官抑取钱物遇革

407 天历元年四月,刑部议得:"务官人等指称漏税,抑取钞定。已有明白招伏,追赃到官。妄自称冤,再行取问,众证依前指说,却行避罪在逃。虽无取到招伏,钦遇原免,合同狱成,依例殿降。"都省准拟。

市　舶

408② 延祐元年七月十九日,圣旨节该:"中书省奏:'在前设立市舶,下番博易,非图利国,本以便民。比闻禁止以来,香货、药物销用渐少,价直陡增,民用阙之(乏)③,乞开禁事。'准奏,仰于广东、泉州、庆元复立市舶提举④司,杭州依旧设立市舶库[1],专知市舶公事,直隶行省管领,诸人不得搅扰沮坏。"所有法则,开列

---

① 以(似):《至正条格》作"以",误。分析文意,当作"似",今据校。
② 《通制条格·关市·市舶》载有同一条文。
③ 之(乏):《至正条格》作"之",误。《通制条格》作"乏",今据校。
④ 举:《通制条格》作"与",误。《至正条格》作"举",当据校。

于后：

一、①金、银、铜钱、铁货、男子妇女②人③口、丝绵、段匹、销金绫罗[2]、米粮、军器，并不许下海私贩诸番④。违者，舶商、船主、纲首[3]、事头、火长，各决壹伯柒下⑤，船物俱行没官。若有人首告得实，于⑥没官物内壹半充赏。重者，从重论。发船之际，仰本道廉访司严加体察⑦。

一、⑧抽分则例：粗货拾伍分中抽贰分⑨，细货拾分中抽贰分⑩。据舶商回帆，已经抽解讫物货，市舶司并依旧例，于抽讫物货内，以叁拾分为率，抽要舶税[4]⑪壹分，通行结课，不许非理刁蹬舶商，取受钱物。违者，计赃，以枉法论罪。

一、⑫诸王、驸马、权豪势要、僧、道、也里可温、答失蛮诸色人等，下番博易到物货，并仰依例抽解。如有隐匿，不行依理抽解，许诸人首告，取问是实，钱物没官，犯人决杖壹伯柒下，有官者罢

---

① 《通制条格・关市・市舶》载有同一条文。《元典章・户部》卷八《市舶则法二十三条》、《元典章・刑部》卷十九《禁下番人口等物》和《元史・刑法志三》载有相关条文。

② 男子妇女：《至正条格》《通制条格》《元典章・市舶则法二十三条》《元典章・禁下番人口等物》皆作"男子妇女"，《元史》作"男女"。

③ 人：《元典章・禁下番人口等物》作"一"，误。《至正条格》《通制条格》《元典章・市舶则法二十三条》皆作"人"，当据校。

④ 《元典章・市舶则法二十三条》于"诸番"后衍"物"字，《至正条格》《通制条格》《元典章・禁下番人口等物》皆无，当据删。

⑤ 决壹伯柒下：《至正条格》《通制条格》皆作"决壹伯柒下"，《元史》作"杖一百七"。

⑥ 于：《至正条格》《通制条格》皆作"于"，《元史》作"以"。

⑦ 严加体察：《至正条格》《通制条格》皆作"严加体察"，《元史》作"常加纠察"。

⑧ 《通制条格・关市・市舶》载有同一条文。《元典章・户部》卷八《市舶则法二十三条》和《新元史・食货志五》载有相关条文。

⑨ 贰分：《至正条格》《通制条格》皆作"贰分"，《元典章》《新元史》皆作"一分"。

⑩ 贰分：《至正条格》《通制条格》皆作"贰分"，《元典章》《新元史》皆作"一分"。

⑪ 舶税：《至正条格》《通制条格》《新元史》皆作"舶税"，《元典章》作"舶税钱"。

⑫ 《通制条格・关市・市舶》载有同一条文。《元典章・户部》卷八《市舶则法二十三条》载有相关条文。

职,仍于没官物内壹半付首告人充赏。若有执把免抽圣旨、懿旨,仰行省、宣慰司、廉访司就便拘收。

一、①拘该市舶去处,行省官、宣慰司官、市舶司官不得拘占舶船,梢带钱物,下番买卖。如违,许诸人首告,取问是实,犯人决杖壹伯柒下,罢职不叙,钱物没官,没官物内壹半付告人充赏。船主、事头不举首[5]者,同罪。

一、②下番使臣在前托以采取药材,根买[6]稀罕宝货,巧取名分,徒费廪给,今后并行禁止。果有必合遣使者,从中书省闻奏差遣,其余诸衙门近侍人等不得干预。朝廷若有宣索诸物,责令顺便番船纲首博易纳官。

一、③诸处舶商,每遇冬汛④北风发舶⑤,从舶商经所在舶司陈告,请领总司衙门元发⑥公验[7]⑦、公凭,并依在先旧行关防体例填付。舶商大船请⑧公验,柴水小船请⑨公凭。愿往番邦,明填所往是何国土经纪,不得诡写管下洲岛别名,亦不许越过他国。至次年夏汛⑩南风回帆,止赴元请给⑪验、凭发船舶司抽分,不许越投他处舶司。各处市舶司,如不系本司元发船只,亦不得信从'风水不便',巧说事故,一面抽分。违者,决伍拾柒下,解见任。因而

---

① 《通制条格·关市·市舶》载有同一条文。《元典章·户部》卷八《市舶则法二十三条》载有相关条文。
② 《通制条格·关市·市舶》载有同一条文。
③ 《通制条格·关市·市舶》载有同一条文。《元典章·户部》卷八《市舶则法二十三条》和《元史·刑法志三》载有相关条文。
④ 汛:《元典章》作"讯",误。《至正条格》《通制条格》皆作"汛",当据校。
⑤ 发舶:《至正条格》《通制条格》皆作"发舶",《元典章》作"发时"。
⑥ 发:《至正条格》《通制条格》皆作"发",《元典章》作"发下"。
⑦ 公验:《至正条格》《通制条格》皆作"公验",《元典章》作"公据"。
⑧ 请:《至正条格》《通制条格》《元典章》皆作"请",《元史》作"给"。
⑨ 请:《至正条格》《通制条格》《元典章》皆作"请",《元史》作"给"。
⑩ 汛:《元典章》作"讯",误。《至正条格》《通制条格》皆作"汛",当据校。
⑪ 请给:《至正条格》《通制条格》皆作"请给",《元典章》作"请"。

受财者,以枉法论。如本舶司依见定例抽解①讫,从船商发卖与般贩客人,亦依旧例,就于所在舶司请给公遣[8],从便于各处州县依例投税货卖。如不于元指所往番邦经纪,转投别国博易物货,虽称'风水不便',并不凭准,船物尽行没官,舶商、船主、网(纲)②首、事头、火长各杖壹伯柒下。若有告首者,于没官物内壹半付告人充赏。

一、③舶商请给公据④,照⑤旧例召保舶牙人,保明某⑥人招集人伴[9]几名,下舶船⑦收买物货,往某处经纪。公验开具本船财主某人、〔纲首某人〕⑧、直库[10]某人、梢工某人、杂事等某人、部领[11]等某人、碇手[12]某人⑨、作伴⑩某人、船只力胜[13]若干、樯高若干、舶⑪面阔若干、船身长若干。每大船壹只,止许带柴水船[14]壹只、捌橹船[15]壹只,余上[16]不得将带。所给大小船公验、公凭,各仰在船随行。如有公验或无公凭,及数外多余将带⑫,即是⑬私贩,许诸人告捕⑭得实,犯人决壹伯柒下,船物俱没官,没官物内壹半付告人充赏。所载柴水、捌橹小船,于公凭内备细开写,亦于公验

---

① 抽解:《至正条格》《通制条格》皆作"抽解",《元典章》作"抽税"。
② 网(纲):《至正条格》作"网",误。《通制条格》作"纲",今据校。《至正条格(校注本)》录作"纲",误,当据校。
③ 《通制条格·关市·市舶》载有同一条文。《元典章·户部》卷八《市舶则法二十三条》和《元史·刑法志三》载有相关条文。
④ 公据:《至正条格》《通制条格》皆作"公据",《元典章》作"公验"。
⑤ 照:《至正条格》《通制条格》皆作"照",《元典章》作"依"。
⑥ 某:《元典章》作"牙",误。《至正条格》《通制条格》皆作"某",当据校。
⑦ 舶船:《至正条格》《通制条格》皆作"舶船",《元典章》作"船"。
⑧ 〔纲首某人〕:《元典章》作"纲首某人",《至正条格》《通制条格》皆脱,今据补。
⑨ 碇手某人:《至正条格》《通制条格》皆作"碇手某人",《元典章》脱,当据补。
⑩ 作伴:《至正条格》《通制条格》皆作"作伴",《元典章》作"人伴"。
⑪ 舶:《元典章》《通制条格》皆作"船"。
⑫ 将带:《至正条格》《通制条格》皆作"将带",《元史》作"夹带"。
⑬ 是:《至正条格》《通制条格》《元典章》皆作"是",《元史》作"同"。
⑭ 捕:《通制条格》作"补",误。《至正条格》《元典章》皆作"捕",当据校。

内该写力胜若干、樯高若干、船面阔若干、船身长若干,召①到物力户[17]某人委保,及与某人结为壹甲,互相作保。如将带金银违禁等物下海,或②将奸细、歹人回舶,并元委保人及同结甲人一体坐罪。公验后空纸捌张,行省③用讫缝印[18]④,于上先行开写贩去物货各各名件、斤重若干,仰纲首某人亲行填写。如到彼国博易物货,亦仰纲首于空纸内,就于⑤地头,即时日逐批写[19]所博物货名件、色数[20]、〔斤重〕⑥,点称[21]⑦抽分。如曾停泊他处,将贩至⑧物货转变、渗泄作弊,及抄填不尽,或因事败露⑨到官,即从漏舶法[22],决杖壹伯柒下,财物没官。保内⑩人能自首告⑪,将犯人名下物货壹半⑫充赏。如舶司官吏容庇⑬,或觉察得⑭,〔或〕⑮因事发露到官,定将官吏断罢⑯不叙。所给公验,行中书省⑰置半印勘合文簿[23],立定字号,付纲首⑱某人收执。前去某处经纪,须要遵依前项事理。所有公凭小船,并照公验一体施行。

① 召:《元典章》作"不",误。《至正条格》《通制条格》皆作"召",当据校。
② 或:《至正条格》《通制条格》皆作"或",《元典章》作"并"。
③ 行省:《至正条格》《通制条格》皆作"行省",《元典章》作"泉府司"。
④ 缝印:《至正条格》《通制条格》皆作"缝印",《元典章》作"印信"。
⑤ 于:《至正条格》《通制条格》皆作"于",《元典章》脱,当据补。
⑥ 〔斤重〕:《元典章》作"斤重",《至正条格》《通制条格》皆脱,今据补。
⑦ 点称:《通制条格》《元典章》皆作"点秤"。
⑧ 至:《至正条格》《通制条格》皆作"至",《元典章》作"到"。
⑨ 败露:《至正条格》《通制条格》皆作"败露",《元典章》作"发露"。
⑩ 内:《元典章》作"明",误。《至正条格》《通制条格》皆作"内",当据校。
⑪ 首告:《至正条格》《元典章》皆作"首告",《通制条格》作"告首"。
⑫ 壹半:《至正条格》《通制条格》皆作"壹半",《元典章》作"三分之一"。
⑬ 容庇:《至正条格》《通制条格》《元典章》皆作"容庇",《元史》作"容隐"。
⑭ 得:《至正条格》《通制条格》皆作"得",《元典章》作"得知"。
⑮ 〔或〕:《元典章》作"或",《至正条格》《通制条格》皆脱,今据补。
⑯ 断罢:《至正条格》《通制条格》《元典章》皆作"断罢",《元史》作"断罪"。
⑰ 行中书省:《至正条格》《通制条格》皆作"行中书省",《元典章》作"行泉府司"。
⑱ 纲首:《至正条格》《通制条格》皆作"纲首",《元典章》作"纲主"。

一、①海商不请验、凭,擅自发船②,并许诸人告捕。舶商、船主、纲首、事头、火长各杖壹伯柒下,船物俱行没官,于没官物内壹半付告人③充赏。如已离舶司,即于沿路④所在官司告捕,依上追断给赏。

一、⑤海商自番国[24]及海南收贩[25]⑥物货到国⑦,已⑧赴市舶司抽分,而在船巧为藏匿者,即系漏舶,并⑨行没官。仍许诸人告首,依例于没官物内壹半充赏,犯人决杖壹伯柒下。

一、⑩舶商去来不定,多在海南州县走泄[26]细货。仰籍定姓名,仍令海南海北广东道沿海州县镇市地面军民官司用心关防。如遇回舶船只到岸,严切催赶起离,前赴市舶司抽分。如官吏知情容纵,决伍拾柒下。受赂者,计赃,以枉法论。

一、⑪市舶司招集舶商船只,行省以下⑫衙门不得⑬差占。及有新造成舶船之家,并仰籍定数目,今后亦⑭不得差占,有妨舶商兴贩经纪。其有运粮船只,不得因而夹带夺占,失误海运。

---

① 《通制条格·关市·市舶》载有同一条文。《元典章·户部》卷八《市舶则法二十二条》载有相关条文。
② 船:《至正条格》《通制条格》皆作"船",《元典章》作"舶船"。
③ 壹半付告人:《至正条格》《通制条格》皆作"壹半付告人",《元典章》作"以三分之一"。
④ 路:《元典章》作"河",误。《至正条格》《通制条格》皆作"路",当据校。
⑤ 《通制条格·关市·市舶》载有同一条文。《元典章·户部》卷八《市舶则法二十三条》载有相关条文。
⑥ 收贩:《至正条格》《通制条格》皆作"收贩",《元典章》作"买贩"。
⑦ 国:《至正条格》《通制条格》皆作"国",《元典章》作"中国"。
⑧ 已:《至正条格》《通制条格》皆作"已",《元典章》作"虽"。
⑨ 并:《元典章》作"正",误。《至正条格》《通制条格》皆作"并",当据校。
⑩ 《通制条格·关市·市舶》载有同一条文。《元典章·户部》卷八《市舶则法二十三条》载有相关条文。
⑪ 《通制条格·关市·市舶》载有同一条文。《元典章·户部》卷八《市舶则法二十三条》载有相关条文。
⑫ 以下:《至正条格》《通制条格》皆作"以下",《元典章》作"行下"。
⑬ 不得:《至正条格》《通制条格》皆作"不得",《元典章》作"无得"。
⑭ 亦:《至正条格》《通制条格》皆作"亦",《元典章》作"并"。

一、①各处市舶司每年办到舶货，除合起解贵细之物外，据其余物色必须变卖者，所委监抽官监临，有司随即估计实直价钱，再令不干碍官司委廉干正官复估相同，别无亏官损民。将民间必用并不系急用物色验分数互相配答，须要一并通行发卖，作钞解纳，并不许见任官府、权豪势要人等诡名请买。违者，许②诸人首告得实，将见获物价尽数没官，于没官价内壹半付告人充赏，犯人决杖陆拾柒下。仍仰③监察御史、肃政廉访司严行体察。

一、④番船、南船请给公验、公凭⑤，乃（回）⑥帆或有遭风、被劫事故，合经所在官司陈告，体问得⑦实，移文市舶司，转申总司⑧衙门，再行合属体覆。如委是遭风、被劫事故，方与⑨销⑩落[27]元给验、凭⑪字号。若妄称遭风、被劫事故，私般物货，欺慢[28]官司，送所属勘问是实，舶商、船主、纲首、事头、火长各决壹伯柒下，同船梢水人等各决柒拾柒下，船物尽行没官。若有人首告，于没官物内壹半充赏。或有沿⑫途山屿[29]、滩岸⑬停泊，漏（汲）⑭水取柴，

---

① 《通制条格·关市·市舶》载有同一条文。《元典章·户部》卷八《市舶则法二十三条》载有相关条文。
② 许：《至正条格》《通制条格》皆作"许"，《元典章》作"许令"。
③ 仰：《至正条格》《通制条格》皆作"仰"，《元典章》作"令"。
④ 《通制条格·关市·市舶》载有同一条文。《元典章·户部》卷八《市舶则法二十三条》载有相关条文。
⑤ 公验、公凭：《至正条格》《通制条格》皆作"公验、公凭"，《元典章》作"公凭、公验"。
⑥ 乃（回）：《至正条格》作"乃"，误。《通制条格》《元典章》皆作"回"，今据校。
⑦ 得：《通制条格》《元典章》皆作"的"。
⑧ 总司：《至正条格》《通制条格》皆作"总司"，《元典章》作"总府"。
⑨ 与：《至正条格》《元典章》皆作"与"，《通制条格》作"许"。
⑩ 销：《至正条格》《通制条格》皆作"销"，《元典章》作"消"。
⑪ 验、凭：《至正条格》《通制条格》皆作"验、凭"，《元典章》作"凭、验"。
⑫ 沿：《通制条格》《元典章》皆作"公"，误。《至正条格》作"沿"，当据校。
⑬ 滩岸：《至正条格》《通制条格》皆作"滩岸"，《元典章》作"滩屿海岸"。
⑭ 漏（汲）：《至正条格》《通制条格》皆作"漏"，误。《元典章》作"汲"，今据校。《至正条格（校注本）》录作"漏"，失校。

恐有梢①碇[30]、水手、搭客等人乘时怀袖偷藏贵细物货，上岸博易物件。或着(有)②舶商③之家，回帆将到④舶司，私用小船推送食米接应舶船，却行般⑤取贵细物货，不行抽解，郎(即)⑥是渗泄，并听⑦诸人告捕，全⑧行断没，犯人杖壹伯柒下，告捕人于没官物内壹半充赏⑨。仍仰⑩沿海州县出榜晓谕屿㠘[31]⑪等处镇守军官、巡尉⑫人等常切巡捉，催赶船只，随即起离彼处，不许久停，直至年例停泊去处，划时具申。各处市舶司差⑬廉能官封艖⑭坐押，赴元发市舶司，又行差官监般入库⑮，检空船只，搜检在船人等怀空，方始放令上岸。如在番阻风住冬[32]不还者，次年回帆，取问同船或同伴船只人等是实，依例抽分。若是⑯妄称'风水不便'，转折⑰买

---

① 梢：《至正条格》《通制条格》皆作"梢"，《元典章》作"稍"。

② 着(有)：《至正条格》作"着"，《通制条格》作"著"，皆误。《元典章》作"有"，今据校。《至正条格(校注本)》录"着"，失校。

③ 舶商：方龄贵《通制条格校注》录作"商舶"，误例。《至正条格》《通制条格》《元典章》皆作"舶商"，当据校。

④ 到：《元典章》作"市"，误。《至正条格》《通制条格》皆作"到"，当据校。

⑤ 般：《元典章》作"辄"，误。《至正条格》《通制条格》皆作"般"，当据校。

⑥ 郎(即)：《至正条格》作"郎"，误。《通制条格》《元典章》皆作"即"，今据校。《至正条格(校注本)》录作"即"，误，当据校。

⑦ 听：《至正条格》《通制条格》皆作"听"，《元典章》作"许"。

⑧ 全：《元典章》作"余"，误。《至正条格》《通制条格》皆作"全"，当据校。

⑨ 壹半充赏：《至正条格》《通制条格》皆作"壹半充赏"，《元典章》作"三分之一给赏"。

⑩ 仰：《至正条格》《通制条格》皆作"仰"，《元典章》作"行下"。

⑪ 㠘：陈校本《元典章》录作"呑"，误。《至正条格》《通制条格》《元典章》皆作"㠘"，当据校。

⑫ 军官、巡尉：《至正条格》《通制条格》皆作"军官、巡尉"，《元典章》作"官吏、巡检"。

⑬ 差：《至正条格》《通制条格》皆作"差"，《元典章》脱，当据补。

⑭ 艖：《通制条格》《元典章》皆作"堵"。《至正条格(校注本)》录作"[艖]"，实则《至正条格》有"艖"字，故脱字符号当据删。

⑮ 般入库：《至正条格》《通制条格》皆作"般入库"，《元典章》作"搬上舶"。

⑯ 是：《至正条格》《通制条格》皆作"是"，《元典章》作"便"。

⑰ 转折：《至正条格》《通制条格》皆作"转折"，《元典章》作"转指"。

卖，许诸人首告得实，舶商、船主、纲首、事头、火长各决壹伯柒下，同船梢水人等各决柒拾柒下，船物尽行没官，没官物内壹半付告人给赏。

一、①海商②所用③兵器并铜锣作具，随舶泊④处具数申所属，依例寄库，起舶[33]日⑤给付⑥。除外，多余将带，同私贩法。

一、⑦海商⑧每船募纲首、直库、杂事、部领、梢工、碇手，各从便具名呈市舶司申给文凭。船请火⑨印为记⑩，人结伍名为保。

一、⑪海商贸易物货，以舶司给籍⑫用印关防，具注名件、斤数，纲首、杂事、部领、梢工书押。回口，以物籍公验纳市舶司。

一、⑬行省、市舶司官每岁斟酌舶船回帆之时⑭，本省预为选差廉能⑮官员，比之四月已里，须到抽解处所，等待⑯舶船到来，随

---

① 《通制条格·关市·市舶》载有同一条文。《元典章·户部》卷八《市舶则法二十三条》和《新元史·食货志五》载有相关条文。

② 海商：《至正条格》《通制条格》《元典章》皆作"海商"，《新元史》作"舶商"。

③ 所用：《至正条格》《通制条格》《元典章》皆作"所用"，《新元史》作"所携"。

④ 舶泊：《至正条格》《通制条格》皆作"舶泊"，《元典章》作"住舶"，《新元史》作"住船"。

⑤ 日：《通制条格》作"司"，误。《至正条格》《元典章》《新元史》皆作"日"，当据校。

⑥ 给付：《至正条格》《通制条格》皆作"给付"，《元典章》作"给"，《新元史》作"给还"。

⑦ 《通制条格·关市·市舶》和《元典章·户部》卷八《市舶则法二十三条》载有同一条文。《新元史·食货志五》载有相关条文。

⑧ 海商：《至正条格》《通制条格》《元典章》皆作"海商"，《新元史》作"舶商"。

⑨ 火：《元典章》作"公"，误。《至正条格》《通制条格》皆作"火"，当据校。

⑩ 记：《元典章》作"托"，误。《至正条格》《通制条格》皆作"记"，当据校。

⑪ 《通制条格·关市·市舶》和《元典章·户部》卷八《市舶则法二十三条》载有同一条文。《新元史·食货志五》载有相关条文。

⑫ 籍：《至正条格》《通制条格》皆作"籍"，《元典章》作"藉"。

⑬ 《通制条格·关市·市舶》载有同一条文。《元典章·户部》卷八《市舶则法二十三条》载有相关条文。

⑭ 之时：《至正条格》《通制条格》皆作"之时"，《元典章》作"时月"。

⑮ 廉能：《通制条格》作"廉干"。

⑯ 等待：《至正条格》《通制条格》皆作"等待"，《元典章》作"以待"。

即依例封艀①,挨②次先后抽分③,不得因而迟延,走泄物货④。其所差监抽官⑤亦不得违期前去,停滞舶商人难。

一、⑥定到舶法、抽分则例、关防节目,仰行省、各处市舶司所在官员奉行谨守,不得灭⑦裂[34]违犯。行御史台、廉访司常加体察,毋致因而看徇(徇)⑧废弛。

一、⑨番国遣使赍擎[35]礼物赴阙朝献⑩,仰具所赍物色,报本处市舶司称⑪盘检⑫验,别无夹带,开申行省,移咨都省。如隐藏不报,或夹带他人物货,不与抽分者,并以漏舶论罪断没,仍于没官物内壹半付告人充赏。其舶船果有顺带⑬南番人[36]、番物⑭者,从本国地头,于元给舶船公验空纸内明白瑱(填)⑮附[37]姓名并物

---

① 艀:《通制条格》《元典章》皆作"堵"。《至正条格(校注本)》录作"[艀]",实则《至正条格》有"艀"字,故脱字符号当据删。

② 挨:《元典章》作"检",误。《至正条格》《通制条格》皆作"挨",当据校。

③ 抽分:《至正条格》《通制条格》皆作"抽分",《元典章》作"抽收"。

④ 走泄物货:《至正条格》《通制条格》皆作"走泄物货",《元典章》作"走透作弊"。

⑤ 监抽官:《至正条格》《通制条格》皆作"监抽官",《元典章》作"监抽官员"。

⑥ 《通制条格·关市·市舶》载有同一条文。《元典章·户部》卷八《市舶则法二十三条》载有相关条文。

⑦ 灭:方龄贵《通制条格校注》录作"减",误。《至正条格》《通制条格》《元典章》皆作"灭",当据校。

⑧ 徇(徇):《至正条格》作"徇",误。《通制条格》《元典章》皆作"徇","徇"同"徇",今据校。《至正条格(校注本)》录作"徇",失校。

⑨ 《通制条格·关市·市舶》载有同一条文。《元典章·户部》卷八《市舶则法二十三条》和《元史·刑法志三》载有相关条文。

⑩ 朝献:《通制条格》作"朝见"。

⑪ 称:《通制条格》作"秤"。

⑫ 检:《至正条格(校注本)》录作"捡",误。《至正条格》《通制条格》皆作"检",今据校。

⑬ 顺带:《至正条格》《通制条格》皆作"顺带",《元典章》作"夹带"。

⑭ 番物:《至正条格》《通制条格》皆作"番物",《元典章》作"将带舶货"。

⑮ 瑱(填):《至正条格》作"瑱",误。《通制条格》《元典章》皆作"填",今据校。

货名件、斤重,至舶司①照数依例抽解②。番人回还本国,亦于所在③番舶[38]公验内附写将去物货,不许夹带违法④之物。如到番国,不复回程⑤,却⑥于元赍公验空纸内开除[39],附写缘故。若有一切违犯,并依前罪,止坐舶商、船主。

一、⑦舶商下海开船之日⑧,仰⑨市舶司轮差正官壹员,亲行检视各各大小舶⑩内有无违禁之物。如无夹带,即持(时)⑪放令⑫开洋,及⑬取本司检视官重甘罢职结罪文状。如将来有人⑭告发,或因事发露,但有违禁之物,决杖捌拾柒下,解见任,降贰等。受财

---

① 舶司:《至正条格》《通制条格》皆作"舶司",《元典章》作"市舶司"。
② 抽解:《至正条格》《通制条格》皆作"抽解",《元典章》作"抽税"。
③ 所在:《至正条格》《通制条格》皆作"所在",《元典章》作"所坐"。
④ 不许夹带违法:《至正条格》《通制条格》皆作"不许夹带违法",《元典章》作"不致将带违禁"。
⑤ 回程:《至正条格》《通制条格》皆作"回程",《元典章》作"前来"。
⑥ 却:《至正条格》《通制条格》皆作"却",《元典章》作"亦"。
⑦ 《通制条格·关市·市舶》载有同一条文。《元典章·户部》卷八《市舶则法二十三条》和《元典章·刑部》卷十九《禁下番人口等物》载有相关条文。
⑧ 日:《至正条格》《通制条格》皆作"日",《元典章·市舶则法二十三条》《元典章·禁下番人口等物》皆作"际"。
⑨ 仰:《至正条格》《通制条格》皆作"仰",《元典章·市舶则法二十三条》《元典章·禁下番人口等物》皆作"合令"。
⑩ 舶:《通制条格》《元典章·市舶则法二十三条》《元典章·禁下番人口等物》皆作"船"。
⑪ 持(时):《至正条格》作"持",误。《通制条格》《元典章·市舶则法二十三条》《元典章·禁下番人口等物》皆作"时",今据校。《至正条格(校注本)》录作"待",误,当据校。
⑫ 放令:《至正条格》《通制条格》皆作"放令",《元典章·禁下番人口等物》作"放与",《元典章·市舶则法二十三条》无。
⑬ 及:《通制条格》《元典章·市舶则法二十三条》《元典章·禁下番人口等物》皆作"仍"。
⑭ 人:《至正条格》《通制条格》《元典章·市舶则法二十三条》皆作"人",《元典章·禁下番人口等物》脱,当据补。

容纵者,以枉法论。却不得因而非理搔扰舶商。本道廉访司①严加②体察。

一、③舶商、梢水人等落后[40]家小,所在州县常加优恤。

一、④抽分市舶、关防节目,若有该载不尽合行事理,行省就便斟酌事宜,从长施行。

[1]市舶库:官署名,元代置于广东、庆元、杭州等处,每库设有敖房若干间,用来贮存市舶物货。元袁桷《(延祐)四明志》卷八:"市舶库在录事司东南隅灵桥门里,宋旧市舶务,遇有舶商到港,官为抽分,其物皆贮于此,不常设官。"

[2]销金绫罗:指嵌有金色线的丝织品。

[3]纲首:又作"纲主"。指纲运商人或商船之首领。

[4]舶税:指元政府对海外贸易所征收的税。元政府对进出口货物进行抽分,即将货物分成粗、细两色,按一定比例抽取若干分后,将所抽货物解赴都城,市舶司更于抽讫物货内以三十分为率抽取舶税一分。

[5]举首:检举,告发。

[6]根买:购买。

[7]公验:指官府颁发给舶商允许其出海贸易的凭据。凭据有公验和公凭两种,公验发给大船,公凭发给小船。此外,番船回国时,亦由市舶司发给公验、公凭。《元史·刑法志三》:"诸舶商,大船给公验,小船给公凭,每大船一,带柴水船、八橹船各一,验、凭随船而行。或有验无凭,及数外夹带,即同私贩,犯人杖一百七,船物并没官,内一半付告人充赏。"

---

① 廉访司:《至正条格》《元典章·禁下番人口等物》皆作"廉访司",《通制条格》《元典章·市舶则法二十三条》皆作"肃政廉访司"。

② 严加:《至正条格》《通制条格》皆作"严加",《元典章·市舶则法二十三条》作"临时"。《元典章·禁下番人口等物》作"将时",误,当据《元典章·市舶则法二十三条》校。

③ 《通制条格·关市·市舶》载有同一条文。《元典章·户部》卷八《市舶则法二十三条》载有相关条文。

④ 《通制条格·关市·市舶》和《元典章·户部》卷八《市舶则法二十三条》载有同一条文。

[8]公遣：证明文书。

[9]人伴：犹"作伴"。指当陪伴的人，即部下、随从。元徐元瑞《吏学指南·贼盗》："勾引：纠合人（入）伴共造非为，谓之勾引。"

[10]直库：指掌管船上货藏的负责人。

[11]部领：头领，头目。

[12]碇手：指船上掌下碇抛锚的人。元贡师泰《海歌八首》诗之一："碇手在船功最多，一人唱声百人和。何事浅深偏记得，惯曾海上看风波。"

[13]力胜：谓船之装载量。宋代按船之装载量征收商税，名曰"力胜税"。《宋史·食货志下八》："先是，熙宁六年，苏、湖岁稔，谷价比淮南十五，而商船以力胜税不至，尝命权蠲。"

[14]柴水船：船名。指为大船配备的用来搬柴取水的小船。《元史·刑法志三》："诸舶商，大船给公验，小船给公凭，每大船一，带柴水船、八橹船各一，验、凭随船而行。"

[15]捌橹船：船名，又作"八橹船"。因船有八条橹，故名。捌橹船为小船，常随大船出海运送货物。明王士骐《皇明驭倭录》卷四："备倭都指挥使翁绍宗奏：'崇明沙备倭船楼橹高大，一泊港渚，非大信潮水不得出，请改造如浙江八橹船，轻浅可用。'从之。"

[16]余上：多余，多余的。

[17]物力户：指家境殷实富有之户。舶商下番贸易，须召物力户担保，担保不夹带禁物、奸细、歹人等，亦不越投他处贸易。元马端临《文献通考》卷二十："兼商贾由海道兴贩，其间或有盗贼、风波、逃亡者，回期难以程限，乞令召物力户充保，自给公凭日为始，若在五月内回舶，与优饶抽税；如满一年内，不在饶税之限；满一年之上，许从本司根究，责罚施行。若有透漏，元保物力户同坐。"

[18]缝印：犹"印信"。指印章。

[19]批写：批示书写。

[20]色数：种类数量。

[21]点称：又作"点秤"。清点称量。

[22]漏舶法：谓元政府制定的惩治海外贸易中夹带私货、转换改变和侵蚀财货、藏匿物货、私自贩卖所舶货物、隐瞒抽分等非法行为的

法律。

[23]半印勘合文簿:又称"半印勘合公据"。指一种盖有骑缝印信的凭证,于盖印处一分为二,双方各执一半,以供勘合。

[24]番国:犹"番邦"。外国。

[25]收贩:犹"买贩"。贩卖。

[26]走泄:私自贩卖。

[27]销落:又作"消落"。注销。

[28]欺慢:同"欺漫""欺谩"。欺瞒。

[29]山屿:岛屿。

[30]梢碇:"梢工"和"碇手"的合称省写。

[31]屿嶴:犹"山屿"。岛屿。

[32]住冬:过冬。

[33]起舶:犹"起船"。开船。

[34]灭裂:谓不重视,不用心,轻忽。《元典章·户部》卷八《新降盐法事理》:"如有灭裂不行用意拘收及漏用批退印记,并行究问。"

[35]赍擎:携带。

[36]南番人:指来自南方的外国人。

[37]填附:填写登记。

[38]番舶:指来华贸易的外国商船。

[39]开除:开列。

[40]落后:留下。

断例十二卷终

至正条格卷第十三　断例　擅兴

临阵先退

409 至元二十五年六月初一日，尚书省奏："江西省官人每与将文书来：'军官张总把[1]、民官张主簿，又壹个土总把，他每叁个引着军，贼每壹处[2]厮杀时分，张总把、张主簿两个退后走的上头，贼每王总把根底，又伍个军人每根底，教杀了，他每两个出来了。他每退后走出来的证见每，壹处对证了，招伏要了也。'么道。江西省官人每，'这两个合杀'。么道，拟将来。大都有的伴当每商量得：'张总把撒下军出来的，他的罪过合死。张主簿根底，依着军官体例里要罪过呵，重了。他根底断了，勾当里教罢了呵，怎生？'么道，说将来有。"奏呵，奉圣旨："索甚么[3]那般道？这里去的人多有。与那里省官、按察司官一同问得，是实呵，敲了者。"

[1]总把：军职名。元代于千户之下设总把，位在千户之下。《元史·兵志一》："世祖时，颇修官制，内立五卫以总宿卫诸军，卫设亲军都指挥使，外则万户之下置总管，千户之下置总把，百户之下置弹压，立枢密院以总之。"《元史·世祖本纪四》："癸未，定军官等级，万户、总管、千户、百户、总把以军士为差。"

[2]壹处：又作"一处"。一起，一同。

[3]索甚么：犹"索什么""色甚么""索甚"。指哪里需要，何须。

擅自领军回还

410 至顺四年四月十六日，刑部议得："枢密院呈：'因为乌撒[1]叛乱，镇守蕲黄万户府[2]差委百户陈彦贵、管押百户陆喜并军人玖拾玖名前赴云南总兵官处听调。行至中途,陈彦贵不令陆喜知会,私自还翼。陆喜信凭金奏差等言说:云南事体平定,军马各散。不行领军前去,辄便回还。'原其所犯,百户陆喜即系怯于征进,比例杖断壹伯柒下,不叙。其押送官陈彦贵故违差遣,中途私回,量决柒拾柒下,降贰等叙用,罪遇原免,依上除名降叙,通行标附。"都省准拟。

[1]乌撒:古代西南少数民族,居住在今云南省。
[2]蕲黄万户府:军队官署名,元代于河南江北等处行中书省蕲州路、黄州路所设的管军万户府。

军官遇贼不捕

411 至顺二年十二月,刑部议得:"襄阳万户朵银,因湖广省委差,统兵收捕猺贼,怯惧贼势,按兵不进,坐视玩寇,致被各贼将簿尉药烈海牙杀死,反将报声息人李少华执缚取问,遮掩己罪,后又遇贼先退。罪遇原免,罢职不叙。"都省准拟。

军民官失捕耗贼

412 大德三年六月,御史台呈:"瑞州奕[1]千户范震,为安福县[2]①贼人作耗,至元三十一年六月初八日,依奉总兵官指挥,与永新县[3]②簿尉周铎于本县地面把截贼人出没要路。不合与周铎止于朱都官家宿歇,未曾前去把截,当夜被贼杀死乔百户。当时为震不在彼处,以致不能救援。又招:'初九日五更,有不得名军来说:被贼杀死乔百户、马巡检等。即合登时领兵追袭,不合守等溃散军人并朱都官起集[4]民义[5],初十日早方行前去。'周铎状招

---

① 安福县:疑为"安福州"之误。据《元史·地理志五》,安福县升安福州之时间为元贞元年(1295)。而上文时间为大德三年(1299),故此时已称"安福州"。
② 永新县:疑为"永新州"之误。据《元史·地理志五》,永新县升永新州之时间为元贞元年(1295)。而上文时间为大德三年(1299),故此时已称"永新州"。

相同。"刑部议得:"千户范震、簿尉周铎,被差收捕耗贼,与百户乔林议定,把截贼人出入要路,互相救援。各人不行前去,失误军期,致将乔林等杀死,闻知不即追袭,情犯深重,合行处死,罪遇原免,罢职不叙。"都省准拟。

[1]奕:犹"翼"。元代的军事编制名。《元典章·兵部》卷一《禁拿百姓充军》:"各奕新附军人俱有定籍,民户已有抄数到户册,各依元籍为定。"

[2]安福县:又称"安福州",隶属江西等处行中书省吉安路。《元史·地理志五》:"安福州。中。唐初以县置颍州,后废,复为县。元元贞元年,升州。"

[3]永新县:又称"永新州",隶属江西等处行中书省吉安路。《元史·地理志五》:"永新州。下。唐为县。元元贞元年,升州。"

[4]起集:征集。

[5]民义:民兵,乡兵。列入兵籍,有事则征召入伍。

413 泰定二年二月,刑部议得:"会同县[1]尉蒋秃健,不行抵巢收捕耗贼,妄称:'草木畅茂,江水泛涨。'虚立案验,托故回还,纵贼逃匿,与民为害。拟杖壹伯七下,罢职不叙。"都省准拟。

[1]会同县:元代有两处"会同县",一是隶属于湖广等处行中书省靖州路,为下县;一是隶属于海北海南道宣慰司乾宁军民安抚司,亦为下县。上文"会同县"未知孰是,无可取证。

诈避征役

414 至顺三年正月,刑部议得:"镇守潭州[1]①百户张世昌,承权千户职名,闻知上司差遣出征,妄以大溪山洞贼[2]出没杀虏人民声息虚申上司,扇惑军民。即系巧诈以避征役,合杖壹伯柒下,不叙。"都省准拟。

———————

① 潭州:疑为"天临路"之误。据《元史·地理志六》,潭州路改称天临路的时间为天历二年(1329)。而上文时间为至顺三年(1332),故此时已称"天临路"。

［1］潭州：即"潭州路"，又称"天临路"，隶属湖南道宣慰司，治所在今湖南长沙市。《元史·地理志六》："天临路。上。唐为潭州长沙郡。宋为湖南安抚司。元至元十三年，立安抚司。十四年，立行省，改潭州路总管府。十八年，迁行省于鄂州，徙湖南道宣慰司治潭州。天历二年，以潜邸所幸，改天临路。领司一、县五、州七。"

［2］洞贼：又作"峒贼"。指当时南方地区聚居于山区作乱的少数民族。

交通贼人

415 至治三年正月，刑部议得："琼州安抚使王君济，明见贼人王圣通劫掠民财，杀死人众，不即掩捕，却以本贼村分出产白藤、香货，嘱托低价收买，招诱王圣通私家饮宴，接受赃物，回付段匹。罪虽遇免，拟合除名不叙。"都省准拟。

416 泰定元年六月，刑部议得："养利州[1]判官夏居正，不行赴任，却与叛贼岑世兴交结，走透[2]事情。罪遇原免，拟合除名不叙，追夺，发还元籍。"都省准拟。

［1］养利州：宋故州，隶太平寨。元隶广西两江道宣慰使司都元帅府太平路。

［2］走透：犹"走泄"。走漏，泄漏。元徐元瑞《吏学指南·禁制》："漏泄：谓走透事情也。"

激变猺人

417 至治元年六月，刑部议得："信宜县[1]主簿赛哥，于本管地面猺人[2]处聘散[3]盐钞[4]，勒要麻、蜡等物，激变猺人，杀死军民。罪经释免，罢职不叙。"都省准拟。

［1］信宜县：隶属海北海南道宣慰司高州路。宋为中下县，元为下县。

［2］猺人：又作"徭人"。指瑶族人。

[3]聘散：售卖。
[4]盐钞：盐引。

分镇违期

418 天历二年十月，刑部议得："安东州万户府达鲁花赤脱怗木儿，轮该分镇海宁州，推调违期半年之上，不行前去。拟笞肆拾柒下，解任别仕。万户魏正，不候交换，抛离元管军马，擅委千户刘忠翊权摄，回还老奕所镇之地。既是无虞，量笞贰拾七下，依旧勾当，标附。"都省准拟。

交换不即还营

419 泰定元年二月，刑部议得："前卫[1]百户太不花，因差大都围宿，已经交换，不即还营，前去乐亭县本家，住经一十二月，才方还职。拟合笞叁拾柒下，罢职别叙。"都省准拟。

[1]前卫：官署名，元枢密院所属京师侍卫军机构，掌宿卫扈从，兼营屯田，国有大事，则调度之，秩正三品。至元十六年（1279），以侍卫亲军创置前、后二卫。下设都指挥使、副都指挥使、佥事、经历、知事、承发架阁、令史、译史、通事、知印诸官职。下领镇抚所、行军千户所、弩军千户所、屯田千户所及弹压、门卫、教官（蒙古字教授与儒学教授各一员）。

逃军赏罚

420 至元四年四月十四日，枢密院奏奉圣旨节该："马扎儿台知院，俺根底说：'元统三年九月初八日，诏书内开了来：近年军户逃亡事故数多，今后亲临奥鲁官有能用心招收复业，及不能抚字，因致逃亡者，验数多寡，仰枢密院定立赏罚，以示劝惩。定拟呵，今后各处亲临奥鲁正官，任内逃讫军户伍名之下，标附；伍名之上，壹拾柒下；拾名之上，贰拾柒下。每伍名加壹等，罪止肆拾柒，黜降。若能招诱别界在逃军人复业者，验其多寡，量加升擢。'定拟着行呵,怎生?"奏呵,奉圣旨:"那般者。"

代军罪名

421① 至元六年,枢密院奏:"延祐六年②,与枢密院开读圣旨内一款:'诸处军官每,须要选拣惯熟亲丁[1]应役。若有驱丁雇觅他人代替者,断陆拾七,雇军钱物追纳没官。军官、首领官吏③人等受钱空名及贵揽④贱觅⑤,断捌拾七下,除名不叙。若令子孙、弟侄⑥、驱丁[2]代替,一二名者,断四拾七,降散官壹等;三四名者⑦,断陆拾柒下,解见任;伍六名〔者〕⑧,断捌拾柒⑨,除名不叙。雇军钱物追纳没官。仍〔令〕⑩监察御史、廉访司严加体察有来。'俺众人商量来:'自在前各卫奕[3]军官每不为用心,将正军身役雇觅他人应当的上头,延祐六年开读圣旨,严加整治,却怠慢有。如

---

① 《元典章·新集至治条例·兵部·拘刷逃军及代替军役》载有部分条文。《元典章·兵部》卷一《军官代替军人》、《元典章·新集至治条例·兵部·军中不便事件》和《元史·刑法志二》载有相关条文。
② 延祐六年:《元典章·拘刷逃军及代替军役》作"延祐六年四月十五日",《元典章·军中不便事件》作"延祐五年九月二十五日"。
③ 首领官吏:《至正条格》《元典章·拘刷逃军及代替军役》皆作"首领官吏",《元典章·军中不便事件》作"令史"。
④ 揽:《至正条格》《元典章·拘刷逃军及代替军役》皆作"揽",《元典章·军中不便事件》作"览"。
⑤ 觅:《至正条格》《元典章·拘刷逃军及代替军役》皆作"觅",《元典章·军中不便事件》作"雇"。
⑥ 子孙、弟侄:《至正条格》《元典章·拘刷逃军及代替军役》皆作"子孙、弟侄",《元典章·军官代替军人》《元史》皆作"兄弟、子侄",《元典章·军中不便事件》作"兄弟、孩儿"。
⑦ 者:《至正条格》《元典章·拘刷逃军及代替军役》皆作"者",《元典章·军中不便事件》作"呵"。
⑧ 〔者〕:《元典章·拘刷逃军及代替军役》作"者",《至正条格》脱,今据补。《元典章·军中不便事件》作"呵"。
⑨ 捌拾柒:《元典章·军中不便事件》《元典章·拘刷逃军及代替军役》皆作"八十七下"。
⑩ 〔令〕:《元典章·拘刷逃军及代替军役》作"令",《至正条格》脱,今据补。

今依先圣旨例，又将万户、千户、百户每严加整治着，不教正军应役，将别人应役呵，依先已了的圣旨，将军官每取要罪过。雇觅军人，断陆拾七下，只教应当本役。将承揽人断陆拾柒下，发还元籍呵，怎生？"奏呵，奉圣旨："那般者。"

[1]亲丁：指全科户人丁。《元史·食货志四》："社置一仓，以社长主之，丰年每亲丁纳粟五斗，驱丁二斗，无粟听纳杂色，歉年就给社民。"

[2]驱丁：犹"驱奴"，简称"驱"。元代称奴隶或仆奴为"驱丁""驱奴""驱口"。《元史·食货志一》："全科户丁税，每丁粟三石，驱丁粟一石，地税每亩粟三升。"

[3]卫奕：犹"卫翼"。指元代军队屯田驻防编制名。

私役军人

422 至元三十年二月十一日，御史台奏准："赃滥官员内管军千户阿李孛，占使军人四名，卖酒纳息，修盖房舍。决三拾柒下，解任别仕。"

423 大德七年五月，河南省咨："弩军万户府经历杨荣，二次役使军人毕显等柒名，挑掘城土，打叠院墙，被城土塌下，将毕显、孙立压死，及将武成、周贵等压伤，取讫杨荣并百户毛如龙等招伏。"刑部议得："杨荣私役军人，挑掘城土，致将毕显等二人压死，拟决柒拾七下，解见任，标附，仍追烧埋银中统钞二十定，分给苦主。百户毛如龙明知五十户[1]张德林依随杨荣，差拨军人，私家役使，不行申明，量决二十七下。张德林，决三十七下。"都省准拟。

[1]五十户：军职名，元设，地位低于百户、千户，高于牌子头。《元史·外国列传·高丽》："往者臣国有军四万，三十余年间死于兵疫，今止有牌子头、五十户、百户、千户之类虚名，而无军卒。"

私役弓手

424① 大德七年十月②,刑部议得:"今后〔若有〕③影占役使或骑坐弓手马匹人员,比附军官占役军人例定罪。所管官司依随应付者,□□(与同)④□(罪)⑤。弓手人马既无差占,常切在役,捕盗官吏(每)⑥日聚点。在城邑□(者)⑦,□(各)⑧分坊巷巡防;在乡村者,亦须依时巡警。遇有被盗去处,随即□□□(并力捕)⑨捉,庶易得获⑩,少有生发。仍禁约弓手,无令⑪擅自下乡扰民。"□□(本部)⑫议得:"各处弓手,本为盗贼差役,其官吏却行影占役使及骑□□(坐马)⑬匹,实妨巡捕。今后除例应公差外,若有私役弓手者,决贰拾柒下,三名已上,加壹等;骑坐弓手马匹者,决壹拾柒下,标附过名;本管官吏不应应付⑭者,各减一等科断。余准部拟。"

私□(代)⑮军夫

425 大德四年四月,工部呈:"都水监[1]关:'每岁看闸堤堰人

---

① 《元典章·刑部》卷十六《防禁盗贼私役弓手》载有同一条文。
② 大德七年十月:《元典章》作"大德七年十月□日"。
③ 〔若有〕:《元典章》作"若有",《至正条格》脱,今据补。
④ □□(与同):《至正条格》此二字残缺,《元典章》作"与同",今据补。
⑤ □(罪):《至正条格》此字残损,《元典章》作"罪",今据补。
⑥ 吏(每):《至正条格》作"吏",误。《元典章》作"每",今据校。
⑦ □(者):《至正条格》此字残缺,《元典章》作"者",今据补。
⑧ □(各):《至正条格》此字残缺,《元典章》作"各",今据补。
⑨ □□□(并力捕):《至正条格》此三字残损,《元典章》作"并力捕",今据补。
⑩ 庶易得获:《元典章》作"庶几易为败获"。
⑪ 令:《元典章》作"得"。
⑫ □□(本部):《至正条格》此二字残缺,《元典章》作"本部",今据补。《至正条格(校注本)》校补作"□(前)□(件)",当误。
⑬ □□(坐马):《至正条格》此二字残损,《元典章》作"坐马",今据补。
⑭ 付:《元典章》作"附",误。《至正条格》作"付",当据校。
⑮ □(代):《至正条格》此字残缺,目录作"代",今据补。

夫,不待官司明降,私自还家,来春又复差官勾起[2],中间不便。今后闸夫[3]无故雇人当役,决二十七下。本管提领、闸长[4]人等结揽,亦决贰十七下。二名以上,斟酌加罪。若转觅他人代当,克落丁钱[5]及冒名者,罪止伍拾柒下,罢役,其钱没官。夫户结揽身役,壹拾七下。□□(提领)①、闸长知情,罪亦如之。'"刑部议得:"上项夫户既是轮流应当,合依□②监所拟。"都省准拟。

[1]都水监:官署名,掌治河渠并堤防、水利、桥梁、闸堰之事。元初有漕运河渠司。至元二年(1265),改置都水监。至元七年(1270),隶大司农司。至元十三年(1276),并入工部。至元二十八年(1291),复置,直隶中书省。至元二十九年(1292),领河道提举司。至大三年(1310),以黄河连年为害,分监官专治河患,置汴梁分监。延祐元年(1314),复隶大司农司。延祐七年(1320),复改隶中书省。其后又设河南山东都水监、行都水监,分治各地河患。下设都水监、少监、监丞、经历、知事、令史、蒙古必阇赤、回回令史、通事、知印、奏差、壕寨、典吏诸官职。

[2]勾起:征调。

[3]闸夫:指担负开闭堤坝闸门职责的服役人员。

[4]闸长:指闸夫的头目。

[5]丁钱:又称"丁口钱"。指人口税。

代□(替)③军役钱粮遇革

426 至顺三年八月,刑部议得:"管军官吏违例令子侄、驱口代替军役,取要军钱,关讫盐粮。革后未追赃钞,及未得军钱,并已关盐粮,钦依革拨。其指出军人封装,已④未承伏,俱合追给,职役照例议拟。"都省准拟。

---

① □□(提领):《至正条格》此二字残损,前文作"提领",今据补。
② □:《至正条格》此字残损,分析文意,疑为"本"字。
③ □(替):《至正条格》此字残缺,目录作"替",今据补。
④ 已:《至正条格(校注本)》录作"巳",误。《至正条格》作"已",今据校。

私役军人不准首

427 至元三十年七月十一日,御史台奏:汉军里头壹个千户、两个百户,又勾当里行的令史人等二十九个人……俺监察每到呵,俺使军来。么道……□呵,不打的体例有。军每根……□也。么道,不……

428① ……□……呵□……□等人每根底要了罪过,将□……呵,奉……□拨收捕□□在逃□……

429② ……□……

---

① 此条文残损严重,据体例,设为一条。
② 此条文仅存一字,但残损,无法辨识,据体例,设为一条。

附录一　文书补遗

倒换昏钞①

无下截,堪中倒换。

一样,"贰贯文省"肆字并贯伯上半俱全,其下半贯伯并钞张下截损去。

前件议得:"街市行使之钞②,惟验贯伯。'贰贯文省'肆字并贯伯既全,虽下半贯伯并钞张下截损去,拟合倒换。"

一样,止存"贰贯文省",其贯伯并钞张下截俱各损去。

前件议得:"钞使上不使下,但'贰贯文省'既存,又不是接补等钞,虽贯伯并钞张下截俱各损去,亦合倒换。"

一样,止存"贰贯文"叁字,其"省"字并钞张下截俱各损去。

前件议得:"'贰贯文'叁字既存,其'省'字并钞张下截虽俱损去,亦合③倒换。"

一样,止存"贰""文"贰字,其"贯""省"贰字并贯伯下截纸张俱各损去。

前件议得:"使钞当以数目字[1]为主,若'贰'字既在,其'贯''省'贰字并贯伯下截纸张虽各损去,终有'贰'字完全,可以倒换。"

一样,损去"贰"字近上壹半,并近上钞张不存,余皆可以

---

① 此条取自《通制条格·仓库·倒换昏钞》,参校《元典章·户部》卷六《倒换昏钞体例》,补《至正条格·仓库·倒换昏钞》三页空白文字。
② 行使之钞:《元典章》作"使钞"。
③ 亦合:《元典章》作"堪中"。

辨验。

前件议得："前年有接补、剜挑、造伪者，往往将'贰'字、'壹'字移于伍伯、叁伯文钞纸上，作贰贯、壹贯钞使，又存'文省'贰字，及钱贯[2]、边栏不失元母①。虽是真钞，终是造伪，以致事败，枉伤人命。今后若无数目字，虽是真钞，似难倒换。"

一样，损去"贰""文""省"叁字已上钞纸，止存"贯"字并贯伯、边栏可以辨认。

一样，"贰贯文省"俱无，止有贯伯并下截钞张者。

前件议得："上项贰样俱无'贰'字，虽有'文省'并贯伯②、边栏下截可以辨认，安知上截'贰'字不剜于他处用讫？似此之类，不宜倒换。"

一样，"贰贯文省"肆字俱全，损去贯伯左边壹半〈并右边壹半〉③，并左边壹角钞纸不存。

前件议得："'贰贯文省'肆字俱存，虽无边角，即④是完钞，理合倒换。"

一样，"文省"贰字并贯伯右边壹半⑤俱各损去。

前件议得："使钞多凭数目字，既存'贰'字，虽'文省'贰字并贯伯右边壹半⑥损去者，亦合倒换。"

一样，止损"贰"字并壹角钞纸，其"贯文省"叁字并贯伯完全。

前件议得："此钞若便作不堪，却缘是真昏钞，又贯伯完备。若拟作堪中钞两，奸人乘便，或将完钞扯'贰'字壹角，接于他处用度。倘⑦或事发陷人，临时相验⑧，前项软烂真昏，擦磨损去'贰'

---

① 元母：《元典章》作"去每"，误。《通制条格》作"元母"，当据校。
② 并贯伯：《元典章》作"贯伯并"。
③ 〈并右边壹半〉：《通制条格》衍"并右边壹半"，《元典章》无，当据删。
④ 即：《元典章》作"却"。
⑤ 右边壹半：《元典章》作"左边一半"。
⑥ 右边壹半：《元典章》作"左边一半"。
⑦ 倘：《元典章》作"倘"。
⑧ 验：《元典章》作"视"。

字并壹角,字画微有可辨认处,尚有(可)①倒换。若厚硬钞纸无'贰'字并壹角者,即系剜去'贰'字,不可倒换。"

一样,止损"省"字并壹角钞纸,余皆完全。

前件议得:"'省'字并壹角钞纸,别无用处。若有'贰'字,虽去'省'字,合作堪中倒换。"

一样,损去"贯"字并贯伯右边壹半,及②右边钞纸不存。

前件议得:"钞损去'贯'字,即与上项损去'省'字者同,俱堪倒换。"

一样,损去"贰贯"贰字,并右边纸不存。

前件议得:"损去'贰贯'贰字,别无可凭,合作不堪。"

一样,中心损去"贰贯文省",科[3]壹字。

前件议得:"若存'贯文省'叁字,内科壹字者,不见'贰'字,终无可凭,又恐剜去,当作不堪。若有'贰'字,合许倒换。"

一样,中心损去贯伯,止存"贰贯文省"肆字。

前件议得:"中心虽损去贯伯,尚存'贰贯文省'肆字,终是全钞,亦合倒换。"

一样,字贯俱各昏烂,不堪辨认,边拦(栏)③花样可以辨认。

前件议得:"字贯虽昏烂,若不④是接补,终是全张,更有边拦(栏)⑤花样可以辨认,号为真昏,合许倒换。"

一样,中心损去"贰贯文省"肆字。

前件议得:"肆字俱无,何以为主?当作不堪。"

一⑥样,碎烂补作壹处,用别纸衬贴,字贯可以辨认。

前件议得:"虽是碎烂补作壹处,若非别纸钞张,又无裨凑痕

---

① 有(可):《通制条格》作"有",误。《元典章》作"可",当据校。
② 及:《元典章》作"并"。
③ 拦(栏):《通制条格》作"拦",误。《元典章》作"栏",当据校。
④ 不:《通制条格》作"不",《元典章》脱,当据补。
⑤ 拦(栏):《通制条格》《元典章》皆作"拦",误。分析文意,当作"栏",今据校。
⑥ 一:《通制条格》作"一",《元典章》脱,当据补。

迹,元是壹张,字贯可辨,堪以倒换。"

一样,昏钞纸张边角有火烧、烟熏痕迹。

前件议得:"若无行用库退印,字贯分明,虽是钞纸边角有火①"。

[1]数目字:犹"数字"。指表示数目的文字。

[2]钱贯:犹"贯伯"。指纸钞上标明的票面数额。

[3]科:空,缺。

M1·0532[F20:W9A]《至正条格》残页②

(前缺)

1.……营盘地土,却自九□(月)③……

2.……大厨房内止纳二……

3.……要诸物,搔扰□(百)④……

(后缺)

M1·0533[F209:W1]《至正条格》残页⑤

(前缺)

1.同,数目多者,□(就)⑥……

2.钞开申。都省准拟⑦。

---

① "火"后文字参《至正条格》正文。

② 此条出自《中国藏黑水城汉文文献》(第四册,第669页),残存三行。《通制条格·杂令·扰民》载有同一条文。

③ □(月):《中国藏黑水城汉文文献》此字残损,《通制条格》作"月",今据补。

④ □(百):《中国藏黑水城汉文文献》此字残损,《通制条格》作"百",今据补。

⑤ 此条出自《中国藏黑水城汉文文献》(第四册,第669页),残存四行。其中,前二行,《通制条格·仓库·倒换昏钞》载有同一条文。

⑥ □(就):《中国藏黑水城汉文文献》此字残损,《通制条格》作"就",今据补。

⑦ 准拟:《通制条格》作"准呈"。

附录一　文书补遗　599

3. 库藏被盗遇□(革)①。
4. 元统二年五月,□(刑)②……
(后缺)

　　　　M1·0534[F20:W7A]《至正条格》残页③

(前缺)
【条格卷四十一　……
1. ……□(元)④主。都省准□(拟)⑤。
2. □□□(元贞元)⑥□(年)⑦闰四月,□(刑)⑧……
(后缺)

　　　　M1·0535[F20:W8B]《至正条格》残页⑨

(前缺)
1. ……相参住
2. ……□(究)⑩明白,除依
3. 【……八　……⑪

---

①　□(革):《中国藏黑水城汉文文献》此字残损,分析残存笔画及文意,当作"革",今据补。"库藏被盗遇□(革)"当为条文之标题。
②　□(刑):《中国藏黑水城汉文文献》此字残损,分析残存笔画及文意,当作"刑",今据补。
③　此条出自《中国藏黑水城汉文文献》(第四册,第670页),残存二行,又残存右边栏之卷数。《通制条格·杂令·地内宿藏》载有同一条文。
④　□(元):《中国藏黑水城汉文文献》此字残损,《通制条格》作"元",今据补。
⑤　□(拟):《中国藏黑水城汉文文献》此字残损,《通制条格》作"拟",今据补。
⑥　□□□(元贞元):《中国藏黑水城汉文文献》此三字残缺,《通制条格》作"元贞元",今据补。
⑦　□(年):《中国藏黑水城汉文文献》此字残损,《通制条格》作"年",今据补。
⑧　□(刑):《中国藏黑水城汉文文献》此字残损,《通制条格》作"刑",今据补。
⑨　此条出自《中国藏黑水城汉文文献》(第四册,第670页),残存五行。《通制条格·杂令·野火》载有同一条文。
⑩　□(究):《中国藏黑水城汉文文献》此字残损,《通制条格》作"究",今据补。
⑪　此行非条文内容,而是标明卷数。

600　至正条格笺注

4.……□(诸)①色人等,责

5.……

(后缺)

M1·0536[F19:W16]《至正条格》残页②

(前缺)

1.……此。

2.……八日,□(钦)③……

3.……□(御)④史、廉访司……

4.……□(官)⑤邪,询⑥求□(民)⑦……

5.……治功。□(今)⑧……

6.……□□(受赂)⑨……

7.……

(后缺)

M1·0537[F210:W5]《至正条格》残页⑩

(前缺)

---

①　□(诸):《中国藏黑水城汉文文献》此字残损,《通制条格》作"诸",今据补。

②　此条出自《中国藏黑水城汉文文献》(第四册,第670页),残存七行。后六行,《元典章·圣政》卷一《大德十年五月诏》载有同一条文。

③　□(钦):《中国藏黑水城汉文文献》此字残损,《元典章》作"钦",今据补。

④　□(御):《中国藏黑水城汉文文献》此字残损,《元典章》作"御",今据补。

⑤　□(官):《中国藏黑水城汉文文献》此字残损,《元典章》作"官",今据补。

⑥　询:《元典章》作"徇"。

⑦　□(民):《中国藏黑水城汉文文献》此字残损,《元典章》作"民",今据补。

⑧　□(今):《中国藏黑水城汉文文献》此字残损,《元典章》作"今",今据补。

⑨　□□(受赂):《中国藏黑水城汉文文献》此二字残损,《元典章》作"受赂",今据补。

⑩　此条出自《中国藏黑水城汉文文献》(第四册,第671页),残存七行。《至正条格·田令·理民》和《通制条格·田令·理民》载有同一条文。《元典章·工部》卷三《至元新格》载有前五行条文。《元典章·户部》卷九《至元新格》载有后二行条文。

1. ……前侵害百□(姓)①。

2. 【……一 沈……②
          四百……

3. ……□(差)③税，禁止违□(法)④。

4. ……□(之)⑤家，照依□(旧)⑥□(例)⑦，

5. ……□(违)⑧。

6. ……□□(年以)⑨来，多……

7. ……□(之)⑩意。……

(后缺)

M1·0538[F20∶W6]《至正条格》残页⑪

(前缺)

1. ……□

---

① □(姓):《中国藏黑水城汉文文献》此字残损,《至正条格》《通制条格》《元典章》皆作"姓",今据补。

② 此行非条文内容,而是标明卷数。

③ □(差):《中国藏黑水城汉文文献》此字残损,《至正条格》《通制条格》《元典章》皆作"差",今据补。

④ □(法):《中国藏黑水城汉文文献》此字残缺,《至正条格》《通制条格》《元典章》皆作"法",今据补。

⑤ □(之):《中国藏黑水城汉文文献》此字残损,《至正条格》《通制条格》《元典章》皆作"之",今据补。

⑥ □(旧):《中国藏黑水城汉文文献》此字残损,《至正条格》《通制条格》《元典章》皆作"旧",今据补。

⑦ □(例):《中国藏黑水城汉文文献》此字残缺,《通制条格》《元典章》皆作"例",今据补。又,《至正条格》作"列",误,当据校。

⑧ □(违):《中国藏黑水城汉文文献》此字残损,《至正条格》《通制条格》《元典章》皆作"违",今据补。

⑨ □□(年以):《中国藏黑水城汉文文献》此字残损,《至正条格》《通制条格》《元典章》皆作"年以",今据补。

⑩ □(之):《中国藏黑水城汉文文献》此字残损,《至正条格》《通制条格》《元典章》皆作"之",今据补。

⑪ 此条出自《中国藏黑水城汉文文献》(第四册,第671页),残存二行。

2. ……□各□(处)①……

(后缺)

M1·0539[F247:W2]《至正条格》残页②

(前缺)

1. ……

2. ……议拟

3. ……

4. ……

(后缺)

M1·1914[84H·F207:W5/2296]《至正条格》残页③

1. 至正条格④……

2. 议得:贫⑤……

3. 拟合依……

---

① □(处):《中国藏黑水城汉文文献》此字残损,分析残存笔画及文意,当作"处",今据补。

② 此条出自《中国藏黑水城汉文文献》(第四册,第671页),残存四行。

③ 此条出自《中国藏黑水城汉文文献》(第十册,第2133页),残存三行。此页共有五件残片,其中残片一有"至正条格"四字,据此推断,残片一当属于《至正条格》之内容。

④ 至正条格:《中国藏黑水城汉文文献释录》录作"□□条□",原件作"至正条格",当据补。

⑤ 议得贫:《中国藏黑水城汉文文献释录》录作"□□□",原件作"议得贫",当据补。

附录二 《断例》中缺条文内容的目录

〔第十三卷　擅兴〕

私役民夫	受财放军
受军人买闲钱	擅差军人围猎
军官滥设扎牙	挟仇差军围人房舍
错起军人	擅起递运人夫
丁夫差遣不平	避役自残
受雇军在逃	征人在逃自首
擅点军器库	私有兵器
执把兵器围猎	重击禁钟

第十四卷　贼盗

谋　反 七条	耗贼家产
耗贼遇革屯种	奸　探
说大言语 二条	传说乱言
妖书妖言 三条	妖言遇革
伪造经文惑众	符水惑众
妖术惑众	蛊毒厌魅
蛊毒不即申告	

第十五卷　贼盗

恶　逆 三条	心风恶逆
因奸杀舅姑 二条	杀　使 三条
因奸杀夫 三条	因奸杀夫偶获生免

因奸打死定婚夫　　　　　　　　杀　兄 三条
杀兄偶获生免　　　　　　　　　以刃伤兄
杀　弟 二条　　　　　　　　　 义兄杀弟
因奸杀子　　　　　　　　　　　妾杀嫡子 二条
妻杀妾子　　　　　　　　　　　故杀义男
杀　侄 二条　　　　　　　　　 因奸杀妻
勒死女婿　　　　　　　　　　　故杀义女婿
故杀定婚婿　　　　　　　　　　谋故杀人
共谋杀人遇革　　　　　　　　　资给凶徒钱物遇革
共犯干连人数　　　　　　　　　谋杀同僚
杀平人妄称猺贼　　　　　　　　强盗杀害官民
贼杀一家 二条　　　　　　　　 卑幼私和人命 二条
尊长私和人命　　　　　　　　　经断重罪遇革

第十六卷　贼盗

盗贼通例 三条　　　　　　　　 强盗伤主
盗贼窝主罪名　　　　　　　　　盗内府财物 四条
盗绮源库段匹　　　　　　　　　看库军盗钞
行人偷盗昏钞　　　　　　　　　抵换官金

第十七卷　贼盗

监守自盗　　　　　　　　　　　监临自盗
药人取财 二条　　　　　　　　 强夺财物 三条
先窃后强　　　　　　　　　　　共盗分强窃
盗贼罪等从一　　　　　　　　　放火为盗
窃盗拒捕伤事主　　　　　　　　妇人为盗
憎从为盗 二条　　　　　　　　 老幼为盗 □条
瘖瘂为盗　　　　　　　　　　　饥民为盗
随从尊长为盗 二条　　　　　　 兄弟共盗 二条

亲属相盗 三条　　　　　　　　亲属相盗从贼刺字
亲属相盗盘诘首服　　　　　　另居卑幼先窃后强
奴盗主财　　　　　　　　　　佃客盗主财
主盗佃客财物　　　　　　　　盗顾主财物 二条
盗同户财物　　　　　　　　　偷递同本财物
僧盗师兄财物　　　　　　　　僧盗同庵师财物
杖罪遇原免徒流　　　　　　　出军贼遇革
革后正赃还官给主

第十八卷　贼盗

盗神像衣物　　　　　　　　　盗官文书 二条
盗军官牌面　　　　　　　　　盗官粮刺字
盗筹关粮刺字　　　　　　　　盗官粮未离仓免刺
窃盗粮食　　　　　　　　　　偷盐刺断 二条
答刺赤盗酒　　　　　　　　　盗酒免刺
盗系官材木　　　　　　　　　偷斫树木拒捕
偷花木　　　　　　　　　　　偷河内松木
偷柴草　　　　　　　　　　　偷　磬
盗宰禁苑鹿　　　　　　　　　盗宰马牛 三条
偷马未离盗所　　　　　　　　攘　羊
盗　犬　　　　　　　　　　　盗鸡鹅雁鸭
杀死窃盗贼人 二条　　　　　　寅夜入人家
贼人自残　　　　　　　　　　强盗再遇释免刺右项
贼人雕青刺手背　　　　　　　会赦刺字
改革从轻典　　　　　　　　　女直人刺字
贼人起字补刺　　　　　　　　涂毁刺字
法开首路　　　　　　　　　　盘诘首服
强贼首露免罪　　　　　　　　窃盗自首准免
赃物出首不尽　　　　　　　　首子为盗

首婿为盗　　　　　　　　　　首表侄为盗
首表弟为盗　　　　　　　　　主首奴盗
为盗悔过还主　　　　　　　　悔过不分赃
盗贼亲老留养 二条　　　　　　从贼未至盗所
贼属免罪

第十九卷　贼盗

略卖良人 二条　　　　　　　　略卖良人遇革
诱略良人 一①条　　　　　　　图财强卖期亲
发　冢 六条　　　　　　　　　买卖墓田
局骗取财　　　　　　　　　　撇卷取财
拐带财物　　　　　　　　　　诓赚财物
恐喝取财 四条　　　　　　　　劫夺盐徒
劫配役囚　　　　　　　　　　职官劫囚
军官劫犯夜人　　　　　　　　巡捕②人抢夺准盗论

第二十卷　斗讼

斗殴杀人　　　　　　　　　　因斗用刃
以刃拒杀逼己人　　　　　　　殴死杀父仇人
父被人殴还击致死　　　　　　因母被伤用力杀人
执缚殴人致死　　　　　　　　他物殴人致死
杀　妻 三条　　　　　　　　　殴妻致死 二条
被夫殴自缢身死　　　　　　　妻殴妾死
殴弟致死 二条　　　　　　　　殴死弟妻 二条
殴死男妇 二条　　　　　　　　父殴子死 二条
杀有罪驱 三条　　　　　　　　杀无罪驱 二条

---

① 一：《至正条格（校注本）》阙录作"□"，误。《至正条格》作"一"，今据补。
② 捕：《至正条格（校注本）》录作"补"，误。《至正条格》作"捕"，今据校。

驱杀驱 三条　　　　　　　殴他人驱致死
殴死有罪放良驱　　　　　殴死佃客
殴死雇工人　　　　　　　误　杀 二条
戏　杀　　　　　　　　　戏杀人驱
过失杀人 二条　　　　　　逼人致死 二条
心风杀他人驱　　　　　　年幼殴人致死

第二十一卷　斗讼

斗　殴　　　　　　　　　辜　限
毁伤支体 四条　　　　　　毁败人阴阳
殴詈母　　　　　　　　　殴詈舅姑
殴姊母　　　　　　　　　詈　兄
刃伤母之兄弟　　　　　　殴伤妻父
刃伤妻母　　　　　　　　殴伤妻
苦虐男妇 二条　　　　　　虐夫前妻子
职官殴詈 八条　　　　　　首领官殴詈正官 二条
毁詈官长 五条　　　　　　纵官扰害官民 三条
军官殴伤县尹

第二十二卷　斗讼

陵犯官长　　　　　　　　射伤差使①人员
咆哮(哮)②无礼　　　　　违犯祖父教令
卑幼告尊长　　　　　　　亲属相告同首
杀妻诬人　　　　　　　　故杀子孙诬人 二条
故杀卑幼诬人 二条　　　　殴詈使 四条

---

① 使:《至正条格(校注本)》录作"事",误。《至正条格》作"使",今据校。
② 哮(哮):《至正条格》作"哮",误。分析文意,当作"哮",今据校。《至正条格(校注本)》录作"哮",误,当据校。

奴讦主 杀子诬赖本使
擅刺驱面 诬　告 七条
越　诉 二条 失口乱言
匿名书 虚申被劫
冒名称冤 争田聚众

第二十三卷　诈伪

诈称太子 二条 伪造符宝制敕 二条
增减制书 诈传令旨
诈传钧旨 诈假官 二条
诈冒求仕 五条 诈冒求仕遇革 三条
冒　荫 伪造印信 四条
伪造茶由

第二十四卷　诈伪

诈为官文书 二条 诈改官文书 三条
伪　钞 二条 烧毁伪钞
伪钞家人共犯 买使伪钞遇革 三条
应捕人分使伪钞 伪钞家产遇革
伪钞干连遇革 印写伪钞
同造伪钞自首 挑剜禅辏等钞 三条
挑揭伪钞遇革 挑钞流远处所
首任挑钞 伪造金银
冒除官粮 冒支钱粮 三条
伪造支粮筹杖 诈抽分鱼货
诈骑铺马 二条 妄认良人为驱 二条
妄认马匹 避罪诈死
故自伤残 有罪妇自害
吏　诈

第二十五卷 〈诈伪〉①杂律

诸奸通例	强奸幼女 四条
僧道强奸幼女 二条	十五岁男奸六岁女
三男强奸一妇	强奸妻前夫女
强奸妻前夫男妇	强奸部民妻未成
刁奸品官妻妾(妾)②	刁奸佸妇
首子刁奸	刁奸图财
刁奸遇革	刁奸庶母
翁奸男妇	奸佸妇
奸佸女	奸房佸女
奸族佸女孙	和奸义女
主奸奴妻	欺奸使妻
驱收使妻	强奸使女
主奴相奸	职官犯奸 二条
职官求奸未成	戏谑部民妻
强娶部民幼女	军官求奸军妻未成
军官令人奸寡妇	先奸后婚
指 奸 二条	抑勒男妇虚指奸夫
奸妇有孕	指奸拒捕
无服亲媒合通奸	职官媒合通奸
和奸勒夫买休	买休从夫嫁卖
犯奸残疾断罪	奸事再犯
杀死奸夫 二条	殴死妹奸夫
傍人殴死奸夫	杀拘执求奸夫

---

① 〈诈伪〉:《至正条格》作"诈伪",依据目录体例,"诈伪"当为衍字,今据删。

② 妾(妾):《至正条格》作"妾",误。分析文意,当作"妾",今据校。《至正条格(校注本)》录作"妾",误,当据校。

僧道犯奸 二条 　　　　　　　纵妻为倡
抑勒妻妾为倡　　　　　　　抑勒驱妇为倡
乞养女为倡　　　　　　　　教坊养女为倡
买奸钱遇革　　　　　　　　教女歌唱典雇
官吏宿倡 二条 　　　　　　　蒸收继母
强收婶母　　　　　　　　　收舅妻
收纳弟妻 二条 　　　　　　　非理虐妻
斛斗秤尺不如法　　　　　　街市纰薄段匹

第二十六卷　杂律

塞讼弭盗　　　　　　　　　迁徙豪霸 二条
凶　徒 二条 　　　　　　　　发遣凶党
凶恶遇革迁徙　　　　　　　驱奴犯罪
群党害民　　　　　　　　　哄坏税务
庸医杀人 二条 　　　　　　　车马伤人 三条
畜类伤人 四条 　　　　　　　窝弓伤人
禁买卖毒药　　　　　　　　酒药伤人
放　火 二条 　　　　　　　　驱奴放火加等
烧山伤人　　　　　　　　　烧死放火贼人
故烧文卷　　　　　　　　　遗　火 五条
野火烧爇灶草　　　　　　　盗决堤防
夜　禁　　　　　　　　　　诬执犯夜
禁赛神社 二条 　　　　　　　禁立集场
习学枪棒　　　　　　　　　赌博钱物 五条
禁造赌具　　　　　　　　　赌斗促织
榷货摊场钱物遇革　　　　　禁养鹁鸽①
划斗龙船

---

①　禁养鹁鸽:《至正条格》作"禁养鹁鸽",《至正条格(校注本)》脱,今据补。

第二十七卷　杂律

禁取高丽火者女子	禁做火者 三条
禁私债准人女子	客商遗下财物
禁溪洞博易	禁断屠宰 二条
禁宰怀羔羊	禁宰羊羔
禁围猎 六条	误杀鹰犬 二条
昔宝赤扰民	贵赤校卫扰民
祗候扰民	非理行孝
叔亡不持服	夫亡参预吉席
偷跑嫁母骨殖	擅开远年祖墓
砍伐坟茔树株	犯界酒货
禁卖官酒	禁用木牌纸帖
违禁房屋	假借只孙
滥设牙人 二条	诡名结缆车辆
私使印空	

第二十八卷　捕亡

捕盗罪罚 四条	军官停俸捕贼
军官军人捕限	忽剌罕赤坐铺军捕限
撤卷贼捕限	掏摸依窃盗捕限
烧官舍贼人捕限	弓兵责限不准分科
不即捕盗	捕贼先退 二条
遇贼不捕 二条	畏避捕限
捕贼妄分疆界	擿语强贼消息
事主击贼	防镇军在逃
隐藏逃军	主守不觉失囚
反狱伤狱卒	拒捕伤狱卒
打死脱监贼人	出军囚徒在逃 二条

流配囚徒在逃　　　　　　配所逃亡贴役
犯夜拒捕 二条　　　　　　隐藏逃驱 二条
逃驱拒捕

第二十九卷　断狱

出入人罪 四条　　　　　　出罪贴断
柱　勘 六条　　　　　　　勘贼致死
柱　禁 三条　　　　　　　淹　禁
柱　断 二条　　　　　　　擅　断
绝食杀人　　　　　　　　无招决人致死
恐迫致命 二条　　　　　　殴死罪囚
殴死犯夜人

第三十卷　断狱

挟仇问事　　　　　　　　非法用刑 二条
禁刑日决罚　　　　　　　依理决罚致死免罪
告谋叛不理 二条　　　　　告恶逆不理 二条
承告聚众不理　　　　　　承告强贼不理
脱放叛贼　　　　　　　　脱放囚徒
递囚反禁　　　　　　　　检尸不明 三条
军官遗例检尸　　　　　　错刺蒙古人
错刺出军贼人　　　　　　失入刺配
决有孕妇　　　　　　　　孕妇限满行刑[①]

---

① 此行之后，原书另有一行字"至正条格目录　□（断）例"。□（断）：《至正条格》此字残损，分析文意，当作"断"，今据补。

主要参考文献

古籍影印本

[1](元)王恽:《秋涧先生大全集》,《四部丛刊初编》第1375~1398册,据江南图书馆藏明弘治刊本影印,上海:商务印书馆,1922年。

[2](元)欧阳玄:《圭斋文集》,《四部丛刊初编》第1470~1473册,据明成化七年(1471)刻本初印本影印,上海:商务印书馆,1922年。

[3](明)郭勋:《雍熙乐府》,《四部丛刊续编》第487~506册,据北平图书馆藏明嘉靖刊本影印,上海:商务印书馆,1934年。

[4](元)司农司:《农桑辑要》,《丛书集成初编》第1462~1463册,据《武英殿聚珍版丛书》本排印,上海:商务印书馆,1936年。

[5](元)姚燧:《牧庵集》,《丛书集成初编》第2101~2107册,据《武英殿聚珍版丛书》本排印,上海:商务印书馆,1936年。

[6](明)陶宗仪:《南村辍耕录》,《四部丛刊三编》第37册,据吴县潘氏滂憙斋藏元刊本影印,上海:商务印书馆,1936年。

[7](宋)陈元靓:《事林广记》,据元至顺间建安椿庄书院刻本影印,北京:中华书局,1963年。

[8]《大元通制条格》,据明初墨格写本影印,台北:华文书局股份有限公司,1968年。

[9](宋)陈彭年:《宋本广韵》,据张氏泽存堂本影印,北京:中国书店,1982年。

[10](宋)丁度:《集韵》,据扬州使院重刻本影印,北京:中国书店,1983年。

[11] (元)冯福京:《(大德)昌国州图志》,据清咸丰四年(1854)刊本影印,台北:成文出版社有限公司,1983年。

[12] (清)魏源:《元史新编》,据清光绪三十一年(1905)邵阳魏氏慎微堂刊本影印,台北:文海出版社有限公司,1984年。

[13] (元)熊宗立:《居家必用事类全集》,《北京图书馆古籍珍本丛刊》第61册,据朝鲜刻本缩印,北京:书目文献出版社,1986年。

[14] (元)赵承禧:《宪台通纪》,《永乐大典》卷二六〇八,北京:中华书局,1986年。

[15] (元)唐惟明:《宪台通纪续集》,《永乐大典》卷二六〇九,北京:中华书局,1986年。

[16] (元)刘孟琛:《南台备要》,《永乐大典》卷二六一〇,北京:中华书局,1986年。

[17] (宋)周应合:《(景定)建康志》,《景印文渊阁四库全书》第488~489册,台北:台湾商务印书馆,1986年。

[18] (元)汪大渊:《岛夷志略》,《景印文渊阁四库全书》第594册,台北:台湾商务印书馆,1986年。

[19] (元)佚名:《庙学典礼》,《景印文渊阁四库全书》第648册,台北:台湾商务印书馆,1986年。

[20] (元)鲁明善:《农桑衣食撮要》,《景印文渊阁四库全书》第730册,台北:台湾商务印书馆,1986年。

[21] (元)王结:《文忠集》,《景印文渊阁四库全书》第1102册,台北:台湾商务印书馆,1986年。

[22] (元)胡祗遹:《紫山大全集》,《景印文渊阁四库全书》第1196册,台北:台湾商务印书馆,1986年。

[23] (元)魏初:《青崖集》,《景印文渊阁四库全书》第1198册,台北:台湾商务印书馆,1986年。

[24] (元)许有壬:《至正集》,《景印文渊阁四库全书》第1211册,台北:台湾商务印书馆,1986年。

[25](元)吴师道:《礼部集》,《景印文渊阁四库全书》第1212册,台北:台湾商务印书馆,1986年。

[26](清)俞森:《荒政丛书》,《景印文渊阁四库全书》第663册,台北:台湾商务印书馆,1986年。

[27](清)顾嗣立:《元诗选》,《景印文渊阁四库全书》第1468~1469册,台北:台湾商务印书馆,1986年。

[28](元)苏天爵:《滋溪文稿》,《丛书集成续编》第185册,据民国《适园丛书》本影印,台北:新文丰出版公司,1988年。

[29](清)柯劭忞:《新元史》,《元史二种》,据民国九年(1920)天津退耕堂木刻本影印,上海:上海古籍出版社,1989年。

[30](清)屠寄:《蒙兀儿史记》,《元史二种》,据民国刊本影印,上海:上海古籍出版社,1989年。

[31](明)黄淮、杨士奇:《历代名臣奏议》,据明永乐十四年(1416)内府刻本影印,上海:上海古籍出版社,1989年。

[32](宋)周应合:《(景定)建康志》,《宋元方志丛刊》第二册,据清嘉庆六年(1801)金陵孙忠愍祠刻本影印,北京:中华书局,1990年。

[33](元)陈大震:《(大德)南海志》,《宋元方志丛刊》第八册,据元大德刻本影印,北京:中华书局,1990年。

[34](元)王与:《无冤录》,《枕碧楼丛书》,据朝鲜钞本影印,北京:中国书店,1990年。

[35](元)沈仲纬:《刑统赋疏》,《枕碧楼丛书》,据清光绪三十四年(1908)江阴缪氏钞本影印,北京:中国书店,1990年。

[36](元)俞希鲁:《(至顺)镇江志》,清刻《宛委别藏》本,南京:江苏古籍出版社,1990年。

[37](明)熊相:《(正德)瑞州府志》,《天一阁藏明代方志选刊续编》第42册,据明正德刻本影印,上海:上海书店,1990年。

[38](元)苏天爵:《元文类》,《四库文学总集选刊》,上海:上海古籍出版社,1993年。

[39](明)张自烈,(清)廖文英:《正字通》,据清康熙九年(1670)序弘文书院刊本影印,北京:中国工人出版社,1996年。

[40](朝)郑麟趾:《高丽史》,《四库全书存目丛书》史部第159册,据云南大学图书馆藏明景泰二年(1451)朝鲜活字本影印,济南:齐鲁书社,1996年。

[41](元)张光大:《救荒活民类要》,据北京图书馆藏明刻本影印,上海:上海古籍出版社,1997年。

[42]《大元圣政国朝典章》,据元刊本影印,北京:中国广播电视出版社,1998年。

[43](元)黄公绍、熊忠:《古今韵会举要》,据明嘉靖十五年(1536)秦钺、李舜臣刻,十七年(1538)刘储秀重修本影印,北京:中华书局,2000年。

[44](元)赵世延:《大元海运记》,《续修四库全书》第835册,上海:上海古籍出版社,2002年。

[45](清)赵翼:《廿二史札记》,《续修四库全书》第453册,据清嘉庆五年(1800)湛贻堂刻本影印,上海:上海古籍出版社,2002年。

[46](元)徐元瑞:《吏学指南》,据元刻本影印,北京:北京图书馆出版社,2004年。

[47]《至正条格》,据元刊本影印,首尔:Humanist出版集团,2007年。

[48](元)佚名:《元朝秘史》,《四部丛刊三编》第14册,据元抄本影印,上海:上海古籍出版社,2008年。

[49](宋)彭大雅:《黑鞑事略》,据中国国家图书馆藏明嘉靖二十一年(1542)抄本影印,北京:国家图书馆出版社,2009年。

[50](元)袁桷:《(延祐)四明志》,《宋元四明六志》第5~6册,据咸丰四年(1854)徐氏烟屿楼刻本影印,宁波:宁波出版社,2011年。

[51](元)张铉:《(至正)金陵新志》,《原国立北平图书馆甲库

善本丛书》第537册,据元至正四年(1344)集庆路儒学溧阳州学溧水州学刻,明正德十五年(1520)南京国子监重修本影印,北京:国家图书馆出版社,2013年。

[52](元)王士点、商企翁:《秘书监志》,《原国立北平图书馆甲库善本丛书》第962册,据蓝格抄本影印,北京:国家图书馆出版社,2013年。

[53](元)张养浩:《三事忠告》,《原国立北平图书馆甲库善本丛书》第973册,据明洪武二十七年(1394)黄毅刻本影印,北京:国家图书馆出版社,2013年。

[54](元)马端临:《文献通考》,《原国立北平图书馆甲库善本丛书》第979册,据元泰定元年(1324)西湖书院刻本影印,北京:国家图书馆出版社,2013年。

[55](元)蒲道源:《顺斋先生闲居丛稿》,《原国立北平图书馆甲库善本丛书》第1717册,据清抄本影印,北京:国家图书馆出版社,2013年。

[56](元)王祯:《王祯农书》,据浙江图书馆藏闽刻《武英殿聚珍版丛书》影印,杭州:浙江人民美术出版社,2015年。

[57](宋)郑思肖:《心史》,明崇祯十三年(1640)刻本。

[58](元)释德辉:《敕修百丈清规》,元至正三年(1343)余氏恩庵刊本。

[59](元)朱震亨:《丹溪先生心法》,明弘治刻本。

[60](元)郑元佑:《遂昌杂录》,明万历间商氏刻《稗海》本。

[61](元)朱震亨:《丹溪手镜》,明天启元年(1621)刊本。

[62](元)王元恭:《(至正)四明续志》,明刻本。

[63](元)任仁发:《水利集》,明钞本。

[64](元)朱世杰:《新编四元玉鉴》,清嘉庆王萱铃家钞本。

[65](元)朱震亨:《脉因证治》,清光绪宣统间《周氏医学丛书》本。

[66](元)杨瑀:《山居新话》,清长塘鲍氏刻《知不足斋丛书》本。

[67](元)杨允孚:《滦京杂咏》,清长塘鲍氏刻《知不足斋丛

书》本。

［68］（清）邵远平：《元史类编》，清康熙三十八年（1699）原刻本。

古籍整理本

［1］《大元马政记》，《史料四编》，台北：广文书局，1972年。

［2］（元）脱脱等撰：《辽史》，北京：中华书局，1974年。

［3］（清）张廷玉等撰：《明史》，北京：中华书局，1974年。

［4］（元）脱脱等撰：《金史》，北京：中华书局，1975年。

［5］（明）宋濂等撰：《元史》，北京：中华书局，1976年。

［6］（元）脱脱等撰：《宋史》，北京：中华书局，1977年。

［7］（明）臧晋叔编：《元曲选》，北京：中华书局，1989年。

［8］（清）柯劭忞撰，张京华、黄曙辉点校：《新元史》，上海：上海古籍出版社，2018年。

［9］黄时鉴辑点：《元代法律资料辑存》，杭州：浙江古籍出版社，1988年。

［10］祖生利：《元代白话碑文研究》，中国社会科学院博士学位论文，2000年。

［11］方龄贵校注：《通制条格校注》，北京：中华书局，2001年。

［12］韩国学中央研究院编：《至正条格（校注本）》，首尔：Humanist出版集团，2007年。

［13］塔拉、杜建录、高国祥主编：《中国藏黑水城汉文文献》，北京：国家图书馆出版社，2008年。

［14］陈高华、张帆、刘晓、党宝海点校：《元典章》，北京：中华书局；天津：天津古籍出版社，2011年。

［15］杜建录总主编：《中国藏黑水城汉文文献释录》，北京：中华书局；天津：天津古籍出版社，2016年。

后 记

2014年9月,我有幸考入华东师范大学,在美丽的丽娃河畔追随姚美玲老师学习汉语词汇史。我最初选取的研究语料是元代法制文献,后来因为元代法制文献太多,经与老师商议,最终选取元代法制文献中颇具代表性的《至正条格》这一域外汉籍作为研究语料,并确定博士论文题目为《〈至正条格〉词汇研究》。在撰写博士论文的过程中,首先结合元刊《至正条格》(影印本),对该书进行了系统整理,在此基础上,对其中的词汇进行了深入研究。

2018年5月,我顺利通过博士论文的答辩,并于同年7月入职商丘师范学院。博士毕业之时,我与姚美玲老师说了一下我的人生规划。姚老师对我选择回老家工作这一决定表示理解与支持,但也警诫我要始终保持对学术研究的初心,并指出我的博士论文还有很多不足,应当继续深入研究下去。我入职商丘师范学院之后,在认真教学之余,先后选取元代法制文献中的元代黑水城文献、元代碑刻文献进行了研究,取得了一些成果。

2020年3月,疫情防控期间,我独自隔离在学校里面。通过认真思考,我决定结合我的研究基础,对元刊《至正条格》进行全面整理。事实证明,此项工作并不轻松,幸亏有坚固的研究基础与充足的时间保证,才能顺利将此项工作完成。整理工作是:结合元刊《至正条格》,首先,使用规范简体字对其进行录文;其次,采用现代汉语标点符号对其进行标点;再次,结合文意、异文、史实等对其进行校勘;又次,运用多种学科知识对其进行注释。力求为学界提供一个录文规范、标点准确、校勘全面、注释精当的笺注本,即《至正条格笺注》。这个整理过程非常艰苦,我的体力与脑力都达到了极限,幸运的是该项目同年获得了国家社科基金后期资助,这对我来说是一个很好的安慰。

2022年12月,历经数年,书稿久经锤炼,终成定稿,并顺利结项,与出版社签订了出版合同。

本书能够顺利出版,得到了国家社科基金的资助,在此对全国社会科学规划办的支持以及外审专家的评审表示感谢。感谢姚老师一直以来对我的关心与指导,虽然毕业之后相距甚远,但在整理书稿的过程中,每有疑惑,姚老师定会及时答疑解惑,使我能够坚定地努力下去。同时,我还要感谢吴泽顺、臧克和、徐时仪、黑维强、张涌泉、张小艳、张美兰、汪少华、潘玉坤、苏杰、刘钦荣、杜鹃、朴英绿等众位老师,他们学识渊博,或直接或间接地给予了我很大的帮助。再者,我还要感谢我的同门师哥李义敏和同门师妹吴盼、高岩、王跃、舒慧君等,以及我的博士室友赵祥云和同事好友陈功文、于志刚、邹磊、李小赞、徐保平等,感谢他们的时刻鼓励与支持。

安徽大学出版社的李加凯副编审态度温和认真,为本书的顺利出版付出了很多辛勤的努力,特此感谢。

我是一个资质愚钝的人,能够将此书整理完成,对我来说是一个巨大的挑战。我虽然对此书进行了反复校改,但是感觉仍有一些不足之处,限于个人能力,只能尽力使其止于至善吧!

一路求学,我得到了很多老师、同学、朋友、同事的鼓励与帮助,也得到了家人对我无私的关爱与支持,使我能够在科研这条路上一路前行。学海无涯,我还有很多不足之处,唯有坚定初心,继续努力,争取更上一层楼。

2023年3月
记于古都商丘